Verfassungsentwicklung in Europa

herausgegeben von

Hartmut Bauer, Peter M. Huber
und Karl-Peter Sommermann

13

Fabian Michl

Unionsgrundrechte aus der Hand des Gesetzgebers

Mohr Siebeck

Fabian Michl, geboren 1988; Studium der Rechtswissenschaft an der Universität Regensburg; 2012 Erste Juristische Prüfung; 2014 Zweite Juristische Staatsprüfung; Studium der Rechtsgeschichte und der Rechtsphilosophie an der Universität Edinburgh (LL.M.); Wiss. Mitarbeiter am Lehrstuhl für Öffentliches Recht, insb. deutsches und europäisches Verwaltungsrecht sowie am Lehrstuhl für Öffentliches Recht und Völkerrecht der Universität Regensburg; 2017 Promotion; seit 2017 Wiss. Mitarbeiter am Lehrstuhl für Öffentliches Recht und Verfassungstheorie der Universität Münster.
orcid.org/0000-0003-3386-0333

ISBN 978-3-16-156022-4 / eISBN 978-3-16-156023-1
DOI 10.1628/ 978-3-16-156023-1

ISSN 1861-7301 / eISSN 2569-4553 (Verfassungsentwicklung in Europa)

Die Deutsche Nationalbibliothek verzeichnet diese Publikation in der Deutschen Nationalbibliographie; detaillierte bibliographische Daten sind im Internet über *http://dnb.dnb.de* abrufbar.

Das Buch wurde von epline in Böblingen aus der Garamond gesetzt und von Gulde-Druck in Tübingen auf alterungsbeständiges Werkdruckpapier gedruckt und gebunden.

Printed in Germany.

Vorwort

Die vorliegende Untersuchung wurde im Dezember 2017 von der Fakultät für Rechtswissenschaft der Universität Regensburg als Dissertation angenommen. Das Promotionsvorhaben betreute Herr Professor Dr. Gerrit Manssen. Ihm gilt mein besonderer Dank für Zuspruch, Kritik und Förderung, nicht nur während der Arbeit an der Dissertation, sondern auch bei allen anderen Vorhaben, die ich in meiner rund achtjährigen Tätigkeit als studentischer bzw. wissenschaftlicher Mitarbeiter an seinem Lehrstuhl in die Tat umsetzen konnte.

Herzlich danke ich Herrn Professor Dr. Thorsten Kingreen, der das Zweitgutachten nicht nur zügig erstellt, sondern auch und vor allem mit wertvollen Anregungen versehen hat, die ich bei der Überarbeitung des Manuskripts berücksichtigen konnte. Bedanken möchte ich mich auch bei Herrn Professor Dr. Robert Uerpmann-Wittzack für anregende Gespräche und eine Beschäftigung an seinem Lehrstuhl sowie bei Herrn Richter des Bundesverfassungsgerichts a. D. Professor Dr. Udo Steiner für wissenschaftliche Impulse, wohlwollende Ermahnungen und die nötige Prise Humor.

Aus dem Kreis der Kolleginnen und Kollegen, die mein Promotionsvorhaben unterstützt haben, möchte ich Frau Dr. Jeanine Greim-Diroll, Herrn Dr. Andreas Gietl und Herrn Matthias Hensel besonders hervorheben. Für das nötige gesellige Ambiente, in dem auch so manche Rechtsfrage zur Diskussion stand, sorgte in verschiedenen Besetzungen die „Kaffeerunde" im ersten Stock des Regensburger Lehrstuhlgebäudes.

Der größte Dank aber gebührt meiner Verlobten Veronika Gintner, die jeder promotionsbedingten Launenhaftigkeit verständnisvoll begegnete, jeden akademischen Verdruss mit Frohsinn und Zuversicht ausglich und mich nach Abschluss des Promotionsvorhabens ins „ferne" Westfalen begleitete. Ohne sie wären die folgenden Seiten leer geblieben.

Münster, im Januar 2018 — Fabian Michl

Inhaltsübersicht

Einführung ... 1

A. Einleitung ... 1
B. Grundbegriffe ... 5
C. Ausgestaltung der Grundrechte ... 8
D. Gang der Untersuchung ... 10

Kapitel 1: Grundlegung ... 13

A. Rechtstheoretische Grundlagen ... 13
B. Methodische Grundlagen ... 31
C. Dogmatische Grundlagen ... 49

Kapitel 2: Konstituierende Gesetzgebung ... 73

A. Problemstellung ... 73
B. Institutionentheoretischer Rahmen ... 74
C. Prototypen: Eheschließungsfreiheit und Eigentumsrecht ... 80
D. Negative Verpflichtungen ... 95
E. Positive Verpflichtungen ... 120

Kapitel 3: Konkretisierende Gesetzgebung ... 143

A. Problemstellung ... 143
B. Prototyp: Unterrichtung und Anhörung im Unternehmen ... 144
C. Arten konkretisierender Gesetze ... 156
D. Grundrechtsdogmatische Einordnung ... 164
E. Grundrechtliche Verpflichtungen ... 174

Kapitel 4: Regelnde Gesetzgebung ... 195

A. Problemstellung ... 195
B. Begriff der Regelung ... 196
C. Prototypen regelungsfähiger Grundrechte ... 200
D. Regelung als dogmatische Kategorie ... 263

Kapitel 5: Schlussbetrachtung ... 291

Zusammenfassung ... 299

Verzeichnisse ... 305

Inhaltsverzeichnis

Vorwort V
Inhaltsübersicht VII
Abkürzungsverzeichnis XVII

Einführung 1

A. Einleitung 1
B. Grundbegriffe 5
  I. Unionsgrundrechte 5
  II. Gesetzgeber 5
  III. Freiheit 6
C. Ausgestaltung der Grundrechte 8
D. Gang der Untersuchung 10

Kapitel 1: Grundlegung 13

A. Rechtstheoretische Grundlagen 13
  I. Recht als Normensystem 13
  II. Recht als gesellschaftliche Wirklichkeit 15
    1. Sozialontologische Grundlagen 15
      a) Gesellschaftliche Wirklichkeit 15
      b) Schaffung von institutionellen Tatsachen 16
      c) Institutionen und Rechtsinstitutionen 18
    2. Normen als institutionelle Tatsachen 21
    3. Rechtsnormen und andere Normen 21
      a) Schaffung von Rechtsnormen 21
      b) Statusfunktion von Rechtsnormen 22
  III. Normsetzung als Sprachhandlung 24
    1. Sprachhandlung 24
    2. Analyse des Normsetzungsakts 26
    3. Wille des Normgebers 28
  IV. Rechtstext als Statusindikator 29
  V. Rechtsverhältnisse und Rechtspositionen 30
  VI. Resümee 31
B. Methodische Grundlagen 31
  I. Handlungsrekonstruktion 31
  II. Mittel der Handlungsrekonstruktion 33
    1. Syntaktische und semantische Analyse 33

2. Pragmatische Analyse 34
a) Pragmatisch relevanter Kontext 34
b) Sprachgebrauch 36
c) Near-side und far-side pragmatics 36
III. Anspruch und Grenzen der Handlungsrekonstruktion 37
IV. Handlungsrekonstruktion und richterliche Normsetzung 38
V. Handlungsrekonstruktion und Unionsgrundrechte 40
1. Normsetzungsakt und Normgeber 40
2. Sprachfassungen 41
3. Dokumentation der Entstehungsgeschichte 43
4. Erläuterungen zur Charta 45
5. Methodische Meta-Regeln 46
6. Rechtsprechung des EuGH und des EGMR 48
VI. Resümee 49
C. Dogmatische Grundlagen 49
I. Grundrecht, Grundrechtsnorm, Grundrechtsbestimmung 49
1. Grundrechtsbestimmung 49
2. Grundrechtsnorm 50
3. Grundrechte und Grundsätze 50
II. Grundrechtsadressaten 51
III. Verpflichtungsinhalte 52
IV. Struktur der Grundrechtsnorm 53
1. Prima-Facie-Struktur 53
2. Ausübung grundrechtlicher Freiheit 54
3. Einschränkung 55
4. Rechtfertigung 57
a) Gesetzliche Grundlage 57
b) Wesensgehalt 59
c) Verhältnismäßigkeit 59
5. Prüfungsstruktur 60
V. Verhältnis zum Recht der Verträge und der EMRK 62
1. Verweis auf die Verträge (Art. 52 Abs. 2 GRC) 62
2. Mindesttragweite der EMRK (Art. 52 Abs. 3 GRC) 63
a) Semantisch-pragmatische Analyse 63
b) Berücksichtigung der Listen in den Erläuterungen 65
c) Weitergehender Schutz 66
d) Transferlösung oder Garantie einer Mindesttragweite 67
VI. Resümee 71

Kapitel 2: Konstituierende Gesetzgebung 73

A. Problemstellung 73
B. Institutionentheoretischer Rahmen 74

I. Institutionelle Freiheit ... 74
II. Zuordnungsproblem ... 76
III. Institutionelle Begriffe ... 77
1. Institutionelle Begriffe und Anschauungsbegriffe ... 77
2. Institutionelle Begriffe und Rechtsbegriffe ... 78
IV. Resümee ... 79
C. Prototypen: Eheschließungsfreiheit und Eigentumsrecht ... 80
I. Auswahl ... 80
II. Eheschließungsfreiheit (Art. 9 Var. 1 GRC) ... 81
1. Gewährleistung ... 81
a) Chartatext und Erläuterungen ... 81
b) Konstituierungsbedürftigkeit und Regelungsfähigkeit ... 81
2. Institutioneller Begriff der Ehe ... 82
3. Ehekonstituierende Gesetzgebung ... 83
4. Autonomie des Ehebegriffs ... 84
III. Eigentumsrecht (Art. 17 GRC) ... 85
1. Gewährleistung ... 85
2. Institutioneller Begriff des Eigentums ... 85
3. Rechtliche Konstituierung des Eigentums ... 86
a) Orientierung am Konventionsrecht ... 86
b) Beratungen im Konvent ... 88
c) Rechtsprechung ... 89
4. Eigentumskonstituierende Gesetzgebung ... 91
a) Rechtssache Sky Österreich ... 91
b) Rechtssachen Ezernieki und ArcelorMittal ... 93
c) Rechtssache ACOR ... 94
d) Eingeschränkte Bedeutung des Art. 345 AEUV ... 94
e) Zusammenfassung ... 95
D. Negative Verpflichtungen ... 95
I. Schutzbereich ... 96
1. Eheschließungsfreiheit ... 96
a) Institution der Ehe ... 96
b) Strukturmerkmale des Ehebegriffs ... 97
c) Unabhängigkeit von mitgliedstaatlicher Nomenklatur ... 98
d) Kompetenz zur Eheschließung ... 99
2. Eigentumsrecht ... 101
a) Institution des Eigentums ... 101
b) Strukturmerkmale des Eigentumsbegriffs ... 101
c) Eigentumspositionen ... 103
d) Aspekte des Eigentumsschutzes ... 105
aa) Zustandsschutz ... 106
bb) Handlungsschutz ... 107
3. Scheinproblem der Schutzbereichsdivergenz ... 108
II. Einschränkung ... 110

1. Hinderung von Handlungen ... 110
a) Hinderung von physisch rohen Handlungen ... 110
b) Hinderung von institutionellen Handlungen ... 112
2. Beeinträchtigung von Zuständen und Eigenschaften ... 113
a) Beeinträchtigung des physisch rohen Referenzobjekts ... 113
b) Beeinträchtigung der institutionellen Situation ... 115
3. Keine Einschränkung durch konstituierende Gesetzgebung ... 116
a) Neukonstituierung von Freiheitsgegenständen ... 116
b) Diachronizität von Einschränkung und Konstituierung ... 116
III. Rechtfertigung ... 118
E. Positive Verpflichtungen ... 120
I. Allgemeines ... 120
II. Schützende und fördernde Normen ... 122
1. Pflicht zur Setzung von Schutznormen ... 122
2. Pflicht zur Setzung fördernder Normen ... 124
III. Konstituierende Rechtsnormen ... 125
1. Erweiterung der Freiheitssphäre ... 125
2. Begründungsansätze ... 126
a) Implikation bzw. Implikatur ... 126
b) Entstehenssicherung ... 127
c) Institutsgarantie ... 128
3. Untersuchung der Unionsgrundrechte ... 130
a) Eheschließungsfreiheit ... 130
b) Eigentumsrecht ... 133
c) Weitere Gewährleistungen ... 134
4. Abgleich mit dem Konventionsrecht ... 135
a) Eheschließungsfreiheit ... 136
b) Gleichberechtigung der Ehegatten ... 137
c) Recht auf Bildung ... 137
d) Recht auf freie Wahlen ... 138
e) Vereinigungsfreiheit ... 139
f) Eigentumsrecht ... 141
g) Zusammenfassung ... 142
IV. Resümee ... 142

Kapitel 3: Konkretisierende Gesetzgebung ... 143

A. Problemstellung ... 143
B. Prototyp: Unterrichtung und Anhörung im Unternehmen ... 144
I. Gewährleistung ... 144
1. Chartatext ... 144
2. Beratungen im Konvent ... 145
3. Erläuterungen ... 147

4. Zwischenfazit ... 148
II. Rechtssache AMS ... 148
1. Sachverhalt ... 148
2. Schlussanträge des Generalanwalts ... 149
3. Entscheidung des EuGH ... 151
4. Rezeption und Bewertung ... 152
III. Begriff und Abgrenzung ... 154
1. Begriff ... 154
2. Abgrenzung ... 154
C. Arten konkretisierender Gesetze ... 156
I. Konkretisierendes Unionsrecht ... 156
1. Sekundärrecht ... 156
a) Richtlinienrecht ... 156
b) Verordnungsrecht (insb. Unionsbeamtenrecht) ... 157
2. Primärrecht ... 159
II. Konkretisierendes Recht der Mitgliedstaaten ... 159
1. Géometrie variable ... 159
2. Terminologie ... 160
3. Rechtsvorschriften ... 162
4. Gepflogenheiten ... 163
D. Grundrechtsdogmatische Einordnung ... 164
I. Anwendungsbereich ... 164
1. Konkretisierende und regelnde Gesetzgebung ... 164
2. Weitere konkretisierungsbedürftige Gewährleistungen ... 165
a) Art. 30 GRC: Schutz bei ungerechtfertigter Entlassung ... 165
b) Art. 34 GRC: Soziale Sicherheit und soziale Unterstützung ... 166
aa) Art. 34 Abs. 1 und 3 GRC ... 166
bb) Art. 34 Abs. 2 GRC ... 166
c) Zweifelsfälle: Art. 31 und Art. 33 Abs. 2 GRC ... 167
II. Ansätze im Schrifttum ... 168
1. Normative Hülle ... 169
2. Menschenwürde-Aufladung ... 169
3. Interpretationshilfe ... 170
4. Ausgestaltung ... 172
5. Kompetenzakzessorietät ... 173
III. Konkretisierungsvorbehalt ... 174
E. Grundrechtliche Verpflichtungen ... 174
I. Negative Verpflichtungen ... 174
1. Beeinträchtigungsverbot ... 174
a) Beeinträchtigung durch die Mitgliedstaaten ... 175
b) Beeinträchtigung durch die Union ... 176
c) Zwischenfazit ... 176
2. Rückschrittverbot ... 176

a) Rechtsvergleichende Betrachtung ... 176
aa) Art. 23 der Verfassung Belgiens ... 176
bb) Standstill-Verpflichtung ... 178
cc) Vergleichbarkeit ... 179
b) Schutz konkretisierender Normbestände ... 180
aa) Übertragbarkeit der Standstill-Doktrin ... 180
bb) Ansätze im Schrifttum ... 181
cc) Dogmatische Konstruktion ... 182
dd) Rechtspolitische Einwände ... 183
c) Statischer und dynamischer Normbestandsschutz ... 184
d) Differenzierung nach Grundrechtsadressaten ... 185
aa) Normbestandsschutz gegenüber der Union ... 186
bb) Normbestandsschutz gegenüber den Mitgliedstaaten ... 188
3. Zwischenergebnis ... 190
II. Positive Verpflichtungen ... 190
1. Effektuierungsgebot ... 190
a) Allgemeines ... 190
b) Horizontalwirkung ... 190
2. Konkretisierungspflicht ... 192
a) Ansätze im Schrifttum ... 192
b) Differenzierung nach Grundrechtsadressaten ... 193
aa) Konkretisierungspflicht der Mitgliedstaaten ... 193
bb) Konkretisierungspflicht der Union ... 193
III. Resümee ... 194

Kapitel 4: Regelnde Gesetzgebung ... 195

A. Problemstellung ... 195
B. Begriff der Regelung ... 196
I. Etymologie und Bedeutung ... 196
II. Konstitutive und regulative Regeln ... 197
III. Grundrechtsspezifische Konzeption ... 199
C. Prototypen regelungsfähiger Grundrechte ... 200
I. Einschränkungs- und Regelungsfähigkeit ... 200
II. Recht auf Eheschließung und Familiengründung ... 201
1. Gewährleistung ... 201
a) Chartatext ... 201
b) Entstehung ... 202
c) Erläuterungen ... 203
2. Rechtsprechung des EGMR ... 203
a) Rees-Urteil ... 203
b) Johnston-Urteil ... 204
c) Schweizerisches Wiederverheiratungsverbot ... 204

d) Neuere Rechtsprechung ... 206
3. Ansätze im Schrifttum ... 207
4. Resümee und Erweiterung ... 208
III. Recht auf Kollektivverhandlungen und Kollektivmaßnahmen ... 210
1. Gewährleistung ... 210
a) Chartatext ... 210
b) Entstehung ... 212
c) Erläuterungen ... 214
2. Rechtsprechung des EuGH ... 215
a) Rechtssache Viking ... 215
b) Rechtssache Laval ... 217
c) Ausschreibung von Betriebsrentenzusagen ... 218
d) Rechtssache Hennings und Mai ... 221
3. Ansätze im Schrifttum ... 223
a) Normative Hülle ... 223
b) Einschränkungsvorbehalt ... 225
aa) Anwendung von Art. 52 Abs. 1 GRC ... 225
bb) Vorbehaltlose Grundrechtsschranke ... 226
c) Ausgestaltungsvorbehalt ... 228
aa) Ausgestaltung durch Mitgliedstaaten ... 228
bb) Ausgestaltung durch Mitgliedstaaten und Union ... 231
4. Resümee ... 233
IV. Unternehmerische Freiheit ... 234
1. Gewährleistung ... 234
a) Chartatext ... 234
b) Entstehung ... 234
c) Erläuterungen ... 238
2. Rechtsprechung des EuGH ... 239
a) Rechtsprechung vor der Proklamation der Charta ... 239
b) Rechtsprechung nach Inkrafttreten der Charta ... 241
aa) Ausgangspunkt ... 241
bb) Rechtsprechungslinie Deutsches Weintor ... 242
cc) Rechtsprechungslinie Sky Österreich ... 245
dd) Neuere Entscheidungen ... 248
c) Rezeption und Kritik ... 251
3. Ansätze im Schrifttum ... 254
a) Unbeachtlichkeit ... 254
aa) Leerlaufende Kompetenzwahrungsklausel ... 254
bb) Deklaratorische Klausel ... 256
b) Traditionsklausel ... 258
c) Anwendung des Art. 52 Abs. 1 GRC ... 258
d) Ausgestaltungsvorbehalt ... 259
4. Resümee ... 263

D. Regelung als dogmatische Kategorie 263
I. Bestandsaufnahme 263
II. Regelung und Einschränkung 264
1. Abgrenzungsbedarf 264
2. Abgrenzbarkeit 265
a) Einwand der Nicht-Abgrenzbarkeit 265
b) Keck-Rechtsprechung 265
c) Abgrenzungsmodelle im nationalen Recht 267
aa) Regelungsvorbehalt des Art. 12 Abs. 1 Satz 2 GG 267
bb) Kernbereichsdogmatik zu Art. 28 Abs. 2 Satz 1 GG 269
d) Zwischenresümee 271
3. Abgrenzungskriterien 272
a) Allgemeine und spezifische Kriterien 272
b) Kern- und Randbereich 273
c) Ansätze in der Rechtsprechung 276
d) Methoden der Kernbereichsbestimmung 278
aa) Intensitätsbetrachtung 279
bb) Gegenständliche Betrachtung 280
cc) Methodenwahl 283
4. Zwischenbilanz 284
III. Regelung durch Union und Mitgliedstaaten 284
1. Regelungen des Unionsrechts 284
a) Primärrechtliche Regelungen 284
b) Sekundärrechtliche Regelungen 284
2. Regelungen des mitgliedstaatlichen Rechts 285
3. Regelung durch Einzelakt 287
IV. Strukturfragen 289
V. Resümee 290

Kapitel 5: Schlussbetrachtung 291

Zusammenfassung 299

Verzeichnisse 305

Rechtsprechungsverzeichnis 305
Unionsgerichte 305
Konventionsorgane 306
Nationale Gerichte 308
Dokumentenverzeichnis 309
Literaturverzeichnis 311
Sekundärrechtsverzeichnis 325

Register 329

Abkürzungsverzeichnis

a. A.	andere Ansicht
a. a. O.	am angegebenen Ort
a. F.	alte Fassung
ABl.	Amtsblatt
Abs.	Absatz
Abschn.	Abschnitt
AEUV	Vertrag über die Arbeitsweise der Europäischen Union
Alt.	Alternative
Anm.	Anmerkung
Art.	Artikel
Aufl.	Auflage
ausf.	ausführlich
Az.	Aktenzeichen
BAG	Bundesarbeitsgericht
BAT	Bundes-Angestelltentarifvertrag
BayBO	Bayerische Bauordnung
Bd.	Band
BeamtSt	Beamtenstatut
BGB	Bürgerliches Gesetzbuch
bspw.	beispielsweise
BVerfG	Bundesverfassungsgericht
BVerwG	Bundesverwaltungsgericht
bzw.	beziehungsweise
CIC	Codex Iuris Canonici
d. h.	das heißt
Dok.	Dokument
EG	Europäische Gemeinschaft
EGV	Vertrag zur Gründung der Europäischen Gemeinschaft
Einl.	Einleitung
EMRK	Konvention zum Schutz der Menschenrechte und Grundfreiheiten
endg.	endgültig
ESC	Europäische Sozialcharta
etc.	et cetera
EuG	Gericht der Europäischen Union
EuGH	Europäischer Gerichtshof
EuGHVfO	Verfahrensordnung des Europäischen Gerichtshofs
EUV	Vertrag über die Europäische Union
f.	folgende(r)
ff.	folgende
FS	Festschrift

GA	Generalanwalt
GCSGA	Gemeinschaftscharta der sozialen Grundrechte der Arbeitnehmer
GG	Grundgesetz für die Bundesrepublik Deutschland
GRC	Charta der Grundrechte der Europäischen Union
GS	Gedächtnisschrift
GWB	Gesetz gegen Wettbewerbsbeschränkungen
Hs.	Halbsatz
h. M.	herrschende Meinung
i. e. S.	im engeren Sinne
i. V. m.	in Verbindung mit
ILO	International Labour Organization
IPwskR	Internationaler Pakt über wirtschaftliche, soziale und kulturelle Rechte
jew.	jeweils
Kap.	Kapitel
krit.	kritisch
Lit.	Literatur
m. N.	mit Nachweisen
m. w. N.	mit weiteren Nachweisen
Nr.	(Beschwerde-)Nummer
PrALR	Allgemeines Landrecht für die Preußischen Staaten
RL	Richtlinie
Rn.	Randnummer(n)
Rs.	Rechtssache
Rspr.	Rechtsprechung
SchlA	Schlussanträge
s.	siehe
S.	Seite(n)
s. o.	siehe oben
Sp.	Spalte
TVG	Tarifvertragsgesetz
TVöD	Tarifvertrag für den öffentlichen Dienstag
u. a.	und andere
usf.	und so fort
usw.	und so weiter
UWG	Gesetz gegen den unlauteren Wettbewerb
Var.	Variante
VB	Verfassung Belgiens
VfOEuG	Verfahrensordnung des Gerichts
vgl.	vergleiche
Vorb.	Vorbemerkung
VVE	Vertrag über eine Verfassung für Europa
WVK	Wiener Vertragsrechtskonvention
z. B.	zum Beispiel
ZGB	Zivilgesetzbuch
Ziff.	Ziffer
ZP-EMRK	Zusatzprotokoll zur Konvention zum Schutz der Menschenrechte und Grundfreiheiten
ZPO	Zivilprozessordnung

Einführung

A. Einleitung

Seitdem die Charta der Grundrechte als Primärrecht der Union am 1. Dezember 2009 Rechtsverbindlichkeit erlangte, verfügt die Unionsverfassung über einen geschriebenen Grundrechtskatalog, an dem sich Maßnahmen der Union und der Mitgliedstaaten bei der Durchführung des Unionsrechts messen lassen müssen. Der Verfassungsrang der Charta begründet zugleich das Bedürfnis nach ihrer rechtsdogmatischen Durchdringung. Zwar muss das sprichwörtliche Rad nicht neu erfunden werden, greifen die Bestimmungen der Charta doch einiges auf, was bereits in der sogenannten prätorischen Phase des Grundrechtsschutzes geltendes Unionsrecht war, als Grundrechte noch ausschließlich als allgemeine Rechtsgrundsätze gewährleistet wurden. Die Charta setzt aber mit ihren ausdifferenzierten Gewährleistungen zahlreiche neue Akzente, die nach einer rechtswissenschaftlichen Verarbeitung verlangen. Die These, die Charta mache nur sichtbar, was ohnehin schon gelte, und schaffe keinesfalls neue Rechte,[1] lässt sich schon angesichts der zahlreichen neuartigen Garantien sozialer Rechte, aber auch mit Blick auf die abgestuften Gewährleistungen bedeutender wirtschaftlicher Rechte nicht ernsthaft aufrechterhalten.[2] Mit dem Inkrafttreten der Charta wurde dem Unionsrecht neuer Rechtsstoff hinzugefügt: die geschriebenen Unionsgrundrechte.

Die vorliegende Untersuchung greift aus diesem Rechtsstoff einen Teilbereich, nämlich das vielschichtige Verhältnis zwischen Unionsgrundrechten und Gesetzgebung, heraus. Diese Beziehungen in Gänze zu analysieren, würde ihren Rahmen sprengen. Der Fokus soll daher auf einer bestimmten Beziehung, nämlich der Abhängigkeitsrelation zwischen grundrechtlicher Freiheit und einfachem Recht im Sinne subkonstitutioneller Normsetzung liegen. Inspiriert ist die Untersuchung dabei von einem der zentralen Problemkreise der deutschen Grundrechtsdogmatik. Das zeigt schon ihr Titel, der einen Beitrag *Roman Herzogs* aus dem Jahr 1987 zitiert. Dreizehn Jahre bevor *Herzog* dem Konvent vorsitzen sollte, der die Charta erarbeitete, widmete

[1] Diese These wurde vor allem von britischer Seite vertreten; vgl. *Goldsmith*, CMLR 38 (2001), 1201 ff. Sie geht auf den Beschluss des Europäischen Rates von Köln vom 03./04.06.1999 (Schlussfolgerungen des Vorsitzes, Anhang IV) zurück, nach dem die Charta „die überragende Bedeutung der Grundrechte und ihre Tragweite für die Unionsbürger sichtbar" verankern sollte.

[2] Vgl. zu den Neuerungen der Charta *Alber/Widmaier*, EuGRZ 2000, 497 (499); *Grabenwarter*, DVBl. 2000, 1 (12 f.); *Calliess*, EuZW 2001, 261 (263 ff.); *Schmitz*, JZ 2001, 833 (834).

er sich unter der prägnanten Überschrift „Grundrechte aus der Hand des Gesetzgebers“ einem der faszinierendsten Paradoxa des deutschen Verfassungsrechts.[3] Wie kann es sein, dass die Freiheit, die manche Grundrechte verbürgen, von der Normsetzung der grundrechtsgebundenen Hoheitsgewalt, konkret: des Gesetzgebers, abhängt? Wie können Grundrechte vor Gesetzgebung schützen, wenn sie inhaltlich zur Disposition des Gesetzgebers stehen? *Herzog* blickte in seinem Beitrag auf beinahe vier Jahrzehnte „Verfassungsauslegung und Verfassungsrechtsprechung zum Bonner Grundgesetz“ zurück.[4] Doch das Problem beschäftigt die deutsche Staatsrechtslehre schon viel länger. So postulierte bereits *Carl Schmitt* für die Grundrechte der Weimarer Reichsverfassung, dass ihr Inhalt und Umfang sich nicht aus dem Gesetz ergeben dürfe.[5] Denn eine Freiheit „nach Maßgabe der Gesetze“ sei überhaupt keine „Freiheit im liberalen Sinne“.[6] Für *Schmitt* war der Vorbehalt des Gesetzes daher „niemals der Vorbehalt einer Maß- oder Inhaltsgabe, sondern immer nur der Vorbehalt einer Ausnahme, und zwar einer Ausnahme, die als solche prinzipiell begrenzt, berechenbar und nachprüfbar sein muss“.[7] Mit Grundrechtsbestimmungen wie Art. 153 Abs. 1 WRV, wonach sich Inhalt und Schranken des Eigentums aus den Gesetzen ergaben, oder Art. 151 Abs. 1 WRV, der die Freiheit des Handels und des Gewerbes „nach Maßgabe der Reichsgesetze“ gewährleistete, war diese Auffassung freilich nur schwer in Einklang zu bringen. Erkennt man darüber hinaus an, dass bestimmte grundrechtliche Schutzgüter wie Ehe, Eigentum oder Vertrag für ihr Bestehen auf Gesetzgebung angewiesen sind, läuft die Leugnung der „Maß- und Inhaltsgabe“ durch den Gesetzgeber auf einen performativen Widerspruch hinaus. Die deutsche Grundrechtsdogmatik ist bis heute darum bemüht, Wege aus dem Dilemma zwischen der Maß- und Inhaltsgabe durch den Gesetzgeber und dessen Grundrechtsbindung aufzuzeigen.[8]

Es ist nicht das Ziel dieser Untersuchung, die deutsche Diskussion auf die europäische Ebene zu verlagern. Noch weniger will sie den Unionsgrundrechten Versatzstücke der deutschen Grundrechtsdogmatik, wie etwa die zu Art. 6 und Art. 14 GG entwickelten Ausgestaltungslehren, „überstülpen“.[9] Weder das eine noch das andere würde der sich konsolidierenden Dogmatik der Unionsgrundrechte[10] einen

---

[3] *Herzog*, in: FS Zeidler, S. 1415 ff.; später kritisch aufgegriffen von *Nierhaus*, AöR 116 (1991), 72 ff.

[4] *Herzog*, in: FS Zeidler, S. 1415.

[5] *Schmitt*, in: Anschütz/Thoma, HdbDStR II, S. 572 (591 f.).

[6] *Schmitt*, in: Anschütz/Thoma, HdbDStR II, S. 572 (592).

[7] *Schmitt*, in: Anschütz/Thoma, HdbDStR II, S. 572 (592).

[8] Aus jüngerer Zeit vgl. vor allem *Gellermann*, Grundrechte in einfachgesetzlichem Gewande, 2000; *Poscher*, Grundrechte als Abwehrrechte, 2003, S. 132 ff.; *Cremer*, Freiheitsgrundrechte, 2003, S. 84 ff.; *Cornils*, Die Ausgestaltung der Grundrechte, 2005, passim; *Bumke*, Ausgestaltung von Grundrechten, 2009, passim; *Aulehner*, Grundrechte und Gesetzgebung, 2011, S. 411 ff.

[9] Zum allenthalben zu beobachtenden „Überstülpen“ nationaler dogmatischer Figuren auf die Unionsgrundrechte vgl. *Cremer*, in: Grabenwarter, Europäischer Grundrechteschutz, 2014, § 1 Rn. 4.

[10] Die dogmatische Durchdringung des Rechtsstoffes ist freilich ein im besonderen Maße „deutsches“ Anliegen – *Jestaedt*, 2012, 1 (9) spricht gar vom „German approach“ –, jedoch kennen auch andere Mitgliedstaaten dogmatische Grundrechtsdiskurse; *Kühling*, in: von Bogdandy/Bast, Euro-

Dienst erweisen. Die Untersuchung fußt aber auf dem durch nationale Grundrechtserfahrung geschärften Bewusstsein für die Probleme, die mit der Anerkennung von Kompetenzen des Gesetzgebers zur grundrechtlichen „Maß- und Inhaltsgabe" einhergehen. Dass diese Probleme sich auch im Bereich der Unionsgrundrechte stellen, legt schon ein flüchtiger Blick auf den Text der Charta nahe. In einigen Grundrechtsbestimmungen finden sich Verweise auf das Unionsrecht und die „Rechtsvorschriften und Gepflogenheiten der Mitgliedstaaten", nach denen das jeweilige Grundrecht gewährleistet wird (Art. 16, 27, 28, 30, 34 GRC). Andere Gewährleistungen nehmen auf die „einzelstaatlichen Gesetze" Bezug, die die Ausübung des jeweiligen Rechts „regeln" (Art. 9, 10 Abs. 2, 14 Abs. 3 GRC). Darüber hinaus kennen auch die Unionsgrundrechte Schutzgegenstände wie Ehe, Eigentum und Vertrag, die die deutsche Grundrechtsdogmatik als „rechts-" oder „normgeprägt" charakterisiert und zum zentralen Anwendungsbereich ihrer Ausgestaltungslehren erklärt.[11]

Es deutet also alles darauf hin, dass das Phänomen der „Grundrechte aus der Hand des Gesetzgebers" auch im Unionsrecht beobachtet werden kann. Es zu erfassen, zu analysieren, dogmatisch zu strukturieren und durch Kategorienbildung zu systematisieren, ist der Anspruch dieser Untersuchung. Sie will damit einen theoretisch fundierten Beitrag zur Dogmatik der Unionsgrundrechte liefern – und ist sich dabei der Kontroversen bewusst, die sich an Begriff, Aufgabe und Berechtigung von Rechtsdogmatik entzünden. Diese sind andernorts nachzulesen.[12] Hier genüge der Hinweis, dass es mindestens ebenso unglücklich wäre, die den Rechtsstoff strukturierende Dogmatik aufgrund wissenschaftstheoretischer Zweifel vorschnell über Bord zu werfen, wie die Rechtswissenschaft auf die Dogmatik zu verengen. Gewiss ist Rechtswissenschaft mehr als Dogmatik, aber Dogmatik ist ein wichtiger Teil davon und darüber hinaus ein gemeineuropäisches Konzept.[13] Die Vorteile einer dogmatischen Durchdringung der Unionsgrundrechte hat *Kühling* anschaulich herausgestellt:

> „Eine transparente, fundierte und entschiedene Grundrechtsjudikatur, die auf eine kohärente Dogmatik gestützt ist, setzt für den Normgeber und Normanwender unabdingbare Orientierungspunkte und schafft für den Normadressaten Rechtssicherheit. Der Vielseitigkeit und Komplexität neuer Problemkonstellationen kann eine entwickelte Dogmatik mit der Bereitstellung von Lösungsmustern und Einordnungshilfen begegnen. Zudem setzt die Dogmatik mit ihren Lösungsfiguren einen Standard, der erst dann abgelöst werden kann, wenn bessere Lösungen angeboten werden. Dogmatisches Arbeiten führt daher langfristig zu einer Optimierung der zur Problembehandlung bereitgestellten Muster und Figuren. Die einmal erreichte

---

päisches Verfassungsrecht, 2. Aufl. 2009, S. 672 verweist auf Italien und Spanien sowie Österreich und Belgien, wobei sich bei den letzteren der Diskurs erst entwickle.

[11] Vgl. *Gellermann*, Grundrechte in einfachgesetzlichem Gewande, 2000, S. 21 ff.; *Bumke*, Die Ausgestaltung der Grundrechte, 2009, S. 17 ff. jew. m. w. N.

[12] Zum Beispiel bei *Kirchhof/Magen/Schneider*, Was weiß Dogmatik?, 2012, passim.

[13] Vgl. bereits *Peczenik*, Logique et Analyse 12 (1969), 32 (32): „Legal dogmatics [...] consists in interpretation and systematization of valid legal norms. [...] Although more influential on the European Continent than in the Common Law countries, legal dogmatics exists in every modern State."

Qualität kann nicht mehr gemindert werden, weil sich neue Figuren immer an dem alten Standard messen lassen müssen".[14]

„Muster und Figuren", wie sie *Kühling* beschreibt, will die vorliegende Untersuchung für die rechtlichen Problemstellungen erarbeiten, die sich unter dem Thema „Unionsgrundrechte aus der Hand des Gesetzgebers" vereinen. Dabei ist sie sich der Selbstbeschränkung bewusst, die sich Rechtsdogmatik aufzuerlegen hat. Sie dient der Analyse und Strukturierung des vorgefundenen Rechtsstoffs und setzt damit eine theoretisch und methodologisch belastbare Rekonstruktion dessen voraus, was die Normgeber des betrachteten Rechtssystems als geltendes Recht gesetzt haben. Rechtsdogmatik ist zunächst Rechtserkenntnis und erst in einem zweiten Schritt Strukturierung, Systematisierung und Erklärung des Erkannten. Niemals ist sie Rechtserzeugung. Wo das Recht seinem Anwender[15] Spielräume belässt und ihn damit zu weiterer Normsetzung ermächtigt, endet Dogmatik und beginnt Politik,[16] gleichviel ob der ermächtigte Akteur der Legislative, Exekutive oder Judikative zugerechnet wird. Auch Richter und Verwaltungsbeamte erzeugen neues Recht und üben dabei politische Macht aus. Die Grenzen zwischen geltendem Recht und Rechtserzeugung,[17] zwischen Rechtsdogmatik und Rechtspolitik wollen genau vermessen sein. Anderenfalls droht der dogmatische Diskurs zum politischen Meinungskampf im rechtswissenschaftlichen Gewande zu verkommen.[18]

Diese Grenzziehung setzt eine theoretische und methodologische Grundlegung voraus, an der sich diese Untersuchung in ihrem ersten Kapitel versucht. Zunächst sind jedoch die zentralen Begriffe zu definieren, die im Weiteren zugrunde gelegt werden. Damit wird zugleich das Thema der Untersuchung näher umrissen. Außerdem ist eine kurze Auseinandersetzung mit und Abgrenzung von den Ausgestaltungslehren angezeigt, wie sie aus der deutschen Grundrechtsdogmatik bekannt sind. Aufgrund der kapitelübergreifenden Relevanz (und der unvermeidlichen Assoziationen deutscher Leser) werden diese Fragen gleichsam vor die Klammer gezogen. Schließlich sei der Gang der Untersuchung kurz skizziert, damit der Leser im dogmatischen Dickicht nicht die Orientierung verliert.

---

[14] *Kühling*, in: von Bogdandy/Bast, Europäisches Verfassungsrecht, 2. Aufl. 2009, S. 672.

[15] Zur Untrennbarkeit von Rechtsanwendung und Rechtserzeugung im Stufenbau der Rechtsordnung vgl. *Kelsen*, Reine Rechtslehre, 2. Aufl. 1960, S. 72 f., 236 ff., 260 f.; zum Begriff des Rechtsanwenders auch *Lepsius*, ARSP Beiheft 126 (2011), 21 (25).

[16] Vgl. *Peczenik*, Logique et Analyse 12 (1969), 32 (32): „Discussions carried on by State organs, e. g. courts, applying and/or making law, are very akin to dogmatics but remain outside its limits."

[17] Dazu *Jestaedt*, in: Bumke, Richterrecht zwischen Gesetzesrecht und Rechtsgestaltung, 2012, S. 49 (63).

[18] Damit ist keine Abwertung der politischen Betätigung verbunden. Es steht nur der Rechtsdogmatik als Teildisziplin der Rechtswissenschaft nicht zu, politische Forderungen zu erheben.

B. Grundbegriffe

I. Unionsgrundrechte

Unionsgrundrechte im Sinne dieser Untersuchung sind die Grundrechtsgewährleistungen des Unionsrechts, wie sie in der Charta der Grundrechte der Europäischen Union niedergelegt sind. Seit Inkrafttreten von Art. 6 Abs. 1 EUV am 1. Dezember 2009, der die Charta in den Rang der Verträge erhebt, handelt es sich bei den Unionsgrundrechten (genauer: den darunter zusammengefassten Grundrechtsnormen[19]) um Primärrecht der Union, mithin um einen Teil der Unionsverfassung.[20] Bekanntlich hatte der EuGH bereits lange zuvor Grundrechte als allgemeine Rechtsgrundsätze des Gemeinschaftsrechts anerkannt.[21] Doch dieser prätorische Grundrechtsschutz[22] ist mit dem Grundrechtskatalog der Charta überholt. Zwar sind nach Art. 6 Abs. 3 EUV die Grundrechte als allgemeine Rechtsgrundsätze weiterhin Teil des Unionsrechts. Darin dürfte aber bestenfalls ein Hinweis darauf zu sehen sein, dass die Grundrechtsjudikatur des EuGH eine zentrale Grundlage für die nunmehr geschriebenen Gewährleistungen bildet.[23] Die Weichenstellungen der Charta unter Rückgriff auf die frühere Rechtsprechung zu unterlaufen, wird kaum von der Kompetenz des EuGH gedeckt sein.[24] Anzeichen für eine solche „Umgehungstaktik" gibt es in der neueren EuGH-Judikatur jedenfalls keine. Im Gegenteil orientierte sich der Gerichtshof schon vor Inkrafttreten der Charta stark an ihrem Text.[25] Die Grundrechte als allgemeine Rechtsgrundsätze sind daher kein Gegenstand dieser Untersuchung. Die prätorische Grundrechtsjudikatur des EuGH wird nur insoweit herangezogen, als sie den Unionsgrundrechten im Sinne von Charta-Grundrechten zugrunde liegt.

II. Gesetzgeber

Der Begriff des Gesetzgebers, wie er hier verwendet wird, ist nicht mit dem der Legislative im klassischen Gewaltenteilungsschema gleichzusetzen. Zwar gibt es erhebliche

---

[19] Vgl. dazu Kapitel 1 C I.

[20] Vgl. zum Begriff der Verfassung der Europäischen Union sowie zur Charta als Teil der Konstitutionalisierung *Möllers*, in: von Bogdandy/Bast, Europäisches Verfassungsrecht, 2. Aufl. 2009, S. 227 (255 ff.); zur Erarbeitung der Charta als Schritt einer europäischen Verfassungsgebung vgl. bereits *Pernice*, DVBl. 2000, 847 (848 f.).

[21] Leitentscheidungen: EuGH, Rs. 29/69 – *Stauder*, Rn. 7; Rs. 11/70 – *Internationale Handelsgesellschaft*, Rn. 3.

[22] Vgl. statt vieler *Kühling*, in: von Bogdandy/Bast, Europäisches Verfassungsrecht, 2. Aufl. 2009, S. 657 (662 ff.).

[23] Vgl. *Kingreen*, in: Calliess/Ruffert, EUV/AEUV, Art. 6 EUV Rn. 15 ff. m. N. auch zur a. A.

[24] Vgl. *Kingreen*, in: Calliess/Ruffert, EUV/AEUV, Art. 6 EUV Rn. 17, der sich für einen Vorrang des geschriebenen Rechts ausspricht.

[25] Vgl. etwa die Rspr. zum Recht auf Kollektivmaßnahmen, das in EuGH, Rs. C-438/05 – *Viking*, Rn. 43 noch vor Inkrafttreten der Charta unter dem Eindruck von Art. 28 GRC als allgemeiner Rechtsgrundsatz anerkannt wurde.

Überschneidungen, gerade wenn es um den Unionsgesetzgeber geht,[26] doch muss die Begriffsbildung für mitgliedstaatliche Besonderheiten offen sein. Man denke insbesondere an die Common-Law-Systeme, die auch nach dem Ausscheiden des Vereinigten Königreichs mit der Rechtsordnung Irlands und den Mischsystemen[27] Maltas und Zyperns in der Union präsent bleiben. Aber auch in den Civil-Law-Rechtsordnungen spielen abstrakt-generelle Normsetzungen durch Gerichte und andere Akteure eine wichtige Rolle. Die Grenzen zur legislativen Normsetzung können fließend sein. Ein beredtes Zeugnis hierüber legt das deutsche Kollektivarbeitsrecht ab, für das in weiten Teilen das BAG – mit dem Segen des BVerfG[28] – als „Ersatzgesetzgeber" fungiert.[29] Für die Unionsgrundrechte ist es unerheblich, welcher Akteur des mitgliedstaatlichen Rechtssystems die grundrechtsrelevanten Rechtsnormen setzt. Wenn hier und im Folgenden also von „Gesetz" die Rede ist, ist damit jede abstrakt-generelle Rechtsnorm gemeint, die von einem dazu ermächtigten Akteur, dem Gesetzgeber, gesetzt wurde.

Diese Konzeption von Gesetz und Gesetzgeber entspricht nicht nur dem Blickwinkel des Unionsrechts auf das mitgliedstaatliche Recht. Sie stimmt vielmehr auch mit dem Gesetzesbegriff überein, den der EGMR eingedenk der unterschiedlichen Rechtssysteme, die sich unter der EMRK versammeln, im Konventionsrecht etabliert hat.[30] Im grundlegenden *Huvig*-Urteil sprach sich der Straßburger Gerichtshof dezidiert für ein „materielles" Verständnis von *loi* bzw. *law* aus, das neben Parlamentsgesetzen und Normsetzungen niederen Ranges auch Richterrecht umfasse, das nicht nur in Common-Law-Systemen, sondern auch in den kontinentalen Rechtsordnungen ganze Bereiche des positiven Rechts dominiere.[31] Der Grundrechtekonvent hat sich auf diese Begriffsfestlegung explizit bezogen,[32] so dass sie für die Unionsgrundrechte gleichermaßen beachtlich ist.

III. *Freiheit*

Der Begriff der Freiheit findet sich zwar nicht explizit im Titel dieser Untersuchung, ließe sich aber ohne weiteres darin integrieren. Statt von „Unionsgrundrechten aus der Hand des Gesetzgebers" kann gleichbedeutend von „Grundrechtlicher Freiheit aus der Hand des Gesetzgebers" gesprochen werden. Denn die Untersuchung – wie sie durch die deutsche Grundrechtserfahrung inspiriert ist – beschränkt sich auf die

---

[26] Zur Einordnung des Unionsgesetzgebers in die dreigliedrig konzipierte Gewaltenteilung auf Unionsebene vgl. *Conway*, ELR 17 (2011), 304 (308 ff.).

[27] Vgl. dazu *Örücü*, JCompL 3 (2008), 34 ff.

[28] BVerfGE 88, 103 (115).

[29] Vgl. *Engels*, Verfassung und Arbeitskampfrecht, 2008, S. 311 ff.

[30] Ausf. dazu *Weiß*, Das Gesetz im Sinne der Europäischen Menschenrechtskonvention, 1996, S. 57 ff.

[31] EGMR, Nr. 11105/84 – *Huvig*, Rn. 28.

[32] Vgl. Kapitel 1 C IV. 4. a.

Unionsgrundrechte als Freiheitsrechte. Die Bindung des Gesetzgebers an Gleichheitssätze, wie sie die Charta vor allem in ihrem Titel III vorsieht, mag dogmatisch mindestens ebenso interessante Fragen aufwerfen,[33] die aber mit denen der „Maß- und Inhaltsgabe“[34] durch den Gesetzgeber nichts zu tun haben. Freiheitsrechte gewährleistet die Charta nicht nur in ihrem zweiten Titel, der mit „Freiheiten“ überschrieben ist, sondern auch in den Titeln I sowie IV bis VI. Im Folgenden sollen nur die Gewährleistungen der Titel II und IV untersucht werden. Die Garantien des Titels I (Würde, Leben, Unversehrtheit etc.) sind der inhaltlichen Einwirkung des Gesetzgebers unverdächtig. Die Bürger- und Justiziellen Rechte (Titel V und VI) wiederum betreffen spezifische Themen, die hier nicht vertieft werden können. Freilich lässt sich die ein oder andere dogmatische Figur, die im Folgenden zu entwickeln ist, auch für sie fruchtbar machen. So sind beispielsweise die Wahlrechtsgarantien der Art. 39 f. GRC nicht minder auf Gesetzgebung angewiesen wie die Eheschließungsfreiheit des Art. 9 GRC oder das Eigentumsrecht des Art. 17 GRC.[35] Die Titel II und IV bieten sich aber als aussagekräftige Referenzgebiete an.

Grundlage der dogmatischen Durchdringung der Freiheitsgrundrechte ist ein formaler Freiheitsbegriff. Freiheit wird danach als dreistelliges Prädikat konzipiert, bestehend aus Freiheitsträger, Freiheitsgegenstand und Freiheitshindernis.[36] Freiheit ist „always *of* something (an agent or agents), *from* something, *to* do, not do, become, or not become something“.[37] Welchen Inhalt die Elemente dieses formalen Freiheitsbegriffs im Einzelfall haben, hängt vollends vom Kontext ab, in dem der Begriff der Freiheit gebraucht wird. Durch seine ausdrückliche oder implizite Verwendung in Grundrechtsbestimmungen wird der Freiheitsbegriff zum (grund-)rechtlichen Begriff.[38] Das bedeutet zugleich, dass Freiheitsträger, Freiheitsgegenstand und Freiheitshindernis durch den Inhalt der jeweiligen Grundrechtsnorm bestimmt, mithin von deren Normgeber vorgegeben werden. Der dogmatisch arbeitende Jurist hat sich daher bestimmter Vorverständnisse über die Freiheitsgehalte der Grundrechte zu enthalten, wie sie vor allem mit metaphysisch aufgeladenen Freiheitsbegriffen verbunden sind. Metaphysische oder „naturrechtlich präformierte“[39] Freiheitsbegriffe qualifizieren den Freiheitsgegenstand nach ethischen Standards und schließen damit von vorneherein Handlungen oder Zustände aus, denen die ethische Anerkennung

---

33 Vgl. zu den unionsrechtlichen Gleichheitsgarantien etwa *Kingreen*, in: Ehlers, Europäische Grundrechte und Grundfreiheiten, 4. Aufl. 2015, § 21; *Schmahl*, in: Grabenwarter, Europäischer Grundrechteschutz, 2014, § 15.

34 *Schmitt*, in: Anschütz/Thoma, HdbDStR II, S. 572 (592).

35 Zur Wahlrechtsgarantie in der Rspr. des EGMR vgl. Kapitel 2 E III. 4. d.

36 Vgl. *Poscher*, Grundrechte als Abwehrrechte, 2003, S. 110.

37 *MacCallum*, Philosophical Review 76 (1967), 312 (314) – Hervorhebungen im Original.

38 Wie jeder Begriff, wenn er in Rechtsnormen verwendet wird, zum Rechtsbegriff wird; vgl. *Poscher*, in: Hage/von der Pfordten, Concepts in Law, 2008, S. 99 (102 ff.).

39 *Lübbe-Wolff*, Die Grundrechte als Eingriffsabwehrrechte, 1988, S. 99.

versagt wird.[40] Für die Rechtsdogmatik, deren Gegenstand weder Ethik noch Moral, sondern das positive Recht ist, sind sie unbrauchbar.[41]

C. Ausgestaltung der Grundrechte

Die deutsche Grundrechtsdogmatik verhandelt viele der Probleme, die im Folgenden für die Unionsgrundrechte diskutiert werden, unter dem Topos der „Ausgestaltung von Grundrechten". Dabei ist das Bedeutungsspektrum, in dem der Ausgestaltungsbegriff eingesetzt wird, so breit, dass sich jede einschlägige Darstellung genötigt sieht, mehr oder minder wortreich klarzustellen, was sie darunter versteht.[42] Schon die Ubiquität des Ausgestaltungsbegriffs bei seiner gleichzeitigen Unbestimmtheit lässt Zweifel daran aufkommen, ob sein Einsatz im Bereich der Unionsgrundrechte zweckmäßig ist. Die „Flexibilität und Offenheit" des Begriffs, „die es gestattet, unterschiedliche Erscheinungen im Verhältnis der Grundrechte zur Gesetzgebung unter einem einheitlichen Begriffsdach zu vereinen", mag bei der dogmatischen Behandlung der Grundrechte des Grundgesetzes als Vorzug erscheinen,[43] mit Blick auf die für die Unionsgrundrechte anzustrebende dogmatische Präzision birgt sie Risiken. Dass Zurückhaltung geboten ist, zeigt ein Blick auf das deutschsprachige Schrifttum zu den Unionsgrundrechten, in dem der Ausgestaltungsbegriff bereits als begründungsersetzende Floskel zur vorgeblichen Lösung verschiedener dogmatischer Problemstellungen eingesetzt wird.[44] Die Kontexte, in denen die deutsche Grundrechtsdogmatik auf den Begriff der Ausgestaltung zurückgreift, werden dabei als geläufig vorausgesetzt. Sofern man sich ohnehin nur an Leser wendet, die mit dem deutschen Recht vertraut sind, gibt es dagegen nichts einzuwenden. Für eine Dogmatik der Unionsgrundrechte, die für den europäischen Rechtsdiskurs anschlussfähig sein will, kommt dieses Vorgehen aber nicht infrage.

Doch nicht nur die Unbestimmtheit und Kontextabhängigkeit der Ausgestaltungsterminologie warnt vor ihrer Anwendung im Bereich der Unionsgrundrechte. Auch unter semantischen Gesichtspunkten handelt es sich bei der „Ausgestaltung"

---

[40] Vgl. *Poscher*, Grundrechte als Abwehrrechte, 2003, S. 113 f.; ausf. *Lübbe-Wolff*, Die Grundrechte als Eingriffsabwehrrechte, 1988, S. 87 ff.

[41] Vgl. *Lübbe-Wolff*, Die Grundrechte als Eingriffsabwehrrechte, 1988, S. 99 ff., die vor allem die Kompetenz des Gesetzgebers zur Abgrenzung von „akzeptable[m] und inakzeptable[m] Freiheitsgebrauch" betont. Noch vor der Entscheidung des (einfachen) Gesetzgebers liegt freilich die des Verfassungsgebers, durch dessen Normsetzung der Gesetzgeber erst zu weiterer Rechtssetzung ermächtigt wird. Das Freiheitsverständnis des Verfassungsgebers gilt es zu rekonstruieren, gleichviel ob es dem „Rekonstrukteur" ethisch akzeptabel erscheint oder nicht.

[42] Vgl. etwa *Gellermann*, Grundrechte in einfachgesetzlichem Gewande, 2000, S. 14 ff.; *Cornils*, Die Ausgestaltung der Grundrechte, 2005, S. 13 ff.; zum Begriff auch *Aulehner*, Grundrechte und Gesetzgebung, 2011, S. 412 ff.

[43] *Gellermann*, Grundrechte in einfachgesetzlichem Gewande, 2000, S. 15.

[44] Beispielsweise bei *Jarass*, GRC, Art. 52 Rn. 80 m. w. N.; auf weitere „Ausgestaltungsansätze" wird bei der Untersuchung der einzelnen Grundrechte einzugehen sein.

um einen Problemfall, haftet ihr doch etwas zutiefst Metaphorisches an.[45] Das Verb „(aus)gestalten" ist vom Nomen „Gestalt" abgeleitet, das wiederum ursprünglich ein Partizip zum Verb „stellen"[46] bildete. Gestalt ist demnach das „Gestellte".[47] Schon im Mittelhochdeutschen bezeichnete *gestalt* das Aussehen, die Beschaffenheit.[48] Wer aus*gestaltet*, gibt einem Gegenstand also eine bestimmte Beschaffenheit, ein neues Aussehen. Der Duden spricht von „ausformen", „Gestalt geben" und nennt als Beispiel „einen Raum geschmackvoll ausgestalten".[49] Die semantischen Nuancen, die der Begriff der Ausgestaltung in sich vereint, in eine andere Sprache zu übertragen, dürfte so gut wie ausgeschlossen sein. Noch nicht einmal im Englischen lässt sich eine passende Entsprechung finden. In der englischen Übersetzung von *Alexys* „Theorie der Grundrechte" wird „Ausgestaltung" eher radebrechend mit *outworking* wiedergegeben,[50] was so viel wie „Umsetzung" oder „Vollendung" heißt[51] und kaum die Assoziationen erfassen dürfte, die der Ausdruck im deutschen Grundrechtsdiskurs erweckt. Am nächsten kommt dem Ausgestaltungsbegriff der deutschen Grundrechtsdogmatik noch das Englische *configuration*.[52] Aber auch in dieser eher technischen Übersetzung geht vieles verloren, was mit der Metapher der Ausgestaltung von Grundrechten im Deutschen mitschwingt.

Die Rede von der Ausgestaltung der Unionsgrundrechte ist daher inadäquat. Eine Übertragung der Ausgestaltungsterminologie auf das Unionsrecht, ohne den Kontext der deutschen Grundrechtsdogmatik „mitzuschleifen", erscheint ausgeschlossen. Es fällt aber auch nicht schwer, auf den Ausgestaltungsbegriff zu verzichten. Denn die verschiedenen Relationen zwischen Gesetzgebung und Grundrechtsgewährleistung, die im Folgenden behandelt werden, lassen sich mit wesentlich präziseren und im europäischen Kontext verständlichen Termini beschreiben. Damit sind auch die Ge-

---

45 Vgl. *Cornils*, Die Ausgestaltung der Grundrechte, 2005, S. 3.

46 „Stellen" wiederum ist (wohl) ein Denominativ zu „Stall" in der alten Bedeutung „Standort"; vgl. *Kluge*, Etymologisches Wörterbuch der deutschen Sprache, 25. Aufl. 2011, Stichwort: „stellen".

47 *Kluge*, Etymologisches Wörterbuch der deutschen Sprache, 25. Aufl. 2011, Stichwort: „Gestalt".

48 *Kluge*, Etymologisches Wörterbuch der deutschen Sprache, 25. Aufl. 2011, Stichwort: „Gestalt"; DWB, Bd. 5, Sp. 4178 f.

49 Duden online, Stichwort: „ausgestalten".

50 *Alexy*, A Theory of Constitutional Rights, 2004, S. 217 übersetzt von *Julian Rivers*.

51 Vgl. Oxford Dictionary online, Stichwort: „outworking": „The action or process by which something is brought to completion."; s. auch das dortige Beispiel: „the practical outworking of EU legislation".

52 Vgl. die englische Übersetzung von BVerfG, Urt. v. 06. 12. 2016, Az. 1 BvR 2821/11, Rn. 229 (URL = <http://www.bverfg.de/e/rs20161206_1bvr282111en.html>; zuletzt abgerufen am 08. 03. 2018). *Configuration* kommt semantisch der Ausgestaltung sehr nahe, blickt man auf seinen lateinischen Ursprung *configurare* als Ableitung von *figura* („Gestalt"); vgl. für das Englische auch Merriam Webster online, Stichwort „configuration", wo als Synonym das aus dem Deutschen entlehnte *gestalt* angegeben wird; *gestalt* bezeichnet in der psycholgischen Fachsprache „An organized whole that is perceived as more than the sum of its parts" (vgl. Oxford Dictionary online, Stichwort: „gestalt"). Für das spanische Verfassungsrecht spricht *Borowski*, REDC 59 (2000), 29 (50 ff.) von *configuración*, um die Konstellation der Ausgestaltung von Grundrechten zu bezeichnen.

fahren gebannt, die von der voreiligen Parallelisierung dogmatischer Fragestellungen des Unionsrechts mit denen des nationalen Rechts ausgehen. Nur so kann sich die Dogmatik der Unionsgrundrechte von nationalen Vorverständnissen emanzipieren. Von den Teilnehmern am dogmatischen Grundrechtsdiskurs auf Unionsebene kann nicht erwartet werden, dass sie mit der diffizilen Ausgestaltungsdogmatik vertraut sind, die Rechtswissenschaft und Rechtsprechung in Deutschland zu Grundrechten wie denen nach Art. 14, 6 und Art. 9 Abs. 3 GG entwickelt haben. Es ist auch nicht ohne weiteres davon auszugehen, dass thematische Parallelgewährleistungen auf Unionsebene nach denselben oder auch nur nach ähnlichen dogmatischen Lösungsansätzen verlangen. So vergleichbar manche Grundrechte auf den ersten Blick scheinen, so sehr können sich doch die Gewährleistungen – nicht nur im Detail – unterscheiden. So wird etwa, um beim Paradefall eines „ausgestaltungsbedürftigen" Grundrechts zu bleiben, dem Gesetzgeber in Art. 14 Abs. 1 Satz 2 GG eine prominente Rolle eingeräumt, wenn es heißt, Inhalt und Schranken des Eigentums bestimmten die Gesetze. Einen vergleichbaren Rechtssatz kennt Art. 17 GRC, der das Eigentum als Unionsgrundrecht verbürgt, nicht. Zwar haben beide Gewährleistungen das Thema „Eigentum" und gewiss werden sich zwischen ihnen einige inhaltliche Parallelen auftun, doch die konkreten Grundrechtsnormen sind für jede Gewährleistung gesondert zu erarbeiten. Das ist zwar schon angesichts der verschiedenen Rechtsordnungen und Normgeber eine rechtstheoretische wie -dogmatische Selbstverständlichkeit, die zu betonen dennoch lohnt.

D. Gang der Untersuchung

Am Anfang der Untersuchung steht eine *Grundlegung* der theoretischen, methodischen und dogmatischen Prämissen, auf denen die weiteren Ausführungen ruhen. Gerade den rechtstheoretischen und methodischen Grundlagen wird dabei vergleichsweise viel Raum gegeben. Denn das Phänomen der „Unionsgrundrechte aus der Hand des Gesetzgebers" lässt sich nur gestützt auf ein solides theoretisches und methodologisches Fundament zutreffend erfassen, will man sich nicht auf vermeintliche Evidenzen verlassen, wie sie den deutschen Diskurs gelegentlich prägen.[53] Dieses Fundament wird in Kapitel 1 als eine Vereinigung normtheoretischer, sozialontologischer und sprachphilosophischer Elemente errichtet, denen mehr Aufmerksamkeit gewidmet wird, als es für dogmatisch orientierte Untersuchungen üblich sein dürfte. Aber gerade neuere sozialontologische Erkenntnisse, die sich zu einer zeitgemäßen

---

[53] So findet sich der Satz „Eigentum ist ein rechtliches Konstrukt" in zahlreichen deutschsprachigen Darstellungen, ohne dabei kritisch hinterfragt zu werden; aus der Menge seien beispielhaft herausgegriffen *Gelinsky*, Der Schutz des Eigentums gemäß Art. 1 des Ersten Zusatzprotokolls zur Europäischen Menschenrechtskonvention, 1996, S. 50; *Froese*, Wohnungseigentum zwischen individualgrundrechtlicher Gewährleistung und kollektiver Einbindung, 2015, S. 7; zur Problematik dieser Evidenz in Gegenüberstellung zum Eigentumsbegriff der EMRK vgl. *F. Michl*, JZ 2013, 504 (506 f.).

Institutionentheorie zusammenfassen lassen, ermöglichen eine präzise Analyse gesetzesabhängiger Grundrechtsgewährleistungen.

In den Kapiteln 2 bis 4, die das dogmatische Kernstück der Untersuchung bilden, werden die maß- und inhaltgebenden Beziehungen zwischen Gesetzgebung und Unionsgrundrechten analysiert. Sie lassen sich in drei dogmatische Kategorien einteilen, die zur Kategorie der einschränkenden Gesetzgebung, die bereits andernorts eingehend untersucht wurde,[54] komplementierend hinzutreten. Im Einzelnen geht es um die *konstituierende Gesetzgebung* (Kapitel 2), die *konkretisierende Gesetzgebung* (Kapitel 3) und die *regelnde Gesetzgebung* (Kapitel 4). Das Vorgehen und die Begrifflichkeiten ähneln dabei in Teilen Untersuchungen zu den Grundrechten des Grundgesetzes, allen voran der im Jahr 2000 erschienenen Habilitationsschrift *Gellermanns* über „Grundrechte in einfachgesetzlichem Gewande", der – in Anlehnung an *Lerche* –[55] mit der normativen Konstituierung, Konturierung und Konkretisierung Einsatzfelder der Ausgestaltungsdogmatik beschrieben hat.[56]

Am größten ist die Schnittmenge bei der konstituierenden Gesetzgebung, die sich, wenn auch unter anderen Vorzeichen,[57] im deutschen wie im europäischen Recht als ähnliches Phänomen identifizieren lässt.[58] Die hiesige Untersuchung nimmt aber für sich in Anspruch mit ihrer sozialontologischen Fundierung dasjenige, was in der deutschen Dogmatik meist als selbstverständlich vorausgesetzt wird, schlüssig begründen zu können, nämlich die sogenannte Normgeprägtheit der betreffenden Grundrechtsgewährleistungen. Dabei soll auf den Ausdruck „Normprägung"[59], der in seiner Metaphorik die Rede von der Ausgestaltung noch übertreffen dürfte, im Folgenden verzichtet werden. Dass Begriffe auf Regeln (Normen) verweisen und dass institutionelle Tatsachen, die durch diese Begriffe bezeichnet werden, von Regeln abhängen, sind bei sozialontologisch informierter Betrachtung Selbstverständlichkeiten. Zum grundrechtsdogmatischen Problem werden diese Gemeinplätze, wenn die maßgeblichen Regeln vom grundrechtsgebundenen Gesetzgeber selbst stammen. Um dieses Problem präzise zu analysieren, bedarf es aber keiner Metapher aus dem Bereich des Münzwesens, die mehr verdunkelt, als sie erhellt.

Bei den Kategorien der konkretisierenden und der regelnden Gesetzgebung kommt es allenfalls noch zu terminologischen Überlappungen mit dem deutschen Diskurs. Denn beide Kategorien werden im Folgenden spezifisch unionsrechtlich konzipiert

[54] Vgl. vor allem *Bühler*, Einschränkung von Grundrechten nach der Europäischen Grundrechtecharta, 2005, passim.

[55] *Lerche*, in: HStR V, 1. Aufl. 1992, § 121 Rn. 38 ff.

[56] *Gellermann*, Grundrechte in einfachgesetzlichem Gewande, 2000, S. 89 ff.

[57] Besonders hervorzuheben ist die Verortung als Aspekt der sog. objektiven Grundrechtsgehalte, die dem Unionsrecht fremd sind; vgl. *Gellermann*, Grundrechte in einfachgesetzlichem Gewande, 2000, S. 58 ff.

[58] Vgl. die Nachw. bei *Gellermann*, Grundrechte in einfachgesetzlichem Gewande, 2000, S. 90.

[59] Dieser geht zurück auf *Lerches* Rede von der „Grundrechtsprägung"; vgl. *Lerche*, Übermaß und Verfassungsrecht, 2. Aufl. 1999, S. 99, 114 ff., 140 ff. sowie *ders.*, in: HStR V, 1. Aufl. 1992, § 121 Rn. 38 ff.

und an den Text der Charta rückgebunden, der – wie oben erwähnt – an einigen Stellen auf das mitgliedstaatliche oder unionale Recht verweist. Die Konkretisierung und Regelung unionsgrundrechtlicher Freiheit durch den Gesetzgeber hat daher mit der Konkretisierung und Regelung nationaler Grundrechtsgewährleistung nur den Namen gemein. Parallelen lassen sich dennoch ziehen und sollen in den Kapiteln 3 und 4 auch gezogen werden, sofern sie einen Erkenntnisgewinn für das Unionsrecht versprechen. Dabei wird nicht nur auf die deutsche Grundrechtserfahrung zurückgegriffen, sondern beispielsweise im Bereich der konkretisierenden Gesetzgebung auch auf das belgische Verfassungsrecht, das aufgrund vergleichbarer Grundrechtsgewährleistungen vor ähnlichen dogmatischen Herausforderungen steht. Ein Rechtsvergleich im eigentlichen Sinne ist damit jedoch nicht beabsichtigt. Es geht vielmehr um eine Strukturanalyse *by way of example*.

Die *Schlussbetrachtung* greift einen Aspekt auf, der bei der dogmatischen Behandlung der Unionsgrundrechte keine tragende Rolle spielt, aber dennoch nicht unerwähnt bleiben soll: die mit den Grundrechten untrennbar verbundenen Fragen der Machtverteilung zwischen Judikative und den anderen Gewalten. Im Machtverteilungssystem der Union lassen sich diese in horizontaler Perspektive, d. h. auf der Ebene der Unionsorgane, und in vertikaler Hinsicht, d. h. bezogen auf das Verhältnis zwischen Union und Mitgliedstaaten, erörtern. Die Anerkennung der im Folgenden zu entwickelnden dogmatischen Figuren wirkt sich auch auf diese Machtrelationen aus. Denn die Anerkennung grundrechtlicher Maß- und Inhaltgabe durch den Gesetzgeber entscheidet zugleich darüber, wer im einzelnen Grundrechtsfall das „letzte Wort“ hat. Die dogmatische Untersuchung weist so in die Sphäre des Politischen und damit über ihren Gegenstand hinaus.

Kapitel 1

Grundlegung

A. Rechtstheoretische Grundlagen

In theoretischer Hinsicht baut die Untersuchung auf einem Zusammenspiel von normanalytischen, sozialontologischen, institutionentheoretischen und sprachphilosophischen Ansätzen auf, die in diesem Abschnitt dargestellt werden sollen.

I. Recht als Normensystem

Recht ist die Gesamtheit der Rechtsnormen, die in einem Staat oder einem überstaatlichen Gebilde wie der Europäischen Union gelten.[1] Im Normensystem des Rechts – der Rechtsordnung – ist grundlegend zwischen Pflichtnormen und Kompetenznormen zu unterscheiden.[2] Pflichtnormen lassen sich im Anschluss an *Joseph Raz* als Gründe begreifen, die ein Akteur[3] für eine Handlung hat (Handlungsgründe[4]).[5] Sie sind aber nur eine Art von Handlungsgründen. Daneben kann es zahlreiche weitere Gründe geben, die für oder gegen eine bestimmte Handlung sprechen. Stehen mehrere Handlungsgründe im Widerspruch, hält sie der Akteur in der konkreten Situation aber jeweils für einschlägig, muss er erst die widerstreitenden Gründe gegen-

---

[1] Vgl. *Weinberger*, Norm und Institution, 1988, S. 13 (nur Staat), aber auch dessen Ausführungen zur überstaatlichen Rechtsordnung a. a. O., S. 132 ff. Was es bedeutet, dass Normen „gelten", kann hier offenbleiben. Aus der nachfolgenden sozialontologischen Begründung des Rechts wird sich aber zwanglos ergeben, dass die Geltung des Rechtssystems als solchem von der dauerhaften Anerkennung der „Rechtsunterworfenen" abhängt, die einzelne Rechtsnorm jedoch unabhängig von einer solchen Anerkennung gilt, wenn sie nur von einem Akteur geschaffen wurde, der zur Normsetzung innerhalb des Rechtssystems ermächtigt ist („abgeleitete Geltung"); vgl. zur institutionalistischen Geltungsbegründung *Weinberger*, a. a. O., S. 131 f.; ähnlich *Hart*, The Concept of Law, 3. Aufl. 2012, S. 100 ff.

[2] „Erlaubnisse" lassen sich hingegen als Negation von Pflichten begreifen, so dass es einer eigenständigen Kategorie der Erlaubnisnormen strenggenommen nicht bedarf; zu negativer und positiver Erlaubnis vgl. *Kelsen*, Reine Rechtslehre, 2. Aufl. 1960, S. 16 f.

[3] „Akteur" wird im Sinne des englischen *agent* für den Handelnden verwendet, ohne dass damit impliziert würde, dass es sich stets um ein Individuum handeln müsste. Akteure können auch als Kollektive konstituiert sein; vgl. dazu grundlegend *List/Pettit*, Group Agency, 2011, passim.

[4] Allgemein zu Handlungsgründen *Raz*, Practical Reason and Norms, 1975, S. 15 ff.; eine aktuelle Übersicht über die Lehre von den Handlungsgründen findet sich bei *Alvarez*, in: Zalta, The Stanford Encyclopedia of Philosophy.

[5] *Raz*, Practical Reason and Norms, 1975, S. 49 ff.; eine lesenswerte deutschsprachige Darstellung der Raz'schen Normentheorie liefert *Kuch*, Die Autorität des Rechts, 2016, passim (insb. S. 41 ff.).

einander abwägen, um sich für oder gegen die Handlung zu entscheiden. Der Konflikt zwischen solchen einfachen Handlungsgründen, die man auch als Handlungsgründe erster Ordnung verstehen kann, führt also immer zu einer Gewichtung und Abwägung, mithin zu einer komplexen Entscheidung im Einzelfall. Pflichtnormen sind aber mehr als nur Handlungsgründe erster Ordnung. Sie geben dem Akteur, wenn er sie in der konkreten Situation für anwendbar erachtet, einen ausschließenden Grund, eine Handlung zu vollziehen oder von ihr Abstand zu nehmen.[6] Ausgeschlossen werden alle gegenläufigen Handlungsgründe, so dass dem Akteur die Entscheidungsfindung, wenn auch nicht abgenommen, so doch erleichtert wird. Er kann sich auf den in der Pflichtnorm liegenden Handlungsgrund erster Ordnung stützen, ohne auf widerstreitende Gründe Rücksicht nehmen zu müssen. Eine Gewichtung und Abwägung im Einzelfall ist also nicht erforderlich. Diese ausschließende Wirkung von Pflichtnormen gegenüber anderen Handlungsgründen lässt sie als Handlungsgründe erster und zugleich zweiter Ordnung erscheinen. Auf der ersten Ebene geben sie einen Grund, der für oder gegen eine Handlung spricht, auf der zweiten Ebene schließen sie alle gegenläufigen Gründe aus. Freilich kann der Akteur, auch wenn er die Anwendbarkeit der Pflichtnorm erkannt hat, dieser immer noch zuwiderhandeln. Pflichtnormen determinieren Verhalten nicht vollständig. Sie motivieren lediglich zu bestimmten Handlungen. Nimmt der Akteur die Handlung nicht vor, obwohl er mit der Pflichtnorm einen hinreichenden Grund dazu gehabt hätte, scheitert die Motivation[7] und es kommt zum Normverstoß, zur Pflichtverletzung.

Zu den Pflichtnormen gesellen sich (nicht nur) im Normensystem des Rechts die Kompetenznormen.[8] Sie ermächtigen bestimmte Akteure, weitere Normen zu setzen, d. h. zu einem Bestandteil des Normensystems zu machen, und bestehende Normen zu ändern oder aufzuheben. In Normsätzen werden sie stets so formuliert, dass der bedingende Teil auf eine Handlung des ermächtigten Akteurs Bezug nimmt und der bedingte Teil die Geltung des Inhalts dieser Handlung als Norm des Normensystems anordnet.[9] Aufgrund von Kompetenznormen können also neue Pflichtnormen und weitere Kompetenznormen erzeugt werden, d. h. der ermächtigte Akteur gibt sich oder anderen neue ausschließende Handlungsgründe oder ermächtigt andere, solche ausschließenden Handlungsgründe zu schaffen. Man kann diese Kompetenznormen, da sie selbst keine Handlungsgründe darstellen, als sekundäre Normen bezeichnen[10]

---

[6] *Raz*, Practical Reason and Norms, 1975, S. 73 ff. bezugnehmend auf S. 35 ff.

[7] *Alvarez*, in: Zalta, The Stanford Encyclopedia of Philosophy, Ziff. 2.

[8] Vgl. *Kelsen*, Reine Rechtslehre, 2. Aufl. 1960, S. 152 ff.; zu den terminologischen Vorzügen des Ausdrucks „Kompetenz" vgl. *Alexy*, Theorie der Grundrechte, 1994, S. 211. Für *Raz*, Practical Reason and Norms, 1975, S. 97 ff. ist eine Kompetenz *(normative power)* die Fähigkeit, ausschließende Handlungsgründe zu beeinflussen, die für eigene oder fremde Handlungen einschlägig sind (a. a. O., S. 101).

[9] Vgl. *Weinberger*, Norm und Institution, 1988, S. 64: „Für jeden normsetzenden Willensakt *A* des ermächtigten Subjektes *S* vom normativen Inhalt *N* gilt: ‚Wenn *S* den Akt *A (N)* setzt, dann *N*'", wobei ‚*A(N)*' der Willensakt ist, dass „*N* sein soll'" (bei *Weinberger* auch „*N* sein darf").

[10] Nach der Taxonomie *Harts*, The Concept of Law, 3. Aufl. 2012, S. 94 ff. zerfallen die *secondary*

oder auch als bloße Teile der eigentlichen („vollständigen") Pflichtnormen verstehen.[11] Aufgrund ihrer prominenten Rolle im Rechtssystem erscheint es aber zumindest zweckmäßig, Kompetenznormen als eigene Kategorie von Normen zu behandeln.[12]

II. Recht als gesellschaftliche Wirklichkeit

Das Recht ist nur eines von mehreren Normensystemen moderner Gesellschaften. Daneben gibt es sittliche, religiöse und sportliche Normenordnungen und viele mehr.[13] Alle diese Systeme umfassen mehr oder weniger komplexe Pflichtnormen; viele von ihnen kennen auch Kompetenznormen.[14] Die Versuche, allein vom Inhalt einer Norm auf deren Rechtsqualität zu schließen, sind sämtlich gescheitert. Die Rechtsordnung lässt sich von anderen Normenordnungen nur nachvollziehbar abgrenzen, wenn man sie als Teil der gesellschaftlichen Wirklichkeit versteht, in der ihr eine spezifische Funktion zukommt.

1. Sozialontologische Grundlagen

a) Gesellschaftliche Wirklichkeit

Der Begriff der gesellschaftlichen Wirklichkeit entstammt der Sozialontologie *Searles*.[15] Dieser unterscheidet (ohne Anspruch auf Vollständigkeit) zwei Kategorien

---

rules in die grundlegende *rule of recognition* (Erkenntnisregel), die *rules of change* und die *rules of adjudication*; die Erkenntnisregel dürfte dabei aber mehr sein als eine bloße Kompetenznorm, da sich nach ihr richten soll, was Recht *ist*.

11 *Kelsen*, Reine Rechtslehre, 2. Aufl. 1960, S. 57: „unselbständige Normen".

12 Vgl. *Raz*, Practical Reason and Norms, 1975, S. 104 ff.

13 Vgl. *Weinberger*, Norm und Institution, 1988, S. 67.

14 Vgl. etwa die Kompetenzen des Papstes gem. can. 331 CIC oder des Fußballschiedsrichters nach Regel 5 der FIFA-Regeln (URL = <http://de.fifa.com/mm/Document/FootballDevelopment/Refereeing/02/36/01/11/LawsofthegamewebDE_German.pdf; zuletzt abgerufen am 08.03.2018>).

15 Die Philosophie *Searles* sieht sich vielfältigen Einwänden ausgesetzt, die hier nicht diskutiert werden können; einige grundlegende Aspekte – vor allem Realismus und Korrespondenztheorie der Wahrheit – erörtert *Searle* in Auseinandersetzung mit seinen Kritikern in *Searle*, Die Konstruktion der gesellschaftlichen Wirklichkeit, 3. Aufl. 2013, S. 158 ff.; vgl. auch *ders.*, Geist, Sprache und Gesellschaft, 2004, passim. In jüngerer Zeit finden sich Anknüpfungen an die Sozialontologie auch im rechtstheoretischen Schrifttum. Soweit ersichtlich werden aber nur Einzelaspekte – vor allem die kollektive Intentionalität – zur Beleuchtung von methodischen Fragestellungen herangezogen; vgl. etwa *von Landenberg-Roberg/Sehl*, RW 2015, 135 ff. (auch m. N. aus dem englischsprachigen Schrifttum) zur genetischen Argumentation, die ausdrücklich keine „umfassende sozialtheoretische Rekonstruktion der Gesetzgebung [...] als kollektive Handlung [...] geben" wollen, weil der „sozialontologisch" noch zu überbrückende „theoretical gap" sich „noch als beträchtlich" erweise (*von Landenberg-Roberg/Sehl*, RW 2015, 135 [151]). Die Searle'sche Sozialontologie ist jedoch, akzeptiert man ihre Grundannahmen, durchaus anschlussfähig für weitere rechtstheoretische Theoriebildung; auch die „kollektive Intentionalität" bereitet – trotz der abundanten Debatten darüber – keine größeren Probleme, da nach *Searle* die Fähigkeit zur kollektiven Funktionszuweisung dem Menschen angeboren ist und es daher ohne weiteres möglich ist, zwischen einer „Ich-Intentionalität" und einer „Wir-Intentionalität" zu unterscheiden. Gesetzgebende Körperschaften und Kollegialgerichte sind typische

von Tatsachen: rohe und institutionelle Tatsachen.[16] Rohe Tatsachen bedürfen, um zu bestehen, keiner menschlichen Institution.[17] Sie sind „physisch roh"[18] in dem Sinne, dass sie durch naturwissenschaftliche Methoden erkannt werden können. Wissen über sie wird durch empirische Beobachtungen gewonnen, in denen Sinneserfahrungen registriert werden.[19] Beispiel für eine physisch rohe Tatsache ist die Tatsache, dass der Gipfel des Mt. Everest mit Schnee bedeckt ist.[20] Der schneebedeckte Berggipfel ist Teil der Wirklichkeit, ohne dass er einer menschlichen Institution bedürfte. Nicht minder wirklich sind jedoch institutionelle Tatsachen, die ebensolche Institutionen voraussetzen.[21] Als Beispiel dient die Institution des Geldes: Man hat einen Fünfdollarschein nur, weil es diese Institution gibt. Gäbe es sie nicht, hielte man nur ein Stück Papier mit farbigen Mustern in der Hand.[22] Solange es die Institution gibt, ist die institutionelle Tatsache Teil der Wirklichkeit. Aussagen, die sich auf sie beziehen, können wahr oder falsch sein.[23] Diese Wirklichkeit ist aber nicht mehr nur naturwissenschaftlich beschreibbar. Sie ist gesellschaftliche Wirklichkeit.[24]

b) Schaffung von institutionellen Tatsachen

Institutionelle Tatsachen setzen zunächst kollektive Intentionalität voraus, d. h. die Fähigkeit, intentionale Zustände (z. B. Überzeugungen, Wünsche, Absichten) zu

---

Fälle institutionalisierten „wir-intentionalen" Zusammenarbeitens, so dass es nicht schwerfällt, „den Gesetzgeber", „das Gericht", u. U. sogar „den Staat" als Akteur zu begreifen, wobei natürlich eine psychologisierende Orientierung am „natürlichen" Bewusstsein des Individuums vermieden werden muss. Eine rechtsphilosophische Rezeption der Searle'schen Sozialontologie mit einem Fokus auf der Überwindung der Sein-Sollens-Dichotomie hat *Gärtner*, Ist das Sollen ableitbar aus einem Sein?, 2010 vorgelegt.

[16] *Searle*, Sprechakte, 12. Aufl. 2013, S. 78 ff.; in der deutschen Übersetzung von *Wiggershaus/Wiggershaus* wird *Searles* Ausdruck *brute facts* (übernommen von *Anscombe*, Analysis 18 [1958], 69 ff.) als „natürliche Tatsachen" übersetzt; damit wird aber suggeriert, institutionelle Tatsachen seien „unnatürlich", was *Searle* gewiss nicht meint (vgl. dazu *Weinberger*, in: MacCormick/Weinberger, Grundlagen des Institutionalistischen Rechtspositivismus, 1985, S. 109 f.); auch wenn der Ausdruck etwas merkwürdig klingt, soll *brute* hier wörtlich übersetzt als „roh" oder „physisch-roh" wiedergegeben werden; so auch in dem von *Suhr* übersetzten Werk *Searle*, Die Konstruktion der gesellschaftlichen Wirklichkeit, 3. Aufl. 2013, passim.

[17] *Searle*, Die Konstruktion der gesellschaftlichen Wirklichkeit, 3. Aufl. 2013, S. 10.

[18] *Searle*, Die Konstruktion der gesellschaftlichen Wirklichkeit, 3. Aufl. 2013, S. 130.

[19] *Searle*, Sprechakte, 12. Aufl. 2013, S. 79; natürlich können rohe Tatsachen nur innerhalb sprachlicher Institutionen formuliert werden, aber *Searle* legt Wert darauf, dass die formulierte Tatsache von ihrer Formulierung zu unterscheiden ist; vgl. *ders.*, Die Konstruktion der gesellschaftlichen Wirklichkeit, 3. Aufl. 2013, S. 10.

[20] *Searle*, Die Konstruktion der gesellschaftlichen Wirklichkeit, 3. Aufl. 2013, S. 10.

[21] *Searle*, Sprechakte, 12. Aufl. 2013, S. 80.

[22] *Searle*, Sprechakte, 12. Aufl. 2013, S. 81.

[23] Vgl. zur Korrespondenztheorie der Wahrheit und zum externen Realismus *Searle*, Die Konstruktion der gesellschaftlichen Wirklichkeit, 3. Aufl. 2013, S. 158 ff.

[24] Es soll nicht behauptet werden, dass es zwei Wirklichkeiten gäbe. Vielmehr sind die physisch-rohe Wirklichkeit und die gesellschaftliche Wirklichkeit zusammengenommen „die Wirklichkeit", d. h. die Summe von Tatsachen, die Bezugspunkt von wahren oder falschen Aussagen sein können.

teilen.[25] Aufgrund kollektiver Intentionalität können wir einem Objekt Funktionen zuweisen. Funktionen sind Eigenschaften, die der Physik des Objekts nicht immanent sind.[26] So wird ein Baumstamm zur Sitzgelegenheit, ein Stock zum Hebel usf.[27] Wir können sogar Funktionen zuweisen, die das Objekt kraft seiner immanenten physischen Eigenschaften überhaupt nicht verrichten kann. Voraussetzung dafür ist, dass die Funktionszuweisung kollektiv anerkannt wird. *Searle* illustriert dies am Beispiel der verfallenen Mauer, die die Funktion einer Grenze einnimmt:

„Man betrachte zum Beispiel einen primitiven Stamm, der anfängt, eine Mauer um sein Gebiet herum zu bauen. Die Mauer ist ein Beispiel für eine Funktion, die auf der Grundlage bloßer Physik zugewiesen wird: Die Mauer, wollen wir annehmen, ist groß genug, um Eindringlinge abzuwehren und die Stammesangehörigen innen drin zu halten. Aber man nehme einmal an, daß sich die Mauer allmählich aus einer physischen zu einer symbolischen Grenze entwickelt. Man stelle sich vor, daß die Mauer allmählich zerfällt, daß das einzige, was übrigbleibt, eine Reihe von Steinen ist. Aber man stelle sich vor, daß die Einwohner und ihre Nachbarn die Steinreihe weiterhin als Grenze des Territoriums *anerkennen*, und zwar so, daß sie ihr Verhalten beeinflußt. Zum Beispiel überqueren die Einwohner die Grenze nur unter bestimmten Bedingungen und Außenseiter können nur ins Territorium hineinwechseln, wenn es den Einwohnern akzeptabel erscheint. Die Reihe von Steinen hat jetzt eine *Funktion*, die nicht auf der Basis bloßer Physik erfüllt wird, sondern dank kollektiver Intentionalität. [...] Die Reihe von Steinen verrichtet dieselbe Funktion wie eine physische Barriere, aber sie tut das nicht dank einer physischen Konstruktion, sondern weil ihr kollektiv ein neuer *Status* zugewiesen worden ist, der Status eines Grenzzeichens."[28]

Die Zuweisung einer solchen Statusfunktion erfolgt aufgrund einer konstitutiven Regel der Form „X zählt als Y im Kontext K", wobei X für das Zuweisungsobjekt, Y für den Status und K für die Sachverhalte steht, für die die Regel gilt.[29] Dass das Objekt die ihm zugewiesene Statusfunktion erfüllen kann, hängt davon ab, dass diese Regel fortdauernd kollektiv akzeptiert wird.[30] Sobald wir aufhören, die Regel anzuerkennen, verliert das Objekt seine Funktion: Die Mauerreste sind keine Grenze mehr, sondern nur noch Steine ohne jeden Status. Wird die Regel jedoch akzeptiert und erfüllt ein Objekt ihre Voraussetzungen, erlangt dieses den zugewiesenen Status im Sinne einer institutionellen Tatsache: Die Steine *sind* eine Grenze, das bunt bedruckte Stück Papier *ist* ein Fünfdollarschein.

---

[25] *Searle*, Die Konstruktion der gesellschaftlichen Wirklichkeit, 3. Aufl. 2013, S. 33; diese ist nach *Searles* Ansicht angeboren (a. a. O., S. 46).

[26] *Searle*, Die Konstruktion der gesellschaftlichen Wirklichkeit, 3. Aufl. 2013, S. 22 ff.

[27] *Searle*, Die Konstruktion der gesellschaftlichen Wirklichkeit, 3. Aufl. 2013, S. 47 f.

[28] *Searle*, Die Konstruktion der gesellschaftlichen Wirklichkeit, 3. Aufl. 2013, S. 48 f. – Hervorhebungen im Original.

[29] *Searle*, Die Konstruktion der gesellschaftlichen Wirklichkeit, 3. Aufl. 2013, S. 37 ff. und S. 52 ff.

[30] *Searle*, Die Konstruktion der gesellschaftlichen Wirklichkeit, 3. Aufl. 2013, S. 53 f.; zu den Gründen für die Akzeptanz vgl. *ders.*, a. a. O., S. 101; dort auch zum Ende von institutionellen Tatsachen: „Wenn Institutionen hauptsächlich durch Gewohnheit aufrechterhalten bleiben, dann können sie auch ganz plötzlich zusammenbrechen, wie wenn Leute das Vertrauen in ihre Währung verlieren oder aufhören, ihre Regierung als Regierung anzuerkennen."

Zuweisungsobjekt kann auch ein Phänomen sein, dem bereits ein anderer Status zugewiesen worden ist. Die Struktur „X zählt als Y im Kontext K" kann über mehrere Ebenen „iteriert" werden, so dass eine Hierarchie von Tatsachen entsteht, bei der der Status Y der jeweils niederen Ebene ein Element des Kontexts K der jeweils höheren Ebene ist.[31] *Searle* illustriert dies am Beispiel der Eheschließung (Y_2) zweier Menschen (X), die nur in Anwesenheit eines Standesbeamten (K) erfolgen kann; der Standesbeamte hat diesen Status aber nur aufgrund einer früheren Statuszuweisung (Y_1).[32] Auf unterster Stufe der Tatsachenhierarchie stehen immer physisch rohe Tatsachen;[33] im Fall der Eheschließung: Menschen.

c) Institutionen und Rechtsinstitutionen

Institutionen im Sinne der Sozialontologie *Searles* sind Systeme konstitutiver Regeln, also Regeln der Form „X zählt als Y in K".[34] Die Institution ist also nichts anderes als eine Zusammenfassung von Regeln, die bestimmte institutionelle Tatsachen konstituieren. Von diesen konstitutiven Regeln sind regulative Regeln zu unterscheiden, d. h. Regeln, die „eine bereits existierende Tätigkeit, eine Tätigkeit, deren Vorhandensein von den Regeln logisch unabhängig ist", regeln.[35] Auf diese Unterscheidung wird noch zurückzukommen sein.[36] An dieser Stelle genügt es zu erkennen, dass das Rechtssystem eine Vielzahl konstitutiver Regeln umfasst und mithin eine komplexe Institution darstellt.[37]

Von diesem sozialontologischen Institutionenbegriff zu unterscheiden ist der Begriff der Rechtsinstitution (des Rechtsinstituts),[38] der zwar Überschneidungen aufweist, aber inhaltlich umfassender und ausdifferenzierter ist. Der Zusammenhang zwischen Rechtsnormen und Rechtsinstitutionen wie Vertrag, Eigentum, Testament etc. erschöpft sich nicht darin, dass Rechtsnormen bestimmen, wann ein individueller Fall einer solchen Institution vorliegt (*ein* Vertrag, *eine* Eigentumsposition, *ein* Testament). Vielmehr legen Rechtsnormen auch fest, was in solch einem Fall für welche

---

31 *Searle*, Die Konstruktion der gesellschaftlichen Wirklichkeit, 3. Aufl. 2013, S. 88.

32 Vgl. *Searle*, Die Konstruktion der gesellschaftlichen Wirklichkeit, 3. Aufl. 2013, S. 88.

33 *Searle*, Die Konstruktion der gesellschaftlichen Wirklichkeit, 3. Aufl. 2013, S. 64 f. („logische Priorität roher Tatsachen gegenüber institutionellen Tatsachen") und S. 130 f.

34 *Searle*, Die Konstruktion der gesellschaftlichen Wirklichkeit, 3. Aufl. 2013, S. 81.

35 *Searle*, Sprechakte, 12. Aufl. 2013, S. 54 f.

36 Siehe unten Kapitel 2 und 4.

37 Das bedeutet nicht, dass das Recht ausschließlich konstitutive Regeln enthielte. So besteht das Strafrecht hauptsächlich aus regulativen Regeln. Indes sind auch hier konstitutive Regeln erkennbar: Eine Handlung (X) zählt als Diebstahl (Y), wenn die Voraussetzungen des § 242 StGB (K) erfüllt sind. Hier zeigt sich auch die Iteration: Ein Diebstahl (X_2) zählt als Bandendiebstahl (Y_2) unter den Voraussetzungen des § 244 Abs. 1 Nr. 2 StGB (K_2). §§ 242, 244 StGB weisen also nicht nur auf die Existenz regulativer Regeln (Pflichtnormen) hin; sie repräsentieren vielmehr auch konstitutive Regeln im Sinne der Searle'schen Sozialontologie.

38 *MacCormick*, in: MacCormick/Weinberger, Grundlagen des Institutionalistischen Rechtspositivismus, 1985, S. 78 ff.; vgl. auch die ursprüngliche Formulierung seiner Theorie in *ders.*, LQRev. 90 (1974), 102 ff.

Dauer gilt. *MacCormick* unterscheidet daher zwischen institutiven, konsequentiellen und terminativen Regeln. Institutive Regeln bestimmen, wann „ein individueller Fall der jeweiligen Institution Existenz erlangt", also wann ein Vertrag geschlossen, Eigentum erworben oder ein Testament errichtet ist.[39] Mit konsequentiellen Regeln sind dagegen die Rechtsnormen gemeint, die gelten, weil ein individueller Fall einer Institution vorliegt, die also tatbestandlich an einen Vertrag, ein Eigentumsrecht, ein Testament etc. anknüpfen, wie beispielsweise Normen über vertragliche Ansprüche, Eigentümerbefugnisse oder die testamentarische Erbfolge.[40] Terminative Regeln legen schließlich fest, wann ein individueller Fall der jeweiligen Rechtsinstitution aufhört zu existieren. Beispiele sind Normen über die Vertragsbeendigung, den Eigentumsverlust oder den Widerruf eines Testaments.[41] Mit „Rechtsinstitution" lassen sich zusammenfassend jene Begriffe bezeichnen, die durch die Mengen von institutiven, konsequentiellen und terminativen Regeln derart bestimmt sind, dass es korrekt ist zu behaupten, dass individuelle Fälle der Institution (ein Vertrag, ein bestimmtes Eigentumsrecht, ein Testament) existieren.[42]

Institutionen im sozialontologischen Sinne wie auch Rechtsinstitutionen setzen Kriterien voraus, nach denen einzelne Regeln der jeweiligen Institution zuzuordnen sind. Damit ist ein Grundproblem institutionellen Denkens angesprochen, das hier nur gestreift werden kann, nämlich die Frage, ob der „Sinn" der Institution den Regeln logisch vorangeht oder sich erst aus den bereits bestehenden Regeln ableiten lässt. *Maurice Hauriou* betonte in seiner einflussreichen Institutionentheorie die „Leitidee" *(idée directrice)* einer jeden Institution, die nicht mit dem Zweck der Institution verwechselt werden dürfe, da dieser der Institution „von außen aufgegeben" werde, die Leitidee aber in der Institution selbst liege.[43] Ebenso wenig sei die Leitidee mit der Funktion der Institution zu verwechseln, sondern gehe „in eigentümlicher Weise" darüber hinaus.[44] Die Leitidee bestimmt nach diesem Ansatz die Institution. Sie schafft sich ihre eigenen Anhänger und ist, obwohl sie Gegenstand abweichender subjektiver Vorstellungen sein kann, den Regeln der Institution objektiv vorgegeben.[45] Mit Blick auf die Institutionen des Rechts ist für *Hauriou* damit klar, dass es die Institutionen sind, „welche die Rechtsnormen schaffen, aber nicht die Rechtsnormen, welche die

---

[39] *MacCormick*, in: MacCormick/Weinberger, Grundlagen des Institutionalistischen Rechtspositivismus, 1985, S. 80 f.

[40] *MacCormick*, in: MacCormick/Weinberger, Grundlagen des Institutionalistischen Rechtspositivismus, 1985, S. 81.

[41] *MacCormick*, in: MacCormick/Weinberger, Grundlagen des Institutionalistischen Rechtspositivismus, 1985, S. 81.

[42] *MacCormick*, in: MacCormick/Weinberger, Grundlagen des Institutionalistischen Rechtspositivismus, 1985, S. 82.

[43] *Hauriou*, Die Theorie der Institution und zwei andere Aufsätze von Maurice Hauriou, 1965, S. 36 f.

[44] *Hauriou*, Die Theorie der Institution und zwei andere Aufsätze von Maurice Hauriou, 1965, S. 37 f.

[45] Vgl. *Hauriou*, Die Theorie der Institution und zwei andere Aufsätze von Maurice Hauriou, 1965, S. 38 f.

Institutionen schaffen".[46] Da die Regeln der Institution nach dieser Ansicht ihre Existenz der Institution selbst verdanken und diese wiederum auf eine objektive Leitidee zurückzuführen ist, ist die Erkenntnis der Leitidee die zentrale Aufgabe institutionellen Denkens. *Haurious* Theorie gründet freilich auf einer Grundannahme, die sich den Vorwurf des ontologischen Mystizismus gefallen lassen muss.[47] Denn für ihn sind Leitideen nicht menschgemacht. Man könne „in Wirklichkeit" Ideen gar nicht erschaffen, sondern „nur auf sie stoßen [...] ebenso wie ein Bergmann auf einen Edelstein trifft". Die objektiven Ideen seien also „bereits in der weiten Welt vorhanden, mitten zwischen den Dingen, die uns hier umgeben".[48]

Der Mystik *Haurious* lässt sich *Searles* Theorie von der Schaffung institutioneller Tatsachen durch die kollektive Zuweisung von Statusfunktionen entgegensetzen. Der Zusammenhang zwischen Regel und Institution stellt sich aus der sozialontologischen Perspektive genau umgekehrt dar: Durch kollektive Intentionalität wird einem Objekt (X) unter bestimmten Voraussetzungen (K) eine Funktion (Y) zugewiesen, die es physisch nicht verrichten kann. Die Regel „X zählt als Y in K" konstituiert damit eine institutionelle Tatsache, die Abstraktion solcher Regeln vom Einzelfall konstituiert die Institution. Die Mauerreste erhalten in *Searles* Beispiel auf diese Weise den Status eines Grenzzeichens. Sie verrichten die Funktion, Einwohner und Außenseiter unter bestimmten Voraussetzungen vom Überschreiten einer Linie abzuhalten. Abstrahiert von den konkreten Steinen lässt sich nun von der Institution der Grenze sprechen. Diese umfasst alle konstitutiven Regeln, die bestimmten Phänomenen den Status eines Grenzzeichens, d. h. einer gedachten Barriere, zuweisen. Entscheidend ist also die Zuweisung einer Statusfunktion, nicht etwa die in der physisch rohen Wirklichkeit vorgefundene Idee der Grenze.

Das gilt auch für die Regelzuordnung zu Rechtsinstitutionen. *MacCormick* hat in seinem Spätwerk hervorgehoben, dass man, um institutive, konsequentielle und terminative Regeln unter einer Institution zusammenfassen zu können, den „main point of the institution in question" verstehen müsse.[49] Diesen *institutional point* bezeichnet er angelehnt an das aristotelische Konzept der *causa finalis* auch als Zweckursache *(final cause)* der Institution. Institutionen könnten nur dann erklärt werden, „if we know to what end they are supposed to function".[50] Auch bei Rechtsinstitutionen muss also nach deren Statusfunktionen im Searle'schen Sinne geforscht werden, um Kriterien zu ermitteln, nach denen Regeln der Institution zuzuordnen sind.[51] Diese Funktionen

[46] *Hauriou*, Die Theorie der Institution und zwei andere Aufsätze von Maurice Hauriou, 1965, S. 65; zum Einfluss *Haurious* auf *Carl Schmitts* Institutionentheorie vgl. *Röhl/Röhl*, Allgemeine Rechtslehre, 3. Aufl. 2008, S. 410 f.

[47] Vgl. *Weinberger*, in: *MacCormick/Weinberger*, Grundlagen des Institutionalistischen Rechtspositivismus, 1985, S. 52.

[48] *Hauriou*, Die Theorie der Institution und zwei andere Aufsätze von Maurice Hauriou, 1965, S. 39.

[49] *MacCormick*, Institutions of Law, 2007, S. 36.

[50] *MacCormick*, Institutions of Law, 2007, S. 36.

[51] *MacCormick*, Institutions of Law, 2007, S. 37 verwirft zwar *Searles* Unterscheidung zwischen

werden aufgrund kollektiver Intentionalität zugewiesen und sind nicht in irgendeiner Weise präexistent. Sie sind nicht „in der weiten Welt" *Haurious* vorfindlich, sondern stets auf menschliche Handlungen zurückzuführen. Im Fall der Rechtsinstitutionen erfolgt die Zuweisung von Funktionen durch Normsetzungsakte der dazu berufenen Akteure (dazu sogleich). Entgegen der ontologisch unhaltbaren These *Haurious* ist es also sehr wohl die Rechtsnorm, die die Institution schafft – und nicht umgekehrt.

2. *Normen als institutionelle Tatsachen*

Auf der Grundlage der Sozialontologie lassen sich auch Rechtsnormen als Teil der gesellschaftlichen Wirklichkeit analysieren. Rechtsnormen sind demnach Handlungsgründe, die als institutionelle Tatsachen Existenz haben.[52] Als solche sind sie in einem ontologischen Sinne wirklich. Das allein unterscheidet sie aber noch nicht von anderen Normen, wie den Normen des Anstands, der Religion, des Sports usw.[53] Auch diese Normen existieren aufgrund der Zuweisung eines Status Y durch kollektive Intentionalität: Es ist kollektiv akzeptiert, dass diese Normen (X), sofern sie anwendbar sind (K), die Funktion haben, Gründe für oder gegen Handlungen zu geben (Y), d. h. motivierend auf menschliches Handeln einzuwirken.

3. *Rechtsnormen und andere Normen*

Zwischen Rechtsnormen und anderen Normen, die in der gesellschaftlichen Wirklichkeit existieren, ist anhand der Art und Weise ihrer Schaffung und ihrer spezifischen Statusfunktionen zu unterscheiden.

a) *Schaffung von Rechtsnormen*

Rechtsnormen werden – im typischen Fall – von Staatsorganen geschaffen („gesetzt", „erzeugt"), die wiederum aufgrund von höherrangigen, in der Regel verfassungsrechtlichen Kompetenznormen dazu ermächtigt sind. Das Bestehen der Staatsorgane als Normsetzungsakteure ist selbst eine institutionelle Tatsache. Der Staat ist eine Institution im vorbeschriebenen Sinne, die durch Rechtsnormen konstituiert wird. Er ist, wie *Weinberger* formuliert, ein „komplexes institutionelles Gefüge", das „eben durch

---

konstitutiven und regulativen Regeln, setzt sich aber mit dessen Theorie der Schaffung institutioneller Tatsachen nicht vertieft auseinander, so dass ihm die Parallele zwischen *Searles* Statusfunktion und seinem eigenen *institutional point* offenbar nicht aufgefallen ist; vgl. dazu *Ehrenberg*, The Functions of Law, 2016, S. 39 ff.

[52] Vgl. *Weinberger*, Norm und Institution, 1988, S. 70; grundlegend zur „Norm als Gedanke und Realität" *ders.*, in: MacCormick/Weinberger, Grundlagen des Institutionalistischen Rechtspositivismus, 1985, S. 60 ff.

[53] Vgl. *Weinberger*, in: MacCormick/Weinberger, Grundlagen des Institutionalistischen Rechtspositivismus, 1985, S. 66 ff.

das Recht in seiner Organisation und in seiner Wirkungsweise bestimmt" wird.[54] So hängen Staat und Recht notwendig voneinander ab.

Diese Auffassung ist weder zirkulär noch führt sie zu einem infiniten Regress. Denn steigt man die Stufen der Tatsachenhierarchie hinab, an deren Spitze der Staat mit seinen Organen als den (primären) Normgebern steht, stößt man auf unterster Stufe auf ein physisch rohes Phänomen: den Einzelmenschen, das Individuum. In einer vereinfachend-idealisierenden Betrachtung wird dem Individuum (X_1) unter bestimmten Voraussetzungen (K_1) der Status eines Staatsbürgers (Y_1) zugewiesen. Dieser Status ist verbunden mit der Kompetenz[55], zusammen mit den anderen Staatsbürgern Abgeordnete zu wählen, die wiederum als Kollektiv das Parlament bilden und Gesetze erlassen, d. h. Rechtsnormen setzen. Durch den Regress auf den Einzelmenschen (X_1), dessen Existenz nicht von Institutionen abhängt, sondern rein naturwissenschaftlich, d. h. anhand von physisch rohen Tatsachen, beobachtbar und beschreibbar ist, lässt sich der vermeintliche Zirkel bei der Konstituierung der Staatsorgane durch Rechtsnormen, deren Existenz selbst wieder auf den Staat zurückgeht, auflösen.

Es spricht aus theoretischer Sicht nichts dagegen, die beschriebene Iteration von Statuszuweisungen über den Staat hinaus fortzusetzen, und so auch Rechtsetzungskompetenzen überstaatlicher Gebilde wie der Europäischen Union und ihrer Organe anzuerkennen. Der monistisch-staatszentrierte Rechtsbegriff, wie er im 19. und 20. Jahrhundert vorgeherrscht hat, findet in der heutigen gesellschaftlichen Wirklichkeit nur noch wenig Halt.[56] Es dürfte – jedenfalls derzeit – unbestreitbar sein, dass die Existenz des Unionsrechts und die Kompetenzen der Unionsorgane kollektiv akzeptiert werden und die Normen des Unionsrechts damit wie staatliche Rechtsnormen an der gesellschaftlichen Wirklichkeit teilhaben, auch wenn das Verhältnis der Unionsrechtsordnung zu den staatlichen Rechtsordnungen – Geltungsvorrang oder Anwendungsvorrang? – unterschiedlich beschrieben wird.

b) Statusfunktion von Rechtsnormen

Neben der Schaffung von Rechtsnormen durch staatliche und bestimmte überstaatliche Organe, die selbst wieder durch Rechtsnormen konstituiert sind, spielt für die Unterscheidung zwischen Recht und anderen Normenordnungen der spezifische Status des Rechts eine Rolle. Dem Recht wird nicht nur irgendein handlungsmotivierender Status zugewiesen, sondern die Funktion, „normative Grundlage des gesamten Lebens zu sein".[57] Rechtsnormen sind darauf ausgelegt, Handlungsgründe

---

[54] *Weinberger*, Norm und Institution, 1988, S. 81.

[55] Vgl. *Searle*, Die Konstruktion der gesellschaftlichen Wirklichkeit, 3. Aufl. 2013, S. 103 ff., der von „Macht" *(power)* bei der Schaffung von institutionellen Tatsachen spricht.

[56] Vgl. bereits *MacCormick*, MLRev. 56 (1993), 1 ff.

[57] *Weinberger*, Norm und Institution, 1988, S. 35; mit dieser Statusfunktion sind „rechtsfreie Räume" selbstverständlich vereinbar, solange es möglich ist, auch diese rechtlich zu regeln; vgl. *Wein-*

zu schaffen, die nicht nur konkurrierende Handlungsgründe erster Ordnung ausschließen, sondern auch konkurrierende Normen anderer Normensysteme verdrängen, so dass der Einzelne sich ohne Abwägung im Einzelfall in seinen Handlungen ausschließlich durch sie leiten lassen kann.[58] Der Rechtsordnung wird also kollektiv die Funktion zugewiesen, „grundlegendes Normensystem" zu sein, das den primären Rahmen des Lebens der Gesellschaft bestimmt".[59] Als grundlegendes Normensystem verdrängt es nicht nur konkurrierende Normensysteme. Es stellt vielmehr allen Mitgliedern der Gesellschaft qualifiziert-ausschließende Handlungsgründe zur Verfügung, während viele andere Normensysteme nur partikular handlungsmotivierend sind, beispielsweise die Normensysteme der Religion(en) oder des Sports, die jeweils nur für einen Teil der Gesellschaft Geltung beanspruchen.[60] Diese spezifische Funktion wird heutzutage nicht mehr nur staatlichen, sondern auch überstaatlichen Rechtssystemen wie dem Unionsrecht zugewiesen, wobei es dahinstehen kann, ob dies durch kollektive Intentionalität innerhalb einer europäischen Gesellschaft geschieht oder ob sich die Zuweisung in den einzelnen nationalen Gesellschaften vollzieht und nur das Ergebnis „kollektiv wirkt".

Mit der spezifischen Statusfunktion von Rechtsnormen untrennbar verbunden ist das Streben der Rechtsordnung nach Widerspruchsfreiheit. Denn nur wenn die Rechtsordnung keine Rechtsnormen enthält, die den Rechtsunterworfenen unter denselben Anwendungsbedingungen sich widersprechende Handlungen abverlangen, ihnen mit anderen Worten sich gegenseitig ausschließende Handlungsgründe geben, kann das Recht seine Funktion als verlässliches Normensystem erfüllen. Denn der Einzelne müsste im Fall des Normwiderspruchs eine Abwägung zwischen Handlungsgründen treffen, obwohl das Recht ihm diese gerade abnehmen soll. Aus diesem Grund enthalten Rechtsordnungen sogenannte Kollisionsnormen, die Normenkonflikte so weit wie möglich ausschließen. Hierzu gehören die Regeln *lex superior*

---

berger, a. a. O. unter Betonung der rechtspolitischen Auffassung eines demokratischen Staates, die freilich aus theoretischer Sicht kontingent ist.

[58] Eine plausible Erklärung für diese „Autorität" des Rechts liefert *Raz' service conception of authority*; vgl. *Raz*, Monist 68 (1985), 295 (299); ihr zufolge sollen alle autoritativen Anordnungen (auch) auf Gründe gestützt sein, die auf die Adressaten zutreffen und die in den Fällen relevant sind, die die Anordnung betrifft *(dependence thesis)*. Hinzu tritt die *normal justification thesis*, die besagt, dass man, um festzustellen, ob eine Person Autorität über eine andere Person haben soll, gewöhnlich und vorrangig darauf abstellen soll, ob der potentiell Unterworfene „besser dran" ist, wenn er die Anordnungen der potentiellen Autorität als autoritativ-verbindlich akzeptiert und versucht, ihnen zu folgen, als wenn er versucht, den Gründen zu folgen, die unmittelbar auf ihn zutreffen. Die *preemption thesis* ergänzt die *service conception*, indem sie besagt, dass der Umstand, dass „eine Autorität" die Vornahme einer Handlung verlangt, ein Grund für die Vornahme der Handlung ist, der nicht einfach zu den anderen Handlungsgründen hinzu zu addieren ist, sondern einige von diesen ersetzen soll. Ausf. zur Raz'schen „Dienstleistungskonzeption" *Kuch*, Autorität des Rechts, 2016, S. 189 ff.

[59] *Weinberger*, Norm und Institution, 1988, S. 35.

[60] In einer Theokratie kann freilich die Normenordnung der Religion in den Rang des Rechts erhoben werden und damit ihre Partikularität einbüßen (*Weinberger*, Norm und Institution, 1988, S. 41).

(Stufenbau der Rechtsordnung) und *lex posterior*[61] sowie ggf. Kompetenznormen, die Gerichte ermächtigen, im Falle von Normkollisionen eine der beiden Normen aufzuheben. Eine Rechtsnorm, die nach diesen Regeln von vorneherein „ungültig" ist, ist bei sozialontologischer Betrachtung auch nicht existent. Rückblickend ist lediglich der Normsetzungsakt als Tatsache der gesellschaftlichen Wirklichkeit erkennbar. Er ist aber ein „gescheiterter" Normsetzungsakt geblieben, er hat also nie eine Norm geschaffen. Anders liegen die Dinge bei der Ungültigkeit *ex nunc*, d. h. aufgrund einer aufhebenden (negativen) Normsetzung, etwa durch ein Gericht. In diesem Fall war die Norm existent, ihre Existenz wurde jedoch durch den kassierenden Akt beendet.

III. Normsetzung als Sprachhandlung

Das Normensystem des Rechts ist dynamisch.[62] Gestützt auf Kompetenznormen verschiedenster Stufen können die ermächtigten Akteure neue (vollständige oder unvollständige) Rechtsnormen setzen und bestehende Rechtsnormen aufheben. Wie die Struktur der Kompetenznorm zeigt, geschieht dies durch den Vollzug einer Handlung mit einem bestimmten normativen Inhalt. Dieser Inhalt wird, sofern alle Voraussetzungen der Kompetenznorm erfüllt sind, zur gültigen Norm.[63] Der Normsetzungsakt lässt sich präzise mit den Methoden der Sprechakttheorie analysieren.[64]

1. Sprachhandlung

Die Sprechakttheorie unterteilt den Sprechakt (die Sprachhandlung) in einen Äußerungsakt, einen propositionalen Akt, einen illokutionären Akt sowie einen perlokutionären Akt. Dabei geht es – streng genommen – nicht um eigenständige „Akte", also einzelne Handlungen, sondern um Aspekte ein und derselben Handlung. Der Äußerungsakt besteht in der schriftlichen oder mündlichen Äußerung von Wörtern (Morphemen, Sätzen).[65] Mit dem propositionalen Akt bezieht sich der Sprecher (oder „Schreiber") auf ein Objekt (Referenz) und schreibt diesem eine Eigenschaft zu (Prädikation).[66] Der illokutionäre Akt ist das, was man tut, *indem* man spricht, d. h. indem man einen Äußerungsakt mit einem bestimmten propositionalen Gehalt

[61] *Röhl/Röhl*, Allgemeine Rechtslehre, 3. Aufl. 2008, S. 156.

[62] Vgl. *Kelsen*, Reine Rechtslehre, 2. Aufl. 1960, S. 196 ff.; *Weinberger*, Norm und Institution, 1988, S. 101 ff.

[63] Eine andere Frage ist die nach Geltung der Rechtsordnung; vgl. dazu *Weinberger*, Norm und Institution, 1988, S. 116 ff.

[64] Hier wird die Sprechakttheorie zugrunde gelegt, wie sie von *Searle*, Sprechakte, 12. Aufl. 2013, passim, formuliert wurde.

[65] *Searle*, Sprechakte, 12. Aufl. 2013, S. 40.

[66] *Searle*, Sprechakte, 12. Aufl. 2013, S. 40, S. 44 ff. und S. 150 ff.; für *Searle* ist der propositionale Gehalt folgender Äußerungen daher stets derselbe: „1. Sam raucht gewohnheitsmäßig. 2. Raucht Sam gewohnheitsmäßig. 3. Sam, rauch gewohnheitsmäßig! 4. Würde Sam doch gewohnheitsmäßig rauchen!" Der Sprecher referenziert jeweils auf Sam und prädiziert diesem die Eigenschaft des gewohnheitsmäßigen Rauchens; s. *ders.*, a. a. O., S. 39.

vollzieht (z. B.: behaupten, fragen, befehlen, versprechen).[67] Die illokutionäre „Kraft" einer Sprachhandlung hängt von sprachlichen und außersprachlichen Institutionen und deren konstitutiven Regeln ab: Eine bestimmte Äußerung (X) zählt als Behauptung, Frage, Befehl usw. (Y) im Kontext K. Auch die Sprachhandlung ist also eine institutionelle Tatsache. Als perlokutionär werden schließlich die Folgen des illokutionären Akts bezeichnet. Der perlokutionäre Akt ist das, was man tut, *dadurch dass* man spricht.[68] An einem Lehrbuchbeispiel illustriert: Den nötigen Kontext vorausgesetzt, vollzieht ein Sprecher, indem er den Satz „Ich verspreche dir, dich zu heiraten" äußert, den illokutionären Akt des Versprechens, erzeugt dabei – im Idealfall – bei seiner Hörerin ein Glücksgefühl und hat sie damit im Sinne eines perlokutionären Akts „glücklich gemacht".

Sprachhandlungen können nach *Searles* Taxonomie in fünf Klassen eingeteilt werden: assertive, direktive, kommissive, expressive und deklarative Sprachhandlungen.[69] Unterscheidungskriterien sind vor allem[70] der „illokutionäre Witz" *(illocutionary point)* und die Ausrichtung *(direction of fit)* einer Sprachhandlung.[71] Der illokutionäre Witz von assertiven Sprachhandlungen ist es, dass der Sprecher sich (in unterschiedlichem Grade) auf die Wahrheit der geäußerten Proposition festlegt. Seine Proposition passt aus Sicht des Sprechers zur Wirklichkeit; die Ausrichtung ist also Wort-auf-Welt (Bsp.: Behauptung, Vermutung).[72] Mit Direktiven soll der Hörer zu einer bestimmten Handlung gebracht werden; die Ausrichtung ist Welt-auf-Wort, da die Wirklichkeit dem propositionalen Gehalt der Direktive angepasst werden soll (Bsp.: Befehl, Bitte). Kommissive Sprachhandlungen verpflichten (in unterschiedlichem Grade) den Sprecher zu einer eigenen zukünftigen Handlung und haben damit ebenfalls die Ausrichtung Welt-auf-Wort (Bsp.: Versprechen). Expressive Sprachhandlungen drücken psychische Einstellungen des Sprechers in Bezug auf einen in der Proposition angegebenen Sachverhalt aus und haben keinerlei Ausrichtung, da der Sprecher weder die Wirklichkeit seiner Proposition noch seine Proposition der Wirklichkeit anzupassen versucht, sondern die Entsprechung voraussetzt (Bsp.: Entschul-

---

[67] *Searle*, Sprechakte, 12. Aufl. 2013, S. 40.

[68] *Searle*, Sprechakte, 12. Aufl. 2013, S. 42.

[69] *Searle*, Language in Society 5 (1976), 1 (10 ff.).

[70] Daneben haben für *Searle*, Language in Society 5 (1976), 1 (4) die mit der Sprachhandlung ausgedrückten psychischen Zustände *(psychological states)* Unterscheidungskraft, die im hiesigen Zusammenhang aber vernachlässigt werden können.

[71] Beide Begriffe lassen sich kaum ins Deutsche übertragen, ohne die ihnen von *Searle* beigegebene Bedeutung zu verdecken. *Searle*, Language in Society 5 (1976), 1 (2) spricht zunächst von „point or purpose of a type of illocution". Dies mit „Zweck" gleichzusetzen, erscheint aber problematisch, da Zwecke sich auf Handlungsfolgen beziehen, nicht auf den Inhalt von Handlungen, und damit dem perlokutionären Bereich angehören. Die Übersetzung „illokutionärer Witz" erfasst den Sinn am besten (so auch in *Searle*, Geist, Sprache und Gesellschaft, 3. Aufl. 2015, S. 175); ebenso könnte man von „illokutionärer Pointe" sprechen. Auch die „direction of fit" (*Searle*, Language in Society 5 (1976), 1 [3 f.]) ist mit „Entsprechensrichtung" oder „Passensrichtung" nur sehr radebrechend übersetzt; „Ausrichtung" wird auch in *Searle*, Geist, Sprache und Gesellschaft, 3. Aufl. 2015, S. 177 ff. verwendet.

[72] *Searle*, Language in Society 5 (1976), 1 (10).

digung, Glückwunsch, Dank). Deklarationen schließlich führen bei erfolgreichem Vollzug dazu, dass sich die Wirklichkeit dem propositionalen Gehalt der Sprachhandlung anpasst. Mit anderen Worten führt der bloße Vollzug der Deklaration zur Kongruenz von Worten und Wirklichkeit. Ihre Ausrichtung ist also zugleich Wort-auf-Welt und Welt-auf-Wort (Bsp.: Exkommunikation, Ernennung, Kriegserklärung, Eheschließung).[73] Wie *Searle* dargelegt hat, gelingt diese Wirklichkeitsveränderung durch Sprachhandlung nur innerhalb einer außersprachlichen Institution; er nennt u. a. Kirche, Recht und Staat. Denn nur im Lichte der konstitutiven Regeln (der Form „X zählt als Y in K") der jeweiligen Institution zählt eine Erklärung als Exkommunikation, Ernennung, Kriegserklärung, Eheschließung usw.

2. *Analyse des Normsetzungsakts*

Der Normsetzungsakt lässt sich mit sprechakttheoretischen Mitteln wie folgt analysieren. Der Normgeber („Sprecher") vollzieht den Äußerungsakt üblicherweise durch die Verabschiedung oder Verkündung eines Rechtstexts (Verfassungsurkunde, Gesetzes- oder Verordnungstext etc.). Jedenfalls die Setzung allgemeiner Normen ist also im Regelfall mit schriftlichen Äußerungen verbunden. Bei individuellen Normen sind aber mündliche und sogar nonverbale Normsetzungsakte häufig anzutreffen – man denke an Normsetzungen durch die Verkündung von Urteilen oder die Bekanntgabe von Verwaltungsakten (nonverbal z. B. als Handzeichen eines Polizeibeamten). Bei vielen Normsetzungsakten handelt es sich zudem um Äußerungen eines Kollektivs (Parlament, Kollegialgericht etc.).[74] Der propositionale Gehalt der normgeberischen Äußerung umfasst die Referenz auf ein bestimmtes Objekt (den „Normadressaten"), dem – unter bestimmten Voraussetzungen – eine bestimmte Eigenschaft prädiziert (zugeschrieben) wird. Die prädizierte Eigenschaft ist entweder eine gebotene oder verbotene Handlung oder aber die Ermächtigung zu weiteren Normsetzungsakten. Es versteht sich von selbst, dass die Proposition auch nur „Teile" einer vollständigen Norm oder die Aufhebung einer bereits bestehenden Norm betreffen kann. Dann ist das Referenzobjekt die bestehende Norm (oder eines ihrer Elemente), deren Veränderung oder Aufhebung in der angegebenen Weise prädiziert wird.

Der Normsetzungsakt hat die illokutionäre Kraft, die gesellschaftliche Wirklichkeit zu verändern, indem er ihr eine neue Rechtsnorm als institutionelle Tatsache hinzufügt (oder eine bestehende Rechtsnorm aufhebt oder verändert). Er entfaltet

---

[73] *Searle*, Language in Society 5 (1976), 1 (13 ff.).

[74] Kollektive Sprachhandlungen haben zwar in der Sprechakttheorie nur wenig Beachtung gefunden, sind aber, sofern man die Fähigkeit des Menschen zu kollektiver Intentionalität anerkennt, nicht weiter problematisch; allgemein zu kollektiven Sprachhandlungen vgl. *Meijers*, in: Tsohatzidis, Intentional Acts and Institutional Facts, 2007, S. 93 ff.; zur Gesetzgebung als kollektiver Sprachhandlung vgl. *Marmor*, The Language of Law, 2014, S. 12 ff., der es als „simple, or ‚standard' view" bezeichnet, dass „the collective action of the legislators enacting a law […] a collective speech act" sei, „whereby some content is communicated that is, essentially, the content of the law voted on. This communicated content is the legal content of the act".

diese Kraft nur, wenn die Voraussetzungen der Kompetenznorm erfüllt sind, auf die sich der Normgeber stützt. Sozialontologisch formuliert ist die Kompetenznorm die konstitutive Regel, die dem Äußerungsakt des Normgebers (X) unter den näher spezifizierten Voraussetzungen (K) den Status eines Normsetzungsakts (Y) zuweist, so dass der propositionale Gehalt des Normsetzungsakts als Rechtsnorm zählt. Der Normsetzungsakt ist damit wirklichkeitsverändernd. Er passt „die Welt den Worten" an, wobei gleichzeitig die „Worte der Welt" entsprechen. Es handelt sich folglich um einen deklarativen Sprechakt (Deklaration) im Sinne der Searle'schen Taxonomie, der nur im Lichte der konstitutiven Regeln des Rechtssystems als Institution möglich ist.[75] Das verkennt die traditionelle Imperativentheorie, wenn sie die Rechtsnorm als „Befehl" des Normgebers versteht.[76] Die Ausrichtung eines Befehls als direktiver Sprachhandlung ist Welt-auf-Wort; sein illokutionärer Witz erschöpft sich darin, ein Versuch zu sein, den Befehlsempfänger zu einer bestimmten Handlung zu bewegen. Mit der Imperativentheorie kann die Existenz der gesetzten Rechtsnorm als Teil der gesellschaftlichen Wirklichkeit daher nicht erfasst werden.[77]

Schließlich weist der Normsetzungsakt auch perlokutionäre Aspekte auf: Der Normgeber verfolgt mit der Setzung der Norm bestimmte Zwecke, die sich aus seiner Sicht als kausale Folgen der Normsetzung ergeben. Dass die bezweckten Effekte nicht immer eintreten und unter Umständen die Normsetzung unbeabsichtigte Wirkungen zeitigen kann, ist offenkundig. Zum perlokutionären Akt des Normgebers wird die Normsetzung nur, wenn die bezweckten Folgen auch tatsächlich eintreten und (im Sinne einer kausalen Verursachung) auf den Normsetzungsakt zurückzuführen sind.[78] Ein Gesetzgeber, der beispielsweise Normen über die Kündigung von Arbeitnehmern „flexibilisiert",[79] kann damit bezwecken, die Arbeitslosigkeit zu senken. Stellen die Arbeitgeber trotz der Flexibilisierung keine weiteren Arbeitnehmer an, wurde der Zweck der Normsetzung verfehlt. Sollte die Flexibilisierung aber tatsächlich zu einem Rückgang der Arbeitslosenzahlen führen, kann man davon sprechen, dass der Gesetzgeber *durch* seine Normsetzung die Arbeitslosigkeit reduziert hat.

---

[75] „Deklarativ" ist nicht zu verwechseln mit dem in der juristischen Fachsprache gebräuchlichen Ausdruck „deklaratorisch", der gerade keine Veränderung der Wirklichkeit bezeichnet.

[76] Zur Imperativentheorie vgl. *Röhl/Röhl*, Allgemeine Rechtslehre, 3. Aufl. 2008, S. 230 ff.

[77] Dies führt zu den bekannten Geltungsproblemen, die die Imperativentheorie mit der Bezugnahme auf den „Souverän" oder die „Autorität" nur begrifflich verlagert, aber nicht löst; vgl. *Röhl/Röhl*, Allgemeine Rechtslehre, 3. Aufl. 2008, S. 314 f. mit aussagekräftigen Zitaten aus dem Werk *Austins*. Diese Geltungsprobleme – wie das Problem der Reinen Rechtslehre, die auf eine fiktive Grundnorm rekurrieren muss – hat die hier vertretene institutionalistische Auffassung des Rechts nicht; sie steht – wie *Röhl/Röhl*, Allgemeine Rechtslehre, 3. Aufl. 2008, S. 319 bemerken – der Erkenntnisregel *Harts* nahe, dessen Rechtsphilosophie freilich der sozialontologische „Unterbau" fehlt.

[78] Vgl. *Hindelang*, Einführung in die Sprechakttheorie, 5. Aufl. 2010, S. 12.

[79] D. h. dem Arbeitgeber eine weitergehende Kompetenz zur Beendigung des Arbeitsverhältnisses als bisher einräumt.

3. *Wille des Normgebers*

Die sprechakttheoretische Analyse legt eine spezifische Konzeption des Willens des Normgebers nahe, der im Rahmen der juristischen Methodendiskussion eine zentrale Rolle spielt.[80] Als (Sprach-)Handlungen sind Normsetzungsakte stets intentional. Zu einem Sprechakt spezifischer Art wird eine Äußerung erst dadurch, dass der Sprecher auch die jeweilige illokutionäre Kraft in seinen Willen aufnimmt und diesen Willen im Vollzug des Sprechakts manifestiert. So muss ein Normgeber wollen, dass der propositionale Gehalt seiner Äußerung zur Norm werde, mithin diese spezifische institutionell-wirklichkeitsverändernde Kraft entfalte. Dass einem bestimmten Subjekt die Kompetenz zur Normsetzung zugewiesen wird, bedeutet nämlich nicht, dass jede Sprachhandlung dieses Subjekts ein Normsetzungsakt wäre. Ein Parlament kann beispielsweise durch Entschließungen „psychische Einstellungen" zu bestimmten Sachverhalten im Sinne emotiver Sprachhandlungen ausdrücken oder sich auf die Wahrheit bestimmter Propositionen im Sinne assertiver Sprachhandlungen festlegen. Man denke an die sogenannte Armenien-Resolution aus dem Jahr 2016, mit der der Bundestag die „unrühliche Rolle des Deutschen Reichs" im Zusammenhang mit der Vertreibung und Vernichtung der Armenier im Osmanischen Reich „bedauert" (emotive Sprachhandlung) und sich dabei auf die Wahrheit der Proposition festlegt, dass es sich dabei um einen Völkermord gehandelt habe (assertive Sprachhandlung).[81] Von solchen Sprachhandlungen bleibt die Wirklichkeit des Rechts gerade unberührt. Nur wenn der Normgeber seine Äußerung mit dem propositionalen Gehalt N als Normsetzung verstanden haben *will*, wird N zur Norm. Das ist der eigentliche „Wille des Normgebers". Man könnte ihn auch als „illokutionären Willen" bezeichnen, da er sich auf die illokutionäre Kraft des Normsetzungsakts bezieht.

Davon zu unterscheiden sind die Motive des Normgebers im Sinne der Zwecke, die mit dem Normsetzungsakt erreicht werden sollen. Sie weisen auf die perlokutionäre Ebene der Sprachhandlung. So kann man sagen: „Der Gesetzgeber *bezweckt* mit der Flexibilisierung des Kündigungsschutzrechts eine Senkung der Arbeitslosenquote." Dieser Satz lässt sich gleichbedeutend formulieren als: „Der Gesetzgeber *will* durch die Flexibilisierung des Kündigungsschutzrechts die Arbeitslosenquote senken". Dieser „Wille" ist aber kein eigentlicher, handlungstragender Wille, sondern die Absicht, die mit der Handlung verfolgt wird und die diese Handlung motiviert

[80] Dazu sogleich unter Abschn. B.

[81] BT-Drs. 18/8613. Der Ausdruck „psychische Einstellung" erscheint bezogen auf kollektive Sprachhandlungen freilich auf den ersten Blick unpassend; *Meijers*, in: Tsohatzidis, Intentional Acts and Institutional Facts, 2007, S. 93 (106) rechtfertigt die Verwendung überzeugend wie folgt: „Notice that agents need not actually have these (collective) psychological states, the speech act counts as the expression of these states. This is a general point that applies to all types of speech acts". Die Äußerung des Bundestages zählt also als „Bedauern" des Kollektivs, auch wenn der Bundestag mangels Psyche im biologischen Sinn keine psychische Einstellung zu Propositionen haben kann. Es zeigt sich an diesem Problem deutlich, dass auch Sprachhandlungen institutionelle Tatsachen sind, die nur im Lichte einer konstitutiven Regel (hier: einer konstitutiven Regel der Institution Sprache) als solche erkannt werden können.

hat. Die genannten Sätze geben also das Ergebnis einer Motivinterpretation wieder;[82] sie rekonstruieren die perlokutionären Absichten des Normgebers, beziehen sich aber nicht auf seinen (illokutionären) Willen, der sich in der Setzung der Norm des konkreten Inhalts erschöpft.

IV. Rechtstext als Statusindikator

Wie gesagt ist der Normsetzungsakt häufig eine schriftliche Äußerung, etwa bei Verfassungen, Gesetzen, Verordnungen usf. Die Verabschiedung oder Verkündung des Rechtstexts ist in diesen Fällen der Äußerungsakt, mit dessen Vollzug die Norm aufgrund der illokutionären Kraft des Normsetzungsakts Wirklichkeit wird. Der Normgeber kommuniziert auf diese Weise den Normadressaten den Inhalt seiner Normsetzung. Nicht jeder Rechtstext übernimmt aber diese Funktion. So wird mit der Zustellung der nachträglich abgefassten Urteilsbegründung oder der schriftlichen Bestätigung eines mündlich bekanntgegebenen Verwaltungsakts offensichtlich keine Rechtsnorm (mehr) gesetzt. Aber auch in den Fällen, in denen die schriftliche Äußerung zum Normsetzungsakt gehört, wird die Norm nicht aufgrund des Texts, sondern mit dem Vollzug der Sprachhandlung geschaffen. Die in der deutschsprachigen Rechtswissenschaft und Rechtspraxis allerorten zu beobachtende terminologische Unsitte, die Bestimmung eines Gesetzestexts als „Norm“ zu bezeichnen, mithin Rechtstext und Rechtsnorm gleichzusetzen, hat viel dazu beigetragen, dass die Bedeutung der Normsetzungshandlung verkannt wird.[83]

Nach Vollzug des Normsetzungsakts hat der Rechtstext vor allem eine Funktion: Er ist Statusindikator der Rechtsnorm. Da die Norm – wie alle anderen institutionellen Tatsachen auch – nur aufgrund kollektiv-intentionaler Funktionszuweisung existiert und auf sie nicht aufgrund der bloßen Betrachtung der physisch rohen Wirklichkeit geschlossen werden kann, besteht das Bedürfnis, sie durch einen Text offiziell zu identifizieren und ihren Status als Rechtsnorm zu symbolisieren.[84] Die Funktion des Rechtstexts als Statusindikator ist rein epistemisch und nicht zu verwechseln mit der konstitutiven Rolle, die der Rechtstext als schriftliche Äußerung bei der Schaffung der Norm übernommen hat. Wie *Searle* formuliert, muss „die Rolle der Sprache bei der Konstituierung einer institutionellen Tatsache [...] von der Rolle der Sprache bei der *Identifikation* dessen, was schon konstituiert worden ist“, unterschieden werden, „selbst wenn dasselbe Wort oder Symbol beiden Rollen dienen kann“.[85] Nachdem der

---

82 Vgl. *Weinberger*, Norm und Institution, 1988, S. 142.

83 Der englische Sprachgebrauch ist – jedenfalls bei der parlamentarischen Gesetzgebung – dagegen deutlich handlungsbetont; dort ist vom *Act of Parliament* (UK) oder *Act of Congress* (USA) die Rede; auch das Unionsrecht spricht von Gesetzgebungsakten (vgl. Art. 17 Abs. 2 Satz 1 EUV).

84 Vgl. *Searle*, Die Konstruktion der gesellschaftlichen Wirklichkeit, 3. Aufl. 2013, S. 128 f.

85 *Searle*, Die Konstruktion der gesellschaftlichen Wirklichkeit, 3. Aufl. 2013, S. 128 – Hervorhebung im Original; illustrativ ist auch das dort gegebene Beispiel für einen Statusindikator: „Das gewöhnlichste Mittel der Statusindikation ist die Unterschrift. Die Unterschrift unter ein Dokument kann eine neue institutionelle Tatsache schaffen, aber die fortdauernde Existenz der Unterschrift

Normsetzungsakt vollzogen ist, weist der Rechtstext also die Normadressaten, den Rechtsanwender[86], die Rechtswissenschaft, die Öffentlichkeit, ja auch spätere Normgeber auf die Existenz der gesetzten Norm hin. Er ermöglicht so vor allem die sprachliche Bezugnahme auf die Norm durch die Angabe des Paragraphen oder Artikels. Die Norm selbst besteht aber unabhängig vom Rechtstext. Irreführend ist daher die Metapher von der „Rechtsquelle", sofern damit angedeutet werden soll, die Rechtsnorm entspringe gleichsam dem Text.[87]

V. Rechtsverhältnisse und Rechtspositionen

Gerade im grundrechtlichen Bereich ist schließlich eine relationale Betrachtung des Rechts nützlich.[88] Viele Rechtsnormen begründen Rechtsbeziehungen zwischen zwei Personen. So wird durch eine Rechtsnorm, die dem *a* gegen *b* einen Anspruch auf Vornahme einer Handlung *p* einräumt, gleichzeitig die Pflicht des *b* gegenüber *a* statuiert, *p* zu tun. Zwischen *a* und *b* besteht hinsichtlich *p* also eine Anspruch-Pflicht-Beziehung. Die Beteiligten des Rechtsverhältnisses nehmen zwei korrelierende Rechtspositionen ein: Die Position des *a* heißt Anspruch, die des *b* Pflicht. Ähnliches gilt für die Kompetenznorm, die sich dadurch auszeichnet, einen Akteur *(a)* zu ermächtigen, eine neue Rechtsnorm zu setzen. Durch die Setzung (einschließlich Aufhebung und Änderung) einer Rechtsnorm verändert *a* nicht nur die institutionelle Wirklichkeit des Rechts, sondern auch die dadurch gekennzeichneten Rechtspositionen anderer, etwa des *b*. So kann er dem *b* beispielsweise neue Pflichten auferlegen, neue Ansprüche einräumen, bestehende aufheben oder modifizieren, Kompetenzen zuweisen usf. Während die Position des *a* in dieser Rechtsbeziehung schlicht Kompetenz heißt, bietet sich für die Position des *b* der Begriff Subjektion an.[89] Die Rechtsposition ist eine institutionelle Eigenschaft ihres Inhabers. Bisweilen ist es üblich, mehrere Rechtspositionen unter einem Oberbegriff zusammenzufassen und diese komplexe Position der betreffenden Person als Eigenschaft („Rechtsstellung") zuzuschreiben. Das typische Beispiel, auf

---

zeigt, *ceteris paribus*, die fortdauernde Existenz der Tatsache an. Die Unterschrift auf dem Dokument dauert auf eine Weise fort, wie das lebendige Performativ [Anm. F. M.: der deklarative Sprechakt des Unterschreibens] es nicht tut, und ist auf diese Weise fähig, ihre Rolle als Statusindikator zu spielen".

[86] Der Begriff des Rechtsanwenders ist problematisch, da auch der Normgeber stets Rechtsanwender ist; vgl. *Kelsen*, Reine Rechtslehre, 2. Aufl. 1960, S. 72 f., 236 ff., 260 f.; *Lepsius*, ARSP Beiheft 126 (2011), 21 (25).

[87] Zur Rechtsquellenlehre zusammenfassend *Röhl/Röhl*, Allgemeine Rechtslehre, 3. Aufl. 2008, S. 519 ff.

[88] Dazu grundlegend *Hohfeld*, Yale Law Journal 23 (1913), 16 ff.; Yale Law Journal 26 (1916), 710 ff.; *Wenar*, in: Zalta, The Stanford Encyclopedia of Philosophy, Ziff. 2.1; für den Bereich der Grundrechte *Alexy*, Theorie der Grundrechte, 1994, S. 185 ff.

[89] Begriffe nach *Alexy*, Theorie der Grundrechte, 1994, S. 218 ff.; über Anspruch-Pflicht und Kompetenz-Subjektion hinaus lassen sich durch die Negation von Rechtspositionen weitere Rechtsverhältnisse konstruieren.

das in der Folge zurückzukommen ist, ist die Rechtsstellung des Eigentümers, die bei näherem Hinsehen in eine Vielzahl einzelner relationaler Positionen zerfällt.[90]

VI. Resümee

Die folgende Untersuchung wird die skizzierten rechtstheoretischen Annahmen zugrunde legen, ohne sie stets zu betonen. Die institutionelle Sicht auf das Recht gepaart mit der Erfassung von Normsetzung als Sprachhandlung, die sich nicht nur, ja noch nicht einmal primär anhand des Rechtstexts verstehen lässt, beeinflusst Methode und Dogmatik. Das Denken in Rechtsverhältnissen erlaubt schließlich eine präzise Bestimmung der „Rechtslage", wenn es darauf ankommt. Soweit diese Präzision nicht erforderlich ist, soll im Folgenden aber – schon aus Gründen der besseren Lesbarkeit – an den terminologischen Üblichkeiten festgehalten werden.

B. Methodische Grundlagen

Die vorstehende rechtstheoretische Positionierung stellt die Weichen für die Methodenwahl. Die dieser Untersuchung zugrunde gelegte Methode der Handlungsrekonstruktion soll in Abgrenzung von den gängigen juristischen Methodenlehren im Folgenden umrissen werden.

I. Handlungsrekonstruktion

Im deutschsprachigen methodologischen Schrifttum gilt es trotz aller Unterschiede im Detail als ausgemacht, dass die Aufgabe von Juristen die Auslegung von Rechtstexten, vor allem Gesetzestexten, ist.[91] Während über die Kriterien (grammatisch, systematisch, genetisch und teleologisch)[92] dieser Textauslegung weitgehende Einig-

---

[90] Im angelsächsischen Rechtskreis hat sich für das Eigentum daher die Metapher *bundle of rights* eingebürgert; vgl. dazu *Johnson*, Vermont Law Review 32 (2007), 247 ff.; *di Robilant*, Vanderbilt Law Review 66 (2013), 869 ff.; *Baron*, University of Cincinatti Law Review 82 (2014), 57 ff. sowie die scharfe Kritik bei *Penner*, The Idea of Property in Law, 1997, passim.

[91] Vgl. nur *Larenz/Canaris*, Methodenlehre der Rechtswissenschaft, 3. Aufl. 1995, S. 25 ff. und S. 133 ff.; *Wank*, Die Auslegung von Gesetzen, 6. Aufl. 2015, passim; *Röhl/Röhl*, Allgemeine Rechtslehre, 3. Aufl. 2008, S. 611 f. Daran hält offenbar selbst *Potacs*, Rechtstheorie, 2015, S. 45 ff. und 131 ff. fest, der, obschon er Normsetzungsakte als Sprechakte qualifiziert, die Rechtsnorm als „Sinngehalt von Rechtsvorschriften" verstehen will, deren „Bedeutung ein Willensakt ist" (S. 48). Weshalb der *Akt* die Bedeutung der Norm und nicht umgekehrt die Norm die Bedeutung (bzw. illokutionäre Folge) des Aktes sein soll, erhellt aus *Potacs'* Ausführungen nicht. Letztlich scheint er darum bemüht, am semantischen Normbegriff und damit auch an der traditionellen, textfokussierten Methodenlehre festzuhalten. Seine Ausführungen zur Pragmatik und Semantik (S. 134 ff.), in denen sich viele Aspekte der hier vorgeschlagenen Methode der Handlungsrekonstruktion wiederfinden, lassen aber erkennen, dass er dies auf linguistisch fundierterer Basis tut als die h. M.

[92] *Rüthers/Fischer/Birk*, Rechtstheorie, 8. Aufl. 2015, Rn. 725 ff., die den Normzweck als Aus-

keit besteht, herrscht bekanntlich Streit über das Auslegungsziel, das die einen als Aufdeckung des „normativen Sinns" des Gesetzes (sogenannte objektive Theorie), die anderen als Erkenntnis des „Willens des Gesetzgebers" angeben (sogenannte subjektive Theorie). Innerhalb der subjektiven Theorie lassen sich wiederum entstehungszeitlich und geltungszeitlich orientierte Ansätze unterscheiden; jene ermitteln den Willen des historischen Gesetzgebers, diese interpretieren den Rechtstext nach den Wertungen des aktuellen Gesetzgebers, auch wenn der Text überhaupt nicht von ihm stammt.[93]

Erkennt man an, dass der Existenzgrund einer Rechtsnorm nicht der Rechtstext ist, mit dessen Verabschiedung sie einmal geschaffen wurde, sondern der Normsetzungsakt als historische Handlung, durch die die Rechtsnorm Teil der institutionellen Wirklichkeit wurde, erscheint es unhaltbar, die Aufgabe von Juristen auf Auslegung des Rechtstexts zu reduzieren oder gar den Rechtstext als maßgeblich, konstitutiv für die aus ihm hermeneutisch zu „gewinnende" Rechtsnorm zu sehen. Das Recht wird nicht im Text „gefunden". Um die geltenden Rechtsnormen zu erkennen, müssen wissenschaftlich wie praktisch arbeitende Juristen vielmehr die Normsetzung als Handlung rekonstruieren, in der sich der Wille des Normgebers manifestiert hat. Der Rechtstext ist bei dieser Handlungsrekonstruktion nicht irrelevant. Zum einen weist er als Statusindikator auf die Existenz der Norm hin (epistemische Funktion). Zum anderen ist in ihm die explizite Seite des normgeberischen Äußerungsakts dokumentiert, die einen wesentlichen Aspekt des Normsetzungsakts darstellt, aber nicht mit diesem gleichzusetzen ist.

Vergleicht man den Ansatz der Handlungsrekonstruktion mit den üblichen Auslegungslehren, steht er von der Zielrichtung her der entstehungszeitlich-subjektiven Theorie am nächsten. Denn ein „normativer Gesetzessinn", wie ihn die sogenannten objektiven Theorien annehmen, ist mit der Fokussierung auf die Handlung des Normgebers unvereinbar. Zu betonen ist aber, dass die Handlung des Normgebers sowohl epistemisch als auch ontologisch betrachtet objektiv und nicht subjektiv ist. Es ist eine epistemisch objektive Behauptung, dass der Normgeber die Norm N gesetzt habe. Die Normsetzung ist als institutionelle Tatsache ontologisch objektiv.[94] Der methodische Ansatz der Handlungsrekonstruktion ist also, wenn man so will, ebenfalls eine objektive Theorie. Die sogenannte geltungszeitlich-subjektive Theorie beruht auf der schon unter normlogischen Gesichtspunkten unhaltbaren Annahme, eine aufgrund einer Kompetenznorm durch einen Normsetzungsakt geschaffene Norm könne einen anderen Inhalt haben, je nachdem, welche Wertungen beim *aktuellen* Normgeber vorherrschten. Solange der aktuelle Normgeber allerdings nicht von seinen Kompetenzen Gebrauch macht und die institutionelle Wirklichkeit des Rechts seinen

---

legungsziel ansehen, negieren freilich das teleologische Kriterium, da Auslegungsziel und Auslegungsmittel zu unterscheiden seien.

93 Zum Ganzen *Röhl/Röhl*, Allgemeine Rechtslehre, 3. Aufl. 2008, S. 627 ff.

94 Zur Objektivität in epistemischer und ontologischer Hinsicht vgl. *Searle*, Die Konstruktion der gesellschaftlichen Wirklichkeit, 3. Aufl. 2013, S. 16 ff.

Wertungen und Zwecken durch einen eigenen Normsetzungsakt anpasst, ist sein „Wille" irrelevant. Ohne Handlung des Normgebers gibt es einen solchen Willen überhaupt nicht. Davon zu unterscheiden sind freilich bewusste Nichtveränderungen von Rechtstexten, die als Normsetzungsakte fassbar sind, in denen sich der Wille des aktuellen Normgebers manifestiert. Zu denken ist einerseits an den Neuerlass oder die Bestätigung von Gesetzen, andererseits an die Änderung bestimmter Normen eines zusammengehörigen Normenkomplexes unter bewusster Aufrechterhaltung der übrigen. In diesen Fällen liegt in der vermeintlichen Untätigkeit ein Normsetzungsakt vor, der als Handlung rekonstruierbar ist. Sofern es der geltungszeitlich-subjektiven Auslegungstheorie um die Erfassung dieser Fälle geht, zeigt sich die analytische Schwäche der textfokussierten Auslegungslehren. Denn sie nötigen dazu (irrig) anzunehmen, ein Rechtstext könnte – sozusagen im Laufe seines „Lebens" – verschiedene Normen ausdrücken.

II. Mittel der Handlungsrekonstruktion

Die Rekonstruktion des Normsetzungsakts muss, wenn sie ernst genommen wird, unter Einsatz aller Hilfsmittel erfolgen, die dem rekonstruierenden Juristen zu Gebote stehen. Die Einteilung der Hilfsmittel ist dabei bei weitem nicht so eindeutig, wie es die herrschenden Auslegungslehren unter ständiger Betonung der vier hergebrachten *canones* vorgeben. Die Normsetzung ist eine Sprachhandlung und daher primär anhand sprachlicher Mittel zu rekonstruieren. Dass sprachliche Kriterien aber sehr vielfältig sein können, zeigt bereits der allgemeine semiotische (und linguistische) Dreiklang von Syntax, Semantik und Pragmatik.[95]

1. Syntaktische und semantische Analyse

Der Normsetzungsakt wird mit einem Äußerungsakt des Normgebers vollzogen, dessen propositionaler Gehalt erfasst – „verstanden" – werden muss. Denn zur Norm wird ebendieser propositionale Gehalt der Äußerung, wenn die Normsetzung gelingt, der Normsetzungsakt also seine illokutionäre Kraft entfaltet. Geäußert werden zunächst Morpheme, die nach bestimmten sprachlichen Regeln Wörter sind oder Wörter bilden. Die Wörter wiederum bilden regelhaft Sätze, d. h. selbständige Redeeinheiten.[96] Beziehungen zwischen einzelnen Morphemen und Wörtern, die Sätze bilden, können mit syntaktischen Mitteln analysiert werden.[97] Die semantische Analyse ermittelt demgegenüber die Bedeutung der in der Äußerung verwendeten Aus-

[95] Grundlegend *Morris*, Foundations of a Theory of Signs, 1966, passim.

[96] Vgl. *Bußmann*, Lexikon der Sprachwissenschaft, 4. Aufl. 2008, S. 601 f. auch zu den Problemen und der Theorieabhängigkeit des Satzbegriffs.

[97] Vgl. *Morris*, Foundations of a Theory of Signs, 1966, S. 13 ff.; *Bußmann*, Lexikon der Sprachwissenschaft, 4. Aufl. 2008, S. 711.

drücke, d. h. die Beziehung zwischen „Zeichen und Bezeichnetem".[98] Im juristischen Bereich wird also versucht, den „Sinn" der vom Normgeber gewählten Wörter und Sätze zu erfassen. Syntaktische und semantische Analysen sind kontext- und verwendungsunabhängig. Die herkömmlichen Methodenlehren vereinen sie unter dem Topos der grammatischen Auslegung oder „Wortlautauslegung". Da diese Methodenlehren auf den Rechtstext fokussiert sind, neigen sie dazu, gerade semantische Untersuchungen in den Vordergrund zu stellen. Diese Tendenz wird noch verstärkt durch den semantischen Normbegriff, dem zufolge die Norm die „Bedeutung" eines Normsatzes sein soll. Der Text wird so zum Ausgangs- und Endpunkt der Auslegung. Auch die Erträge anderer sogenannter Auslegungsmethoden werden häufig dem „Wortlaut" des Gesetzes untergeordnet und sollen nur relevant sein, soweit sie in diesem einen Niederschlag gefunden haben.[99]

2. *Pragmatische Analyse*

Bei der syntaktisch-semantischen Analyse des normgeberischen Äußerungsakts kann es eine linguistisch informierte Methode nicht bewenden lassen. Die Sprachwissenschaft hat, wenn auch mit sehr unterschiedlichen Schwerpunktsetzungen, gezeigt, dass der Inhalt einer Äußerung nicht allein durch Syntax und Semantik festgelegt wird, sondern zu einem Gutteil durch kontextabhängige und nonverbale Aspekte bestimmt wird, die sich in der konkreten Sprachverwendung zeigen. Damit ist das Feld der linguistischen Pragmatik beschrieben.[100] Normsetzungsakte werden (wie andere Sprachhandlungen auch) niemals kontextinvariant vollzogen, sondern sind stets durch einen Kontext „pragmatisch angereichert".[101]

a) *Pragmatisch relevanter Kontext*

Der pragmatisch relevante Kontext besteht aus Informationen, von denen der Sprecher annimmt, dass der Hörer sie kennt oder als gegeben hinnimmt, und von denen der Hörer weiß, dass der Sprecher sie als bekannt voraussetzt.[102] Dieses allgemeine Relevanzkriterium erweist sich in Bezug auf den Normsetzungsakt als besonders nützlich:

---

[98] *Morris*, Foundations of the Theory of Signs, 1966, S. 21 ff.

[99] Vgl. zur sog. Andeutungstheorie *Rüthers/Fischer/Birk*, Rechtstheorie, 8. Aufl. 2015, Rn. 734 ff. m. w. N.

[100] *Morris*, Foundations of a Theory of Signs, 1966, S. 29 ff.; vgl. auch *Bußmann*, Lexikon der Sprachwissenschaft, 4. Aufl. 2008, S. 550; dort wird auf die Abgrenzungsschwierigkeiten hingewiesen, deren Erörterung den Rahmen dieser Untersuchung aber sprengen würde.

[101] Zur Pragmatik in Bezug auf legislative Äußerungen vgl. *Marmor*, The Language of Law, 2014, S. 23 ff. Aus der deutschsprachigen Literatur vgl. vor allem *Griller/Potacs*, in: Vetter/Potacs, Beiträge zur juristischen Hermeneutik, 1990, S. 66 ff., die aber einen engen Pragmatikbegriff vertreten: Pragmatik ist demnach „die Lehre von der Bedeutung von Worten und Sätzen einer natürlichen Sprache [...], die in einer Weise verwendet werden, die von dem in der Sprachgemeinschaft üblichen Gebrauch abweicht" (S. 80); knapper auch *Potacs*, Rechtstheorie, 2015, S. 134 ff.

[102] *Marmor*, The Language of Law, 2014, S. 26.

Bei dessen Rekonstruktion muss einerseits die Menge kontextueller Informationen herangezogen werden, die vom Normgeber als seinen „Hörern" (Adressaten) bekannt oder wenigstens hingenommen angesehen werden. Auf der anderen Seite darf nicht mehr in die Rekonstruktion eingestellt werden, als aus Sicht der Adressaten vom Normgeber als bekannt oder hingenommen vorausgesetzt wird.

Der systematische Zusammenhang, in dem sich der Normgeber äußert, also die Beziehung des Normsetzungsakts zu früheren oder parallelen Normsetzungen, gehört gemessen am Relevanzkriterium ohne weiteres zum pragmatisch relevanten Kontext – jedenfalls wenn es um die Rekonstruktion verfassungs- oder gesetzgeberischer Normsetzungen geht.[103] Zu beachten ist, dass das „System" nicht nur als sprachliches System („Sprachgebrauch") des Normgebers zu verstehen ist. So mag zwar die Verwendung gleicher Ausdrücke bei verschiedenen Normsetzungen auf einen einheitlichen Inhalt hindeuten; zwingend ist dies aber nicht. Bedeutender als das sprachliche System ist die institutionelle Wirklichkeit der jeweiligen Rechtsordnung, d. h. die bereits bestehenden Rechtsnormen als institutionelle Tatsachen. Innerhalb dieser Wirklichkeit bewegt sich der Normgeber, so dass seine Handlungen in ihrem Lichte gesehen werden müssen. Das bedeutet aber nicht, dass der Normgeber stets systematisch im Sinne von „planmäßig und konsequent" handelte. Die Idee eines überwölbenden „Gesamtplans" des Normgebers ist schon aufgrund der Dynamik der Rechtsordnung und der Vielzahl verschiedener Normgeber in einem komplexen Rechtssystem in den Bereich des Mystischen zu verbannen.[104]

Der pragmatische Kontext umfasst ferner alle Informationen über das Zustandekommen des Normsetzungsakts – seine Entstehungsgeschichte –, die das Relevanzkriterium erfüllen. Dazu gehören im Fall der verfassungs- und gesetzgeberischen Normsetzung vor allem die offiziell dokumentierten Beratungen des als Kollektiv verfassten Normgebers. Dass diese dokumentiert werden, bringt deutlich zum Ausdruck, dass sie der Normgeber als bekannt oder wenigstens als hingenommen voraussetzt. Der „Hörer" muss sie nicht kennen, kann sich aber ohne weiteres Kenntnis verschaffen, und hat daher in Systemen, in denen solche Dokumentationen angefertigt werden, stets mit ihnen als kontextuell relevanten Informationen zu rechnen, sie also als pragmatischen Kontext vorauszusetzen. Was in den traditionellen Methodenlehren als „genetisches Argument" bezeichnet wird, ist daher unabdingbare Voraussetzung einer vollständigen Handlungsrekonstruktion, mithin nicht nur ein Argument unter vielen, sondern ein zwingender Rekonstruktionsschritt. Da in den Materialien Sprachhandlungen (Anträge, Beschlüsse, Empfehlungen usf.) dokumentiert werden, gehört zur Rekonstruktion der Normsetzung als solcher auch die Rekonstruktion die-

---

[103] Ein anderes mag bei der Rekonstruktion von individuell-administrativen oder judikativen Normsetzungsakten gelten; gerade Rechtsprechungsakte stehen aber sehr wohl in einem systematischen Zusammenhang, der üblicherweise mit dem Begriff *case law* bezeichnet wird.

[104] Vgl. differenzierend *Larenz/Canaris*, Methodenlehre der Rechtswissenschaft, 3. Aufl. 1995, S. 191 ff.; zum Abschied von der „Einheit der Rechtsordnung" in der Demokratie *Lepsius*, Der Staat 52 (2013), 157 (184 f.).

ser Handlungen als Bestandteil des pragmatisch relevanten Kontexts. Auch sie lassen sich als Sprachhandlungen syntaktisch-semantisch und pragmatisch analysieren.

Bei der Ermittlung der Entstehungsgeschichte des Normsetzungsakts werden auch die Zwecke des Normgebers im Sinne seiner perlokutionären Absichten aufgedeckt und damit zu pragmatisch relevantem Kontext. Zwecke können niemals nur aufgrund einer syntaktisch-semantischen Analyse des geäußerten Rechtstexts erkannt werden, da mit dessen Verabschiedung die Norm als „Mittel zum Zweck", nicht aber der Zweck selbst gesetzt wird. Für die Handlungsrekonstruktion sind die Zwecke aber von zentraler Bedeutung, denn sie lassen bei Zweifeln über den Inhalt eines Normsetzungsakts solche Varianten ausscheiden, die zur Setzung einer Norm führten, welche für die Zweckerreichung ungeeignet wäre. Die Rekonstruktion dient aber nicht dazu, es „besser zu machen" als der Normgeber. Ist ein normgeberischer Zweck erkannt, steht aber zugleich unter Berücksichtigung desselben fest, dass der Normgeber eine Norm gesetzt hat, mit der dieser Zweck nicht zu erreichen ist, kann dem Normgeber im Rahmen der Handlungsrekonstruktion nicht einfach eine andere als die gesetzte Norm „untergeschoben" werden. Das wäre keine Rekonstruktion, sondern Manipulation. Die richtig verstandene Handlungsrekonstruktion muss stets Raum für Zweckverfehlung lassen.

b) Sprachgebrauch

Mit der Ermittlung des pragmatisch relevanten Kontexts werden sämtliche Aspekte, die die traditionellen Methodenlehren unter die genetischen, systematischen und teleologischen *canones* fassen, abgedeckt.[105] Die pragmatische Anreicherung einer Äußerung geht aber darüber hinaus. So legt sie zwingend auch den relevanten Sprachgebrauch fest, über den im methodologischen Schrifttum Uneinigkeit besteht. Ein Streit darüber, welcher Sprachgebrauch (allgemeiner, spezieller, entstehungszeitlicher, aktueller etc.) maßgeblich sei, kann bei einer pragmatischen Analyse der Äußerung des Normgebers nicht aufkommen: Es versteht sich von selbst, dass der Normsetzungsakt, der ein geschichtlicher Akt ist, sich nur zutreffend rekonstruieren lässt, sofern man den Sprachgebrauch seiner Zeit und das Sprachverständnis seines „Sprechers" (Autors) zugrunde legt.

c) Near-side und far-side pragmatics

Schließlich erlaubt die pragmatische Behandlung des Normsetzungsakts auch eine adäquate Erfassung dessen, was der Normgeber zwar nicht ausdrücklich sagt, aber impliziert. Die vorstehenden Aspekte beziehen sich auf das Gesagte *(near-side pragmatics)*. Der Inhalt einer Äußerung kann aber zu einem guten Teil auch impliziert

[105] Vgl. auch *Potacs*, Rechtstheorie, 2015, S. 135, der die systematische, teleologische und historische Interpretation der herrschenden Methodenlehre zutreffend als „pragmatische Methoden" klassifiziert.

sein, wobei das Implizierte nicht durch Syntax und Semantik, sondern durch den pragmatischen Kontext allein festgelegt wird *(far-side pragmatics)*.[106] Hier haben Denkfiguren wie der Umkehrschluss oder der Erst-recht-Schluss ihren Platz,[107] die die traditionellen Methodenlehren aufgrund ihrer Fokussierung auf den Rechtstext in den eher obskuren Bereich der „Lückenfüllung" verbannen.[108] Was der Normgeber impliziert, hängt vom Umfang der Informationen ab, die den pragmatisch relevanten Kontext ausmachen. Dass in manchen Rechtssystemen Normen existieren, die gesetzgeberische Implikaturen begrenzen, etwa die verfassungsrechtlich normierte „Wortlautgrenze" für Strafgesetze (Art. 103 Abs. 2 GG),[109] bedeutet nicht, dass implizierte Inhalte generell unbeachtlich wären.

III. Anspruch und Grenzen der Handlungsrekonstruktion

Anspruch der Handlungsrekonstruktion ist es, den geschichtlichen Normsetzungsakt unter Einbeziehung aller Rekonstruktionsmittel nachvollziehend zu beschreiben und dadurch den Inhalt der gesetzten Norm zu ermitteln. Damit sind aber zugleich die Grenzen der Methode abgesteckt. Sie kann immer nur Annäherung an Geschehenes sein, niemals jedoch eine exakte Wiederholung des Normsetzungsakts. Die Tätigkeit des rekonstruierenden Juristen ähnelt der des Historikers oder Archäologen, der anhand von mehr oder minder umfangreichen Informationen Vergangenes so präzise wie möglich zu beschreiben versucht und damit Wissen über geschichtliche Tatsachen schafft. Wie Geschichtswissenschaft und Archäologie wird die Rechtswissenschaft durch die Begrenztheit des jeweiligen Informationsmaterials in die Schranken gewiesen. Einen wichtigen Unterschied gibt es jedoch: Der rekonstruierende Jurist schafft Wissen über eine geschichtliche (institutionelle) Tatsache, den Normsetzungsakt, und ermittelt damit zugleich den Inhalt der aktuell bestehenden Norm. Während die Wirklichkeit, für die der Historiker oder Archäologe sich interessiert, vergangen ist, besteht die Wirklichkeit des Juristen in Gestalt der Normen der Rechtsordnung fort, auch wenn deren Schaffung nur noch mit Blick auf die Vergangenheit beschreibbar ist. Die Rekonstruktion der Normsetzungshandlung spielt also eine epistemische Rolle sowohl für Vergangenes als auch für Gegenwärtiges, wobei die Aktualität, die

[106] Vgl. *Marmor*, The Language of Law, 2014, S. 27; *Potacs*, Rechtstheorie, 2015, S. 135 f. spricht von „pragmatische[n] Aspekten einer semantischen Interpretation" einerseits und „reine[r] Pragmatik" andererseits.

[107] Vgl. auch *Potacs*, Rechtstheorie, 2015, S. 136, der auch die Analogie zur „Reinen Pragmatik" rechnen möchte. Der Analogieschluss ist jedoch bei Lichte besehen kein Aspekt der Normerkenntnis, sondern dient als Argument für eine richterliche Normsetzung. Denn nimmt man das „Lückenkriterium" ernst, behauptet der Richter bei der Analogie gerade, dass der Gesetzgeber den Fall nicht (adäquat) geregelt habe.

[108] Vgl. *Rüthers/Fischer/Birk*, Rechtstheorie, 8. Aufl. 2015, Rn. 897 ff. m. w. N.

[109] Nach h. M. beschränkt dieser den Rechtsanwender auf den „möglichen Wortlaut", d. h. die syntaktisch-semantische Analyse; vgl. BVerfGE 126, 170 (197 f.).

bestehende Norm, für den Juristen im Vordergrund steht. Zu ihr gelangt er aber nur, wenn er versucht das Historische – so gut es eben geht – zu erkennen.

Wie bei den traditionellen Methodenlehren unterschiedliche Auslegungsergebnisse möglich sind, kann es selbstredend auch zu unterschiedlichen Rekonstruktionsvorschlägen kommen. Während bei der textfokussierten Methodik dann vor allem über die Stärke oder Schwäche der jeweiligen Argumente diskutiert wird, liegt bei konkurrierenden Rekonstruktionen der Schwerpunkt des Diskurses zunächst auf der Frage, ob alle zur Verfügung stehenden Informationen ausgewertet worden sind. Wer behauptet, den Normsetzungsakt zu rekonstruieren, aber beispielsweise einzelne pragmatisch relevante Dokumente, die die Entstehungsgeschichte beleuchten, außer Acht lässt, muss sich den Vorwurf gefallen lassen, seine Rekonstruktion sei unvollständig. Es kommt hier zunächst weniger auf ein Abwägen und Bewerten als auf eine umfassende Ermittlung des Geschehenen an. Bewertungsaspekte sind freilich auch der Methode der Handlungsrekonstruktion nicht fremd, da unter verschiedenen Materialien die „maßgeblichen" ausgewählt, unter verschiedenen systematischen Zusammenhängen der wichtigste herausgearbeitet werden muss usw.[110] Aber diese Wertungen des „Rekonstrukteurs" setzen – im Idealfall – erst später ein, als dies bei den textfokussierten Methodenlehren der Fall ist, bei denen die Methodenwahl bekanntlich von vorneherein vom Vorverständnis des „Deuters" geprägt ist.[111]

IV. Handlungsrekonstruktion und richterliche Normsetzung

Die Rekonstruktion des Normsetzungsakts (Rechtserkenntnis) durch den Rechtsanwender, vor allem dem Richter, ist abzugrenzen von der Normsetzung, zu der dieser Rechtsanwender ermächtigt ist (Rechtserzeugung).[112] Rechtsanwendung ist immer zugleich Rechtserzeugung.[113] Abstrakt-generelle Normen geben der Normsetzung im Einzelfall einen Rahmen vor, innerhalb dessen der rechtserzeugende Rechtsanwender nach seinem Ermessen entscheidet.[114] Die inhaltlich eigenständige Normsetzungskompetenz des Rechtsanwenders wird besonders dann relevant, wenn sich der Normgeber der generellen Norm bewusst „vage" äußert, so dass der Inhalt des Normsetzungsakts wenigstens teilweise offen bleibt. Die textfokussierten Methodenlehren weisen dann dem Richter die Aufgabe zu, die unbestimmten Begriffe zu „konkretisieren" und gehen damit davon aus, dass der Inhalt der Norm bereits feststünde und durch den

---

[110] Vgl. *Potacs*, Rechtstheorie, 2015, S. 137.

[111] Vgl. *Esser*, Vorverständnis und Methodenwahl in der Rechtsfindung, 1970, passim.

[112] Vgl. zur Unterscheidung von Rechtserkenntnis und Rechtserzeugung *Jestaedt*, in: Bumke, Richterrecht zwischen Gesetzesrecht und Rechtsgestaltung, 2012, S. 49 (62 ff.), der einen entsprechenden „Paradigmenwechsel" einfordert.

[113] Vgl. *Kelsen*, Reine Rechtslehre, 2. Aufl. 1960, S. 72 f., 236 ff., 260 f.; *Lepsius*, ARSP Beiheft 126 (2011), 21 (25); *Jestaedt*, in: Bumke, Richterrecht zwischen Gesetzesrecht und Rechtsgestaltung, 2012, S. 49 (64).

[114] *Kelsen*, Reine Rechtslehre, 2. Aufl. 1960, S. 348 f.

Richter nur noch präzisiert werden müsste.[115] Ein solches Verständnis ist aber verfehlt. Denn wo der Normsetzungsakt bewusst unbestimmt bleibt, wird mit ihm auch keine Norm gesetzt, die der Richter nur noch zu verdeutlichen bräuchte. Vielmehr wird eine Norm gesetzt, die den Richter ermächtigt, wiederum selbst eine Norm zu setzen. Der vage Normsetzungsakt schafft also eine Kompetenz zugunsten des Richters, nach seinem Ermessen Recht zu setzen. *H. L. A. Hart* hat dies unter dem Stichwort *judicial discretion* dargelegt und gegen die Kritik jener verteidigt, die der Auffassung sind, es gebe für jeden Rechtsfall eine richtige Entscheidung, die der Richter nur „finden" müsse.[116] Von einer Ermächtigung des Richters zur Normsetzung ist insbesondere dann auszugehen, wenn der Normgeber, wie es häufig vorkommt, die nähere „Ausgestaltung" seiner Norm der Rechtsprechung überlässt.[117] Freilich wird der Normgeber selten eine Norm schaffen, aufgrund derer der Richter zu jedweder weiterer Normsetzung ermächtigt wäre. Die Grenzen der richterlichen Normsetzungskompetenz sind durch die Rekonstruktion des ermächtigenden Normsetzungsakts zu ermitteln.

Daneben gibt es die Fälle, in denen der Richter den Normsetzungsakt des Normgebers nicht mehr dergestalt rekonstruieren kann, dass eine bestimmte Norm ermittelbar wäre. Auch wenn nicht davon auszugehen ist, dass der Normgeber in solchen Fällen eine Kompetenznorm zugunsten des Richters geschaffen hat, so enthalten die meisten Rechtsordnungen doch allgemeine Kompetenznormen, die den Richter ermächtigen, in unklaren Fällen nach eigenem Ermessen Recht zu setzen.[118] Theoretisch zwingend ist das nicht, wie die historischen Anordnungen eines *référé législatif* belegen.[119] Systemabhängig ist schließlich auch die Reichweite der richterlichen Normsetzungskompetenzen: Ob der Richter nur eine individuelle Norm setzt, die

---

[115] Vgl. die krit. Darstellung der h. M. bei *Jestaedt*, in: Bumke, Richterrecht zwischen Gesetzesrecht und Rechtsgestaltung, 2012, S. 49 (53 f.), der von einer „wundersamen Transsubstantation" spricht.

[116] *Hart*, The Concept of Law, 3. Aufl. 2012, S. 272 ff. in Auseinandersetzung mit *Dworkin*; vgl. auch die knappen Ausführungen bei *Kelsen*, Reine Rechtslehre, 2. Aufl. 1960, S. 347 f., der zwischen beabsichtigter und unbeabsichtigter Unbestimmtheit des rechtsanwendenden Akts unterscheidet; aus neuerer Zeit *Jestaedt*, in: Bumke, Richterrecht zwischen Gesetzesrecht und Rechtsgestaltung, 2012, S. 49 (64 f.), der von „strukturell notwendige[n] Rechtssetzungsermächtigungen" spricht, die (bereits) darin zu sehen seien, dass der Gesetzgeber dem Richter den Vollzug oder die Vollzugskontrolle überträgt.

[117] Für *Jestaedt*, in: Bumke, Richterrecht zwischen Gesetzesrecht und Rechtsgestaltung, 2012, S. 49 (65) ist dies eine „gewillkürte Rechtssetzungsermächtigung", die er von der „strukturellen" abgrenzt; es dürfte sich dabei eher um eine graduelle Unterscheidung handeln, (wohl) mit Ausnahme der von *Jestaedt*, a. a. O. angeführten Rechtsvorschriften, die explizit den Richter ermächtigen (z. B. § 938 Abs. 1 ZPO).

[118] Ausdrücklich z. B. Art. 1 Abs. 2 und 3 ZGB Schweiz: „Kann dem Gesetz keine Vorschrift entnommen werden, so soll das Gericht nach Gewohnheitsrecht und, wo auch ein solches fehlt, nach der Regel entscheiden, die es als Gesetzgeber aufstellen würde. Es folgt dabei bewährter Lehre und Überlieferung".

[119] Am bekanntesten ist hierzulande wohl § 47 Einl. PrALR: „Findet der Richter den eigentlichen Sinn des Gesetzes zweifelhaft, so muss er, ohne die prozeßführenden Parteien zu benennen, seine Zweifel der Gesetzescomission anzeigen, und auf deren Beurtheilung antragen"; vgl. allgemein zu Vorlagepflichten *Röhl*, in: GS Wenz, S. 445 ff.

an eine Partei des Rechtsstreits adressiert ist, oder darüber hinaus auch zur Setzung allgemeiner Normen ermächtigt ist, wie dies vor allem (aber nicht nur) in Common-Law-Systemen der Fall ist, hängt vollständig vom Inhalt der ihn ermächtigenden Kompetenznorm ab.

V. Handlungsrekonstruktion und Unionsgrundrechte

Die Methode der Handlungsrekonstruktion steht im Bereich der Unionsgrundrechte vor spezifischen Herausforderungen.

1. Normsetzungsakt und Normgeber

Schon in seiner zeitlichen Dimension ist der Normsetzungsakt nicht einfach zu bestimmen.[120] Die Unionsgrundrechte wurden einleitend als die Summe der Grundrechtsnormen definiert, die durch die Inkorporation der Charta der Grundrechte der Europäischen Union in die Verträge (Art. 6 Abs. 1 EUV) in Kraft gesetzt worden sind. Der Normsetzungsakt ist damit die Unterzeichnung des Vertrags von Lissabon durch die Staats- und Regierungschefs der Mitgliedstaaten am 13. Dezember 2007.[121] Der Text der Charta wurde insoweit nicht etwa beschlossen, verabschiedet oder verkündet, sondern lediglich durch die Änderung des Art. 6 EUV in Bezug genommen.

Der Chartatext war bereits zwischen Dezember 1999 und September 2000 vom Grundrechtekonvent ausgearbeitet und am 7. Dezember 2000 feierlich proklamiert[122] worden. Der Grundrechtekonvent agierte dabei, „als ob" er mit der Verabschiedung der Charta Grundrechtsnormen setzte.[123] Denn obschon er sich nicht auf eine Kompetenznorm stützen konnte, wurde das Charta-Projekt mit der Aussicht darauf betrieben, dass der Chartatext von einem künftigen Normgeber übernommen werden konnte. In ähnlicher Weise verfuhr der Verfassungskonvent, der unter anderem die Einbeziehung der Charta in den Verfassungsvertrag zu erörtern hatte.[124] Die Regierungskonferenz 2003/2004, die den schließlich gescheiterten Verfassungsvertrag abschließend redigierte, nahm weitere Änderungen am Chartatext – vor allem bei Art. 52 GRC (Art. II-112 VVE[125]) – vor.[126] In ihrer endgültigen Fassung wurde

---

[120] Vgl. zur Entstehungsgeschichte der Charta vgl. *Kingreen*, in: Calliess/Ruffert, EUR/AEUV, Art. 6 EUV Rn. 9 ff.; *Jarass*, GRC, Einl. Rn. 2 ff.

[121] ABl. Nr. C 306 v. 17. 12. 2007, S. 1.

[122] ABl. Nr. C 364 v. 18. 12. 2000, S. 1.

[123] Vgl. Mitteilung der Kommission zum Status der Grundrechtscharta der Europäischen Union v. 11. 10. 2000, KOM(2000) 644 endgültig, S. 4: „In diesem Sinne wurde [...] beschlossen, den Entwurf so auszuarbeiten, ‚als ob' er in die Verträge eingefügt werden müsse, so dass dem Europäischen Rat die Wahl überlassen bliebe".

[124] Zur Charta im Verfassungskonvent s. *Pietsch*, ZRP 2003, 1 ff.

[125] ABl. Nr. C 310 v. 16. 12. 2007, S. 1.

[126] Zu den Änderungen des Chartatexts durch den Verfassungskonvent und die Regierungskonferenz 2003/2004 ausf. *Brecht*, ZEuS 2003, 355 ff.

die Charta von Europäischem Parlament, Rat und Kommission am 14. Dezember 2007 proklamiert und im Amtsblatt bekannt gemacht.[127]

Obschon der eigentliche Normsetzungsakt durch die Staatenvertreter mit Unterzeichnung des Lissabon-Vertrages vollzogen wurde, waren die Inhalte der Normsetzung bereits vorher festgelegt worden; die Staatenvertreter nahmen hierauf nur noch Bezug. Die wesentlichen Inhalte wurden bereits vom Grundrechtekonvent im Jahr 2000 in Gestalt einer „Quasi-Normsetzung" geäußert und von den späteren Gremien nur noch geringfügig modifiziert. Für die Rekonstruktion der auf die Unionsgrundrechte bezogenen Normsetzungsakte kann daher, sofern keine späteren Veränderungen vorgenommen worden sind, auf die Handlungen des Grundrechtekonvents abgestellt werden, die der Normgeber in seinen Normsetzungsakt aufgenommen hat. Rekonstruiert werden muss gleichsam ein längerer Prozess der „Normentstehung", der am 13. Dezember 2007 in den finalen, aber inhaltlich nicht mehr relevanten abschließenden Normsetzungsakt mündete. Wenn im Folgenden vom Normgeber der unionsrechtlichen Grundrechtsnormen – vereinfachend: dem „Charta-Geber" – die Rede ist, wird damit, soweit nicht anders kenntlich gemacht, auf die Gesamtheit der an der Entstehung der Charta beteiligten Akteure Bezug genommen, die den Rechtstext bis zu seiner „Inkorporation" in die Verträge mitgestaltet haben, vor allem auf den Grundrechtekonvent, aber auch den Verfassungskonvent und die Regierungskonferenz 2003/2004, deren „Vorschlag" zur Normsetzung vom eigentlichen Normgeber, den Staatenvertretern, unverändert übernommen wurde.

2. *Sprachfassungen*

Der Chartatext ist die schriftliche Äußerung des Normgebers. Es gibt aber nicht den einen Chartatext, sondern eine Fassung in jeder Amtssprache der Europäischen Union. Es existieren 23 authentische Sprachenfassungen der Charta, d. h. Versionen in den Sprachen, die beim Vollzug des Normsetzungsakts Amtssprachen der Union waren.[128] Für die syntaktisch-semantische Analyse des Äußerungsakts stellt sich vor diesem Hintergrund die Frage, welche Sprachfassung zugrunde zu legen ist.

Zunächst ist festzustellen, dass es keine Regelung der „Sprachenfrage" (vgl. Art. 342 AEUV) für die Charta gibt. Art. 55 Abs. 1 EUV, nach dem für den EUV und über Art. 358 AEUV auch für den AEUV die Fassung in allen dort genannten Amtssprachen der Union verbindlich ist, erfasst die Charta gerade nicht.[129] Dass die Charta und die Verträge nach Art. 6 Abs. 1 EUV *rechtlich* gleichrangig sind, lässt keine Sprachenregelung erkennen; insbesondere wird die Charta – anders als im gescheiterten Verfassungsvertrag – dadurch nicht zu einem Teil der Verträge, der von

[127] ABl. Nr. C 303 v. 14. 12. 2007, S. 1.

[128] Das sind alle Amtssprachen der Union bis auf das Kroatische; eine offizielle kroatische Sprachfassung ist, soweit ersichtlich, bislang noch nicht veröffentlicht worden.

[129] Art. 55 Abs. 1 EUV beginnt mit „Dieser Vertrag [...]"; auch in Art. 358 AEUV ist von „diesem Vertrag" die Rede.

der mit Art. 55 Abs. 1 EUV getroffenen Anordnung erfasst sein könnte.[130] Art. 33 WVK, der die Mehrsprachenauthentizität von völkerrechtlichen Verträgen regelt, kann schon deshalb nicht herangezogen werden, weil nicht alle EU-Mitgliedstaaten Vertragsparteien der WVK sind.

Im Rahmen der Rekonstruktion des Normsetzungsakts ist das Sprachenproblem der Charta wie folgt zu lösen: Vor der Unterzeichnung des Vertrags von Lissabon wurde die endgültige Fassung der Charta proklamiert und sodann am Tag der Unterzeichnung des Vertrages in allen damaligen (23) Amtssprachen der Union im Amtsblatt bekannt gemacht. Damit wurde der Bezugspunkt des im Vertrag vorgesehenen Art. 6 Abs. 1 EUV festgelegt: die Charta in den 23 Amtssprachen der Union. Wenn man so will, sprach der Normgeber bei diesem komplexen sprachlichen Äußerungsakt simultan in 23 Amtssprachen. Die vollständige syntaktisch-semantische Analyse muss daher alle Sprachen in den Blick nehmen. Dies hat gerade bei der Bestimmung der (kontextinvarianten) Bedeutung einzelner Ausdrücke eine wichtige Konsequenz: Die möglichen Bedeutungen von Ausdrücken in verschiedenen Sprachen werden sich zu einem mehr oder weniger großen Teil überschneiden, jedoch selten kongruent sein. Wenn aber gilt, dass der Normgeber den Chartatext in allen Amtssprachen zugleich und mit der gleichen Bedeutung geäußert hat, dann darf einem Ausdruck in der jeweils in Betracht gezogenen Sprache nur die Bedeutung beigegeben werden, die der jeweilige „Parallelausdruck" in den anderen Sprachfassungen haben kann. Dieses Vorgehen entspricht weitgehend der bisherigen Praxis des EuGH bei Sekundärrechtsakten, wobei eine vertiefte syntaktisch-semantische Bedeutungsbestimmung in den Entscheidungen freilich nicht erkennbar ist. Der Gerichtshof neigt vielmehr dazu, in Fällen der Mehrdeutigkeit sogleich auf den pragmatisch relevanten Kontext, vor allem Zielsetzung und Systematik zurückzugreifen.[131]

Für die Zwecke dieser Untersuchung ist festzuhalten, dass eine Rekonstruktion des Normsetzungsakts die jeweilige Charta-Bestimmung syntaktisch-semantisch analysieren muss und dabei so viele sprachliche Fassungen wie möglich einzubeziehen hat. Die Schnittmengen der möglichen Bedeutungen sprachlicher Ausdrücke ziehen dabei zugleich eine Grenze für die Bestimmung des Inhalts der normgeberischen Äußerung. Angesichts der beschränkten Fremdsprachenkenntnisse des Verfassers werden im Folgenden neben der deutschen die französische, englische und italienische Sprachfassung herangezogen. Für Parallelitäten oder Divergenzen sollen auch die weiteren germanischen und romanischen Sprachen in den Blick genommen werden.

---

130 Für eine analoge Anwendung von Art. 55 Abs. 1 EUV aber *Dörr*, in: Grabitz/Hilf/Nettesheim, Recht der EU, Art. 55 EUV Rn. 7; zwar sei die Charta dezidiert nicht Bestandteil der Verträge, jedoch durch Art. 6 Abs. 1 EUV „derart eng mit dem EUV verknüpft", dass es naheliege, die Charta für die allgemeinen vertragsrechtlichen Fragen entsprechend den Verträgen zu behandeln.

131 Vgl. EuGH, Rs. 30/77 – *Bouchereau*. Rn. 13/14; Rs. 136/80 – *Hudig en Pietersi*, Rn. 14 ff. sowie *Hofstötter*, in: von der Groeben/Schwarze/Hatje, EU-Recht, Art. 55 EUV Rn. 5 m. w. N.; vgl. auch die illustrativen Beispiele für unterschiedliche Sprachfassungen von Rechtstexten bei *Colneric*, ZEuP 2005, 225 (226 f.) und die dort erwähnte Entscheidung EuGH, Rs. C-449/93 – *Rockfon*, Rn. 26, in der alle elf Versionen einer Richtlinie aufgelistet wurden.

Andere Sprachfassungen müssen notgedrungen außer Betracht bleiben. Die hier vorgeschlagenen Rekonstruktionen können schon aus diesem Grund nur Näherungen sein.

3. *Dokumentation der Entstehungsgeschichte*

Die Entstehungsgeschichte der Charta ist umfassend dokumentiert. Vor allem die Arbeit des Grundrechtekonvents wurde in offiziellen Dokumenten erfasst, die der Öffentlichkeit zugänglich gemacht wurden.[132] Nahezu vollständig dokumentiert, mit Dokumentennummer (CHARTE bzw. CONVENT) versehen und im Internet abrufbar sind die Sitzungsvorlagen des Konvents, d. h. Vorschläge und Entwürfe des Präsidiums, Anträge der einzelnen Konventsmitglieder sowie bestimmte Mitteilungen und Schreiben des Präsidiums und weiterer Akteure.[133] Die meisten Sitzungsvorlagen wurden im Original auf Französisch abgefasst und dann in die anderen Amtssprachen übersetzt. Syntaktisch-semantische Analysen im Folgenden werden daher, sofern nicht ausnahmsweise eine andere authentische Sprache vorliegt, vom französischen Originaltext der Dokumente ausgehen.[134]

Die Debatten des Grundrechtekonvents, die in allen elf damaligen Amtssprachen geführt worden waren, wurden grundsätzlich nicht protokolliert.[135] Eine Ausnahme gilt für drei in französischer Sprache verfasste Wortprotokolle von wichtigen Sitzungen.[136] Diese „Lücke" wollten die beiden deutschen Beobachter im Konvent, *Bernsdorff* und *Borowsky*, mit ihren 2002 herausgegebenen „Sitzungsprotokollen" schließen.[137] Es handelt sich dabei um „die ursprünglich für die deutschen Länder gefertigten, sprachlich und inhaltlich vollständig überarbeiteten und mit anderen Mitschriften abgeglichenen Protokolle aller 18 Konventssitzungen", mit deren Veröffentlichung „die *travaux préparatoires* zur Charta vollständig vorliegen" sollen.[138] Die Heranziehung dieser nicht offiziellen Notizen bei der Rekonstruktion erscheint jedoch problematisch. Denn aus Sicht des Grundrechtekonvents als kollektivem Sprecher handelt es sich dabei nicht um Informationen, die sein „Hörer" kennt oder als

---

[132] Diese Transparenz der Beratungen hatte der Europäische Rat von Tampere in seinen Schlussfolgerungen (URL = <http://www.europarl.europa.eu/summits/tam_de.htm>; zuletzt abgerufen am 08.03.2018) festgelegt: „Grundsätzlich sollten die Sitzungen des Gremiums und die in diesen Sitzungen unterbreiteten Dokumente der Öffentlichkeit zugänglich sein".

[133] Vgl. das Dokumentenverzeichnis im Anhang. Im Folgenden werden die Sitzungsvorlagen mit ihrer CONVENT-Nummer zitiert, soweit eine solche vorliegt. Sofern aus einer anderen Fassung als dem französischen Original zitiert wird, wird die Sprache in Klammern hinzugefügt.

[134] Zur Sprachenregelung im Grundrechtekonvent vgl. *Barriga*, Die Entstehung der Charta der Grundrechte der Europäischen Union, 2003, S. 28, der ebenfalls die Bedeutung der französischen „Originale" betont und auf offensichtliche Abweichungen der übersetzten Dokumente (etwa bei einer Übernahme des EMRK-Wortlauts) hinweist.

[135] Offenbar trotz entsprechender Forderungen aus dem Konvent; vgl. *Bernsdorff/Borowsky*, Die Charta der Grundrechte der Europäischen Union, 2002, S. 14.

[136] Vor allem CONVENT 53.

[137] *Bernsdorff/Borowsky*, Die Charta der Grundrechte der Europäischen Union, 2002, S. 14.

[138] *Bernsdorff/Borowsky*, Die Charta der Grundrechte der Europäischen Union, 2002, S. 14.

gegeben hinnimmt. Vielmehr hat der Grundrechtekonvent sich gerade dagegen entschieden, Mitschriften über die Sitzungen zu fertigen und diese der Öffentlichkeit zur Verfügung zu stellen. Die „Protokolle" erfüllen damit nicht das Relevanzkriterium, gehören also nicht zum pragmatisch relevanten Kontext, in dem die Äußerungen des Grundrechtekonvents und seiner Mitglieder zu verstehen sind. Obschon der Band von *Bernsdorff* und *Borowsky* Einblicke in die Konventsarbeit ermöglicht, die von zeitgeschichtlichem Interesse sein mögen, müssen die darin veröffentlichten Sitzungsnotizen bei der rechtswissenschaftlichen Rekonstruktion des Geschehenen außer Betracht bleiben.[139] Dasselbe gilt für das Konvolut an Unterlagen, das *Bernsdorff* und *Borowsky* in zwei Bänden unter dem bezeichnenden Titel „Der Grundrechtekonvent. Unveröffentlichte Arbeitsdokumente" im Eigenverlag herausgegeben haben.[140] Auch sie sind pragmatisch irrelevant, da es sich um Dokumente handelt, die vom Konvent gerade nicht veröffentlicht wurden. Sie gehören also nicht zum „Kanon" der pragmatisch relevanten Informationen. Derart apokryphe Schriften gibt es aber nicht nur von deutscher Seite: So hat auch der Franzose *Braibant*, der als Mitglied des Konventspräsidiums fungierte, ein Werk über die Charta verfasst, mit dem er über das „einmalige Abenteuer" der Ausarbeitung des Chartatexts „Zeugnis ablegen" wollte.[141] Er hat darin zu jedem Artikel der Charta seine „Erinnerungen und Eindrücke" notiert[142] und die Debatten im Konvent sehr anschaulich und pointiert zusammengefasst. Das pragmatische Relevanzkriterium erfüllt aber auch dieser Beitrag nicht. *Braibant* stellt sogar in der Einleitung heraus, dass er als Teilnehmer nicht zugleich neutraler Beobachter sei.[143]

Pragmatisch relevant, da offiziell dokumentiert und veröffentlicht, sind hingegen die Beratungen und Unterlagen des Verfassungskonvents (Arbeitsgruppe II – Charta)[144] sowie der Regierungskonferenzen 2003/2004[145] und 2007[146]. Die Originaldokumente sind teils in französischer, teils in englischer Sprache verfasst.

---

[139] Ganz anders freilich die Herangehensweise im Kommentar von *Meyer*, GRC, 4. Aufl. 2014, in dem die Mitschriften *Bernsdorffs* und *Borowskys* durchweg zugrunde gelegt werden, als ob es sich um offizielle Protokolle handelte; bezeichnenderweise auch von den Herausgebern der Mitschriften selbst. Jede Einzelkommentierung wartet dort mit einem Abschnitt II „Diskussion im Grundrechtekonvent" auf, in der neben den Sitzungsunterlagen auch häufig aus den privaten Mitschriften zitiert wird; eine große Rolle spielen die privaten Mitschriften auch in der Untersuchung von *Bühler*, Einschränkung von Grundrechten nach der Europäischen Grundrechtecharta, 2005, passim.

[140] *Bernsdorff/Borowsky*, Der Grundrechtekonvent, Bände 1 und 2, 2003.

[141] *Braibant*, La Charte des droits fondamentaux de l'Union européenee, 2001, S. 9.

[142] *Braibant*, La Charte des droits fondamentaux de l'Union européenee, 2001. S. 9.

[143] *Braibant*, La Charte des droits fondamentaux de l'Union européenee, 2001. S. 9: „[...] tout en me rappelant que Fabrice del Dongo n'a vu qu'une partie de la bataille de Waterloo et qu'un acteur peut difficilement être un observateur impartial".

[144] URL=<http://european-convention.europa.eu/de/doc_register/doc_register9055.html?MAX=1&lang=DE&Content=WGII>; zuletzt abgerufen am 08. 03. 2018.

[145] URL = <http://www.consilium.europa.eu/de/documents-publications/intergovernmental-conferences/2004/>; zuletzt abgerufen am 08. 03. 2018.

[146] URL = <http://www.consilium.europa.eu/de/documents-publications/intergovernmental-conferences/2007/>; zuletzt abgerufen am 08. 03. 2018.

4. Erläuterungen zur Charta

Ein Spezifikum sind schließlich die Erläuterungen zur Charta (fortan nur noch als „Erläuterungen" bezeichnet). Sie wurden „unter der Verantwortung des Präsidiums" des Grundrechtekonvents begleitend zu den Arbeiten am Chartatext erstellt,[147] aber – anders als die Charta selbst – zunächst nicht im Amtsblatt bekannt gemacht. Die Erläuterungen, die ursprünglich nicht rechtlich verbindlich sein und lediglich die Bestimmungen der Charta verdeutlichen sollten,[148] gewannen im Rahmen des Verfassungskonvents an Bedeutung. Dort wurde auf Drängen der britischen Vertreter zunächst die Präambel der Charta um eine Bezugnahme auf die Erläuterungen ergänzt, wonach die Charta „von den Gerichten der Union und der Mitgliedstaaten unter gebührender Berücksichtigung der Erläuterungen [...] ausgelegt" wird.[149] Der Verfassungskonvent passte daraufhin die Erläuterungen an den Verfassungsentwurf an, wobei auch die Rechtsprechungszitate um eine Handvoll aktueller Entscheidungen ergänzt wurden.[150] Erweitert wurden die Erläuterungen vor allem in Bezug auf den neugeschaffenen Art. II-112 Abs. 5 VVE (heute: Art. 52 Abs. 5 GRC).[151] Die Regierungskonferenz 2003/2004 ergänzte schließlich Art. II-112 VVE um einen Absatz 7 (Heute: Art. 52 Abs. 7 GRC), in dem erneut die gebührende Berücksichtigung der Erläuterungen „als Anleitung für die Auslegung" der Charta verankert wurde.[152] Die Regierungskonferenz 2007 wiederholte diese Formulierung schließlich im heutigen Art. 6 Abs. 1 UAbs. 3 EUV. Die Erläuterungen wurden bei Erarbeitung des Lissabon-Vertrages an diesen angepasst und im Anschluss an die aktualisierte Charta im Amtsblatt bekannt gemacht.[153]

Seit der Aufwertung der Erläuterungen im Verfassungskonvent herrscht – vor allem im deutschsprachigen Schrifttum – ein wenig ertragreicher Streit darüber, welcher „Status" den Erläuterungen bei der Auslegung der Charta zukomme.[154] Die zurückhaltende Tendenz wird vor allem damit begründet, dass die nur unter der Verantwortung des Präsidiums erarbeiteten Erläuterungen für die Haltung des Grundrechtekonvents nicht repräsentativ seien. Ihnen fehle die „Autorität des Konvents als

---

[147] CONVENT 46; CONVENT 48; CONVENT 49. Es ist auf eine Schwäche in der deutschen Übersetzung von CONVENT 49, S. 1 hinzuweisen: Dort heißt es, dass die Erläuterungen „[...] vom Präsidium in eigener Verantwortung formuliert worden" seien; im französischen Original ist dagegen zu lesen: „[Elles] ont été etablies sous la responsabilité du Présidium". Richtig übersetzt wurden die Erläuterungen also „unter der Verantwortung des Präsidiums", aber nicht notwendig vom Präsidium selbst erstellt.

[148] CONVENT 49, S. 1: „Elles n'ont pas de valeur juridique et sont simplement destinées à éclairer les dispositions de la Charte".

[149] Vgl. *Brecht*, ZEuS 2005, 355 (371 f.) m. N. aus den Dokumenten des Verfassungskonvents, insb. den Stellungnahmen der britischen Vertreter.

[150] Vgl. *Brecht*, ZEuS 2005, 355 (374 f.) m. N.

[151] Vgl. *Brecht*, ZEuS 2005, 355 (375 ff.) m. N.

[152] Vgl. *Brecht*, ZEuS 2005, 355 (387) m. N.

[153] ABl. Nr. C 303 v. 14. 12. 2007, S. 17 ff.

[154] Vgl. nur *Borowsky*, in: Meyer, GRC, Art. 52, Rn. 47b m. w. N.

Gremium zur Ausarbeitung der Charta";[155] sie protokollierten keinen „diskursive[n] Prozeß der Verfassungsgebung", sondern seien vom Präsidium nur nachträglich hinzugefügt worden, so dass es schwer falle, „hier einen ‚subjektiven Willen' eines historischen Verfassungsgebers auszumachen".[156] Insbesondere der letztgenannte Kritikpunkt verfängt indes nicht, da der „Verfassungsgeber" nicht der Grundrechtekonvent ist, sondern die Staatenvertreter, die durch die Unterzeichnung des Lissabon-Vertrages den maßgeblichen Normsetzungsakt vollzogen haben. Nachdem sowohl die Charta als auch der EUV in diesem Zeitpunkt mehrfach die Bedeutung der Erläuterungen bei der Auslegung der Charta betonten, kann kein Zweifel daran bestehen, dass der Normgeber die Erläuterungen als pragmatisch besonders relevanten Kontext betrachtete, in dem seine Äußerungen zu verstehen sein sollten. Die Methode der Handlungsrekonstruktion hat keine Schwierigkeiten damit, diesen „ausdrücklichen Kontextbezug" zu beherzigen und die fraglichen Normsetzungsakte unter Einbeziehung der Erläuterungen zu rekonstruieren. Insbesondere muss – anders als bei den herkömmlichen Auslegungslehren – nicht das Verhältnis der Heranziehung der Erläuterungen zu „anderen" Methoden thematisiert werden: Es versteht sich von selbst, dass die Handlungsrekonstruktion den gesamten pragmatisch relevanten Kontext heranziehen muss. Auch die Kritiker der Erläuterungen sehen diese freilich als bedeutsam „im Rahmen der genetischen Auslegung der einzelnen Bestimmungen der Charta" an,[157] so dass sich insoweit keine Unterschiede zwischen Textauslegung und Handlungsrekonstruktion ergeben dürften.

5. *Methodische Meta-Regeln*

Eine weitere Besonderheit der Charta sind die in Art. 52 Abs. 4 und Abs. 6 GRC niedergelegten methodischen Meta-Regeln.[158] Der vorstehend behandelte Art. 52 Abs. 7 GRC ist auch als Ausdruck einer solchen Meta-Regel anzusehen, einer Regel also, die die Handhabung anderer Regeln beeinflusst.[159]

Gemäß Art. 52 Abs. 4 GRC sind Grundrechte, die sich aus den gemeinsamen Verfassungsüberlieferungen der Mitgliedstaaten ergeben, im Einklang mit *(en harmonie avec – in harmony with – in armonia con)* diesen auszulegen *(interprété – interpreted – interpretati)*. Dieser Absatz wurde erst im Verfassungskonvent aufgenommen. Nach den Erläuterungen handelt es sich dabei um eine „Auslegungsregel", die auf dem Wort-

155 *Brecht*, ZEuS 2005, 355 (373).

156 *Kingreen*, in: Calliess/Ruffert, EUV/AEUV, Art. 52 Rn. 43.

157 *Kingreen*, in: Calliess/Ruffert, EUV/AEUV, Art. 52 Rn. 43; vgl. auch *Jarass*, GRC, Art. 52 Rn. 81: „gewichtige Rechtserkenntnisquelle"; die Bedeutung der Erläuterungen wird stark betont von *Laenarts*, ECLR 8 (2012), 375 (401 f.): „[...] only where the explanations relating to the Charter provide no (complete) answer to the questions of interpretation with which the ECJ is confronted may the latter have recourse to other methods of interpretation."; ebenso *ders.* EuR 2012, 3 (16); vgl. allgemein zur „historischen Auslegung" im Unionsrecht *Leisner*, EuR 2007, 689 ff. und *Wendel*, ZaöRV 2008, 803 ff.

158 Art. 52 Abs. 3 GRC ist dagegen keine Meta-Regel; s. dazu unten Abschn. C V. 2.

159 Zum Begriff im methodischen Kontext vgl. *Rosenkranz*, JURA 2015, 783 (784).

laut des Art. 6 Abs. 3 EUV beruhe und dem Ansatz des Gerichtshofs hinsichtlich der gemeinsamen Verfassungsüberlieferungen gebührend Rechnung trage. Zitiert werden dort als Beispiele die Urteile in den Rechtssachen *Hauer* (1979) und *AM & S* (1982), Judikate also aus der Frühzeit des prätorischen Grundrechtsschutzes. Im *Hauer*-Urteil hob der Gerichtshof hervor, dass er bei der Gewährleistung von Grundrechten von den gemeinsamen Verfassungsüberlieferungen der Mitgliedstaaten auszugehen habe, so dass in der Gemeinschaft keine Maßnahmen als rechtens anerkannt werden könnten, die mit den von den Verfassungen dieser Staaten geschützten Grundrechten unvereinbar seien.[160] Die Rechtssache *AM & S* war hingegen kein typischer Grundrechtsfall. Vielmehr legte der Gerichtshof dort eine Verordnungsbestimmung anhand eines Vergleichs der mitgliedstaatlichen Rechtsvorschriften über die Vertraulichkeit des Schriftwechsels zwischen Anwalt und Mandanten aus.[161] Mit Art. 52 Abs. 4 GRC wird also an eine frühere „Rechtsgewinnungsmethode" des EuGH angeknüpft, an dessen *case law* sich der Grundrechtekonvent aber ohnehin orientiert hatte.[162] Die Rechtsprechung des EuGH aus der Zeit des prätorischen Grundrechtsschutzes gehört bereits zum pragmatisch relevanten Kontext, so dass Art. 52 Abs. 4 GRC lediglich eine „Selbstverständlichkeit" betont.[163] Im Übrigen ist nach der zutreffenden Feststellung *Brechts* die Zahl der in der Charta enthaltenen Grundrechte, die sich allein auf die gemeinsamen Verfassungstraditionen stützen, überschaubar.[164] Ganz überwiegend wird die Bedeutung der Regel daher als gering eingeschätzt.[165]

Von geringer Bedeutung soll auch Art. 52 Abs. 6 GRC sein, wonach den einzelstaatlichen Rechtsvorschriften und Gepflogenheiten, wie es in der Charta bestimmt ist, in vollem Umfang Rechnung zu tragen ist.[166] Auch diese Meta-Regel geht auf den Verfassungskonvent zurück. Die Erläuterungen erklären dazu, dass sich die Vorschrift auf die verschiedenen Artikel in der Charta beziehe, in denen „im Sinne der Subsidiarität" auf die einzelstaatlichen Rechtsvorschriften und Gepflogenheiten verwiesen werde. Immerhin kommt darin zum Ausdruck, dass die entsprechenden Klauseln vom Rechtsanwender ernst zu nehmen sind und nicht – wie bereits bei Art. 16 GRC zu beobachten – ihrer rechtspraktischen Bedeutung beraubt werden dürfen.[167] Da

160 EuGH, Rs. 44/79 – *Hauer*, Rn. 15.

161 EuGH, Rs. 155/79 – *AM & S*, Rn. 18 ff.

162 Vgl. *Brecht*, ZEuS 2005, 355 (366) mit Hinweis auf das Mandat des Europäischen Rats von Köln.

163 *Brecht*, ZEuS 2005, 355 (366).

164 *Brecht*, ZEuS 2005, 355 (366 f.).

165 *Brecht*, ZEuS 2005, 355 (368); *Jarass*, GRC, Rn. 68; *Borowksy*, in: Meyer, GRC, Art. 52 Rn. 44c f.; *Kingreen*, in: Calliess/Ruffert, EUV/AEUV, Art. 52 GRC Rn. 40; a. A. wohl *Terhechte*, in: von der Groeben/Schwarze/Hatje, EU-Recht, Art. 52 Rn. 18.

166 *Rengeling/Szczekalla*, Grundrechte in der Europäischen Union, 2004, Rn. 479: „bloße Angstklausel"; *Brecht*, ZEuS 2005, 355 (369): „völlig überflüssig"; *Borowksy*, in: Meyer, GRC, Art. 52 Rn. 46: „deklaratorische[r] Charakter"; *Kingreen*, in: Calliess/Ruffert, EUV/AEUV, Art. 52 GRC Rn. 41.

167 Vgl. dazu ausführlich in den Kapiteln 3 und 4.

die vorliegende Untersuchung solchen Grundrechten besondere Aufmerksamkeit widmen wird, deren textliche Verankerung entsprechende Bezugnahmeklauseln aufweist, wird bei der Rekonstruktion auch der Appell des Art. 52 Abs. 6 GRC zu beherzigen sein.

6. *Rechtsprechung des EuGH und des EGMR*

Bei der Rekonstruktion spielt schließlich die Rechtsprechung des EuGH und in gewissen Umfang auch die des EGMR eine Rolle. Judikate, die bereits vor Vollzug des Normsetzungsakts vorlagen, besonders diejenigen, die Eingang in die Arbeit des Grundrechtekonvents gefunden haben, gehören zum pragmatisch relevanten Kontext der normgeberischen Äußerung. Später ergangene Entscheidungen des EuGH sind entweder als richterliche Normsetzungsakte oder als Meinungen im dogmatischen Diskurs zu berücksichtigen. In der zweitgenannten Rolle sind sie aber nur Meinungen unter vielen. Der EuGH hat nicht die Kompetenz, vom Normgeber der Grundrechtsnormen bereits entschiedene Fragen abweichend zu beantworten. Es muss Raum für Fehlentscheidungen bleiben, die als solche auch zu kritisieren sind. Die richterlichen Kompetenzen enden dort, wo der rekonstruierbare Normsetzungsakt des Charta-Gebers einen bestimmten Inhalt hat. Diese Untersuchung betreibt demnach keinen „distanzlosen EuGH-Positivismus“[168], sondern kritisiert die Judikate des EuGH, wo Anlass dazu besteht, und akzeptiert, sofern sie als richterliche Normsetzungen kompetenzgemäß ergangen sind.

Die Urteile der Gerichtshöfe sind Rechtstexte, die richterliche Normsetzungsakte – vollzogen durch die Verkündung des Urteils –[169] begründen. Sie sind damit, wie andere Rechtstexte auch, der syntaktisch-semantischen wie der pragmatischen Analyse zugänglich. Es gelten jedoch einige Besonderheiten. Die Verfahrenssprache beim EuGH richtet sich nach den Art. 36 ff. EuGHVfO und ist eine der 24 Amtssprachen der Union. Die Urteile werden zwar in allen Amtssprachen veröffentlicht (Art. 40 EuGHVfO), „verbindlich“ ist jedoch grundsätzlich nur die Fassung in der Verfahrenssprache (Art. 41 EuGHVfO).[170] Dies legt es nahe, bei der sprachlichen Analyse von Urteilen grundsätzlich den Urteilstext in der Verfahrenssprache zugrunde zu legen. Keinesfalls maßgeblich kann ein in eine andere Sprache übersetzter Text sein. Jedoch muss ergänzend zur Fassung in der Verfahrenssprache, die französische Fassung eines EuGH-Urteils herangezogen werden. Denn Französisch ist die Arbeitssprache des Gerichtshofs, in der auch die Urteilsentwürfe abgefasst werden.[171] Selbst die „verbindliche“ Fassung eines Urteils in der Verfahrenssprache ist demnach nicht

---

[168] Ausdruck von *Jestaedt*, in: Hillgruber, Gouvernement des juges – Fluch oder Segen, 2014, S. 21 (39).

[169] Vgl. Art. 88 Abs. 1 EuGHVfO; Art. 77 Abs. 2 EGMRVfO.

[170] Dies entspricht Art. 29 f. EuGHVfO a. F., ABl. Nr. L 176 v. 04. 07. 1991, S. 7.

[171] *Mayer*, in: Grabitz/Hilf/Nettesheim, Recht der EU, Art. 342 AEUV Rn. 45.

authentisch, sondern lediglich Übersetzung eines französischen Urtexts.[172] Das französische Original kann allerdings aufgrund der Verbindlichkeit der Fassung in der Verfahrenssprache nur herangezogen werden, soweit dies unter syntaktisch-semantischen Gesichtspunkten möglich ist.

Der EGMR erlässt seine Urteile wahlweise in englischer oder französischer Sprache oder in beiden Sprachen. Englisch und Französisch sind auch die Arbeitssprachen des EGMR.[173] Hieran hat sich auch die syntaktisch-semantische Analyse zu orientieren. Deutsche Übersetzungen von EGMR-Urteilen sind von vorneherein unbeachtlich.

VI. Resümee

Die methodischen Weichen für die weitere Untersuchung sind damit gestellt: Es soll mittels einer Rekonstruktion des jeweiligen Normsetzungsakts anhand von syntaktischen, semantischen und pragmatischen Gesichtspunkten der Inhalt der jeweils gesetzten Norm ergründet werden. Die Handlungsrekonstruktion ist niemals abschließende Erkenntnis. Ihre Erträge, die durch Näherung gewonnenen Normen, bilden den Rechtsstoff, den es dogmatisch aufzubereiten gilt.

C. Dogmatische Grundlagen

Steckte vor wenigen Jahren die Dogmatik der Unionsgrundrechte noch „in den Kinderschuhen",[174] hat sich mittlerweile ein gewisser dogmatischer *acquis* herausgebildet, an den diese Untersuchung anknüpfen kann.

I. Grundrecht, Grundrechtsnorm, Grundrechtsbestimmung

Begrifflich ist zunächst zu unterscheiden zwischen dem Grundrecht, der Grundrechtsnorm und der Grundrechtsbestimmung.[175]

1. Grundrechtsbestimmung

Die Grundrechtsbestimmung ist der Rechtssatz, mit dessen Äußerung der Normgeber die Grundrechtsnorm gesetzt hat. Im Chartatext finden sich eine Vielzahl solcher Rechtssätze, die man in sachliche Grundrechtsbestimmungen, d. h. einzelne Grundrechte betreffende, und allgemeine (sogenannte horizontale) Grundrechtsbestimmungen (Art. 51–53 GRC) unterteilen kann.

---

172 Vgl. dazu *Colneric*, ZEuP 2005, 225 (231).
173 Vgl. *Jacob*, DVBl. 2015, 61 (63).
174 *Kühling*, in: von Bogdandy/Bast, Europäisches Verfassungsrecht, 2. Aufl. 2009, S. 672.
175 Vgl. die Analyse von *Alexy*, Theorie der Grundrechte, 1994, S. 53 ff..

2. *Grundrechtsnorm*

Grundrechtsnormen sind die vom Normgeber mit der Äußerung der Grundrechtsbestimmung gesetzten Rechtsnormen. Grundrechtsnormen sind zunächst Pflichtnormen, denn sie verbieten oder gebieten bestimmte Handlungen der Grundrechtsadressaten.[176] Mindestens ebenso bedeutend sind Grundrechtsnormen als Kompetenznormen. Aufgrund des im deutschen Rechtssystem geltenden Nichtigkeitsdogmas, dem zufolge Normsetzungsakte, die im Widerspruch zu höherrangigen Normen stehen, keine gültigen Rechtsnormen erzeugen können, werden Grundrechtsnormen überwiegend als negative Kompetenznormen konzipiert. Sie begrenzen die Rechtsetzungskompetenzen der Grundrechtsadressaten.[177] Das Unionsrecht geht einen anderen Weg: Ein grundrechtswidriger Rechtsakt der Union ist nicht „nichtig", sondern mit der Nichtigkeitsklage anfechtbar, d. h. die entsprechende Norm wurde zwar gesetzt, kann vom EuGH jedoch auf die Klage hin wieder aufgehoben werden (Art. 264 AEUV).[178] In einem Vorabentscheidungsverfahren, in dem über die Gültigkeit der Handlungen der Union – genauer: der durch diese Handlungen gesetzten Rechtsnormen – entschieden wird, gilt jedenfalls im Ergebnis das Gleiche. Denn das Urteil im Vorabentscheidungsverfahren, das die Ungültigkeit einer Handlung feststellt, stellt dem EuGH zufolge „für jedes andere Gericht einen ausreichenden Grund dafür dar, diese Handlung [...] als ungültig anzusehen."[179] Das dürfte nichts anderes sein, als eine umständliche Formulierung der Kassationswirkung eines Urteils im Vorabentscheidungsverfahren. Trifft diese Lesart zu, bilden Grundrechtsnormen einen Teil der Aufhebungskompetenz des EuGH und sind damit keine negativen, sondern – aus Sicht des EuGH – positive Kompetenznormen.[180] Sie ermächtigen den Gerichtshof zur Aufhebung grundrechtswidriger Rechtsnormen.

3. *Grundrechte und Grundsätze*

Überträgt man *Alexys* formale Definition der Grundrechtsnorm[181] auf das Unionsrecht, so sind Grundrechtsnormen sämtliche Rechtsnormen, die durch Bestimmungen der Charta ausgedrückt werden.[182] Dieser Weg ist aber durch Art. 52 Abs. 5

---

[176] Vgl. zu unionsgrundrechtlichen Pflichtnormen *Cremer*, in: Grabenwarter, Europäischer Grundrechteschutz, 2014, § 1 Rn. 48 und Rn. 59 ff. m. w. N.

[177] Vgl. *Kingreen/Poscher*, Grundrechte Staatsrecht II, 33. Aufl. 2017, Rn. 108 m. w. N.

[178] Zur Gestaltungswirkung des Urteils nach Art. 264 AEUV vgl. *Cremer*, in: Calliess/Ruffert, EUV/AEUV, Art. 264 AEUV Rn. 1 f. m. w. N.

[179] EuGH, Rs. 66/80 – *International Chemical Corporation*, Rn. 13; Rs. C-421/06 – *Fratelli Martini*, Rn. 54; krit. *Germelmann*, EuR 2009, 254 ff.

[180] Anders *Jarass*, EuR 2013, 29 (33 f.), der, ohne näher darauf einzugehen, das deutsche Nichtigkeitsdogma zugrunde legt.

[181] *Alexy*, Theorie der Grundrechte, 1994, S. 56 zum Grundgesetz.

[182] Diesen Weg geht *Schmidt*, Die Grundsätze im Sinne der EU-Grundrechtecharta, 2010, S. 19 ff., insbes. S. 29, dem zufolge alle in den Bestimmungen der Charta ausgedrückten Normen *prima facie* Grundrechtsnormen sind. Der Prima-Facie-Vorbehalt soll erlauben, als „systemwidrig" erkannte Normen aus dem Begriff der Grundrechtsnorm wieder herauszunehmen. Systemwidrig seien

Satz 1 GRC versperrt, nach dem die Charta auch Bestimmungen umfasst, in denen Grundsätze festgelegt sind, deren Handhabung eigenen Regeln (vor allem Satz 2) folgt.[183] Die Unterscheidung zwischen Grundrechten und Grundsätzen bildete sich bereits im Grundrechtekonvent heraus. Art. 52 Abs. 5 GRC wurde jedoch erst im Verfassungskonvent eingeführt.[184] Die endgültige Einordnung der Bestimmungen als Grundrechts- oder Grundsatzbestimmungen sollte zwar der Rechtsprechung überlassen bleiben,[185] der Verfassungskonvent ergänzte und präzisierte aber zugleich die Erläuterungen unter einer „technischen" Verwendung des Begriffs Grundsatz, so dass in den meisten Fällen die Zuordnung keine Schwierigkeiten bereitet.[186] Grundsatzbestimmungen sind demnach Art. 25, 26 und 37 GRC (vgl. Erläuterung zu Art. 52 Abs. 5 GRC) sowie Art. 3 Abs. 2, 14 Abs. 2, 34 Abs. 1, 35, 36, 38 GRC. Art. 23, 33 und 34 GRC sollen sowohl „Elemente" von Grundrechten als auch von Grundsätzen enthalten. Zweifelsfälle bleiben lediglich Art. 27 GRC und Art. 34 Abs. 2 und 3 GRC, denen in Kapitel 3 weitere Aufmerksamkeit zuteil werden wird. Die „eindeutigen" Grundsatzbestimmungen und Grundsatznormen sollen dagegen im Folgenden nicht mehr interessieren.

II. Grundrechtsadressaten

Die mit der Charta gesetzten Grundrechtsnormen gelten gemäß Art. 51 Abs. 1 Satz 1 GRC für die Organe, Einrichtungen und sonstigen Stellen der Union und für die Mitgliedstaaten bei der Durchführung des Unionsrechts. Damit ist der Kreis der Grundrechtsadressaten beschrieben.[187]

Wann die Mitgliedstaaten in diesem Sinne Unionsrecht „durchführen", ist Gegenstand einer vielstimmigen Debatte, deren Einzelheiten andernorts nachgelesen werden können.[188] Unstreitig gehören zur Durchführung des Unionsrechts die Umsetzung von Richtlinien und der Vollzug von unmittelbar anwendbarem Sekundärrecht. Nach Ansicht des EuGH gelten die Grundrechtsnormen des Unionsrechts „in allen unionsrechtlich geregelten Sachverhalten", so dass eine nationale Vorschrift, sobald sie in den „Anwendungsbereich" *(champ d'application)* des Unionsrechts fällt, an ihnen zu messen ist.[189] Eine gewisse Einschränkung erfährt diese weite Lesart dadurch, dass es nicht genügen soll, dass Sachbereiche „benachbart" sind oder der eine von ihnen „mit-

---

alle Normen, die erkennbar „nicht den Versuch des Normgebers darstellen, das Verhältnis zwischen Bürger und Staat zu regeln."

183 Zu den Grundsätzen ausf. *Schmidt*, Die Grundsätze im Sinne der EU-Grundrechtecharta, 2010, passim.

184 *Brecht*, ZEuS 2005, 355 (368 f.).

185 *Brecht*, ZEuS 2005, 355 (375) m. N. aus den Beratungen.

186 Vgl. *Brecht*, ZEuS 2005, 355 (375 ff.).

187 Ausf. dazu *Schorkopf*, in: Grabenwarter, Europäischer Grundrechteschutz, 2014, § 3.

188 Vgl. *Kingreen*, in: Calliess/Ruffert, EUV/AEUV, Art. 51 GRC Rn. 7 ff. m. w. N. aus Rspr. und Schrifttum.

189 EuGH, Rs. C-617/10 – *Åkerberg Fransson*, Rn. 19.

telbare Auswirkungen“ auf den anderen haben kann.[190] Ob eine nationale Normsetzung Unionsrecht durchführt, ist u. a. daran zu prüfen, ob eine solche Durchführung bezweckt wird, welchen Charakter die nationale Regelung hat und ob mit ihr andere als die unter das Unionsrecht fallenden Ziele verfolgt werden, selbst wenn sie das Unionsrecht mittelbar beeinflussen kann, sowie ob es eine Regelung des Unionsrechts gibt, die für den betreffenden Bereich spezifisch ist oder ihn beeinflussen kann.[191] Unanwendbar sind die Grundrechtsnormen, wenn das Unionsrecht in dem betreffenden Sachverhalt keine Verpflichtungen der Mitgliedstaaten umfasst.[192]

Über die Durchführung des Unionsrechts in einem engeren Sinne hinaus gelten die unionsrechtlichen Grundrechtsnormen auch, wenn die Mitgliedstaaten Grundfreiheiten des AEUV beschränken.[193] Die Grundrechtsnormen bilden gleichsam „eine den Schutz der Grundfreiheit verstärkende Schranken-Schranke.“[194] Schließlich können Grundrechte umgekehrt die Beschränkung von Grundfreiheiten rechtfertigen.[195]

III. Verpflichtungsinhalte

Die Grundrechtsnorm kann als Pflichtnorm eine Handlung der Grundrechtsadressaten verbieten oder gebieten. Damit korrelieren negative bzw. positive Verpflichtungen der Adressaten, d. h. Verpflichtungen eine Handlung zu unterlassen oder vorzunehmen. Diese Terminologie entspricht zum einen der rechtstheoretischen Struktur von Pflichtnormen, die entweder Gebote oder Verbote sein können, zum anderen ist die Unterscheidung zwischen negativen und positiven Verpflichtungen – *obligations négatives/positives* bzw. *negative/positive obligations* – in der Rechtsprechung des EGMR etabliert und damit sozusagen Gemeingut der europäischen Grundrechtsdogmatik.[196] Im Chartatext hat die Differenzierung Anklang in Art. 51 Abs. 1 Satz 2 GRC gefunden, wonach die Grundrechtsverpflichteten die Grundrechte achten und deren Anwendung fördern.

Obwohl zahlreiche deutschsprachige Beiträge zur Dogmatik der Unionsgrundrechte solche Parallelen ziehen,[197] sollte eine Übernahme des terminologischen

[190] EuGH, Rs. C-206/13 – *Siragusa*, Rn. 24; Rs. C-198/13 – *Hérnandez*, Rn. 34; vgl. dazu *Kingreen*, in: Calliess/Ruffert, EUV/AEUV, Art. 51 GRC Rn. 8 ff.

[191] EuGH, Rs. C-206/13 – *Siragusa*, Rn. 25; Rs. C-198/13 – *Hérnandez*, Rn. 37.

[192] EuGH, Rs. C-206/13 – *Siragusa*, Rn. 26; Rs. C-198/13 – *Hérnandez*, Rn. 35.

[193] Vgl. *Kingreen*, in: Calliess/Ruffert, EUV/AEUV, Art. 51 GRC Rn. 16 ff. m. w. N. aus Rspr. und Schrifttum; hervorzuheben ist aus jüngerer Zeit vor allem EuGH, Rs. C-390/12 – *Pfleger*, Rn. 30 ff., wo Grundfreiheiten und Grundrechte nacheinander geprüft werden; vgl. auch EuGH, Rs. C-201/15 – *AGET Iraklis*, Rn. 45 ff.

[194] *Kingreen*, in: Calliess/Ruffert, EUV/AEUV, Art. 51 GRC Rn. 16.

[195] EuGH, Rs. C-112/00 – *Schmidberger*, Rn. 74.

[196] Vgl. *Cremer*, in: Grabenwarter, Europäischer Grundrechteschutz, 2014, § 1 Rn. 63 f. m. w. N.; zu den positiven Verpflichtungen im Konventionsrecht vgl. *Grabenwarter/Pabel*, Europäische Menschenrechtskonvention, 6. Aufl. 2016, § 19.

[197] Etwa *Ehlers*, in: ders., Europäische Grundrechte und Grundfreiheiten, 4. Aufl. 2015, § 14

Repertoires der deutschen Grundrechtsdogmatik vermieden werden. Mit den Begriffen Abwehrrecht, Schutzpflicht, Teilhabe- und Leistungsrecht werden spezifische Problemstellungen der Grundrechtsdogmatik des Grundgesetzes beschrieben. Eine Übertragung auf das Unionsrecht würde bedeuten, die deutsche Dogmatik der Charta überzustülpen.[198] Außerdem haben sich die terminologischen Festlegungen, gerade die Rede von den Schutzpflichten, auch in der deutschen Grundrechtsdogmatik nicht immer als hilfreich erwiesen. Die Verortung positiver Handlungspflichten in der sogenannten objektiven Dimension der Grundrechte, die angeblich von einer subjektiven Seite unterscheidbar ist,[199] erweist sich bei näherem Hinsehen als dogmatischer Ballast, der nicht auf unionsrechtlicher Ebene abgeladen werden sollte.

Das Begriffspaar „positive" und „negative Verpflichtungen" wird, soweit ersichtlich, vom EuGH nicht ausdrücklich verwendet, die Unterscheidung liegt seiner Grundrechtsjudikatur aber erkennbar zugrunde. Während das Unterlassen von grundrechtswidrigen Handlungen seit jeher in der Rechtsprechung als grundrechtlicher Pflichtgehalt anerkannt worden ist,[200] finden sich nur wenige Urteile zu positiven Handlungspflichten. Die Pflicht zur grundrechtskonformen Auslegung und Anwendung von Unionsrecht, die die Union ebenso wie die Mitgliedstaaten trifft, hat jedoch einen positiven Inhalt.[201]

IV. Struktur der Grundrechtsnorm

1. Prima-Facie-Struktur

Die Grundrechtsnorm weist eine Prima-Facie-Struktur auf,[202] die für die Unionsgrundrechte wie folgt formuliert werden kann: Jede Einschränkung der Ausübung grundrechtlicher Freiheit ist *prima facie* verboten. Einschränkungen können aber gerechtfertigt werden, so dass das Verbot im Ergebnis, d. h. definitiv, nicht besteht. Einschränkungen, die nicht gerechtfertigt werden können, sind definitiv verboten. Die Prima-Facie-Struktur der Grundrechtsnorm, die dem vollständigen Grundrechtstatbestand zugrunde liegt, weist also drei Elemente auf: die Ausübung grundrechtlicher Freiheit, deren Einschränkung und die (mögliche) Rechtfertigung der Einschränkung. Der Charta-Geber hat diese Elemente in Art. 52 Abs. 1 GRC formuliert.

Rn. 41 ff.; *Kingreen*, in: Calliess/Ruffert, EUV/AEUV, Art. 51 GRC Rn. 23 ff.; anders aber *Jarass*, GRC, Art. 51 Rn. 4 ff.

[198] Zur gebotenen dogmatischen Offenheit *Cremer*, in: Grabenwarter, Europäischer Grundrechteschutz, 2014, § 1 Rn. 3 f.: „[...] darf deutsche Grundrechtsdogmatik der Charta nicht einfach übergestülpt werden, ist sie doch ein völkerrechtlicher Vertrag, der von den 28 Mitgliedstaaten der Europäischen Union geschlossen worden ist [...]."

[199] Vgl. dazu bereits die kritischen Ausführungen von *Alexy*, Theorie der Grundrechte, 1994, S. 411 ff.

[200] Vgl. bereits EuGH, Rs. 4/73 – *Nold*, Rn. 13.

[201] EuGH, Rs. C-275/06 – *Promusicae*, Rn. 68.

[202] Grundlegend *Alexy*, Theorie der Grundrechte, 1994, S. 273 ff.; die Annahme einer Prima-Facie-Struktur der Grundrechtsnorm zwingt nicht zur Übernahme der Alexy'schen Prinzipientheorie.

2. *Ausübung grundrechtlicher Freiheit*

Art. 52 Abs. 1 Satz 1 GRC spricht von der Ausübung *(exercice – exercise – esercizio)* der in der Charta anerkannten Rechte und Freiheiten. Von der „Ausübung von Rechten" ist auch bei einigen sachlichen Grundrechtsbestimmungen die Rede (Art. 9, 11, 14 Abs. 3 GRC). Die Wendung entstammt der prätorischen Grundrechtsjudikatur des EuGH,[203] auf die auch die Erläuterungen zu Art. 52 GRC verweisen, findet sich aber vorher bereits in Art. 12 EMRK und der Rechtsprechung des EGMR. Die deutsche Formulierung des Art. 52 Abs. 1 Satz 1 GRC folgt eng dem französischen und englischen Vorbild – *exercice des droits* bzw. *exercise of rights* –, obschon es im Deutschen etwas ungewöhnlich klingt, von einer „Ausübung von Rechten" zu sprechen. Grundrechte hat man, man kann sich auf sie berufen, sie geltend machen, auf sie verzichten usw., „ausüben" kann man sie nicht. Gemeint ist freilich auch im Französischen und Englischen nicht die Ausübung des eigentlichen Rechts, sondern die Ausübung der durch das Recht geschützten Freiheit.

Führt man sich die einleitend skizzierte dreigliedrige Struktur des Freiheitsbegriffs vor Augen,[204] passt die Handlungskonnotation des durch Suffixableitung aus dem Verb „ausüben" konstruierten Substantivs „Ausübung" nicht zu allen Freiheitssituationen.[205] Ausüben kann man Handlungsmöglichkeiten als Freiheitsgegenstände („freedom of something from something *to do or not do something*"[206]). In diesen Situationen ist es sinnvoll davon zu sprechen, dass der Freiheitsträger seine Freiheit ausübt, indem er die geschützte Handlung vornimmt oder unterlässt. Hier passen auch die Begriffe „Freiheitsbetätigung" oder „Freiheitsgebrauch". So übt ein Grundrechtsträger seine Glaubensfreiheit (Art. 10 Abs. 1 GRC) aus, wenn er einen bestimmten Glauben praktiziert (oder nicht praktiziert). Unpassend erscheint der Begriff der Freiheitsausübung, soweit Zustände oder Eigenschaften des Freiheitsträgers den Freiheitsgegenstand bilden („freedom of something from something [...] *to become or not become something*").[207] Würde (Art. 1 Satz 1 GRC), Leben (Art. 2 Abs. 1 GRC), die Integrität der Wohnung (Art. 7 GRC) oder die Geheimhaltung persönlicher Daten (Art. 8 Abs. 1 GRC) kann man nicht durch Handlungen ausüben; es sind Zustände, die auf einen zutreffen oder nicht.[208] Es dürfte dennoch kein Zweifel bestehen, dass Art. 52 Abs. 1 Satz 1 GRC auch Grundrechte erfasst, deren Schutzobjekt keine Handlungsmöglichkeit ist. Denn Art. 52 Abs. 1 GRC ist als allgemeiner Einschränkungsvorbehalt konzipiert, der jedwede grundrechtliche Freiheit erfassen soll. Soweit sich

---

203 EuGH, Rs. 265/87 – *Schräder*, Rn. 15; Rs. 5/88 – *Wachauf*, Rn. 18.

204 Vgl. Einführung B III.

205 Für ein weites Verständnis von „Grundrechtsgebrauch" und „Grundrechtsausübung" *Kingreen/Poscher*, Grundrechte Staatsrecht II, 33. Aufl. 2017, Rn. 257.

206 Vgl. *MacCallum*, Philosophical Review 76 (1967), 312 (314) – Hervorhebung F. M.

207 Vgl. *MacCallum*, Philosophical Review 76 (1967), 312 (314) – Hervorhebung F. M.

208 „Ausübung" ist dann allenfalls „das bloße Sich-Befinden" in einem solchen Zustand; so *Kingreen/Poscher*, Grundrechte Staatsrecht II, 33. Aufl. 2017, Rn. 257.

der Freiheitsgegenstand nicht im eigentlichen Sinne des Wortes „ausüben" lässt, ist die Normsetzung dahin zu verstehen, dass die durch einen Zustand oder eine Eigenschaft gekennzeichnete Freiheitssituation gemeint ist.

3. *Einschränkung*

Art. 52 Abs. 1 Satz 1 GRC spricht von der „Einschränkung" *(limitation – limitation – limitazioni)* der Ausübung der Rechte und Freiheiten. Damit weicht die Charta von der bisher in der Rechtsprechung üblichen Formulierung ab, in der von „Beschränkungen" *(restrictions)*[209] die Rede war.[210] Die semantischen Unterschiede sind freilich marginal. Beide Begriffe bringen zum Ausdruck, dass der grundrechtlichen Freiheit Grenzen gesetzt werden. Die Einschränkung sollte indes nicht gleichgesetzt werden mit dem „Eingriff".[211] Zwar werden die Ausdrücke in der deutschen Grundrechtsdogmatik synonym verwendet,[212] im Unionsrecht sind aber Bedeutungsnuancen erkennbar. So heißt es in der traditionellen *Schräder*-Formel, die auch in den Erläuterungen zitiert wird, „Beschränkungen" dürften „nicht einen im Hinblick auf den verfolgten Zweck unverhältnismäßigen, nicht tragbaren Eingriff [*intervention – interference*] darstellen, der die[se] Rechte in ihrem Wesensgehalt antastet".[213] Der unzulässige Eingriff wird hier in gewisser Weise der zulässigen Beschränkung entgegengesetzt.[214]

Mit „Einschränkung" wird das Hindernis der grundrechtlichen Freiheit bezeichnet, dessen Hinzunahme das dreistellige Prädikat der grundrechtlichen Freiheit komplettiert („freedom *from something*"[215]). Im grundrechtlichen Kontext geht es nicht um irgendwelche Freiheitshindernisse, sondern ausschließlich um solche, die den Grundrechtsadressaten (Art. 51 Abs. 1 Satz 1 GRC) zurechenbar sind. Es muss also jedenfalls ein Kausalzusammenhang zwischen dem Hindernis und einer (positiven oder negativen) Handlung der Grundrechtsadressaten bestehen. Ob die bloße Kausalität ausreicht, um eine Einschränkung anzunehmen, wird mit Recht bezweifelt.[216] Welche weiteren Kriterien die Zurechnung bestimmen, ist aber noch offen. Grund-

---

[209] EuGH, Rs. 265/87 – *Schräder*, Rn. 15.

[210] Die Abweichung geht bereits auf den ersten Präsidiumsvorschlag im Grundrechtekonvent (CONVENT 13, S. 18) zurück, wurde dort aber nicht näher begründet.

[211] Vgl. aber *Ehlers*, in: ders., Europäische Grundrechte und Grundfreiheiten, 4. Aufl. 2015, § 14 Rn. 98; *Borowsky*, in: *Meyer*, GRC, Rn. 18; *Gärditz*, in: Grabenwarter, Europäischer Grundrechteschutz, 2014, § 4 Rn. 52 ff.

[212] Vgl. *Kingreen/Poscher*, Grundrechte Staatsrecht II, 33. Aufl. 2017, Rn. 264 f., die als weitere Synonyme „Schranke", „Beeinträchtigung", „Verkürzung" und „Begrenzung" nennen.

[213] EuGH, Rs. 265/87 – *Schräder*, Rn. 15.

[214] Die Terminologie des Konventionsrechts folgt weitgehend den spezifischen Vorbehalten der EMRK, die diverse Begriffe verwenden; vgl. *Grabenwarter/Pabel*, Europäische Menschenrechtskonvention, 6. Aufl. 2016, § 18 Rn. 5; eine Übertragung auf das Unionsrecht erscheint daher nicht zielführend.

[215] Vgl. *MacCallum*, Philosophical Review 76 (1967), 312 (314).

[216] Vgl. *Gärditz*, in: Grabenwarter, Europäischer Grundrechteschutz, 2014, § 4 Rn. 61.

rechtsspezifische Lösungen erscheinen geboten, da sich eine allgemeine Zurechnungsformel kaum formulieren lassen dürfte.[217]

Für die hiesigen Zwecke genügt folgende allgemeine Definition der Einschränkung: Eine Einschränkung i. S. d. Art. 52 Abs. 1 Satz 1 GRC liegt immer dann vor, wenn ein Grundrechtsadressat einen Grundrechtsträger in zurechenbarer Weise an der Ausübung seiner grundrechtlichen Freiheit hindert. Das Hindernis kann darin bestehen, dass der Grundrechtsadressat *(a)* Umstände schafft, die es dem Grundrechtsträger *(t)* unmöglich machen, eine bestimmte Handlung vorzunehmen. *Alexy* nennt das eine „Verhinderung" der Handlung. Die „Behinderung" zeichnet sich demgegenüber dadurch aus, dass *a* Umstände schafft, die den *t* davon abhalten können, eine bestimmte Handlung vorzunehmen.[218] *Alexy* führt diese Terminologie für das Grundrecht als „Abwehrrecht", also für die negative grundrechtliche Freiheit ein. Geringfügig modifiziert ist sie aber auch für die positive grundrechtliche Freiheit brauchbar: *a* verhindert/behindert eine Handlung des *t*, wenn er es unterlässt, Umstände zu beseitigen, die es *t* unmöglich machen bzw. *t* davon abhalten können, die Handlung vorzunehmen. Handlungen des *t* in diesem Sinne können sowohl physisch rohe als auch institutionelle Handlungen sein:[219] Die Fortbewegung des *t* kann durch rohe Gewalt verhindert werden, ein Vertragsschluss des *t* hingegen (auch) durch Aufhebung einer Rechtsnorm.[220] Besteht der Freiheitsgegenstand in einer Handlungsalternative, lässt sich die Einschränkung also als die dem Grundrechtsadressaten zurechenbare Schaffung oder Aufrechterhaltung von Umständen definieren, die es dem Grundrechtsträger unmöglich machen oder ihn davon abhalten können, eine der vom Freiheitsgegenstand umfassten Handlungen vorzunehmen.

Bei Zuständen oder Eigenschaften als Freiheitsgegenständen ist diese Definition der Einschränkung inadäquat. Im Anschluss an *Alexy*, der in Zuständen oder Eigenschaften jedoch gerade keine Freiheitsgegenstände sehen will,[221] lässt sich insoweit von einer Beeinträchtigung durch den Grundrechtsadressaten sprechen.[222] Eine Einschränkung der „Ausübung" grundrechtlicher Freiheit liegt demnach auch dann vor, wenn *a* Umstände schafft oder aufrechterhält, die den geschützten Zustand oder die geschützte Eigenschaft des *t* beeinträchtigen.

---

[217] Vgl. *Gärditz*, in: Grabenwarter, Europäischer Grundrechteschutz, 2014, § 4 Rn. 61.

[218] *Alexy*, Theorie der Grundrechte, 1994, S. 174 f.

[219] Vgl. auch *Alexy*, Theorie der Grundrechte, 1994, S. 175 f. unter Bezugnahme auf *Searle* und *MacCormick*; seine Unterscheidung zwischen „faktischen" und „institutionellen Handlungen" ist aber deshalb nicht gelungen, da für *Searle* und *MacCormick* – wie überhaupt für jede sozialontologisch informierte Sichtweise – institutionelle Handlungen nicht minder „faktisch", d. h. tatsächlich, sind: Es gibt nur eine Wirklichkeit, die sich aus rohen und institutionellen Tatsachen zusammensetzt.

[220] *Alexy*, Theorie der Grundrechte, 1994, S. 175 f. weist zutreffend darauf hin, dass auch institutionelle Handlungen „faktisch" (also physisch roh) verhindert und behindert werden können, nämlich indem *a* physisch rohe Umstände schafft oder aufrechterhält, die es dem *t* unmöglich machen oder ihn davon abhalten können, die betreffende institutionelle Handlung, etwa durch den Vollzug eines Äußerungsakts, vorzunehmen.

[221] *Alexy*, Theorie der Grundrechte, 1994, S. 198 ff.

[222] *Alexy*, Theorie der Grundrechte, 1994, S. 176 f.

Soweit schließlich Rechtspositionen als Freiheitsgegenstände in Rede stehen, lassen sich diese in aller Regel in Handlungsalternativen übersetzen, denn eine Kompetenz ermöglicht dem Einzelnen, einen bestimmten Rechtsakt vorzunehmen. Die Beseitigung oder Nichteinräumung der Kompetenz verhindert die Vornahme dieses Akts. Es wäre auch hier zu kurz gegriffen, lediglich auf die Beseitigung von Kompetenzen zu blicken.[223] Denn es gibt grundrechtliche Freiheiten, an deren Ausübung der Einzelne gerade durch die Nichteinräumung von Kompetenzen gehindert wird. Ein illustratives Beispiel dafür ist das Recht auf einen wirksamen Rechtsbehelf (Art. 47 Abs. 1 GRC). Soweit sich eine Rechtsposition nicht auf Handlungsmöglichkeiten reduzieren lässt – wie dies etwa bei den eher seltenen nichtklagbaren Ansprüchen der Fall sein dürfte –, ist sie als Eigenschaft des Grundrechtsträgers fassbar, die durch Beeinträchtigungen eingeschränkt werden kann.

4. *Rechtfertigung*

Art. 52 Abs. 1 GRC nennt schließlich die Voraussetzungen, unter denen eine Einschränkung der Ausübung grundrechtlicher Freiheit gerechtfertigt ist.

a) *Gesetzliche Grundlage*

Gemäß Art. 52 Abs. 1 Satz 1 GRC muss jede Einschränkung gesetzlich vorgesehen sein *(prévue par la loi – provided for by law – previste dalla legge)*. Der Grundrechtekonvent ging dabei in ausdrücklicher Anlehnung an das Konventionsrecht von einem materiellen Gesetzesbegriff aus,[224] der neben formell-gesetzlichen Normsetzungsakten auch untergesetzliche, gewohnheitsrechtliche und richterrechtliche Normsetzungen umfasst.[225] Die Normsetzungsakte müssten so dokumentiert sein, dass das Recht „zugänglich“ sei und dem Einzelnen erlaube, die Konsequenzen seiner Hand-

---

223 So freilich *Alexy*, Theorie der Grundrechte, 1994, S. 177 f., der aber an dieser Stelle ausdrücklich nur das Grundrecht als „Abwehrrecht“ erörtert.

224 Vgl. schon Einführung B II.

225 CONVENT 13, S. 18: „Au sens de la Convention européenne telle qu'interprétée par la Cour européenne des droits de l'homme, le terme de loi doit être entendu au sens matériel et non formel. Il peut comporter des normes infralégislatives, coutumières ou jurisprudentielles.“ Im vorangegangenen Vorschlag CONVENT 5, S. 10 war noch von einer „règle de droit, qui ne peut être une règle d'exécution“ die Rede. In der Begründung dazu wurde auf ein „problème quant à la nature de l'acte qui limite les droits fondamentaux“ hingewiesen, denn der Begriff „règle de droit“ könne zu weit ausgelegt werden. Durch die vorgeschlagene Formulierung sollte die Einschränkung durch Verwaltungsmaßnahmen ausgeschlossen und die Entscheidung über die Einschränkung ausschließlich dem Gesetzgeber überantwortet werden. Obwohl man in CONVENT 13 von dieser Linie abgegangen war, wurde in CONVENT 27, S. 2 wieder ausschließlich auf den formellen Gesetzgeber („le législateur“) Bezug genommen. Ab CONVENT 34, S. 10 ist über mehrere Dokumente hinweg von der „autorité législative compétente“ die Rede, ehe man in CONVENT 47, S. 17 endgültig auf die Formulierung aus CONVENT 13, S. 18 zurückkam. Daran zeigt sich deutlich, dass die vom Präsidium angestrebte Verengung des Gesetzesbegriffs auf das formelle Gesetz nicht konsensfähig war und letztlich zugunsten einer weiten, am Konventionsrecht orientierten Formulierung aufgegeben werden musste.

lungen abzusehen.[226] Bezug genommen wurde darüber hinaus auf die einschlägige Rechtsprechung des EGMR.[227] Während Normgeber und normhierarchischer Rang der gesetzlichen Grundlage ohne Bedeutung sind, steht fest, dass sich die Einschränkung auf eine allgemeine („abstrakt-generelle“) Norm stützen muss.[228] Schon die semantische Analyse der Ausdrücke „gesetzlich“, *par la loi* und *dalla legge* lässt keinen anderen Schluss zu.[229] Gesetzlich vorgesehen ist die Einschränkung also, wenn sie durch die Setzung einer allgemeinen Norm gleich welchen Rangs und welcher Provenienz erfolgt oder wenn sie durch eine solche Norm ermöglicht wird[230] und wenn der Normsetzungsakt die Mindestanforderungen der Zugänglichkeit und Vorhersehbarkeit wahrt.

Einschränkungen durch Organe der Union können daher durch oder aufgrund von Verordnungen, Richtlinien und (nicht-adressatengerichteten[231]) Beschlüssen erfolgen.[232] Als ausreichende Rechtsgrundlage hat der EuGH zudem das in Unionsrecht überführte Schengener Durchführungsübereinkommen angesehen.[233] Auch Rechtsakte der Kommission ohne Gesetzescharakter mit allgemeiner Geltung im Sinne von Art. 290 AEUV genügen dem Gesetzesvorbehalt.[234] Die hiergegen vorgebrachte Kritik[235] leidet an einer unzureichenden Rekonstruktion des Normsetzungsakts: Der Grundrechtekonvent hat den Ausdruck „gesetzlich vorgesehen“ weder im Sinne eines Parlamentsvorbehalts verwendet noch ihm eine legitimationstheoretische Komponente beigegeben, sondern sich am Konventionsrecht orientiert, das sich mit dem Vorliegen einer zugänglichen und in ihren Rechtsfolgen vorhersehbaren, d. h. hinreichend bestimmten, allgemeinen Rechtsnorm begnügt.[236] Wie all-

---

[226] CONVENT 13, S. 18.

[227] EGMR, Nr. 11105/84 – *Huvig/Frankreich*, Rn. 28 f.: „[...] la Cour a toujours entendu le terme ‚loi‘ dans son acception ‚matérielle‘ et non ‚formelle‘; elle y a inclus à la fois des textes de rang infralégislatif [...] et le ‚droit non écrit‘.“ Der Gerichtshof weist auch darauf hin, dass man die Unterscheidung zwischen Common-Law-Systemen und „kontinentalen“ Rechtsordnungen in diesem Zusammenhang nicht überbewerten solle, da geschriebenes Recht *(statute law)* auch in den erstgenannten eine große Rolle spiele. Umgekehrt sei auch in den zweitgenannten Richterrecht nicht hinwegzudenken: „Dans un domaine couvert par le droit écrit, la ‚loi‘ est le texte en vigueur tel que les juridictions compétentes l’ont interprété en ayant égard, au besoin, à des données techniques nouvelles.“

[228] *Bühler*, Einschränkung von Grundrechten nach der Europäischen Grundrechtecharta, 2005, S. 248; vgl. auch EuGH, Rs. C-407/08 P – *Knauf Gips*, Rn. 87 ff.; dazu *Lenaerts*, EuR 2012, 3 (7).

[229] Das englische *law* ist dagegen etwas weiter, da das Englische, anders als das Deutsche („Recht“), Französische *(droit)* und Italienische *(diritto)* kein eigenes Wort für „Recht“ kennt; für „Gesetz“ im Sinne von geschriebenem Recht würde im Englischen üblicherweise *statute* stehen.

[230] Vgl. *Kingreen*, in: Calliess/Ruffert, EUV/AEUV, Art. 52 GRC Rn. 61 f.

[231] Adressatengerichtete Beschlüsse nach Art. 288 Abs. 4 Satz 2 AEUV setzen dagegen individuelle Rechtsnormen; vgl. *Ruffert*, in: Calliess/Ruffert, EUV/AEUV, Art. 288 AEUV Rn. 91.

[232] *Kingreen*, in: Calliess/Ruffert, EUV/AEUV, Art. 52 GRC Rn. 62 m. w. N., der aber im Grundsatz von einer „formellgesetzlichen, kodifizierten Rechtsgrundlage“ ausgeht.

[233] EuGH, Rs. C-129/14 – *Spasic*, Rn. 57.

[234] EuGH, Rs. C-92 und C-93/09 – *Schecke und Eifert*, Rn. 66; *Lenaerts*, EuR 2012, 3 (8 f.).

[235] *Boehme-Neßler*, NVwZ 2014, 825 (828); *Obwexer*, ZÖR 2013, 487 (495).

[236] *Streinz/W. Michl*, in: *Streinz*, EUV/AEUV, Art. 52 Rn. 25; zu den geringen Anforderungen des Konventionsrechts vgl. *Ehlers*, in: ders., Europäische Grundrechte und Grundfreiheiten, 4. Aufl.

gemein in der Dogmatik des Unionsrechts verbietet sich auch hier eine unbesehene Übertragung national-dogmatischer Figuren wie etwa der deutschen Lehre vom Parlamentsvorbehalt.[237] Auch für mitgliedstaatliche Einschränkungen ist es ausreichend, dass sie auf einen zugänglichen und hinreichend bestimmten abstrakt-generellen Normsetzungsakt gestützt werden.[238]

b) *Wesensgehalt*

Art. 52 Abs. 1 Satz 1 GRC verlangt weiter, dass die Einschränkung den Wesensgehalt *(contenu essentiel – essence – contenuto essenziale)* der Rechte und Freiheiten achtet. Jedenfalls die deutsche Sprachfassung legt nahe, dass damit an die bisherige Rechtsprechung des EuGH angeknüpft wird,[239] wonach die Ausübung der Grundrechte Beschränkungen unterworfen werden kann, „sofern diese tatsächlich dem Gemeinwohl dienenden Zielen der Gemeinschaft entsprechen und nicht im Hinblick auf den verfolgten Zweck einen unverhältnismäßigen, nicht tragbaren Eingriff darstellen, der diese Rechte in ihrem Wesensgehalt antastet".[240] Ein Blick auf die anderen Sprachfassungen des maßgeblichen *Schräder*-Urteils, das zur ständigen Rechtsprechung wurde, lässt hingegen Zweifel daran aufkommen, dass der Begriff Wesensgehalt in Art. 52 Abs. 1 Satz 1 GRC wirklich gleichbedeutend verwendet wird mit dem „Wesensgehalt" der prätorischen Rechtsprechung. Im französischen Urteilstext ist von der *substance même de ces droits* die Rede, die englische Übersetzung spricht von der *very substance of those rights*. Der Charta-Text spricht dagegen von *contenu essentiel* bzw. *essence*. Die einheitliche Verwendung des Begriffs Wesensgehalt im Deutschen kaschiert diesen Unterschied, der auch in den weiteren Sprachfassungen erkennbar ist.[241] Hierauf wird im Laufe der Untersuchung zurückzukommen sein.[242]

c) *Verhältnismäßigkeit*

Art. 52 Abs. 1 Satz 2 GRC bestimmt schließlich, dass – unter Wahrung des Grundsatzes der Verhältnismäßigkeit – Einschränkungen nur vorgenommen werden dürfen,

---

2015, § 2 Rn. 78; nach der a. A., die u. a. *Grabenwarter/Pabel*, Europäische Menschenrechtskonvention, 6. Aufl. 2016, § 18 Rn. 7 m. N. vertreten, verlangt das Konventionsrecht nach einem Parlamentsgesetz; für diese Behauptung wird aber kein Beleg aus der Rechtsprechung des EGMR angeführt, mit der sie auch nicht vereinbar erscheint.

[237] Demnach spielt es für das Unionsrecht keine Rolle, dass der Gesetzesvorbehalt im deutschen Recht „verstanden als Parlamentsvorbehalt, auch eine demokratische Komponente" hat, wie *Kingreen*, in: Calliess/Ruffert, EUV/AEUV, Art. 52 GRC Rn. 62 unter Bezugnahme auf die einschlägige Rspr. des BVerfG und *Böckenförde* formuliert.

[238] *Kingreen*, in: Calliess/Ruffert, EUV/AEUV, Art. 52 GRC Rn. 63 unter Hinweis auf die Besonderheiten des Common Laws.

[239] Vgl. *Lenaerts*, EuR 2012, 3 (8).

[240] EuGH, Rs. 265/87 – *Schräder*, Rn. 15.

[241] Span.: *contenido esencial* (GRC) – *substancia misma* (EuGH); dän.: *væsentligste indhold – egentlige indhold*; port.: *conteúdo essencial – própria essência*; niederl.: *wezenlijke inhoud – kern*.

[242] Vgl. Kapitel 4 C IV. 2.

wenn sie erforderlich sind und den von der Union anerkannten dem Gemeinwohl dienenden Zielsetzungen oder den Erfordernissen des Schutzes der Rechte und Freiheiten anderer tatsächlich entsprechen. Die Wahrung des Verhältnismäßigkeitsgrundsatzes war schon nach der *Schräder*-Formel Rechtfertigungsvoraussetzung für Einschränkungen.[243] Die Unterscheidung zwischen Erforderlichkeit und Angemessenheit der Einschränkung ist zwar auch im grundrechtlichen *case law* auszumachen, häufig lag jedoch der Fokus auf der Erforderlichkeit, die bisweilen um abwägende Argumente angereichert wurde. Eine dreistufige Verhältnismäßigkeit, wie sie dem deutschen Verständnis entspricht, war daher nur selten erkennbar.[244] Die Formulierung des Art. 52 Abs. 1 Satz 2 GRC setzt diese Tendenz fort, indem sie zwar hervorhebt, dass Einschränkungen erforderlich sein und den Zielsetzungen tatsächlich entsprechen müssen, jedoch nicht deren Angemessenheit betont. Ausweislich der Erläuterungen und der Entstehungsgeschichte[245] knüpft Art. 52 Abs. 1 Satz 2 GRC an die bisherige Rechtsprechung an.

5. *Prüfungsstruktur*

Die Grundrechtsnorm lässt sich am besten mit dem hergebrachten Dreiklang von Schutzbereich, Einschränkung und Rechtfertigung für die Rechtsanwendung handhabbar machen. Während der Begriff der Einschränkung dem Charta-Text entstammt und der terminologischen Klarheit zuliebe den Begriffen des Eingriffs, der Beschränkung und der Beeinträchtigung vorzuziehen ist, sind „Schutzbereich" und „Rechtfertigung" dogmatische Begriffe, deren Verwendung schlicht der Zweckmäßigkeit geschuldet ist.[246] Als solche müssen sie sich auch in die anderen Sprachen der Union übersetzen lassen, ohne dass ein Bedeutungsverlust oder eine Bedeutungsverschiebung damit einherginge. Die Rechtfertigung hat mit dem französischen und englischen *justification* und dem italienischen *giustificazione* semantisch weitgehend kongruente Entsprechungen. Schutzbereich lässt sich mit *scope of protection/scope of application, champ de la protection/champ d'application* sowie *campo di protezione/campo d'applicazione* übersetzen. Der EuGH spricht in neueren Entscheidungen schlicht vom „Schutz" eines Rechts.[247] Eine vergleichbare Struktur und Terminologie findet sich in der Rechtsprechung des EGMR, der aber, die Bereichsmetapher vermeidend, meist von der Anwendbarkeit (*applicabilité* bzw. *applicability*) einer bestimmten Bestimmung spricht.[248]

---

243 EuGH, Rs. 265/87 – *Schräder*, Rn. 15.

244 Vgl. *Streinz/W. Michl*, in: Streinz, EUV/AEUV, Art. 52 Rn. 30.

245 CONVENT 27, S. 3.

246 Vgl. *Gärditz*, in: Grabenwarter, Europäischer Grundrechteschutz, 2014, § 4 Rn. 27 zum Begriff des Schutzbereichs; zur Bedeutung des Schutzbereichs in der deutschen Grundrechtsdogmatik vgl. *Merten*, in: HGR III, § 56 Rn. 1 ff. m. w. N.

247 Vgl. etwa EuGH, Rs. C-283/11 – *Sky Österreich*, Rn. 34 und Rn. 42.

248 Etwa EGMR, Nr. 33202/96 – *Beyeler*, Rn. 98; zur Schutzbereichsprüfung des EGMR allgemein s. *Grabenwarter/Pabel*, Europäische Menschenrechtskonvention, 6. Aufl. 2016, § 18 Rn. 2 ff.

Der Bestimmung des Schutzbereichs kommt bei der Grundrechtsprüfung besondere Bedeutung zu.[249] Die Charta ist nicht zuletzt eine Reaktion auf die Vernachlässigung der Schutzbereichsprüfung durch den EuGH in der Zeit des prätorischen Grundrechtsschutzes.[250] Das Charta-Projekt hatte von Anfang an das Ziel, „die überragende Bedeutung der Grundrechte und ihrer Tragweite für die Unionsbürger sichtbar zu verankern".[251] Dieses Ziel verfolgte der Charta-Geber mit einem ausdifferenzierten Katalog an textlichen Gewährleistungen, die schon für sich genommen zur präzisen Schutzbereichsbestimmung anhalten. Ein weiterer Gesichtspunkt spricht entscheidend für eine scharf abgegrenzte Konturierung der grundrechtlichen Schutzbereiche: Anders als das deutsche Verfassungsrecht mit Art. 2 Abs. 1 GG, kennt das Unionsrecht kein sogenanntes Auffanggrundrecht.[252] Es gibt kein „allgemeines Freiheitsrecht"[253]. Die Freiheit im Unionsrecht reicht nur so weit, wie sie von spezifischen Grundrechtsnormen erfasst ist, die ihren textlichen Niederschlag in den sachlichen Grundrechtsbestimmungen der Charta gefunden haben. Jegliche Nivellierung grundrechtlicher Schutzbereiche, wie sie im deutschen Schrifttum etwa die sogenannte weite Tatbestandslehre verfolgt,[254] verbietet sich daher von vorneherein. Es ist die Grundentscheidung des Normgebers, spezifische und nicht beliebige Grundrechtsnormen zu setzen. Diese Weichenstellung ist an den Formulierungen der Grundrechtsbestimmungen abzulesen. Eine „Tatbestandstheorie" (Schutzbereichstheorie) der Unionsgrundrechte, kann weder eng noch weit sein, sondern hat sich an den jeweiligen Grundrechtsnormen zu orientieren, denen sie nichts hinzufügen, aber auch nichts vorenthalten darf. Die Formulierung einer solchen Theorie ist damit aber sinnlos: Gefordert ist vielmehr die Rekonstruktion des Normsetzungsakts, durch den die

---

249 Vgl. *Kingreen*, in: Calliess/Ruffert, EUV/AEUV, Art. 52 GRC Rn. 48.

250 Dazu etwa *Gärditz*, in: Grabenwarter, Europäischer Grundrechteschutz, 2014, § 4 Rn. 6 ff.; angesichts der fehlenden textlichen Anknüpfungspunkte ist diese Vernachlässigung nicht weiter verwunderlich; vgl. *Terhechte*, Konstitutionalisierung und Normativität der europäischen Grundrechte, 2011, S. 57; allerdings darf nicht übersehen werden, dass der EuGH sich auch an der EMRK orientierte – vgl. vor allem EuGH, Rs. 44/79 – *Hauer*, Rn. 17 ff. (dazu *Gärditz*, a. a. O., § 4 Rn. 8 f.) – und mit dem Konventionstext und der Rspr. des EGMR über hinreichende „Quellen" für eine Schutzbereichsdogmatik verfügt hätte; vgl. *Kingreen*, in: Calliess/Ruffert, EUV/AEUV, Art. 52 GRC Rn. 48.

251 Europäischer Rat von Köln, 03./04. 06. 1999, Schlussfolgerungen des Vorsitzes, Anhang IV, Beschluss des Europäischen Rates zur Erarbeitung einer Charta der Grundrechte der Europäischen Union, URL = <http://www.europarl.europa.eu/summits/kol2_de.htm#an4>; zuletzt abgerufen am 08. 03. 2018.

252 *Schmitz*, JZ 2001, 833 (837); *Terhechte*, Konstitutionalisierung und Normativität der europäischen Grundrechte, 2011, S. 57; *Gärditz*, in: Grabenwarter, Europäischer Grundrechteschutz, 2014, § 4 Rn. 16; wie weit die „Auffangfunktion" der allgemeinen Handlungsfreiheit im deutschen Recht reicht, ist freilich umstritten; vgl. *Merten*, in: HGR III, § 56 Rn. 3 ff. m. w. N.

253 *Alexy*, Theorie der Grundrechte, 1994, S. 309.

254 *Alexy*, Theorie der Grundrechte, 1994, S. 290 ff., der postuliert, dass „[a]lles, was eine Eigenschaft aufweist die – isoliert betrachtet – für eine Subsumtion unter den Tatbestand hinreicht, [...] tatbestandsmäßig [ist], ganz gleich welche Eigenschaften sonst noch vorliegen"; zur Unhaltbarkeit dieser These vgl. *Klement*, in: Klatt, Institutionalized Reason, 2012, S. 173 (186 ff.).

jeweilige Grundrechtsnorm Existenz erlangt hat. Diese Rekonstruktion unterscheidet sich nicht von der Rekonstruktion einer beliebigen anderen Rechtsetzung.

Die dreistufige Prüfung kann sowohl im Bereich der negativen als auch der positiven grundrechtlichen Freiheit vorgenommen werden.[255] Angesichts der strukturellen Einordnung von negativen Handlungen (Unterlassungen) als grundrechtlichen Freiheitshindernissen (Einschränkungen) ist dies nur konsequent. Es entspricht auch dem Vorgehen des EGMR, der die Unterscheidung zwischen positiver und negativer Verpflichtung bisweilen sogar dahinstehen lässt, da es für die weitere Rechtfertigungsprüfung nicht darauf ankommt.[256] Soweit – in Anlehnung an deutsche Üblichkeiten – eine zweistufige Prüfung positiver Verpflichtungen vorgeschlagen wird,[257] ergibt sich daraus in der Sache kein Unterschied. Es wird lediglich die Bestimmung des Freiheitsgegenstands und des Freiheitshindernisses (Unterlassung) in einem Prüfungsschritt zusammengefasst. Dass sich allerdings unter Einsatz des formalen Freiheitsbegriffs Freiheitsgegenstand („Schutzbereich") und Freiheitshindernis („Einschränkung") auch bei positiven Verpflichtungen bestimmen lassen, spricht dafür, den Dreischritt auch insoweit beizubehalten.

V. Verhältnis zum Recht der Verträge und der EMRK

Von allgemeiner Relevanz ist schließlich das Verhältnis der Charta zu EUV und AEUV sowie zum Konventionsrecht.

1. Verweis auf die Verträge (Art. 52 Abs. 2 GRC)

Nach Art. 52 Abs. 2 GRC erfolgt die Ausübung der Charta-Rechte, die in den Verträgen geregelt sind, im Rahmen der in den Verträgen festgelegten Bedingungen und Grenzen. Gemäß den Erläuterungen verdeutlicht diese Bestimmung, dass Rechte, die bereits im EG-Vertrag garantiert worden waren und in der Charta anerkannt wurden – wie etwa die Rechte aus der Unionsbürgerschaft –, weiterhin den Bedingungen und Grenzen unterliegen, die für das Unionsrecht, auf dem sie beruhen, gelten und die in den Verträgen festgelegt sind. Mit der Charta werde „die Regelung" dieser Rechte nicht geändert. Angeordnet wird also eine umfassende Spezialität der Regelungen des EUV und des AEUV gegenüber den Gewährleistungen der Charta,[258]

---

[255] Ebenso *Rengeling/Szczekalla*, Grundrechte der Europäischen Union, 2004, Rn. 520 f.

[256] Etwa EGMR, Nr. 31443/96 – *Broniowski*, Rn. 144.

[257] Etwa *Ehlers*, in: ders., Europäische Grundrechte und Grundfreiheiten, 4. Aufl. 2015, § 14 Rn. 85.

[258] *Kingreen*, in: Calliess/Ruffert, EUV/AEUV, Art. 52 Rn. 11 m. w. N. auch zur a. A.; diese Funktion des Art. 52 Abs. 2 GRC ergibt sich eindeutig aus den Beratungen des Verfassungskonvents; vgl. CONV 354/02, S. 6 und die dort in Bezug genommene Auflistung der „Parallel-Rechte" bei *Vitorino*, WG II – WD 09, S. 3 in Fn. 2 (beide abrufbar unter URL = <http://european-convention.europa.eu/de/doc_register/doc_register9055.html?MAX=1&lang=DE&Content=WGII>; zuletzt abgerufen am 08. 03. 2018); damit unvereinbar ist die Annahme eines „allgemeinen Rückschrittsverbots" bei *Borowsky*, in: Meyer, GRC, Art. 52 Rn. 28.

so dass die Anerkennung dieser Rechte in der Charta keine eigenständige normative Relevanz aufweist. Für die Dogmatik der Unionsgrundrechte, wie sie hier verstanden werden,[259] sind diese Rechte also uninteressant, da sie ausschließlich nach den Verträgen gewährleistet werden.[260]

2. *Mindesttragweite der EMRK (Art. 52 Abs. 3 GRC)*

Nach Art. 52 Abs. 3 Satz 1 GRC haben Charta-Rechte, soweit sie den Rechten der EMRK entsprechen, „die gleiche Bedeutung und Tragweite, wie sie ihnen in der [...] Konvention verliehen wird". Satz 2 unterstreicht, dass das Unionsrecht einen „weiter gehenden Schutz" gewähren kann. Diese Bestimmungen haben zu mannigfachen Deutungen in der Literatur geführt, auf die hier nicht im Einzelnen eingegangen werden kann.[261] Die Vorschläge reichen von einer bloßen Betonung der Bedeutung der EMRK als „Rechtserkenntnisquelle" über eine spezielle Einschränkungsklausel, die Art. 52 Abs. 1 GRC verdränge und an die Stelle die Vorbehalte der EMRK setze, bis hin zu einer Lesart als vollständige Inkorporation der entsprechenden EMRK-Rechte in das Unionsrecht. Keine dieser Deutungen vermag vollends zu überzeugen. Die mit Art. 52 Abs. 3 GRC verfolgte Normsetzung des Charta-Gebers lässt sich vielmehr als die Garantie einer „Mindesttragweite" verstehen, die vom Konventionsrecht vorgegeben wird und von den Grundrechtsnormen der Charta nicht unterschritten werden darf.

a) *Semantisch-pragmatische Analyse*

Die semantische Analyse des Art. 52 Abs. 3 GRC für sich genommen ist nicht sonderlich ergiebig. Die Begriffe „Bedeutung" und „Tragweite" haben auch in den anderen Sprachfassungen wenig erhellende Entsprechungen (*sens* und *portée* – *meaning* und *scope* – *significato* und *portata*). Immerhin dürfte klar sein, dass der Charta-Geber sich hier nicht zu einem Hendiadyoin hat hinreißen lassen.[262] Die Ausdrücke „Bedeutung" und „Tragweite" haben einen unterschiedlichen Sinn, wie sich unter Berücksichtigung des pragmatisch relevanten Kontexts erweist.

„Tragweite" findet sich in der Überschrift von Art. 52 GRC. Bevor der Verfassungskonvent die Absätze 4 bis 7 anfügte, lautete diese schlicht „Tragweite der garantierten

---

[259] Vgl. Einführung B I.

[260] Zu den Rechten im Einzelnen vgl. *Kingreen*, in: Calliess/Ruffert, EUV/AEUV, Art. 52 Rn. 12.

[261] Guter Überblick bei *Ziegenhorn*, Der Einfluss der EMRK im Recht der EU-Grundrechtecharta, 2009, S. 29 ff. sowie bei *Cornils*, in: Grabenwarter, Europäischer Grundrechteschutz, 2014, § 5 Rn. 27 ff.

[262] Vgl. *Ziegenhorn*, Der Einfluss der EMRK im Recht der EU-Grundrechtecharta, 2009, S. 132, der darauf hinweist, dass zwar im Deutschen „Bedeutung" und „Tragweite" synonym verwendet werden können, dies aber bei den Entsprechungen in den anderen Sprachen nicht möglich sei; das Ergebnis seiner Analyse ist dann aber, dass beide Begriffe „das Gleiche" beschreiben, „aber aus unterschiedlichem Blickwinkel".

Rechte".[263] Art. 52 Abs. 3 GRC bestand damals schon in seiner heutigen Gestalt. Mit der Ergänzung um die folgenden Absätze wurde auch die Überschrift im Verfassungskonvent zu „Tragweite und Auslegung der Rechte und Grundsätze" geändert. Diese Entwicklung spricht entscheidend gegen eine Lesart, die Art. 52 Abs. 3 GRC als „Auslegungsregel", also als methodische Meta-Regel bei der Bestimmung des jeweiligen Norminhalts versteht. Art. 52 Abs. 3 GRC ist eine Bestimmung über die „Tragweite" der Unionsgrundrechte. Der Charta-Geber meint mit Tragweite mehr als nur den Schutzbereich eines Rechts. Dies ergibt sich aus den Erläuterungen zu Art. 52 Abs. 3 GRC:

„Mit Absatz 3 soll die notwendige Kohärenz zwischen der Charta und der EMRK geschaffen werden, indem die Regel aufgestellt wird, dass in dieser Charta enthaltene Rechte, die den durch die EMRK garantierten Rechten entsprechen, die gleiche Bedeutung und Tragweite, *einschließlich der zugelassenen Einschränkungen*, besitzen, wie sie ihnen in der EMRK verliehen werden. Daraus ergibt sich insbesondere, dass der Gesetzgeber bei der Festlegung von Einschränkungen dieser Rechte die gleichen Normen einhalten muss, die in der ausführlichen Regelung der Einschränkungen in der EMRK vorgesehen sind, die damit auch für die von diesem Absatz erfassten Rechte gelten, ohne dass dadurch die Eigenständigkeit des Unionsrechts und des Gerichtshofs der Europäischen Union berührt wird."[264]

Die Tragweite umfasst also auch die „zugelassenen Einschränkungen" und bezieht sich damit letztlich auf den definitiven Grundrechtsschutz (nicht nur auf die Prima-Facie-Gewährleistung von Rechtspositionen). Anders formuliert bezeichnet der Begriff der Tragweite den effektiven Gewährleistungsgehalt, d. h. das, was am Ende der Prüfung „herauskommt". Bei diesem Verständnis fügt sich Art. 52 Abs. 3 GRC auch nahtlos an die beiden vorstehenden Absätze, vor allem Absatz 1 an, die ebenfalls den definitiven Grundrechtsschutz betreffen, indem sie die Prima-Facie-Gewährleistungen im sachlichen Teil der Charta komplettieren. Tragweite ist also, wie *Ziegenhorn* herausgearbeitet hat, wörtlich zu verstehen: Es geht um die Frage, „wie weit die Charta trägt".[265] Diese Metaphorik wohnt auch dem Französischen *portée* und dem Italienischen *portata* inne,[266] die vom jeweiligen Verb für „tragen" abgeleitet sind.[267]

Von der Tragweite zu unterscheiden ist die Bedeutung eines Rechts. Es geht hier, wie auch *sens, meaning* und *significato* nahelegen, um den Gedanken, der durch

263 CONVENT 50, S. 22 (DE).

264 Hervorhebung F. M.

265 *Ziegenhorn*, Der Einfluss der EMRK im Recht der EU-Grundrechtecharta, 2009, S. 132.

266 Vgl. auch *Ziegenhorn*, Der Einfluss der EMRK im Recht der EU-Grundrechtecharta, 2009, S. 131 (zu *portée*).

267 Etymologisch abweichend dagegen das eher unspezifische Englische *scope*, das über ital. *scopo*, lat. *scopus* auf griech. *skopos* zurückgeht, das wiederum die Vorstellung des „Betrachtens" zum Ausdruck bringt; in den 1530er Jahren aus dem Italienischen entlehnt bedeutet *scope* im Englischen aber schlicht „Reichweite"; zu Etymologie und Bedeutung vgl. Merriam-Webster online, Stichwort: „scope"; vgl. auch *Ziegenhorn*, Der Einfluss der EMRK im Recht der EU-Grundrechtecharta, 2009, S. 131 zur Konturenlosigkeit des Ausdrucks *scope*, der in der Charta an verschiedenen Stellen verwendet wird.

einen Ausdruck repräsentiert wird.[268] Wenn Grundrechte – genauer: Grundrechtsbestimmungen – die gleiche Bedeutung haben, bringen sie denselben Gedanken zum Ausdruck. Dieser Gedanke ist nicht etwa der abstrakte Schutzbereich im Sinne der Summe aller vom Grundrecht erfassten Freiheitsgegenstände. Vielmehr geht es darum, welches „Thema" ein Grundrecht hat, d. h. worauf sich Grundrechtsbestimmungen und Grundrechtsnormen thematisch beziehen, ohne dass jeder Aspekt dieses Themas in Tatbestandsvoraussetzungen erfasst sein müsste. Dieselbe Bedeutung können Grundrechte also auch dann haben, wenn sich ihre Schutzbereiche nicht vollständig decken. Die Thematik von Grundrechten wird in der deutschen Grundrechtsdogmatik auch als „Lebensbereich" bezeichnet, dem das Grundrecht gilt und innerhalb dessen es „den Einzelnen gegen staatliche Eingriffe, mal mit seinem Verhalten insgesamt, mal aber auch nur mit bestimmten Verhaltensweisen" schützt.[269] Soweit sich Lebensbereich und Prima-Facie-Schutz decken, ist der Schutzbereich eröffnet.[270]

b) Berücksichtigung der Listen in den Erläuterungen

Das Verständnis von Art. 52 Abs. 3 GRC wird durch die beiden Listen von Charta- und EMRK-Rechten in den Erläuterungen erleichtert, die mit guten Gründen als „quasi verbindlich" bezeichnet werden.[271] Denn sie schaffen Klarheit über die sachliche Reichweite der mit Art. 52 Abs. 3 GRC bezweckten Kohärenz zwischen Charta- und EMRK-Recht. Anhand der Listen lässt sich auch der Unterschied zwischen Bedeutung und Tragweite anschaulich nachvollziehen. Beide Begriffe werden dort sehr sorgfältig eingesetzt. Die erste Liste weist die „Artikel" (nicht die Rechte!) der Charta nach, die dieselbe Bedeutung und Tragweite haben wie die entsprechenden EMRK-Artikel. Für sie ist also davon auszugehen, dass sie dasselbe Thema, denselben Lebensbereich betreffen und innerhalb dieses Lebensbereichs einen übereinstimmenden effektiven Gewährleistungsgehalt (definitiven Grundrechtsschutz) aufweisen. Illustrative Beispiele sind das Recht auf Leben (Art. 2 GRC, Art. 2 EMRK), das Recht auf Achtung des Privat- und Familienlebens (Art. 7 GRC, Art. 8 EMRK) sowie das Eigentumsrecht (Art. 17 GRC, Art. 1 ZP-EMRK).

Die zweite Liste führt Artikel der Charta an, die dieselbe Bedeutung haben wie ihre konventionsrechtlichen Pendants, „deren Tragweite aber umfassender ist". Prominent ist das Recht auf Eheschließung (Art. 9 GRC). Es „deckt" im Duktus der Erläuterungen Art. 12 EMRK „ab". Sein „Anwendungsbereich" kann aber auf andere Formen der Eheschließung ausgedehnt werden, wenn die einzelstaatlichen Rechtsvor-

---

268 Zu eng dagegen *Ziegenhorn*, Der Einfluss der EMRK im Recht der EU-Grundrechtecharta, 2009, S. 133, dem zufolge Bedeutung die „Umschreibung des eigentlichen Kerns" sein soll, den es zu ermitteln gelte; es gehe um „das Innere" eines Begriffs; diese Konzeption von „Bedeutung" ist – offenbar – stark wesensphilosophisch inspiriert und dürfte nur einen kleinen Ausschnitt dessen erfassen, was „Bedeutung" bedeuten kann.

269 *Kingreen/Poscher*, Grundrechte Staatsrecht II, 33. Aufl. 2017, Rn. 253.

270 Vgl. *Kingreen/Poscher*, Grundrechte Staatsrecht II, 33. Aufl. 2017, Rn. 255.

271 *W. Michl*, Die Überprüfung des Unionsrechts am Maßstab der EMRK, 2014, S. 199.

schriften dies vorsehen. Die deutsche Übersetzung des französischen Originals ist hier etwas knapp geraten. Dort deckt Art. 9 GRC nicht den EMRK-Artikel ab, sondern dessen „Bereich“ *(champ)*. Gleichzeitig soll Art. 9 GRC aber einen weiter reichenden „Anwendungsbereich“ *(champ d'application)* haben können. Wenn im Französischen schlicht von *champ* die Rede ist, ist der Bereich gemeint, auf den sich das Grundrecht thematisch bezieht, der Lebensbereich, d. h. die „Bedeutung“ des Grundrechts. *Champ d'application* ist dagegen ein grundrechtsdogmatischer Begriff und lässt sich im Deutschen mit „Schutzbereich“ übersetzen.[272] Art. 9 GRC und Art. 12 EMRK haben also die gleiche Bedeutung, weil sie den gleichen Lebensbereich – nämlich die Ehe – betreffen. Art. 9 GRC kann aber – da ihm die in Art. 12 EMRK vorhandene Beschränkung auf Mann und Frau fehlt – innerhalb des Lebensbereichs umfassenderen Schutz gewähren, also einen weiteren Schutzbereich und damit auch eine weitere Tragweite aufweisen. Statt von „abdecken“ ist in der restlichen Liste Nr. 2 von „entsprechen“ *(correspondre)* die Rede, wenn Rechte demselben Lebensbereich gelten. So „entspricht“ Art. 12 Abs. 1 GRC Art. 11 EMRK, Art. 14 Abs. 1 GRC Art. 2 ZP-EMRK usw. Die Erläuterungen klären damit implizit einen weiteren zentralen Begriff des Art. 52 Abs. 3 Satz 1 GRC, nämlich den des Entsprechens. Ein Charta-Recht entspricht demnach einem Konventionsrecht, wenn es dessen Bereich abdeckt, also denselben Lebensbereich betrifft.[273] Sich entsprechende Rechte haben mithin die gleiche Bedeutung, wobei es möglich ist, dass das Charta-Recht eine weitergehende Tragweite aufweist als sein EMRK-Pendant.[274]

c) Weitergehender Schutz

Art. 52 Abs. 3 Satz 2 GRC hält es dem Unionsrecht offen, „weiter gehenden Schutz“ zu gewähren *(protection plus étendue – more extensive protection – protezione più estesa)*. Es spricht alles dafür, dass „Schutz“ insoweit dasselbe bezeichnet wie Tragweite, also den definitiven Grundrechtsschutz, den effektiven Gewährleistungsgehalt, der sich erst bei Betrachtung aller Voraussetzungen der Grundrechtsnorm bestimmen lässt.[275] Nicht gemeint ist der „Schutzbereich“, der nur ein Faktor, wenn auch ein gewichtiger,

---

[272] S. oben Abschn. IV. 5.

[273] Ähnlich *Grabenwarter*, FS Steinberger, S. 1129 (1135 f.), dem zufolge „Entsprechen“ so zu verstehen ist, „daß der gleiche Lebenssachverhalt von den jeweiligen Garantien erfaßt sein“ muss; aus den Erläuterungen ergebe sich, dass nicht „völliges Entsprechen, sondern nur ‚ungefähres‘ Entsprechen“ gefordert sein dürfte. Wie sich das „Entsprechen“ in diesem Sinne zur „Bedeutung“ verhalten soll, wird nicht ganz klar; *Grabenwarter* geht aber offenbar – anders als hier vorgeschlagen – nicht davon aus, dass „Entsprechen“ Bedeutungsgleichheit meint; vgl. *ders.*, a. a. O., S. 1129 (1137): „Entsprechen einander zwei Grundrechte [...], dann ist die gleiche ‚Bedeutung und Tragweite‘ wie jene der EMRK-Rechte als Rechtsfolge angeordnet.“

[274] Auch *Ziegenhorn*, Der Einfluss der EMRK im Recht der EU-Grundrechtecharta, 2009, S. 154 ff. geht davon aus, dass sich entsprechende Rechte denselben Lebensbereich betreffen, er will davon aber die „Bedeutung“ unterscheiden.

[275] Zu den verschiedenen Lesarten, die in der Literatur vertreten werden, vgl. *Ziegenhorn*, Der Einfluss der EMRK im Recht der EU-Grundrechtecharta, 2009, S. 46 ff.

bei der Bestimmung des „Schutzes“ ist.[276] Die Wendung „weiter gehend“ setzt den unionsrechtlichen Schutz ins Verhältnis zum konventionsrechtlichen Gewährleistungsgehalt oder, wenn man so will, zur Tragweite der EMRK-Rechte, die in den von Art. 52 Abs. 3 Satz 2 GRC erfassten Fällen hinter der Tragweite des Unionsrechts zurückbleibt.[277] Für ein solches Zurückbleiben der EMRK hinter dem Unionsrecht ordnet Art. 52 Abs. 3 Satz 2 GRC die Geltung der Tragweite des Unionsrechts an und läuft damit auf eine Meistbegünstigung des Grundrechtsträgers hinaus.[278] Anzumerken bleibt, dass eine solche Günstigkeitsbetrachtung in den sogenannten mehrpoligen Grundrechtsverhältnissen meist versagen wird.[279]

d) Transferlösung oder Garantie einer Mindesttragweite

Nach der vorstehenden Analyse lässt Art. 52 Abs. 3 GRC nur zwei mögliche Lesarten zu. Erstens könnte es sich um die Anordnung des Charta-Gebers handeln, die Tragweite entsprechender EMRK-Rechte in das Unionsrecht zu „transferieren“, d. h. bereits bei der Prüfung des jeweiligen Charta-Rechts zu berücksichtigen (Satz 1). Für die Fälle, in denen die konventionsrechtliche Tragweite hinter der unionsrechtlichen zurückbliebe, würde nach Satz 2 letztere greifen. Die Prüfung korrespondierender Charta-Rechte müsste demnach mit der Feststellung der EMRK-Tragweite beginnen und nur für den Fall, dass die geltend gemachte Grundrechtsnorm danach nicht bestünde, auf den „genuin chartarechtlichen Grundrechtsschutz“[280] zurückgreifen. Die Charta-Rechte blieben zwar der „Aufhänger“ der Prüfung, ihr Inhalt wäre aber zunächst durch das Konventionsrecht vorgegeben.[281] Nur soweit das Konventionsrecht seinen Schutz versagt, käme es der Sache nach auf die Gewährleistungen der Charta an.

Ebenso vereinbar mit Art. 52 Abs. 3 GRC ist es aber, vom Chartarecht auszugehen, d. h. den Fall zunächst ausschließlich anhand Grundrechtsnormen des Unionsrechts zu überprüfen. Dabei kann das Konventionsrecht bereits eine Rolle spielen, denn zahlreiche sachliche Grundrechtsbestimmungen der Charta gehen auf Vorbilder aus der EMRK zurück. Die EMRK ist – als pragmatisch relevanter Hintergrund – daher häufig bereits bei der Ermittlung der „genuin unionsrechtlichen“ Grundrechtsnormen von Bedeutung. Art. 52 Abs. 3 GRC spielt jedoch bei diesem ersten Schritt noch keine Rolle. Vielmehr richten sich Schutzbereich und Einschränkbarkeit (Art. 52

---

276 Vgl. auch *Ziegenhorn*, Der Einfluss der EMRK im Recht der EU-Grundrechtecharta, 2009, S. 181, dem zufolge für die Bestimmung des Schutzes „entscheidend auf die Rechtsposition des Bürgers im Fall der Anwendbarkeit, also den Gewährleistungsumfang abzustellen“ ist.

277 Vgl. *Ziegenhorn*, Der Einfluss der EMRK im Recht der EU-Grundrechtecharta, 2009, S. 179.

278 *Ziegenhorn*, Der Einfluss der EMRK im Recht der EU-Grundrechtecharta, 2009, S. 182.

279 Zu den mehrpoligen Grundrechtsverhältnissen ausf. *W. Michl*, Die Überprüfung des Unionsrechts am Maßstab der EMRK, 2014, S. 215 ff.

280 Ausdruck von *Ziegenhorn*, Der Einfluss der EMRK im Recht der EU-Grundrechtecharta, 2009 (Untertitel).

281 *W. Michl*, Die Überprüfung des Unionsrechts am Maßstab der EMRK, 2014, S. 199.

Abs. 1 GRC), d. h. die Tragweite des Grundrechtsschutzes, zunächst ausschließlich nach den Vorgaben des Charta-Gebers. Dabei ist die Prüfung nicht auf ein Recht zu beschränken, sondern es sind alle Unionsgrundrechte in Betracht zu ziehen, die den Fall erfassen könnten. Erst wenn sich herausstellt, dass der Grundrechtsträger „unter der Charta" keinen definitiven Grundrechtsschutz genießt, ist nach Art. 52 Abs. 3 Satz 1 GRC weiter zu prüfen, ob das Konventionsrecht ihm im Einzelfall höheren Schutz gewähren würde. Ist dies der Fall, muss in einem letzten Schritt die Tragweite der Chartarechte auf das Level der EMRK heraufgesetzt werden. Es ist so gewährleistet, dass die Mindesttragweite der EMRK nicht unterschritten wird. Würde jedoch auch das Konventionsrecht den konkreten Grundrechtsträger nicht schützen, bleibt es bei der Versagung grundrechtlichen Schutzes insgesamt.

Schematisch kann das Vorgehen wie folgt veranschaulicht werden:

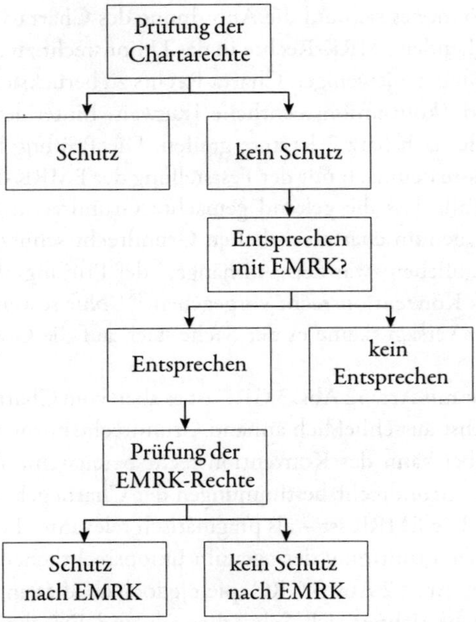

Diese Methode hat gegenüber der Transferlösung deutliche Vorteile, ohne die vom Charta-Geber bezweckte Kohärenz zwischen Unionsgrundrechtsschutz und Konventionsrecht infrage zu stellen. Sie nimmt die Charta-Rechte als eigenständige Gewährleistungen nämlich auch dann ernst, wenn sie thematisch den Gewährleistungen der Konvention entsprechen. So kann sich das Unionsrecht autonom entfalten und wird darin erst dann gebremst, wenn es im Einzelfall (!) den Mindeststandard unterschreitet, den die EMRK, wie sie durch den EGMR interpretiert wird, vorgibt. Auf diese Weise wird die Stellung des EuGH als oberste Rechtsprechungsinstanz des Unionsrechts auch im Bereich der Grundrechte gewahrt. Er hat nicht lediglich die

Vorgaben des EGMR umzusetzen, sondern kann die ihm vom Charta-Geber zahlreich zugewiesenen Kompetenzen voll ausschöpfen. Er kann durch seine richterliche Rechtsetzung den Grundrechtsschutz in der Union ausgestalten, wie es seiner institutionellen Stellung entspricht. Die Autonomie des Unionsrechts und des EuGH sind keine (rechts-)politischen Argumente, sondern Vorgaben des Charta-Gebers. In den Erläuterungen zu Art. 52 Abs. 3 GRC ist gleich im Anschluss an den Verweis auf das Konventionsrecht zu lesen, dass dadurch die „Eigenständigkeit des Unionsrechts und des Gerichtshofs der Europäischen Union" nicht berührt wird. Wie viel dem Gerichtshof daran gelegen ist, vor dem EGMR auf Grundrechtsfragen zuzugreifen und nicht nur auf Impulse aus Straßburg reagieren zu „dürfen", ist in seinem Gutachten über den Beitritt der Union zur EMRK nachzulesen.[282]

Die Heranziehung der EMRK als Garantie einer Mindesttragweite des Grundrechtsschutzes entspricht überdies ihrer eigenen Stoßrichtung. Sie etabliert grundrechtlichen „Mindeststandard" in Europa, verhält sich also gegenüber den einzelstaatlichen Gewährleistungen subsidiär.[283] Diese Subsidiarität der EMRK manifestiert sich vor allem in der Anerkennung weiter Einschätzungsspielräume zugunsten der Mitgliedstaaten *(margin of appreciation)*.[284] Auch wenn man die Margin-of-Appreciation-Doktrin nur als prozedurale Ausprägung der Subsidiarität und nicht als materielles Element des Grundrechtsschutzes ansieht, bestimmt sie doch die Tragweite des Konventionsrechts entscheidend mit. Für den EuGH ist ihre Übernahme jedoch keine Option, jedenfalls nicht, wenn es um die Kontrolle von Unionshandeln geht. Während der EGMR nicht an den Rechtsordnungen teilhat, die er überwacht, sondern mit den Ergebnissen der nationalen Rechtsanwendung konfrontiert ist, steht der EuGH an der Spitze „seiner eigenen" Rechtsordnung. Als „oberstes Fachgericht" der Union entscheidet er nicht nur über Grundrechtsfragen, sondern auch über das sonstige Unionsrecht, zumeist in ein und derselben Rechtssache.[285] Soweit das materielle Unionsrecht den Unionsorganen bzw. den Mitgliedsstaaten keine Spielräume einräumt, kann der EuGH sich in Grundrechtsfragen nicht auf die Anerkennung eines *margin of appreciation* zurückziehen. Er muss vielmehr das jeweilige Handeln der Union bzw. der Mitgliedstaaten bei Durchführung des Unionsrechts auf Grundrechtskonformität hin überprüfen. Als Hüter des Rechts der Verträge kann er nicht

---

[282] EuGH, Gutachten 2/13, Rn. 153 ff.; vgl. dazu insb. *Schmahl*, JZ 2016, 921 ff.

[283] Vgl. *Schweizer*, in: HGR VI/1, § 138 Rn. 28 m. w. N.

[284] Vgl. *Schweizer*, in: HGR VI/1, § 138 Rn. 37 ff. m. w. N.

[285] Auf diesen Umstand hat vor allem *Skouris* wiederholt hingewiesen; vgl. etwa *Skouris*, MMR 2011, 423 (426): „In diesem Zusammenhang sollte nicht übersehen werden, dass der Europäische Gerichtshof im Gegensatz zum Straßburger Menschenrechtsgerichtshof und zu nationalen Verfassungsgerichten kein spezifisches Grundrechtsgericht ist. Gerade bei der Auslegung [...] des sekundären Unionsrechts ähnelt er funktionell eher einem obersten Fachgericht. Das wirkt sich auf die Art und Weise aus, mit der er grundrechtsgebundene Maßnahmen von Unionsorganen und Mitgliedstaaten im Anwendungsbereich des Unionsrechts auf ihre Grundrechtskonformität hin überprüft. Sein Prüfungsmaßstab sind nicht allein oder in erster Linie die Unionsgrundrechte, sondern das gesamte, dem Prüfungsgegenstand übergeordnete Primär- und Sekundärrecht."

argumentieren, dass andere Stellen dieses Recht besser einschätzen könnten als er. Den Inhalt der Unionsgrundrechte von vorneherein nach den Vorgaben der EMRK zu bestimmen, erscheint auch aus diesem Grund inadäquat.

Schließlich weicht die Charta trotz zahlreicher paralleler Grundrechtsbestimmungen in mancher Hinsicht von den Gewährleistungen des Konventionsrechts ab. Im Bereich der wirtschaftlichen Grundrechte ist die Charta beispielsweise deutlich ausdifferenzierter. Sie schützt neben dem Eigentumsrecht (Art. 17 GRC) auch die Berufsfreiheit (Art. 15 GRC) und die unternehmerische Freiheit (Art. 16 GRC). Das Konventionsrecht kennt dagegen ausschließlich den Schutz des Eigentums (Art. 1 ZP-EMRK). Gleichsam kompensierend wird der konventionsrechtliche Eigentumsbegriff vom EGMR äußerst weit verstanden, so dass er letztlich jedes schutzwürdige wirtschaftliche Interesse umfasst, mithin auch Aspekte der Berufs- und Unternehmerfreiheit.[286] Eine Rekonstruktion des Eigentumsrechts nach Art. 17 GRC vom Konventionsrecht her zu beginnen, kaschierte die ausdifferenzierte Regelung der Charta. Es kann aber nicht das Ziel des Charta-Gebers gewesen sein, mit Art. 52 Abs. 3 GRC letztlich die Arbeit wieder zunichte zu machen, die in die sachlichen Grundrechtsbestimmungen der Charta geflossen ist. Salopp formuliert hätte man sich diese „sparen" und anstelle des Grundrechtskatalogs der Charta einen Globalverweis auf die EMRK vorsehen können. Das Charta-Projekt wäre dann in den – zahlreichen! – Fällen, in denen Charta und EMRK entsprechende Bestimmungen enthalten, überflüssig gewesen.

Das Eigentumsrecht ist darüber hinaus ein gutes Beispiel dafür, wie der Charta-Geber im Einzelfall vom konventionsrechtlichen Vorbild abgewichen ist. So wurde in Art. 17 Abs. 1 Satz 2 GRC der Eigentumsentzug an eine rechtzeitige angemessene Entschädigung geknüpft. Dem gingen intensive Beratungen im Konvent voraus. Art. 1 Abs. 1 Satz 2 ZP-EMRK statuiert gerade keine Entschädigungspflicht, auch wenn ihr Fehlen dem EGMR zufolge „normalerweise" für einen unverhältnismäßigen Eingriff spricht.[287] Ausnahmen von der Entschädigungspflicht sind also im Konventionsrecht durchaus denkbar. Ginge man bei der Rekonstruktion des Eigentumsrechts zunächst vom Konventionsrecht aus, müsste man auch Art. 17 GRC so verstehen, dass eine Entschädigung ausnahmsweise entbehrlich sein kann. Immerhin haben Art. 17 GRC und Art. 1 ZP-EMRK den Erläuterungen zufolge dieselbe Tragweite (Liste Nr. 1). Erst in einem zweiten Schritt müsste man gestützt auf Art. 52 Abs. 3 Satz 2 GRC die Tragweite wieder auf das hinaufsetzen, was vom Charta-Geber eigentlich gewollt war, nämlich Eigentumsentzug nur gegen angemessene Entschädigung. Ein merkwürdiges Vorgehen, das kaum der Gesamtkonzeption der Charta als eigenständigem Grundrechtskatalog der Union entsprechen dürfte.

Die Transferlösung und die Lösung über die Garantie einer Mindesttragweite dürften in der praktischen Anwendung des Art. 52 Abs. 3 GRC regelmäßig zum

---

[286] Grundlegend EGMR, Nr. 8543/79 u. a. – *van Marle*; Nr. 10873/84 – *Tre Traktörer*.

[287] EGMR, Nr. 13092/87 u. a. – *The Holy Monasteries*, Rn. 71: „normally".

selben Ergebnis kommen. Die Entscheidung für die ein oder andere methodische Umsetzung des Art. 52 Abs. 3 GRC ist daher stark von Zweckmäßigkeitserwägungen geleitet. Immerhin trägt der hier vorgeschlagene Ansatz dem Selbstverständnis des Unionsrechts als eigenständige Rechtsordnung Rechnung und dürfte daher auch für den EuGH anschlussfähig sein, dessen spärliche Judikatur zu Art. 52 Abs. 3 GRC im Übrigen noch keine klare Linie erkennen lässt.[288]

VI. Resümee

Auch wenn die Dogmatik der Unionsgrundrechte noch nicht voll entwickelt ist, lassen sich doch einige Strukturen aufdecken, an die im Folgenden angeknüpft werden kann. Zentral erscheint dabei der Prima-Facie-Charakter des grundrechtlichen Schutzes, der in den Bestimmungen der Charta deutlich ausgeprägt ist. Er lässt sich, jedenfalls für die hier interessierenden freiheitsschützenden Gewährleistungen, in die übliche Dreischritt-Prüfung übersetzen, die den Tatbestand der Grundrechtsnorm in Schutzbereich, Einschränkung und Rechtfertigung untergliedert. Trotz aller strukturellen Gemeinsamkeiten mit dem Grundrechtsschutz unter dem Grundgesetz und unter der EMRK ist Zurückhaltung geboten, wenn es um die Übertragung weiterer dogmatischer Figuren geht. Nationale Grundrechtserfahrung und die Kenntnis des Konventionsrechts können insoweit die Aufmerksamkeit schärfen und Probleme zutage treten lassen, die bei „unbefangener" Lektüre der Charta verdeckt blieben. Die Lösung dieser Probleme ist aber eine genuin unionsrechtliche Aufgabenstellung. Das Konventionsrecht spielt dabei eine Doppelrolle. Einerseits stand es Pate für einige sachliche Grundrechtsbestimmungen der Charta und nimmt so am pragmatisch relevanten Kontext der jeweiligen Normsetzungsakte teil. Andererseits setzt es nach Art. 52 Abs. 3 Satz 1 GRC einen Mindeststandard, den das genuine Chartarecht nicht unterschreiten darf. Diese zweite Funktion soll im Folgenden nicht mehr interessieren, da sie stets eine Frage des Einzelfalles, nicht aber allgemeiner Strukturen ist. „Wie weit die Charta trägt", lässt sich ohne Rücksicht auf den Einzelfall nicht beantworten.

---

[288] In EuGH, Rs. C-283/11 – *Sky Österreich* wird Art. 52 Abs. 3 GRC überhaupt nicht angesprochen, obwohl der EuGH allen Grund dazu gehabt hätte, da der EGMR die fragliche Rechtsposition als Eigentumsposition anerkannt haben würde; vgl. *Ziegenhorn*, EuZW 2013, 351 (352); ebenso zweifelhaft EuGH, Rs. C-12/11 – *McDonagh*; in EuGH, Rs. C-400/10 PPU – *McB.*, Rn. 53 ff. und Rs. C-279/09 – *DEB* wird dagegen unter Hinweis auf Art. 52 Abs. 3 GRC ausführlich auf das Konventionsrecht Bezug genommen; EuGH, Rs. C-400/10 PPU – *McB*, Rn. 59 erwähnt allerdings auch Art. 52 Abs. 1 GRC; dies spricht gegen einen vollständigen Transfer der EMRK-Inhalte; EuGH, Rs. C-92/09 und C-93/09 – *Schecke und Eifert*, Rn. 50 ff. geht in den allgemeinen Überlegungen von Art. 7 und Art. 8 i. V. m. Art. 52 Abs. 1 GRC aus, zu denen Art. 52 Abs. 3 GRC „schließlich" hinzutritt; bei der Rechtfertigungsprüfung wird ausschließlich Art. 52 Abs. 1 GRC herangezogen (nicht etwa Art. 52 Abs. 3 Satz 1 GRC i. V. m. Art. 8 EMRK!); dies spricht dafür, dass der EuGH die EMRK als Garantie einer Mindesttragweite ansieht, die im konkreten Fall nicht unterschritten worden war, da die streitige Verordnung – schon im Lichte der Unionsgrundrechte – für ungültig erklärt wurde; dieses Vorgehen entspricht dem hiesigen Vorschlag; vgl. zur inkonsistenten EuGH-Rechtsprechung auch *Cornils*, in: Grabenwarter, Europäischer Grundrechteschutz, 2014, § 5 Rn. 10 und Rn. 37 ff.

Kapitel 2

Konstituierende Gesetzgebung

A. Problemstellung

Die erste maß- und inhaltgebende Relation zwischen Gesetzgebung und grundrechtlicher Freiheit, die in dieser Untersuchung thematisiert werden soll, ist durch eine besondere Abhängigkeit der Freiheit von Gesetzgebung gekennzeichnet: Der Gesetzgeber schafft den Gegenstand grundrechtlicher Freiheit. Mit Blick auf die Grundrechte des Grundgesetzes wurde diese Situation häufig untersucht[1] und treffend als „normative Konstituierung" bezeichnet.[2] Es geht um Gewährleistungen, bei denen der Gesetzgeber „den Grundrechtsträgern überhaupt erst die Möglichkeit eröffnet von der grundrechtlich gesicherten Freiheit Gebrauch zu machen."[3] Mit wechselnder Bildsprache wird der Gesetzgeber bald als „Schöpfer"[4] des Freiheitsgegenstands, bald als derjenige beschrieben, der die „rechtliche Substanz" präsentiere, auf die sich der grundrechtliche Freiheitsschutz beziehe.[5] Auch *Herzog* hatte diese Konstellation vor Augen als er von den Grundrechten „aus der Hand des Gesetzgebers" sprach.[6] Die Güter und Interessen, um die es bei den Grundrechten im Allgemeinen gehe, seien nicht vom Staat geschaffen worden, sondern ihm vorgegeben. Der Staat habe diese Güter „in der Welt der Tatsachen" vorgefunden und sich lediglich „zu ihrem Schützer aufgeworfen".[7] Es gebe aber, als Ausnahme von diesem Grundsatz, grundrechtliche Schutzobjekte, die nicht der „Tatsachenwelt entnommen, sondern ihrerseits schon Produkte der Rechtsordnung" seien.[8] Das führe zu einem Dilemma zwischen der Bestimmung des grundrechtlichen Schutzguts

---

[1] Aus dem umfangreichen Schrifttum vgl. vor allem *Lerche*, Übermaß und Verfassungsrecht, 2. Aufl. 1999, S. 99 ff., 114 ff., 140 ff.; *Lübbe-Wolff*, Die Grundrechte als Eingriffsabwehrrechte, 1988, S. 103 ff.; *Gellermann*, Grundrechte in einfachgesetzlichem Gewande, 2000, S. 90 ff.; *Cremer*, Freiheitsgrundrechte, 2003, S. 84 ff.; *Poscher*, Grundrechte als Abwehrrechte, 2003, S. 132 ff.; *Cornils*, Die Ausgestaltung der Grundrechte, 2005, S. 249 ff.

[2] Vgl. *Gellermann*, Grundrechte in einfachgesetzlichem Gewande, 2000, S. 90 m. w. N.

[3] *Gellermann*, Grundrechte in einfachgesetzlichem Gewande, 2000, S. 90.

[4] *Gellermann*, Grundrechte in einfachgesetzlichem Gewande, 2000, S. 90.

[5] *Lerche*, in: HStR V, 1. Aufl. 1992, § 121 Rn. 39.

[6] *Herzog*, in: FS Zeidler, S. 1415 (1417).

[7] *Herzog*, in: FS Zeidler, S. 1415 (1417).

[8] *Herzog*, in: FS Zeidler, S. 1415 (1417).

durch den Gesetzgeber einerseits und dessen Bindung an die Grundrechte andererseits.[9]

Aus sozialontologisch informierter Perspektive mutet dieser Problemaufriss kurios an: Es gibt nur eine Welt und diese besteht aus Tatsachen.[10] Der Dualismus zwischen einer „Welt der Tatsachen" und der „Welt des Rechts", wie er die deutsche Diskussion prägt, ist als ontologischer Mystizismus zurückzuweisen. Die Problemstellung aber bleibt dieselbe: Wenn es Grundrechte gibt, deren Freiheitsgegenstände *für ihre Existenz* auf den Gesetzgeber angewiesen sind, – der Nachweis ist für die Unionsgrundrechte noch zu führen – dann stellt die freiheitsschaffende Normsetzung des grundrechtsgebundenen Gesetzgebers eine besondere Herausforderung für die Grundrechtsdogmatik dar. Sie lässt sich als dogmatische Kategorie der konstituierenden Gesetzgebung[11] von der einschränkenden Gesetzgebung (Art. 52 Abs. 1 GRC) unterscheiden und wirft spezifische Fragen mit Blick auf die Verpflichtungen der Grundrechtsadressaten auf. Diesen Fragen soll im Folgenden nachgegangen werden, wobei zunächst basierend auf den sozialontologischen Grundlagen des ersten Kapitels der institutionentheoretische Rahmen aufzuzeigen ist, innerhalb dessen sich die Analyse bewegt (Abschnitt B). Sodann wird anhand zweier prototypischer konstituierungsbedürftiger Grundrechte – der Eheschließungsfreiheit (Art. 9 GRC) und dem Eigentumsgrundrecht (Art. 17 GRC) – die Berechtigung dieser Kategorie im Unionsrecht begründet (Abschnitt C). Im Anschluss sollen die Spezifika im Bereich der negativen (Abschnitt D) und positiven (Abschnitt E) Grundrechtsverpflichtungen aufgezeigt werden.

B. Institutionentheoretischer Rahmen

I. Institutionelle Freiheit

Das Phänomen der konstituierenden Gesetzgebung beschränkt sich auf Grundrechte, deren Freiheitsgegenstand eine institutionelle Tatsache ist. Auf dieser theoretischen Ebene geht es nicht um eine „institutionelle Grundrechtstheorie", wie sie im deutschen Grundrechtsdiskurs namentlich von *Häberle* vertreten wurde.[12] Vielmehr wird an die

---

[9] *Herzog*, in: FS Zeidler, S. 1415 (1420) am Beispiel des Art. 14 GG.

[10] Vgl. *Wittgenstein*, Logisch-philosophische Abhandlung, 34. Aufl. 2014, Satz 1: „Die Welt ist alles, was der Fall ist", Satz 1.1: „Die Welt ist die Gesamtheit der Tatsachen, nicht der Dinge", Satz 1.1.1: „Die Welt ist durch die Tatsachen bestimmt und dadurch, daß es alle Tatsachen sind".

[11] Das Partizip „konstituierend" erscheint besonders geeignet, um die beschriebene Situation zu bezeichnen: Es ist vom lateinischen *constituere* für „hinstellen, hinsetzen" entlehnt und deutet darauf hin, dass der Gesetzgeber den Freiheitsgegenstand des Grundrechts erst „bereitstellen" muss; vgl. *Kluge*, Etymologisches Wörterbuch der deutschen Sprache, 25. Aufl. 2011, Stichwort: „Konstitution". Außerdem lässt es sich ohne größere semantische Reibungsverluste ins Französische *(constitutive* bzw. *constituant)*, Englische *(constitutive)*, Italienische *(costitutivo* bzw. *costituente)* und Spanische *(constitutivo)* übertragen. Das spricht für die Anschlussfähigkeit des Begriffs auf europäischer Ebene.

[12] *Häberle*, Die Wesensgehaltgarantie des Art. 19 Abs. 2 Grundgesetz, 3. Aufl. 1983, passim.

Unterscheidung zwischen physisch rohen und institutionellen Tatsachen angeknüpft, die nicht das Ergebnis einer wie auch immer gearteten Wesensbestimmung[13] von Grundrechten ist. Ein solcher metaphysischer Essentialismus ist der Sozialontologie fremd.

Ein Freiheitsgegenstand ist dann eine institutionelle Tatsache, wenn er sich nur unter Zugrundelegung von konstitutiven, durch kollektiv-intentionale Funktionszuweisung geschaffene Regeln beschreiben lässt, mit anderen Worten, wenn die Betrachtung physischer Phänomene alleine nicht ausreicht, um ihn als solchen begreifen zu können. Damit fallen Freiheitsgegenstände wie Leben (Art. 2 Abs. 1 GRC) sowie körperliche und geistige Unversehrtheit (Art. 3 Abs. 1 GRC) von vorneherein aus dem Anwendungsbereich der Kategorie. Denn sie sind ausschließlich anhand naturwissenschaftlicher Beobachtungen erkennbar, mithin physisch rohe Tatsachen. Sie bedürfen für ihre Existenz keinerlei menschengemachter Regel, sondern lassen sich unabhängig von menschlichen Institutionen beobachten. Einem Missverständnis gilt es vorzubeugen: Selbstverständlich sind die *sprachlichen Ausdrücke* „Leben" und „Unversehrtheit" in ihrer *Bedeutung* selbst von konstitutiven Regeln abhängig. Was wir als „Leben" bezeichnen, welchen körperlichen oder geistigen Zustand wir als „unversehrt" beschreiben, hängt von Sprachkonventionen ab, die konstitutiv für die Bedeutung der jeweiligen Ausdrücke sind.[14] Auch Sprache ist eine Institution, die eine Vielzahl von konstitutiven Regeln umfasst. Doch ist sie nicht konstitutiv für die durch sie bezeichneten Tatsachen (Leben, Unversehrtheit) selbst. Die Institution der Sprache ermöglicht uns lediglich, diese physisch rohen Tatsachen zu repräsentieren, über sie zu sprechen, sie als Tatsachen zu formulieren. Die formulierte Tatsache ist aber von ihrer Formulierung zu unterscheiden.[15]

Institutionelle Freiheitsgegenstände, für die die Kategorie der konstituierenden Gesetzgebung infrage kommt, sind hingegen selbst institutionelle Tatsachen, d. h. sie bedürfen *für ihre Existenz* (und nicht nur für ihre Formulierung) konstitutiver Regeln, die sich in Institutionen zusammenfassen lassen.[16] Dabei genügt allein die Institution der Sprache nicht, um institutionelle Tatsachen zu schaffen.[17] Vielmehr werden institutionelle Tatsachen, wie in Kapitel 1 näher erläutert, aufgrund von außersprachlichen Regeln konstituiert, die einem Phänomen X im Kontext K die

---

[13] Vgl. *Häberle*, Die Wesensgehaltgarantie des Art. 19 Abs. 2 Grundgesetz, 3. Aufl. 1983, S. 4 ff. anknüpfend an das institutionelle Rechtsdenken *Haurious* und *Kaufmanns* (vgl. *Häberle*, a. a. O., S. 73 ff.), die mit der sozialontologisch orientierten Analyse, wie sie hier zugrunde gelegt wird, wenig gemein haben. Das dort propagierte „institutionelle Denken" hat zum Thema, „das Individuum und seine Freiheit in das Übergreifende objektiver Ordnungen und Lebensverhältnisse einzubetten und umgekehrt die individuellen Schöpferkräfte und Gestaltungskräfte diesen Ordnungen zuzuführen" (*Häberle*, a. a. O., S. 80). Die philosophischen Grundlagen dieses Ansatzes bleiben im Ungefähren und dürften ähnlich mystizistisch sein wie die Ontologie *Haurious*; vgl. dazu bereits Kapitel 1 A II. 1. c.

[14] Grundlegend *Searle*, Ausdruck und Bedeutung, 1982, passim.

[15] Vgl. *Searle*, Die Konstruktion der gesellschaftlichen Wirklichkeit, 3. Aufl. 2013, S. 10.

[16] Vgl. Kapitel 1 A II. 1. c.

[17] Vgl. *Searle*, Die Konstruktion der gesellschaftlichen Wirklichkeit, 3. Aufl. 2013, S. 78.

Statusfunktion Y zuweisen.[18] Diese Regeln lassen sich sprachlich formulieren und könnten ohne Sprache überhaupt nicht aufgestellt werden. Sie sind aber keine sprachlichen Regeln, die nur die Bedeutung eines Ausdrucks oder Satzes festlegen, sondern sind anderen menschlichen Institutionen zuzurechnen, wie denen des Sports, der Religion oder eben des Rechts.

Zahlreiche grundrechtliche Freiheitsgegenstände werden in diesem Sinne durch außersprachliche Regelsysteme, d. h. durch Institutionen, konstituiert. Ohne konstitutive Regeln der Religion gäbe es etwa keinen „Gottesdienst" im Sinne von Art. 10 Abs. 1 Satz 2 GRC. Auch künstlerische Aktivitäten (Art. 13 Satz 1 GRC) lassen sich nicht durch bloße naturwissenschaftliche Beobachtung ihrer Äußerlichkeit als solche erkennen. Eine „Lehranstalt" (Art. 14 Abs. 3 GRC) wäre ohne die Institution der Schule nur eine wirre Ansammlung vieler junger und einiger älterer Menschen. Recht offensichtliche Fälle institutioneller Freiheit sind außerdem die Eheschließungsfreiheit des Art. 9 Var. 1 GRC und die Freiheiten des Eigentümers nach Art. 17 GRC. Institutionelle Freiheitsgegenstände sind in der Charta allerorten zu finden. Die Konstituierung grundrechtlicher Freiheit durch menschliche Institutionen, d. h. durch Regeln der Form „X gilt als Y in K", erscheint gar als der Regelfall, die nicht konstituierungsbedürftige, physisch rohe Freiheit als die Ausnahme.

II. Zuordnungsproblem

Mit der Anerkennung der Regelabhängigkeit institutioneller Freiheitsgegenstände ist nicht gesagt, *welche* Regeln für die jeweilige Freiheit konstitutiv sind. Das Beispiel der Eheschließung zeigt, dass einer institutionellen Tatsache verschiedene Regelsysteme (Institutionen) zugrunde liegen können, die im Einzelfall zu unterschiedlichen Aussagen über die (institutionelle) Wirklichkeit führen können. So ist die Aussage „*a* und *b* sind eine Ehe eingegangen" aus Sicht des kanonischen Rechts wahr, wenn die konstitutiven Regeln der Cann. 1055 ff. CIC erfüllt sind, nach denen eine Ehe geschlossen wird. Aus der Perspektive des deutschen bürgerlichen Rechts sind dagegen die Regeln der §§ 1303 ff. BGB maßgeblich. Haben *a* und *b* ihren Ehekonsens beispielsweise nur vor dem Ortsordinarius zum Ausdruck gebracht, ist die Aussage, sie seien eine Ehe eingegangen, wahr, sofern man die Regeln des Codex Iuris Canonici als maßgeblich ansieht. Falsch ist sie dagegen, wenn Regeln des bürgerlichen Rechts entscheidend sein sollen. Je nachdem, welche Institution man heranzieht – Kirchenrecht bzw. bürgerliches Recht –, sind *a* und *b* eine Ehe eingegangen oder nicht. Um im grundrechtlichen Bereich festzulegen, ob ein institutioneller Freiheitsgegenstand im Einzelfall gegeben ist (das ist eine Frage des Schutzbereichs[19]), muss also in einem vorgelagerten Schritt geklärt werden, auf welches Regelsystem es ankommt, d. h. welche Institution der grundrechtlichen Freiheit zugrunde liegt.

---

18 Vgl. Kapitel 1 A II. 1. c.

19 Vgl. Kapitel 1 C IV. 5.

Das Beispiel der Eheschließung zeigt, dass die zur Auswahl stehenden konstitutiven Regeln nicht stets dem Rechtssystem entstammen müssen. So besteht zwar an der Rechtsqualität der im Bürgerlichen Gesetzbuch ausgedrückten Normen kein Zweifel. Das kanonische Recht dagegen ist als partikulare Normenordnung, die nicht von staatlichen (oder überstaatlichen) Organen gesetzt wird, kein Recht im eigentlichen Sinne.[20] Mag das kanonische „Recht" noch deutliche Ähnlichkeiten zur Rechtsordnung im eigentlichen Sinne aufweisen, so ist doch an anderen institutionellen Freiheitsgegenständen, wie etwa der Kunst oder der Forschung, ersichtlich, dass auch Institutionen maßgeblich sein können, die sich deutlich von der Institution des Rechts unterscheiden, deren Regeln also z. B. nicht von Organen gesetzt sind, sondern sich aufgrund allgemeiner oder bereichsspezifischer sozialer Konventionen herausbilden. Wenn sich eine institutionelle Tatsache, wie dies häufig der Fall ist, unter Zugrundelegung verschiedener Regelsysteme betrachten lässt, muss der „Betrachter" eine Entscheidung treffen, welches System konstitutiver Regeln er als das maßgebliche heranzieht. Das besondere Problem, dem sich die grundrechtsdogmatische Kategorie der konstituierenden Gesetzgebung annimmt, ist die Abhängigkeit des grundrechtlichen Freiheitsgegenstands von (weiterer) Rechtssetzung. Für sie kommen also nur institutionelle Freiheitsgegenstände in Betracht, die durch die Institution des Rechts geschaffen werden. Wo, wie im Fall der Ehe, Zweifel bestehen, ob der Freiheit rechtliche oder andere Regeln zugrunde liegen, ist eine Zuordnung zu einer Institution zu treffen.

III. Institutionelle Begriffe

1. Institutionelle Begriffe und Anschauungsbegriffe

Die (ausdrückliche) sprachliche Referenz auf eine institutionelle Tatsache erfolgt durch die Verwendung eines institutionellen Begriffs.[21] Um über die Eheschließung

[20] Zur Unterscheidung zwischen Rechtsnormen und anderen Normen s. Kapitel 1 A II. 3; zur (grundsätzlich) fehlenden Rechtsqualität des Kirchenrechts vgl. *Weinberger*, Norm und Institution, 1988, S. 70: „Das sogenannte Kirchenrecht (das Recht einer Religionsgemeinschaft) ist kein Recht im Sinne eines Normensystems, das das umfassende und fundamentale Regulativ des Lebens der Gesellschaft darstellt – außer in jenen Fällen, wo das Religionsrecht Basis der politischen Ordnung ist (Theokratie, Priesterherrschaft)."; *Weinberger*, a. a. O. hält es aber aufgrund des vergleichbaren hierarchischen Aufbaus, den vergleichbaren Verfahrensweisen und den methodischen Ähnlichkeiten für gerechtfertigt, den Terminus „Kirchenrecht" beizubehalten. Auch hier sollen diese Parallelen nicht negiert werden; ebenso wenig wird die Vorbildfunktion des (historischen) kanonischen Rechts für die Ausbildung des modernen staatlichen Rechts in Abrede gestellt. Die Ausklammerung des Kirchenrechts aus dem Rechtsbegriff erfolgt ausschließlich aus Gründen der theoretischen Kohärenz. Sie entspricht aber auch der Situation in Deutschland, nach der die Religionsgemeinschaften „eigenständiges Recht kraft originärer, nicht vom Staat abgeleiteter Regelungskompetenz" erlassen (*Korioth*, in: Maunz/Dürig, GG, Art. 137 WRV Rn. 23).

[21] Freilich kann auch implizit auf institutionelle Tatsachen Bezug genommen werden; eine solche implizite Bezugnahme lässt sich aber als explizite Referenz nur unter Verwendung eines institutionellen Begriffs formulieren.

von *a* und *b* eine Aussage treffen zu können, muss der Begriff „Ehe" (oder ein Synonym) als institutioneller Begriff verwendet werden. Institutionelle Begriffe dienen der sprachlichen Repräsentation institutioneller Tatsachen. Ihnen können sogenannte Anschauungsbegriffe gegenübergestellt werden, die physisch rohe Tatsachen bezeichnen.[22] Die Repräsentation roher Tatsachen kommt – von den Regeln der Sprache abgesehen – ohne Bezugnahme auf eine Institution aus. Wir können über physisch rohe Phänomene wie Menschen, Tiere, Leben, Häuser usf. sprechen, ohne dafür einer Institution jenseits der Sprache zu bedürfen.[23] Demgegenüber muss der Sprecher, der sich auf institutionelle Tatsachen bezieht, um für seinen Hörer verständlich zu sein, stets auch das jeweilige Regelwerk, d. h. die Institution, in Bezug nehmen, die der Tatsache zugrunde liegt. Kommen mehrere Institutionen in Betracht oder ist dem Hörer die maßgebliche Institution unbekannt, kann es zu Missverständnissen kommen. Sprachhandlungen (Aussagen, Bitten, Befehle, Versprechen etc.) können an solchen Missverständnissen scheitern. Der Sprecher ist also gut beraten, keine Zweifel über die in Bezug genommene Institution aufkommen zu lassen. Er kann dies durch ausdrückliche Bezugnahme tun, indem er dem institutionellen Begriff ein Attribut hinzufügt (z. B.: „Ehe im Sinne des kanonischen Rechts"). Ebenso gut kann sich das maßgebliche Regelsystem auch aus dem pragmatisch relevanten Kontext der Äußerung ergeben.[24] Erscheinen etwa zwei Heiratswillige vor dem Ortsordinarius zu einem Ehevorbereitungsgespräch (vgl. Can. 1063 Nr. 2 CIC), spricht der pragmatisch relevante Kontext dafür, dass mit dem Begriff der Ehe im Rahmen des Gesprächs stets die Ehe im kanonischen Sinne bezeichnet wird, dass also die Institution des kanonischen Rechts für die Bedeutung des Ausdrucks „Ehe" in dieser Konversation maßgeblich ist. Andererseits gebraucht ein Standesbeamter im Rahmen seiner Amtsführung den Begriff der Ehe regelmäßig im bürgerlich-rechtlichen Sinn.

2. *Institutionelle Begriffe und Rechtsbegriffe*

Was für alltägliche Sprachhandlungen gilt, gilt auch für Normsetzungsakte. Verwendet ein zur Rechtsnormsetzung ermächtigter Akteur einen Begriff, sei es ein Anschauungs- oder ein institutioneller Begriff, in seinem Normsetzungsakt, wird dieser zum „Rechtsbegriff". Doch diese „Verwandlung" des Begriffs durch die midaische Kraft des Rechts,[25] sollte nicht überschätzt werden. Zwar ist das Recht eine Institution, doch kann daraus nicht geschlossen werden, dass jeder Rechtsbegriff ein institutioneller Begriff sei. Der Begriff „Mensch" bleibt ein Anschauungsbegriff, auch wenn ihn der

22 Vgl. zu dieser Unterscheidung *Röhl/Röhl*, Allgemeine Rechtslehre, 3. Aufl. 2008, S. 59.

23 *Röhl/Röhl*, Allgemeine Rechtslehre, 3. Aufl. 2008, S. 59.

24 Vgl. zum pragmatisch relevanten Kontext Kapitel 1 B II. 2. a.

25 Vgl. *Poscher*, in: Hage/von der Pfordten, Concepts in Law, 2009, S. 99 (102), der herausarbeitet, dass „das Recht" Begriffe verwendet, die es mit anderen Systemen teilt *(shared concepts)*. Dadurch komme es zur „Polysemisierung" *(polysemisation)* des Begriffs, die von einem philosophischen Standpunkt aus mit der Abhängigkeit der Bedeutung vom Sprachgebrauch (Pragmatik) korrespondiere. *Poscher*, a. a. O. nennt dies in Anlehnung an *Kelsen* die „Midas-Qualität" des Rechts.

Gesetzgeber in § 212 Abs. 1 StGB verwendet und damit zum Rechtsbegriff gemacht hat. Die Rede vom Rechtsbegriff ist nicht mehr als die Beschreibung eines bestimmten pragmatisch relevanten Kontexts, der durch die Verwendung des Begriffs in einem Rechtstext gekennzeichnet ist. Besonders hilfreich ist diese Chiffre nicht, denn unter den Rechtsbegriffen lassen sich bei näherem Hinsehen wiederum zahlreiche Unterarten unterscheiden, je nachdem ob ein Begriff im Normsetzungsakt selbst, bei dessen Wiedergabe oder in der dazugehörigen Dogmatik verwendet wird.[26]

Verwendet der Normgeber bei seiner Normsetzung einen institutionellen Begriff, liegt diesem Begriff nicht von vorneherein schon die Institution des Rechts zugrunde. Denn er kann sich mit der Verwendung institutioneller Begriffe ebenso gut auf außerrechtliche Regelsysteme beziehen. Ein prominentes Beispiel dafür liefert der Begriff der „öffentlichen Ordnung" in den deutschen Polizeigesetzen. Mit ihm wird auf „die Gesamtheit der ungeschriebenen Regeln" Bezug genommen, „deren Befolgung *nach den jeweils herrschenden sozialen und ethischen Anschauungen* als unerläßliche Voraussetzung eines geordneten menschlichen Zusammenlebens innerhalb eines bestimmten Gebiets angesehen wird."[27] Dass ein institutioneller Begriff in den Händen des Gesetzgebers zum Rechtsbegriff wird, heißt also noch lange nicht, dass damit ein Bezug zu konstitutiven Regeln des Rechts, insbesondere konstituierender Gesetzgebung hergestellt werden würde. Ob dies der Fall ist, muss vielmehr im Rahmen der gebotenen Rekonstruktion der Normsetzungshandlung unter Heranziehung sämtlicher pragmatisch relevanter Informationen ermittelt werden.

IV. Resümee

Die konstituierende Gesetzgebung als grundrechtsdogmatische Kategorie kann von vorneherein nur solche Grundrechte betreffen, die institutionelle Freiheit gewährleisten. Sie konstituiert den grundrechtlichen Freiheitsgegenstand, stellt also die konstitutiven Regeln zur Verfügung, anhand derer sich dessen Bestehen im Einzelfall ermitteln lässt. Nicht jeder institutionelle Freiheitsgegenstand wird indes durch rechtliche Regeln konstituiert. Einige Grundrechte schützen institutionelle Handlungen oder Zustände, die nicht durch das Recht, sondern durch andere Institutionen konstituiert werden. Die Konstituierung eines Freiheitsgegenstands durch den Gesetzgeber ist also erst zu begründen. In der Regel werden institutionelle Freiheitsgegenstände durch institutionelle Begriffe bezeichnet, die der Charta-Geber bei seinem Normsetzungsakt verwendet hat. Sofern nicht ausdrücklich ein Bezug zum Rechtssystem als maßgebliches Regelsystem hergestellt wird, kann der pragmatisch relevante Kontext des Normsetzungsakts Aufschluss darüber geben, welcher Art die konstitutiven Re-

[26] Vgl. dazu *Frändberg*, in: Hage/von der Pfordten, Concepts in Law, 2009, S. 1 (2 ff.), der u. a. originäre von nicht-originären sowie offizielle von dogmatischen Rechtsbegriffen unterscheidet; daneben sollen regelkonstituierende von regelsystematisierenden sowie systemabhängige von systemunabhängigen Rechtsbegriffen zu unterscheiden sein.

[27] BVerfGE 69, 315 (352) – Hervorhebung F. M.

geln sind. Dass ein Begriff als „Rechtsbegriff" zu qualifizieren ist, lässt hingegen nicht ohne weiteres den Schluss darauf zu, dass er auf das Recht selbst Bezug nimmt.

C. Prototypen: Eheschließungsfreiheit und Eigentumsrecht

Die konstituierende Gesetzgebung als dogmatische Kategorie kann für die Unionsgrundrechte anhand zweier prototypischer Grundrechtsgewährleistungen nachgewiesen werden: dem Recht auf Eheschließung (Art. 9 Var. 1 GRC) und dem Eigentumsrecht (Art. 17 GRC).

I. Auswahl

Die Gewährleistungen von Ehe und Eigentum bieten sich unter verschiedenen Gesichtspunkten als exemplarische Untersuchungsgegenstände an. Die Garantien von Ehe (Art. 6 Abs. 1 GG) und Eigentum (Art. 14 GG) gelten der deutschen Grundrechtsdogmatik als typische Fälle sogenannter normgeprägter Gewährleistungen, bei denen zwischen Eingriff und Ausgestaltung zu unterscheiden sein soll,[28] bei denen also die Spannung zwischen Grundrechtsbindung des Gesetzgebers einerseits und dessen konstituierender Normsetzung andererseits besonders hervortritt.[29] Die Ehe hat sich bereits bei der Darstellung des institutionentheoretischen Rahmens als institutionelle Tatsache erwiesen und verspricht daher für die dogmatische Untersuchung einen geeigneten Gegenstand abzugeben, mag auch ihre rechtliche Konstituierung nicht so selbstverständlich sein, wie sie im deutschen Schrifttum dargestellt wird. Der Charta-Geber verwendet den institutionellen Begriff der Ehe explizit in Art. 9 GRC. Das gilt auch für das Eigentum, dessen „Besitz" und Nutzung nach Art. 17 Abs. 1 Satz 1 GRC ebenso gewährleistet sind wie die Verfügung über das Eigentum und die Möglichkeit, Eigentumsgegenstände zu vererben. Demgegenüber erweisen sich die Vereinigungsfreiheit (Art. 12 Abs. 1 GRC), das Asylrecht (Art. 18 GRC), Aspekte des Rechts auf Bildung (Art. 14 GRC), der Berufs- und unternehmerischen Freiheit (Art. 15, 16 GRC) sowie der kollektiven Rechte des Arbeitslebens (Art. 28 GRC) zwar als mögliche Kandidaten für die Kategorie der konstituierenden Gesetzgebung, sie drängen sich aber nicht in vergleichbarer Weise auf wie Eigentum und Ehe. Kein Zweifel dürfte schließlich darüber bestehen, dass neben den Gewährleistungen des Titels I weder Kunst noch Forschung (Art. 13 GRC) oder Religion[30] (Art. 10 Abs. 1

---

[28] Vgl. statt vieler *Kingreen/Poscher*, Grundrechte Staatsrecht II, 33. Aufl. 2017, Rn. 266 ff.

[29] Für *Herzog*, in: FS Zeidler, S. 1415 (1417) ist dagegen die Gewährleistung der deutschen Staatsangehörigkeit (Art. 16 GG), das „schlagendste Beispiel dieser Grundrechtskategorie"; auch er diskutiert aber ausführlich die Eigentumsgarantie.

[30] Ein Staatskirchenrecht gleich welcher Prägung ist damit natürlich nicht ausgeschlossen; die Religionsausübung des Einzelnen hängt aber nicht davon ab, dass der Gesetzgeber Regeln schafft, die die „Religion" erst konstituierten. Die Rechtsgeschichte kennt freilich zahlreiche Gegenbeispiele,

GRC) Freiheitsgegenstände umschreiben, die erst durch den Gesetzgeber konstituiert werden müssten. Im Europa des 21. Jahrhunderts hängen diese Freiheiten zweifellos nicht (mehr) von der Institution des Rechts ab, sondern beruhen auf anderen Regelsystemen.

II. Eheschließungsfreiheit (Art. 9 Var. 1 GRC)

1. Gewährleistung

a) Chartatext und Erläuterungen

Art. 9 Var. 1 GRC gewährleistet das Recht, nach den einzelstaatlichen Gesetzen, welche eine Ausübung dieses Rechts regeln, eine Ehe einzugehen. Die Erläuterungen merken hierzu Folgendes an:[31]

„[1]Dieser Artikel stützt sich auf Artikel 12 EMRK, der wie folgt lautet: ‚Männer und Frauen im heiratsfähigen Alter haben das Recht, nach den innerstaatlichen Gesetzen, welche die Ausübung dieses Rechts regeln, eine Ehe einzugehen und eine Familie zu gründen.' [2]Die Formulierung dieses Rechts wurde zeitgemäßer gestaltet, um Fälle zu erfassen, in denen nach den einzelstaatlichen Rechtsvorschriften andere Formen als die Heirat zur Gründung einer Familie anerkannt werden. [3]Durch diesen Artikel wird es weder untersagt noch vorgeschrieben, Verbindungen von Menschen gleichen Geschlechts den Status der Ehe zu verleihen. [4]Dieses Recht ist also dem von der EMRK vorgesehenen Recht ähnlich, es kann jedoch eine größere Tragweite haben, wenn die einzelstaatlichen Rechtsvorschriften dies vorsehen."

b) Konstituierungsbedürftigkeit und Regelungsfähigkeit

Wie sogleich näher darzulegen ist, ist die Eheschließungsfreiheit nach Art. 9 GRC prototypisch für eine von gesetzlicher Konstituierung abhängige Gewährleistung. Daneben deutet die Bezugnahme der Bestimmung auf die einzelstaatlichen Gesetze, die die Ausübung des Rechts regeln, darauf hin, dass der Gesetzgeber auch zur Regelung der grundrechtlichen Freiheit befugt ist. Konstituierung und Regelung sind als dogmatische Kategorien voneinander zu unterscheiden. Während die konstituierende Gesetzgebung den Freiheitsgegenstand erst schafft, wirkt die regelnde Gesetzgebung begrenzend auf ihn ein. Die Regelung grundrechtlicher Freiheit wird als dogmatische Kategorie (auch) anhand von Art. 9 GRC in Kapitel 4 dieser Untersuchung entwickelt. An dieser Stelle ist festzuhalten, dass der Vorbehalt zugunsten regelnder einzelstaatlicher Gesetze mit der Konstituierungsbedürftigkeit der Eheschließungsfreiheit nichts zu tun hat.[32] Er greift vielmehr erst ein, wenn der Freiheits-

---

etwa das Edict über die äußern Rechts-Verhältnisse der Einwohner des Königreichs Baiern, in Beziehung auf Religion und kirchliche Gesellschaften vom 26.05.1818, GBl. S. 149 ff. (sog. Bayerisches Religionsedikt), das zwar die Hausandacht freistellt, die kollektive Religionsausübung aber von der königlichen Genehmigung abhängig macht.

[31] Satznummerierung hinzugefügt.

[32] Das verkennen Teile des deutschsprachigen Schrifttums, wenn sie in dem Verweis auf die

gegenstand des Rechts bereits konstituiert ist.[33] Der Regelungsvorbehalt bleibt daher im Folgenden außer Betracht.

2. *Institutioneller Begriff der Ehe*

Der Begriff des Eingehens einer Ehe – kurz: der Eheschließung – ist ein Begriff, der eine institutionelle Tatsache bezeichnet, nämlich den Vollzug einer (oder mehrerer) Handlungen, denen durch eine konstitutive Regel (der Form „X zählt als Y in K") der Status einer Eheschließung zugewiesen wird. Das Eingehen einer Ehe ist sogar ein typisches Beispiel der Sozialontologie für eine institutionelle Tatsache.[34] Die (Sprach-)Handlungen, die der Eheschließung zugrunde liegen, erhalten ihren Sinn, d. h. ihre Bedeutung, erst im Lichte konstitutiver Regeln. Blendete man diese aus und beobachtete lediglich „naturwissenschaftlich" das Geschehen, würde sich dieses allenfalls als eine nach einem bestimmten Schema ablaufende Äußerung von Lauten darstellen. Selbst wenn man die Institution der Sprache einbezöge und aus diesen Lauten bedeutungshaltige Wörter und Sätze bildete, erschlösse sich einem nicht, was *wirklich* vor sich geht. Die Sprechakttheorie erfasst die Eheschließung vielmehr als eine Sequenz bestimmter deklarativer Sprachhandlungen, die erst unter Einbeziehung der außersprachlichen Institution der Ehe als Vollzug einer bestimmten institutionellen Handlung verständlich sind.[35] Erst diese Institution vermittelt den Handlungen ihre spezifische illokutionäre Kraft als Eheschließung. Dass Art. 9 Var. 1 GRC mit dem „Eingehen einer Ehe" einen institutionellen Begriff verwendet, steht also außer Zweifel. Damit kommt das Grundrecht nach Art. 9 Var. 1 GRC als Anwendungsfall der konstituierenden Gesetzgebung in Betracht. Es bleibt allerdings zu klären, ob der Charta-Geber mit dem Begriff der Ehe auf konstituierende Regeln des Rechts Bezug genommen hat und, wenn ja, auf welche. Denn der institutionelle Begriff der Ehe kann wie oben bereits ausgeführt (Priester, Standesbeamter) durch Bezugnahme auf unterschiedliche Regelsysteme verschiedenartige Bedeutungen erlangen. Entscheidend ist also, auf welche Regeln sich der Charta-Geber mit Art. 9 GRC bezieht. Hierüber gibt der pragmatisch relevante Kontext der Normsetzung Aufschluss, der sich aus den Informationen zusammensetzt, die den Erläuterungen und der Dokumentation der Beratungen zu entnehmen sind.

---

einzelstaatlichen Gesetze einen an die Mitgliedstaaten adressierten „Ausgestaltungsvorbehalt" sehen, der den Mitgliedstaaten Erweiterungen des Schutzbereichs ermögliche; so etwa *Augsberg*, in: von der Groeben/Schwarze/Hatje, EU-Recht, Art. 9 GRC Rn. 12.

[33] In diese Richtung auch *Bernsdorff*, in: Meyer, GRC, Art. 9 Rn. 13.

[34] Vgl. *Searle*, Die Konstruktion der gesellschaftlichen Wirklichkeit, 3. Aufl. 2013, S. 89 ff.

[35] *Searle*, Language in Society 5 (1976), 1 (13 ff.); *ders.*, Die Konstruktion der gesellschaftlichen Wirklichkeit, 3. Aufl. 2013, S. 90 f.

3. *Ehekonstituierende Gesetzgebung*

Ausweislich der Erläuterungen orientierte sich der Charta-Geber bei der Formulierung von Art. 9 GRC am Vorbild des Art. 12 EMRK. Es gibt freilich einen markanten Unterschied zwischen den Bestimmungen: Art. 12 EMRK bezieht sich auf Männer und Frauen im heiratsfähigen Alter. Art. 9 GRC gewährleistet hingegen das Recht, eine Ehe einzugehen, in einer unpersönlichen Formulierung. Die Erläuterungen sehen darin eine zeitgemäße Gestaltung, mit der Fälle erfasst werden sollen, in denen nach den einzelstaatlichen Rechtsvorschriften andere Formen als die Heirat zur Gründung einer Familie anerkannt werden (S. 2). Außerdem werde durch Art. 9 GRC weder untersagt noch vorgeschrieben, Verbindungen von Menschen gleichen Geschlechts den Status der Ehe zu verleihen (S. 3). Das Recht ähnle also dem der EMRK, könne aber eine größere Tragweite haben, wenn die einzelstaatlichen Rechtsvorschriften dies vorsähen (S. 4). Schon die Erläuterungen klären also mit der wiederholten Betonung der einzelstaatlichen Rechtsvorschriften, auf welche Regeln der Charta-Geber mit dem Begriff der Ehe in Art. 9 Var. 1 GRC Bezug nimmt, nämlich auf die konstitutiven Regeln des mitgliedstaatlichen Rechts. Das Unionsrecht kann zur Konstituierung der Ehe mangels entsprechender Kompetenzen ohnehin nichts beitragen.[36] Andere soziale Regelsysteme (Religion, Brauch, gruppenspezifische Regeln) bleiben für den Ehebegriff der Charta außer Betracht.

Das entspricht auch dem Ehebegriff des Konventionsrechts, an den sich die Charta trotz aller Unterschiede im Detail anlehnt. Dass es bei Art. 12 EMRK um die Ehe im rechtlichen Sinne geht, dürfte bereits im „traditionellen" Ehebegriff des EGMR angelegt sein, der im *Rees*-Urteil im Lichte der englischen Common-Law-Normen über die Eheschließung begründet wurde.[37] Mit der Entscheidung im Fall *Muñoz Díaz* wurde mittlerweile – freilich nach Erarbeitung der Charta – ausdrücklich geklärt, dass außerrechtliche Regeln über die Ehe für Art. 12 EMRK nicht relevant sind.[38] Die Beschwerdeführerin, eine Angehörige der Roma, heiratete einen ebenfalls zu dieser Bevölkerungsgruppe gehörenden Mann nach den Riten, Gebräuchen und Traditionen der Roma. Von der Roma-Gemeinschaft wurde diese Verbindung als Ehe angesehen. Für sie zeitigt die Roma-Ehe „die üblichen gesellschaftlichen Folgen, öffentliche Anerkennung, die Pflicht zur gemeinsamen Lebensführung und alle anderen Rechte und Pflichten, die der Institution der Ehe innewohnen."[39] Während das spanische Recht neben der bürgerlich-rechtlichen Ehe auch bestimmte religiöse Formen der Eheschließung anerkennt und diesen dieselben Wirkungen wie der bürgerlich-rechtlichen Ehe beimisst, werden an eine Roma-Ehe keine solchen bürgerlich-rechtlichen Wirkungen *(civil effects)* geknüpft. Sie wurde daher auch vom EGMR nicht als Ehe im

---

[36] Vgl. *Calliess*, EuZW 2001, 261 (264); *Wolff*, EuR 2005, 721 (723); vor allem zur Familie *Isensee*, DVBl. 2009, 801 ff.

[37] EGMR, Nr. 9532/81 – *Rees*, Rn. 49.

[38] EGMR, Nr. 49151/07 – *Muñoz Díaz*.

[39] EGMR, Nr. 49151/07 – *Muñoz Díaz*, Rn. 8 – Übersetzung F. M.

Sinne des Art. 12 EMRK angesehen.[40] Das Konventionsrecht bezieht sich also nur auf die Zivilehe bzw. rechtlich gleichgestellte Formen der Eheschließung,[41] legt als konstituierende Regeln mithin nur solche des nationalen Rechts zugrunde.

4. *Autonomie des Ehebegriffs*

Der Nachweis, dass Art. 9 Var. 1 GRC mit dem Begriff der Ehe auf mitgliedstaatliche Rechtsnormen verweist, die den grundrechtlichen Freiheitsgegenstand konstituieren, ist damit geführt. Die Eheschließungsfreiheit ist also ein Anwendungsfall der Kategorie der konstituierenden Gesetzgebung. Einem Missverständnis gilt es vorzubeugen: Der Ehebegriff des Art. 9 GRC ist *als Begriff* unabhängig von den Ehebegriffen der mitgliedstaatlichen Rechtsordnungen. Lediglich die konstitutiven Regeln, auf die er sich bezieht, entstammen dem Recht der Mitgliedstaaten. Die Mitgliedstaaten können also nicht festlegen, was „Ehe" im Sinne von Art. 9 GRC bedeutet. Positive oder negative Definitionen im mitgliedstaatlichen Recht gingen daher ins Leere. Der nationale Gesetzgeber kann also nicht einen Gegenstand konstituieren, der dem unionsrechtlichen Ehebegriff entspricht, und diesen dann durch eine Negativbestimmung („X gilt nicht als Ehe im Sinne von Art. 9 GRC") davon ausnehmen. Ebenso wenig kann er durch bloße Positivdefinition dem Art. 9 GRC einen Freiheitsgegenstand hinzufügen, der vom unionsrechtlichen Ehebegriff nicht erfasst ist. Für Art. 9 Var. 1 GRC ist mit anderen Worten irrelevant, was im mitgliedstaatlichen Recht *dem Namen nach* Ehe ist. Der Ehebegriff der Charta ist, wenn man so will, autonom.[42]

Demgegenüber geht *Frenz* davon aus, Art. 9 GRC räume mit seiner Bezugnahme auf die einzelstaatlichen Gesetze, die die Ausübung der Rechte regeln, den Mitgliedstaaten die „Definitionsmacht" für den Begriff der Ehe ein. Die Union habe hingegen keine solche „Definitionsmacht".[43] Diese Ansicht verkennt zweierlei: Erstens hat die Bezugnahme auf die einzelstaatlichen Gesetze nichts mit dem *Begriff* der Ehe zu tun, sondern wirkt sich erst aus, wenn ein Freiheitsgegenstand bereits als Ehe klassifiziert wurde. Denn immerhin spricht die Bezugnahmeklausel selbst von Gesetzen, die die *Ausübung* der Eheschließungsfreiheit regeln, und setzt damit das Auszuübende logisch voraus.[44] Zum anderen gibt es keinerlei Anhaltspunkte dafür, dass der Charta-Geber mit Art. 9 GRC es den Mitgliedstaaten überlassen wollte, festzulegen, was Ehe im Sinne des Unionsrechts bedeute. *Frenz* verwechselt die „Definitionsmacht", die sich auf den *Begriff* der Ehe bezieht, mit der Rechtssetzungsmacht (Kompetenz), die die konstituierenden *Regeln* betrifft, auf die der Ehebegriff Bezug nimmt. Ein Begriff ist aber von seinem Bezugsobjekt zu unterscheiden. Der Ehebegriff des Art. 9 GRC

---

40 EGMR, Nr. 49151/07 – *Muñoz Díaz*, Rn. 79–81.

41 Vgl. *Grabenwarter/Pabel*, Europäische Menschenrechtskonvention, 6. Aufl. 2016, § 22 Rn. 78.

42 Von „autonomen Begriffen" spricht sowohl der EuGH als auch der EGMR häufig; vgl. zur EMRK *Letsas*, EJIL 15 (2004), 279 ff., allerdings in (zu) starker Anlehnung an *Dworkin*; zum Unionsrecht *Engberg*, in: Šarčevič, Language and Culture in EU Law, 2016, S. 169 ff.

43 *Frenz*, HdbEuR IV, Rn. 1496.

44 Ebenso *Bernsdorff*, in: Meyer, GRC, Art. 9 Rn. 13.

kann also unionsrechtlich autonom sein, obwohl sein Bezugsobjekt – das ehekonstituierende Recht – von mitgliedstaatlicher Gesetzgebung abhängt.

Das Zusammenspiel von unionsrechtlichem Begriff und mitgliedstaatlichem Referenzobjekt bedarf einer vertieften Erörterung, die der Untersuchung der grundrechtlichen Verpflichtungen vorbehalten sein soll (unten Abschn. D). An dieser Stelle genügt es festzuhalten, dass trotz der vollständigen Abhängigkeit der Eheschließungsfreiheit von der konstituierenden Gesetzgebung der Mitgliedstaaten der Begriff der Ehe unabhängig davon zu bestimmen ist.

III. Eigentumsrecht (Art. 17 GRC)

1. Gewährleistung

Gemäß Art. 17 Abs. 1 Satz 1 GRC hat jede Person das Recht, ihr rechtmäßig erworbenes Eigentum zu besitzen, zu nutzen, darüber zu verfügen und es zu erwerben. Die Sätze 2 und 3 betreffen mit der Entziehung und der Regelung der Nutzung spezifische Einschränkungen dieses Rechts. Nach Art. 17 Abs. 2 GRC wird explizit auch das geistige Eigentum geschützt.

2. Institutioneller Begriff des Eigentums

Der Charta-Geber verwendet in Art. 17 Abs. 1 Satz 1 GRC eine ganze Reihe institutioneller Begriffe: „Eigentum“ *(propriété des biens – possessions – proprietà dei beni)* muss „rechtmäßig erworben“ *(acquis légalement – lawfully acquired – acquisito legalmente)* sein; der Grundrechtsträger hat das Recht, es zu „besitzen“ *(jouir de – own – godere)*, zu „nutzen“ *(utiliser – use – usare)*, darüber zu „verfügen“ *(disposer – dispose – disporre)* und es zu „vererben“ *(léguer – bequeath – lasciare in eredità)*. Im Mittelpunkt steht in allen Sprachfassungen der Begriff des Eigentums,[45] mit dem die Charta neben der Ehe einen weiteren Begriff einsetzt, der nach der Heranziehung konstitutiver Regeln verlangt.

Eigentum ist keine naturwissenschaftlich beobachtbare Tatsache, kein physisch rohes Faktum, sondern bedarf für seine Existenz im Einzelfall stets eines gehörigen Apparats an konstitutiven Regeln. Damit ist aber nicht gesagt, dass diese Regeln zwingend solche des Rechts sein müssen. Im deutschen Grundrechtsdiskurs gilt es zwar als ausgemacht, dass Eigentum ein „rechtliches Konstrukt“ sei. Das ist angesichts der spezifischen Formulierung der Eigentumsgarantie des Art. 14 Abs. 1 GG gewiss zutreffend. Immerhin besagt Art. 14 Abs. 1 Satz 2 GG, dass die Gesetze nicht nur die Schranken, sondern auch den Inhalt des Eigentums bestimmen. Eigentum im Sinne des Grundgesetzes ist daher „die Summe der vom Gesetzgeber gewährten vermögens-

[45] In der englischen Sprachfassung ist von *property* nur in der Überschrift und in Absatz 1 Satz 3 sowie Absatz 2 die Rede; die Gewährleistung des Absatzes 1 Satz 1 verwendet dagegen den Begriff der *possessions*; dieser Unterschied im Vergleich zu den anderen Sprachfassungen begründet jedoch keinen inhaltlichen Unterschied, sondern ist der starken Orientierung an Art. 1 ZP-EMRK geschuldet.

werten Rechte".[46] So unbestritten die rechtliche Konstituierung des Eigentums im deutschen Verfassungsrecht auch sein mag, so sehr muss doch vor einer vorschnellen Übertragung dieser „Einsicht" auf das Unionsrecht gewarnt werden. Der vermeintlich selbstverständliche Zusammenhang zwischen Gesetz und Eigentum erweist sich als kontingent. Insbesondere versagt die übliche Gegenüberstellung von Rechtlichem und Natürlichem. Wenn zur Begründung der Abhängigkeit der Eigentumsgarantie von Rechtsnormen ausgeführt wird, Eigentum sei „nichts auch nur entfernt ‚natürlich' Vorgegebenes, sondern selbst ein rechtliches Phänomen",[47] wird der offensichtlich unzutreffende Eindruck erweckt, dass es zwischen Natur und Recht in der Welt nichts gebe. Recht ist aber nur eine von vielen gesellschaftlichen Institutionen und es erscheint nicht ausgeschlossen, dass auch andere soziale Regelsysteme Eigentum zu konstituieren vermögen. Eine einflussreiche Eigentumstheorie dieser Art hat *David Hume* präsentiert.[48] Ihm zufolge bildet sich das Eigentum nach Art eines kollektiven Trial-and-Error-Verfahrens allmählich heraus und wird vom später hinzutretenden Recht gleichsam vorgefunden.[49] Eigentum ist nach *Humes* Verständnis also keine rechtliche Institution, sondern geht dem Recht voraus, ohne dass dafür auf „Naturrecht" zurückgegriffen werden müsste (wie etwa noch bei *John Locke*[50]). Aus ökonomisch-anthropologischer Sicht dürfte dieses Eigentumsnarrativ von der historischen Wahrheit nicht allzu weit entfernt sein.[51] Davon, dass Eigentum „denknotwendig" vom Gesetzgeber geschaffen werde, wie gleichsam symptomatisch in einer deutschsprachigen Kommentierung zu Art. 17 GRC zu lesen ist,[52] kann jedenfalls keine Rede sein.

3. *Rechtliche Konstituierung des Eigentums*

Dass Art. 17 GRC auf eigentumskonstituierende Gesetze Bezug nimmt, muss demnach erst begründet werden. Evidenzen und vermeintliche Denknotwendigkeit ersetzen diese Begründung nicht.

a) Orientierung am Konventionsrecht

Gemäß den Erläuterungen „entspricht" Art. 17 GRC dem konventionsrechtlichen Pendant des Art. 1 ZP-EMRK. In der Tat ähnelt die Formulierung von Art. 17 GRC

---

[46] *Bryde*, in: von Münch/Kunig, GG, Art. 14 Rn. 56 m. N. aus der Rspr. des BVerfG.

[47] *Cremer*, in: Dörr/Grote/Marauhn, EMRK/GG, Kap. 22 Rn. 21.

[48] *Hume*, A Treatise of Human Nature III, 1739, S. 50 ff.; vgl. dazu *Panichas*, ARSP 69 (1983), 391 ff. sowie die Gegenüberstellung zu *Rousseaus* Eigentumstheorie bei *Augsberg*, Rg 11 (2007), 94 ff.

[49] Vgl. die Analyse bei *Augsberg*, Rg 11 (2007), 94 (96 ff.).

[50] *Locke*, Two Treatises of Government, 1772, S. 194 ff.

[51] Vgl. *Demsetz*, The American Economic Review 57 (1967), 347 (350 ff.) zu Beobachtungen bei autochthonen Völkern Nordamerikas; *Landa*, Man and the Economic 1 (2014), 51 ff. zum Privateigentum an Sago-Palmen; allgemein *Earle*, in: Graziadei/Smith, Comparative Property Law, S. 3 ff.; *Turner*, in: Graziadei/Smith, Comparative Property Law, S. 26 ff.

[52] *Vosgerau*, in: Stern/Sachs, GRC, Art. 17 Rn. 14.

stark der von Art. 1 ZP-EMRK, weist aber doch einige Unterschiede im Detail auf. In den Erläuterungen wird betont, dass Art. 17 GRC zwar zeitgemäßer formuliert worden sei, das Charta-Recht aber nach Art. 52 Abs. 3 GRC die gleiche Bedeutung und Tragweite habe wie das EMRK-Recht.[53] Nach Art. 1 Abs. 1 Satz 1 ZP-EMRK hat jede natürliche und juristische Person das Recht auf Achtung ihres Eigentums, das in den authentischen Fassungen mit *biens* bzw. *possessions* bezeichnet wird. Trotz dieser etwas vagen Umschreibung des Schutzgegenstands – im Weiteren ist in nicht sehr konsistenter Weise auch von *propriété* (Abs. 2) bzw. *property* (Abs. 1 Satz 2 und Abs. 2) die Rede – hat der EGMR bereits früh klargestellt, dass es der Sache nach um die Gewährleistung des Eigentumsrechts *(droit de propriété – right to property)* gehe.[54] Der Charta-Geber wich von der Formulierung des Art. 1 Abs. 1 Satz 1 ZP-EMRK zunächst insoweit ab, als explizit nur das rechtmäßig erworbene Eigentum geschützt sein soll. Außerdem werden in Abweichung vom konventionsrechtlichen Vorbild einzelne auf das Eigentum bezogene Handlungen aufgezählt.

Die Orientierung an Art. 1 ZP-EMRK könnte nahelegen, dass der Charta-Geber den konventionsrechtlichen Eigentumsbegriff übernehmen wollte. Der EGMR hat einen solchen Begriff allerdings nie allgemein definiert, sondern in einem *case by case approach* einzelne Positionen unter *biens* bzw. *possessions* subsumiert. Zwar betont er, dass der Begriff des Eigentums eine autonome Bedeutung habe. Damit ist aber nicht mehr gemeint als die definitorische Unabhängigkeit des konventionsrechtlichen Eigentumsbegriffs von nationalen Nomenklaturen.[55] Aus dem *case law* des EGMR ergeben sich drei Strukturmerkmale des konventionsrechtlichen Eigentumsbegriffs: Eine Position muss erstens Vermögenswert haben. Sie muss zweitens durch den Grundrechtsträger ausschließlich nutzbar sein. Drittens muss sie aktuell bestehen.[56] Keine Voraussetzung ist hingegen, dass die Position rechtlich konstituiert, d. h. durch Rechtsnormen dem Grundrechtsträger zugeordnet, ist.[57] Dieser Verzicht auf die rechtliche Konstituierung wurde im grundlegenden *Van-Marle*-Urteil besonders deutlich, in dem der EGMR den Kundenstamm eines selbständigen Buchhalters als Eigentumsposition ansah, obwohl das nationale (niederländische) Recht diese Position weder konstituiert noch in irgendeiner sonstigen Weise anerkannt hatte. Für den Gerichtshof reichte es aus, dass der Beschwerdeführer den Kundenstamm durch seinen Arbeitseinsatz aufgebaut habe und die so geschaffene Position in vielerlei Hinsicht den Charakter eines privaten Rechts aufweise sowie einen Vermögenswert darstelle.[58] Eigentum im Sinne der EMRK ist damit gerade nicht abhängig von kon-

---

[53] Zur Bedeutung des Art. 52 Abs. 3 GRC vgl. Kapitel 1 C V. 2.

[54] EGMR, Nr. 6833/74 – *Marckx/Belgien*, Rn. 63 unter Verweis auf die *travaux préparatories*.

[55] EGMR, Nr. 33202/96 – *Beyeler*, Rn. 100: „[...] the concept of ‚possessions' in the first part of Article 1 has an autonomous meaning which is not limited to ownership of physical goods and is independent from the formal classification in domestic law."

[56] *Michl*, JZ 2013, 504 (505 ff.) m. w. N.

[57] So aber teilweise die Lit.; vgl. etwa *Peters/Altwickler*, Europäische Menschenrechtskonvention, 2. Aufl. 2012, § 32 Rn. 8; *Cremer*, in: Dörr/Grote/Marauhn, EMRK/GG, Kap. 22 Rn. 41.

[58] EGMR, Nr. 8543/79 u. a. – *van Marle*, Rn. 41.

stituierender Gesetzgebung, sondern kann über das hinausgehen, was der nationale Gesetzgeber dem Eigentümer an rechtlichen Positionen zur Verfügung stellt. Der Gerichtshof hat den Eigentumsschutz sogar auf „wirtschaftliche Interessen“ insgesamt erstreckt,[59] solange sie nur aktuell bestehen und keine unberechtigten Erwartungen sind. Zu erklären ist dieses weite Eigentumsverständnis, das nicht an rechtliche, sondern ökonomische Regeln rückgebunden ist, vor allem mit dem Fehlen anderer wirtschaftlicher Freiheiten in der EMRK.[60] Zum anderen lässt sich in der Eigentumsjudikatur des EGMR eine „naturrechtliche“ Tendenz beobachten, die Eigentum unabhängig vom positiven Recht begründet,[61] etwa gestützt auf arbeitstheoretische Überlegungen.[62] Dass dieses Eigentumsverständnis vom Charta-Geber übernommen wurde, erscheint schon angesichts der ausdifferenzierten Gewährleistung wirtschaftlicher Freiheiten in den Art. 15, 16 und 17 GRC zweifelhaft.

b) Beratungen im Konvent

Die Zweifel werden genährt durch die Beratungen des Konvents. Während sich der erste Entwurf noch stark am Wortlaut des Art. 1 ZP-EMRK orientierte,[63] entschloss man sich schon bald dazu, die Rechtmäßigkeit des Eigentumserwerbs herauszustellen.[64] In der Diskussion darüber, die sich anhand der Änderungsanträge nachvollziehen lässt, stand aber außer Frage, dass Eigentum selbst bereits rechtlich konstituiert sein muss. Der Italiener *Melograni* bemängelte sogar, dass die Formulierung „rechtmäßig erworbenes Eigentum“ pleonastisch sei, da der Begriff des Eigentums sich üblicherweise auf eine rechtmäßige Situation beziehe.[65] Nach seiner Ansicht war es also überflüssig, die Rechtmäßigkeit des Erwerbs zur Voraussetzung des Grundrechtsschutzes zu machen, wenn doch Eigentum ohnehin nur gemäß den Regeln des Rechts (und damit rechtmäßig) erworben werden kann. Der vermeintliche Pleonasmus lässt sich freilich dadurch auflösen, dass es aus rechtstheoretischer Sicht ohne weiteres möglich ist, dass eine *Kompetenz*ausübung (Eigentumserwerb) einerseits wirksam ist, andererseits aber die Ausübungshandlung gegen eine *Verbots*norm (z. B. ein Strafgesetz) verstößt. Im deutschen Recht werden solche Erwerbsvorgänge „dinglich“ in der Regel an § 134 BGB oder § 935 BGB scheitern.[66] Rechtsordnungen aber, die das Erwerbsverbot und die Erwerbskompetenz nicht dergestalt miteinander verknüpfen, können zu einem verbotswidrigen und dennoch wirksamen Eigentums-

---

[59] Vgl. EGMR, Nr. 10873/84 – *Tre Traktörer*, Rn. 53; EGMR, Nr. 31107/96 – *Iatridis*, Rn. 54.

[60] *Müller-Michaels*, Grundrechtlicher Eigentumsschutz in der Europäischen Union, 1997, S. 71.

[61] *Müller-Michaels*, Grundrechtlicher Eigentumsschutz in der Europäischen Union, 1997, S. 71.

[62] Dazu *Michl*, JZ 2013, 504 (506 f.) unter Verweis auf EGMR, Nr. 8543/79 u. a. – *van Marle* sowie EGMR, Nr. 15777/89 – *Matos e Silva*, Rn. 75.

[63] CONVENT 8, S. 5.

[64] CONVENT 28, S. 20 unter Hinweis auf den Wunsch einiger Mitglieder nach einer moderneren Formulierung.

[65] *Melograni*, Änderung 383, in: CONVENT 35.

[66] Vgl. *Oechsler*, in: MüKo-BGB, § 929 Rn. 34 m. w. N.

erwerb kommen, ohne in einem Paradoxon zu enden.[67] Aus Sicht des Unionsrechts ist rechtswidrig erworbenes Eigentum also vorstellbar. Art. 17 Abs. 1 Satz 1 GRC klammert es aber aus dem Schutzbereich des Eigentumsgrundrechts aus.[68] Die Diskussion über dieses negative Tatbestandsmerkmal im Grundrechtekonvent zeigt, dass jedenfalls implizit davon ausgegangen wurde, Eigentum werde durch Rechtsnormen konstituiert, und nicht etwa vom Recht nur vorgefunden. Das steht im Widerspruch zur Eigentumsjudikatur des EGMR, auf die in den dokumentierten Diskussionsbeiträgen auch nicht näher eingegangen wurde. Ein ausdrückliches Bekenntnis zur rechtlichen Konstituierung des Eigentums sucht man in den Beratungsunterlagen freilich vergeblich.

c) Rechtsprechung

Letztlich obliegt es damit dem EuGH zu klären, ob Eigentum im Sinne des Art. 17 GRC rechtlich konstituiert wird und, wenn ja, welche Rechtsnormen an der Konstituierung teilhaben. In der prätorischen Grundrechtsjudikatur des EuGH hatte sich kein Eigentumsbegriff herausgebildet.[69] Das grundlegende Urteil in der Rechtssache *Hauer*, auf die auch die Erläuterungen zu Art. 17 GRC verweisen, erkannte zwar das Eigentumsrecht „gemäß den gemeinsamen Verfassungskonventionen der Mitgliedstaaten" an, die sich auch in Art. 1 ZP-EMRK widerspiegelten.[70] Wie der EGMR nahm der EuGH aber davon Abstand, den Begriff „Eigentum" zu definieren. Diese Zurückhaltung wurde mit der ersten Entscheidung zum Eigentumsrecht unter der Charta aufgegeben. In der Rechtssache *Sky Österreich* umschrieb die Große Kammer des EuGH den Schutzbereich des Art. 17 GRC wie folgt:

> „Der durch diesen Artikel gewährte Schutz bezieht sich nicht auf bloße kaufmännische Interessen oder Aussichten, deren Ungewissheit zum Wesen der wirtschaftlichen Tätigkeiten gehört [...], sondern auf vermögenswerte Rechte, aus denen sich im Hinblick auf die Rechtsordnung eine gesicherte Rechtsposition ergibt, die eine selbständige Ausübung dieser Rechte durch und zugunsten ihres Inhabers ermöglicht."[71]

---

[67] *Rodríguez Bereijo*, Änderung 389, in: CONVENT 35 verwies auf die Problematik des Eigentumserwerbs durch Verjährung, den manche Rechtsordnungen vorsähen.

[68] *Calliess*, in: ders./Ruffert, EUV/AEUV, Art. 17 GRC Rn. 7; *Vosgerau*, in: Stern/Sachs, GRC, Art. 17 Rn. 51; unklar *Frenz*, HdbEuR IV, Rn. 2878, der auf das Erwerbsverbot nach dem BNatSchG, das aber i. V. m. § 134 BGB bereits zur Unwirksamkeit des Eigentumserwerbs führt (vgl. *Oechsler*, in: MüKo-BGB, § 929 Rn. 34); a. A. *Jarass*, GRC, Art. 17 Rn. 8, der rechtswidrig, aber wirksam erworbenes Eigentum nicht vom Schutzbereich ausnehmen will, da eine entsprechende Einschränkung in Art. 1 ZP-EMRK fehle; das hatte im Konvent bereits *Rodríguez Bereijo*, Änderung 389, in: CONVENT 35, bemängelt, konnte sich damit aber nicht durchsetzen; *Bernsdorff*, Meyer, GRC, Art. 17 Rn. 16 zieht diese minderheitlich gebliebene Kritik – methodisch kaum vertretbar – als Argument gegen eine „einengende" Auslegung heran.

[69] Zur prätorischen Eigentumsrechtsprechung vgl. eingehend *Müller-Michaels*, Grundrechtlicher Eigentumsschutz in der Europäischen Union, 1997, S. 34 ff.

[70] EuGH, Rs. 44/79 – *Hauer*, Rn. 17.

[71] EuGH, Rs. C-283/11 – *Sky Österreich*, Rn. 34.

Der erste, negative Teil dieser Eigentumsdefinition geht auf die prätorische Eigentumsrechtsprechung zurück. Bloße Exspektanzen genossen demnach von vorneherein keinen grundrechtlichen Schutz.[72] Neu ist jedoch die positive Formulierung dessen, was unter Eigentum im Sinne des Art. 17 GRC zu verstehen sei,[73] nämlich vermögenswerte Rechte, aus denen sich im Hinblick auf die Rechtsordnung eine gesicherte Rechtsposition ergebe, die eine selbständige Ausübung dieser Rechte durch und zugunsten ihres Inhabers ermögliche. Die Kriterien des Vermögenswerts und der selbständigen und eigennützigen Ausübbarkeit der in Rede stehenden Position sind bereits aus der Rechtsprechung des EGMR bekannt (s. o.). Im Gegensatz zum Konventionsrecht fordert der EuGH aber ausdrücklich, dass die Position *rechtlich konstituiert* sein muss.[74] Ihm war an dieser Aussage offenbar so viel gelegen, dass er selbst die augenfällige Tautologie nicht scheute, die in den aneinandergereihten Begriffen „Rechte", „Rechtsordnung" und „Rechtsposition" zum Ausdruck kommt. Mag es Rechte *(droits)* in einem weiteren Sinne – z. B. als moralische Rechte – auch jenseits des Rechts geben,[75] so versteht es sich von selbst, dass eine gesicherte Rechtsposition *(position juridique acquise)* nur innerhalb der Rechtsordnung *(ordre juridique)* bestehen kann. Für den EuGH ist also klar, dass der Eigentumsbegriff des Art. 17 GRC auf konstitutive Regeln des Rechts, also konstituierende Gesetzgebung, Bezug nimmt.[76]

Anhaltspunkte für eine rechtliche Eigentumskonstituierung lieferte bereits die Entscheidung in der Rechtssache *SMW Winzersekt* aus dem Jahr 1994. Der Gerichtshof konnte keinen Eingriff in den Schutzbereich des Eigentumsrechts eines Winzers feststellen, dem durch eine Verordnung die Verwendung der Angabe „Flaschengärung im Champagnerverfahren" untersagt wurde. Bevor die Verordnung in Kraft getreten sei, hätten nämlich mangels anderweitiger Regulierung alle Schaumweinhersteller diese Angabe verwenden können.[77] Auch wenn der EuGH dies nicht näher ausgeführt

[72] Vgl. den hier ausgesparten Nachw. in EuGH, Rs. C-283/11 – *Sky Österreich*, Rn. 34.

[73] Vgl. aber schon den ähnlichen Definitionsansatz auf Grundlage der Rspr. des EuGH und EGMR bei *Frenz*, HdbEuR IV, Rn. 2864: „Eigentum ist jedes kraft eigener Leistung entstandene und nach den Rechtsvorschriften der Mitgliedstaaten einer Person zugeordnete oder in seiner Entstehung rechtlich abgesicherte Vermögensrecht einer jeden natürlichen oder juristischen Person, das die Substanz wirtschaftlicher Selbstbestimmung konstituiert und damit Grundlage wirtschaftliche[r] Freiheit ist."

[74] Krit. *Ziegenhorn*, EuZW 2013, 351 (352), der zutreffend auf die Divergenz zwischen EuGH und EGMR hinweist. Soweit der EMGR bloße ökonomische Interessen dem Eigentumsschutz unterstellt, greifen aber im Unionsrecht die Art. 15 und 16 GRC ein, so dass die Charta im Ergebnis dieselbe Tragweite gewährleistet; nur darauf kommt es für Art. 52 Abs. 3 GRC an (vgl. bereits Kapitel 1 C V. 2).

[75] Vgl. dazu *Kervégan*, in: Sandkühler, Recht und Moral, 2010, S. 49 ff.; *Mohr*, in: Sandkühler, Recht und Moral, 2010, S. 63 ff.; *Borchers*, in: Sandkühler, Recht und Moral, 2010, S. 81 ff.

[76] Vgl. *Goldhammer*, ZGE 2015, 395 (413 f.), der darin seine These bestätigt sieht, „dass eine konstitutionalisierte politische Ordnung auch ohne ausdrückliches Normprägungserfordernis nicht ohne ein konstitutionalisierendes Korrektiv auf begrifflicher und institutioneller Ebene auskommt"; indes kritisiert er die „ausgesprochen positivistische[n] Anwendung" des Art. 17 Abs. 1 GRC im *Sky-Österreich*-Urteil als „verbesserungsfähig".

[77] Vgl. EuGH, Rs. C-306/93 – *SMW Winzersekt*, Rn. 23.

hat, lag seiner Entscheidung erkennbar die Überzeugung zugrunde, dass eine Position, um als Eigentum zu gelten, dem Einzelnen durch eine Rechtsnorm zugewiesen sein muss.[78] Ein bloßes ökonomisches Interesse – der Schaumweinhersteller behauptete immerhin, die Angabe gehöre „zu den Aktiva [seines] Geschäftsvermögens" –[79] genügt damit anders als im Konventionsrecht nicht. Das Erfordernis der rechtlichen Konstituierung einer Eigentumsposition, wie es im *SMW-Winzersekt*-Urteil vorgezeichnet worden war, wurde mit dem *Sky-Österreich*-Urteil nunmehr ausdrücklich für Art. 17 GRC etabliert.

4. *Eigentumskonstituierende Gesetzgebung*

Anders als im Konventionsrecht hängt Eigentum im Sinne von Art. 17 GRC von konstituierender Gesetzgebung ab,[80] wie sich aus der Rechtsprechung des EuGH ergibt. Rechtsnormen, die geschützte Eigentumspositionen konstituieren, können dabei sowohl dem mitgliedstaatlichen Recht[81] als auch dem Unionsrecht[82] entstammen.[83] Auch Art. 345 AEUV, dem zufolge die Verträge die Eigentumsordnung in den Mitgliedstaaten unberührt lassen, steht der Konstituierung durch Unionsrecht nicht entgegen.

a) *Rechtssache Sky Österreich*

Das *Sky-Österreich*-Urteil ist nicht nur für den Eigentumsbegriff von Bedeutung, sondern gibt auch Aufschluss über die in Bezug genommenen konstituierenden Gesetze. Daher lohnt ein näherer Blick auf die Entscheidung, soweit sie das Eigentumsrecht betrifft.[84] *Sky Österreich* erwarb im Jahr 2009 Exklusivrechte für die Ausstrahlung

[78] Krit. *Nettesheim*, EuZW 1995, 106 (108), der dem EuGH vorwirft, sich einer Auffassung vom Eigentum als Schöpfung der Rechtsordnung angeschlossen zu haben, die zur „Versteinerung der Wirtschaftsordnung" führe und die Marktwirtschaft in das „Regiment der ‚beati possidentes'" umkremple.

[79] EuGH, Rs. C-306/93 – *SMW Winzersekt*, Rn. 20.

[80] Im deutschen Schrifttum wird das Eigentumsrecht daher in Anlehnung an die Grundrechtsdogmatik des Grundgesetzes auch als „normgeprägtes Grundrecht" bezeichnet; vgl. *Jarass*, GRC, Art. 17 Rn. 6; *Calliess*, in: ders./Ruffert, EUV/AEUV, Art. 17 GRC Rn. 4; *Bernsdorff*, in: Meyer, GRC, Art. 17 Rn. 15.

[81] Etwa dem mitgliedstaatlichen Grundstücksrecht wie in EuGH, Rs. 44/79 – *Hauer*.

[82] Vgl. bereits *Pernice*, Grundrechtsgehalte im Europäischen Gemeinschaftsrecht, 1979, S. 185.

[83] *Calliess*, in: ders./Ruffert, EUV/AEUV, Art. 17 GRC Rn. 4; vgl. auch *Frenz*, HdbEuR IV, Rn. 2788 f., der allerdings zwischen den „Grundlinien" und den „feinen inhaltlichen Linien" differenziert; während „die ‚großen Bahnen' des Rechtsbegriffs Eigentum originär europarechtlich und ausschließlich nach den hergebrachten Gemeinschaftsgrundsätzen gezogen werden" sollen, bleibe dem nationalen Recht die nähere Konturierung überlassen; *Frenz* verkennt insoweit aber den Unterschied zwischen dem institutionellen Begriff – der zweifellos unionsrechtlich ist – und den konstituierenden Rechtsnormen, die sowohl dem nationalen Recht als auch dem Unionsrecht entstammen können. Das nationale Recht konkretisiert den unionsrechtlichen Eigentumsbegriff nicht. Vielmehr schafft es den Gegenstand (das Referenzobjekt), auf den sich dieser Begriff bezieht.

[84] Soweit Art. 16 GRC inmitten stand, wird die Entscheidung in Kapitel 4 C IV. 2 näher untersucht.

der Fußball Europa League. Im selben Jahr schloss das Unternehmen mit dem *ORF* eine Vereinbarung, die diesem gegen Entgelt ein Recht zur Kurzberichterstattung einräumte. Am 1. Oktober 2010 trat in Österreich eine Änderung des Fernseh-Exklusivrechtegesetzes in Kraft, mit der die AVMD-Richtlinie umgesetzt wurde. Art. 15 AVMD-RL sieht vor, dass Exklusivrechteinhaber für Ereignisse von großem öffentlichen Interesse anderen Fernsehveranstaltern freien Zugang zu kurzen Ausschnitten aus ihrem Sendesignal gewähren müssen. Auf Antrag des *ORF* entschied die österreichische Kommunikationsbehörde, dass *Sky Österreich* verpflichtet sei, dem *ORF* unentgeltlich ein Kurzberichterstattungsrecht einzuräumen. Der von beiden Parteien angerufene Bundeskommunikationssenat bezweifelte die Vereinbarkeit der Richtlinienbestimmung mit Art. 17 GRC und ersuchte den EuGH daher um Vorabentscheidung über ihre Gültigkeit. Der Gerichtshof subsumierte die exklusiven Fernsehübertragungsrechte zunächst unter seine oben zitierte Eigentumsdefinition und stellte fest, dass diese nicht bloße kaufmännische Interessen oder Aussichten, sondern vermögenswerte Rechte seien.[85] Sodann erörterte er, ob die Exklusivrechte eine „gesicherte Rechtsposition" darstellten.[86] Er merkte an, dass das Unionsrecht seit Inkrafttreten der Vorgänger-Richtlinie der AVMD-Richtlinie im Jahr 2007 den Mitgliedstaaten vorschrieb, ein unentgeltliches Kurzberichterstattungsrecht bis spätestens 19. Dezember 2009 gesetzlich zu verankern.[87] Die vertragliche Vereinbarung mit dem *ORF* habe demnach *Sky Österreich* keine geschützte Rechtsposition verschaffen können, da sie der Vorgabe der Richtlinie zuwiderlief und diese Richtlinie jederzeit habe umgesetzt werden können.[88] Folglich sah der EuGH den Schutzbereich des Eigentumsrechts nicht als eröffnet an.

Am Fall *Sky Österreich* zeigt sich deutlich, dass das Eigentum nicht nur durch nationale, sondern auch durch unionsrechtliche Rechtsnormen konstituiert wird. Die Rechtsposition Exklusivübertragungsrecht war (nur) insoweit als Eigentum anzusehen, als Rechtsnormen des nationalen *und* unionalen Rechts sie als solches konstituierten. Die Richtlinienbestimmung führte nach Ansicht des EuGH bereits vor ihrer Umsetzung dazu, dass der Eigentumsschutz sich nicht auf die Möglichkeit, Entgelt für Kurzberichte zu verlangen, erstreckte. Das ist konsequent, denn – wie der EuGH überzeugend darlegt – hatte insoweit nie eine „gesicherte" Rechtsposition im Sinne seiner Eigentumsdefinition bestanden. Die Richtlinie wirkt negativ konstituierend, indem sie bestimmte denkbare Rechtspositionen – hier: die Kompetenz zum Abschluss eines Vertrages über entgeltliche Kurzberichterstattung – von vorneherein ausschließt.[89] Da die Richtlinie vor ihrer Umsetzung freilich nur die Mitgliedstaaten verpflichtet hatte, stellt sie einen Spezialfall eigentumskonstituierender Gesetzgebung dar. Denn sie ist auf die Umsetzung durch die Mitgliedstaaten angewiesen. Dass der

---

85 EuGH, Rs. C-283/11 – *Sky Österreich*, Rn. 35.
86 EuGH, Rs. C-283/11 – *Sky Österreich*, Rn. 36.
87 EuGH, Rs. C-283/11 – *Sky Österreich*, Rn. 37.
88 EuGH, Rs. C-283/11 – *Sky Österreich*, Rn. 38 f.
89 Vgl. in diesem Zusammenhang auch Abschn. D II. 3.

EuGH ihr bereits vor ihrer Umsetzung ins nationale Recht negativ konstituierende Wirkung beimaß, ist etwas überraschend. Denn aus nicht umgesetzten (und nicht ausnahmsweise unmittelbar anwendbaren) Richtlinien können streng genommen keine Rechtsnormen folgen, die Rechtspositionen des Einzelnen beeinflussen. Der EuGH musste daher den argumentativen Umweg über die Verlässlichkeit der Rechtsposition gehen, also letztlich den Gedanken des Vertrauensschutzes bemühen. *Sky Österreichs* Fernsehübertragungsrecht war – metaphorisch gesprochen – von Anfang an „belastet" mit der Möglichkeit, dass Österreich in Umsetzung der Richtlinie Entgelte für Kurzberichterstattung ausschließt.[90] Daher stellte es insoweit keine „gesicherte Rechtsposition" dar.

b) Rechtssachen Ezernieki und ArcelorMittal

Auf der Linie des *Sky-Österreich*-Urteils liegen die neueren Entscheidungen in den Rechtssachen *Ezernieki* und *ArcelorMittal.* Sie bestätigen anschaulich die Konstituierungsbedürftigkeit eigentumsrechtlich geschützter Positionen. So versagte der Gerichtshof in der Rechtssache *Ezernieki* dem Empfänger rechtswidrig gezahlter Beihilfen die Berufung auf das Eigentumsgrundrecht, da die Verordnung, auf deren Grundlage die Beihilfen gewährt worden seien, ihre Rückzahlung vorschreibe.[91] Die Rückzahlungspflicht stand mithin der Eigentumskonstiuierung von vorneherein entgegen. Ähnlich gelagert war der Fall *ArcelorMittal*, in dem das Luxemburgische Umweltministerium die Rückgabe von zu Unrecht zugeteilten Treibhausemissionszertifikaten verlangt hatte. Da die Zertifikate unrechtmäßig zugeteilt worden waren, waren sie nach Ansicht des EuGH überhaupt nicht als Emmissionszertifikate im Sinne der einschlägigen Richtlinie 2003/87/EG „wirksam entstanden".[92] Ihre Rückforderung stellte daher „keine Enteignung eines Vermögensgegenstands dar, der bereits Bestandteil des Vermögens des Betreibers geworden ist."[93] Wie im *Sky-Österreich*-Urteil stand auch hier eine Richtlinienbestimmung der Konstituierung einer von Art. 17 GRC geschützten Eigentumsposition entgegen.

[90] Vgl. die zutreffende Analyse von *Stanley*, Solicitors' Journal 157 (2013), 19: „The point it [sc. der EuGH] was making is that Sky had acquired its rights at a time when the relevant regime had already been set up. It had lost no right that it had ever possessed. It had elected to obtain rights that were already ‚encumbered'"; sehr ähnlich zur vergleichbaren Rechtslage in Deutschland ab 1990 BVerfGE 97, 228 (264 f.): „Etwaige Eigentumspositionen an Übertragungsrechten, die Fernsehveranstalter nach diesem Zeitpunkt erwarben, konnten von vornherein nur als mit dem Kurzberichterstattungsrecht belastete entstehen."

[91] EuGH, Rs. C-273/15 – *Ezernieki*, Rn. 47 ff.

[92] EuGH, Rs. C-321/15 – *ArcelorMittal*, Rn. 37.

[93] EuGH, Rs. C-321/15 – *ArcelorMittal*, Rn. 38; so bereits *GA Campos Sánchez-Bordona*, SchlA, Rs. C-321/15, Rn. 97 f.

c) *Rechtssache ACOR*

Eine Richtlinie kann grundsätzlich nur mittelbar Eigentum konstituieren. Das entspricht ihrer Funktion im Gesetzgebungssystem der Union (Art. 288 Abs. 2 AEUV). Zu einer unmittelbaren unionsrechtlichen Konstituierung von Eigentumspositionen kann es dagegen durch Verordnungen kommen (Art. 288 Abs. 1 AEUV). In der Rechtsprechung vor Inkrafttreten der Charta wurde jedenfalls die Möglichkeit einer solchen Eigentumskonstituierung bereits anerkannt. In seinem *ACOR*-Urteil setzt sich der EuGH mit der Übertragbarkeit von Produktionsquoten in dem durch Verordnungsrecht regulierten Zuckermarkt auseinander. Er stellte dazu fest, dass eine entgeltliche Übertragung der aufgrund einer Verordnung zugeteilten Quoten den Erwerbern „an diesen ein Eigentumsrecht verschaffen" würde. Das Bestehen eines solchen Eigentumsrechts sei aber geeignet, die Flexibilität zu beeinträchtigen, auf die die Quotenregelung angewiesen sei, die sich abhängig von der jeweiligen Marktsituation und den Erfordernissen der Gemeinsamen Agrarpolitik ändern könne.[94] Hieraus folgerte der Gerichtshof, dass die Unternehmen, denen Quoten zugeteilt worden waren, kein Eigentumsrecht an diesen erlangt hätten.[95] Obwohl also im konkreten Fall das Bestehen von Eigentum verneint wurde, hielt der Gerichtshof es doch zugleich für möglich, dass eine solche Position durch Verordnung eingeräumt wird.

d) *Eingeschränkte Bedeutung des Art. 345 AEUV*

Die Rechtsprechung des EuGH geht wie selbstverständlich davon aus, dass neben oder im Verbund mit den mitgliedstaatlichen Gesetzgebern auch der Unionsgesetzgeber Eigentum im Sinne des Art. 17 GRC konstituieren kann. Die Bestimmung des Art. 345 AEUV, nach der die Verträge die Eigentumsordnung in den verschiedenen Mitgliedstaaten unberührt lassen, spricht nur auf den ersten Blick gegen eine Eigentumskonstituierung durch Unionsgesetzgebung. Denn die Bedeutung der Vorschrift ist viel geringer, als es ihre Formulierung nahelegt.[96] Der Sache nach geht es nicht um die Eigentumsrechtsordnung in den Mitgliedstaaten, die dem unionalen Zugriff vorenthalten werden soll, sondern um die Frage der Eigentumszuordnung von Unternehmen, also darum, ob Unternehmen in öffentlicher oder privater Trägerschaft geführt werden.[97] Mit anderen Worten hindern die Verträge die Mitgliedstaaten nicht daran, Unternehmen von privater in öffentliche Trägerschaft zu überführen, d. h. sie zu verstaatlichen.[98] Auf der anderen Seite darf das Unionsrecht eine solche Verstaatlichung

---

94 EuGH, Rs. C-416/01 – *ACOR*, Rn. 50.

95 EuGH, Rs. C-416/01 – *ACOR*, Rn. 51.

96 Ausf. Analysen bei *Akkermans/Ramaekers*, ELJ 16 (2010), 292 ff. und *Calliess*, in: FS Fiedler, S. 464 ff. jew. m. N. auch zur a. A.

97 *Calliess*, in: FS Fiedler, S. 464 (475) m. N. aus dem Schrifttum.

98 *Akkermans/Ramaekers*, ELJ 16 (2010), 292 (314), die aber darauf hinweisen, dass die Mitgliedstaaten bei der Verstaatlichung selbst an die Grundfreiheiten und das Wettbewerbsrecht gebunden bleiben.

aber auch nicht vorgeben.[99] Weitergehende Aussagen über das Verhältnis zwischen Unionsrecht und dem Eigentumsrecht in den Mitgliedstaaten lassen sich Art. 345 AEUV nicht entnehmen. Sie wären auch mit dem Vertragsziel der Errichtung des Binnenmarkts, die notwendig mit eigentumsrelevanter Unionsgesetzgebung verbunden ist, unvereinbar.[100] Art. 345 AEUV steht also einer (Mit-)Konstituierung von Eigentumspositionen durch den Unionsgesetzgeber nicht entgegen.

e) Zusammenfassung

Zusammenfassend lässt sich sagen, dass der Unionsgesetzgeber, soweit er sich auf eine Kompetenz stützen kann, durch den Erlass von Richtlinien und Verordnungen Eigentum im Sinne des Art. 17 GRC konstituieren kann. Beim Erlass von Verordnungen ist sogar eine ausschließlich unionsrechtliche Konstituierung von Eigentumspositionen denkbar, während im Bereich des Richtlinienrechts der Unionsgesetzgeber und der mitgliedstaatliche Gesetzgeber gemeinsam die konstituierenden Rechtsnormen schaffen.[101] Das Referenzobjekt des unionsrechtlichen Eigentumsbegriffs sind damit alle Rechtsnormen des mitgliedstaatlichen und unionalen Rechts, die dem Einzelnen eine (gesicherte) Rechtsposition vermitteln, die wiederum den Strukturmerkmalen dieses Eigentumsbegriffs entsprechen. Diese Merkmale sind sogleich zu erörtern. An dieser Stelle genügt es zu notieren, dass mit dem Eigentumsrecht nach Art. 17 GRC neben der Eheschließungsfreiheit ein weiterer Anwendungsfall für die Kategorie der konstituierenden Gesetzgebung dargetan ist.

D. Negative Verpflichtungen

Anhand der beiden Prototypen, Eheschließungsfreiheit und Eigentumsrecht, soll im Folgenden aufgezeigt werden, wie die Kategorie der konstituierenden Gesetzgebung im Bereich der negativen Verpflichtungen der Grundrechtsadressaten relevant wird. Negativ verpflichtende Grundrechtsnormen verbieten eine bestimmte Handlung der Grundrechtsadressaten. In der deutschen Grundrechtsdogmatik sind sie auch als Abwehrrechte bekannt, da sie dem Einzelnen einen Anspruch gegen den Grundrechtsadressaten geben, eine freiheitsbeschränkende Handlung zu unterlassen, es ihm also ermöglichen, diese Handlung „abzuwehren".[102]

---

99 *Kingreen*, in: Calliess/Ruffert, EUV/AEUV, Art. 345 AEUV Rn. 11.

100 *Calliess*, in: FS Fiedler, S. 464 (474 f.).

101 Vgl. *Calliess*, in: FS Fiedler, S. 464 (475): „[...] was zum Schutzbereich des Eigentums zählt, wird innerhalb des europäischen Verbundsystems durch die mit[g]liedstaatlichen Rechtsordnungen und die Normen des Unionsrechts gemeinsam bestimmt."

102 Die deutsche Terminologie soll hier aber bewusst nicht übernommen werden; vgl. dazu bereits Kapitel 1 C III.

I. Schutzbereich

Die Prima-Facie-Struktur der Grundrechtsnorm verlangt zunächst nach einer Bestimmung des Schutzbereichs. Hier spielt die konstituierende Gesetzgebung eine zentrale Rolle. Ohne Rechtsnormen, die den grundrechtlichen Freiheitsgegenstand im Einzelfall konstituieren, kann der Schutzbereich nicht eröffnet sein.

1. Eheschließungsfreiheit

Nach dem Charta-Text schützt die Eheschließungsfreiheit dem Vorbild des Art. 12 EMRK folgend das Eingehen einer Ehe.

a) Institution der Ehe

Die Eheschließungsfreiheit lässt sich präzise mithilfe von *MacCormicks* Theorie der Rechtsinstitution erfassen. Ihm zufolge umfassen Rechtsinstitutionen wie die Ehe drei Kategorien von (konstituierenden) Regeln, nämlich institutive, konsequentielle und terminative.[103] In diese Kategorien lassen sich beispielsweise auch die Regeln des deutschen Eherechts einteilen. Die §§ 1303–1312 BGB bringen die institutiven Regeln über die Ehe zum Ausdruck, indem sie die Eingehung einer Ehe regeln (Titel 2 des 4. Buchs des BGB). Die Eheschließung wird von diesen Regeln als komplexe institutionelle Handlung konstituiert. Wird den Regeln gemäß gehandelt, erlangt ein individueller Fall der Institution „Ehe" Existenz. Die konsequentiellen Regeln der Institution finden sich vor allem in den §§ 1353 ff. BGB. Sobald ein individueller Fall der Ehe existiert, treten die allgemeinen Ehewirkungen (§§ 1353–1362 BGB) ein; außerdem gelten das eheliche Güterrecht (§§ 1363 ff. BGB) und eine Vielzahl weiterer Rechtsnormen, die das Bestehen einer Ehe als Tatbestandsvoraussetzung haben. Schließlich enthält das BGB auch terminative Regeln über die Ehe, nämlich Eheaufhebung (§§ 1313–1318 BGB) und Scheidung (§§ 1564 ff. BGB). Sind die Voraussetzungen dieser Regeln erfüllt, hört die konkrete Ehe auf zu existieren. Institutive, konsequentielle und terminative Regeln zusammengenommen bilden die Institution der Ehe, in deren Lichte sich in einzelnen Fällen das Vorliegen oder Nicht-Vorliegen der institutionellen Tatsache der Ehe insgesamt (im Sinne des „Verheiratet-Seins"), wie auch einzelner ehebezogener Tatsachen (Eheschließung, Ehename, Scheidung, Unterhaltsanspruch etc.) bestimmen lässt. Im Searle'schen Sinne handelt es sich also um konstitutive Regeln der Form „X gilt als Y in K". Die einzelnen Regeln stehen dabei nicht unverbunden nebeneinander. Vielmehr ist es möglich, sie unter der Institution der Ehe zusammenzufassen. Denn die ehebezogenen Rechtsnormen sollen eine überwölbende Funktion verrichten; sie verfolgen gemeinsam einen Zweck, der zugleich den *institutional point*, die *causa finalis*, der Institution bildet.[104]

---

[103] *MacCormick*, in: ders./Weinberger, Grundlagen des Institutionalistischen Rechtspositivismus, 1985, S. 80 f.; s. bereits oben Kapitel 1 A II. 1. c.

[104] Zur Statusfunktion als verbindendem Merkmal der Institution s. Kapitel 1 A II. 1. c.

b) Strukturmerkmale des Ehebegriffs

Der *institutional point* spiegelt sich im Ehebegriff des Unionsrechts wider. Der Ehebegriff legt mit anderen Worten fest, *welche* Rechtsnormen als ehekonstituierende Gesetze in Betracht zu ziehen sind und welche außen vor zu bleiben haben. Die Strukturmerkmale des unionsrechtlichen Ehebegriffs sind aus der Sicht der Institutionentheorie das Kriterium, nach dem sich konstituierende Rechtsnormen der Institution der Ehe zuordnen lassen. Oben (Abschn. C II. 2 und 3) wurde lediglich geklärt, dass es sich bei dem Begriff der Ehe um einen institutionellen Begriff handelt, der auf konstituierende Gesetze Bezug nimmt. Welchen Inhalt der Ehebegriff des Art. 9 GRC hat, blieb dabei noch offen.

Die Strukturmerkmale des unionsrechtlichen Ehebegriffs lassen sich in Anlehnung an bzw. in Abgrenzung vom Ehebegriff des Konventionsrechts ermitteln. Denn der Charta-Geber hat sich, wie oben dargelegt wurde, bei der Schaffung des Art. 9 GRC an Art. 12 EMRK orientiert, gleichzeitig aber eine „zeitgemäße" Formulierung gewählt. Der Ehebegriff des Konventionsrechts, wie ihn der EGMR ursprünglich im *Rees*-Urteil festgelegt hatte, bezieht sich auf die „traditionelle Ehe zwischen Personen verschiedenen biologischen Geschlechts".[105] Art. 12 EMRK gehe es dabei hauptsächlich um die Ehe als Grundlage der Familie.[106] Weder die Verschiedengeschlechtlichkeit der Partner noch die funktionale Konzeption der Ehe als Basis der Familiengründung wurden jedoch in Art. 9 GRC übernommen. Denn der Charta-Geber verzichtete bewusst auf die Nennung der Geschlechter im Gewährleistungstext und entkoppelte zudem das Recht auf Familiengründung syntaktisch von der Eheschließungsfreiheit. Beide Modifikationen werden in den Erläuterungen zur Charta als zeitgemäße Formulierungen reflektiert. Die Erläuterungen stellen außerdem klar, dass damit keine Pflicht der Mitgliedstaaten einhergehe, gleichgeschlechtliche Ehen anzuerkennen, gleichzeitig aber diese Verbindungen auch nicht ausgeschlossen seien. Damit der Ehebegriff des Unionsrechts für diese Weichenstellung offenbleibt, scheidet also die Verschiedengeschlechtlichkeit der Partner als Strukturmerkmal ebenso aus wie die Möglichkeit einer Familiengründung. Der EGMR hat die Abhängigkeit des Ehebegriffs des Art. 12 EMRK von der Möglichkeit der Familiengründung im *Goodwin*-Urteil aus dem Jahr 2002 ohnehin ausdrücklich aufgegeben. Dass ein Paar keine Kinder haben könne, stehe seiner Eheschließungsfreiheit nicht *per se* entgegen.[107] Im *Schalk-und-Kopf*-Urteil aus dem Jahr 2010 hat der EGMR sich darüber hinaus explizit vom Kriterium der Verschiedengeschlechtlichkeit verabschiedet, gleichzeitig aber betont, dass über die Frage, ob gleichgeschlechtliche Ehen anerkannt würden, die Konventionsstaaten zu entscheiden hätten.[108] In beiden Entscheidungen verwies der EGMR ausdrücklich auf die Formulierung des Art. 9 GRC, die von Art. 12 EMRK

---

105 EGMR, Nr. 9532/81 – *Rees*, Rn. 49.

106 EGMR, Nr. 9532/81 – *Rees*, Rn. 49.

107 EGMR, Nr. 28957/95 – *Goodwin*, Rn. 98.

108 EGMR, Nr. 30141/04 – *Schalk u. Kopf*, Rn. 60 f.

abweiche.[109] Im *Schalk-und-Kopf*-Urteil zitierte er sogar aus den Erläuterungen zur Charta, nach denen gleichgeschlechtliche Verbindungen als Ehen anerkannt werden könnten, sofern das nationale Recht sie vorsehe, nicht aber vorgesehen werden müssten.[110] Zusammenfassend lässt sich sagen, dass heute weder im Konventions- noch im Unionsrecht die Heterosexualität der Partner oder die Möglichkeit der Familiengründung Strukturmerkmale des Ehebegriffs sind.[111]

Positiv lässt sich als „Leitbild der Ehe", wie es Art. 12 EMRK und Art. 9 GRC zugrunde liegt, als „eine auf Dauer angelegte Lebensgemeinschaft zweier Menschen" beschreiben.[112] Dauerhaftigkeit und Monogamie sind damit die Strukturmerkmale des „europäischen Ehebegriffs"[113]. Keine Rolle spielt hingegen das Geschlecht der Partner und die Möglichkeit, eine Familie zu gründen (sei es „biologisch" oder „rechtlich"). Alle rechtlich konstituierten Verbindungen, die sich unter die positiven Strukturmerkmale des Ehebegriffs subsumieren lassen, sind damit Ehen im Sinne des Art. 9 GRC. Mit anderen Worten nimmt der institutionelle Begriff der Ehe in Art. 9 GRC auf solche konstituierenden Gesetze Bezug, die zwischen zwei Personen eine auf Dauer angelegte Lebensgemeinschaft etablieren. Dazu gehören die institutiven Rechtsnormen über die Eingehung der Ehe, die konsequentiellen Rechtsnormen über eheliche Rechte und Pflichten sowie die terminativen Rechtsnormen über Eheaufhebung, Scheidung etc.

c) *Unabhängigkeit von mitgliedstaatlicher Nomenklatur*

Da der unionsrechtliche Ehebegriff, wie oben dargelegt, von mitgliedstaatlichen Definitionen unabhängig ist, kommt es für die Subsumtion einer rechtlich konstituierten Verbindung zweier Personen unter Art. 9 GRC nicht darauf an, wie diese im nationalen Recht bezeichnet wird. Sobald der mitgliedstaatliche Gesetzgeber eine auf Dauer angelegte Verbindung zwischen zwei Personen konstituiert, unterfällt diese dem Ehebegriff des Art. 9 GRC, unabhängig davon, wie sie im mitgliedstaatlichen Recht bezeichnet wird. Dies ist eine zwingende Folge aus der Unterscheidung von Begriff und Bezugsobjekt, d. h. von unionsrechtlichem Ehebegriff und mitgliedstaatlicher Konstituierung. Folglich unterfallen auch solche Verbindungen dem Ehebegriff des Art. 9 GRC, die durch das mitgliedstaatliche Recht wie Ehen konstituiert sind,

---

[109] EGMR, Nr. 28957/95 – *Goodwin*, Rn. 100; Nr. 30141/04 – *Schalk u. Kopf*, Rn. 60 f.

[110] EGMR, Nr. 30141/04 – *Schalk u. Kopf*, Rn. 60.

[111] In diese Richtung auch *Jarass*, GRC, Art. 9 Rn. 5; anders *Kingreen*, in: Calliess/Ruffert, EUV/AEUV, Art. 9 GRC Rn. 5, der unter Verweis auf EuGH, Rs. C-249/96 – *Grant*, Rn. 32; Rs. C-122/99 P u. C-125/99 P – *D und Schweden*, Rn. 34 davon ausgeht, dass „Ehe" nur verschiedengeschlechtliche Verbindungen erfasse. Beide Entscheidungen betrafen aber keine grundrechtlichen Fragen und ergingen zudem vor der Proklamation bzw. dem Inkrafttreten der Charta; ihre Aussagekraft für Art. 9 GRC sollte daher nicht überschätzt werden; vgl. dazu auch *Tettinger/Muckel*, in: Stern/Sachs, GRC, Art. 9 Rn. 15.

[112] *Uerpmann-Wittzack*, in: Grabenwarter, Europäischer Grundrechteschutz, 2014, § 10 Rn. 16.

[113] So *Uerpmann-Wittzack*, in: Grabenwarter, Europäischer Grundrechteschutz, 2014, § 10 Rn. 16.

aber nicht „Ehe“ heißen, etwa die Lebenspartnerschaft nach dem deutschen Lebenspartnerschaftsgesetz. Art. 9 GRC zwingt zwar nicht zur Einführung solcher Partnerschaftsformen. Sind sie aber einmal eingeführt, können sie nicht durch bloße Nomenklatur dem unionsrechtlichen Grundrechtsschutz entzogen werden. Erforderlich ist freilich, dass die positiven Strukturmerkmale des unionsrechtlichen Ehebegriffs, d. h. Dauerhaftigkeit und Monogamie erfüllt sind. Sieht das nationale Recht also etwa eine „Ehe auf Zeit“ vor (vergleichbar der islamischen *mut'a*[114]), fällt diese ebenso wenig unter den Ehebegriff des Art. 9 GRC wie eine rechtlich konstituierte Vielehe.

d) Kompetenz zur Eheschließung

Das Grundrecht der Eheschließungsfreiheit ist handlungsbezogen. Geschützt wird das Eingehen einer Ehe als institutionelle Handlung.[115] Während die negative Eheschließungsfreiheit, also die Freiheit, keine Ehe einzugehen, insoweit keine Besonderheiten aufweist, ist die positive Freiheit, also die Freiheit, eine Ehe einzugehen, unübersehbar von konstituierender Gesetzgebung abhängig. Diese Freiheit ist überhaupt nur dann gegeben, wenn im mitgliedstaatlichen Recht eine Kompetenznorm existiert, die den konkreten Grundrechtsträger dazu ermächtigt, eine Ehe zu schließen. Es muss also eine Rechtsnorm geben, die einer Handlung des Grundrechtsträgers unter bestimmten Voraussetzungen die Bedeutung beimisst, eine Ehe zwischen ihm und einem Partner seiner Wahl zustande zu bringen. Diese Kompetenznorm bildet zugleich die institutive Regel der Ehe als Institution. Sprechakttheoretisch betrachtet, vermittelt diese Regel einer bestimmten Äußerung – z. B. des Wortes „ja“ – im richtigen Kontext (bspw. Anwesenheit eines Standesbeamten, § 1310 Abs. 1 Satz 1 BGB) die illokutionäre Kraft, eine „Eheschließungserklärung“ zu sein. Es handelt sich dabei um eine deklarative Sprachhandlung, die kraft der außer-sprachlichen Institution des Rechts unter bestimmten Bedingungen die gesellschaftliche Wirklichkeit verändert, indem sie den Sprecher nunmehr zum Ehegatten einer anderen Person macht. Es ist diese Sprachhandlung, die den Schutzbereich der Eheschließungsfreiheit ausmacht.

Die Kompetenznormen sind in den einzelnen Mitgliedstaaten unterschiedlich gestaltet, wodurch eine differenzierende Betrachtung auf der Ebene des Schutzbereichs nötig wird. Der Tatbestand der Kompetenznorm kann sehr umfangreich sein. Zu unterscheiden ist dabei zwischen „echten“ Voraussetzungen der Eheschließung, d. h. den Voraussetzungen, die vorliegen müssen, damit überhaupt eine Ehe geschlossen werden kann (Wirksamkeitsvoraussetzungen), und „unechten“ Voraussetzungen der Eheschließung, bei deren Nichtvorliegen die Ehe zwar zum Entstehen gelangt, die aber den Tatbestand einer terminativen Regel (z. B. Eheaufhebung) begründen. Sprechakttheoretisch korrespondiert damit die Unterscheidung zwischen fehlerhaf-

[114] Vgl. *Ende*, Die Welt des Islams XX (1980), 1 ff.

[115] *Kingreen*, in: Calliess/Ruffert, EUV/AEUV, Art. 9 GRC Rn. 7; *Jarass*, GRC, Art. 9 Rn. 6; vgl. auch *Wolff*, EuR 2005, 721 (723 f.) zu Art. 12 EMRK.

ten („unvollständigen") und fehlgeschlagenen („ungültigen") Sprachhandlungen.[116] Im deutschen Eherecht (Stand: Juni 2017) fallen die allermeisten Voraussetzungen der Eheschließung in die zweite Kategorie, wie §§ 1313, 1314 BGB zeigen. Die Nichterfüllung dieser Voraussetzungen begründet also nicht die Inexistenz („Nichtigkeit") der (vermeintlich geschlossenen) Ehe, sondern macht die tatsächlich eingegangene Ehe nur anfechtbar. Selbst Eheunmündige (§ 1303 BGB a. F.) und Geschäftsunfähige (§ 1304 BGB) konnten nach bisherigem deutschen Recht eine, wenn auch aufhebbare, Ehe eingehen. Sie hatten also die Kompetenz zur Eheschließung. Zahlreiche andere Mitgliedstaaten kennen vergleichbare Regeln. So spricht zwar das französische Recht von der „Nichtigkeit" *(nullité)* der Ehe, diese kann aber – je nach Verstoß – nur unter bestimmten Voraussetzungen und in einer bestimmten Frist mit einer Nichtigkeitsklage *(action en nullité)* geltend gemacht werden.[117] Auch hier wird also die Wirksamkeit der Eheschließung zunächst angenommen. Anders ist die Rechtslage dagegen z. B. in England und Wales, wo zwischen von Anfang an nichtigen *(void)* und anfechtbaren *(voidable)* Ehen unterschieden wird.[118] Das Nichtvorliegen verwandtschaftlicher Ehehindernisse, das Erreichen des heiratsfähigen Alters und das Nichtbestehen einer anderen Ehe sind damit (als Wirksamkeitsvoraussetzungen im eigentlichen Sinne) echte Voraussetzungen der Kompetenznorm.[119] Ein 15-Jähriger ist nach englisch-walisischem Recht also von vorneherein nicht in der Lage zu heiraten – ihm fehlt die Kompetenz –, während er nach bisherigem deutschen Recht zwar eine Ehe eingehen konnte, diese aber aufhebbar war. Für den Schutzbereich des Art. 9 Var. 1 GRC bedeutet das: Ist englisch-walisisches Recht maßgeblich, ist der Schutzbereich für den 15-Jährigen von vorneherein nicht eröffnet. Ist jedoch der Fall nach bisherigem deutschen Recht zu beurteilen, kann er sich zwar grundsätzlich auf die Eheschließungsfreiheit berufen. Die grundrechtliche Freiheit besteht allerdings nur in dem Umfang, in dem das deutsche Recht ihm die Eingehung der Ehe ermöglicht. Nicht geschützt ist der 15-Jährige Eheschließende daher davor, dass die eingegangene Ehe nach §§ 1313, 1314 Abs. 1, 1303 BGB a. F. ggf. später aufgehoben wird. Denn Art. 9 Var. 1 GRC schützt nur das Eingehen der Ehe und das eben auch nur insoweit, als es nach mitgliedstaatlichem Recht möglich ist. Nach bisherigem deutschen Recht konnte der 15-Jährige von vorneherein nur eine aufhebbare Ehe schließen. Seine grundrechtliche Freiheit ging nicht darüber hinaus. Es zeigt sich hier

116 Vgl. *Searle*, Sprechakte, 12. Aufl. 2013, S. 84 f., der von „unvollständigen" und „ungültigen" Sprechakten spricht; vgl. auch die illustrative Anwendung der Sprechaktanalyse auf die Lehre von der bürgerlich-rechtlichen Willenserklärung, insb. der Lehre von der „fehlerhaften" Willenserklärung, bei *Archavlis*, Die juristische Willenserklärung – eine sprechakttheoretische Analyse, 2015, S. 151 ff.

117 Vgl. Art. 180 ff. Code civil; *Döbereiner*, in: Süß/Ring, Eherecht in Europa, 2. Aufl. 2012, Länderbericht Frankreich, Rn. 10 ff.; ähnlich ist die Rechtslage in Österreich; vgl. *Ferrari/Koch-Hipp*, in: Süß/Ring, Eherecht in Europa, 2. Aufl. 2012, Länderbericht Österreich, Rn. 7 ff.

118 *Odersky*, in: Süß/Ring, Eherecht in Europa, 2. Aufl. 2012, Länderbericht Großbritannien: England und Wales, Rn. 1 f.

119 Ähnlich ist die Rechtslage bspw. in Tschechien; vgl. *Rombach*, in: Süß/Ring, Eherecht in Europa, 2. Aufl. 2012, Länderbericht Tschechische Republik, Rn. 7 f.

die überragende Bedeutung der konstituierenden Gesetzgebung bei der exakten Bestimmung des Schutzbereichs der Eheschließungsfreiheit. Ohne die konstituierenden Rechtsnormen auf mitgliedstaatlicher Ebene in die Betrachtung einzubeziehen, lassen sich zuverlässige Aussagen über die Eröffnung des Schutzbereichs nicht treffen.

2. *Eigentumsrecht*

Ein ähnliches, wenn auch komplexeres, Bild bietet der Schutzbereich des Eigentumsrechts nach Art. 17 GRC.

a) Institution des Eigentums

Die Eröffnung des Schutzbereichs des Eigentumsrechts setzt voraus, dass die fragliche Position dem Grundrechtsträger durch konstituierende Gesetze als Eigentum zugewiesen ist. Es muss also institutive, konsequentielle und terminative Regeln geben, die dem Grundrechtsträger eine Eigentumsposition vermitteln. Welche Regeln des mitgliedstaatlichen und unionalen Rechts der Institution des Eigentums zuzurechnen sind, ist anhand des unionsrechtlichen Eigentumsbegriffs zu ermitteln.

b) Strukturmerkmale des Eigentumsbegriffs

Die zentralen Strukturmerkmale sind in der Eigentumsdefinition enthalten, die der EuGH im *Sky-Österreich*-Urteil formuliert hat. In positiver Hinsicht ist eine vermögenswerte gesicherte Rechtsposition zu verlangen, die eine selbständige Ausübung durch und zugunsten ihres Inhabers ermöglicht.[120] Wie der EGMR[121] fordert also auch der EuGH, dass der in Rede stehenden Rechtsposition ein Vermögenswert *(valeur patrimonial* bzw. *asset value)* zukommt. Der Inhaber muss sie außerdem selbständig ausüben können. Das Merkmal der selbständigen Ausübbarkeit *(exercice autonome)* ähnelt dem Kriterium der Marktfähigkeit der Rechtsposition, das der Generalanwalt im *ACOR*-Fall ins Spiel gebracht hatte. Er hielt der Eigentumsqualität von Zuckerproduktionsquoten entgegen, dass diese „nicht über einen abstrakten, unbegrenzt und bedingungslos marktfähigen Wert mit konstanten Parametern" verfügten, sondern stets von den Behörden geändert oder aufgehoben werden könnten. Sie könnten daher auch kein Gegenstand eines „abstrakten Handelsgeschäfts" des Quoteninhabers sein.[122] Dabei lässt sich die Marktfähigkeit aber kaum vom Vermögenswert unterscheiden: Was nicht marktfähig ist, hat keinen Vermögenswert, was keinen Vermögenswert hat, ist auch nicht marktfähig. Die Marktfähigkeit einer Position ist eng mit ihrer Disponibilität verknüpft, die im Konventionsrecht als Indiz für

---

[120] EuGH, Rs. C-283/11 – *Sky Österreich*, Rn. 34.

[121] Für den EGMR ist der Vermögenswert sogar der Ausgangspunkt der Eigentumsprüfung; vgl. *Michl*, JZ 2013, 504 (506 f.) sowie *Sonnevend*, in: Grabenwarter, Europäischer Grundrechteschutz, 2014, § 14 Rn. 34 ff. jew. m. w. N.

[122] *GA Mischo*, SchlA, Rs. C-416/06 – *ACOR*, Rn. 89.

einen Vermögenswert herangezogen wird.[123] Eigenständige Bedeutung kommt hingegen der Ausübbarkeit der Position zugunsten *(au profit)* ihres Inhabers zu. Damit spricht der EuGH die Privatnützigkeit des Eigentums an, wie sie auch im deutschen Verfassungsrecht bekannt ist.[124] Der Inhaber der Position muss die Position selbst nutzen, d. h. ihren Vermögenswert für sich realisieren können. Vermögenswert und Privatnützigkeit lassen sich demnach aus der *Sky-Österreich*-Formel als Strukturmerkmale herausdestillieren, die die durch das Unionsrecht und/oder mitgliedstaatliche Recht konstituierte Rechtsposition aufweisen muss.

Ein Kriterium findet sich im *Sky Österreich*-Urteil nicht, obwohl es in der früheren Eigentumsrechtsprechung des EuGH mitunter eine Rolle gespielt hat: die eigene Leistung des Grundrechtsträgers.[125] So hat der Gerichtshof bereits die Eigentumsqualität bestimmter Referenzmengen (Quoten) verneint, weil deren Zuteilung „weder aus dem Eigentum noch aus der Berufstätigkeit des Betroffenen" herrühre.[126] Im *Wachauf*-Urteil wiederum bejahte er den eigentumsrechtlichen Schutz eines Pächters, wenn diesem drohe, um die „Früchte seiner Arbeit" und die „von ihm vorgenommenen Investitionen" gebracht zu werden.[127] Dahinter steht erkennbar der Gedanke, dass die Eigentumsgarantie nur das schützt, was der Einzelne durch den Einsatz seines Vermögens oder seiner eigenen Arbeitsleistung erworben hat.[128] Freilich wurde dieses „Leistungsprinzip" nicht in jeder Entscheidung zum Eigentumsgrundrecht erwähnt, so dass teilweise Zweifel aufgekommen sind, ob es über den Bereich der Quoten hinaus Geltung beanspruche.[129] Es spricht jedoch einiges dafür, dass der Gerichtshof auch bei Anwendung der Charta darauf zurückgreifen wird, sollte der Leistungsaspekt einer behaupteten Eigentumsposition zweifelhaft sein. Denn das Leistungskriterium ermöglicht eine Abgrenzung des Eigentums von bloßen wirtschaftlichen Interessen, denen der EuGH – anders als der EGMR – nie Eigentumsschutz hat zukommen lassen.[130] Diese Grenzziehung hat der Charta-Geber vorgezeichnet, indem er mit Art. 15 und 16 GRC Grundrechtsbestimmungen geschaffen hat, unter die sich ökonomische Interessen subsumieren lassen. Ähnlich wie im deutschen Verfassungsrecht[131] mag die Faustformel, dass Art. 17 GRC das Erworbene schützt, Art. 15 und 16 GRC hingegen den Erwerb, in Zweifelsfällen für eine sachgerechte Abgrenzung

[123] *F. Michl*, JZ 2013, 504 (507) m. w. N.

[124] Vgl. BVerfGE 100, 226 (241) m. N. aus der Rspr.

[125] Vgl. dazu ausf. *Sonnevend*, in: Grabenwarter, Europäischer Grundrechteschutz, 2014, § 14 Rn. 39 ff. m. w. N.

[126] EuGH, Rs. C-44/89 – *von Deetzen*, Rn. 27; Rs. C-2/92 – *Bostock*, Rn. 19; Rs. C-38/94 – *Country Landowners Association*, Rn. 14.

[127] EuGH, Rs. 5/88 – *Wachauf*, Rn. 19.

[128] Vgl. *Calliess*, in: ders./Ruffert, EUV/AEUV, Art. 17 GRC Rn. 8 m. w. N.

[129] Etwa *Sonnevend*, in: Grabenwarter, Europäischer Grundrechteschutz, 2014, § 14 Rn. 40 ff. m. w. N.

[130] Zu den Unterschieden zwischen EuGH- und EGMR-Rspr. vgl. *Sonnevend*, in: Grabenwarter, Europäischer Grundrechteschutz, 2014, § 14 Rn. 49 ff.; *Vosgerau*, in: Stern/Sachs, GRC, Art. 17 Rn. 32 ff.

[131] Vgl. BVerfGE 30, 292 (335).

der Schutzbereiche sorgen.[132] Dass das Leistungskriterium im Urteil *Sky Österreich* nicht erwähnt wurde, dürfte daran liegen, dass es für die Einordnung der in Rede stehenden Position (Exklusivübertragungsrecht) nicht darauf ankam, da dieses offensichtlich durch den Einsatz eigenen Vermögens erworben worden war.

c) Eigentumspositionen

Unter den unionsrechtlichen Eigentumsbegriff fallen alle „klassischen" Eigentums- und Sachenrechte der mitgliedstaatlichen Rechtsordnungen, wie das Eigentum an beweglichen und unbeweglichen Sachen, andere privatrechtlich konstituierte dingliche Rechte sowie private Forderungsrechte.[133] Das geistige Eigentum wird in Art. 17 Abs. 2 GRC besonders hervorgehoben und ist mit Blick auf die Unionskompetenzen in diesem Bereich (vgl. Art. 118 AEUV) von besonderem Interesse.[134] Auch Immaterialgüterrechte sind aber von konstituierender Gesetzgebung abhängig. Die bloße Behauptung, ein bestimmtes Interesse sei „geistiges Eigentum" oder auch typische Merkmale wie „schöpferische Leistung" reichen daher nicht.[135] Vielmehr müssen Rechtsnormen das Interesse zu einer Rechtsposition erheben, die die Strukturmerkmale des Eigentumsbegriffs aufweist.[136] Art. 17 Abs. 2 GRC formuliert daher keine Ausnahme, sondern nur einen besonderen Fall des konstituierungsbedürftigen Eigentumsgrundrechts.

Um zu ermitteln, ob eine bestimmte Position des Grundrechtsträgers dem Eigentumsbegriff des Art. 17 GRC unterfällt, ist die komplexe Rechtsposition in den Blick zu nehmen und nicht etwa nur der Aspekt, dessen grundrechtlichen Schutz der Grundrechtsträger im konkreten Fall geltend macht. Das lässt sich an Beispielen aus der Rechtsprechung illustrieren. In der Rechtssache *Sky Österreich* war zunächst zu klären, ob das exklusive Fernsehübertragungsrecht von *Sky* als solches Eigentum im Sinne des Art. 17 GRC darstellte. Erst im Anschluss daran fragte der EuGH danach, ob die konkret behauptete Nutzungsmöglichkeit *Skys*, nämlich den Zugang zum Signal von einem Entgelt abhängig machen zu können, einen vom Eigentumsrecht geschützten Aspekt bildete. In der Entscheidungsbegründung des Gerichtshofs sind diese gedanklichen Schritte zwar angelegt, jedoch nicht vollständig entfaltet. Die Ausführungen sind insoweit nicht sehr konsistent. Sie werden mit der Frage eingeleitet, ob sich die durch Art. 17 Abs. 1 GRC gewährten Garantien tatsächlich auf vertraglich erworbene exklusive Fernsehübertragungsrechte erstreckten. Daran schließt sich die

---

132 Vgl. dazu auch *Jarass*, GRC, Art. 17 Rn. 4 m. w. N.

133 Vgl. *Calliess*, in: ders./Ruffert, EUV/AEUV, Art. 17 GRC Rn. 6 m. w. N.

134 *Calliess*, in: ders./Ruffert, EUV/AEUV, Art. 17 GRC Rn. 6; aus der neueren Rspr. EuGH, Rs. C-342/12 – *UPC Telekabel Wien*, Rn. 42 ff.

135 Vgl. dazu *Goldhammer*, ZGE 2015, 396 (407 f.) mit Fokus auf dem deutschen Verfassungsrecht.

136 Die erforderliche rechtliche Konstituierung geistigen Eigentums betont auch *Jarass*, GRC, Art. 17 Rn. 10.

oben wiedergegebene Definition des Eigentumsbegriffs an.[137] Sodann subsumiert der EuGH die fragliche Position unter diesen Begriff, indem er ausführt, sie ermögliche den Veranstaltern, bestimmte Ereignisse exklusiv zu übertragen, und habe daher Vermögenswert.[138] Über das Kriterium der „gesicherten Rechtsposition“ wird der von *Sky Österreich* behauptete Eigentumsschutz hinsichtlich der entgeltlichen Verwertbarkeit mit Blick auf Kurzberichterstattungen dann aber verneint.[139] Die Lösung des Grundrechtsfalls wird also „abgekürzt“, indem die konkrete Handlungsmöglichkeit schon begrifflich vom Eigentum geschieden wird.

Diese argumentative Abkürzung dürfte der eigentliche Grund für die Kritik sein, die die *Sky-Österreich*-Entscheidung im deutschsprachigen Schrifttum auf sich gezogen hat.[140] Formuliert man den zugrunde liegenden Gedankengang vollständig aus, erscheint die Entscheidung deutlich nachvollziehbarer: Selbstverständlich ist das exklusive Fernsehübertragungsrecht eine Eigentumsposition im Sinne des Art. 17 Abs. 1 Satz 1 GRC. Es handelt sich um eine gesicherte Rechtsposition mit Vermögenswert, die der Inhaber selbständig und eigennützig ausüben kann.[141] Davon zu trennen ist jedoch die Frage, ob die konkrete Handlung, die der Eigentümer vornehmen möchte, vom Schutzbereich des Eigentumsgrundrechts erfasst ist. Im Fall *Sky Österreich* ging es um die Möglichkeit, einen Vertrag abzuschließen, der die Verwertung von Ausschnitten für Kurzberichterstattungen von einem Entgelt abhängig machte. Eine solche Verwertungshandlung – sei sie nun Nutzung oder Verfügung im Sinne des Art. 17 Abs. 1 Satz 1 GRC – war jedoch von vorneherein gemäß Art. 15 AVMD-RL ausgeschlossen. Es gab also keine, jedenfalls keine gesicherte (s. o.), konsequentielle Regel, die dem Rechteinhaber eine solche Vertragsschlusskompetenz zugewiesen hätte. Damit war der Schutzbereich im Fall *Sky Österreich* in der Tat nicht eröffnet, denn *Sky* berief sich auf den Schutz einer (institutionellen) Handlung, die durch die konstituierende Gesetzgebung nicht ermöglicht wurde. Zu Recht hat der EuGH Art. 15 AVMD-RL nicht als Einschränkung des Eigentumsrechts eingeordnet. Denn eingeschränkt werden kann grundrechtliche Freiheit nur, sofern sie überhaupt besteht.[142] Soweit die Kategorie der konstituierenden Gesetzgebung greift, entscheidet hierüber der Gesetzgeber.

---

[137] EuGH, Rs. C-283/11 – *Sky Österreich*, Rn. 34.

[138] EuGH, Rs. C-283/11 – *Sky Österreich*, Rn. 35.

[139] EuGH, Rs. C-283/11 – *Sky Österreich*, Rn. 36–40.

[140] *Ziegenhorn*, EuZW 2013, 351 (352); *Wollenschläger*, in: von der Groeben/Schwarze/Hatje, EU-Recht, Art. 17 GRC Rn. 11; etwas zurückhaltender *Goldhammer*, ZGE 2015, 395 (413 f.).

[141] Zu der rechtlichen Begründung des exklusiven Fernsehübertragungsrechts vgl. *Wildmann/Castendyk*, MMR 2012, 75 (76) m. w. N.; das exklusive Verwertungsrecht wird ihnen zufolge im deutschen Recht aus dem Hausrecht des Veranstalters abgeleitet, der sich vertraglich dazu verpflichtet, von seinen Abwehrrechten (§§ 859, 1004 BGB) gegenüber dem Vertragspartner keinen Gebrauch zu machen; die Rechtslage in den meisten Mitgliedstaaten sei ähnlich.

[142] Die Kritik von *Wollenschläger*, in: von der Groeben/Schwarze/Hatje, EU-Recht, Art. 17 GRC Rn. 11 geht daher an Art. 17 GRC vorbei. Er bemängelt insbesondere, dass das Eigentumsverständnis des EuGH, dem „eigentumsdefinierenden Gesetzgeber“ einen zu großen Spielraum gewähre. Wenn aber doch der Gesetzgeber erst Eigentum schafft – wovon auch *Wollenschläger* ausgeht –, ist

Die EuGH-Rechtsprechung umfasst auch Fälle, in denen die Position des (vermeintlichen) Grundrechtsträgers schon überhaupt nicht als Eigentum anzusehen war. So etwa die bereits erwähnte Rechtssache *SMW Winzersekt*, in der das Interesse an der Verwendung einer Produktbeschriftung in keiner Weise als rechtliche Position konstituiert worden war.[143] Verneint wurde – wie gesagt – auch die Eigentumsqualität von Quoten, deren Zuteilung nicht auf eigener Leistung beruhte. Eine präzise Bestimmung der Schutzbereichseröffnung im Einzelfall setzt also voraus, dass zunächst geklärt wird, ob die inmitten stehende Position überhaupt als Eigentum im Sinne des Unionsrechts zu qualifizieren ist. Erst dann stellt sich die Frage nach dem Schutz der konkreten Handlung (oder des konkreten Zustands). Nur wenn beide Schritte auseinander gehalten und die jeweils einschlägigen (oder nicht einschlägigen) konstituierenden Rechtsnormen herausgearbeitet werden, gelingt eine überzeugende Darlegung, warum im konkreten Fall der Schutzbereich des Eigentumsrechts eröffnet ist oder nicht. Argumentative Abkürzungen, wie sie der EuGH im Fall *Sky Österreich* unternommen hat, verunklaren den Weg zur Entscheidung und führen unweigerlich zu Kritik, wenn diese sich auch, was das Ergebnis des Falles anbelangt, als unbegründet erweisen mag.

d) *Aspekte des Eigentumsschutzes*

Den Schutzbereich des Eigentumsrechts umschreibt Art. 17 Abs. 1 Satz 1 GRC nicht mit der Nennung der Institution als solcher, wie etwa in Art. 14 Abs. 1 Satz 1 GG. Vielmehr werden einzelne Aspekte aufgeführt, auf die sich der grundrechtliche Schutz erstreckt. Jede Person hat demnach das Recht, ihr rechtmäßig erworbenes Eigentum zu besitzen, zu nutzen, darüber zu verfügen und es zu vererben. Die anderen Sprachfassungen formulieren wie folgt:

Toute personne a le droit de jouir de la propriété des biens qu'elle a acquis légalement, de les utiliser, d'en disposer et de les léguer.

Everyone has the right to own, use, dispose of and bequeath his or her lawfully acquired possessions.

Ogni persona ha il diritto di godere della proprietà dei beni che ha acquisito legalmente, di usarli, di disporne e di lasciarli in eredità.

Es zeigt sich ein markanter syntaktischer Unterschied zwischen den romanisch-sprachigen und den germanisch-sprachigen Versionen. Während im Deutschen wie im Englischen Bezugsobjekt der Handlungen das „Eigentum" bzw. die *possessions* sind, beziehen sich die Handlungen des Grundrechtsträgers in der französischen und der

sein Spielraum von Anfang an unbeschränkt; ein anderes mag unter dem Gesichtspunkt positiver Verpflichtungen gelten, deren Zusammenhang mit der Figur der konstituierenden Gesetzgebung sogleich zu erörtern ist.

[143] EuGH, Rs. C-306/93 – *SMW Winzersekt*, Rn. 23.

italienischen Fassung auf die „Gegenstände" oder „Sachen" *(biens – beni)*[144], die im Eigentum *(propriété – proprietà)* des Grundrechtsträgers stehen. Nur das „Besitzen" bzw. „Genießen" *(jouir de – godere de)* bezieht sich auf das Eigentum selbst. Unterscheidet man nach den einzelnen Aspekten, lässt sich der Schutzbereich des Eigentumsrechts in zwei Klassen einteilen: den Zustandsschutz und den Handlungsschutz.

aa) Zustandsschutz

Art. 17 Abs. 1 Satz 1 GRC schützt zunächst den Zustand des „Eigentümer-Seins", der mit der statisch zu verstehenden Verbalkonstruktion „Eigentum besitzen" umschrieben wird. Im deutschen Schrifttum hat die Verwendung des Verbs „besitzen" einige Irritationen hervorgerufen.[145] Gleicht man die deutsche Sprachfassung jedoch mit den anderen ab, wird deutlich, dass nicht etwa Besitz im Sinne von Sachherrschaft gemeint ist, sondern das Innehaben der Eigentumsposition als solcher. Denn die französische Wendung *jouir de la propriété* lässt sich ebenso wie ihr italienisches Pendant *godere della proprietà* am treffendsten mit „Eigentum haben" oder „Eigentümer sein" übersetzen. Der Schutz umfasst also den „Bestand der Eigentumsposition in der Hand des Eigentümers".[146] Geschützt wird die institutionelle Eigenschaft des Grundrechtsträgers, Eigentümer des jeweiligen Objekts zu sein.

Wie diese Eigenschaft im Einzelnen beschaffen ist, hängt von der einschlägigen konstituierenden Gesetzgebung ab. Das „Produkt" der Konstituierung muss jedenfalls vom unionsrechtlichen Eigentumsbegriff erfasst sein. Die Bandbreite der möglichen Eigentumsgegenstände ist daher denkbar groß. Entscheidend ist gerade im Bereich des Sacheigentums, dass die Eigentumsposition nicht mit dem physisch rohen Objekt, d. h. der Sache, verwechselt wird, auf die sie sich bezieht. Sacheigentum ist, um eine im angelsächsischen Raum verbreitete Metapher zu bemühen,[147] immer nur ein Bündel

---

[144] Zum Begriff der *beni* im italienischen Privatrecht s. Art. 810 Codice civile: „Sono beni le cose che possono formare oggetto di diritti" (dt.: „Sachen sind Dinge, die Gegenstand von Rechten sein können"; übersetzt im Auftrag der Südtiroler Landesregierung, URL = <http://www.provinz.bz.it/politik-recht-aussenbeziehungen/recht/downloads/PDF_ZGB_Stand_Mai_2015_deu(1).pdf>; zuletzt abgerufen am 08. 03. 2018). Unter *beni* lassen sich alle „Einheiten" fassen, die ein menschliches Bedürfnis befriedigen können und die sich der einzelne aneignen kann (*Cian/Trabucchi*, Commentario breve al Codice civile, 11. Aufl. 2014, Vor Art. 810 Rn. 1). Im französischen Recht gibt es hingegen zwar keine Legaldefinition des Begriffs *biens* (vgl. Art. 516 f. Code civil), jedoch wird dieser wie sein italienisches Pendant verstanden, vgl. *Atias*, Droit civil, 9. Aufl. 2007, S. 1 f.

[145] Etwa *Frenz*, HdbEuR IV, Rn. 2869 f., der „besitzen" im Sinne des Art. 17 Abs. 1 Satz 1 GRC wie den „Besitz" i. S. v. § 854 BGB verstehen will; vgl. auch *Heselhaus*, in: ders./Nowak, HbdEuGR, § 32 Rn. 40, der an der Formulierung kritisiert, dass Art. 17 GRC den Unterschied zwischen „Besitzrechte[n]" und Eigentum in manchen Rechtsordnungen verkenne.

[146] *Bernsdorff*, in: Meyer, GRC, Art. 17 Rn. 17 in offensichtlicher Anlehnung an die Rspr. des BVerfG, nach der die Eigentumsgarantie „den konkreten Bestand in der Hand der einzelnen Eigentümer" schützt; so zuerst BVerfGE 24, 367 (389).

[147] Vgl. auch zur Kritik an der Bundle-of-Rights-Metapher die sehr instruktive Analyse von *Baron*, U. Cin. L. Rev. 82 (2014), 57 ff.; die Metapher vom Rechtsbündel wird gelegentlich auch in der deutschen Rechtswissenschaft verwendet; vgl. etwa *Rittstieg*, NJW 1982, 721 (722); *Burgi*, NVwZ 1994, 527 (531).

von Rechtspositionen (Ansprüchen und Kompetenzen)[148], die sich zwar auf eine Sache beziehen, stets aber gegenüber anderen Rechtssubjekten bestehen. Rechtsnormen begründen Rechtsverhältnisse ausschließlich zwischen Personen, nicht zwischen Personen und Sachen.[149] Die Rechtsnormen des Eigentumsrechts setzen voraus, dass eine der am Rechtsverhältnis beteiligten Personen Eigentümer ist. Sie sind damit konsequentielle Rechtsnormen der Institution Eigentum. Typische Beispiele aus dem deutschen Sachenrecht sind der Vindikationsanspruch (§ 985 BGB), der negatorische Unterlassungsanspruch (§ 1004 BGB), aber auch die Veräußerungskompetenzen des Eigentümers (§§ 873, 925, 929 ff. BGB). Auch die begriffsgeschichtliche Charakterisierung des Eigentums als „archetypische Zuordnungsbeziehung Subjekt-Objekt"[150] darf nicht darüber hinwegtäuschen, dass *Rechts*beziehungen nur zwischen Personen bestehen können, da Rechtsnormen nur Handlungen von Personen betreffen. Dennoch bleibt es sinnvoll von einer „Zuordnung" eines Gegenstands zu einer Person durch das Eigentumsrecht zu sprechen, wenn die Eigenschaft des „Eigentümer-Seins" als Voraussetzung für konsequentielle Rechtsnormen der Institution Eigentum gemeint ist.

Der Zustandsschutz des Art. 17 Abs. 1 Satz 1 GRC umfasst also das „Bündel" an Ansprüchen und Kompetenzen im Hinblick auf einen bestimmten Eigentumsgegenstand so, wie es der Eigentümer „in der Hand" hält. Geschützt wird eine Vielzahl von Rechtspositionen, die der Eigentümer aufgrund konsequentieller Regeln der Institution Eigentum anderen Personen gegenüber in Ansehung des Eigentumsobjekts unterhält. Das ist „sein" Eigentum im Sinne von Art. 17 Abs. 1 Satz 1 GRC. Es setzt die „Zuordnung" des Eigentumsgegenstands durch institutive Regeln voraus.

bb) Handlungsschutz

Neben dem Zustand umfasst der Schutzbereich des Eigentumsrechts auch aktive Handlungsaspekte, die im Text der Charta mit „nutzen", „verfügen" und „vererben" umschrieben sind.[151] Alle drei Typen von eigentumsbezogenen Handlungen sind auf-

---

148 Etwas unklar, aber hier nicht zu vertiefen, ist die Frage, ob dem Bündel auch die Pflichten des Eigentümers zugerechnet werden sollten; aus institutionentheoretischer Sicht spricht nichts dagegen, da auch diese sich aus konsequentiellen Regeln der Institution Eigentum ergeben; der englische Ausdruck *bundle of rights* erfasst aber freilich zunächst nur Ansprüche und Kompetenzen, d. h. Rechtspositionen, die dem Eigentümer günstig sind; vgl. dazu etwa *di Robilant*, Vand. L. Rev. 66 (2013), 869 (928 f.), die der Bündel- eine Baum-Metapher entgegenstellt.

149 Grundlegend dazu *Hohfeld*, Yale Law Journal 23 (1913), 16 ff.; *ders.*, Yale Law Journal 26 (1916), 710 ff.; vgl. aber stellvertretend für die a. A. *MacCormick*, Institutions of Law, 2007, S. 135 ff.: „[…] real rights [dingliche Rechte, Anm. F. M.] entail a specific legal relationship between one person and a thing, in a way that entails consequential rights against unspecified third parties, or specific third parties who in some way interfere with the thing to the detriment of the right-holder"; *MacCormick* legt dabei allerdings ein sehr weites Verständnis von *right* zugrunde, das letztlich die gesamte institutionelle Tatsache „Eigentum" umfasst; für *Hohfeld* dagegen ist *right* stets eine konkrete relationale Rechtsposition.

150 *Schwab*, in: Brunner/Conze/Koselleck, Geschichtliche Grundbegriffe, 1975, S. 65.

151 Zu diesem „neue[n] Ansatz" im Vergleich mit Art. 1 ZP-EMRK und Art. 14 GG vgl. *Frenz*,

grund ebendieses Eigentumsbezugs institutionell, auch wenn sie äußerlich physisch roh erscheinen. Der Eigentümer mag ein Feld pflügen, ein Gebäude errichten oder eine Maschine betreiben. Nur auf den ersten Blick handelt es sich bei alledem um physisch rohe Tatsachen. Denn zur *Eigentums*nutzung werden sie erst im Lichte der Rechtsnormen, die das Nutzungsobjekt dem Handelnden als Eigentum im oben beschriebenen Sinne „zugeordnet" haben. Damit ist jede eigentumsbezogene Handlung als solche Teil der institutionellen Wirklichkeit und nicht mehr nur physisch roh begreifbar. Über die Zuordnung hinaus verlangen jedenfalls manche eigentumsbezogenen Handlungen nach weiteren konstituierenden Rechtsnormen, vor allem das Verfügen und Vererben. Diese können dem mitgliedstaatlichen Recht ebenso wie dem Recht der Union entstammen. Als Beispiel für konstituierendes Unionsrecht in diesem Bereich ist die Erbrechtsverordnung zu nennen.[152] Auch insoweit ist zur Bestimmung des Schutzbereichs stets zu überprüfen, ob die jeweilige Handlung durch die konstituierenden Gesetze überhaupt ermöglicht wird.

3. *Scheinproblem der Schutzbereichsdivergenz*

Es hat sich gezeigt, dass die Schutzbereiche der Eheschließungsfreiheit und des Eigentumsrechts, die hier als Prototypen herausgegriffen wurden, von konstituierender Gesetzgebung der Mitgliedstaaten und/oder der Union abhängen. Ohne Rechtsnormen, die mit institutiven, konsequentiellen und terminativen Regeln Bezugsobjekte der institutionellen Begriffe „Ehe" und „Eigentum" schaffen, ist bei diesen Grundrechten Freiheitsausübung, an der die Grundrechtsadressaten den Einzelnen hindern könnten, überhaupt nicht denkbar. Zwar bedarf die Freiheitsausübung stets auch eines physisch rohen Akts, wie der Äußerung von Lauten, dem Pflügen eines Feldes, dem Beschreiben eines Stücks Papier usf. Doch ohne konstituierende Rechtsnormen, die aus diesen Handlungen Eheschließungen, Eigentumsnutzungen und letztwillige Verfügungen machen, in deren Lichte sie als institutionelle Handlungen eines bestimmten Typs mithin erst begreifbar sind, erlangen sie keine grundrechtliche Relevanz.

Die Eröffnung des Schutzbereichs setzt stets voraus, dass das Recht, das im konkreten Grundrechtsfall anwendbar ist, die betreffende Institution vorsieht, dass ein konkreter Fall einer solchen Institution gegeben ist und dass dem Grundrechtsträger durch das anwendbare Recht die konkrete institutionelle Handlung (Eheschließung, Verfügung etc.) ermöglicht bzw. der konkrete institutionelle Zustand (Eigentümer-Sein) zugeschrieben wird. Diese Abhängigkeit des Schutzbereichs von konstituierender Gesetzgebung führt unweigerlich dazu, dass die Schutzbereiche, gedacht als Mengen von Handlungen und Zuständen, je nach anwendbarem Recht divergieren. Im Bereich der Eheschließungsfreiheit wird dies deutlich an den ver-

HdbEuR IV, Rn. 2868 f., der die „aktive[n], tätigkeitsbezogene[n] Grundrechtsausübung" betont, darunter aber auch das statische „Besitzen" fassen will.

152 Vgl. *Janzen*, DNotZ 2012, 484 ff.; *Simon/Buschbaum*, NJW 2012, 2393 ff.

schiedenen nationalen Vorschriften über das heiratsfähige Alter (Ehemündigkeit) und die verschiedenen Rechtsfolgen, die an die Unterschreitung der Altersgrenze geknüpft werden. In einem Mitgliedstaat wie Deutschland, wo die Eheschließung eines Eheunmündigen bisher wirksam, aber anfechtbar war, ist der Schutzbereich der Eheschließungsfreiheit weiter als in England oder Tschechien, wo ein Eheunmündiger überhaupt keine wirksame Ehe schließen kann. Die Diversität mitgliedstaatlicher konstituierender Gesetzgebung ist beim Eigentum noch stärker ausgeprägt als im Eherecht. Denn die „Rechtsbündel" der Eigentümer sind vom nationalen Recht sehr unterschiedlich zusammengestellt. Trotz zahlreicher Gemeinsamkeiten unterscheiden sich die privatrechtlichen Sachenrechtsordnungen sowie die Regelungskomplexe über unkörperliche Eigentumsobjekte von Mitgliedstaat zu Mitgliedstaat.[153] Hinzu treten die vielfältigen öffentlich-rechtlichen Rechtsregime, die den konkreten Inhalt der einzelnen Eigentumsrechte maßgeblich mitbestimmen, wie etwa das öffentliche Baurecht oder das Denkmalschutzrecht,[154] aber auch sehr spezielle Rechtsmaterien wie das Atomrecht[155].

Diese „Divergenz der Schutzbereiche" ist allerdings, sofern sie überhaupt für ein Problem gehalten wird, ein Scheinproblem. Es ist bereits zweifelhaft, ob einem Grundrecht überhaupt mehrere Schutzbereiche, die als Mengen gedacht werden, zugeordnet werden können. Im nationalen Kontext ist klar, dass das Grundrecht *einen* Schutzbereich hat.[156] Der Schutzbereich in diesem Sinne ist die von den Grundrechtsträgern abstrahierte Menge möglicher grundrechtlicher Freiheitsgegenstände (Handlungen, Zustände), die einem bestimmten Grundrecht (das ebenso ein Abstraktum ist) zugeordnet werden. Im Unionsrecht ist dies nicht anders. Die Abstraktion muss aber notwendig die Rechtsordnungen aller Mitgliedstaaten in den Blick nehmen. Soweit grundrechtliche Freiheit auf gesetzgeberische Konstituierung angewiesen ist, lässt sich der Schutzbereich eines Grundrechts nicht (abstrakt) bestimmen, solange nicht alle konstituierenden Gesetze einbezogen werden. Die Unterschiede zwischen den mitgliedstaatlichen Rechtsordnungen werden erst relevant, wenn der konkrete Grundrechtsträger in den Blick genommen wird. Dann geht es aber nicht mehr um den Schutzbereich, den das Grundrecht – als abstrakte Gedankenentität – hat, sondern um den Schutz, den der Einzelne genießt. Die vermeintliche Divergenz der Schutzbereiche besteht bei näherem Hinsehen also überhaupt nicht. Vielmehr unterscheiden sich die potentiellen und aktuellen Grundrechtspositionen von Grundrechtsträger zu Grundrechtsträger. Diese Divergenz ist aber keine Besonderheit, sondern

[153] Vgl. die Länderberichte in *von Bar*, Sachenrecht in Europa, Bd. 1–4, 1999–2001.

[154] Zu den Unterschieden zwischen dem deutschen und dem österreichischen Denkmalschutzrecht vgl. etwa die Beiträge in *Reichelt*, Denkmalschutz in Europa, 2011.

[155] Zum deutschen Atomausstieg und dem damit verbundenen öffentlich-rechtlichen Nutzungsregime vgl. BVerfGE 143, 246.

[156] Vgl. *Kingreen/Poscher*, Grundrechte Staatsrecht II, 33. Aufl. 2017, Rn. 260: „Das Grundrecht *hat* seinen Schutzbereich, und es verbürgt, garantiert oder gewährleistet *im* Schutzbereich subjektive Rechte […]" – Hervorhebung im Original.

der Normalfall. Besonders mag sie nur im Vergleich mit Grundrechten erscheinen, deren Freiheitsgegenstände nicht auf konstituierende Gesetzgebung angewiesen sind. So hat die Freiheit der Meinungsäußerung einen Schutzbereich, der Handlungen umfasst, die potentiell jedermann vollziehen kann, gleichviel in welchem Mitgliedstaat der Union er sich befindet. Eine Ehe nach deutschem Zivilrecht kann man aber nur nach Maßgabe der deutschen Rechtsordnung eingehen, ebenso wie man ein sogenanntes Superädifikat nur nach österreichischem Privatrecht durch Hinterlegung einer Urkunde übereignen kann (vgl. § 435 ABGB). Diese rechtliche Diversität ist europäische Normalität.

II. Einschränkung

Aufgrund des untrennbaren gedanklichen Zusammenhangs von Schutzbereich und Einschränkung[157] spielt die konstituierende Gesetzgebung auch auf der zweiten Prüfungsebene bei der Ermittlung einer negativen Verpflichtung der Grundrechtsadressaten eine Rolle, nämlich bei der Feststellung einer Einschränkung. Eine Einschränkung liegt immer dann vor, wenn ein Grundrechtsadressat einen Grundrechtsträger in zurechenbarer Weise an der Ausübung seiner grundrechtlichen Freiheit hindert. Die Einschränkung ist das Hindernis grundrechtlicher Freiheit. Im Bereich der negativen Verpflichtungen geht es um Hindernisse, die durch eine aktive Handlung der Grundrechtsadressaten errichtet werden. Negative Verpflichtungen knüpfen an die Schaffung von Umständen an, die es dem Grundrechtsträger unmöglich machen oder ihn davon abhalten können, eine geschützte Handlung vorzunehmen, oder die einen geschützten Zustand (eine geschützte Eigenschaft) des Grundrechtsträgers beeinträchtigen.[158]

1. Hinderung von Handlungen

Die grundrechtliche Freiheit kann auch bei Grundrechten, die von konstituierender Gesetzgebung abhängen, durch die Be- oder Verhinderung von geschützten Handlungen eingeschränkt werden. Dabei ist die Hinderung physisch roher Handlungen von der Hinderung institutioneller Handlungen zu unterscheiden.

a) Hinderung von physisch rohen Handlungen

Zunächst können Grundrechtsadressaten den Vollzug einer grundrechtlich geschützten physisch rohen Handlung hindern. Sie können physisch rohe Umstände schaffen, die es für den Grundrechtsträger unmöglich machen, die Handlung zu vollziehen.[159] So kann ein Grundrechtsträger durch die physisch rohe Verhinderung

[157] Vgl. *Kingreen/Poscher*, Grundrechte Staatsrecht II, 33. Aufl. 2017, Rn. 280; *Gärditz*, in: Grabenwarter, Europäischer Grundrechteschutz, 2014, § 4 Rn. 52.

[158] S. oben Kapitel 1 C IV. 3.

[159] Vgl. *Alexy*, Theorie der Grundrechte, 1994, S. 174, der hierfür den Begriff der „faktischen“

der Fortbewegung (z. B. bei Strafgefangenen) an dem Vollzug des Äußerungsakts gehindert werden, der einer Eheschließung zugrunde liegt. Einem Landwirt kann durch unmittelbaren polizeilichen Zwang die Bestellung seines Feldes unmöglich gemacht werden. Physisch roh sind aber nicht nur körperliche Hindernisse. Ebenso kommt eine Hinderung der Handlung durch psychische Einwirkung in Betracht. Wenn man so will, umfasst die Schaffung physisch roher Hindernisse alle Fälle von *vis absoluta* und *vis compulsiva*. Gehindert wird dabei stets der physisch rohe Handlungsaspekt, der sämtlichen institutionellen Handlungen zugrunde liegt. Im Fall von Sprachhandlungen (z. B. Eheschließungserklärung, Verfügung, Testamentserrichtung etc.) ist dies der Äußerungsakt als physisch rohes Element der Gesamthandlung.[160] Bei sonstigen Handlungen (sogenannten Realakten[161]), wie dem Eggen eines Feldes, erschöpft sich die Handlung in ihrem physisch rohen Aspekt.

Physisch rohe Handlungen bzw. Handlungsaspekte des Grundrechtsträgers können aber auch durch die Schaffung institutioneller Tatsachen gehindert werden. Der typische Fall ist das rechtliche Verbot einer Handlung.[162] Der Normgeber ändert durch den Vollzug eines solchen Normsetzungsakts – sei er legislativer, exekutiver oder judikativer Provenienz – die institutionelle Wirklichkeit des Rechts, indem er ihr eine Verbotsnorm (Pflichtnorm) hinzufügt.[163] Die Rechtsnorm[164] gibt dem Grundrechtsträger einen Grund von seiner grundrechtlich geschützten Handlung abzusehen.[165] Dadurch behindert sie jedenfalls die grundrechtliche Freiheitsausübung. Unterstellt man die Rechtstreue des Einzelnen, geht man also von der unbedingt handlungsmotivierenden Wirkung von Rechtsnormen aus, stellt eine Verbotsnorm sogar eine Verhinderung der verbotenen Handlung dar, da der Grundrechtsträger sich nicht dem Verbot widersetzen wird; solche kategorische Rechtstreue dürfte aber bloße Fiktion sein.[166] Vielmehr muss stets Raum für ein Scheitern der Handlungsmotivation durch Rechtsnormen sein. Für die Einschränkung kommt es letztlich aber nicht darauf an,

---

Unmöglichkeit verwendet. Legt man jedoch die Unterscheidung zwischen rohen und institutionellen Tatsachen zugrunde, auf die auch *Alexy*, a. a. O., S. 175 unter Berufung auf *Searle* und *MacCormick*, zurückgreift, sind institutionelle Umstände, die den Einzelnen an Handlungen hindern, nicht minder „faktisch". Es gibt nur eine Wirklichkeit, die aus Tatsachen (Fakten) besteht; manche davon sind physisch-roh, manche institutionell. *Alexys* Begriffsbildung ist daher etwas irreführend.

160 Zur Sprachhandlungsanalyse s. oben Kapitel 1 A III. 1.

161 Die Rede vom Realakt in Abgrenzung vom Rechtsakt suggeriert freilich (zu Unrecht), dass Rechtshandlungen irreal sind.

162 Vgl. *Alexy*, Theorie der Grundrechte, 1994, S. 174 f.

163 Dies kann selbstverständlich auch durch die Aufhebung einschränkender Normelemente (z. B. Ausnahmetatbestände, Erlaubnisse) geschehen.

164 Umfassen Grundrechte – wie im deutschen Recht – auch negative Kompetenznormen, kann eine grundrechtswidrige Rechtsnorm überhaupt nicht gesetzt werden; es handelt sich dann um eine Putativ-Rechtsnorm, die, solange ihre Nichtexistenz (Ungültigkeit) nicht offenkundig ist, den Einzelnen in ähnlicher Weise motivieren kann wie eine existente (gültige) Rechtsnorm; im Unionsrecht gibt es allerdings keine Grundrechtsnormen in Gestalt negativer Kompetenznormen; vgl. Kapitel 1 C I. 2.

165 Zu (Pflicht-)Normen als Gründe für Handlungen s. Kapitel 1 A I.

166 Vgl. zu diesem Problem *Alexy*, Theorie der Grundrechte, 1994, S. 174 f.

ob die Handlung be- oder verhindert wird. Außer Zweifel steht, dass die Setzung einer Verbotsnorm als Schaffung neuer institutioneller Tatsachen ein Hindernis der grundrechtlich geschützten Freiheit darstellt. Hindernde institutionelle Umstände werden schließlich nicht nur durch die Setzung von Verbotsnormen geschaffen. Freiheitshindernd wirken auch alle anderen Rechtsnormen (oder Normbestandteile), die eine für den Grundrechtsträger ungünstige (Rechts-)Folge an den Vollzug einer bestimmten Handlung knüpfen (ohne den Vollzug zugleich zu verbieten).

Soweit es um die Hinderung von physisch rohen Handlungen und Handlungsaspekten geht, begründet die Abhängigkeit des grundrechtlichen Freiheitsgegenstands von konstituierender Gesetzgebung keinen Unterschied im Vergleich zu anderen Grundrechten. Auch physisch rohe Handlungen, die in den Schutzbereich anderer Grundrechte – wie der Meinungs- oder Religionsfreiheit fallen –, können auf die vorbeschriebene Weise gehindert werden.

b) Hinderung von institutionellen Handlungen

Ein Spezifikum konstituierungsbedürftiger Grundrechte ist, dass sie nicht nur physisch rohe Handlungen und solche Handlungen schützen, die durch außerrechtliche Institutionen konstituiert werden, sondern auch und vor allem institutionelle Handlungen der Grundrechtsträger, die durch das Recht selbst ermöglicht werden. Eine Einschränkung der grundrechtlichen Freiheit liegt insoweit bereits dann vor, wenn der physisch rohe Handlungsaspekt einer solchen Handlung behindert wird. Denn institutionelle Handlungen weisen stets auch eine physisch rohe Komponente auf (insb. Äußerungsakte bei Sprachhandlungen). Sie können aber auch noch auf andere Weise gehindert werden.

Die Rechtsnormen, die die geschützte institutionelle Handlung konstituieren, können nämlich auch aufgehoben werden, so dass der Grundrechtsträger die Handlung nicht mehr vollziehen kann. Die Handlung wird damit in einem institutionellen Sinn (rechtlich) unmöglich.[167] Werden die konstituierenden Rechtsnormen des Eherechts aufgehoben, kann keine Ehe mehr geschlossen werden.[168] Veränderungen des Erbrechts können dazu führen, dass der Grundrechtsträger nicht mehr wie bisher über seine Eigentumsgegenstände von Todes wegen verfügen kann. Die Aufhebung der konstituierenden Rechtsnormen kann gesetzgebungstechnisch auf sehr unterschiedliche Weise geschehen: Einzelne Gesetzesbestimmungen können gestrichen, einschränkende Tatbestandsmerkmale hinzugefügt, Unwirksamkeitsgründe normiert werden. Den verschiedenen Normsetzungsakten ist gemein, dass sie eine bislang bestehende Kompetenznorm zulasten des Grundrechtsträgers aufheben, also ihre institutionelle Existenz beenden. Mit dem Wegfall der Kompetenz fällt auch die Möglichkeit weg, die vom Grundrecht geschützte institutionelle Handlung vorzunehmen. Die Einschränkung ist offensichtlich.

---

167 Vgl. *Alexy*, Theorie der Grundrechte, 1994, S. 175 f.

168 Beispiel übernommen von *Alexy*, Theorie der Grundrechte, 1994, S. 176.

Ob die Aufhebung von konstituierenden Rechtsnormen eine Einschränkung grundrechtlicher Freiheit darstellt, ist nicht abstrakt, sondern nur mit Blick auf den konkreten Grundrechtsträger zu bestimmen. Da Grundrechtsnormen, wie sie hier verstanden werden, Rechtsverhältnisse zwischen *konkreten* Grundrechtsträgern und *konkreten* Grundrechtsadressaten begründen, verbietet sich eine abstrahierende Sichtweise, wie sie auf Schutzbereichsebene aus systematisierenden Gründen sinnvoll sein kann. Es gibt nicht die Einschränkung der Eheschließungsfreiheit als solcher oder die Einschränkung des Eigentumsrechts als solchem; stets wird eine bestimmte Freiheitsausübung eines bestimmten Grundrechtsträgers gehindert. Zu einer Einschränkung kann es also nur kommen, wenn dieser Grundrechtsträger nach der Änderung der konstituierenden Rechtsnormen „rechtlich weniger kann" als vorher, wenn also seine rechtlich-institutionellen Handlungsmöglichkeiten geschmälert wurden. Der grundrechtliche Handlungsschutz ist daher bei näherem Hinsehen Bestandsschutz.[169] Geschützt wird ein Bestand an institutionellen Handlungsoptionen vor dem schmälernden Zugriff der Grundrechtsadressaten. Nur wenn ein Normsetzungsakt den Handlungsspielraum des einzelnen Grundrechtsträgers verkürzt, wenn er also Bestandsrelevanz hat, stellt er eine Einschränkung grundrechtlicher Freiheit dar.

Aufgrund des untrennbaren Zusammenhangs von Schutzbereich und Einschränkung werden Fälle, in denen der angegriffene Normsetzungsakt keine Bestandsrelevanz hat, bereits auf der Ebene des Schutzbereichs aus der grundrechtlichen Prüfung ausgesondert. Das Beispiel dafür liefert wiederum die Rechtssache *Sky Österreich*, in der die Einschränkung einer Nutzungsmöglichkeit eines Eigentumsobjekts gerügt wurde, die aber schon von vorneherein nicht (hinreichend) gesetzlich konstituiert war. Vergleichbare Fälle lassen sich zahlreich bilden. So kann sich der Erwerber eines bereits von denkmalschutzrechtlichen Beschränkungen betroffenen Gebäudes nicht gegen diese Beschränkungen unter Berufung auf sein Eigentumsrecht wenden. Denn er hat nie mehr als ein „eingeschränkt" nutzbares Gebäude erworben. Art. 17 Abs. 1 Satz 1 GRC schützt – als negativ verpflichtende Gewährleistung – das „Rechtsbündel" so, wie es sich in der Hand des Eigentümers befindet, nicht, wie dieser es gerne hätte.

2. *Beeinträchtigung von Zuständen und Eigenschaften*

Soweit Zustände und Eigenschaften den grundrechtlichen Freiheitsgegenstand bilden, kann die grundrechtliche Freiheit in vergleichbarer Weise eingeschränkt werden.

a) *Beeinträchtigung des physisch rohen Referenzobjekts*

Zunächst kann ein geschützter institutioneller Zustand durch eine Einwirkung auf das physisch rohe Referenzobjekt, also auf den Gegenstand der „materialen Welt", beeinträchtigt werden, in dessen Ansehung der Zustand oder die Eigenschaft besteht.

[169] Ausf. zum „Normbestandsschutz" im deutschen Recht *Lübbe-Wolff*, Die Grundrechte als Eingriffsabwehrrechte, 1988, S. 125 ff.

Der durch Art. 17 Abs. 1 Satz 1 GRC vermittelte Zustandsschutz umfasst das „Eigentümer-Sein", also das Innehaben des Eigentums in Bezug auf einen bestimmten Gegenstand. Hat dieser Gegenstand physisch rohe Existenz, ist er also körperlich, kann er durch physisch rohe Einwirkung beschädigt oder zerstört werden. Dadurch wird auch der geschützte institutionelle Zustand beeinträchtigt. Hinsichtlich der genauen Ausmaße der Beeinträchtigung ist zu differenzieren.

Teilweise knüpfen terminative Regeln der Institution Eigentum an die physische Einwirkung auf den körperlichen Eigentumsgegenstand an, mit der Folge, dass der bisherige Eigentümer seine Rechtsposition verliert, der geschützte Zustand also aufhört zu existieren. Eigentum an körperlichen Gegenständen kann beispielsweise nur so lange bestehen, wie die „Körperlichkeit", also die physisch rohe Existenz des Gegenstands gegeben ist. Denn nur dann hat der Gegenstand Sachqualität im Sinne des Privatrechts und kann Bezugspunkt des (Sach-)Eigentums sein. Freilich werden die maßgeblichen physisch rohen Tatsachen, die die Körperlichkeit begründen, wiederum vom Recht bestimmt. Nicht entscheidend ist der naturwissenschaftliche Substanzbegriff.[170] Nach deutschem Privatrecht sind die Kriterien der Körperlichkeit sinnliche Wahrnehmbarkeit und räumliche Abgegrenztheit des Gegenstands.[171] Wird mindestens eine dieser Voraussetzungen aufgehoben – etwa durch rückstandsloses Verbrennen –, hört der körperliche Gegenstand als solcher auf zu existieren und bildet auch keinen Bezugspunkt mehr für die eigentumsrechtlichen Rechtsnormen. Ähnlich wirken die Rechtsnormen des Sachenrechts über den Eigentumsverlust durch Verbindung, Vermischung und Verarbeitung (§§ 946 ff. BGB). Alle diese terminativen Regeln knüpfen an ein Ereignis in der materialen Welt an, nämlich eine physisch rohe Einwirkung auf das Eigentumsobjekt, und sehen als Rechtsfolge die Beendigung der Eigentümerposition vor.

Physisch rohe Einwirkungen führen indes nicht stets zur Beendigung des grundrechtlich geschützten Zustands. Wird eine Sache etwa nur beschädigt, bleibt das Eigentum an ihr – gedacht als Bündel von Ansprüchen und Kompetenzen – unberührt. Dennoch sind solche Fälle, die in der Praxis weitaus häufiger vorkommen als völlige Zerstörungen, als Beeinträchtigungen des durch das Eigentumsrecht geschützten Zustands zu erfassen. Der Zustandsschutz schützt den Eigentümer einer Sache vor jedweder Beeinträchtigung des körperlichen Substrats. Denn seine Eigentumsposition bezieht sich auf das Eigentumsobjekt in der konkreten physisch rohen Beschaffenheit, wie er es in der Hand hält. Eine Einwirkung auf diese Beschaffenheit verändert zugleich die geschützte Eigentumsposition. Ein Beispiel für eine solche Einschränkung des Eigentumsrechts liefert die Rechtssache *Booker Aquaculture*, in der es um die Vernichtung eines Fischbestandes vor dem Hintergrund einer Richtlinie zur Bekämpfung bestimmter Fischseuchen ging. Die Einschränkung des Eigentumsrechts

---

170 Vgl. für das deutsche Recht *Stieper*, in: Staudinger, BGB, Neubearb. 2017, Vorb. §§ 90 ff. Rn. 9.

171 Vgl. *Stieper*, in: Staudinger, BGB, Neubearb. 2017, Vorb. §§ 90 ff. Rn. 9.

durch diese Maßnahme stand außer Frage.[172] Auch der EGMR hat in vergleichbaren Fällen physischer Einwirkung bereits Eingriffe in das Eigentumsrecht angenommen, etwa durch den Abbruch eines Hauses[173] oder durch die Vernichtung pornographischer Schriften[174].

b) Beeinträchtigung der institutionellen Situation

Institutionelle Zustände und Eigenschaften, die in den Schutzbereich eines Grundrechts fallen, können auch durch eine Veränderung der rechtlich-institutionellen Situation beeinträchtigt werden.[175] Dies kann dadurch geschehen, dass einzelne Rechtsnormen aufgehoben oder geändert werden, die den geschützten Zustand bzw. die geschützte Eigenschaft des Grundrechtsträgers (mit-)konstituieren. Im Falle des Eigentums dürften diese Rechtsnormen freilich schon von den einzelnen Handlungsaspekten (nutzen, verfügen, vererben) erfasst sein.[176] Der institutionelle Zustand kann dadurch beendet werden, dass dem Grundrechtsträger die konkrete Rechtsposition gänzlich entzogen wird, wie dies etwa bei förmlichen Enteignungen der Fall ist.[177] Geschützte Zustände und Eigenschaften können schließlich auch durch die Umgestaltung ganzer Regelungskomplexe beeinträchtigt werden, die in abstrakt-genereller Weise institutive, konsequentielle und terminative Regeln einer Rechtsinstitution grundlegend verändern und so auf konkrete Rechtspositionen des

---

[172] EuGH, Rs. C-20 u. C-64/00 – *Booker Aquaculture*, Rn. 64 ff.; vgl. auch die eingehende Analyse des Falles vor dem Hintergrund der EMRK und des (noch nicht verbindlichen) Art. 17 GRC durch *GA Mischio*, SchlA, Rs. C-20 u. C-64/00 – *Booker Aquaculture*, Rn. 60 ff.

[173] EGMR, Nr. 35179/97 – *Allard*, Rn. 50; vgl. auch EGMR, Nr. 57947/00 – *Isayeva*, Rn. 233 (Bombardement); Nr. 23819/94 – *Bilgin*, Rn. 108 (Zerstörung eines Hauses durch Sicherheitskräfte).

[174] EGMR, Nr. 5493/72 – *Handyside*, Rn. 61, wo zwischen der Beschlagnahme der Schriften und ihrer anschließenden Vernichtung unterschieden wird; etwas unklar ist freilich, ob durch den vorgängigen Verfall infolge der strafrechtlichen Verurteilung *(forfeiture)* nicht schon die Eigentümerstellung aufgehoben worden war, als die Schriften zerstört wurden.

[175] Vgl. *Alexy*, Theorie der Grundrechte, 1994, S. 176 ff., der aber für die hier behandelten Fälle von der Beseitigung „rechtlicher Positionen" spricht, worunter er auch „Erlaubnisse" fassen will. Nach seinem Verständnis ist auch der Umstand, dass es dem Einzelnen erlaubt ist, seine Meinung zu äußern, eine Rechtsposition, die durch ein Verbot beeinträchtigt werden kann. Dem ist zuzugeben, dass durch ein Verbot die institutionelle Wirklichkeit des Rechts verändert wird. Indes ist Recht nicht *erforderlich*, um eine Meinung frei zu äußern. Erlaubnis ist die Negation der Pflicht. Sie ist für die Vornahme einer Handlung niemals konstitutiv. Man kann seine Meinung äußern ganz unabhängig davon, ob es erlaubt (d. h. nicht verboten) ist oder nicht. Daher erscheint es unter analytischen Gesichtspunkten unglücklich, die Rechtsposition der Erlaubnis (Nicht-Pflicht; im Hohfeld'schen Duktus: *privilege)* als geschützte institutionelle Eigenschaft des Grundrechtsträgers zu begreifen. Auch *Alexy*, a. a. O., S. 179 betont, dass bei Handlungen, die keine „Rechtsakte" seien, der Handlungsaspekt der entscheidende sei. Wenn hier von institutionellen Zuständen und Eigenschaften die Rede ist, geht es ausschließlich um solche, die durch Rechtsnormen konstituiert sind, wie das Eigentümer-Sein, das Verheiratet-Sein usf.

[176] Vgl. etwa EGMR, Nr. 10522/83 u. a. – *Mellacher* zur Mietpreisregulierung in Österreich.

[177] Vgl. *Alexy*, Theorie der Grundrechte, 1994, S. 177 f.; zur formellen Enteignung im Sinne des Konventionsrechts vgl. *Grabenwarter/Pabel*, Europäische Menschenrechtskonvention, 6. Aufl. 2016, Rn. 10 m. N. aus der Rspr. des EGMR.

Einzelnen zurückwirken.[178] So vielfältig die Rolle des Gesetzgebers bei der Konstituierung der geschützten Freiheitsgegenstände, so mannigfaltig sind seine Einschränkungsmöglichkeiten.

3. *Keine Einschränkung durch konstituierende Gesetzgebung*

a) *Neukonstituierung von Freiheitsgegenständen*

Konstituierende Gesetzgebung als solche kann schon *per definitionem* keine Einschränkung sein. Denn sie schafft den grundrechtlichen Freiheitsgegenstand, ermöglicht also erst die Ausübung grundrechtlicher Freiheit und ist damit nachgerade das Gegenteil eines Freiheitshindernisses. Das gilt jedenfalls unzweifelhaft für die Neukonstituierung von Freiheitsgegenständen, wie beispielsweise der Einführung einer gleichgeschlechtlichen Ehe oder der gesetzlichen Anerkennung neuartiger Immaterialgüterrechte. Die Schaffung neuer Freiheitsgegenstände kann freilich einhergehen mit der Beeinträchtigung bestehender Positionen, so dass sie aus Sicht des Inhabers des Bestandes eine Einschränkung seiner Freiheit darstellen kann.[179] Dieser „relative Charakter" einer konstituierenden Maßnahme ist kein Paradoxon, sondern eine Konsequenz aus der Relativität des Einschränkungsbegriffs. Ob eine Einschränkung vorliegt, kann nie abstrakt, sondern stets nur aus der Sicht eines konkreten Rechtsträgers beurteilt werden. Was für den einen die Konstituierung von Freiheit ist, kann für den anderen ein Freiheitshindernis sein.

b) *Diachronizität von Einschränkung und Konstituierung*

Neben der Relativität von Einschränkung und Konstituierung ist auch ihr diachronisches Moment nicht zu verkennen. Was für den einen Grundrechtsträger Einschränkung war, kann – in der Zeit betrachtet – für den anderen Konstituierung seines Freiheitsgegenstandes sein. Für Frau *Hauer* stellte der Normsetzungsakt (die Weinbauverordnung), der ihr die Neupflanzung von Weinreben auf ihrem Grundstück verbot, eine Einschränkung ihres Eigentumsrechts dar.[180] Denn vor Erlass der Verordnung konnte sie ihr Grundrück insoweit unbeschränkt nutzen. Hätte sie nach Erlass der Verordnung ihr Grundstück an Herrn *Meier* veräußert, wäre aus dessen Sicht die Verordnung nicht als einschränkendes, sondern als konstituierendes Gesetz zu beurteilen gewesen. Denn er konnte Eigentum nur insoweit erwerben, als es in den Händen von Frau *Hauer* bestanden hatte, also deren ursprüngliches Eigentum vermindert um die Nutzbarkeit des Grundstücks durch Neuanpflanzung von Weinreben. Herrn *Meiers* Eigentum wird durch die Verordnung (mit-)konstituiert, nicht eingeschränkt. Er kann sich also gegenüber dem Neupflanzungsverbot, das von An-

178 Vgl. EGMR, Nr. 8793/79 – *James* zur Landreformgesetzgebung im Vereinigten Königreich.

179 Vgl. auch *Calliess*, in: Ehlers, Europäische Grundrechte und Grundfreiheiten, 4. Aufl. 2015, § 20 Rn. 26.

180 EuGH, Rs. 44/79 – *Hauer*, Rn. 22.

fang an den Inhalt seines Eigentums bestimmt hat, nicht auf sein Eigentumsrecht aus Art. 17 GRC berufen.

Dieses Ergebnis ist angesichts der Abhängigkeit des Schutzbereichs von konstituierender Gesetzgebung konsequent. Der Schutzbereich ist in jedem Einzelfall zu bestimmen, also für Frau *Hauer* und Herrn *Meier* gesondert. Es gibt daher keine Vermutung dafür, dass das Eigentum von Herrn *Meier* denselben Inhalt haben müsse wie das ursprünglich nicht eingeschränkte Eigentum von Frau *Hauer*. Die Einschränkungen zulasten von Frau *Hauer* setzen sich, sofern sie bei Rechtsnachfolge bestehen bleiben,[181] als konstituierende Rechtsnormen bei Herrn *Meier* fort. In der deutschen Grundrechtsdogmatik wird teilweise dennoch versucht, eine negative Verpflichtung der Grundrechtsadressaten auch zugunsten des Erwerbers zu konstruieren. So schlägt *Poscher* vor, für das „Abwehrrecht", d. h. die negativ verpflichtende Grundrechtsnorm, aus dem geltenden einfachen Recht einen „allgemeine[n] abstrakte[n] Freiheitsgegenstand" zu „extrapolieren", an dem die „Inhaltsregelung", d. h. die konstituierende Gesetzgebung, zu messen sei.[182] Welchen Inhalt die „extrapolierte Freiheit" habe, sei eine Frage der spezialgrundrechtlichen Dogmatik. Für das Eigentum werde sie wohl in Richtung eines allgemeinen Nutzungs- und Ausschließungsrechts gehen, demgegenüber dann „Nutzungs- und Ausschließungsspezifikationen" als Eingriff wahrgenommen werden könnten.[183] Es kann hier dahinstehen, ob der „Extrapolations-Ansatz" eine adäquate dogmatische Erfassung des deutschen Verfassungsrechts ist. Das BVerfG betont jedenfalls die „Vorprägung" konkreter Eigentumspositionen durch bereits bestehende (öffentlich-rechtliche) Nutzungsreglementierungen und denkt diese nicht etwa hinweg.[184] Auf das Unionsrecht kann der Ansatz in keinem

---

[181] Ob einzelne Eigentumseinschränkungen bei Rechtsnachfolge bestehen bleiben, ist eine Frage des positiven Rechts und nicht allgemein zu beantworten. Abstrakt-generelle Normsetzungsakte, die auf den Eigentumsgegenstand selbst Bezug nehmen – z. B. Bebauungspläne oder die Weinbauverordnung – gelten in der Regel ungeachtet von der Person des Eigentümers. Für konkrete Normsetzungen, etwa durch Verwaltungsakt, trifft das einschlägige Recht bisweilen explizite Vorkehrungen für eine Fortgeltung (z. B. Art. 54 Abs. 2 Satz 3 Hs. 1 BayBO: „Bauaufsichtliche Genehmigungen, Vorbescheide und sonstige Maßnahmen gelten auch für und gegen die Rechtsnachfolger").

[182] *Poscher*, Grundrechte als Abwehrrechte, 2003, S. 137.

[183] *Poscher*, Grundrechte als Abwehrrechte, 2003, S. 137.

[184] Vgl. jüngst BVerfG, NJW 2017, 217 (222); *Poscher*, Grundrechte als Abwehrrechte, 2003, S. 137 m. N. stützt sich vor allem auf die Rspr. des BVerfG zur Vertragsfreiheit, die in der Tat von einem Prinzip der freien Gestaltung der Rechtsverhältnisse ausgeht, in das jedwede Verkürzung der rechtlichen Möglichkeiten eingreift. Doch es erscheint sehr zweifelhaft, dass das BVerfG das grundrechtliche Schutzgut aus der bestehenden Vertragsrechtsordnung „extrapoliert" hat. Denn diese ist nicht nur von der Privatautonomie, sondern auch von weiteren „Leitprinzipien" geprägt, wie *Bumke*, Ausgestaltung von Grundrechte, 2009, S. 27 f. und 52 ff. herausgearbeitet hat. *Bumke*, a. a. O., S. 28 ff. schlägt demgegenüber das „Private Recht" als Quelle des Schutzguts vor, an dessen Existenz als „Recht" man freilich zweifeln darf; letztlich bemüht er außerrechtliche Sozialnormen, an die selbstverständlich grundrechtlicher Schutz anknüpfen kann; zutreffend dürfte dagegen die Vertragsfreiheit des deutschen Grundgesetzes als unbenanntes Freiheitsrecht mit einem nicht konstituierungsbedürftigen Schutzgegenstand zu erfassen sein, wie dies *Manssen*, Privatrechtsgestaltung durch Hoheitsakt, 1994, S. 192 ff. vorgeschlagen hat.

Falle übertragen werden. Denn er negiert in letzter Konsequenz die Abhängigkeit des Freiheitsgegenstands von konstituierender Gesetzgebung, indem er an die Stelle der konstituierenden Rechtsnormen eine abstrakte Freiheitsidee setzt, die nach der Konzeption des Charta-Gebers gerade nicht Schutzgegenstand des Grundrechts sein soll. Im Übrigen verkennt der Ansatz die – theoretische – Möglichkeit, das von ihm angenommene Schutzinteresse im Rahmen der positiven Verpflichtungen der Grundrechtsadressaten zur Geltung zu bringen. Dies hängt freilich damit zusammen, dass *Poscher* darum bemüht ist, das „Abwehrrecht", also die negativ verpflichtenden Grundrechtsnormen, so umfassend wie möglich zu konzipieren. Seine Untersuchung soll zeigen, „daß das Abwehrrecht auch in Konstellationen zur Anwendung gelangt, für die zum Teil neue Grundrechtsfunktionen oder gänzlich anders geartete methodische Ansätze vorgeschlagen worden sind."[185] Im europäischen Grundrechtsdiskurs gehören positive Verpflichtungen schon aufgrund der Rechtsprechung des EGMR zum *accord commun* und können daher nicht als „neue Grundrechtsfunktion" gelten. Mit ihnen aber lässt sich die Situation Herrn *Meiers* wesentlich präziser erfassen als mit *Poschers* Extrapolationslösung. Denn es geht Herrn *Meier*, wenn er sich an dem Neupflanzungsverbot stört, nicht um die Abwehr einer Einschränkung seines Eigentums. Vielmehr möchte er durch eine positive Handlung des Normgebers seine Eigentumsposition erweitern.[186] Der von ihm behauptete grundrechtliche Anspruch geht auf die aktive Aufhebung einer Norm, nicht auf die Unterlassung ihrer Setzung, und gehört damit strukturell zu den positiven Verpflichtungen. Dass ein solcher Anspruch freilich besteht, ist damit noch längst nicht gesagt. Dieser Frage ist später nachzugehen.

III. Rechtfertigung

Die Konstituierung des grundrechtlichen Freiheitsgegenstands durch den Gesetzgeber spielt auf der Ebene der Rechtfertigung festgestellter Einschränkungen keine Rolle. Vorbehaltlich spezieller Bestimmungen gelten die allgemeinen Rechtfertigungsanforderungen des Art. 52 Abs. 1 Satz 1 GRC. Dass der Gesetzgeber den grundrechtlichen Freiheitsgegenstand durch konstituierende Normsetzung erst geschaffen hat, begründet keine Vermutung dafür, dass er ihn unter erleichterten Voraussetzungen wieder „wegnehmen" dürfte. Soweit im deutschen Verfassungsrecht unter dem Topos der Ausgestaltung der Grundrechte abweichende Ansätze vertreten werden, ist dies auf die spezifische Rechtslage unter dem Grundgesetz zurückzuführen. Im Bereich des Eigentumsrechts sieht Art. 14 Abs. 1 Satz 2 GG etwa vor, dass Inhalt und Schranken des Eigentums durch die Gesetze bestimmt werden. Ein vergleichbarer Anknüpfungspunkt für eine „Ausgestaltungsdogmatik" fehlt im Recht der Charta. Für die beiden Prototypen konstituierungsabhängiger Grundrechte sind zwar Besonderheiten auf

---

185 *Poscher*, Grundrechte als Abwehrrechte, 2003, S. 2.

186 Vgl. auch EGMR, Nr. 26367/10 – *Fürst von Thurn und Taxis*, wo sich der Beschwerdeführer nicht gegen die aktiv einschränkenden Maßnahmen als solche gewendet hatte, sondern sein Eigentumsrecht durch deren Nichtaufhebung verletzt sah; zur Entscheidung *F. Michl*, BayVBl. 2015, 370 ff.

Rechtfertigungsebene zu berücksichtigen, die jedoch nicht mit der Konstituierungsbedürftigkeit zusammenhängen und auch nicht damit zu verwechseln sind.

Art. 17 GRC enthält für bestimmte Arten der Einschränkung spezielle Vorbehalte, die Art. 52 Abs. 1 GRC in ihrem Anwendungsbereich verdrängen.[187] So darf nach Art. 17 Abs. 1 Satz 2 GRC dem Einzelnen Eigentum nur aus Gründen des öffentlichen Interesses in den Fällen und unter den Bedingungen, die in einem Gesetz vorgesehen sind, sowie gegen eine rechtzeitige und angemessene Entschädigung für den Verlust des Eigentums entzogen werden.[188] Nach Art. 17 Abs. 1 Satz 3 GRC kann die Nutzung des Eigentums gesetzlich geregelt werden, soweit dies für das Wohl der Allgemeinheit erforderlich ist. Eigentumsentzug und Nutzungsregelung als Kategorien der Einschränkung lehnen sich dabei eng an das Vorbild des Art. 1 ZP-EMRK an. Wo die Grenze zwischen beiden Kategorien verläuft und ob darüber hinaus – im Einklang mit der EGMR-Rechtsprechung[189] – noch die Kategorie der sonstigen Einschränkung (die dann wohl an Art. 52 Abs. 1 GRC zu messen wäre[190]) anzuerkennen ist, ist noch nicht abschließend geklärt, bedarf hier aber keiner Vertiefung.[191] Soweit gerade mit Blick auf Nutzungsregelungen im Rahmen der Rechtfertigungsprüfung weite Spielräume des Gesetzgebers angenommen werden, ist dies nicht auf die Konstituierungsbedürftigkeit des Freiheitsgegenstands zurückzuführen,[192] sondern trägt der gesellschaftlichen Bedeutung des Eigentums Rechnung. Der EGMR betont in

---

[187] *Streinz*, in: ders., EUV/AEUV, Art. 17 GRC, Rn. 19; *Sonnevend*, in: Grabenwarter, Europäischer Grundrechteschutz, 2014, § 14 Rn. 55 ff.; a. A., aber unklar *Eisner*, Die Schrankenregelung der Grundrechtecharta der Europäischen Union, 2004, S. 133, der zufolge Art. 17 Abs. 1 Satz 2 GRC (Satz 3 wird nicht erwähnt) keine speziellere „Schranke" gegenüber Art. 52 GRC, sondern „allenfalls eine zusätzliche" sein soll, die sich aus der „Besonderheit" des Art. 17 GRC ergebe.

[188] Zur Entziehung von Eigentum vgl. EuGH, Rs. C-347/03 – *ERSA*, Rn. 122 (verneinend); Rs. C-277/10 – *Luksan*, Rn. 69 f. mit insoweit krit. Anm. von *Obergfell*, GRUR 2012, 494 (495). EuGH, C-78 u. C-79/16 – *Pesce*, Rn. 86 sieht das Entschädigungserfordernis aber offenbar nicht als Rechtfertigungsanforderung i. e. S. an, da im Falle einer Entziehung des Eigentums sich ein Entschädigungsanspruch unmittelbar aus Art. 17 Abs. 1 Satz 2 GRC ergebe; so schon *GA Bot*, SchlA, Rs. C-78 u. C-79/16 – *Pesce*, Rn. 138; krit. dazu *Germelmann/Gundel*, BayVBl. 2017, 649 (653 f.).

[189] EGMR, Nr. 7151/75 u. a. – *Sporrong u. Lönnroth*, Rn. 65 ff.; Nr. 33202/96 – *Beyeler*, Rn. 107 ff.

[190] Vgl. aber *Jarass*, GRC, Art. 17 Rn. 23, der auf Art. 17 Abs. 1 Satz 1 GRC als „allgemeine Regel" zurückgreifen oder alternativ Art. 17 Abs. 1 Satz 3 GRC entsprechend anwenden will. Der „Rückgriff" auf Satz 1 entspräche der Rechtsprechung des EGMR zu den sonstigen Eingriffen; vgl. EGMR, Nr. 7151/75 u. a. – *Sporrong u. Lönnroth*, Rn. 65 ff. Anders als die Charta kennt die EMRK indes keine allgemeine Einschränkungsklausel, so dass es sich dabei eher um eine „Verlegenheitslösung" für sonstige Eingriffe handelt, die im Charta-Recht durch die Anwendung von Art. 52 Abs. 1 GRC vermieden werden kann. Teilweise wird eine dritte Einschränkungskategorie auch gänzlich für entbehrlich gehalten; vgl. *Calliess*, in: ders./Ruffert, EUV/AEUV, Art. 17 GRC Rn. 11 m. w. N.: „kein bisher ersichtliches Schutzbedürfnis".

[191] Dazu *Calliess*, in: ders./Ruffert, EUV/AEUV, Art. 17 GRC Rn. 11 ff.; *ders.*, in: FS Jarass, S. 3 (9 ff.); *Jarass*, GRC, Art. 17 Rn. 18 ff.

[192] So aber *Streinz*, in: ders., EUV/AEUV, Art. 17 GRC, Rn. 19, der in (zu) enger Anlehnung an Art. 14 Abs. 1 Satz 2 GG von der Befugnis des Gesetzgebers spricht, „Inhalt und Schranken des Eigentums zu bestimmen" und auf den „normgeprägte[n] Schutzbereich" verweist.

ständiger Rechtsprechung, dass Eigentumsgesetzgebung regelmäßig auf politische, wirtschaftliche und soziale Belange Rücksicht nehmen müsse, über die innerhalb einer demokratischen Gesellschaft erhebliche Meinungsverschiedenheiten bestehen könnten. Die nationalen Entscheidungsträger seien aufgrund ihrer unmittelbaren Kenntnis der Gesellschaft und ihrer Bedürfnisse grundsätzlich besser als der internationale Richter in der Lage zu beurteilen, was im öffentlichen Interesse liege.[193] Zwar können diese Erwägungen des EGMR zum *margin of appreciation* der Konventionsstaaten nicht unbesehen auf das Unionsrecht übertragen werden, denn jedenfalls für Gesetzgebung der Union kann der EuGH nicht auf „bessere Kenntnisse" der Unionsorgane verweisen.[194] Aber sie zeigen doch, dass die Anerkennung von Spielräumen nicht mit der dogmatischen Struktur des Grundrechtsschutzes, sondern nur mit den Spezifika des Einzelgrundrechts begründet werden kann.

Die Eheschließungsfreiheit des Art. 9 Var. 1 GRC ist aus anderen Gründen ein Spezialfall. Denn sie untersteht einem Regelungsvorbehalt, der die Ausübung der grundrechtlichen Freiheit in einem bestimmten Umfang von den einzelstaatlichen Gesetzen abhängig macht. Hier ist die regelnde Gesetzgebung angesprochen, die Gegenstand des vierten Kapitels dieser Untersuchung ist. An dieser Stelle genügt es zu notieren, dass der Regelungsvorbehalt die Konstituierung des jeweiligen Freiheitsgegenstands voraussetzt. Er nimmt bestimmte Normsetzungsakte, die anderenfalls als Einschränkungen zählen würden, von den Rechtfertigungsanforderungen des Art. 52 Abs. 1 GRC aus, so dass die mitgliedstaatlichen Gesetzgeber insoweit über weite Spielräume verfügen. Das ist aber weder Folge der Konstituierungsbedürftigkeit der Eheschließungsfreiheit noch ein Spezifikum der Rechtfertigungsprüfung, sondern Konsequenz der ausdrücklichen Anordnung in Art. 9 GRC. Soweit eine gesetzgeberische Maßnahme die Grenzen des Regelungsvorbehalts überschreitet, muss sie als Einschränkung grundrechtlicher Freiheit den Anforderungen des Art. 52 Abs. 1 GRC genügen.

E. Positive Verpflichtungen

I. Allgemeines

Positive Verpflichtungen sind auf positive Handlungen der Grundrechtsadressaten gerichtet. Anders ausgedrückt: Das den Grundrechtsadressaten zuzurechnende Freiheitshindernis liegt in einem Unterlassen, nicht wie bei den negativen Verpflichtungen in einer aktiven Handlung. Der Grundrechtsadressat hindert durch seine Untätigkeit

[193] EGMR, Nr. 8793/79 – *James*, Rn. 46; Nr. 46720/99 u. a. – *Jahn*, Rn. 91. Dass die EGMR-Rechtsprechung zu Art. 1 ZP-EMRK aber nicht stets von solcher Zurückhaltung geprägt ist, zeigt EGMR, Nr. 9300/07 – *Herrmann*; krit. zur (Nicht-)Anwendung der Margin-of-Appreciation-Doktrin in diesem Fall das abw. Votum der Richter *Björgvinsson*, *Vučinić* und *Nußberger* sowie *F. Michl*, JZ 2013, 504 (509).

[194] Das ist der entscheidende Grund, der gegen die Inkorporations- oder Transferlösung im Rahmen von Art. 52 Abs. 3 GRC spricht; s. Kapitel 1 C V. 2. d.

den Grundrechtsträger an dessen Freiheitsgebrauch. Daher kann der Grundrechtsträger *prima facie* verlangen, dass der Grundrechtsadressat tätig werde. Der positiven Verpflichtung des Grundrechtsadressaten korrespondiert ein Prima-Facie-Anspruch des Grundrechtsträgers auf die Vornahme der in Rede stehenden Handlung. Nach ihrem Gehalt lassen sich die potentiell geschuldeten Handlungen in (ausschließlich) physisch rohe Handlungen und rechtlich-institutionelle Handlungen (Normsetzungsakte) unterteilen. Der konkrete Pflichtinhalt hängt freilich von der jeweils anwendbaren Grundrechtsnorm ab.[195] Dogmatisch können aber Typisierungen vorgenommen werden. Aus dem internationalen Menschenrechtsschutz ist etwa die Einteilung in *duties to protect* und *duties to fulfil* bekannt, die zu den negativen *duties to respect* hinzutreten.[196] Die Charta spricht in Art. 52 Abs. 1 Satz 2 GRC lediglich davon, dass die Grundrechtsadressaten die gewährleisteten Rechte zu *fördern* haben. *Cremer* schlägt für die Unionsgrundrechte in einer Art Synthese von deutschen und völkerrechtlichen Kategorien eine Einteilung positiver Verpflichtungen in „Schutzpflichten", „Verfahrenspflichten", „Pflichten zum Erlass ermöglichender Gesetze", „Obligations to fulfil", „Pflichten zum ‚Teilhabelassen'" und „Pflichten zur grundrechtskonformen Auslegung" vor.[197]

Grundrechte, deren Schutzgegenstand von konstituierender Gesetzgebung abhängt, weisen gegenüber anderen Grundrechten mit Blick auf eine Vielzahl möglicher positiver Verpflichtungen keine Besonderheiten auf. So sind Pflichten zur Vornahme physisch roher Handlungen im Bereich der Schutzpflichten unabhängig davon denkbar, ob der Freiheitsgegenstand gesetzlich konstituiert ist oder nicht. Gerade im Bereich des Eigentumsrechts sind physisch rohe Schutzmaßnahmen vorstellbar. Ein Beispiel aus der EGMR-Rechtsprechung ist der Fall *Öneryıldız*, bei dem es um die Zerstörung eines Hauses infolge einer Gasexplosion ging, die die Behörden nach Ansicht des EGMR durch „praktische Maßnahmen", nämlich durch die Installation eines Gasausscheidungssystems, hätten verhindern können.[198] Der Gerichtshof führt zu der Frage der positiven Verpflichtung des Staates aus dem Eigentumsgrundrecht aus:

> „Genuine, effective exercise of the right protected by that provision does not depend merely on the State's duty not to interfere, but may require positive measures of protection, particularly where there is a direct link between the measures an applicant may legitimately expect from the authorities and his effective enjoyment of his possessions."[199]

[195] *Cremer*, in: Grabenwarter, Europäischer Grundrechteschutz, 2014, § 1 Rn. 78.

[196] Vgl. *Mégret*, in: Moeckli/Shah/Sivakumaran, International Human Rights Law, 2. Aufl. 2014, S. 96 ff.

[197] *Cremer*, in: Grabenwarter, Europäischer Grundrechteschutz, 2014, § 1 Rn. 80 ff. Er erwähnt auch „Positive Handlungspflichten aus Gleichheitsrechten", die für die hiesige Untersuchung aber nicht von Interesse sind; vgl. Einführung B I.

[198] EGMR, Nr. 48939/99 – *Öneryıldız*, Rn. 107 f./134 f. sowie die Darstellung bei *Grabenwarter/Pabel*, Europäische Menschenrechtskonvention, 6. Aufl. 2016, § 25 Rn. 33.

[199] EGMR, Nr. 48939/99 – *Öneryıldız*, Rn. 134.

Das Phänomen der konstituierenden Gesetzgebung wirkt sich in einem solchen Fall nicht aus. Zwar setzt der Anspruch des Grundrechtsträgers auf die positive Handlung voraus, dass er Eigentümer des zu schützenden Gegenstandes ist.[200] Jenseits dessen unterscheidet sich die Prüfung einer solchen Verpflichtung der Grundrechtsadressaten aber nicht von der Herangehensweise bei anderen, nicht konstituierungsbedürftigen Rechten, wie z. B. dem Recht auf Privatleben.[201] Physisch rohe Handlungen können nicht nur Gegenstand von Schutzpflichten, sondern auch von Pflichten zum Teilhabelassen und den im Kontext der Charta kaum relevanten[202] *duties to fulfil* sein. Auch insoweit unterscheidet sich die hier behandelte Kategorie nicht von anderen Gewährleistungen.

Während Verpflichtungen zur Vornahme physisch roher Handlungen keine besondere Herausforderung mit Blick auf die konstituierungsbedürftigen Grundrechte darstellen, erscheinen Pflichten zur Vornahme von Normsetzungshandlungen in diesem Kontext äußerst problematisch. Dabei ist zwischen der Setzung von schützenden und fördernden Normen einerseits und von konstituierenden Rechtsnormen andererseits kategorial zu unterscheiden. Während sich positive Pflichten zu Schutz und Förderung bestehender Freiheitsgegenstände ohne größere Mühen begründen lassen, läuft das Postulat positiver Pflichten zur Setzung konstituierender Rechtsnormen Gefahr, zur normativen *petitio principii* zu geraten.

II. *Schützende und fördernde Normen*

1. *Pflicht zur Setzung von Schutznormen*

Schutznormen sind Rechtsnormen, die dem Freiheitsgegenstand eines Grundrechts zugutekommen, ohne ihn zu konstituieren.[203] Die Pflicht zur Setzung von Schutznormen setzt also bereits einen existenten, ggf. gesetzlich konstituierten, Freiheits-

---

[200] Vgl. zum Eigentum des Beschwerdeführers EGMR, Nr. 48939/99 – *Öneryıldız*, Rn. 121 ff. Die Ausführungen illustrieren die oben unter Abschnitt C III. 3. a. skizzierten Besonderheiten des konventionsrechtlichen Eigentumsbegriffs, der gerade nicht von konstituierender Gesetzgebung abhängt. Denn der Beschwerdeführer hatte sein „Haus" (eine Slumhütte) im Widerspruch zum türkischen Baurecht auf einem Grundstück errichtet, das dem Fiskus gehörte. Der EGMR hatte aber keine großen Mühen damit, das Eigentum am Haus von dem am Grundstück zu trennen und zu behaupten, dass – auch aufgrund des inkonsequenten Baurechtsvollzugs – der Beschwerdeführer nicht damit rechnen habe müssen, dass seine Behausung über Nacht beseitigt werden würde. Dieses Vertrauen genügte dem EGMR, um ein „eigentumsrechtliches Interesse" des Beschwerdeführers zu bejahen.

[201] Vgl. die EGMR-Rechtsprechung zum Recht auf Privatleben, das auch zu positiven Handlungen physisch roher Art (z. B. Wiederaufbau von Häusern) verpflichten kann; EGMR, Nr. 41138/98 u. a. – *Moldovan*, Rn. 102 ff.; offengelassen in EGMR, Nr. 48939/99 – *Öneryıldız*, Rn. 160, da bereits ein Verstoß gegen Art. 1 ZP-EMRK festgestellt worden war.

[202] *Cremer*, in: Grabenwarter, Europäischer Grundrechteschutz, 2014, § 1 Rn. 98.

[203] Der Begriff der Schutznorm ist in diesem Zusammenhang entlehnt von *Lerche*, in: HStR V, 1. Aufl. 1992, § 121 Rn. 42, der die Schutznormsetzung als Unterfall der „grundrechtlichen Konkretisierung" versteht; der Begriff der Konkretisierung wird hier jedoch mit anderer Bedeutung verwendet (vgl. Kapitel 3).

gegenstand voraus. Sie ist ein Unterfall der *duties to protect*. Die Schutznorm hat dabei typischerweise den Inhalt, einem anderen („Dritten") die – wie auch immer geartete – Einwirkung auf den grundrechtlichen Freiheitsgegenstand zu verbieten oder einen Hoheitsträger zu ermächtigen, ein solches Verbot zu statuieren und ggf. zu sanktionieren. Der perlokutionäre Aspekt der Setzung von Schutznormen liegt also darin, den zu schützenden Freiheitsgegenstand vor Beeinträchtigungen durch Dritte zu bewahren.[204] In der Regel geht es dabei um private „Störer", denkbar sind aber auch (ausländische) staatliche oder internationale Akteure.[205] Typische Schutznormen sind Rechtsnormen des Strafrechts, die Zugriffe Dritter auf ein grundrechtliches Schutzgut verbieten und dieses Verbot mit einer Strafandrohung bekräftigen. So schützt der Straftatbestand des Diebstahls (§ 242 StGB) das Eigentum des Einzelnen, der Straftatbestand der Körperverletzung (§ 223 StGB) seine körperliche Unversehrtheit (vgl. Art. 3 Abs. 1 GRC). Bei den Rechtsnormen, die den Diebstahl verbieten und sanktionieren, wird die Eigenschaft von Schutznormen deutlich, nicht zugleich den Schutzgegenstand des jeweiligen Grundrechts zu konstituieren. Denn eine Rechtsposition kann auch dann als Eigentum im Sinne des Art. 17 GRC anzusehen sein, wenn sie nicht durch strafrechtliche Schutznormen flankiert wird. Die selbständige und eigennützige Ausübung der Rechtsposition, wie sie für Eigentum charakteristisch ist,[206] ließe sich auch ausschließlich durch privatrechtliche Normen (vgl. § 1004 BGB) realisieren. Strafrechtliche Rechtsnormen und sonstige Schutznormen treten zum bereits konstituierten Eigentum hinzu und sichern den Eigentumsgegenstand vor Einwirkungen Dritter ab. Das Unionsrecht kennt solche Normen etwa zum Schutz des geistigen Eigentums.[207] Am Beispiel der Körperverletzung zeigt sich, dass Schutznormen auch bei nicht konstituierungsbedürftigen Grundrechten präsent sind, mithin keine Besonderheit der hier behandelten Grundrechtskategorie darstellen.

Pflichten zur Setzung von Schutznormen treffen die Grundrechtsadressaten *prima facie* immer dann, wenn der Grundrechtsträger durch das Unterlassen des Normsetzungsakts an der Ausübung seiner grundrechtlichen Freiheit gehindert wird. Definitiv sind Pflicht und korrespondierender Anspruch erst, wenn die Unterlassung nicht den Einschränkungsanforderungen der Art. 52 Abs. 1 GRC genügt, insbesondere wenn diese unverhältnismäßig ist. In der deutschen Grundrechtsdogmatik wird die Verhältnismäßigkeit in diesen Fällen teilweise mit dem Schlagwort „Untermaßverbot" etikettiert,[208] die Rechtsprechung des EGMR wendet insoweit häufig den

---

204 *Lerche*, in: HStR V, 1. Aufl. 1992, § 121 Rn. 40 spricht daher auch von einer Abgrenzung der Rechtssphären.

205 Vgl. *Cremer*, in: Grabenwarter, Europäischer Grundrechteschutz, 2014, § 1 Rn. 77; *Jarass*, GRC, Art. 51 Rn. 5.

206 S. o. Abschn. D I. 2. b.

207 Bspw. die Produktpiraterie-Verordnung; vgl. auch den Vorschlag für eine Richtlinie über strafrechtliche Maßnahmen zur Durchsetzung der Rechte des geistigen Eigentums, Dok. KOM (2006) 168 endg. vom 26. 04. 2006, ABl. Nr. C 303, S. 92; dazu *Böxler*, wistra 2011, 11 ff.; *Zeder*, ZUM 2011, 300 ff.

208 Krit. dazu *Kingreen/Poscher*, Grundrechte Staatsrecht II, 33. Aufl. 2017, Rn. 348 ff. m. w. N.

Fair-Balance-Test an, der auch bei negativen Verpflichtungen zum Einsatz kommt.[209] Letztlich geht es um eine Abwägung der Nachteile, die dem Grundrechtsträger aus dem Unterlassen entstehen, und den Nachteilen für die Allgemeinheit und/oder andere Grundrechtsträger, die sich daraus ergeben, dass der Grundrechtsadressat eine Schutznorm erlässt.[210] Fällt diese Abwägung – unter Berücksichtigung legislativer Gestaltungsspielräume –[211] zugunsten des Grundrechtsträgers aus, ist ihm auch ein grundrechtlicher Anspruch auf Setzung der begehrten Schutznorm zuzusprechen.[212]

2. *Pflicht zur Setzung fördernder Normen*

Grundrechtsnormen können die Grundrechtsadressaten auch zur Setzung von Rechtsnormen verpflichten, die die grundrechtliche Freiheit zwar nicht in vorbeschriebenem Sinne schützen, aber ihre Ausübung fördern.[213] Auch eine solche Pflicht knüpft an einen bereits existenten Freiheitsgegenstand an, setzt also die Konstituierung des grundrechtlichen Schutzobjekts voraus. Sie besteht jedenfalls *prima facie*, wenn das Grundrecht danach verlangt, dass die jeweilige Freiheit durch fördernde Normsetzung effektiver oder leichter ausgeübt werden könne, als es aktuell der Fall ist. Das Unterlassen der entsprechenden Normsetzung ist dann an Art. 52 Abs. 1 GRC zu messen, wobei wie bei der Pflicht zur Setzung von Schutznormen der Schwerpunkt auf der Verhältnismäßigkeitsprüfung liegt. Fördernde Rechtsnormen sind häufig solche des Verfahrensrechts, also Kompetenznormen zugunsten des Grundrechtsträgers, mit denen er ein behördliches oder gerichtliches Verfahren einleiten und ggf. eine bestimmte Entscheidung zu seinen Gunsten herbeiführen kann. Der Hauptanwendungsfall wurde in der Charta mit Art. 47 Abs. 1 GRC – in Anlehnung an Art. 13 EMRK – speziell normiert, nämlich als Recht auf einen wirksamen Rechtsbehelf, das an eine Verletzung der durch das Unionsrecht garantierten Rechte anknüpft.[214] Der EGMR hat darüber hinaus zahlreiche Pflichten zur fördernden Normsetzung aus den sachlichen Grundrechtsbestimmungen, insbesondere Art. 1 ZP-EMRK, abgeleitet. So verlange das Eigentumsrecht, obwohl Art. 1 ZP-EMRK keine ausdrücklichen verfahrensrechtlichen Vorgaben enthalte, dass der Einzelne eine zumutbare Möglichkeit habe, seinen Fall vor die zuständigen Behörden zu bringen, um die eingreifende

[209] Zu den Gemeinsamkeiten und Unterschieden vgl. *Grabenwarter/Pabel*, Europäische Menschenrechtskonvention, 6. Aufl. 2016, § 19 Rn. 6 f.

[210] Vgl. zur EMRK *Grabenwarter/Pabel*, Europäische Menschenrechtskonvention, 6. Aufl. 2016, § 19 Rn. 6 f.

[211] Vgl. *Klatt*, ZaöRV 2011, 691 (711 ff.).

[212] Einen Versuch der (formelmäßigen) Rationalisierung der Verhältnismäßigkeitsprüfung bei positiven Verpflichtungen im Konventionsrecht unternimmt *Klatt*, ZaöRV 2011, 691 (704 ff.); zu den methodisch-dogmatischen Aspekten der Prüfung positiver Verpflichtungen vgl. *Krieger*, ZaöRV 2014, 187 (200 ff.).

[213] Fördern ist hier enger zu verstehen als in Art. 51 Abs. 1 Satz 2 GRC, wo die allgemeine Pflicht der Grundrechtsadressaten zur Förderung der Anwendung der Charta-Gewährleistungen statuiert wird.

[214] Vgl. dazu *Jarass*, NJW 2011, 1393 ff.

Maßnahme effektiv abwehren zu können.[215] Solche normativen Vorkehrungen sind auch für eigentumsrechtliche Rechtsstreitigkeiten zwischen Privaten vorzusehen,[216] für die Art. 13 EMRK nicht unmittelbar gilt. Pflichten zur fördernden Normsetzung ergeben sich nicht nur aus Grundrechten, deren Schutzobjekt von konstituierender Gesetzgebung abhängt, sondern können grundsätzlich in allen Bereichen des Grundrechtsschutzes anerkannt werden.[217]

III. Konstituierende Rechtsnormen

Während sich bei der Pflicht zur Setzung von Schutznormen und fördernden Normen keine Besonderheiten konstituierungsbedürftiger Grundrechte gezeigt haben, werfen diese die spezifische Frage auf, ob und unter welchen Voraussetzungen die Grundrechtsadressaten zur Setzung der konstituierenden Rechtsnormen selbst verpflichtet sein können.

1. Erweiterung der Freiheitssphäre

Auf den ersten Blick mutet bereits die Fragestellung paradox an: Wenn das Grundrecht doch von konstituierender Gesetzgebung abhängt, wie soll es dann zu ebensolcher Gesetzgebung verpflichten? Ein Grundrechtsträger, der den Gesetzgeber zur konstituierenden Normsetzung auffordert, begehrt ein Mehr an Freiheit. Er verlangt, dass seine Freiheitssphäre über den gesetzlich bereits konstituierten Bestand hinaus erweitert werde. Führt man sich vor Augen, dass die Grundrechte in erster Linie dem Schutz des Einzelnen vor Beschränkungen seiner Freiheitssphäre dienen, scheinen solchen Verlangen keine großen Erfolgschancen beschieden zu sein. Dabei sind Konstellationen, in denen Ansprüche auf Erweiterungen der Freiheitssphäre geltend gemacht werden, nicht so fernliegend, wie es den Anschein hat. Gerade das Eigentumsrecht als Prototyp eines konstituierungsbedürftigen Grundrechts ist für derartige Forderungen anfällig. Freilich würde kaum jemand gestützt auf sein Eigentumsrecht ernsthaft verlangen, die Grundrechtsadressaten, d. h. die Union oder die Mitgliedstaaten, sollten ihm einen bestimmten Gegenstand, der rechtlich bereits einem anderen zugeordnet ist, verschaffen. Und sollte dies doch einmal gefordert werden, wäre der Anspruchsteller sogleich darauf zu verweisen, dass das Eigentumsrecht kein Recht auf Eigentumserwerb umfasst.[218] Was aber, wenn der Einzelne behauptet, sich bereits etwas erarbeitet zu haben und „nur" mehr auf dessen rechtliche Anerkennung drängt? Das Recht des geistigen Ei-

---

[215] EGMR, Nr. 28856/95 – *Jokela*, Rn. 45; Nr. 20082/02 – *Zehentner*, Rn. 73.

[216] EGMR, Nr. 48553/99 – *Sovtransavto*, Rn. 96; Nr. 73049/01 – *Anheuser-Busch*, Rn. 83; Nr. 54522/00 – *Kotov*, Rn. 114: „[...] States are under an obligation to afford judicial procedures that offer the necessary procedural guarantees and therefore enable the domestic courts and tribunals to adjudicate effectively and fairly any disputes between private persons."

[217] Vgl. zur EMRK *Grabenwarter/Pabel*, Europäische Menschenrechtskonvention, 6. Aufl. 2016, § 19 Rn. 10 ff.

[218] Vgl. bereits EGMR, Nr. 6833/74 – *Marckx*, Rn. 50.

gentums ist überreich an Beispielen dafür. Über die Eigentumsfähigkeit von Unternehmensgeheimnissen,[219] Geschäftsideen, Kundenstämmen, Unternehmens-Goodwill, Daten[220] und dergleichen wird lebhaft diskutiert. Der Kreis der durch die Rechtsordnung anerkannten Gegenstände des geistigen Eigentums ist abschließend.[221] Treten neuartige immaterielle Wirtschaftsgüter in Erscheinung, müssen diese, um Eigentum sein zu können, also erst durch den Gesetzgeber konstituiert werden. Der Gesetzgeber verdinglicht, wenn man so will, geistige Güter. Er macht sie, wie *MacCormick* es ausdrückt, zu verkehrsfähigen *institutional things* und kommerzialisiert auf diese Weise die Innovation, die sie hervorgebracht hat.[222] Der technologische Fortschritt stellt den eigentumskonstituierenden Gesetzgeber vor immer neue Herausforderungen.[223] Neuartige immaterielle Wirtschaftsgüter verlangen nicht nur nach Anerkennung durch die Rechtsordnung, sondern auch nach einer sachgerechten Eingliederung in das bestehende System an Immaterialgüterrechten.[224] Forderungen nach der Erweiterung der individuellen Freiheitssphäre sind in diesem Bereich an der Tagesordnung. Sie mögen unter vielerlei Gesichtspunkten (ökonomischen, moralischen etc.) legitim erscheinen.[225] Doch es bleibt eine grundrechtsdogmatische Herausforderung, einen Anspruch des Einzelnen auf eigentumskonstituierende Normsetzung bzw. generell auf konstituierende Gesetzgebung zu begründen. Ob dies für die Unionsgrundrechte gelingen kann, soll im Folgenden untersucht werden.

2. Begründungsansätze

Bevor die Gewährleistungen der Unionsgrundrechte auf Anhaltspunkte für Pflichten zur konstituierenden Normsetzung untersucht werden, lohnt ein Blick auf die Begründungsansätze, die in anderen Grundrechtskontexten für solche Pflichten vertreten werden.

a) Implikation bzw. Implikatur

Bisweilen werden Pflichten zur konstituierenden Normsetzung als Implikation bzw. Implikatur aus der Gewährleistung der grundrechtlichen Freiheit abgeleitet. Ob die

---

219 Vgl. *Goldhammer*, ZGE 2015, 395 (397 f.) m. w. N.; vgl. auch *Jarass*, GRC, Art. 17 Rn. 10, der Geschäfts- und Betriebsgeheimnisse nur dann als durch Art. 17 GRC geschützt ansieht, wenn sie durch das Unionsrecht oder das nationale Recht als Rechtspositionen geschützt werden.

220 Vgl. *Fezer*, MMR 2017, 3 ff., der eine Schaffung von „Dateneigentum" als „Recht sui generis" postuliert.

221 *Pierson*, in: ders./Ahrens/Fischer, Recht des geistigen Eigentums, S. 40.

222 *MacCormick*, Institutions of Law, 2007, S. 147 ff.; eine sozialontologisch fundierte Grundlegung des geistigen Eigentums findet sich bei *George*, Constructing Intellectual Property, 2012, S. 81 ff.

223 Vgl. *Pierson*, in: ders./Ahrens/Fischer, Recht des geistigen Eigentums, S. 40 f.

224 *Pierson*, in: ders./Ahrens/Fischer, Recht des geistigen Eigentums, S. 41.

225 Zur materiellen Rechtfertigung des geistigen Eigentums grundlegend *Goldhammer*, Geistiges Eigentum und Eigentumstheorie, 2012, S. 177 ff.

Pflicht „logisch" aus der Gewährleistung deduziert (Implikation) oder aber als durch den Normgeber „miterklärt" (Implikatur)[226] angesehen wird, bleibt dabei in der Regel offen. So behauptet beispielsweise *Dröge* in ihrer Untersuchung der positiven Verpflichtungen unter der EMRK, dass Konventionsrechte, die so vage formuliert seien, dass sie schon „ihrer Natur nach" auf gesetzliche Ausgestaltung angewiesen seien, den Gesetzgeber auch zu dieser Ausgestaltung verpflichteten.[227] Denn der Genuss dieser Rechte wäre überhaupt nicht möglich, wenn keine rechtliche Ausgestaltung vorläge.[228] Der „Charakter als Recht auf positive Verpflichtungen [sic!]" gehe dem „Abwehrcharakter" dieser Rechte in gewisser Weise vor. Der Abwehrcharakter wiederum komme erst zum Tragen, wenn eine gesetzliche Ausgestaltung zurückgenommen werde.[229] Ob dies ein logischer Schluss oder eine sprachliche Interpretation der Gewährleistung sein soll, bleibt offen. In dieselbe Richtung argumentiert *Cremer*, wenn er bezogen auf die konstituierungsbedürftigen Unionsgrundrechte anmerkt, dass man kaum in der Annahme fehlgehen werde, „dass diese Charta-Vorschriften die Pflicht zum Erlass entsprechender Gesetze implizit aufstellen, welche die Verwirklichung des intendierten Schutzes erst ermöglichen."[230] So formuliert läuft die Implikatur freilich auf eine recht offensichtliche *petitio principii* hinaus. Dass der Charta-Geber tatsächlich implizit von einer Pflicht zur konstituierenden Gesetzgebung ausgegangen ist, lässt sich nicht damit begründen, dass er konstituierungsbedürftige Freiheitsgegenstände ausdrücklich schützt.[231] Es gibt keinen allgemeinen Satz, dass die Garantie einer Freiheit die Pflicht zu ihrer Schaffung impliziere.

b) Entstehenssicherung

Den Vorwurf des Zirkelbeweises muss sich auch die These von der Entstehenssicherung gefallen lassen, die *Kloepfer* für die Grundrechte des Grundgesetzes formuliert hat.[232] Im Zeichen der „Grundrechtsvervollkommnung"[233] sei der grundrechtliche

---

226 Allgemein zu Implikaturen vgl. *Kemmerling/Harth*, in: Kompa, Handbuch Sprachphilosophie, 2015, S. 216 ff.

227 *Dröge*, Positive Verpflichtungen der Staaten in der Europäischen Menschenrechtskonvention, 2003, S. 87 f. unter Bezugnahme auf *Häberle*, Die Wesensgehaltgarantie des Art. 19 Abs. 2 Grundgesetz, 3. Aufl. 1983, S. 180.

228 *Dröge*, Positive Verpflichtungen der Staaten in der Europäischen Menschenrechtskonvention, 2003, S. 89 f.

229 *Dröge*, Positive Verpflichtungen der Staaten in der Europäischen Menschenrechtskonvention, 2003, S. 90.

230 *Cremer*, in: Grabenwarter, Europäischer Grundrechteschutz, 2014, § 1 Rn. 88 unter Verweis auf vergleichbare Argumente aus dem Konventionsrecht; zugleich rückt er den Gedanken aber in die Nähe der Institutsgarantie (dazu sogleich).

231 *Cremer*, in: Grabenwarter, Europäischer Grundrechteschutz, 2014, § 1 Rn. 88 ist sich der Schwäche des „Arguments" durchaus bewusst, wenn er in der Fußnote auf die „Problematik induktiven Erschließens" hinweist. Das dürfte auch *Cremers* zurückhaltende Formulierung („Man wird kaum fehlgehen in der Annahme, dass […]") erklären.

232 *Kloepfer*, Grundrechte als Entstehenssicherung und Bestandsschutz, 1970, passim.

233 *Kloepfer*, Grundrechte als Entstehenssicherung und Bestandsschutz, 1970, S. 28.

Bestandsschutz allgemein auf eine Entstehenssicherung zu erweitern.[234] Denn der Schutz bestehender grundrechtlich gesicherter Positionen setze – jedenfalls auf lange Sicht – die Freiheit des Entstehens und Erwerbens dieser Positionen voraus. Was nicht erworben werden oder entstehen dürfe, könne auch nicht vom grundrechtlichen Bestandsschutz erfasst werden. Jede Beeinträchtigung in der Entstehungsphase wirke daher weiter in die Bestandsphase.[235] Die Erweiterung des Bestandsschutzes auf Entstehenssicherung werde „ähnlich eingängig vom Gedanken grundrechtlicher Sinneinheit getragen" wie der Bestandsschutz von Rechten, die von vorneherein auf Entstehungssicherung angelegt seien.[236] Am Beispiel des Eigentumsgrundrechts des Art. 14 GG demonstriert *Kloepfer*, was er damit meint: Den Staat hält er für verpflichtet, Rechtsnormen zu setzen, die den Eigentumserwerb ermöglichen, denn ohne Erwerbsschutz könne „auf die Dauer ein nur bestandsgeschütztes Eigentumsrecht leerlaufen, tatsächlich unwirksam, ineffektiv und so zur verhärteten Bastion nur überkommener Eigentumspositionen werden."[237] All dies bleibt freilich reine Setzung. „Grundrechtliche Sinneinheit", „Grundrechtseffektivität" und „Grundrechtsvervollkommnung" sind jedenfalls so lange keine Argumente, wie sie sich nicht an den Willen des Normgebers rückbinden lassen. Um die Rekonstruktion dieses Willens war *Kloepfer* nicht bemüht.

c) *Institutsgarantie*

Als einzig belastbarer allgemeiner Ansatz für die Begründung positiver Normsetzungspflichten erscheint die Lehre von den Instituts- oder Einrichtungsgarantien, die, ursprünglich für die Grundrechte der Weimarer Reichsverfassung entwickelt,[238] bis heute zum Kernbestand der deutschen Grundrechtsdogmatik gehört[239] und auch im spanischen Verfassungsrecht rezipiert wurde.[240] In anderen europäischen Rechtsordnungen lassen sich ähnliche Ansätze ausmachen.[241] In ihrer ursprünglichen Konzeption wurde die Institutsgarantie freilich dazu eingesetzt, den Gesetzgeber davon abzuhalten, die garantierten Rechtsinstitutionen, insbesondere das Eigentum,

234 *Kloepfer*, Grundrechte als Entstehenssicherung und Bestandsschutz, 1970, S. 30.

235 *Kloepfer*, Grundrechte als Entstehenssicherung und Bestandsschutz, 1970, S. 30.

236 *Kloepfer*, Grundrechte als Entstehenssicherung und Bestandsschutz, 1970, S. 30.

237 *Kloepfer*, Grundrechte als Entstehenssicherung und Bestandsschutz, 1970, S. 48.

238 Vgl. *Schmitt*, in: ders., Verfassungsrechtliche Aufsätze aus den Jahren 1924–1954, 4. Aufl. 2003, S. 140 (160 ff.).

239 Vgl. die eingehende Untersuchung von *Mager*, Einrichtungsgarantien, 2003, passim.

240 Zu Institutsgarantien im spanischen Verfassungsrecht vgl. *Sommermann*, Der Schutz der Grundrechte in Spanien nach der Verfassung von 1978, 1984, S. 172 und 175; *Baño León*, REDC 24 (1988), 155 ff.; *Cidoncha Martín*, Teoría y Realidad Constitucional 2009, 149 ff.; zur Garantie der Ehe als Rechtsinstitution im spanischen Verfassungsrecht auch *Rixen*, JZ 2013, 864 ff.; zum Eigentumsrecht *Ibler*, JZ 1999, 287 ff.

241 Vgl. *Elster/Offe/Preuß*, Institutional Design in Post-communist Societies, 1998, S. 84 ff. zu Ungarn, Bulgarien, Tschechien und der Slowakei; zum österreichischen Verfassungsrecht vgl. *Baumgartner*, in: HGR VII/1, § 188 Rn. 1 ff.

abzuschaffen. Die Institutsgarantie diente also zunächst zur Begründung negativer Verpflichtungen.[242] In dieser Lesart ist sie für die hier interessierenden positiven Verpflichtungen unergiebig und im Übrigen auch dogmatisch überflüssig, da sich der Schutz des Bestandes auch ohne sie begründen lässt.[243] Versteht man die Institutsgarantie allerdings als grundrechtliches Gebot, „diejenigen Rechtsregeln vorzuhalten, die zur Realisierung des verfassungsrechtlichen Regelungsziels erforderlich sind",[244] ergeben sich daraus negative wie positive Verpflichtungen.[245] Denn die Grundrechtsadressaten müssen die konstituierenden Normen dann positiv schaffen und dürfen sie nicht mehr (ohne weiteres) beseitigen. Wo solche Normen nicht vorhanden sind, aber grundrechtlich vorhanden sein müssten, entfaltet die Institutsgarantie dann eine „positive, staatsaktivierende Verpflichtungswirkung".[246] Klassische Einsatzfelder der Lehre von den Institutsgarantien sind im deutschen Verfassungsrecht die Gewährleistungen der Ehe (Art. 6 Abs. 1 GG) sowie von Eigentum und Erbrecht (Art. 14 GG). Umstritten ist die Anwendung dagegen bei einer Reihe anderer Grundrechte, vor allem der Vertragsfreiheit als Aspekt der allgemeinen Handlungsfreiheit, der Vereinigungsfreiheit (Art. 9 Abs. 1 GG) und der Koalitionsfreiheit (Art. 9 Abs. 3 GG).[247]

Institutionentheoretisch formuliert fordert die Institutsgarantie, wie sie heute überwiegend verstanden wird, einen bestimmten Bestand an institutiven, konsequentiellen und terminativen Rechtsnormen ein, die zusammengenommen eine Rechtsinstitution konstituieren, deren Existenz grundrechtlich gewährleistet ist. Sie erweist sich damit als geeigneter Anknüpfungspunkt für positive Verpflichtungen zur konstituierenden Normsetzung auch im Bereich der Unionsgrundrechte.[248] Dass ein Unionsgrundrecht derartige Verpflichtungen umfasst, muss indes die Rekonstruktion des jeweiligen Normsetzungsakts erst zeigen. Keinesfalls können die nationalen Vorbilder unbesehen auf das Unionsrecht übertragen werden. Nur weil die Charta, insbesondere mit Ehe und Eigentum, Themen anspricht, die in mitgliedstaatlichen Rechtsordnungen von Institutsgarantien erfasst sind, bedeutet dies nicht, dass eine solche Garantie auch auf Unionsebene bestünde. Erforderlich ist vielmehr eine Auseinandersetzung mit den Charta-Gewährleistungen (als Äußerungen des Charta-Ge-

---

[242] Vgl. *Schmitt*, in: ders., Verfassungsrechtliche Aufsätze aus den Jahren 1924–1954, 4. Aufl. 2003, S. 140 (164): „Die Garantie eines Rechtsinstituts richtet sich im Allgemeinen vor allem gegen den Gesetzgeber und schränkt dessen Befugnisse ein; denn eine solche Garantie ist gleichzeitig die Garantie eines inhaltlich bestimmten Normenkomplexes."

[243] Beschränkt man die Institutsgarantien auf den Bestandsschutz, wird man *Waechters* Vorwurf, sie seien „dogmatische Fossilien", kaum entkräften können; vgl. *Waechter*, Die Verwaltung 29 (1996), 47 ff.; vgl. auch *Baumgartner*, in: HGR VII/1, § 188 Rn. 13, der die geringe Bedeutung der Institutsgarantien in Österreich mit der „ausgereiften abwehrrechtlichen Grundrechtsdogmatik" erklärt.

[244] *Gellermann*, Grundrechte in einfachgesetzlichem Gewande, 2000, S. 118 m. N. aus dem deutschen Schrifttum.

[245] Für sehr weitgehende positive Verpflichtungen *Gellermann*, Grundrechte in einfachgesetzlichem Gewande, 2000, S. 118 ff.

[246] *Gellermann*, Grundrechte in einfachgesetzlichem Gewande, 2000, S. 118.

[247] Vgl. die Übersicht bei *Mager*, Einrichtungsgarantien, 2003, S. 451 ff. m. w. N.

[248] Vgl. *Cremer*, in: Grabenwarter, Europäischer Grundrechteschutz, 2014, § 1 Rn. 88.

bers) unter syntaktischen, semantischen und pragmatischen Gesichtspunkten. Dabei werden strukturelle Gemeinsamkeiten mit und Unterschiede zu nationalen Gewährleistungen ebenso zu berücksichtigen sein wie die Beratungen im Grundrechtekonvent. Bei alledem gilt: Die Charta spricht nicht in einen „rechtsleeren Raum", sondern findet das Recht der Union und der Mitgliedstaaten vor,[249] das bereits eine große Zahl an grundrechtlichen Freiheitsgegenständen konstituiert. Pflichten zur konstituierenden Gesetzgebung, sofern sie überhaupt anzuerkennen sind, kommen damit allenfalls in Randbereichen in Betracht. Das Beispiel des geistigen Eigentums zeigt jedoch, dass auch in diesen Bereichen Forderungen nach rechtlicher Konstituierung zu erwarten sind.

3. *Untersuchung der Unionsgrundrechte*

a) *Eheschließungsfreiheit*

Die textliche Verankerung der Eheschließungsfreiheit in Art. 9 Var. 1 GRC lässt keine Schlüsse darauf zu, ob von der Gewährleistung auch positive Pflichten zur konstituierenden Rechtssetzung umfasst sein können. Auffallend ist lediglich die passivische Formulierung der Bestimmung, die sowohl von Art. 12 EMRK („Männer und Frauen [...] haben das Recht [...]") als auch von anderen Charta-Artikeln abweicht. Im Unterschied zu diesen textlichen Garantien wird in Art. 9 Var. 1 GRC das Recht, eine Ehe einzugehen, „gewährleistet" *(garanti[s] – guaranteed – garantit[o])*. Vergleichbar passivisch formuliert sind Grundrechtsbestimmungen des nationalen Rechts, die Institutsgarantien ausdrücken, wie z. B. Art. 14 Abs. 1 Satz 1 GG („Eigentum und Erbrecht *werden gewährleistet*") oder Art. 33 Abs. 1 der Spanischen Verfassung („*Se reconoce* el derecho a la propiedad privada y a la herencia"). Indes wird in Art. 9 GRC gerade nicht „die Ehe" als Institution garantiert, sondern das Recht, eine Ehe (im Einzelfall!) einzugehen. Vergleichbar diathetisch formuliert sind Art. 18 („gewährleistet"), Art. 10 Abs. 2, Art. 16 („anerkannt"), Art. 11 Abs. 2, Art. 13 Satz 2 und Art. 14 Abs. 3 („geachtet") GRC.[250] Diese Satzkonstruktion bezweckt den Schutz der jeweiligen Institution auch bei diesen Gewährleistungen nicht. Vielmehr ging es dem Konvent darum, die Nennung der Grundrechtsträger in der Grundrechtsbestimmung zu vermeiden. Bei Art. 9 GRC lässt sich dies aus den Beratungsunterlagen zweifelsfrei rekonstruieren. Die Präsidiumsvorschläge (CONVENT 13 und CONVENT 37) sprachen zunächst nämlich – wie in den Art. 7, Art. 8 Abs. 1, Art. 10–12, Art. 14

---

[249] *Cremer*, in: Grabenwarter, Europäischer Grundrechteschutz, 2014, § 1 Rn. 89.

[250] *Calliess*, EuZW 2001, 261 (265) sieht in den unterschiedlichen Formulierungen ein Anzeichen dafür, dass der unter Zeitdruck arbeitende Konvent die notwendige Parallelität von Kompetenz und Grundrechtsschutz zu wenig reflektiert und sich in der Folge im „Kompetenzgestrüpp" verheddert habe; allerdings finden sich solche Formulierungen auch bei Grundrechten, die Bereiche betreffen, für die die Union Kompetenzen hat (z. B. Art. 16 GRC); *Grabenwarter*, DVBl. 2001, 1 (3) hält aufgrund solcher (und anderer) Formulierungen Einschränkungen jenseits des Verhältnismäßigkeitskriteriums für zulässig (vgl. dazu Kapitel 4).

Abs. 1 und Art. 15 Abs. 1 GRC – *jeder Person* das Recht zu, eine Ehe einzugehen. Im Konvent stieß dies auf den Widerspruch derer, die die Eheschließung „Mann und Frau" bzw. „Männern und Frauen" vorbehalten wollten.[251] Die neutrale Formulierung seit CONVENT 36 entschärfte die Kontroverse über die Verschiedengeschlechtlichkeit der Partner. Die Bestimmung wurde so kompromissfähig. Darin einen „institutionellen Ansatz" des Grundrechtsschutzes zu sehen, der an die Stelle eines „individuellen Ansatzes" getreten sein soll,[252] blendet den Kontext der Umformulierung aus und widerspricht auch dem in den Erläuterungen dokumentierten Bestreben nach einem Gleichlauf mit Art. 12 EMRK.

Während der Beratungen des Konvents wurden von deutscher Seite wiederholt Textvorschläge eingebracht, die an die Formulierung des Art. 6 Abs. 1 GG („Ehe und Familie stehen unter dem besonderen Schutze der staatlichen Ordnung.") erinnerten und somit eine Übertragung der Lehre von der Institutsgarantie zumindest nahelegten. So sollten nach einem Vorschlag *Meyers* Ehe und Familie „besonderen Schutz" genießen. Diese Bestimmung sollte der Eheschließungsfreiheit angefügt werden.[253] In dieselbe Richtung zielte ein Vorschlag *Altmaiers*, nach dem „Achtung und Schutz von Ehe und Familie" gewährleistet werden sollten.[254] Das Präsidium beschränkte sich demgegenüber auf die Gewährleistung des rechtlichen, wirtschaftlichen und sozialen Schutzes der Familie.[255] Vorschläge, diese Klausel auf die Ehe zu erstrecken,[256] konnten sich nicht durchsetzen.[257] Es überwogen im Gegenteil die Stimmen, die die Schutzvorschrift gänzlich streichen, jedenfalls aber von der Eheschließungsfreiheit trennen wollten. Es handle sich, so die Kritik, dabei um kein Recht, sondern eine Zielsetzung.[258] Das Präsidium verschob die Schutzbestimmung daraufhin in den Solidaritäts-Titel der Charta (heute: Art. 33 Abs. 1 GRC).[259] Spätestens seit der Ergänzung des Art. 52 GRC um Absatz 4 und der entsprechenden Anpassung der

---

[251] *Berthu*, Änderung 226; *Friedrich*, Änderung 230; *Goldsmith*, Änderung 235; *Déhousse*, Änderung 238; *Rodríguez Bereijo*, Änderung 242; *Haenel*, Änderung 243; *Cisneros Laborda*, Änderung 244; alle in: CONVENT 35.

[252] So *Bernsdorff*, in: Meyer, GRC, Art. 9 Rn. 10; krit. zur Formulierung *Marauhn*, in: Heselhaus/Nowak, HdbEuGR, § 20 Rn. 12.

[253] *Meyer*, in: CHARTE 4177/00 CONTRIB 60, S. 2; gleichlautend *Meyer/Leinen/Martin*, Änderung 228, in: CONVENT 35; exegetisch dazu *Bernsdorff*, in: Meyer, GRC, Art. 9 Rn. 6: „Der von ihm [sc. Meyer] favorisierte Entwurf hatte eine Institutsgarantie nach dem Vorbild des deutschen GG [...] enthalten."

[254] *Altmaier*, Änderung 224, in: CONVENT 35.

[255] Art. 9 Abs. 2 CONVENT 5; Art. 13 Abs. 2 CONVENT 13.

[256] *Haenel*, Änderung 243, *Cisneros Laborda*, Änderung 246; beide in: CONVENT 35.

[257] Resümierend *Herzog*, in: Bitburger Gespräche 2001, S. 7 (11 f.), der auch die Unterschiede zu Art. 6 Abs. 1 GG betont.

[258] *Olsen*, Änderung 249; *Tarschys*, Änderung 248; *Jansson/Brax/Nikula*, Änderung 245, hielten die Vorschrift für überflüssig; *Griffiths*, Änderung 250, hielt weitere Diskussionen darüber für nötig, ob es sachdienlich sei, dass die EU die Bestimmung als Grundrecht betrachte; *Hirsch Ballin/Patijn/van Oven*, Änderung 251, sahen darin eine „Instruktion an die ausführende Gewalt", die nicht in den betreffenden Teil der Charta gehöre; alle in: CONVENT 35.

[259] CONVENT 36, S. 16.

Erläuterungen wird sie nur noch als Grundsatzbestimmung angesehen,[260] so dass jeglicher Anhaltspunkt für positive *grundrechtliche* Verpflichtungen entfallen ist. In diesem Schicksal der Familienschutzklausel schlägt sich die generelle Zurückhaltung des Konvents gegenüber der Annahme positiver Pflichten im Bereich von Ehe und Familie nieder.[261]

Der Charta-Geber wollte mit Art. 9 Var. 1 GRC nicht die Ehe als Institution garantieren, sondern die Möglichkeit des Einzelnen, von den im jeweiligen nationalen Recht bestehenden Kompetenznormen zur Eheschließung Gebrauch zu machen. Versuche, die Bestimmung an die Institutsgarantie des Art. 6 Abs. 1 GG anzunähern, blieben im Konvent erfolglos. Vielmehr war man mehrheitlich darum bemüht, etwaige positive Verpflichtungen in diesem Bereich auszuschließen oder wenigstens gering zu halten. Aus Art. 9 Var. 1 GRC lässt sich daher keine Pflicht der Grundrechtsadressaten ableiten, in ihren Rechtsordnungen ehekonstituierende Rechtsnormen vorzusehen. Die im deutschen Schrifttum vertretene Ansicht, Art. 9 Var. 1 GRC sichere einen „Normenkern" einschließlich „Bestands- bzw. Einrichtungsgarantie",[262] entbehrt daher jeglicher Grundlage. Betont werden damit aber ohnehin nur die negativen Verpflichtungen der Grundrechtsadressaten, denn Ehe und Familie sollen durch den Normenkern „gegen Aufhebung und wesentliche Umgestaltung geschützt" sein.[263] Positive Pflichten zur konstituierenden Normsetzung nehmen (wohl) auch die Vertreter eines Normenkerns nicht an.[264] Explizit von einer Verpflichtung, „Rechtsformen zur Verfügung zu stellen, damit tatsächlich eine Eheschließung […] möglich ist", geht – soweit ersichtlich – nur *Marauhn* aus, gestützt auf die angeblich institutionelle Formulierung des Art. 9 GRC,[265] die sich aber im Kontext ihrer Entstehung nicht als belastbares Argument anführen lässt. Der Gewährleistung der Eheschließungsfreiheit in Art. 9 Var. 1 GRC können nach alledem keine positiven Verpflichtungen der Grundrechtsadressaten entnommen werden, ehekonstituierende Normen zu setzen.

---

260 Vgl. *Kingreen*, in: Calliess/Ruffert, EUV/AEUV, Art. 33 GRC Rn. 2; *Jarass*, GRC, Art. 33 Rn. 3.

261 Diese ist zwar ausdrücklich nur in den privaten Mitschriften von *Bernsdorff/Borowsky*, Die Charta der Grundrechte der Europäischen Union, 2002, S. 157 dokumentiert, deren Heranziehung am Relevanzkriterium scheitert (Kapitel 1 B V. 3); die in CONVENT 35 veröffentlichten Änderungsanträge, die eine Streichung oder Verschiebung der Familienschutzklausel vorschlagen, sind jedoch ein greifbarer Ausdruck dieser Haltung; insbesondere ging es darum, eine „Aktivrolle" der Union durch die Statuierung positiver Pflichten zu vermeiden; vgl. auch *Bernsdorff*, in: Meyer, GRC, Art. 9 Rn. 7.

262 *Bernsdorff*, in: Meyer, GRC, 4. Aufl. 2014, Art. 9 Rn. 13 f.; im Anschluss daran auch *Frenz*, HdbEuR IV, Rn. 1497.

263 *Bernsdorff*, in: Meyer, GRC, 4. Aufl. 2014, Art. 9 Rn. 14.

264 Vgl. *Bernsdorff*, in: Meyer, GRC, 4. Aufl. 2014, Art. 9 Rn. 22, der als positive Verpflichtung lediglich das Gebot notiert, die Eheschließungsfreiheit vor Gefährdungen und Störungen Dritter zu bewahren.

265 *Marauhn*, in: Heselhaus/Nowak, HdbEuGR, § 20 Rn. 25.

b) Eigentumsrecht

In seiner prätorischen Rechtsprechung erkannte der EuGH keine Pflichten zur Konstituierung von Eigentumspositionen an. In den Rechtssachen *Wachauf* und *Bostock* erörterten die Generalanwälte zwar Pflichten der Mitgliedstaaten zur Normsetzung im Eigentumsbereich.[266] Der Sache nach handelte es sich allerdings um Aspekte negativer Verpflichtungen, denn es ging um den Erlass von Entschädigungsvorschriften für den Fall des Eigentumsverlusts, also einer Einschränkung des Eigentumsrechts. Mit konstituierender Normsetzung hatte dies nichts zu tun.[267]

Die Formulierung des Eigentumsgrundrechts in Art. 17 Abs. 1 Satz 1 GRC erweckt – anders als Art. 9 GRC – nicht einmal äußerlich den Anschein einer Gewährleistung des Eigentums im Sinne einer Institutsgarantie, aus der sich Pflichten zur konstituierenden Normsetzung ableiten ließen. Während Art. 14 Abs. 1 Satz 1 GG „das Eigentum" als Institution schlechthin „gewährleistet" und Art. 33 Abs. 1 der Spanischen Verfassung das Privateigentum „anerkennt" (s. o.), spricht Art. 17 Abs. 1 Satz 1 GRC jeder Person das Recht zu, mit ihren Eigentumsobjekten (vereinfacht gesagt) zu verfahren, wie es ihr beliebt. Der Bestimmung zufolge werden also bestehende Zustände und Handlungsmöglichkeiten geschützt (s. o.), nicht aber eine Institution als solche, wie dies bei Art. 14 Abs. 1 GG und Art. 33 Abs. 1 der Spanischen Verfassung[268] angenommen wird. Der textliche Verzicht auf die Garantie der Institution entspricht dem Vorbild des Art. 1 Abs. 1 Satz 1 ZP-EMRK, der den konkreten Eigentumsbestand des jeweiligen Grundrechtsträgers schützt und nicht die Institution des Eigentums gewährleistet.[269] An diesem Vorbild orientierte man sich im Konvent von Anfang an.[270] Anders als Art. 9 Abs. 1 Satz 1 der Erklärung der Grundrechte und Grundfreiheiten des Europäischen Parlaments von 1989[271] („Das Recht auf Eigentum ist gewährleistet.") stellten die im Konvent diskutierten Präsidiumsentwürfe bis hin zur endgültigen Fassung stets auf das Eigentum des einzelnen Grundrechtsträgers ab.

Wie bei Art. 9 GRC gab es aber auch hier Bestrebungen, der Bestimmung eine „institutionelle" Fassung zu geben, die als Anknüpfungspunkt für eine Institutsgarantie

---

[266] *GA Jacobs*, SchlA, Rs. 5/88 – *Wachauf*, Rn. 31; *GA Gulman*, SchlA, Rs. C-2/92 – *Bostock*, Rn. 35 ff.

[267] *Cremer*, in: Grabenwarter, Europäischer Grundrechteschutz, 2014, § 1 Rn. 89 erwähnt die Rechtssachen *Wachauf* und *Bostock* im Zusammenhang mit der von ihm für möglich gehaltenen Verpflichtung, „vorhandenes Recht zu ergänzen".

[268] Vgl. Tribunal Constitucional, Nr. 111/1983, sub C: „En la garantía constitucional de la propiedad del art. 33.1 cabía distinguir entre una garantía institucional y una garantía individual"; *Baño León*, REDC 1988, 155 (164): „En este derecho fundamental [...] puede apreciarse sin dificultad el decisivo *carácter institucional* que le colorea en la actualidad" – Hervorhebung im Original.

[269] *Grabenwarter/Pabel*, Europäische Menschenrechtskonvention, 6. Aufl. 2016, § 25 Rn. 2.

[270] Vgl. schon den ersten Vorschlag des Präsidiums, der in der Begründung auf Art. 1 des 1. ZP-EMRK und auf Art. 9 der Erklärung des Europäischen Parlaments von 1989 verweist: CONVENT 8, S. 6.

[271] ABl. Nr. C 120, S. 52.

des Eigentums mitsamt positiver Pflichten zur konstituierenden Rechtssetzung hätte dienen können. So präsentierte *Gnauck* dem Konvent einen Textvorschlag, nach dem „Eigentum und Erbrecht [...] zu achten" seien und „Inhalt und Schranken" des Eigentums sich nach den innerstaatlichen Gesetzen bestimmen sollten. Mit dem Verb „achten" solle sichergestellt werden, dass die Charta eine „Grundentscheidung" für Eigentum und Erbrecht enthalte.[272] Die Parallelen zu Art. 14 GG sind unübersehbar. Angesichts der sehr ähnlichen spanischen Eigentumsdogmatik verwundert es auch nicht, dass der Vorschlag des spanischen Konventsmitglieds *Rodríguez Bereijo*, dem zufolge das Recht auf Eigentum (als solches) „gewährleistet" werden sollte, in die gleiche Richtung zielte.[273] Auf die weitere Ausarbeitung der Eigentumsbestimmung hatten diese Vorschläge aber keinen ersichtlichen Einfluss. Im Zentrum der Aufmerksamkeit des Konvents standen vielmehr die Modalitäten der Entschädigung bei Eigentumsentzug, die Frage der Sozialbindung des Eigentums sowie die explizite Erwähnung des geistigen Eigentums.[274] Das Präsidium griff denn auch die Vorschläge für eine dem Art. 14 Abs. 1 Satz 1 GG vergleichbare Formulierung nicht auf, sondern blieb – trotz mancher Modifikationen – der Grundlinie des Art. 1 ZP-EMRK treu, sich auf den Schutz des individuellen Eigentumsbestands zu beschränken.

Auch für das Eigentumsgrundrecht lassen sich also keine positiven Pflichten der Grundrechtsadressaten zur Schaffung konstituierender Rechtsnormen begründen. Die Bemühungen, Art. 17 GRC – zumindest textlich – in die Nähe einer Institutsgarantie vergleichbar Art. 14 Abs. 1 GG oder Art. 33 Abs. 1 der Spanischen Verfassung zu rücken, sind erfolglos geblieben. Die Gewährleistung des Eigentumsrechts in der Charta ist auf den Schutz bestehender Eigentumspositionen beschränkt, der sich vor allem in negativen Verpflichtungen der Adressaten, diese Positionen unangetastet zu lassen, aber auch in positiven Verpflichtungen, sie zu schützen und zu fördern, niederschlagen kann. Eine Pflicht, Normen zu schaffen, die Eigentum erst konstituieren, besteht aufgrund von Art. 17 GRC nicht.[275]

c) Weitere Gewährleistungen

Die Charta enthält neben Art. 9 und 17 GRC weitere Gewährleistungen, deren Schutzgegenstände ganz oder teilweise von der Existenz konstituierender Rechtsnormen abhängen oder zumindest bei entsprechender Lesart abhängen können. Zu nennen sind die Vereinigungsfreiheit des Art. 12 Abs. 1 Var. 2 GRC, die Freiheit zur Gründung von Lehranstalten nach Art. 14 Abs. 3 Var. 1 GRC, das Asylrecht (Art. 18 GRC) und in geringerem Maße (Stichwort: Vertragsfreiheit) die Berufs- und unter-

---

272 *Gnauck*, Änderung 390, in: CONVENT 35.

273 *Rodríguez Bereijo*, Änderung 289, in: CONVENT 35.

274 Vgl. die Änderungsanträge zu Art. 20 CONVENT 13 in CONVENT 36.

275 Auch in der Literatur werden – soweit ersichtlich – nur positive Verpflichtungen zum Schutz bestehender Eigentumspositionen anerkannt; vgl. *Jarass*, NVwZ 2006, 1089 (1090); *Bernsdorff*, in: Meyer, GRC, Art. 17 Rn. 18: „lediglich Respektierungs- und (positive) Schutzpflichten"; *Wollenschläger*, in: von der Groeben/Schwarze/Hatje, EU-Recht, Art. 17 GRC Rn. 17.

nehmerische Freiheit (Art. 15, 16 GRC). Auch das Recht auf Kollektivverhandlungen (Art. 28 Var. 1 GRC) setzt in einem bestimmten Umfang konstituierende Rechtsnormen voraus, jedenfalls soweit es den Abschluss von Tarifverträgen schützt. Anhaltspunkte für eine grundrechtliche Garantie der jeweiligen Institution bzw. einen Entstehungsschutz grundrechtlicher Freiheit gibt es aber auch insoweit nicht. Am Widerstand, der dem ersten Präsidiumsvorschlag für den jetzigen Art. 14 Abs. 3 Var. 1 GRC entgegengebracht wurde, lässt sich ablesen, dass im Konvent insgesamt die Einwirkung auf die bestehende Rechtslage in den Mitgliedstaaten als kritisch angesehen wurde. Sollte es ursprünglich noch heißen „Die Gründung von Lehranstalten ist frei",[276] wurde unter dem Eindruck zahlreicher Änderungsvorschlage die heutige Fassung gewählt, die neben dem Regelungsvorbehalt zugunsten des mitgliedstaatlichen Rechts (vgl. dazu Kapitel 4) auch die Achtung der demokratischen Grundsätze aufnahm, um für die Konventsmitglieder akzeptabel zu sein.[277] Von einigen war die völlige Streichung dieser Bestimmung vorgeschlagen worden;[278] andere hatten eine Annäherung an Art. 2 ZP-EMRK befürwortet.[279] Befürchtet wurde vor allem eine Missachtung der Kompetenzordnung[280] und ein zu weitgehender Schutzumfang durch die ursprüngliche Formulierung.[281] Vor diesem Hintergrund ist es kaum vorstellbar, dass in dem mit Art. 14 Abs. 3 Var. 1 GRC gefundenen Kompromiss positive Verpflichtungen ausgedrückt werden sollten, die den Gesetzgeber verpflichteten, über die bestehenden Möglichkeiten der Schulgründung hinaus legislativ tätig zu werden.[282] Weder Text noch Entstehungsgeschichte der übrigen Gewährleistungen lassen die Annahme von Pflichten zur konstituierenden Normsetzung naheliegend erscheinen.

4. Abgleich mit dem Konventionsrecht

Im Konventionsrecht, von dem auch in Zukunft wichtige Impulse auf die Dogmatik der Unionsgrundrechte ausgehen werden, sind positive Verpflichtungen der Staaten nahezu allgegenwärtig. Der EGMR hat aus den einzelnen sachlichen Gewährleistungen in Verbindung mit Art. 1 EMRK zahlreiche positive Handlungspflichten der

---

[276] Art. 16 Abs. 2 CONVENT 13.

[277] Art. 16 Abs. 2 CONVENT 36; zurückgehend auf *Rodríguez Bereijo*, Änderung 317 und *Braibant*, Änderung 318; beide in: CONVENT 35.

[278] *Van Dam*, Änderung 296; *Tarschys*, Änderung 297; *Berthu*, Änderung 298; *Loncle*, Änderung 305; *Fayot*, Änderung 309; *Olsen*, Änderung 319; alle in: CONVENT 35.

[279] *Griffiths*, Änderung 302; *Dehaene*, Änderung 304; *Goldsmith*, Änderung 307; ähnlich *Gnauck*, Änderung 303; alle in: CONVENT 35.

[280] *Van Dam*, Änderung 296; *Berthu*, Änderung 298; *Goldsmith*, Änderung 307; vgl. auch *Braibant*, Änderung 318, der das Subsidiaritätsprinzip betont hatte; alle in: CONVENT 35.

[281] *Tarschys*, Änderung 297; *Gnauck*, Änderung 303; *Loncle*, Änderung 305; *Fayot*, Änderung 309; vgl. auch *Beissel*, Änderung 311; *Olsen*, Änderung 319; alle in: CONVENT 35.

[282] Vgl. auch *Hirsch Ballin/Patijn/van Oven*, Änderung 310, in: CONVENT 35, die mit ihrem Textvorschlag („[...] wird gewährleistet") verdeutlichen wollten, dass es um eine „Pflicht seitens der Behörden" gehe.

Staaten abgeleitet.[283] Grundrechtliche Pflichten zur konstituierenden Normsetzung sind jedoch auch dem Konventionsrecht unbekannt, obschon gelegentlich Gegenteiliges behauptet wird.[284]

a) *Eheschließungsfreiheit*

Dröge stützt ihre oben zitierte These, dass die Konventionsrechte, die der „Ausgestaltung" durch den Gesetzgeber bedürften, diesen auch zur „Ausgestaltung" verpflichteten,[285] zunächst auf die Judikatur zur Eheschließungsfreiheit gemäß Art. 12 EMRK, konkret auf die sogenannten Transsexuellen-Fälle *Goodwin* und *I.* jeweils gegen das Vereinigte Königreich.[286] In Abkehr von seiner früheren Rechtsprechung entschied der EGMR dort, dass es gegen Art. 12 EMRK verstoße, postoperativen Transsexuellen die Eheschließung dadurch zu verwehren, dass zur Feststellung der im nationalen Eherecht vorgesehenen Verschiedengeschlechtlichkeit der Partner an das biologische Geschlecht (bei Geburt) angeknüpft werde.[287] Allerdings setzte der Gerichtshof Art. 12 EMRK gerade nicht mit positiv verpflichtender Stoßrichtung ein. Das ist umso bezeichnender, als in denselben Entscheidungen eine Verletzung des – nicht konstituierungsbedürftigen! – Rechts auf Achtung des Privat- und Familienlebens (Art. 8 EMRK) festgestellt wurde, welches explizit unter dem Topos der positiven Verpflichtungen geprüft worden war.[288] Mit Blick auf die Eheschließungsfreiheit bediente sich der EGMR dagegen seines klassischen Eingriffsvokabulars. So wird das Anknüpfen an das bei der Geburt festgestellte Geschlecht als „Beschränkung" *(limitation)* apostrophiert, die den Kernbereich der Eheschließungsfreiheit der Beschwerdeführer antaste.[289] Denn diese hätten, obwohl sie nunmehr als Frauen lebten, in einer Beziehung mit Männern seien und wünschten einen Mann zu heiraten, keine Möglichkeit dies zu tun.[290] Letztlich begründete der EGMR also keine positive Verpflichtung des Staates, die Ehe durch aktive Normsetzung auch für Trans-

---

283 Vgl. *Dröge*, Positive Verpflichtungen der Staaten in der Europäischen Menschenrechtskonvention, 2003, passim; *Xenos*, The Positive Obligations of the State under the European Convention of Human Rights, 2012, passim; *Krieger*, ZaöRV 2014, 187 ff.

284 *Grabenwarter/Pabel*, Europäische Menschenrechtskonvention, 6. Aufl. 2016, § 19 Rn. 2 ff. untergliedern die positiven Verpflichtungen unter der EMRK („Gewährleistungspflichten") hingegen in „Schutzpflichten", „Gewährleistungspflichten bei Organisation und Verfahrensgestaltung", „Informationspflichten" und „Verpflichtungen zur Gewährleistung von Teilhaberechten"; Pflichten zur konstituierenden Gesetzgebung haben in diesem Schema keinen Platz.

285 *Dröge*, Positive Verpflichtungen der Staaten in der Europäischen Menschenrechtskonvention, 2003, S. 87 f.

286 EGMR, Nr. 28957/95 – *Goodwin*; Nr. 25680/94 – *I.*

287 EGMR, Nr. 28957/95 – *Goodwin*, Rn. 97 ff.; Nr. 25680/94 – *I.*, Rn. 77 ff.

288 EGMR, Nr. 28957/95 – *Goodwin*, Rn. 71; Nr. 25680/94 – *I.*, Rn. 51: „This case raises the issue whether or not the respondent State has failed to comply with a *positive obligation* to ensure the right of the applicant, a post-operative male to female transsexual, to respect for her private life [...]." – Hervorhebung F. M.

289 EGMR, Nr. 28957/95 – *Goodwin*, Rn. 101; Nr. 25680/94 – *I.*, Rn. 81.

290 EGMR, Nr. 28957/95 – *Goodwin*, Rn. 101; Nr. 25680/94 – *I.*, Rn. 81.

sexuelle zu öffnen. Es ging ihm vielmehr um eine *negative* Verpflichtung, nämlich es zu unterlassen, an das bei der Geburt registrierte biologische Geschlecht anzuknüpfen. Aus Sicht des Gerichtshofs begehrten die jeweiligen Beschwerdeführer demnach keine Erweiterung ihrer Freiheitssphäre, sondern wollten Beschränkungen ihrer bereits konstituierten Freiheit abwehren. Diese Argumentation ist freilich alles andere als stringent, zumal Art. 8 EMRK mit positiv-verpflichtender Wirkung angewendet worden war.[291] Einen Beleg für positive Pflichten zur konstituierenden Normsetzung liefern die Urteile jedenfalls nicht.

b) Gleichberechtigung der Ehegatten

Auch die von *Dröge* angeführte Bestimmung des Art. 5 des 7. ZP-EMRK,[292] die Ehegatten „gleiche Rechte und Pflichten privatrechtlicher Art" garantiert, scheidet als Nachweis positiver Verpflichtungen zur gesetzgeberischen Konstituierung grundrechtlicher Freiheit aus. Zwar ist Dröge zuzugeben, dass die Gewährleistung in der Tat „die Existenz privatrechtlicher Normen zum Genuß des Rechts" voraussetzt.[293] Es handelt sich allerdings nicht um ein Freiheits-, sondern ein Gleichheitsrecht, das selbstverständlich den Gesetzgeber zur Normsetzung verpflichten kann. Dabei handelt es sich allerdings nicht um die Konstituierung von Freiheit (in *Dröges* Terminologie: „Ausgestaltung"), sondern um die Herstellung von Gleichheit, mithin um ein völlig anders gelagertes Phänomen.[294]

c) Recht auf Bildung

Auch das von *Dröge* bemühte Recht auf Bildung nach Art. 2 Satz 1 ZP-EMRK[295] ist ein problematischer Kandidat. Wie der EGMR im grundlegenden *Belgischen Sprachenfall* ausgeführt hat, besteht keine Pflicht der Konventionsstaaten ein bestimmtes Bildungssystem einzurichten oder zu unterhalten. Zwar träfen die Vertragsstaaten positive Verpflichtungen aus Art. 2 Satz 1 ZP-EMRK, dass diese aber keine konstituierende Gesetzgebung zum Inhalt haben, wird aus den folgenden Ausführungen deutlich:

„[…] all member States of the Council of Europe possessed, at the time of the opening of the Protocol to their signature, and still do possess, a general and official educational system. There neither was, nor is now, therefore, any question of requiring each State to establish such a system,

---

[291] Zur Mehrdeutigkeit der Transsexuellen-Fälle zutreffend *Streuer*, Die positiven Verpflichtungen des Staates, 2003, S. 33 ff.

[292] *Dröge*, Positive Verpflichtungen der Staaten in der Europäischen Menschenrechtskonvention, 2003, S. 88.

[293] *Dröge*, Positive Verpflichtungen der Staaten in der Europäischen Menschenrechtskonvention, 2003, S. 88.

[294] Vgl. bereits Einführung B III.

[295] *Dröge*, Positive Verpflichtungen der Staaten in der Europäischen Menschenrechtskonvention, 2003, S. 88.

but merely of guaranteeing to persons subject to the jurisdiction of the Contracting Parties the right, in principle, to avail themselves of the means of instruction existing at a given time."[296]

Da es in jedem Konventionsstaat also ein Bildungswesen gab und gibt, braucht es auch nicht mehr konstituiert werden. Art. 2 Satz 1 ZP-EMRK verpflichtet die Vertragsstaaten nur, den Zugang zu den bereits bestehenden Bildungseinrichtungen zu gewährleisten.[297] Dem EGMR war klar, dass die EMRK nicht in den „rechtsleeren Raum" spricht,[298] sondern die Bildungssysteme der Konventionsstaaten vorfindet. Es bestand daher für ihn kein Anlass, Pflichten zur Einrichtung eines solchen Systems zu begründen. Abgesehen davon ist bereits zweifelhaft, ob der EGMR den Freiheitsgegenstand des Rechts auf Bildung überhaupt als konstituierungsbedürftig begreift. Er führt zwar aus, dass Art. 2 Satz 1 ZP-EMRK *by its very nature* nach staatlicher Regelung *(regulation)* verlange, die je nach Zeit und Ort entsprechend den Bedürfnissen und Mitteln der Gemeinschaft und Individuen differieren könne. Es verstehe sich aber von selbst, dass diese Regelung niemals den Wesensgehalt *(substance)* des Rechts verletzen dürfe.[299] Aus der Formulierung wird deutlich, dass der EGMR Gesetzgebung nicht als konstitutiv für das Recht auf Bildung versteht,[300] sondern als – wenn auch notwendige – Begrenzung.[301]

d) *Recht auf freie Wahlen*

Positive Verpflichtungen zur Normsetzung wurden vom EGMR in der Tat aus dem Recht auf freie Wahlen (Art. 3 ZP-EMRK) hergeleitet, das *Dröge* als weiteren Beleg für ihre These anführt.[302] Die Pflicht, freie Wahlen zu organisieren, betrifft jedoch eine staatsorganisationsrechtliche Grundfrage[303] „außerhalb der unmittelbaren Freiheitssphäre" des Einzelnen.[304] Der EGMR hebt zwar einerseits die positiv verpflichtende Komponente der Gewährleistung hervor, enthält sich aber andererseits der abstrakten

---

[296] EGMR, Nr. 1474/62 – *Belgischer Sprachenfall*, sub I. B. 3.

[297] *Grabenwarter/Pabel*, Europäische Menschenrechtskonvention, 6. Aufl. 2016, § 22 Rn. 97.

[298] So bezogen auf die Charta *Cremer*, in: Grabenwarter, Europäischer Grundrechteschutz, 2014, § 1 Rn. 89.

[299] EGMR, Nr. 1474/62 – *Belgischer Sprachenfall*, sub I. B. 5.

[300] In diese Richtung aber *Dröge*, Positive Verpflichtungen der Staaten in der Europäischen Menschenrechtskonvention, 2003, S. 88, die die zitierte Passage aus dem Kontext reißt.

[301] Eben das kritisiert der Richter *Terje Wold* in seinem Sondervotum: „The human rights granted are absolute rights, which cannot be the object of regulation by the separate States except where this is expressly stated in the Convention and under the conditions the Convention itself has laid down. In regard to the right to education the Convention has no such provision. It would also be a very dangerous road to embark upon if the articles of the Convention were to be interpreted in such a way as to allow the member States to regulate the human rights ‚according to the needs and resources of the community'."

[302] *Dröge*, Positive Verpflichtungen der Staaten in der Europäischen Menschenrechtskonvention, 2003, S. 88 f.

[303] EGMR, Nr. 9267/81 – *Mathieu-Mohin u. Clerfayt*, Rn. 43: „characteristic principle of democracy".

[304] *Meyer-Ladewig/Nettesheim*, in: dies./von Raumer, EMRK, Art. 3 ZP-EMRK Rn. 2.

Überprüfung nationaler Wahlsysteme[305] und damit erst recht einer Antwort auf die Frage, ob eine Wahl stattzufinden habe.[306] Der Einzelne kann nur eine Beschwer mit Blick auf die Durchführung einer konkreten Wahl geltend machen.[307] Mit anderen Worten muss ein Wahlsystem immer bereits konstituiert sein, damit sich aus Art. 3 ZP-EMRK grundrechtliche Ansprüche und Pflichten ergeben können. Diese können dann sowohl negativen als auch positiven Inhalts sein und schützen vor allem das aktive und passive Wahlrecht des Einzelnen, z. B. von Strafgefangenen oder Angehöriger anderer Personengruppen.[308] Ein grundrechtlicher Anspruch auf die Konstituierung eines Wahlsystems und eine korrespondierende positive Pflicht des Staates, die eine Pflicht zur konstituierenden Normsetzung darstellen würde, wurde indes auch im Rahmen von Art. 3 ZP-EMRK nicht anerkannt.

e) *Vereinigungsfreiheit*

Auch die Vereinigungsfreiheit (Art. 11 EMRK) wird bisweilen als Beispiel für weitreichende Pflichten zur (konstituierenden) Normsetzung angeführt. So soll es laut *Marauhn* unumstritten sein, dass aus der Gewährleistung der Vereinigungsfreiheit in Art. 11 EMRK unmittelbar eine Pflicht des Staates folge, in seiner Rechtsordnung Möglichkeiten zum Zusammenschluss vorzusehen.[309] Die zum Beleg angeführten Literaturstimmen kommen freilich ohne jeden Nachweis aus der Rechtsprechung des EGMR aus.[310] *Tomuschat* beruft sich schlicht auf die Vernunft: „It stands to reason that an association needs solid legal foundations under domestic law in order to be able to further the interests of its members."[311] Die grundrechtliche Gewährleistung einer Freiheit lässt aber – wie oben ausgeführt (III. 2. a. und 2. b.) – nicht den logischen Schluss auf eine Pflicht zur Schaffung ihrer Voraussetzungen zu. Die Beschwörung der Vernunft geht daher ins Leere. Dass Art. 11 EMRK eine positive Verpflichtung zum

---

305 EGMR, Nr. 10226/03 – *Yumak u. Sadak*, Rn. 73.

306 Anders die Kommission im Staatenbeschwerdeverfahren gegen Griechenland (EKMR, Nr. 3321/67 u. a. – *Griechenland-Fall)*. Sie stellte in ihrem Bericht fest, dass es seit 1967 in Griechenland kein Parlament und keine Wahlen mehr gegeben habe und nach der Verabschiedung der neuen Verfassung 1968 noch kein Wahlgesetz erlassen worden sei. Das „griechische Volk" sei so davon abgehalten worden, seine politischen Meinungen durch die Wahl eines Gesetzgebers im Einklang mit Art. 3 ZP-EMRK zu äußern (Rn. 416). Festgestellt wurde also ein „objektiver" Verstoß gegen Art. 3 ZP-EMRK durch den Nichterlass eines Wahlgesetzes, nicht aber ein individueller Anspruch auf den Erlass; vgl. insoweit krit. *De Meyer*, in: Macdonald/Matscher/Petzold, The European System for the protection of Human Rights, 1993, S. 557: „Nevertheless, fundamentally, it was at the same time the electoral rights of each and every individual Greek citizen which had been infringed."

307 *Meyer-Ladewig/Nettesheim*, in: dies./von Raumer, EMRK, Art. 3 ZP-EMRK Rn. 3.

308 Vgl. *Grabenwarter/Pabel*, Europäische Menschenrechtskonvention, 6. Aufl. 2016, § 23 Rn. 111 m. N. aus der Rspr.

309 *Marauhn*, RabelsZ 63 (1999), 537 (554).

310 *Frowein*, in: ders./Peukert, Art. 11 Rn. 8; *Tomuschat*, in: Macdonald/Matscher/Petzold, The European System for the protection of Human Rights, 1993, S. 506.

311 *Tomuschat*, in: Macdonald/Matscher/Petzold, The European System for the protection of Human Rights, 1993, S. 506.

Erlass von Vereins- und ähnlichen Gesetzen enthält, d. h. die Konventionsstaaten verpflichtet, „jedenfalls das Prinzip der ‚Rechtspersonen' zur Verfügung zu stellen",[312] bleibt eine begründungsbedürftige These. Die Begründung bleiben ihre Vertreter schuldig.

Neuere Entscheidungen des EGMR zu Art. 11 EMRK stützen die These nur auf den ersten Blick. So wird seit dem grundlegenden *Sidiropoulos*-Fall in ständiger Rechtsprechung wiederholt, dass die Möglichkeit der Gründung einer juristischen Person *(personne morale – legal entity)* zur kollektiven Interessenwahrnehmung zu den wichtigsten Aspekten der Vereinigungsfreiheit gehöre, ohne die das Recht seines Sinns beraubt werden würde.[313] Diese Erwägungen des EGMR sind aber im Kontext des jeweiligen Falles zu sehen. Es ging stets darum, dass die – grundsätzlich mögliche – Eintragung als Verein aus verschiedenen Gründen im Einzelfall verweigert worden war. Im *Sidiropoulos*-Fall lehnte das griechische Registergericht die Eintragung mit der Begründung ab, der zu gründende Verein („Heimstätte der Mazedonischen Zivilisation"), befördere die Idee einer mazedonischen Minderheit in Griechenland und widerspreche daher dem nationalen Interesse.[314] Ähnlich gelagert war der *Gorzelik*-Fall, in dem die polnischen Gerichte die Gründung des Vereins „Union der Menschen Schlesischer Nationalität" ablehnten, weil dadurch der Irrglaube in der Öffentlichkeit entstehen könnte, es bestehe eine schlesische Nation, und außerdem andere ethnische Gruppen durch die Anerkennung benachteiligt werden würden.[315] Im Fall der *Moskauer Heilsarmee* musste die Beschwerdeführerin, die bereits als rechtsfähiger Verein nach russischem Recht gegründet worden war, nach einer Rechtsänderung eine erneute Registrierung beantragen, die ihr jedoch verweigert wurde.[316] Stets existierten also in den nationalen Rechtsordnungen bereits institutive Regeln, die es ermöglichten, rechtsfähige Vereinigungen zu gründen. Die Freiheit war damit bereits konstituiert. Die Betroffenen wurden von den Behörden und Gerichten aber an der Ausübung der von Art. 11 Abs. 1 EMRK geschützten Vereinsgründungskompetenzen gehindert. Der EGMR prüfte die Fälle daher zutreffend unter dem Gesichtspunkt der negativen Verpflichtungen. Zu der Frage, ob die Konventionsstaaten verpflichtet sind, überhaupt Rechtsnormen zur Verfügung zu stellen, die eine Vereinsgründung ermöglichen, äußerte er sich dagegen nicht.

Schließlich spricht vieles dafür, dass der EGMR den Gegenstand der Vereinigungsfreiheit als unabhängig von konstituierender Gesetzgebung begreift. Zwar ist eine Vereinigung *(association)* stets eine institutionelle Tatsache, bedarf also für ihre Existenz

[312] *Marauhn*, RabelsZ 63 (1999), 537 (554) bezugnehmend auf *Binder*, Wirtschaftsrecht, 1992, 167 f., der aus Art. 11 EMRK – ohne jede Begründung – folgert, dass die Rechtsordnung das Prinzip der „Rechtspersonen" anerkennen und die erforderlichen Rechtsvorschriften für die Gründung von Rechtpersonen jedermann bereitstellen müsse.

[313] EGMR, Nr. 57/1997/841/1047 – *Sidiropoulos*, Rn. 40; Nr. 44158/98 – *Gorzelik*, Rn. 88; Nr. 72881/01 – *The Moscow Branch of the Salvation Army*, Rn. 59.

[314] EGMR, Nr. 57/1997/841/1047 – *Sidiropoulos*, Rn. 10.

[315] EGMR, Nr. 44158/98 – *Gorzelik*, Rn. 72 ff.

[316] EGMR, Nr. 72881/01 – *The Moscow Branch of the Salvation Army*, Rn. 8 ff.

konstitutiver Regeln. Diese Regeln müssen aber nicht solche des Rechts sein. Im deutschen Schrifttum heißt es, dass Eigentum, Ehe, Vertrag und Verein „rechtliche Gebilde" seien, die nur nach Maßgabe einer bestimmten Rechtsordnung existierten.[317] Doch ist dies schon im Hinblick auf die Vereinigungsfreiheit des Art. 9 Abs. 1 GG nicht unumstritten.[318] Manche sehen sie als teilweise „rechtsgeprägt" an, nämlich nur soweit sie die Teilnahme der Vereinigung am Rechtsverkehr schütze.[319] Andere bestimmen das grundrechtliche Schutzgut ganz ohne Rücksicht auf konstituierende Rechtsnormen.[320] Dem BVerfG zufolge ist mit der verfassungsrechtlichen Garantie der Vereinigungsfreiheit „seit jeher die Notwendigkeit einer gesetzlichen Ausgestaltung dieser Freiheit verbunden, ohne die sie praktische Wirksamkeit nicht gewinnen könnte." Diese Notwendigkeit gehöre von vorneherein zum Inhalt des Art. 9 Abs. 1 GG,[321] womit aber nicht gesagt ist, dass die Grundrechtsausübung nur aufgrund konstituierender Gesetzgebung möglich wäre. Der Begriff der Ausgestaltung wird hier mit der ihm eigenen Vagheit eingesetzt,[322] so dass letztlich offenbleibt, welcher Art die ausgestaltenden Gesetze sein müssen. Hintergrund dieser Unklarheiten dürfte sein, dass sich der Gegenstand der Vereinigungsfreiheit ohne große Mühen anhand von außerrechtlichen Sozialnormen, also rein gesellschaftlichen konstitutiven Regeln bestimmen lässt. So genügt es auch dem EGMR, dass sich Menschen mit anderen zusammenschließen, um ein gemeinsames Ziel zu erreichen.[323] Dieser soziale Akt stellt die primär von Art. 11 Abs. 1 Var. 2 EMRK geschützte Handlung dar, nicht erst die Gründung einer rechtsfähigen Einheit. Selbst wenn den Gesetzgeber also eine positive Pflicht träfe, Möglichkeiten der (rechtlichen) Vereinsgründung zu schaffen, handelte es sich dabei nicht um eine Pflicht zur konstituierenden Normsetzung. Die Ausstattung einer bereits sozial existenten Vereinigung mit Rechtspersönlichkeit gehört vielmehr zur Förderung der grundrechtlichen Freiheitsausübung.[324]

f) Eigentumsrecht

Da der EGMR den Freiheitsgegenstand des Eigentumsrechts nach Art. 1 ZP-EMRK nicht von konstituierender Gesetzgebung abhängig macht, kommen auch insoweit

[317] *Bumke*, Ausgestaltung von Grundrechten, 2009, S. 17.

[318] Vgl. *Herzog*, in: FS Zeidler, S. 1414 (1417 f.).

[319] Etwa *Gellermann*, Grundrechte in einfachgesetzlichem Gewande, 2000, S. 176.

[320] Etwa *Bauer*, in: Dreier, GG, Art. 9 Rn. 38 ff.; vgl. auch *Scholz*, in: Maunz/Dürig, GG, Art. 9 Rn. 26, dem zufolge Art. 9 Abs. 1 GG „zunächst nur den Vorgang des Sich-Vereinigens sowie im Anschluß hieran die gebildete Vereinigung" schütze. Das bedeute grundrechtsdogmatisch, dass der Vorgang der „realen Grundrechtsausübung" und die „Objektivation" dieser Grundrechtsausübung geschützt würden und zwar „zumindest prinzipiell" ohne Rücksicht darauf, ob entsprechende Normenkomplexe eines Vereins- und/oder Gesellschaftsrechts vorhanden seien.

[321] BVerfGE 50, 290 (354 f.).

[322] Vgl. dazu bereits Einführung C.

[323] *Daiber*, in: Meyer-Ladewig/Nettesheim/von Raumer, EMRK, Art. 11 Rn. 7 m. N.

[324] Vgl. zum deutschen Recht *Mager*, Einrichtungsgarantien, 2003, S. 461, die die Pflicht des Gesetzgebers, Vereinigungen rechtlich zu „verfassen", als Schutzpflicht einordnet.

Pflichten zur Setzung konstituierender Rechtsnormen nicht in Betracht. Soweit der Gerichtshof aus Art. 1 ZP-EMRK Pflichten zur Normsetzung abgeleitet hat, ging es entweder um Schutz oder um Förderung bereits bestehender Freiheitsgegenstände.[325]

g) Zusammenfassung

Im Konventionsrecht werden also keine Pflichten zur konstituierenden Gesetzgebung anerkannt. Der EGMR löst die problematischen Fälle entweder im Licht der negativen Verpflichtungen – wie bei Art. 12 EMRK und Art. 3 ZP-EMRK –, lässt die Frage offen – wie bei Art. 2 Satz 1 ZP-EMRK – oder konzipiert die grundrechtliche Freiheit schon als nicht konstituierungsbedürftig (Art. 11 EMRK, Art. 1 ZP-EMRK). Allgemein lässt sich sagen, dass die Existenz des Freiheitsgegenstands eine „selbstverständliche Voraussetzung" für die Entstehung positiver staatlicher Verpflichtungen aufgrund der EMRK darstellt.[326]

IV. Resümee

Ihm Rahmen dogmatischen Kategorie der konstituierenden Gesetzgebung sind also positive Verpflichtungen der Grundrechtsadressaten nur insoweit anzuerkennen, als es um physisch rohe Handlungen bzw. schützende oder fördernde Normsetzungsakte geht. Pflichten zur Erweiterung der grundrechtlichen Freiheit und damit korrespondierende Ansprüche des Einzelnen auf konstituierende Normsetzung sind dagegen nicht anzuerkennen. Der Grundrechtekonvent hat sich insbesondere gegen die Aufnahme von Institutsgarantien entschieden, denen derartige Pflichtgehalte bei entsprechender Lesart zu entnehmen sein können. Auch aus dem Recht der EMRK sind keine Impulse in die Richtung zu erwarten, da der EGMR trotz einer umfangreichen Rechtsprechung zu positiven Verpflichtungen den Staaten keine Pflichten zur konstituierenden Gesetzgebung auferlegt. Um grundrechtliche Pflichten begründen zu können, muss der jeweilige Freiheitsgegenstand also stets bereits konstituiert sein. Die Unionsgrundrechte schützen damit „nur" den Bestand der gesetzlich konstituierten Freiheit, nicht deren Entstehung.

---

[325] Vgl. EGMR, Nr. 30280/03 – *Malysh*, Rn. 67 ff., wo Russland wegen unterlassener (gesetzlicher) Ablöse von Staatsschulden verurteilt wurde. Der Gesetzgeber hatte aber bereits über das „Ob" der Ablöse entschieden, so dass für den EGMR die Eigentumsposition bereits in „a kind of inchoate form" angelegt war und nur noch ihre Verwirklichung *(materialization)* von weiterer Gesetzgebung abhing. Es wurde ausdrücklich offen gelassen, ob der Fall unter dem Gesichtspunkt der negativen oder der positiven Pflichten des Staates zu beurteilen sei.

[326] *Streuer*, Die positiven Verpflichtungen des Staates, 2003, S. 257.

Kapitel 3

Konkretisierende Gesetzgebung

A. Problemstellung

Die im vorstehenden Kapitel behandelte Kategorie der konstituierenden Gesetzgebung zeichnet sich dadurch aus, dass die grundrechtliche Freiheit aufgrund ihres spezifischen Gegenstands von vorneherein von Gesetzgebung abhängt. In diesem Kapitel geht es um Gewährleistungen der Charta, bei denen dies nicht notwendig der Fall ist, der Charta-Geber den Grundrechtsschutz aber explizit an den vom Gesetzgeber geschaffenen Rechtsbestand geknüpft hat. Er verweist den Rechtsanwender darauf, wegen des Inhalts des jeweiligen Grundrechts die sachlich einschlägigen Gesetze zurate zu ziehen. Der Gesetzgebung kommt damit die Funktion zu, den in der Charta bereits umschriebenen, aber nicht abschließend festgelegten Freiheitsgegenstand zu konkretisieren. Mehr noch: Ohne die gesetzgeberische Konkretisierung des in der Charta vorgefundenen Freiheits-Abstraktums lässt sich von einem Freiheitsgegenstand überhaupt nicht sprechen. Die Konkretisierung ist demnach keine Serviceleistung des Gesetzgebers, mit der die Erkenntnis des jeweiligen Gewährleistungsinhalts erleichtert würde. Sie hat mehr als nur epistemische Funktion.

Die Abhängigkeit der Grundrechtsgewährleistung von konkretisierender Gesetzgebung wirft in dogmatischer Hinsicht Fragen auf, die mit denen vergleichbar sind, die im Rahmen der konstituierenden Gesetzgebung erörtert wurden. Darüber hinaus hat die Konkretisierungsbedürftigkeit manche dazu verleitet, die Grundrechtsqualität dieser Gewährleistungen als solche zu bezweifeln – zu Unrecht, wie im Folgenden dargelegt werden soll. Außerdem ist die Konkretisierung grundrechtlicher Freiheit von ähnlichen, aber doch unterscheidbaren Phänomenen abzugrenzen, mit denen sich die Dogmatik der Unionsgrundrechte zu beschäftigen hat. Erst in dieser Abgrenzung etabliert sie sich als dogmatische Kategorie. Sie soll zunächst am Prototypen für ein konkretisierungsbedürftiges Grundrecht, dem Recht auf Unterrichtung und Anhörung der Arbeitnehmer im Unternehmen (Art. 27 GRC), nachgewiesen werden (B). Im Anschluss daran werden die verschiedenen Arten konkretisierender Gesetze dargestellt (C). Sodann ist die gesetzgeberische Konkretisierung dogmatisch zu verorten (D), bevor die damit verbundenen konkreten Pflichtinhalte thematisiert werden (E).

B. Prototyp: Unterrichtung und Anhörung im Unternehmen

I. Gewährleistung

1. Chartatext

Das Erfordernis der weiteren Konkretisierung des Grundrechts durch den Gesetzgeber kommt bereits in der textlichen Gewährleistung des Art. 27 GRC deutlich zum Ausdruck, dessen Wiedergabe in den hier herangezogenen Sprachfassungen daher lohnt.

Für die Arbeitnehmerinnen und Arbeitnehmer oder ihre Vertreter muss auf den geeigneten Ebenen eine rechtzeitige Unterrichtung und Anhörung *in den Fällen und unter den Voraussetzungen* gewährleistet sein, *die nach dem Unionsrecht und den einzelstaatlichen Rechtsvorschriften und Gepflogenheiten vorgesehen sind.*

Les travailleurs ou leurs représentants doivent se voir garantir, aux niveaux appropriés, une information et une consultation en temps utile, *dans les cas et conditions prévus par le droit de l'Union et les législations et pratiques nationales.*

Workers or their representatives must, at the appropriate levels, be guaranteed information and consultation in good time *in the cases and under the conditions provided for by Union law and national laws and practices.*

Ai lavoratori o ai loro rappresentanti devono essere garantite, ai livelli appropriati, l'informazione e la consultazione in tempo utile *nei casi e alle condizioni previsti dal diritto dell'Unione e dalle legislazioni e prassi nazionali.*

Die deutsche Formulierung ähnelt mit ihrem Verweis auf das Unionsrecht und die einzelstaatlichen Rechtsvorschriften und Gepflogenheiten anderen Bestimmungen der Charta, vor allem Art. 16 GRC (unternehmerische Freiheit) und Art. 28 GRC (Recht auf Kollektivverhandlungen und -maßnahmen). Im deutschen Schrifttum werden diese Rechte daher bisweilen in einem Atemzug genannt.[1] Eine vergleichende Betrachtung der Sprachfassung mahnt allerdings zur Vorsicht vor vorschneller Gleichsetzung. Art. 27 GRC verweist auf Fälle und Voraussetzungen, die „durch" *(par – by – da)* das Unionsrecht und das Recht der Mitgliedstaaten vorgesehen sind. Art. 16 und Art. 28 GRC gewährleisten hingegen die grundrechtliche Freiheit „im Einklang mit" *(conformément à – in accordance with – conformemente a)* diesen Rechtsvorschriften. Die Präposition „nach", die in der deutschen Fassung der Art. 16, 27 und 28 GRC den Verweis einleitet, nivelliert diese Bedeutungsnuance und rückt die Bestimmungen in eine nur scheinbare Nähe. Der Text des Art. 27 GRC ähnelt in den anderen Sprachfassungen vielmehr den Bestimmungen des Art. 34 Abs. 1 und Abs. 3 GRC, wo auf die „Regeln" bzw. Modalitäten *(règles – rules – modalità)* Bezug genommen wird, die durch *(par – by – da)* das Unionsrecht und das nationale Recht vorgesehen sind. Im Deutschen wird der dortige Verweis nicht durch ein schlichtes „nach", sondern durch

[1] So etwa bei *Krebber*, EuZA 2016, 3 (9 f.).

die Konstruktion „nach Maßgabe des" eingeleitet.[2] In der Gesamtschau steht Art. 27 GRC textlich Art. 34 Abs. 1 und Abs. 3 GRC damit deutlich näher als den vermeintlich parallel formulierten Art. 16 und Art. 28 GRC, auch wenn dies in der deutschen Sprachfassung nicht zum Ausdruck kommt. Auf die Bezugnahmeklausel in den Art. 16 und Art. 28 GRC wird in Kapitel 4 unter dem Gesichtspunkt der regelnden Gesetzgebung zurückzukommen sein. An dieser Stelle genügt es festzuhalten, dass der Charta-Text im Sprachenvergleich keineswegs einen dogmatischen Gleichlauf der Gewährleistungen nach Art. 16, 27 und 28 GRC nahelegt.

Der Verweis auf das Unionsrecht und die Rechtsvorschriften und Gepflogenheiten der Mitgliedstaaten ist eine textliche Besonderheit des Art. 27 GRC, die die Dogmatik ernst zu nehmen hat. Es wird eben nicht die rechtzeitige Unterrichtung und Anhörung der Arbeitnehmer im Unternehmen schlechthin gewährleistet. Nur in den Fällen und unter den Voraussetzungen, die das Unionsrecht und das nationale Recht vorsehen, soll sich der grundrechtliche Schutz entfalten. Die notwendige Konkretisierung ist erkennbar im Text angelegt. Diesen Befund bestätigt ein Blick auf die Entstehungsgeschichte im Konvent.

2. *Beratungen im Konvent*

Das Recht der Arbeitnehmer auf Anhörung und Unterrichtung im Unternehmen war bereits in der ersten Liste des Präsidiums vorgesehen, die Vorschläge für Rechte *(droits)* und Ziele *(objectifs)* einer künftigen Charta enthielt (BODY 4). Es wurde im Abschnitt über wirtschaftliche und soziale Rechte und Ziele als soziales Kollektivrecht *(droit social collectif)* und nicht als bloßes politisches Ziel angeführt.[3] Als Grundlage wurden Art. 137 EG, Art. 6 ESC[4] und Nr. 17 GCSG genannt. In CONVENT 18 wurde sodann erstmals ein Textvorschlag (Art. III) unterbreitet, dem zufolge Arbeitnehmer und ihre Vertreter Anspruch auf effektive Unterrichtung und Anhörungen in den sie beschäftigenden Unternehmen haben sollten. Auf das Unionsrecht und das Recht der Mitgliedstaaten wurde noch nicht verwiesen. Auch in Art. 33 CONVENT 34 fand sich noch kein Verweis. In der Begründung wurde nun aber erstmals hervorgehoben, dass der Gemeinschaftsbesitzstand in diesem Bereich „beträchtlich" sei. Genannt wurden die Richtlinien über Massenentlassungen, Betriebsübergang und den Europäischen Betriebsrat.

---

[2] Im Französischen und Italienischen wird in Art. 34 Abs. 1 und Abs. 3 GRC nicht etwa das mit „Übereinstimmung, Einklang" konnotierte *conformément à* bzw. *conformemente a*, sondern die schwächere Präposition *selon* bzw. *secondo* verwendet, die sich als ein schlichtes „gemäß" übersetzen lässt; im Englischen findet sich einheitlich die Wendung *in accordance with*.

[3] Während bei anderen Vorschlägen die Frage nach der Rechts- oder Zielqualität explizit gestellt wurde; vgl. z. B. die davor genannte Position „Orientation professionelle et formation continue: droit ou objectif politique".

[4] Diese Nennung dürfte ein Versehen sein: Art. 6 ESC betrifft Kollektivverhandlungen und -maßnahmen, Art. 21 ESC die Unterrichtung und Anhörung der Arbeitnehmer.

Im Konvent stieß dieser Präsidiumsvorschlag auf Widerstand. Von britischer Seite wurde die vollständige Streichung der Bestimmung gefordert, da es zwar Richtlinienrecht in diesem Bereich gebe, aber kein generelles Recht auf Anhörung und Unterrichtung bestehe, wie es im vorgeschlagenen Artikel beschrieben werde.[5] Auch andere Stimmen bezweifelten den „Verfassungsrang" des Rechts.[6] Das Anliegen der Bestimmung sei auf nationaler Ebene oder durch eine Richtlinie, nicht jedoch im Rahmen der Charta zu verwirklichen.[7] Manche forderten die Herabstufung der Gewährleistung von einem Grundrecht zu einem Grundsatz.[8] Die überwiegende Zahl der Änderungsvorschläge unterstützte jedoch die Grundlinie des Präsidiums und regte lediglich Modifikationen im Detail an.[9] Von deutscher Seite wurde zwar betont, dass es sich nicht um ein „klassisches Grundrecht" handle und das Anliegen der Bestimmung daher auch an anderer Stelle geregelt werden bzw. man es bei der bestehenden Rechtslage bewenden lassen könne. Immerhin wurde aber explizit und im Einklang mit dem Präsidiumsvorschlag betont, dass es um „justiziable Rechte" der Arbeitnehmer gehe.[10] Der subjektiv-rechtliche „Charakter" der Gewährleistung wurde also nicht grundsätzlich bezweifelt.

Das Präsidium griff die Kritik an seinem Vorschlag zunächst nicht auf.[11] Im ersten Entwurf für einen vollständigen Chartatext (CONVENT 45) fand sich aber erstmals die Bezugnahme auf das Gemeinschaftsrecht und die nationalen Rechtsvorschriften und Gepflogenheiten. Für die Arbeitnehmer und ihre Vertreter sollte demnach eine rechtzeitige Unterrichtung und Anhörung zu den sie betreffenden Fragen im Unternehmen im Einklang mit *(conformément à)* diesen Vorschriften und Gepflogenheiten vorgeschrieben werden. Für diese Formulierung des Verweises dürfte Art. 21 ESC Pate gestanden haben, dem zufolge sich die Vertragsparteien verpflichten, „im Einklang mit den innerstaatlichen Rechtsvorschriften und Gepflogenheiten" Maßnahmen zu ergreifen oder zu fördern, die die Unterrichtung und Anhörung der Arbeitnehmer ermöglichen. Von den in den verschiedenen Mitgliedstaaten herrschenden Gepflogenheiten spricht auch Nr. 17 GCSG. Beide Bestimmungen wurden im ersten Erläuterungsentwurf als „Inspirationsquellen" genannt.[12] Trotz der textlichen Veränderungen hielt man entgegen anderslautender Vorschläge am Aus-

---

5 *Goldsmith*, Änderung 245; ähnlich *Griffiths*, Änderung 225: „[...] it is arguable as to whether it is a fundamental human right rather than very desirable good practice by employers"; beide in: CONVENT 39.

6 *Cisneros Laborda*, Änderung 163, in: CONVENT 39.

7 *Berthu*, Änderung 298, in: CONVENT 39 (auch zu anderen Bestimmungen).

8 *Korthals Altes*, Änderung 25; *ders.*, Änderung 26; jeweils in: CONVENT 39.

9 Vgl. die übrigen Änderungsvorschläge zu Art. 33 in CONVENT 39.

10 *Friedrich/Mombaur*, Änderung 280, in: CONVENT 39, die aber auch eine „Drittwirkung der Grundrechte" ablehnten.

11 Art. 33 CONVENT 40; Art. 33 CONVENT 41.

12 CHARTE 46, S. 19: „Cet article est inspiré de la Charte sociale européenne révisée (article 21) et de la Charte communautaire (points 17 et 18)."

druck „Recht“ *(droit)* in der Überschrift fest.[13] Im überarbeiteten Präsidiumsentwurf (CONVENT 47) wurde die Formulierung der Verweisklausel schließlich zugunsten der endgültigen Fassung ersetzt.[14] Unterrichtung und Anhörung der Arbeitnehmer wurden nun also nicht mehr „im Einklang mit“ *(conformément à)*, sondern in den Fällen und unter den Voraussetzungen garantiert, die das Unionsrecht und die nationalen Rechtsvorschriften und Gepflogenheiten vorsehen.

Damit wurde die Gewährleistung konsensfähig.[15] Ihr Inhalt wurde textlich an den Rechtsbestand in der Union und den Mitgliedstaaten gekoppelt, die Konzeption als Grundrecht – nicht als Zielbestimmung oder Grundsatz –, die das Präsidium von Anfang an verfolgte, dabei aber nicht aufgegeben.[16] Die Arbeitnehmer und ihre Vertreter sind im endgültigen Wortlaut eindeutig als Destinatäre der Bestimmung genannt, wobei sie in der französischen *(doivent se voir garantir)*, englischen *(must be guaranteed)* und italienischen *(devono essere garantiti)* Version als Satzsubjekte syntaktisch stärker im Vordergrund stehen als in der unpersönlich gehaltenen deutschen.

3. *Erläuterungen*

Bereits im ersten Erläuterungsentwurf (CONVENT 46) wurde, die Begründung von CONVENT 34 übernehmend, der beträchtliche *acquis communautaire* im Bereich der Unterrichtung und Anhörung der Arbeitnehmer betont. Die einschlägigen Richtlinien (Massenentlassung, Betriebsübergang, Europäischer Betriebsrat) wurden explizit aufgeführt. In der abschließenden Fassung der Erläuterungen wurde zusätzlich hervorgehoben, dass Art. 27 GRC unter den im Gemeinschaftsrecht und in den Rechtsvorschriften der Mitgliedstaaten vorgesehenen Bedingungen gelte. Außerdem verweise die Bezugnahme auf die „geeigneten Ebenen“ ebenso auf die im Gemeinschafts- bzw. mitgliedstaatlichen Recht vorgesehenen Ebenen. Damit sei die europäische Ebene eingeschlossen, sofern das Gemeinschaftsrecht dies vorsehe. Die Abhängigkeit des Grundrechtsschutzes von sekundärrechtlicher oder mitgliedstaatlicher Konkretisierung wurde so noch einmal deutlich hervorgehoben. Für den Besitzstand wurde nun auch auf Art. 138 und Art. 139 EG verwiesen. In der aktuellen Fassung der Erläuterungen sind an die Stelle der EG-Bestimmungen Art. 154 und 155 AEUV getreten. Außerdem hat sich der *acquis communautaire* mittlerweile um die Konsultationsrichtline erweitert, die einen allgemeinen Rahmen mit Mindestvorschriften für das Recht auf Unterrichtung und Anhörung der Arbeitnehmer festlegt. Auch dies wird nunmehr in den Erläuterungen reflektiert.

Im Verfassungskonvent wurden die Erläuterungen außerdem durch eine technische Begriffsverwendung dahingehend präzisiert, welche Bestimmungen der

[13] Art. 25 CONVENT 45.

[14] Art. 26 CONVENT 47.

[15] Vgl. *Rudolf*, in: Meyer, GRC, Art. 27 Rn. 27.

[16] Anders *Rudolf*, in: Meyer, GRC, Art. 27 Rn. 17, die in der Einfügung der Verweisklausel eine Betonung des Grundsatzcharakters zu erkennen meint.

Charta Grundrechte und welche Grundsätze ausdrücken.[17] Die Erläuterungen zu Art. 27 GRC blieben insoweit unverändert. Es lassen sich jedoch aus den übrigen Modifikationen des Erläuterungstexts Rückschlüsse auf die Einordnung des Art. 27 GRC ziehen. So wurden die Art. 25 und 26 GRC, obschon dort von „Rechten" bzw. „Ansprüchen" die Rede ist, in den Erläuterungen (zu Art. 52 Abs. 5 GRC) explizit als Grundsatzbestimmungen eingestuft. Art. 23, 33 und 34 GRC wurden als Bestimmungen aufgelistet, die sowohl Elemente eines Rechts als auch eines Grundsatzes enthalten können. Art. 27 GRC findet sich in diesen Aufzählungen, obwohl unmittelbar „benachbart", nicht. Man hatte keinen Anlass gesehen, den Grundsatzcharakter in den Erläuterungen zu betonen, weil Art. 27 GRC nie als Grundsatz verstanden worden war. Dies bestätigt den Befund, dass Art. 27 GRC von Anfang an als Grundrechtsbestimmung konzipiert worden war und diese Eigenschaft auch über die Veränderungen des Gewährleistungstexts hinweg beibehielt. Der Verfassungskonvent ließ diese Grundkonzeption unangetastet.

4. *Zwischenfazit*

Die Analyse des Gewährleistungstexts, der Beratungen des Konvents und der Erläuterungen zeigt einerseits klar die Abhängigkeit des durch Art. 27 GRC gewährleisteten Grundrechts von gesetzlicher Konkretisierung. Auf der anderen Seite spricht nichts dafür, dass der Charta-Geber mit Art. 27 GRC bloße Grundsatznormen setzen wollte. Im Gegenteil ist davon auszugehen, dass der Grundrechtscharakter, den das Konventspräsidium der Gewährleistung beigemessen hat, unverändert fortbesteht.

II. *Rechtssache AMS*

Im Rahmen eines Rechtsstreits zwischen einem französischen Arbeitgeber und Gewerkschaftsvertretern war der EuGH erstmals mit der Auslegung von Art. 27 GRC befasst.[18]

1. *Sachverhalt*

Der vorlegende französische Cour de cassation wollte wissen, ob das durch die Konsultationsrichtlinie konkretisierte Grundrecht auf Unterrichtung und Anhörung der Arbeitnehmer in einem Rechtsstreit zwischen Privaten geltend gemacht werden könne, um die Rechtmäßigkeit einer nationalen Maßnahme zur Umsetzung dieser Richtlinie zu überprüfen. Falls dies zu bejahen sei, ersuchte der Cour de cassation den Gerichtshof um eine Antwort auf die Frage, ob das Grundrecht bzw. die Richtlinienvorschriften einer gesetzlichen Vorschrift entgegenstünden, die bei der Berechnung der Beschäftigtenzahl zur Bestimmung gesetzlicher Schwellenwerte bestimmte Arten

[17] Vgl. *Brecht*, ZEuS 2005, 355 (375 ff.).
[18] EuGH, Rs. C-176/12 – *AMS*.

von Arbeitnehmern unberücksichtigt lasse. Das französische Arbeitsgesetzbuch sehe nämlich vor, dass in Betrieben mit mindestens elf Beschäftigten ein Belegschaftsvertreter zu wählen und in Unternehmen mit mindestens 50 Beschäftigten ein Betriebsrat einzusetzen sei. Bei der Berechnung der Beschäftigtenzahl würden allerdings unter anderem solche Arbeitnehmer nicht berücksichtigt, die im Rahmen eines Berufsbildungsvertrags beschäftigt seien. Die als privater gemeinnütziger Verein organisierte *AMS*, die hauptsächlich Auszubildende beschäftigt, berief sich vor den nationalen Gerichten auf diese Richtlinien-Bestimmungen, um die Einsetzung eines Beschäftigtenvertreters anzufechten. Die französischen Gerichte hatten Bedenken bezüglich der Vereinbarkeit der Schwellenwert- und Berechnungsbestimmungen mit Art. 27 GRC bzw. der Konsultationsrichtlinie. Der Anwendungsbereich der Richtlinie ist allerdings erst für Betriebe mit mindestens 20 Arbeitnehmern bzw. für Unternehmen mit mindestens 50 Arbeitnehmern eröffnet, wobei die Mitgliedstaaten die Berechnungsmethode bestimmen dürfen (Art. 3 Abs. 1 Konsultations-RL).

2. *Schlussanträge des Generalanwalts*

Generalanwalt *Cruz Villalón* war in seinen Schlussanträgen vor allem darum bemüht, Art. 27 GRC als Grundsatzbestimmung der Charta darzustellen.[19] Seine Prämissen finden dabei allerdings keine Stütze in der Entstehungsgeschichte der Charta, die er abgesehen von den Erläuterungen ohnehin außer Acht ließ. So ging er davon aus, dass die Stellung eines Artikels in Titel IV der Charta eine starke Vermutung für die Zugehörigkeit zur Kategorie der Grundsätze begründe.[20] Denn soziale Rechte, wie sie sich im Solidaritäts-Titel fänden, seien stets auf Vermittlung oder Konkretisierung durch den Staat angewiesen und damit „ihrem Inhalt oder ihrem Wesen nach (soziale) ‚Rechte' und ihrer Funktionsweise nach ‚Grundsätze'".[21] Diese Behauptung wird mit kursorisch gehaltenen rechtsvergleichenden Ausführungen garniert.[22] Bezeichnenderweise nahm der Generalanwalt jedoch nicht zur Kenntnis, dass das Präsidium des Konvents von Anfang an (BODY 4), wie oben dargelegt, zwischen sozialen Rechten *(droits)* und Zielen *(objectifs)* differenziert hatte, wobei der Begriff des Ziels später durch den Begriff des Grundsatzes *(principe)* abgelöst worden war. Die zentralen Arbeitnehmerrechte, nämlich das Recht auf Unterrichtung und Anhörung, das Recht auf Tarifverhandlungen und das Streikrecht, die sich in der Endfassung der Charta in den ersten beiden Bestimmungen des Solidaritäts-Titels wiederfinden, wurden von Anfang an als Rechte im eigentlichen Wortsinn und nicht als Ziele oder Grundsätze verstanden.[23] Auch wenn es hiergegen im Konvent Widerstand gegeben

---

[19] *GA Cruz Villalón*, SchlA, Rs. C-176/12 – *AMS*, Rn. 42 ff.; auch das deutsche Schrifttum sprach und spricht sich überwiegend für einen Grundsatz aus; vgl. *Krebber*, in: Calliess/Ruffert, EUV/AEUV, Art. 27 GRC Rn. 10 m. w. N.

[20] *GA Cruz Villalón*, SchlA, Rs. C-176/12 – *AMS*, Rn. 55.

[21] *GA Cruz Villalón*, SchlA, Rs. C-176/12 – *AMS*, Rn. 45.

[22] *GA Cruz Villalón*, SchlA, Rs. C-176/12 – *AMS*, Rn. 48.

[23] Vgl. auch *Frenz/Götzkes*, RdA 2007, 216 (217 f.), die darauf hinweisen, dass der Solidaritäts-

hatte, der aber vor allem auf eine gänzliche Streichung der Bestimmungen zielte, blieb diese Grundkonzeption gewahrt. Es ist daher konsequent, dass die Erläuterungen weder Art. 27 noch Art. 28 GRC als Grundsätze einordnen. *Cruz Villalóns* Schluss von der Stellung im Solidaritäts-Titel auf die Grundsatzqualität ist daher unter methodischen Gesichtspunkten unhaltbar.[24] Er behauptete bei alledem, „den Sinn der Charta zu deuten, wo sie sozusagen ihre Arbeit eingestellt" habe, und kam daher bei allen Schwierigkeiten, die damit verbunden seien, zu dem Schluss, dass die besseren Argumente dafür sprächen, Art. 27 GRC als Grundsatz einzuordnen.[25] Angesichts der aufschlussreichen Entstehungsgeschichte des Art. 27 GRC und der Erläuterungen wird man aber bestreiten können, dass die Charta an dieser Stelle wirklich die Arbeit eingestellt hat und damit dem Interpreten die Spielräume zur Deutung belässt, die der Generalanwalt großzügig für sich in Anspruch nahm. Die „Spielräume" *Cruz Villalóns* sind vielmehr das Ergebnis einer defizitären Rekonstruktion des Normsetzungsakts.

Da der Generalanwalt bereits die Grundrechtsqualität des Art. 27 GRC negiert hat, sind seine weiteren Ausführungen für diese Untersuchung von geringem Interesse.[26] Immerhin ging er davon aus, dass Art. 3 Abs. 1 Konsultations-RL auf der Grundlage von Art. 52 Abs. 5 Satz 2 GRC die (angebliche) Grundsatzbestimmung des Art. 27 GRC „wesentlich und unmittelbar" konkretisiere. Art. 27 GRC könne daher auch in einem Rechtsstreit zwischen Privaten geltend gemacht werden, mit der möglichen Folge der Nichtanwendung einer widersprechenden nationalen Rechtsnorm.[27] Im konkreten Fall kam er zu dem Ergebnis, dass Art. 27 GRC, wesentlich und unmittelbar konkretisiert durch Art. 3 Abs. 1 Konsultations-RL, der französischen Bestimmung entgegensteht, die eine Gruppe von Arbeitnehmern aus der Berechnung der Beschäftigtenzahl ausnimmt.[28]

Titel sowohl Grundrechts- als auch Grundsatzbestimmungen umfasse und die Stellung in diesem Titel daher keine Schlüsse auf die Einordnung von Art. 27 GRC zulasse.

[24] Bezeichnend ist auch, dass *GA Cruz Villalón*, SchlA, Rs. C-176/12 – *AMS* sich für die Unterscheidung zwischen Grundsätzen und Rechten mehrfach auf das apokryphe Werk von *Braibant*, La Charte des droits fondamentaux de l'Union européenne, 2001, (vgl. dazu Kapitel 1 B V. 3.) bezieht, ohne zu berücksichtigen, dass die Unterscheidung durch die spätere Arbeit des Verfassungskonvents am Charta-Text und den Erläuterungen maßgeblich beeinflusst worden war. Hierüber konnte *Braibant*, den *GA Cruz Villalón* als „herausragendes Mitglied des Konvents" bezeichnet (Fn. 14), in seinen 2001 erschienenen „Erinnerungen" überhaupt nicht berichten. Die Zusammenstellung der Argumente des Generalanwalts erweist sich insgesamt als äußerst eklektisch.

[25] *GA Cruz Villalón*, SchlA, Rs. C-176/12 – *AMS*, Rn. 53.

[26] Vgl. (auch) zu den weiteren Ausführungen des Generalanwalts *Gsell*, in: FS Köhler, S. 197 (204 f.).

[27] *GA Cruz Villalón*, SchlA, Rs. C-176/12 – *AMS*, Rn. 80.

[28] *GA Cruz Villalón*, SchlA, Rs. C-176/12 – *AMS*, Rn. 97.

3. Entscheidung des EuGH

Der EuGH folgte dem Generalanwalt weder in der Begründung noch im Ergebnis. Die Schlussanträge wurden im Urteil mit keiner Silbe erwähnt. Der Gerichtshof stellte vielmehr zunächst fest, dass die französische Bestimmung, die bestimmte Arbeitnehmer von der Berechnung ausnimmt, mit Art. 3 Abs. 1 Konsultations-RL unvereinbar sei, da dadurch der Richtlinie die praktische Wirksamkeit genommen werde.[29] Sodann verneinte er die unmittelbare Anwendbarkeit der Richtlinie, da sich im Ausgangsrechtsstreit ausschließlich Private gegenüberstünden.[30] Angesichts der eindeutigen Regelung im nationalen Recht sei auch eine richtlinienkonforme Auslegung dieser Bestimmungen nicht möglich.[31] Unter diesen Umständen sei drittens zu prüfen,

> „ob der Sachverhalt des Ausgangsverfahrens mit dem der Rechtssache Kücükdeveci zugrunde liegenden vergleichbar ist, so dass Art. 27 der Charta für sich genommen oder in Verbindung mit den Bestimmungen der Richtlinie 2002/14 in einem Rechtsstreit zwischen Privaten geltend gemacht werden kann, um gegebenenfalls die Anwendung der nicht richtlinienkonformen nationalen Bestimmung auszuschließen."[32]

In der Rechtssache *Kücükdeveci* hatte der Gerichtshof entschieden, dass § 622 Abs. 2 Satz 2 BGB gegen das Verbot der Altersdiskriminierung in seiner Konkretisierung durch die Gleichbehandlungs-Rahmenrichtlinie verstoße und dass nationale Gerichte die Vorschrift daher auch in Rechtsstreitigkeiten zwischen Privaten unangewendet lassen müssten, um dem Verbot der Altersdiskriminierung zu voller Wirksamkeit zu verhelfen.[33] Das Verbot der Altersdiskriminierung wurde dabei im Anschluss an das Urteil in der Rechtssache *Mangold*[34] als allgemeiner Grundsatz des Unionsrechts angesehen, der ohne Rücksicht auf das Richtlinienrecht in dem betreffenden Bereich selbst volle Wirksamkeit habe. Die Richtlinie „konkretisiere" *(concrétise)* lediglich diesen Grundsatz.[35] In der Rechtssache *AMS* untersuchte der Gerichtshof also, ob das Recht auf Unterrichtung und Anhörung im Betrieb nach Art. 27 GRC – analog zum Verbot der Altersdiskriminierung – selbst voll wirksam sei und durch die Bestimmungen der Konsultationsrichtline nur näher konkretisiert würde.

Die Frage wurde unter Verweis auf den Gewährleistungstext verneint. Aus dem Wortlaut des Art. 27 GRC gehe klar hervor, dass er, damit er seine volle Wirksamkeit entfalten könne, durch Bestimmungen des Unionsrechts oder des nationalen Rechts konkretisiert *(précisé)* werden müsse.[36] Das Verbot des Art. 3 Abs. 1 Konsultations-

---

[29] EuGH, Rs. C-176/12 – *AMS*, Rn. 25 ff.
[30] EuGH, Rs. C-176/12 – *AMS*, Rn. 30 ff.
[31] EuGH, Rs. C-176/12 – *AMS*, Rn. 38 ff.
[32] EuGH, Rs. C-176/12 – *AMS*, Rn. 41.
[33] EuGH, Rs. C-555/07 – *Kücükdeveci*, Rn. 43/50 ff.
[34] EuGH, Rs. C-144/04 – *Mangold*, Rn. 75 ff.
[35] EuGH, Rs. C-555/07 – *Kücükdeveci*, Rn. 21.
[36] EuGH, Rs. C-176/12 – *AMS*, Rn. 45.

RL, eine bestimmte Gruppe von Arbeitnehmern aus der Berechnung auszunehmen, lasse sich „als unmittelbar anwendbare Rechtsnorm“ weder aus dem Wortlaut des Art. 27 GRC noch aus den Erläuterungen zu diesem Artikel herleiten.[37] Dadurch unterscheide sich die Rechtssache *AMS* auch von der Rechtssache *Kücükdeveci*, in der das Verbot der Altersdiskriminierung nach Art. 21 Abs. 1 GRC „schon für sich allein dem Einzelnen ein subjektives Recht“ verliehen habe, das er als solches geltend machen könne.[38] Auch aus der Zusammenschau des Art. 27 GRC mit den Bestimmungen der Konsultationsrichtlinie ergebe sich nichts anderes.[39]

4. *Rezeption und Bewertung*

Im Schrifttum wurde das *AMS*-Urteil unterschiedlich aufgenommen. Manche sehen darin eine Einordnung des Art. 27 GRC als Grundsatzbestimmung.[40] Dagegen spricht freilich, dass der EuGH sich zu dieser Frage überhaupt nicht geäußert hat, obschon sich angesichts der Ausführungen des Generalanwalts eine Stellungnahme angeboten hätte.[41] Von der Konkretisierungsbedürftigkeit des Art. 27 GRC kann nicht auf seine Grundsatzqualität geschlossen werden.[42] Dass der EuGH im konkreten Fall ein subjektives Recht verneint hat, weil Art. 3 Abs. 1 Konsultations-RL nicht ausgereicht habe, um Art. 27 GRC zu konkretisieren, bedeutet nicht, dass diese Bestimmung generell die Annahme subjektiver Rechte ausschlösse.[43] Mit Recht weist *Gsell* darauf hin, dass das *AMS*-Urteil lediglich klarstelle, dass das in Art. 3 Abs. 1 Konsultations-RL enthaltene Verbot nicht durch Art. 27 GRC als subjektives Recht primärrechtlich gewährleistet werde.[44]

Es gibt in den Entscheidungsgründen sogar einen Anhaltspunkt dafür, dass der EuGH von der Grundrechtsqualität des Rechts auf Anhörung und Unterrichtung (im Einklang mit Erläuterungen und Entstehungsgeschichte) ausgeht. So findet sich folgende Passage über die Anwendbarkeit der Charta:

---

37 EuGH, Rs. C-176/12 – *AMS*, Rn. 46.

38 EuGH, Rs. C-176/12 – *AMS*, Rn. 47.

39 EuGH, Rs. C-176/12 – *AMS*, Rn. 49.

40 *Schubert*, in: Franzen/Gallner/Oetker, EUArbR, Art. 27 GRC Rn. 11 m. N. aus dem Schrifttum, das bereits vor der Entscheidung in Teilen diese Auffassung vertreten hatte.

41 Vgl. *Gsell*, in: FS Köhler, S. 197 (206 f.).

42 So aber schon vor der *AMS*-Entscheidung *Frenz/Götzkes*, RdA 2007, 216 (218), die Art. 27 GRC lediglich den „Zweck“ beimessen, den beachtlichen Besitzstand des Sekundärrechts zu dokumentieren.

43 Daher bestätigt auch EuGH, Rs. C-356/12 – *Glatzel*, Rn. 78 nicht die Einordnung von Art. 27 GRC als Grundsatz. Zwar wird dort bezogen auf Art. 26 GRC eine ähnliche Formulierung gebraucht, wie in Rn. 47 des *AMS*-Urteils, auf das auch verwiesen wird; Art. 26 GRC wird aber in Rn. 74 des *Glatzel*-Urteils explizit als Grundsatz i. S. v. Art. 52 Abs. 5 GRC klassifiziert. Daher liegt eher der umgekehrte Schluss nahe, dass Art. 27 GRC, der gerade nicht unter Art. 52 Abs. 5 GRC gefasst wurde, ein Grundrecht sein soll; vgl. dazu auch *Jarass*, GRC, Art. 26 Rn. 3.

44 *Gsell*, in: FS Köhler, S. 197 (207).

„Im Hinblick auf Art. 27 der Charta als solchem ist darauf hinzuweisen, dass nach ständiger Rechtsprechung die in der Unionsrechtsordnung garantierten *Grundrechte* in allen unionsrechtlich geregelten Fallgestaltungen Anwendung finden (vgl. Urteil vom 26. Februar 2013, Åkerberg Fransson, C-617/10, Rn. 19)."[45]

Auch die Abgrenzung, die der EuGH zwischen den Rechtssachen *AMS* und *Kücükdeveci* vornimmt, spricht nicht gegen die Einordnung des Art. 27 GRC als Grundrechtsbestimmung. Vielmehr werden zwei unterschiedliche Kategorien von Grundrechten gegenübergestellt. Zu der einen gehört das Verbot der Diskriminierung nach Art. 21 GRC, das keiner gesetzgeberischen Konkretisierung bedarf, wohl aber durch den Gesetzgeber konkretisiert werden kann. Konkretisierung bedeutet insoweit Verdeutlichung der bereits existenten Grundrechtsnormen. Diese Art der Konkretisierung ist fakultativ und für den Grundrechtsschutz des Einzelnen ohne Belang, wie die Urteile *Kücükdeveci* und *Mangold* gezeigt haben. Die andere Kategorie von Grundrechten ist auf die gesetzgeberische Konkretisierung angewiesen. So muss das Recht auf Unterrichtung und Anhörung im Betrieb durch den Gesetzgeber erst konkretisiert werden, um dem Einzelnen Rechtspositionen einzuräumen. Dieser Unterschied ist bereits am Charta-Text ablesbar, dem zufolge die in Art. 21 Abs. 1 GRC genannten Diskriminierungen schlechthin verboten sind, Arbeitnehmer aber nur in den Fällen und unter den Voraussetzungen, die der Gesetzgeber vorsieht, ein Recht auf Unterrichtung und Anhörung haben. Die Erläuterungen zu Art. 27 GRC machen die konstitutive Rolle der konkretisierenden Gesetzgebung deutlich, während die Erläuterungen zu Art. 21 GRC darum bemüht sind, das Nebeneinander von Art. 21 GRC und der auf Art. 19 AEUV gestützten Antidiskriminierungsgesetzgebung zu betonen:

„[Art. 21 Abs. 1 GRC] und [Art. 19 AEUV], der einen anderen Anwendungsbereich hat und einen anderen Zweck verfolgt, stehen nicht in Widerspruch zueinander und sind nicht unvereinbar miteinander: In Artikel 19 wird der Union die Zuständigkeit übertragen, Gesetzgebungsakte – unter anderem auch betreffend die Harmonisierung der Rechtsvorschriften der Mitgliedstaaten – zur Bekämpfung bestimmter Formen der Diskriminierung, die in diesem Artikel erschöpfend aufgezählt sind, zu erlassen. Diese Rechtsvorschriften können Maßnahmen der Behörden der Mitgliedstaaten (sowie die Beziehungen zwischen Privatpersonen) in jedem Bereich innerhalb der Grenzen der Zuständigkeiten der Union umfassen. In Absatz 1 des Artikels 21 hingegen wird weder eine Zuständigkeit zum Erlass von Antidiskriminierungsgesetzen in diesen Bereichen des Handelns von Mitgliedstaaten oder Privatpersonen geschaffen noch ein umfassendes Diskriminierungsverbot in diesen Bereichen festgelegt. Vielmehr behandelt er die Diskriminierung seitens der Organe und Einrichtungen der Union im Rahmen der Ausübung der ihr nach den Verträgen zugewiesenen Zuständigkeiten und seitens der Mitgliedstaaten im Rahmen der Umsetzung des Unionsrechts. Mit Absatz 1 wird daher weder der Umfang der nach Artikel 19 zugewiesenen Zuständigkeiten noch die Auslegung dieses Artikels geändert."

Auch wenn die Erläuterungen hier besonders die Kompetenzfrage hervorheben, geht doch klar daraus hervor, dass Art. 21 Abs. 1 GRC und die aufgrund von Art. 19 AEUV erlassenen Rechtsvorschriften nebeneinander stehen und jeweils unabhängig

[45] EuGH, Rs. C-176/12 – *AMS*, Rn. 42: „droits fondamentaux" – Hervorhebung F. M.

voneinander anwendbar sind. Eben das hat der EuGH in seinen – etwas knapp gehaltenen –[46] Erwägungen in der Rechtssache *AMS* bestätigt.

III. Begriff und Abgrenzung

1. Begriff

Konkretisierende Gesetzgebung tritt immer dann als dogmatisch abgrenzbare Figur in Erscheinung, wenn eine Grundrechtsbestimmung zwar – für sich genommen – einen grundrechtlichen Freiheitsgegenstand abschließend ausdrückt, zugleich aber für dessen nähere Bestimmung auf andere Rechtsnormen verweist, und wenn dieser Verweis dahin zu verstehen ist, dass ohne die gesetzliche Konkretisierung die Grundrechtsbestimmung selbst keine Grundrechtsnorm vermittelt.[47] Diese Eigenschaften der konkretisierenden Gesetzgebung bzw. des konkretisierungsbedürftigen Grundrechts zeigen sich prototypisch an Art. 27 GRC.

2. Abgrenzung

Abzugrenzen sind konkretisierungsbedürftige Grundrechte von solchen, die auf gesetzliche Konstituierung angewiesen sind. Dabei ist es aber nicht ausgeschlossen, dass ein Grundrecht, das konstituierungsabhängige Freiheitsaspekte umfasst, zugleich auf Konkretisierung angewiesen ist. So enthält auch Art. 27 GRC mit dem Begriff des Arbeitnehmers einen institutionellen Terminus, der auf Rechtsnormen verweist, die die Arbeitnehmereigenschaft begründen. Sobald aber solche Rechtsnormen vorliegen, kann der Arbeitnehmer unterrichtet und angehört werden, ohne dass es für die Unterrichtung und Anhörung weiterer konstituierender Gesetzgebung bedürfte. Dennoch vermittelt Art. 27 GRC nicht eigenständig Grundrechtsnormen, sondern knüpft an das konkretisierende Gesetzesrecht an.

[46] *Gsell*, in: FS Köhler, S. 197 (206).

[47] Im deutschen Schrifttum wurde der Begriff der „grundrechtlichen Konkretisierung“ vor allem durch *Lerche*, in: HStR V, 1. Aufl. 1992, § 121 Rn. 40 ff. geprägt; vgl. im Anschluss an ihn auch *Gellermann*, Grundrechte in einfachgesetzlichem Gewande, 2000, S. 230 ff. („Normative Konkretisierung“). Die hier behandelte Thematik hat zwar mit der Konkretisierung im Sinne *Lerches* einiges gemein, ist aber nicht mit ihr gleichzusetzen. Für *Lerche* bemisst die Konkretisierung „den näheren Schutzbereich des Grundrechts noch vor Einsetzen des Gesetzesvorbehalts (= des Grundrechtseingriffs)“. Er fasst darunter zunächst „verdeutlichende Normen“, sodann aber auch Schutz- und Verfahrensnormen. Die Setzung von Schutznormen und sonstigen freiheitsfördernden Normen ist allerdings kein Spezifikum der hier untersuchten konstituierungsbedürftigen Grundrechte. Auch sind „Bemessungen“ des Schutzbereichs (je nachdem, was man unter „bemessen“ versteht) auch durch konstituierende und regelnde Gesetze möglich, für die hier eigene Kategorien gebildet werden. Auch *Gellermann*, Grundrechte in einfachgesetzlichem Gewande, 2000, S. 230 sieht von der Konkretisierung „vor allem jene Grundrechtswirkungen“ angesprochen, „die unter dem Stichwort der staatlichen Leistungspflichten diskutiert werden“. *Lerches* und *Gellermanns* Konkretisierungs-Begriff erfasst damit eine Vielzahl an grundrechtsdogmatischen Problemen, die hier schon aufgrund der größeren Präzision der Kategorienbildung gesondert behandelt werden; der hiesige Begriff der Konkretisierung ist deutlich enger.

Unterschieden werden muss die konkretisierende Gesetzgebung darüber hinaus von der regelnden Gesetzgebung, die im Detail in Kapitel 4 untersucht werden wird. Auch die regelnde Gesetzgebung ist im Wortlaut der Charta-Bestimmungen angelegt. So wird bei manchen Rechten auf die einzelstaatlichen Rechtsvorschriften Bezug genommen, die die Ausübung des jeweiligen Rechts regeln (vgl. Art. 9, Art. 10 Abs. 2 und Art. 14 Abs. 3 GRC). Andere Bestimmungen verweisen – ähnlich dem Art. 27 GRC – auf das Unionsrecht und/oder die Rechtsvorschriften und Gepflogenheiten der Mitgliedstaaten (vor allem Art. 28 und Art. 16 GRC). Diese Verweise stellen aber bei den genannten Rechten keine notwendige Konkretisierungsrelation zwischen Grundrechtsbestimmung und Gesetzgebung her. Vielmehr geht es darum, dass der Gesetzgeber die bereits ohne sein Zutun bestehende grundrechtliche Freiheit in geregelte Bahnen lenken *kann*, der grundrechtliche Freiheitsschutz aber auch ohne eine solche Regelung besteht. Obwohl im deutschen Schrifttum eine Tendenz zur Gleichsetzung der Verweisklauseln besteht, die im Anschluss an einen Ausspruch *Braibants*[48] auch als *refrain* bezeichnet werden,[49] behauptet auch dort niemand, die unternehmerische Freiheit (Art. 16 GRC) hänge von konkretisierender oder in anderer Weise „ermöglichender" Gesetzgebung ab. Doch auch Art. 16 GRC enthält den *refrain*. Die Bezugnahme auf das Unionsrecht und die nationalen Rechtsvorschriften und Gepflogenheiten kann also unterschiedliche dogmatische Funktionen haben und begründet für sich genommen weder die Grundsatzqualität einer Bestimmung (sonst wäre auch die unternehmerische Freiheit nur ein Grundsatz)[50] noch sonst eine dogmatische Einordnung derselben.

Schließlich ist angesichts der gleichlautenden Formulierungen in der Rechtsprechung zu beachten, dass auch andere Grundrechte durch den Gesetzgeber konkretisiert werden können, ohne dass diese Konkretisierung den Grundrechtsschutz beeinflussen würde. Dies war bereits bei der Unterscheidung zwischen Art. 21 Abs. 1 GRC und Art. 27 GRC zu beobachten. Es handelt sich dabei nicht um konkretisierende Gesetzgebung im hier zugrunde gelegten engeren Sinne. Vielmehr geht es um eine Verdeutlichung oder Veranschaulichung der geltenden Grundrechtsnormen durch den Gesetzgeber. Dieser ist hieran weder gehindert noch dazu angehalten, verdeutlichende Gesetze zu erlassen und dadurch das Grundrecht gleichsam fakultativ zu konkretisieren. Besondere dogmatische Probleme sind damit also nicht verbunden. Man kann diese verdeutlichende Gesetzgebung auch als „deklaratorische Konkretisierung" begreifen, die mit der Konkretisierung im engeren Sinne nicht mehr als den Namen gemein hat.

---

[48] *Braibant*, in: CONVENT 53, S. 4.

[49] Etwa *Rudolf*, in: Meyer, GRC, Art. 27 Rn. 17.

[50] Dies verkennen *Krebber*, in: Calliess/Ruffert, EUV/AEUV, Art. 27 GRC Rn. 10 und die bei ihm nachgewiesene h. M. im deutschen Schrifttum, die in Art. 27 GRC aufgrund des *refrains* nur einen Grundsatz sehen will.

C. Arten konkretisierender Gesetze

Bereits die Formulierung des Verweises auf die konkretisierenden Rechtsvorschriften in Art. 27 GRC legt die Frage nahe, durch welche Arten von Gesetzen das Grundrecht konkretisiert werden kann. Der Charta-Text spricht vom Unionsrecht einerseits und einzelstaatlichen Rechtsvorschriften und Gepflogenheiten andererseits.

I. Konkretisierendes Unionsrecht

1. Sekundärrecht

a) Richtlinienrecht

Der Charta-Geber hatte vor allem das seinerzeit bestehende Sekundärrecht vor Augen, das die Unterrichtung und Anhörung von Arbeitnehmern in bestimmtem Umfang vorsah. So wurde schon im Präsidiumsvorschlag CONVENT 34 der „beachtliche Besitzstand" in diesem Bereich unter Hinweis auf das einschlägige Richtlinienrecht betont. Die Erläuterungen haben diesen Hinweis mit den nötigen Modifikationen übernommen. Das derzeit bestehende konkretisierende Sekundärrecht umfasst demnach die Konsultationsrichtlinie, die Massenentlassungsrichtlinie, die Betriebsübergangsrichtlinie sowie die Richtlinie über den Europäischen Betriebsrat. Über die in den Erläuterungen genannten Richtlinien hinaus enthalten auch die SE- und die SCE-Beteiligungsrichtlinie Bestimmungen, die das Recht der Arbeitnehmer auf Unterrichtung und Anhörung im Bereich der supranationalen Gesellschaftsformen konkretisieren.[51] Mit Art. 153 Abs. 1 Buchstaben e und f AEUV besteht eine Kompetenzgrundlage für weitergehendes konkretisierendes Richtlinienrecht.

Die Einordnung einer Richtlinienbestimmung als konkretisierendes Gesetz bereitet keine größeren Schwierigkeiten. Entscheidend ist einzig, dass die Bestimmung eine Frage im Bereich der Unterrichtung oder Anhörung von Arbeitnehmern oder ihren Vertretern im Unternehmen betrifft. Freilich genügt die bloße Existenz einer solchen Bestimmung nicht ohne weiteres, um den Grundrechtsschutz des Art. 27 GRC im Einzelfall zu aktivieren. Wird die Richtlinie nicht (ordnungsgemäß) in nationales Recht umgesetzt, kann sie im Rechtsstreit unter Privaten nicht unmittelbar angewendet werden, selbst wenn sie hinreichend bestimmt formuliert wäre. Dies hat der EuGH in seinem *AMS*-Urteil noch einmal hervorgehoben.[52] Richtlinienrecht konkretisiert damit zwar das Grundrecht nach Art. 27 GRC. In den meisten Fällen genügt aber die Richtlinienbestimmung alleine nicht, um den notwendigen Konkretisierungsgrad zu erreichen. Eine Ausnahme hiervon gilt, wenn ein Rechtsverhältnis zwischen dem Bürger und dem Staat in Rede steht. Denn in einem solchen

---

[51] Weitere Richtlinienbestimmungen sind bei *Krebber*, in: Calliess/Ruffert, EUV/AEUV, Art. 27 GRC Rn. 17 nachgewiesen.

[52] EuGH, Rs. C-176/12 – *AMS*, Rn. 30 ff.

Verhältnis ist die unmittelbare Anwendung der nicht (ordnungsgemäß) umgesetzten Richtlinienbestimmung zugunsten des Bürgers möglich, sofern sie inhaltlich unbedingt und hinreichend genau formuliert ist.[53] Der Begriff des Staates ist dabei weit zu verstehen; er umfasst jeden öffentlichen Arbeitgeber und geht unter bestimmten Voraussetzungen sogar über öffentliche Rechtsträger hinaus.[54] Abgesehen vom Ausnahmefall der unmittelbaren Anwendbarkeit der konkretisierenden Richtlinie hängt der Grundrechtsschutz des Art. 27 GRC also von der weiteren Konkretisierung durch mitgliedstaatliches Recht ab, das die Richtlinie umsetzt.

b) Verordnungsrecht (insb. Unionsbeamtenrecht)

Denkbar ist darüber hinaus eine Konkretisierung des Rechts auf Unterrichtung und Anhörung durch Verordnungen. Praktisch relevant ist dies vor allem im Beamtenrecht der Union. Denn Art. 27 GRC ist auch in einem Rechtsstreit zwischen der Union und ihren Beamten anwendbar.[55] Dies hat das EuG in der Rechtssache *Nguyen* ausdrücklich festgestellt.[56] Gleichzeitig hat das Gericht betont, dass sich der Beamte nur in den vom Unionsrecht vorgesehenen Fällen und unter den vom Unionsrecht vorgesehenen Voraussetzungen auf Art. 27 GRC berufen kann.

Die Klägerin in der Rechtssache *Nguyen* wandte sich gegen die Änderung der reisekostenrechtlichen Bestimmungen des EU-Beamtenstatus unter anderem mit dem Argument, dass sie entgegen Art. 27 GRC nicht am Änderungsverfahren beteiligt worden sei.[57] Das Gericht wies ihren Antrag auf Nichtigerklärung der Änderungsverordnung als offensichtlich unzulässig zurück. Die Klägerin sei durch die Verordnung schon nicht unmittelbar und individuell betroffen. Voraussetzung für eine solche Betroffenheit sei nämlich, dass das Unionsrecht der Person bestimmte Verfahrensgarantien mit Blick auf den Erlass des angegriffenen Rechtsakts einräume.[58] Art. 27 GRC selbst enthalte eine solche Garantie nicht. Vielmehr sei die Ausübung dieses Rechts auf die vom Unionsrecht vorgesehenen Fälle und Voraussetzungen beschränkt.[59] Das Beamtenstatut sehe indes vor, dass die Beamten nicht individuell, sondern über ein paritätisch besetztes Organ, den sogenannten Statutsbeirat, an Änderungen des Statuts zu beteiligen seien (Art. 10 Abs. 1 und 2 BeamtSt). Außerdem könnten Änderungsvorschläge der Kommission Gegenstand von Konsultationen der repräsentativen Gewerkschafts- und Berufsverbände sein (Art. 10b Abs. 2 BeamtSt).[60]

---

53 Vgl. *Ruffert*, in: Calliess/Ruffert, EUV/AEUV, Art. 288 Rn. 47 ff.

54 Vgl. *Ruffert*, in: Calliess/Ruffert, EUV/AEUV, Art. 288 Rn. 59 m. N. aus der Rspr.

55 Vgl. *O'Leary*, ELR. 36 (2011), 769 ff.; allgemein zur Grundrechtsberechtigung von EU-Beamten *Mehde*, in: Terhechte, Verwaltungsrecht der Europäischen Union, 2011, § 38 Rn. 35 ff.

56 EuG, Rs. T-20/14 – *Nguyen*, Rn. 33.

57 EuG, Rs. T-20/14 – *Nguyen*, Rn. 19.

58 EuG, Rs. T-20/14 – *Nguyen*, Rn. 31.

59 EuG, Rs. T-20/14 – *Nguyen*, Rn. 33.

60 EuG, Rs. T-20/14 – *Nguyen*, Rn. 34.

Ein Recht des einzelnen Beamten auf eine Beteiligung an der Änderung des Statuts sei dagegen nicht vorgesehen.[61]

Die Rechtssache *Nguyen* ist, obwohl über sie „nur" vom EuG und „nur" mit einem Vorabbeschluss nach Art. 114 § 1 VfOEuG entschieden wurde, in mehrfacher Hinsicht aufschlussreich: Erstens betont das EuG die Konkretisierungsbedürftigkeit des Rechts auf Unterrichtung und Anhörung im Unternehmen. Zweitens wird deutlich, dass mit Art. 10 und Art. 10b BeamtSt für den Bereich des EU-Beamtenrechts konkretisierende Bestimmungen existieren, die aber nur bestimmten Vertretungsorganen, nicht den Beamten selbst, ein Beteiligungsrecht einräumen. Drittens wird die hier vertretene Auffassung bestätigt, dass Art. 27 GRC trotz der Konkretisierungsbedürftigkeit ein Grundrecht und keinen Grundsatz ausdrückt. Wäre Art. 27 GRC nur eine Grundsatzbestimmung, hätte bereits deshalb die Klagebefugnis der Klägerin (Art. 263 Abs. 4 AEUV) verneint werden müssen. Denn eine Grundsatzbestimmung vermittelt keine subjektiven Rechte, in denen der Einzelne unmittelbar und individuell betroffen sein könnte. Das EuG hielt es hingegen durchaus für möglich, dass Art. 27 GRC die Klagebefugnis begründet, mithin ein subjektives Recht gewährleistet. Aufgrund der anderweitigen Konkretisierung durch Art. 10 und Art. 10b BeamtSt stand der Klägerin im konkreten Fall jedoch ein solches Recht nicht zu.

Neben Art. 10 und Art. 10b enthält das Beamtenstatut weitere Konkretisierungen des Rechts auf Unterrichtung und Anhörung nach Art. 27 GRC. Art. 25 Abs. 2 BeamtSt sieht vor, dass jede beamtenrechtliche Verfügung dem betroffenen Beamten unverzüglich schriftlich mitzuteilen ist. Nach Art. 25 Abs. 3 BeamtSt sind bestimmte Verfügungen, die den Status eines Beamten betreffen (Ernennung, Beförderung etc.), in dem Organ, dem der Beamte angehört, bekannt zu machen; sie müssen dem gesamten Personal während eines angemessenen Zeitraums zugänglich sein. Art. 26 Abs. 7 und Art. 26a BeamtSt gewähren Akteneinsichtsrechte. Art. 9 BeamtSt i. V. m. Anhang II des Beamtenstatuts schreibt darüber hinaus die Einrichtung von Personalvertretungen und paritätischen Ausschüssen vor. Nach Art. 110 Abs. 1 Satz 1 BeamtSt muss die jeweilige Personalvertretung vor dem Erlass allgemeiner Durchführungsbestimmungen zum Statut durch die Organe angehört werden; die Stellungnahme des Statutsbeirats ist einzuholen. Auch die Agenturen müssen die Personalvertretungen zum Erlass von speziellen Durchführungsbestimmungen anhören. Gemäß Art. 110 Abs. 3 BeamtSt werden alle allgemeinen Durchführungsbestimmungen dem Personal zur Kenntnis gebracht. Die genannten Bestimmungen räumen je nach Ausgestaltung den Beamten individuell oder kollektiv oder den jeweiligen Vertretungsgremien Rechtspositionen ein, die durch Art. 27 GRC grundrechtlich abgesichert sind.

[61] EuG, Rs. T-20/14 – *Nguyen*, Rn. 35.

2. *Primärrecht*

Die Erläuterungen zu Art. 27 GRC gehen von einer Konkretisierung des Rechts durch die primärrechtlichen Vorschriften der Art. 154 und Art. 155 AEUV aus. Diese Bestimmungen betreffen den sozialen Dialog auf Unionsebene, der allgemein als informelles Verfahren zum Gedankenaustausch zwischen den Sozialpartnern zu verstehen ist, durch die Bestimmungen der Art. 154f. AEUV aber in bestimmtem Umfang formalisiert wird.[62] Ob diese Vorschriften als Konkretisierungen des Rechts auf Anhörung und Unterrichtung anzusehen sind, wird uneinheitlich beantwortet.[63] Dass der soziale Dialog nach Art. 154f. AEUV nicht „im Unternehmen" stattfindet, spricht dagegen.[64] Da Rechtspositionen, die durch Art. 154f. AEUV eingeräumt werden, ohnehin primärrechtlichen Rang haben, handelt es sich aber um ein Scheinproblem. Art. 27 GRC kann zu den in Art. 154f. AEUV vorgesehenen Positionen jedenfalls nichts beitragen, so dass die Vorstellung einer „Konkretisierung durch Primärrecht" weder theoretisch noch dogmatisch von Interesse ist.

II. *Konkretisierendes Recht der Mitgliedstaaten*

Nach dem Gewährleistungstext kann das Recht auf Unterrichtung und Anhörung neben bzw. in Verbindung mit dem Unionsrecht auch durch die einzelstaatlichen Rechtsvorschriften und Gepflogenheiten konkretisiert werden.

1. *Géometrie variable*

Die Bezugnahme auf „einzelstaatliche Rechtsvorschriften und Gepflogenheiten", die sich – teilweise mit anderer Funktion (vgl. Kapitel 4) – auch in anderen Grundrechtsbestimmungen findet (Art. 16, 28, 30, 34 GRC) und in Art. 52 Abs. 6 GRC betont wird,[65] wurde aus Art. 21 ESC entlehnt. Danach verpflichten sich die Vertragsparteien der ESC, „im Einklang mit den innerstaatlichen Rechtsvorschriften und Gepflogenheiten" bestimmte Maßnahmen zu ergreifen, die das Recht auf Unterrichtung und Anhörung verwirklichen. In der ESC dient diese Bezugnahme der *géometrie variable*, stimmt also die völkerrechtlichen Verpflichtungen der Vertragsstaaten mit den Unterschieden zwischen nationalen Rechtsordnungen ab.[66] Der Charta-Geber knüpft mit dem Verweis auf die Rechtsvorschriften und Gepflogenheiten der Mitgliedstaaten an diesen Ansatz an und stellt dadurch die mitgliedstaatliche Kon-

---

[62] Vgl. *Franzen*, in: Franzen/Gallner/Oetker, EUArbR, Art. 154 AEUV Rn. 1f.

[63] Bejahend *Streinz*, in: ders., EUV/AEUV, Art. 27 GRC Rn. 3.

[64] *Rudolf*, in: Meyer, GRC, Art. 27 Rn. 19; *Krebber*, in: Calliess/Ruffert, EUV/AEUV, Art. 27 GRC Rn. 18: Art. 154f. AEUV betreffen Positionen der Sozialpartner untereinander und gegenüber den Unionsorganen.

[65] Vgl. Kapitel 1 B V. 5.

[66] *Ladenburger*, FIDE 2012 – Institutional Report, sub 3.4.2; *ders.*, in: Stern/Sachs, GRC, Art. 52 Rn. 124.

kretisierung dem konkretisierenden Unionsrecht zur Seite. Damit trägt er dem Umstand Rechnung, dass auch unionsrechtliche Vorgaben in den Mitgliedstaaten unterschiedlich umgesetzt werden können, sofern keine Vollharmonisierung vorliegt. Die Bezugnahme auf das mitgliedstaatliche Recht ist daher weder systemwidrig noch widerspricht sie, wie zum Teil behauptet wird, dem „Charakter des Unionsrechts als autonomer, supranationaler und einheitliche Anwendung fordernder Rechtsordnung".[67] Autonomie, Supranationalität und Anwendungsgleichheit werden nicht dadurch infrage gestellt, dass das grundrechtliche Schutzgut ganz oder teilweise von mitgliedstaatlicher Rechtssetzung abhängt. Bereits in Kapitel 2 wurde gezeigt, dass dies bei den konstituierungsbedürftigen Grundrechten sogar der Regelfall ist. Bei den konkretisierungsbedürftigen Grundrechten gilt nichts anderes. Im Gegenteil war der Charta-Geber bei diesen ersichtlich darum bemüht, den Divergenzen zwischen den nationalen Rechtsordnungen Rechnung zu tragen. Auch die Beachtung eines einheitlichen grundrechtlichen Mindeststandards wird dadurch nicht gefährdet,[68] da dieser nur soweit Beachtung verlangen kann, wie er vom Charta-Geber vorgesehen wurde. Ist die Gewährleistung von vorneherein von unionsrechtlicher und/oder mitgliedstaatlicher Konkretisierung abhängig, verbietet sich die Annahme eines Mindeststandards, der dieser Konkretisierung gleichsam vorausläge.[69]

2. *Terminologie*

Das Begriffspaar „Rechtsvorschriften und Gepflogenheiten" bedarf näherer terminologischer Bestimmung. Im deutschen juristischen Sprachgebrauch ist gerade der Ausdruck „Gepflogenheit" unüblich. Gemeinsprachlich bezeichnet er eine „durch häufige Wiederholung zur Gewohnheit gewordene, oft bewusst gepflegte und kultivierte Handlung oder Handlungsweise".[70] Er steht damit semantisch dem Begriff der Übung nahe, der im juristischen Kontext ein normschaffendes oder normbegründendes Verhalten (z. B. „betriebliche Übung"[71]) bezeichnen kann. Der semantische Schwerpunkt liegt aber zunächst auf der bloßen Wiederholung einer Handlung, der nur unter sehr engen (in der Regel durch die Rechtsprechung formulierten) Voraussetzungen und in sehr spezifischen Kontexten normative Bedeutung beigemessen wird. Die Charta legt indes ein abweichendes Begriffsverständnis zugrunde. Es geht nicht um die Konkretisierung des Grundrechts durch bloße Usancen. Ein Blick auf die anderen Sprachfassungen zeigt, dass unter „Gepflogenheiten" bestimmte Arten

---

[67] *Ladenburger*, in: Stern/Sachs, GRC, Art. 52 Rn. 124.

[68] So aber *Ladenburger*, in: Stern/Sachs, GRC, Art. 52 Rn. 124; ebenso *Bercusson*, in: ders., European Labour Law and the EU Charter of Fundamental Rights, 2006, S. 424 ff.

[69] Vgl. aber *Bercusson*, in: ders., European Labour Law and the EU Charter of Fundamental Rights, 2006, S. 424 ff., der die Verweisungsklausel unter Berufung auf den Vorrang des Unionsrechts unangewendet lassen will. Da die Klausel selbst aber Teil des Unionsrechts, ja sogar des Unionsprimärrechts ist, erweist sich dieser Ansatz als normlogisch und methodisch unhaltbar.

[70] Duden online, Stichwort: „Gepflogenheit".

[71] Ähnlich: „Handelsbrauch", „Verwaltungspraxis".

von Normsetzungen zu verstehen sind, die sich gerade von der legislativen Normsetzung unterscheiden.

Die französische Version spricht von *législations et pratiques nationales*. Semantisch deckungsgleich ist in der italienischen Fassung von *legislazioni e prassi nazionali* die Rede. Mit *législations* und *legislazioni* wird einerseits – deutlicher als mit dem deutschen Begriff der Rechtsvorschriften – auf die formelle Gesetzgebung, also die legislative Normsetzung, Bezug genommen. Andererseits können die Wörter im Singular jeweils auch „das Recht" (die Rechtsordnung) eines Staats (z. B.: *la législation française* = das französische Recht) oder ein bestimmtes Rechtsgebiet bezeichnen (z. B.: *la législation fiscale* = das Steuerrecht); insoweit sind sie Synonyme zu *droit* bzw. *diritto*. An anderer Stelle (Art. 9, 10 Abs. 2, 14 Abs. 3 GRC), wo der deutsche Charta-Text von „Gesetzen" spricht, ist in der französischen bzw. italienischen Fassung von *lois* bzw. *leggi* die Rede. Die englische Version verwendet hingegen einheitlich das Pluralwort *laws*. Mit dem englischen Terminus *legislation* hätte allerdings ein sprachliches Äquivalent für *législation/legislazione* im Sinne von „die Rechtsordnung" zur Verfügung gestanden. Dies legt nahe, dass der Charta-Geber in der Tat nicht die Rechtsordnung als solche, sondern das vom Gesetzgeber gesetzte Recht im Sinne von „geschriebenem Recht" bezeichnen wollte. Hierzu passt auch der deutsche Ausdruck Rechtsvor*schriften*. Das englische *laws* vermag diese Bedeutungsnuance, die sich auch in anderen Sprachfassungen findet,[72] nicht wiederzugeben, schließt sie aber auch nicht aus.

Bezeichnet der Begriff „Rechtsvorschriften" also im Einklang mit dem üblichen deutschen Begriffsverständnis Normsetzungen des geschriebenen Rechts abstrakt-generellen Inhalts, erfasst der Begriff der „Gepflogenheiten" andere Arten von Normsetzungen. Er ergänzt binnensystematisch den Begriff der Rechtsvorschriften. Nach der überwiegenden Lesart im deutschen Schrifttum verweist der Begriff auf untergesetzliche Normen, vor allem das Tarifvertragsrecht.[73] Über dieses arbeitsrechtsspezifische Verständnis hinaus erfasst der Begriff auch das Richterrecht. Dies kommt in den anderen Sprachfassungen deutlicher zum Ausdruck als in der deutschen. So steht im juristischen Kontext das französische *pratique* in den Wendungen *pratique jurisprudentielle* (ebenso it. *prassi giurisprudenziale)* und *pratique décisionnelle* für die ständige Entscheidungspraxis der Gerichte, also das jeweilige *case law*.[74] Auch im Englischen ergibt die Gegenüberstellung von *laws* und *practices* Sinn. So bezeichnet man mit *legal practice* die Gesamtheit der judikativ oder administrativ gesetzten Normen (v. a. durch Präjudizien) in Abgrenzung von Normen des Gesetzes- oder Verfassungsrechts, die

---

72 Vgl. dän. *love – lovgivning*; nl. *wetten – wetgevingen*; schw. *lagar – lagstiftning*; span. *leyes – legislaciones*; einheitlich hingegen port. *legislações*.

73 Vgl. *Ladenburger*, in: Stern/Sachs, GRC, Art. 52 Rn. 119; *Jarass*, GRC, Art. 52 Rn. 79: „Normen privater Herkunft, denen quasigesetzlicher Charakter zukommt, insb. im Arbeits- und Sozialrecht."

74 Gleichbedeutend: *jurisprudence* bzw. *giurisprudenza* (z. B. *la jurisprudence du Conseil d'Etat)*.

im engeren Sinne als *laws* gelten.[75] Die deutsche Übersetzung mit „Gepflogenheiten" erscheint demgegenüber als sprachlicher Missgriff.[76] Richterrecht würde man im gewöhnlichen deutschen Sprachgebrauch schwerlich als „richterliche Gepflogenheit" bezeichnen, eher schon als „Entscheidungspraxis". Die deutsche Übersetzung fällt auch im Vergleich mit anderen germanisch-sprachigen Fassungen aus der Reihe, in denen einheitlich Entsprechungen für „Praxis" oder „Praktiken" verwendet werden.[77]

3. *Rechtsvorschriften*

Das Recht auf Unterrichtung und Anhörung der Arbeitnehmer und ihrer Vertreter im Unternehmen kann demnach zunächst durch Rechtsvorschriften der Mitgliedstaaten, also durch abstrakt-generelle Normen des geschriebenen Rechts konkretisiert werden. Dabei spielt es keine Rolle, auf welcher Ebene diese Normen in der Normenhierarchie der jeweiligen Rechtsordnung stehen.

Konkretisierende Normen können Verfassungsrang in den Mitgliedstaaten haben. So verbürgt beispielsweise Art. 23 der Verfassung Belgiens das Recht auf Information und Konsultation.[78] Als soziales Recht ist es aber – vergleichbar der Regelungstechnik des Art. 27 GRC – abhängig von einfachrechtlicher Gewährleistung, die zugleich die „Bedingungen für die Ausübung" regelt. Wie Art. 27 GRC gewährt Art. 23 der Verfassung Belgiens also ein Recht, das nicht „unmittelbar anwendbar" ist, sondern erst vom Gesetzgeber konkretisiert werden muss.[79] Andere Verfassungen garantieren Beteiligungsrechte von Arbeitnehmern in einem weiteren Sinne.[80] Inwieweit diese verfassungsrechtlichen Vorschriften zur Konkretisierung des Rechts auf Unterrichtung und Anhörung hinreichen, hängt davon ab, ob sie im Einzelfall anwendbare Rechtsnormen ausdrücken.

Der Regelfall der mitgliedstaatlichen Konstituierung dürfte auf der Ebene des einfachen Gesetzesrechts in den jeweiligen Mitgliedstaaten angesiedelt sein.[81] Das gilt gerade in dem – für Art. 27 GRC zentralen! – Bereich, der durch Richtlinienrecht

[75] Vgl. Wikipedia, Stichwort: „Legal practice": „Legal practice is sometimes used to distinguish the body of judicial or administrative precedents, rules, policies, customs, and doctrines from legislative enactments such as statutes and constitutions which might be called ‚laws' in the strict sense [...]" (URL = <https://en.wikipedia.org/wiki/Legal_practice>; zuletzt abgerufen am 08.03.2018).

[76] So behaupten *Rengeling/Szczekalla*, Grundrechte in der Europäischen Union, Rn. 484, dass damit „nur auf eine bestimmte Handhabung (Auslegung)" in den Mitgliedstaaten verwiesen werde, die im Rahmen der bestehenden Kompetenzlage akzeptiert werden soll.

[77] Dän. *praksis*; nl. *praktijken*; schw. *praxis*; von „Praktiken und Vereinbarungen" spricht auch *Streinz*, in: ders., EUV/AEUV, Art. 27 GRC Rn. 4.

[78] Vgl. *Streinz*, in: ders., EUV/AEUV, Art. 27 GRC Rn. 4; *Lang*, in: Stern/Sachs, GRC, Art. 27 Rn. 13.

[79] *Lejeune*, Droit constitutionnel belge, 2. Aufl. 2014, Ziff. 289; vgl. auch *Lenaerts/van Ypersele/van Ypersele*, in: Iliopoulos-Strangas, Soziale Grundrechte in Europa nach Lissabon, 2010, S. 41 (56 f.).

[80] *Streinz*, in: ders., EUV/AEUV, Art. 27 GRC Rn. 4 verweist auf Art. 46 der Italienischen Verfassung und Art. 54 der Verfassung Portugals.

[81] *Streinz*, in: ders., EUV/AEUV, Art. 27 GRC Rn. 4.

vorgeprägt ist. Die Mitgliedstaaten haben zwar nach Art. 288 Abs. 3 AEUV Wahlfreiheit hinsichtlich Form und Mittel der Richtlinienumsetzung. Dem Effektivitätsgebot, das auch für die Richtlinienumsetzung Geltung beansprucht,[82] wird jedoch in der Regel am besten mit formell-gesetzlichen Umsetzungsakten Rechnung getragen. Das schließt nicht aus, dass weitere Konkretisierungsschritte auf der Ebene des untergesetzlichen geschriebenen Rechts erfolgen, etwa durch Rechtsverordnungen, Dekrete, Satzungen und dergleichen. Soweit das nationale Recht bestimmt, dass auch tarifliche Normen abstrakt-generelle Rechtsnormqualität haben, wird man auch sie zu den Rechtsvorschriften zählen können. Jedenfalls in Deutschland sind Rechtsnormen des Tarifvertrags gemäß § 4 Abs. 1 TVG Gesetze im materiell-rechtlichen Sinne[83] und damit Rechtsvorschriften im Sinne des Art. 27 GRC.

4. Gepflogenheiten

Für die Gepflogenheiten bleibt damit hauptsächlich das Richterrecht im Sinne einer normsetzenden Entscheidungspraxis *(case law)* sowie kollektivarbeitsrechtliche Normsetzungen, die im nationalen Recht nicht zu den Gesetzen im materiellen Sinne gezählt werden. Dass die jeweilige Praxis als Normsetzungshandlung verstanden wird, sich also auf eine Kompetenznorm stützen kann, ist schon deswegen zu verlangen, weil sie anderenfalls weder Fälle noch Voraussetzungen, in bzw. unter denen Arbeitnehmer zu unterrichten und anzuhören sind, verbindlich festlegen kann. Im Schrifttum wird auf Fälle der Selbstverwaltung verwiesen.[84] Ob darüber hinaus auch die Verwaltung befugt ist, durch *mere circulations*, also bloße Verwaltungsvorschriften mit binnenadministrativer Wirkung, das Grundrecht zu konkretisieren,[85] erscheint zweifelhaft, ist aber letztlich ungeklärt. Sobald freilich eine solche Verwaltungsvorschrift nach außen hin verbindlich eine Konkretisierung vornimmt, dürfte sie nicht mehr als interne Direktive, sondern als Normsetzungsakt mit Rechtswirkung nach außen zu qualifizieren sein.[86] Den Anforderungen an die Umsetzung von Richtlinien genügen rein verwaltungsinterne Vorschriften jedenfalls nicht,[87] so dass sie auch zur weiteren Konkretisierung des Rechts auf Unterrichtung und Anhörung nicht ausreichen, soweit dieses durch Richtlinienrecht vorgegeben ist.

---

[82] Vgl. *Ruffert,* in: Calliess/Ruffert, EUV/AEUV, Art. 288 AEUV Rn. 26.
[83] *Franzen,* in: ErfK-ArbR, § 4 TVG Rn. 4.
[84] *Triantafyllou,* CMLR 39 (2002), 53 (61).
[85] *Triantafyllou,* CMLR 39 (2002), 53 (61).
[86] *Triantafyllou,* CMLR 39 (2002), 53 (62) spricht von der „autonomy of the Executive" und „regulatory instruments".
[87] Vgl. *Ruffert,* in: Calliess/Ruffert, EUV/AEUV, Art. 288 AEUV Rn. 38 ff.

D. Grundrechtsdogmatische Einordnung

Obwohl die konkretisierende Gesetzgebung von Teilen des Schrifttums als dogmatische Besonderheit verstanden wird, fehlt es an einer überzeugenden Verortung der Kategorie.

I. Anwendungsbereich

1. Konkretisierende und regelnde Gesetzgebung

Die Einordnung der konkretisierenden Gesetzgebung als dogmatische Kategorie, die eng mit der jeweiligen Lesart der „Verweisklausel" verbunden ist, wird durch die verbreitete (wenn auch teilweise nur implizit geäußerte) Annahme erschwert, dass dieser Klausel in den verschiedenen Gewährleistungen der Charta dieselbe Bedeutung zukommen müsse[88] und diese Bedeutung folglich „dunkel" sei.[89] Diese „Dunkelheit" rührt freilich vor allem daher, dass die Verweisklausel in den einzelnen Bestimmungen unterschiedliche Funktionen erfüllt, wie – jedenfalls teilweise – ihre abweichende sprachliche Konstruktion in den anderen Sprachfassungen nahelegt (s. bereits oben unter B I. 1.). Während der Verweis auf das Unionsrecht und das mitgliedstaatliche Recht in Art. 27 GRC die Konkretisierungsbedürftigkeit der Gewährleistung manifestiert, eröffnet er z. B. in Art. 16 und Art. 28 GRC der Union und den Mitgliedstaaten Regelungsspielräume in Bezug auf die jeweiligen Freiheitsgegenstände. Weder die unternehmerische Freiheit (Art. 16 GRC) noch die kollektiven Arbeitnehmerrechte des Art. 28 GRC (Streikrecht, Recht zum Abschluss von Tarifverträgen etc.) bedürfen der gesetzlichen Konkretisierung. Wohl aber können ihre Freiheitsgegenstände aufgrund der Bezugnahmeklauseln vom Gesetzgeber geregelt werden. Wie diese Regelung grundrechtlicher Freiheit, die sich auch bei anderen Gewährleistungen findet (Art. 9, 10 Abs. 2, 14 Abs. 2 GRC) dogmatisch zu erfassen ist, wird im vierten Kapitel dieser Untersuchung ausführlich dargelegt. Für das Verständnis der konkretisierenden Gesetzgebung ist entscheidend zu erkennen, dass sie sich von der Kategorie der regelnden Gesetzgebung unterscheidet. Vermeintliche Entsprechungen im Charta-Text dürfen nicht zur vorschnellen Gleichsetzung und Parallelisierung verleiten. Nicht allein Syntax und Semantik, sondern auch pragmatische Aspekte geben Aufschluss über den Norminhalt, die bei einer bloßen Textanalyse in methodisch unvertretbarer Weise außer Betracht bleiben.

---

88 *Krebber*, EuZA 2016, 3 (9 f.); *Lang*, in: Stern/Sachs, GRC, Art. 27 Rn. 4: „Refrain mit Bremswirkung"; nebeneinander stehen Art. 27 und Art. 28 GRC auch in EuG, Rs. T-20/14 – *Nguyen*, Rn. 33.

89 *Rebhahn*, in: Grabenwarter, Europäischer Grundrechteschutz, § 16 Rn. 46, der in Fn. 102, aber auf die „engere" Formulierung des Art. 27 GRC hinweist.

2. *Weitere konkretisierungsbedürftige Gewährleistungen*

a) Art. 30 GRC: Schutz bei ungerechtfertigter Entlassung

Neben Art. 27 GRC lässt sich Art. 30 GRC den konkretisierungsbedürftigen Grundrechtsbestimmungen zuordnen. Jeder Arbeitnehmer hat demnach nach dem Unionsrecht und den einzelstaatlichen Rechtsvorschriften und Gepflogenheiten Anspruch auf Schutz vor ungerechtfertigter Entlassung. Die Erläuterungen betonen die Anlehnung an Art. 24 ESC und verweisen zudem auf das einschlägige Richtlinienrecht, nämlich die Betriebsübergangsrichtlinie und die Arbeitnehmerschutzrichtlinie. Manche sehen auch in Art. 30 GRC – oft ohne nähere Begründung –[90] nur eine Grundsatzbestimmung. Dagegen spricht aber schon der Wortlaut der Bestimmung („Anspruch auf Schutz"). Auch der Konvent ging mehrheitlich[91] von einem Grundrecht aus.[92] Die Verweisklausel wurde erst spät eingefügt, offenbar um einen Konsens über die Aufnahme der Bestimmung in die Charta zu erreichen.[93] Ersichtlich stand Art. 27 GRC, bei dem die Klausel bereits früher aufgenommen worden war, dabei Pate,[94] auch wenn das Recht nach Art. 30 GRC nicht auf die vom Gesetzgeber definierten Fälle und Voraussetzungen beschränkt wurde, sondern „nach" dem Gemeinschaftsrecht und den einzelstaatlichen Rechtsvorschriften und Gepflogenheiten gewährleistet wurde. Der Formulierung nach steht Art. 30 GRC damit den regelungsfähigen Grundrechten nach Art. 16 und Art. 28 GRC näher als der konkretisierungsbedürftigen Gewährleistung des Art. 27 GRC. Indes hatte der Charta-Geber bei Art. 30 GRC bestimmtes Richtlinienrecht vor Augen, durch das der Anspruch auf Schutz vor ungerechtfertigter Entlassung konkretisiert wird. Die Verweisklausel bindet die grundrechtliche Gewährleistung an diese gesetzliche Konkretisierung. Das spiegelt sich auch in den Erläuterungen wider. Neben den in den Erläuterungen erwähnten Richtlinien gibt es zahlreiche weitere konkretisierende Bestimmungen des Richtlinienrechts.[95] Aufgrund der Unionskompetenz im Bereich des Schutzes der Arbeitnehmer bei Beendigung des Arbeitsvertrags (Art. 153 Abs. 1 Buchstabe d AEUV) kann die Union den Kündigungsschutz in der Zukunft weitgehend harmonisieren[96] und so

---

[90] So etwa *Krebber*, in: Calliess/Ruffert, EUV/AEUV, Art. 30 GRC Rn. 2.

[91] Es gab auch einige Kritik an der Bestimmung; vgl. *Berthu*, Änderung 302: „Dieser Artikel [...] gehört [...] keinesfalls in eine Charta der Grundrechte."; *Friedrich/Mombaur*, Änderung 285: „kein klassisches Grundrecht"; *Goldsmith*, Änderung 250: „[...] allgemeines und unbestimmtes Recht [...], das weit über bestehendes Recht hinausgeht."; *Korthals Altes*, Änderung 34: „Anweisungsnorm"; *ders.*, Änderung 35: „Grundsatzcharakter"; alle in: CONVENT 39 (DE).

[92] Art. IX CONVENT 18: „Recht auf Schutz im Falle der Entlassung"; Art. 38 CONVENT 34; vgl. auch die abschließende Bemerkung von *Braibant*, in: CONVENT 53, S. 5: „[...] il s'agit du droit à protection contre tout licenciement injustifié, conformément au droit communautaire et aux législations et pratiques nationales."

[93] Art. 29 CONVENT 47 REV 1 ADD 1 (DE).

[94] Art. 27 GRC wird unmittelbar vor Art. 29 (heute Art. 30) in CONVENT 47 REV 1 ADD 1 (DE) aufgeführt.

[95] Vgl. *Krebber*, in: Calliess/Ruffert, EUV/AEUV, Art. 30 GRC Rn. 6.

[96] Vgl. *Krebber*, in: Franzen/Gallner/Oetker, EUArbR, Art. 153 AEUV Rn. 28 f.

das Grundrecht umfassend konkretisieren. Im EU-Beamtenrecht wird der grundrechtliche Anspruch auf Schutz vor ungerechtfertigter Entlassung schließlich durch Art. 29 BeamtSt konkretisiert.

b) Art. 34 GRC: Soziale Sicherheit und soziale Unterstützung

aa) Art. 34 Abs. 1 und 3 GRC

Art. 34 GRC drückt drei unterschiedliche Gewährleistungen aus, von denen jeweils umstritten ist, ob es sich um Grundrechte oder Grundsätze handelt. Die Kontroverse wird von den Erläuterungen genährt, denen zufolge Art. 34 GRC „sowohl Elemente eines Rechts als auch eines Grundsatzes" enthält. Jedenfalls für Art. 34 Abs. 1 GRC steht aufgrund der insoweit präzisen Begriffsverwendung in den Erläuterungen die Grundsatzqualität außer Frage („Der in Artikel 34 Absatz 1 aufgeführte Grundsatz [...]").[97] Absatz 3 wird in den Erläuterungen nicht eindeutig kategorisiert. Die Bestimmung ähnelt aber schon unter syntaktisch-semantischen Gesichtspunkten dem ersten Absatz,[98] so dass eine Einordnung als Grundsatzbestimmung naheliegt.[99] Dieser Befund wird durch die Erläuterungen untermauert, nach denen Absatz 3 von der Union im Rahmen der Politiken zu wahren ist, die auf Art. 153 AEUV beruhen. Damit wird auch eine inhaltliche Nähe zu den in Art. 52 Abs. 5 GRC umschriebenen Eigenschaften eines Grundsatzes hergestellt.

bb) Art. 34 Abs. 2 GRC

Hingegen handelt es sich bei Art. 34 Abs. 2 GRC um eine Grundrechtsgewährleistung.[100] Demnach hat jeder Mensch, der in der Union seinen rechtmäßigen Wohnsitz hat und seinen Aufenthalt rechtmäßig wechselt, Anspruch auf die Leistungen der sozialen Sicherheit und die sozialen Vergünstigungen nach dem Unionsrecht und den einzelstaatlichen Rechtsvorschriften und Gepflogenheiten. Auch insoweit fungiert die Verweisklausel nicht als Regelungsvorbehalt, sondern als Verknüpfung des Grundrechts mit dem konkretisierenden Unions- und mitgliedstaatlichen Recht. Die Erläuterungen betonen die Anlehnung an die ESC und die GCSG und heben hervor, dass sich in Art. 34 Abs. 2 die „Regeln" widerspiegelten *(reflète)*, die sich aus der Wanderarbeitnehmerverordnung und der Arbeitnehmerfreizügigkeitsverordnung ergäben. Trotz dieser Formulierung, die das Verordnungsrecht eher als „Inspirationsquelle" denn als notwendige Konkretisierung des Grundrechts darstellt, war dieses Recht von Anfang an als konkretisierungsbedürftig konzipiert worden. So sollte bereits nach

[97] Zur Grundsatzqualität vgl. *Kingreen*, in: Calliess/Ruffert, EUV/AEUV, Art. 34 GRC Rn. 4 m. w. N.

[98] Vgl. auch *Jarass*, GRC, Art. 34 Rn. 1.

[99] Zur Grundsatzqualität vgl. *Kingreen*, in: Calliess/Ruffert, EUV/AEUV, Art. 34 GRC Rn. 15; *Jarass*, GRC, Art. 34 Rn. 3.

[100] *Kingreen*, in: Calliess/Ruffert, EUV/AEUV, Art. 34 GRC Rn. 6 m. w. N.: „Grundrecht auf Gleichbehandlung bei Sozialleistungen".

dem ersten Vorschlag ein Anspruch auf sozialen Schutz nur *selon les modalités propres à chaque Etat* bestehen.[101] Später wurde diese Klausel durch die jetzige Formulierung ersetzt, die auch das Unionsrecht als konkretisierendes Recht erfasst.[102] Auch in der Literatur wird betont, dass Art. 34 Abs. 2 GRC Ansprüche nur „zusammen mit Vorschriften des nationalen oder des Unionsrechts" begründen könne.[103] Dies entspricht der hier vorgeschlagenen dogmatischen Kategorie.

c) *Zweifelsfälle: Art. 31 und Art. 33 Abs. 2 GRC*

Die Gewährleistungen der Art. 31 und Art. 33 Abs. 2 GRC stellen Zweifelsfälle dar, da die Erläuterungen einerseits auf Richtlinienrecht Bezug nehmen, die Bestimmungen aber andererseits keinen Konkretisierungsvorbehalt aufweisen. Art. 31 GRC, der das Recht eines jeden Arbeitnehmers auf angemessene Arbeitsbedingungen garantiert, ist eine Grundrechts-, keine Grundsatzbestimmung.[104] Vergleichbar den Schutzgegenständen des Art. 27 GRC und des Art. 30 GRC geht es um Aspekte des Arbeitslebens, die bereits vom Sekundärrecht erfasst sind. So verweisen die Erläuterungen auf die Arbeitsschutz-Rahmenrichtlinie und die Arbeitszeitrichtlinie. Auch Art. 33 Abs. 2 GRC gewährleistet ein Grundrecht auf Mutterschutz, bezahlten Mutterschaftsurlaub und Elternurlaub.[105] In den Erläuterungen wird Art. 33 GRC als Artikel angeführt, der Elemente eines Rechts (nämlich Absatz 2) und eines Grundsatzes (Absatz 1) enthält. Inhaltlich steht Art. 33 Abs. 2 GRC, soweit es um Kündigungsschutz für Mütter geht, in engem Zusammenhang mit Art. 30 GRC, dem er insoweit als *lex specialis* vorgeht.[106] Bezüglich des Urlaubs ist er gegenüber Art. 31 Abs. 2 GRC die speziellere Vorschrift.[107]

Trotz dieser engen sachlichen Nähe zu den konkretisierungsbedürftigen Grundrechten nach Art. 27 und Art. 30 GRC hat sich der Charta-Geber bei Art. 31 und Art. 33 Abs. 2 GRC gegen eine Formulierung der Bestimmung entschieden, die eine notwendige Konkretisierungsrelation nahelegen würde. Zwar werden die jeweiligen Rechte durch das Richtlinienrecht in einem weiteren Sinne „konkretisiert".[108] Diese Konkretisierung entspricht jedoch nicht der spezifischen Konzeption, von der hier die Rede ist. Auch die Beratungen im Konvent liefern keine Anhaltspunkte dafür, dass die Schutzgegenstände der Art. 31 und Art. 33 Abs. 2 GRC gleichsam an das Gesetzesrecht der Union und das Recht der Mitgliedstaaten hätten rückgekoppelt werden sollen. Die dogmatische Figur der konkretisierenden Gesetzgebung ist hier also nicht

---

[101] Art. XIII CONVENT 19; vorübergehend aufgegeben in Art. 32 Abs. 2 CONVENT 45.

[102] Art. 33 Abs. 2 CONVENT 47; auf die Wanderarbeitnehmer-VO wird bereits in den Erläuterungen zu Art. 32 Abs. 2 CONVENT 46 hingewiesen.

[103] *Nußberger/Lang*, in: Stern/Sachs, GRC, Art. 34 Rn. 113.

[104] Vgl. nur *Jarass*, GRC, Art. 31 Rn. 2 m. w. N.

[105] Vgl. nur *Jarass*, GRC, Art. 33 Rn. 11 m. w. N.

[106] *Jarass*, GRC, Art. 33 Rn. 13 m. w. N.

[107] *Jarass*, GRC, Art. 33 Rn. 13 m. w. N.

[108] Vgl. *Jarass*, GRC, Art. 31 Rn. 4 und Art. 33 Rn. 13a.

anwendbar; vielmehr vermitteln die Gewährleistungen ohne jede gesetzliche Konkretisierung dem Einzelnen rügefähige Grundrechtspositionen.[109] Da der EuGH in der Rechtssache *AMS* explizit auf den Wortlaut des Art. 27 GRC verwiesen hat, um dessen Konkretisierungsbedürftigkeit zu begründen, ist nicht davon auszugehen, dass die dortigen Aussagen auf die Rechte nach Art. 31 und Art. 33 Abs. 2 GRC übertragen werden.

Jedenfalls bezüglich Art. 33 Abs. 2 GRC ist die damit verbundene „Heraufstufung" des Schutzniveaus im Vergleich zu Art. 30 GRC auch inhaltlich stimmig, da der Charta-Geber ersichtlich die Entlassung wegen eines mit der Mutterschaft zusammenhängenden Grundes mit größerem Nachdruck ausschließen wollte als andere Arten der Entlassung, deren Identifizierung dem konkretisierenden Gesetzgeber überlassen bleiben. Es sollte weder dem Unionsgesetzgeber noch den Mitgliedstaaten ermöglicht werden, über den Kündigungsschutz im Rahmen der Mutterschaft grundsätzlich zu disponieren. Daher wurde Art. 33 Abs. 2 GRC bereits auf Charta-Ebene hinreichend konkret ausgestaltet, um nicht auf eine weitere Konkretisierung durch den Gesetzgeber angewiesen zu sein. Im Übrigen sind die Schutzgegenstände des Art. 31 und des Art. 33 Abs. 2 GRC sehr offen formuliert und bedürfen der näheren Bestimmung in der Rechtsanwendung; der textuellen Offenheit entsprechen Normsetzungskompetenzen der Gerichte. Dies bedeutet aber keinen kategorialen Unterschied zu anderen Grundrechtsgewährleistungen. Die Konkretisierung durch den Richter darf nicht mit der Konkretisierung durch den Gesetzgeber verwechselt werden. Jene ist der Normal-, diese der Spezialfall.

Das einschlägige Sekundärrecht stellt aber eine pragmatisch relevante Information aus dem Kontext der Normsetzung dar. Denn der Charta-Geber stützte sich bei der Formulierung der Schutzgegenstände der Art. 31 und Art. 33 Abs. 2 GRC neben der ESC und der GCSGA auf das bestehende Richtlinienrecht in diesen Bereichen. Dieses gibt daher wichtige Anhaltspunkte bei der Bestimmung des Inhalts der jeweiligen Grundrechtsnormen, die jedoch dem Richter, nicht dem Gesetzgeber obliegt.[110]

II. Ansätze im Schrifttum

Im Schrifttum werden verschiedene Ansätze vertreten, wo das Phänomen der konkretisierenden Gesetzgebung grundrechtsdogmatisch zu verorten ist. Keiner dieser Ansätze vermag im Ergebnis zu überzeugen.

[109] Zweifelhaft ist daher die Annahme von *Jarass*, GRC, Art. 31 Rn. 2, dass es auch im Bereich des Art. 31 „an bestimmten Stellen notwendig konkretisierender Regelungen" bedürfe, etwa bei der Festlegung der Länge des Jahresurlaubs; ähnlich *Kröll*, in: Holoubek/Lienbacher, GRC, Art. 31 Rn. 44 sowie *Seifert*, EuZA 2015, 500 (506 f.), der die *AMS*-Rechtsprechung auf Art. 31 Abs. 2 GRC überträgt.

[110] Vgl. *Kröll*, in: Holoubek/Lienbacher, GRC, Art. 31 Rn. 9: „Auslegungshilfen"; ebenso *Wutzl/Ziniel*, in: Holoubek/Lienbacher, GRC, Art. 33 Rn. 33 (Mutterschaftsurlaub); in Richtung einer notwendigen Konkretisierung gehen aber *dies.*, a. a. O., Rn. 37 hinsichtlich des Elternurlaubs, dessen „Modalitäten" sich aus dem Richtlinienrecht ergeben sollen.

1. *Normative Hülle*

Eine extreme Ansicht spricht den konkretisierungsbedürftigen Grundrechten jegliche rechtliche Relevanz ab. Es handle sich angesichts des Wortlauts – gemeint ist der Verweis auf Unions- und mitgliedstaatliches Recht – um „normative Hülle[n]“, deren Substanz sich aus anderen Quellen ergebe. Den Mitgliedstaaten erwüchsen daraus keine zusätzlichen Verpflichtungen. Sie dürften lediglich den anerkannten „sozialen Schutz“ nicht völlig abschaffen.[111] Mit ähnlicher Stoßrichtung wird Art. 30 GRC als „klassische[r] Fall wohlklingender Grundrechtslyrik“ apostrophiert und angesichts des Ausgestaltungsspielraums des Gesetzgebers in die Nähe einer Gewährleistung gerückt, von der *Kelsen* gemeint habe, dass sie „eigentlich in demselben Satz, in dem sie ausgesprochen wird, wieder aufgehoben“ sei.[112] Grenzen der Ausgestaltung (und damit negative Verpflichtungen des Gesetzgebers) ergäben sich lediglich aus dem – nicht näher definierten – Wesensgehalt des Grundrechts.[113] Über derart pauschale Charakterisierungen geht die Argumentation jedoch nicht hinaus. Vielmehr scheint der – abfällig konnotierte – Hinweis auf die Formulierung der Grundrechtsgewährleistung zu genügen, um grundrechtliche Verpflichtungen auszuschließen oder jedenfalls zu marginalisieren. Methodisch belastbare Argumente dafür werden nicht vorgebracht.

2. *Menschenwürde-Aufladung*

Einen weiteren methodisch unhaltbaren Ansatz präsentieren *Frenz* und *Götzkes* mit Blick auf Art. 27 GRC. Nachdem sie die Gewährleistung unzutreffend (s. o.) als Grundsatzbestimmung eingeordnet haben, verneinen sie konsequent jede grundrechtliche Anspruchsposition. Unterrichtung und Anhörung könnten subjektiv allein aus Art. 27 GRC nicht eingefordert werden.[114] Grundrechtliche Pflichten könnten sich aber aus einem „Zusammenspiel mit der Menschenwürde“ ergeben. Denn ohne Unterrichtung und Anhörung im Unternehmen würden Arbeitnehmer zum Objekt herabgewürdigt, so dass die Menschenwürdegarantie des Art. 1 GRC als „subjektiver Anspruch auf Wahrung der Subjektivität des Menschen“ betroffen sei. Art. 1 GRC werte Art. 27 GRC auf und verdichte die Bestimmung in ihrem „Elementargehalt“. Insoweit ergebe sich aus einer Zusammenschau von Art. 27 GRC und Art. 1 GRC ein subjektiv einklagbarer unabdingbarer Mindeststandard: Unterrichtung und Anhörung im Unternehmen müssten überhaupt vorgesehen sein. Dies entspreche der „engen Verwandtschaft“ von Art. 1 GRC und Art. 1 GG und der sich daran an-

[111] *Schmitz*, JZ 2001, 833 (842); *ders.*, EuR 2004, 691 (705); tendenziell für eine geringe Bedeutung der grundrechtlichen Gewährleistung auch *Pache*, EuR 2001, 475 (481); *Frenz*, HdbEuR IV, Rn. 3602; *Dorf*, JZ 2005, 156 (129 f.); vgl. auch *Lembke*, in: von der Groeben/Schwarze/Hatje, EU-Recht, Art. 27 GRC Rn. 12 m. w. N.

[112] *Kröll*, in: Holoubek/Lienbacher, GRC, Art. 30 Rn. 7 und 9 bezugnehmend auf *Kelsen*, Österreichisches Staatsrecht, 1923, S. 56.

[113] *Kröll*, in: Holoubek/Lienbacher, GRC, Art. 30 Rn. 9.

[114] *Frenz/Götzkes*, RdA 2007, 216 (218).

knüpfenden Rechtsprechung des BVerfG, das in ständiger Rechtsprechung Minimalstandards im sozialen Bereich auf der Grundlage von Art. 1 Abs. 1 GG i. V. m. dem Sozialstaatsprinzip anerkenne.[115]

Die These von der „Menschenwürde-Aufladung" eines konkretisierungsbedürftigen Grundrechts ist für die Dogmatik der Unionsgrundrechte nicht anschlussfähig. Es ist nicht im Ansatz erkennbar, dass der Charta-Geber den Inhalt des durch Art. 27 GRC gewährleisteten Rechts in Verbindung mit der Menschenwürdegarantie des Art. 1 GRC gebracht hätte. So richtig – und offensichtlich – es sein mag, dass Art. 1 GRC nach dem Vorbild des Art. 1 GG gestaltet wurde, so zweifelhaft ist doch, dass damit einzelne Rechtsprechungslinien des BVerfG, etwa zum Verhältnis von Menschenwürde und Sozialstaatsprinzip, übernommen worden wären. Dies gilt umso mehr, als die Menschenwürde-Aufladung von „objektiven" Grundgesetzbestimmungen selbst in der deutschen Staatsrechtslehre kontrovers diskutiert wird.[116] Im europäischen Kontext ist sie kaum vermittelbar. Darüber hinaus ist die Subjektivierung des Sozialstaatsprinzips über den Umweg der Menschenwürde im deutschen Recht vor allem dem Fehlen sozialer Grundrechte geschuldet. Diesen Mangel des Grundgesetzes, das die soziale Seite der Freiheit weitgehend ignoriert,[117] weist die Charta mit ihrem umfangreichen Solidaritäts-Kapitel gerade nicht auf. Es ist daher nicht einsichtig, warum eine Hilfskonstruktion des BVerfG, mit der das Grundgesetz sozusagen *up to date* gehalten wird, für die Dogmatik der Unionsgrundrechte aufgegriffen werden sollte, obwohl die Charta keinen solchen Aktualisierungsbedarf aufweist. Die „sozialen" Gewährleistungen der Charta sind vielmehr Ausdruck eines Bedürfnisses nach sozialen Grundrechten, dem im Grundgesetz nur mit argumentativem Aufwand unter Rückgriff auf die denkbar weit verstandene Menschenwürdegarantie Rechnung getragen werden kann. Der Ansatz von *Frenz* und *Götzkes* läuft darauf hinaus, dem Unionsrecht eine nationale Sonderdogmatik überzustülpen. Dies gilt es jedoch bei der dogmatischen Behandlung der Unionsgrundrechte gerade zu vermeiden.[118]

3. *Interpretationshilfe*

Heuschmid und *Schlachter* messen – jeweils in Auseinandersetzung mit dem *AMS*-Urteil – dem konkretisierenden Unionsrecht die Funktion einer Auslegungs- oder Interpretationshilfe bei der Bestimmung des grundrechtlichen Gewährleistungsgehalts bei.[119] Für *Heuschmid* ist die Feststellung des EuGH, Art. 27 GRC sei auf eine gesetzliche Konkretisierung angewiesen, nicht weiter verwunderlich, da Ver-

[115] *Frenz/Götzkes*, RdA 2007, 216 (218); im Anschluss daran ebenso *Lang*, in: Stern/Sachs, GRC, Art. 27 Rn. 8.

[116] Vgl. etwa *Kunig*, in: von Münch/Kunig, GG, Art. 1 Rn. 68; *Wittreck*, in: Dreier, GG, Art. 20 (Sozialstaat) Rn. 45.

[117] Vgl. (ohne Wertung) *Wittreck*, in: Dreier, GG, Art. 20 (Sozialstaat) Rn. 40 ff.; rechtsvergleichend *Dreier*, in: ders., GG, Vorb. Rn. 59, 61 und 81.

[118] Dazu bereits Einführung A.

[119] *Heuschmid*, EuZA 2014, 514 (519 f.); *Schlachter*, EuZA 2015, 149 (159).

fassungsnormen typischerweise einen sehr abstrakten Charakter aufwiesen und der Konkretisierung bedürften.[120] Er findet es daher paradox, dass der Gerichtshof bei der „Auslegung einer Grundrechtsnorm" – gemeint ist die Grundrechtsbestimmung des Art. 27 GRC – nicht taugliches konkretisierendes Sekundärrecht, nämlich die Konsultationsrichtlinie, heranziehe, obschon diese in den Erläuterungen zum „beachtlichen Besitzstand" der Union gezählt werde. Die Berücksichtigung der Richtlinie bei der Auslegung hätte dem historischen Willen des Charta-Gebers entsprochen. Darüber hinaus entspreche die Heranziehung von Sekundärrecht zur Konkretisierung der Unionsgrundrechte der ständigen EuGH-Rechtsprechung und solle daher „im Sinne einer einheitlichen Methode der Grundrechtsauslegung" beibehalten werden. Dagegen spreche auch nicht der Einwand, dass dadurch die Normhierarchie infrage gestellt werde,[121] denn das Sekundärrecht ermögliche lediglich eine Orientierung bei der Auslegung ohne den Gewährleistungsgehalt verbindlich festzulegen. Das Sekundärrecht könne nicht über die Schutzgehalte der Unionsgrundrechte entscheiden.[122] Auch *Schlachter* sieht in Anschluss an *Heuschmid* in der Rückbindung der Auslegung von Art. 27 GRC an das Richtlinienrecht eine Interpretationshilfe, die verdeutlichen solle, dass der Regelungsplan des historischen Normgebers sich an den Inhalten dieser Rechtsakte orientiere.[123] Keineswegs seien damit alle Details der Richtlinie eingeschlossen. Auch werde keine Ewigkeitsbindung bewirkt. Solange aber eine Veränderung der Regelungsvorbilder des Art. 27 GRC weder erfolgt noch geplant sei, sei der personelle Geltungsbereich dieses Grundrechts bereits durch die Richtlinie konkretisiert.[124]

Gegen diesen Ansatz spricht entscheidend, dass er den kategorialen Unterschied zwischen gesetzgeberischer und judikativer Konkretisierung von Grundrechten verkennt. Die „Konkretisierung" oder „Präzisierung" grundrechtlicher Norminhalte ist, wie *Heuschmid* zutreffend bemerkt, keine Besonderheit, da die Gewährleistungen stets sehr offen formuliert sind und damit dem Richter mehr oder minder weitreichende Rechtssetzungskompetenzen einräumen. Diese Konkretisierung durch den Richter im Einzelfall ist vom Charta-Geber intendiert. Hatte der Charta-Geber bei der Normsetzung bestimmte sekundärrechtliche Besitzstände vor Augen, ist es methodisch sogar geboten, dass der Richter diese als „Interpretationsquellen" (genauer: als pragmatisch relevanten Kontext) bei der Rekonstruktion des Normsetzungsakts und seiner Ergänzung durch die richterliche Normsetzung heranzieht. In Betracht kommt dies insbesondere bei den oben dargestellten Gewährleistungen der Art. 31 und 33 Abs. 2 GRC.[125] Ähnlich ist das Vorgehen des EuGH im Bereich der allgemeinen

---

[120] *Heuschmid*, EuZA 2014, 514 (519).

[121] *Heuschmid*, EuZA 2014, 514 (520) bezieht sich insoweit auf *GA Trstenjak*, SchlA, Rs. C-282/10 – *Dominguez*, Rn. 154 ff. zu Art. 31 Abs. 2 GRC.

[122] *Heuschmid*, EuZA 2014, 514 (520).

[123] *Schlachter*, EuZA 2015, 149 (159).

[124] *Schlachter*, EuZA 2015, 149 (159).

[125] Krit. *GA Trstenjak*, SchlA, Rs. C-282/10 – *Dominguez*, Rn. 154 ff.

Rechtsgrundsätze, die durch das Sekundärrecht konkretisiert werden können.[126] Es besteht eine starke Interdependenz zwischen allgemeinen Grundsätzen des Unionsrechts und dem einschlägigen Richtlinienrecht, da jene – jedenfalls argumentativ – häufig erst aus diesem abgeleitet werden. Dabei handelt es sich allerdings, anders als *Heuschmid* meint, nicht um eine „einheitliche Methode der Grundrechtsauslegung", sondern eben nur um ein Argument, das eine bestimmte Art richterlicher Normsetzung stützen soll. Es kommt dann zum Einsatz, wenn der EuGH einen allgemeinen Rechtsgrundsatz in einem Bereich „anwenden" möchte, der bereits sekundärrechtlich geregelt ist. Mit „Anwendung" ist hier nicht die Anwendung einer Grundrechtsnorm gemeint, sondern die Einkleidung von *judge-made law* in die Rhetorik allgemeiner Grundsätze des Unionsrechts. An anderer Stelle – etwa bei der Auslegung von Charta-Bestimmungen, die keinerlei Bezug zum Sekundärrecht aufweisen, – wäre ein solcher Ansatz methodisch verfehlt und wird auch vom EuGH nicht vertreten.

Dass die beschriebenen Phänomene ebenfalls mit „Konkretisierung" bezeichnet werden, darf nicht darüber hinwegtäuschen, dass bei Art. 27 GRC (sowie bei Art. 30, 34 Abs. 2 GRC) ein ganz anderer Typus von Konkretisierung Platz greift. Hier geht es nicht um die Bestimmung eines (vermeintlich) präexistenten Norminhalts im Lichte des Sekundärrechts, die sich – die Konkretisierungs-Rhetorik beiseitegelegt – meist als umfassende richterliche Normsetzung darstellen wird. Auch geht es nicht darum, den Normsetzungsakt des Charta-Gebers im Kontext des Sekundärrechts nachzuvollziehen, auf das dieser aufgebaut hat (wie bei Art. 31, 33 Abs. 2 GRC). Vielmehr hat der Charta-Geber mit Verwendung der Verweisklausel klar zum Ausdruck gebracht, dass der grundrechtliche Norminhalt an das konkretisierende Unions- und mitgliedstaatliche Recht rückzubinden ist, dass also die Grundrechtsnorm eine Zusammensetzung aus grundrechtlicher Gewährleistung und Sekundärrecht (bzw. mitgliedstaatlichem Recht) darstellt. Es geht hier nicht um Auslegung oder Interpretation, sondern um eine Koppelung des Grundrechts an den einfachrechtlichen Normbestand im Sinne einer *conditio sine qua non* für den grundrechtlichen Schutz. Diese notwendige Konkretisierungsrelation unterscheidet sich also als dogmatische Kategorie von anderen Konkretisierungsfiguren, die nur als argumentative Topoi, nicht als notwendige Rechtsanwendungsschritte konzipiert sind. Die Charakterisierung der konkretisierenden Gesetzgebung als bloße Interpretationshilfe ist daher unzutreffend.

4. *Ausgestaltung*

Andere sehen in dem Verweis auf das Unionsrecht und die mitgliedstaatlichen Rechtsvorschriften und Gepflogenheiten einen Ausgestaltungsvorbehalt zugunsten des Gesetzgebers, begreifen die konkretisierende Gesetzgebung also als ausgestaltende Normsetzung.[127] Die Schwäche dieser Kategorisierung liegt in der Unbestimmtheit

126 Vgl. EuGH, Rs. C-555/07 – *Kücükdeveci*, Rn. 27.

127 So etwa *Köchle*, in: Holoubek/Lienbacher, GRC, Art. 27 Rn. 33 f.; *Holoubek*, in: Schwarze, EU-Kommentar, Art. 27 GRC Rn. 16.

des Ausgestaltungsbegriffs, der keine dogmatische Klarheit verspricht.[128] Die dogmatischen Konsequenzen der „Ausgestaltung" durch den Gesetzgeber werden denn auch nicht näher herausgearbeitet.

5. *Kompetenzakzessorietät*

Krebber deutet die Verweisklausel der Art. 27 und 30 GRC sowie des – insoweit unzutreffend eingeordneten (s. o.) – Art. 28 GRC als Ausdruck der Kompetenzakzessorietät des Grundrechtsschutzes der Charta.[129] Durch die Bezugnahme auf das Unionsrecht und das Recht der Mitgliedstaaten wird nach diesem Ansatz zusätzlich zu den allgemeinen Vorschriften des Art. 6 EUV sowie des Art. 51 Abs. 2 GRC betont, dass der unionsgrundrechtliche Schutz nur innerhalb der Kompetenzordnung der Union greife.[130] Während Art. 51 Abs. 2 GRC „erst" bei der Anwendung der Charta greife, sichere die Regelungstechnik durch Verweis die Kompetenzordnung der Union bereits bei der Bestimmung des Gewährleistungsgehalts ab.[131] Dieser Ansatz reiht sich in die weit verbreitete Lesart ein, die in den diversen Bezugnahmen der Charta auf das nationale Recht (z. B. auch in Art. 9, 10 Abs. 2, 14 Abs. 3 GRC) „Kompetenzschutzklauseln" sieht, deren Bedeutung durch Art. 52 Abs. 6 GRC im Sinne einer „Angstklausel" noch einmal betont werde.[132] Das Verständnis der Verweisklauseln als Ausdruck der Subsidiarität wird auch von den Erläuterungen zu Art. 52 Abs. 6 GRC gestützt. Allerdings erschöpft sich ihre dogmatische Bedeutung nicht darin. Denn Art. 52 Abs. 6 GRC betrifft nur die Verweise auf die einzelstaatlichen Rechtsvorschriften und Gepflogenheiten. Zweifellos wollte der Charta-Geber mit dieser Bezugnahme die Rechtssetzungskompetenzen der Mitgliedstaaten wahren. Das entspricht der oben dargestellten *géometrie variable* des Grundrechtsschutzes in den betroffenen Materien. Hierfür hätte es aber der Bezugnahme auf das Unionsrecht nicht bedurft. Freilich trägt auch sie der Verteilung der Normsetzungskompetenzen zwischen Union und Mitgliedstaaten Rechnung. Jedoch erscheint es aus grundrechtsdogmatischer Sicht inadäquat, der Verweisklausel nur kompetenzschützende Wirkung beizumessen. Dies gilt schon deshalb, weil der Einstieg in die Grundrechtsprüfung erst im Anwendungsbereich des Unionsrechts eröffnet ist (Art. 51 Abs. 1 und 2 GRC). *Krebber* stellt die Grundrechtsprüfung gleichsam „auf den Kopf", wenn er ausführt, dass die Verweisklausel schon auf der Ebene des Schutzbereichs Beachtung verlange, während Art. 51 Abs. 2 GRC „erst" bei der Anwendung greife. Denn bei der Anwendung der Charta geht die gefestigte und in der Rechtsprechung des EuGH verankerte Dogmatik von Art. 51 GRC aus und betrachtet erst nach der Feststellung der Anwendbarkeit der Unionsgrundrechte

[128] Vgl. dazu schon Einführung C.

[129] *Krebber*, EuZA 2016, 3 (9 ff.); *ders.*, in: Calliess/Ruffert, EUV/AEUV, Art. 27 GRC Rn. 4.

[130] *Krebber*, EuZA 2016, 3 (5 ff.); *ders.*, in: Calliess/Ruffert, EUV/AEUV, Art. 27 GRC Rn. 4.

[131] *Krebber*, EuZA 2016, 3 (10).

[132] Vgl. *Kingreen*, in: Calliess/Ruffert, EUV/AEUV, Art. 52 GRC Rn. 41; *Streinz/W. Michl*, in: Streinz, Art. 52 GRC Rn. 31.

die einzelne sachliche Gewährleistung. Dies entspricht ersichtlich auch der Systematik der Charta. Zum Kompetenzschutz auf der Ebene des Schutzbereichs kann es also praktisch nicht mehr kommen, weil die Einhaltung der Kompetenzordnung bereits Voraussetzung für die Anwendung der Charta ist, wie Art. 51 Abs. 2 GRC ausdrücklich niederlegt. Die Verweisklausel insgesamt als Kompetenzschutzregel zu verstehen, ist daher aus dogmatischer Sicht unzweckmäßig, wenn auch nicht zwingend unzutreffend. Denn dass sowohl das „Wie" als auch das „Ob" des grundrechtlichen Schutzes aufgrund des Verweises vom Unionsrecht und den einzelstaatlichen Rechtsvorschriften und Gepflogenheiten abhängt, wie *Krebber* betont,[133] entspricht der dogmatischen Kategorie der notwendig konkretisierenden Gesetzgebung.

III. Konkretisierungsvorbehalt

Den unbefriedigenden Ansätzen im Schrifttum ist eine Konzeption der Verweisklausel in Art. 27, 30 und 34 Abs. 2 GRC als Konkretisierungsvorbehalt entgegenzusetzen, an den die dogmatische Kategorie der konkretisierenden Gesetzgebung anknüpft. Wie die folgende Untersuchung der Pflichtinhalte zeigen wird, handelt es sich bei den Gewährleistungen mit Konkretisierungsvorbehalt um mehr als nur „normative Hüllen". Die Konkretisierung der grundrechtlichen Freiheit durch den Gesetzgeber löst sich nicht im diffusen Ausgestaltungsbegriff auf. Schließlich geht die Bedeutung des Konkretisierungsvorbehalts über die bloße sprachliche Wiederholung der Kompetenzverteilung zwischen Union und Mitgliedstaaten hinaus. Wie der Prototyp des konkretisierungsbedürftigen Grundrechts, das Recht auf Unterrichtung und Anhörung im Betrieb zeigt, entspricht dem Konkretisierungsvorbehalt eine von anderen dogmatischen Phänomenen, namentlich Einschränkung, Konstituierung und Regelung grundrechtlicher Freiheit, unterscheidbare Kategorie. Welche grundrechtlichen Verpflichtungen sich unter dieser Kategorie im Einzelnen vereinen lassen, soll im folgenden Abschnitt erörtert werden.

E. Grundrechtliche Verpflichtungen

I. Negative Verpflichtungen

Eine nähere Analyse der konkretisierungsbedürftigen Grundrechte zeigt, dass diese negative Verpflichtungen der Grundrechtsadressaten umfassen können, die in Beeinträchtigungs- und Rückschrittverbote zu unterteilen sind.

1. Beeinträchtigungsverbot

Den Grundrechtsadressaten ist vorbehaltlich einer Rechtfertigung nach Art. 52 Abs. 1 GRC jede Einschränkung der grundrechtlich gewährleisteten Freiheit verboten. Der

[133] *Krebber*, EuZA 2016, 3 (10).

Freiheitsgegenstand (Schutzgegenstand) der konkretisierungsbedürftigen Grundrechte ergibt sich – wie dargestellt – erst bei Heranziehung des konkretisierenden Rechts. Ist das Grundrecht im Einzelfall hinreichend konkretisiert, schützt es *prima facie* vor Beeinträchtigungen durch Einzelakte, gleichviel ob diese physisch roh die Freiheitausübung hindern oder institutionelle Freiheitshindernisse schaffen.

a) Beeinträchtigung durch die Mitgliedstaaten

Soweit die Mitgliedstaaten – im Anwendungsbereich der Charta (Art. 51 Abs. 1 GRC) – die grundrechtliche Freiheitsausübung durch Einzelakt hindern, verstoßen sie in aller Regel zugleich gegen das Unionsrecht, das den jeweiligen Freiheitsgegenstand (mit-)konkretisiert. Steht etwa das Recht auf Unterrichtung und Anhörung nach Art. 27 GRC inmitten und beeinträchtigen nationale Stellen (etwa Gerichte) seine Wahrnehmung im Einzelfall, so wird damit nicht nur gegen Art. 27 GRC, sondern auch gegen die einschlägige Richtlinie verstoßen, aufgrund deren Umsetzungsverpflichtung der Anwendungsbereich der Charta erst eröffnet ist. Die Mitgliedstaaten sind aufgrund der Richtlinie nicht nur zu deren Umsetzung verpflichtet. Sie haben darüber hinaus aufgrund des Loyalitätsprinzips (Art. 4 Abs. 3 EUV) auch alle Maßnahmen zu unterlassen, die dem Unionsrecht die praktische Wirksamkeit nehmen würden.[134] Diese Pflicht richtet sich innerstaatlich auch an Behörden und Gerichte.[135] Jedes physisch rohe oder rechtliche Hindernis der grundrechtlich geschützten Freiheit ist daher nicht nur mit dem konkretisierten Grundrecht, sondern auch mit dem konkretisierenden Unionsrecht in Verbindung mit Art. 4 Abs. 3 EUV unvereinbar. Vom EuGH würde das mitgliedstaatliche Handeln voraussichtlich zunächst am einschlägigen Sekundärrecht gemessen, ehe er zu einer Prüfung des jeweiligen Grundrechts käme. Ein vorlegendes nationales Gericht wird nämlich im Regelfall zunächst nach der Vereinbarkeit der jeweiligen Maßnahme mit dem Sekundärrecht fragen. Selbst wenn die Frage auf die Grundrechte beschränkt sein sollte, müsste die sekundärrechtliche Verpflichtung des Mitgliedstaats vorab herausgearbeitet werden, um die Anwendbarkeit der Charta zu begründen. Darüber hinaus ist das Sekundärrecht auf Ebene des Schutzbereichs des konkretisierungsbedürftigen Grundrechts als (ggf. neben dem nationalen Recht) konkretisierendes Unionsrecht zu berücksichtigen. Ehe es zu einer abschließenden Grundrechtsprüfung kommt, dürfte daher bereits feststehen, dass das freiheitsbeeinträchtigende mitgliedstaatliche Handeln unionsrechtswidrig ist. Die Grundrechtsverletzung tritt hier allenfalls hinzu. Die grundrechtlichen Rechtsnormen gewähren dem Einzelnen gegenüber dem Mitgliedstaat keine bessere Rechtsstellung, als die, die er aufgrund des konkretisierenden Rechts ohnehin schon innehat. Zwischen den Unterlassungsansprüchen besteht Idealkonkurrenz.

[134] Vgl. *Calliess/Kahl/Puttler*, in: Calliess/Ruffert, EUV/AEUV, Art. 4 EUV Rn. 55 ff.

[135] Vgl. *Calliess/Kahl/Puttler*, in: Calliess/Ruffert, EUV/AEUV, Art. 4 EUV Rn. 61 ff. und 79 ff.

b) Beeinträchtigung durch die Union

Beeinträchtigungen konkretisierter Rechtspositionen durch Einzelakte der Organe, Einrichtungen oder Stellen der Union dürften sich auf den Bereich des Unionsbeamtenrechts beschränken. Dort spielen die konkretisierungsbedürftigen Grundrechte nach Art. 27 und Art. 30 GRC eine Rolle; Art. 34 Abs. 2 GRC bleibt aufgrund seiner Ausrichtung auf die Mitgliedstaaten außer Betracht. Wird ein Unionsbeamter beispielsweise entlassen, obwohl die Voraussetzungen hierfür nach Art. 47 ff. BeamtSt nicht gegeben sind, verstößt die Entlassung nicht nur gegen das Beamtenstatut, sondern auch gegen das Grundrecht nach Art. 30 GRC, das durch das Beamtenstatut konkretisiert wird. Gleichermaßen wird Art. 27 GRC verletzt, wenn der Beamte oder ein Vertretungsorgan durch aktive Maßnahmen daran gehindert wird, seine durch das Beamtenstatut gewährten Unterrichtungs- und Anhörungsrechte wahrzunehmen. Die Union ist bereits aufgrund des Beamtenstatus verpflichtet, solche Maßnahmen zu unterlassen; die grundrechtliche negative Verpflichtung tritt hinzu, ohne die Rechtsstellung des Einzelnen zu erweitern.

c) Zwischenfazit

Soweit es um beeinträchtigende Einzelakte geht, lassen sich zwar negative grundrechtliche Verpflichtungen der Grundrechtsadressaten begründen. Diese verbessern aber nicht die Rechtsstellung des Grundrechtsträgers, sondern stehen in Idealkonkurrenz zu den bereits aufgrund des Sekundärrechts bestehenden Verpflichtungen.

2. Rückschrittverbot

Erweisen sich die konkretisierungsbedürftigen Grundrechte mit Blick auf individuelle Beeinträchtigungen als gut gemeinte, aber rechtlich überflüssige „Draufgabe“ des Charta-Gebers, könnte sich ihre eigentliche Bedeutung in einem Rückschrittverbot manifestieren, durch das der jeweilige konkretisierende Rechtsbestand vor nicht gerechtfertigten Schmälerungen geschützt wird.

a) Rechtsvergleichende Betrachtung

Dass konkretisierungsbedürftige Grundrechte einen Anknüpfungspunkt für solche Rückschrittverbote darstellen können, zeigt ein Blick auf das ähnlich strukturierte belgische Verfassungsrecht.

aa) Art. 23 der Verfassung Belgiens

Art. 23 der Verfassung Belgiens enthält folgende Gewährleistungen sozialer, wirtschaftlicher und kultureller Grundrechte:

(1) Jeder hat das Recht, ein menschenwürdiges Leben zu führen.

(2) Zu diesem Zweck gewährleistet das Gesetz, das Dekret oder die in Artikel 134 erwähnte Regel unter Berücksichtigung der entsprechenden Verpflichtungen die wirtschaftlichen, sozialen und kulturellen Rechte und bestimmt die Bedingungen für ihre Ausübung.

(3) Diese Rechte umfassen insbesondere:
1. das Recht auf Arbeit und auf freie Wahl der Berufstätigkeit im Rahmen einer allgemeinen Beschäftigungspolitik, die unter anderem darauf ausgerichtet ist, einen Beschäftigungsstand zu gewährleisten, der so stabil und hoch wie möglich ist, das Recht auf gerechte Arbeitsbedingungen und gerechte Entlohnung sowie das Recht auf Information, Konsultation und kollektive Verhandlungen;
2. das Recht auf soziale Sicherheit, auf Gesundheitsschutz und auf sozialen, medizinischen und rechtlichen Beistand;
3. das Recht auf eine angemessene Wohnung;
4. das Recht auf den Schutz einer gesunden Umwelt;
5. das Recht auf kulturelle und soziale Entfaltung;
6. das Recht auf Familienleistungen.

Es handelt sich dabei um eine Grundrechtsbestimmung, wie sich schon aus der Formulierung und der Stellung im zweiten Abschnitt der Verfassung („Die Belgier und ihre Rechte") ergibt. Jedoch ist das Grundrecht nach Art. 23 Abs. 2 VB auf Konkretisierung durch den Gesetzgeber angewiesen.

Art. 23 VB wurde im Rahmen der Verfassungsrevision 1994 eingefügt. Der verfassungsändernde Gesetzgeber befasste sich ausführlich mit dem Problem der „rechtlichen Tragweite" sozio-ökonomischer Grundrechte.[136] Einerseits war man sich bewusst, dass diese Rechte der Umsetzung durch den Gesetzgeber bedürften und unmittelbar klagbare Ansprüche des Einzelnen daher ausgeschlossen sein sollten. Andererseits wollte man keine Grundrechtsbestimmungen in die Verfassung aufnehmen, die für die Rechtspraxis bedeutungslos sind. Man entschied sich für einen Mittelweg, nach dem die sozio-ökonomischen Rechte zwar als Grundrechte gewährleistet, aber nicht unmittelbar klagbar sein sollten.[137] Die Konstruktion gleicht jener der konkretisierungsbedürftigen Unionsgrundrechte:

„Un citoyen individuel ou une personne morale seront titulaires des droits sociaux et économiques en question mais ne pourront pas en réclamer le bénéfice *sur la seule base* de leur inscription dans la Constitution."[138]

Damit der Einzelne sich auf das Grundrecht berufen kann, muss diesem durch Umsetzungsmaßnahmen *(mesures d'exécution)* des Gesetzgebers erst ein konkreter Inhalt gegeben werden.[139]

---

[136] Sénat de Belgique, S. E. 1991–1992, Nr. 100–2/3, S. 9 ff. – sämtliche Dokumente können in französischer und niederländischer Sprache auf URL = <http://www.senate.be> abgerufen werden; zuletzt abgerufen am 08. 03. 2018.

[137] Sénat de Belgique, S. E. 1991–1992, Nr. 100–2/3, S. 9.

[138] Sénat de Belgique, S. E. 1991–1992, Nr. 100–2/3, S. 11 – Hervorhebung F. M.

[139] Sénat de Belgique, S. E. 1991–1992, Nr. 100–2/3, S. 11.

bb) Standstill-Verpflichtung

Mit der Aufnahme des Art. 23 VB in die Verfassung bezweckte der verfassungsändernde Gesetzgeber vor allem den sogenannten *standstill effect*.[140] Er bezog sich explizit auf die Rechtsprechung der belgischen Höchstgerichte, die der Gewährleistung des Rechts auf Bildung nach Art. 13 IPwskR die Verpflichtung des Gesetzgebers zum *standstill* im Bildungsbereich entnahm.[141] Damit ist gemeint, dass der Gesetzgeber den rechtlichen Besitzstand nicht zurücknehmen darf.[142] Dieser Gedanke findet sich auch in den *General Comments* des IPwskR-Komitees zu Art. 13 IPwskR:

„There is a strong presumption of impermissibility of any retrogressive measures taken in relation to the right to education, as well as other rights enunciated in the Covenant. If any deliberately retrogressive measures are taken, the State party has the burden of proving that they have been introduced after the most careful consideration of all alternatives and that they are fully justified by reference to the totality of the rights provided for in the Covenant and in the context of the full use of the State party's maximum available resources."[143]

Mit *standstill* ist also nicht etwa „Stillstand" oder „Stillhalten" gemeint.[144] Vielmehr geht es um ein Verbot der Unterschreitung des bestehenden Schutzniveaus. Es handelt sich nicht um eine Stillhalteverpflichtung im Sinne eines „Weder-Vor-Noch-Zurück", sondern um ein Rückschrittverbot mit Prima-Facie-Struktur.[145] Dieses Rückschrittverbot wurde – im Einklang mit dem explizit geäußerten Willen des verfassungsändernden Gesetzgebers – von der belgischen Rechtsprechung alsbald auf die Gewährleistung des Art. 23 VB übertragen.[146] Nach der Rechtsprechung des Schiedshofs gewährleistet Art. 23 VB den konkretisierenden Rechtsbestand, wie er am Tag des Inkrafttretens dieses Artikels vorhanden war, indem er dem Gesetzgeber verbietet, diese konkretisierende Gesetzgebung „zu beeinträchtigen".[147] Diese Verpflichtung dürfe aber nicht dahin ausgelegt werden, dass die im Gesetz vorgesehenen

---

[140] Sénat de Belgique, S. E. 1991–1992, Nr. 100–2/3, S. 13; Nr. 100–2/4, S. 85.

[141] Vgl. dazu *Hachez*, in: Iliopoulos-Strangas/Roux, Perspectives nationales et internationales des droit sociaux, 2008, S. 185 (186 ff.).

[142] Die Standstill-Doktrin (nicht nur) im belgischen Recht wird eingehend dargestellt bei *Hachez*, Le principe de standstill dans le droit des droits fondamentaux, 2008, passim.

[143] HRI/GEN/1/Rev. 9 (Vol. I), S. 71; den Hinweis darauf verdanke ich Herrn Prof. Dr. Robert Uerpmann-Wittzack.

[144] Zur missverständlichen Terminologie vgl. *Hachez*, Le principe de standstill dans le droit des droits fondamentaux, 2008, S. IX, die auch von einer *obligation de non-régression* spricht, die dem hier verwendeten Begriff des Rückschrittverbots entspricht.

[145] Die belgische Standstill-Doktrin ähnelt der französischen Dogmatik des *effet cliquet*, die in den 1990er Jahren für die sozialen Grundrechte entwickelt wurde, jedoch in Ermangelung eines eindeutigen verfassungsrechtlichen Anknüpfungspunkts (anders als in Belgien!) stets problematisch war und mittlerweile zugunsten weniger verpflichtungsintensiver Konzepte (*effet de seuil* bzw. *effet plancher*) aufgegeben wurde; vgl. dazu *Rousseau/Pavia/Dubut*, in: Iliopoulos-Strangas, Soziale Grundrechte in Europa nach Lissabon, S. 201 (241) m. N. aus der Rspr. des Conseil constitutionnel.

[146] Vgl. *Lenaerts/van Ypersele/van Ypersele*, in: Iliopoulos-Strangas, Soziale Grundrechte in Europa nach Lissabon, 2010, S. 41 (57 f.) m. w. N.

[147] Schiedshof, Nr. 169/2002, sub B. 6.5.

Modalitäten der jeweiligen Position (*in casu* Sozialhilfe) unantastbar wären. Verboten seien lediglich gesetzgeberische Maßnahmen, die einen „bedeutsamen Rückschritt" des durch Art. 23 VB gewährleisteten Rechts darstellen würden.[148] Der Gesetzgeber darf das durch die geltende Gesetzgebung gewährleistete Schutzmaß nicht erheblich verringern, ohne dass dafür Gründe des Gemeinwohls sprächen.[149]

cc) Vergleichbarkeit

Auch wenn Art. 23 VB eine größere Zahl an sozialen, wirtschaftlichen und kulturellen Rechten unter Konkretisierungsvorbehalt stellt als die Charta, weist die belgische Gewährleistung sowohl mit Blick auf ihre Formulierung als auch ihre Entstehungsgeschichte unübersehbare Parallelen mit den konkretisierungsbedürftigen Unionsgrundrechten auf. Wie der Charta-Geber, der einen „beachtlichen Besitzstand" an konkretisierendem Unionsrecht vor Augen hatte, war auch der verfassungsändernde Gesetzgeber in Belgien darum bemüht, die *conquêtes sociales de notre civilisation* zu konsolidieren und grundrechtlich abzusichern.[150] Durch den Verweis auf die Gesetzgebung, die die Rechte im Einzelnen gewährleistet und ihre Ausübung regelt, trug er der konkretisierenden Rolle des Gesetzgebers im Bereich der sozialen Grundrechte Rechnung. In dieselbe Richtung zielt der Konkretisierungsvorbehalt in den Art. 27, 30 und 34 Abs. 2 GRC. Wie aus der Beratungsdokumentation hervorgeht, waren auch im föderal strukturierten Belgien Kompetenzprobleme zu bewältigen:

„[...] le constituant fédéral est compétent pour inscrire les droits sociaux fondamentaux dans la Constitution, mais [...] cette opération doit avoir un caractère entièrement neutre par rapport à toute redistribution future éventuelle des compétences entre l'Etat fédéral, les Communautés et les Régions."[151]

Vor einer ähnlichen Herausforderung stand der Charta-Geber mit Blick auf die Kompetenzverteilung zwischen Union und Mitgliedstaaten, in die durch die Garantie „sozialer Grundrechte" in der Charta nicht eingegriffen werden sollte. Alles in allem erscheint die Diskussion um die Aufnahme des Art. 23 VB in die Belgische Verfassung wie ein nationaler Vorläufer zu der Aufnahme sozialer Rechte in die Charta, der ein ähnliches Ergebnis zeitigte: Die Gewährleistung eines Grundrechts, das aber in seinem Schutzumfang von konkretisierender Gesetzgebung abhängig ist, wodurch zugleich die Kompetenzverteilung zwischen den verschiedenen rechtsetzenden Akteuren gewahrt bleiben sollte.

---

148 Schiedshof, Nr. 169/2002, sub B. 6.6.
149 Schiedshof, Nr. 137/2006, sub B. 7.1.
150 Sénat de Belgique, S. E. 1991–1992, Nr. 100–2/4, S. 5.
151 Sénat de Belgique, S. E. 1991–1992, Nr. 100–2/4, S. 5.

b) Schutz konkretisierender Normbestände

aa) Übertragbarkeit der Standstill-Doktrin

Bei aller Vergleichbarkeit der konkretisierungsbedürftigen Unionsgrundrechte mit Art. 23 VB fehlt es doch an einem eindeutigen Anhaltspunkt dafür, dass der Charta-Geber seinen Gewährleistungen eine ähnliche Bedeutung beigeben wollte.[152] Über die konkreten Norminhalte, die er mit den Grundrechtsbestimmungen der Art. 27, 30 und 34 Abs. 2 GRC verbunden hätte, geben weder die Erläuterungen noch die Dokumente des Konvents Auskunft. Anders als der verfassungsändernde Gesetzgeber in Belgien hat der Charta-Geber sich weder für noch gegen eine der Standstill-Doktrin vergleichbare Ausrichtung der konkretisierungsbedürftigen Rechte ausgesprochen. Bemerkenswert ist jedoch, dass der Europäische Wirtschafts- und Sozialausschuss in seiner Stellungnahme zur Charta eben diesen Aspekt sozialer Rechte betonte. Die Aufnahme sozialer Rechte und Grundrechte in die Charta bedeutet demzufolge, „dass die Rechtsakte der Gemeinschaftsorgane oder die Rechtsakte, die von den Mitgliedstaaten in Anwendung des Gemeinschaftsrechts erlassen werden, [...] keine Maßnahmen darstellen dürfen, die hinter die bereits erreichte Verwirklichung der Grundsätze zurückfallen [...].“[153] Inwieweit hier der Begriff der Grundsätze „technisch“ verwendet wurde und ob die kurz vor Ende der Beratungen abgegebene Stellungnahme überhaupt noch Beachtung im Konvent fand, lässt sich freilich nicht ermitteln. Immerhin ist der Gedanke des Rückschrittverbots hier deutlich angesprochen.

Das Bekenntnis des Charta-Gebers zum „beachtlichen Besitzstand“ des Unionsrechts, das sich in den Erläuterungen und in der Beratungsdokumentation findet, lässt sich ohne Mühe als Schutz dieses Bestands „weiterdenken“, zumal anderenfalls die konkretisierungsbedürftigen Grundrechte überhaupt keinen Schutz in negativ verpflichtender Hinsicht entfalten würden, der über das hinausginge, was das Unionsrecht ohnehin schon verbürgte. Verzichtete man auf die Annahme eines Normbestandsschutzes vergleichbar der belgischen Standstill-Doktrin, wären die Grundrechte für den einzelnen Grundrechtsträger weitgehend nutzlos. Für den EuGH, der angesichts des Schweigens des Charta-Gebers aufgerufen (und ermächtigt) ist festzulegen, welche Verpflichtungen sich den konkretisierungsbedürftigen Grundrechten entnehmen lassen, dürfte dies Anlass genug sein, ein Rückschrittverbot wenigstens ernsthaft zu erwägen.[154] Dass dieses mit dem IPwskR auch im Völkerrecht anerkannt ist, unterstreicht die Anschlussfähigkeit für das supranationale Unionsrecht. Es spricht daher vieles dafür, die Grundrechtsadressaten als verpflichtet anzusehen, nicht gerechtfertigte Unterschreitungen des normativen Status quo zu unterlassen.

---

[152] Auch mit Blick auf die Grundsätze nach Art. 52 Abs. 5 GRC wird ein Rückschrittverbot („stand-still-Klausel“) erwogen; vgl. *Borowsky*, in: Meyer, GRC, Art. 52 Rn. 45c m. w. N.

[153] ABl. Nr. C 367 v. 20. 12. 2000, S. 26; vgl. dazu *Hachez*, Le principe de standstill dans le droit des droits fondamentaux, 2008, S. 38.

[154] *Hachez*, Le principe de standstill dans le droit des droits fondamentaux, 2008, S. 75 ff. hat herausgearbeitet, dass in der EuGH-Rspr. bislang keine Standstill-Doktrin vertreten wird.

bb) Ansätze im Schrifttum

Auch in der Literatur werden bestandsschützende Grundrechtsnormen im Zusammenhang mit konkretisierungsbedürftigen Grundrechten für möglich gehalten. *Rengeling* und *Szczekalla* wenden sich einerseits gegen einen absoluten Normbestandsschutz „außerhalb eines menschenwürdebezogenen Kerngehalts“, da dieser mit dem Demokratieprinzip nicht vereinbar sei. Nicht der gesamte unionsrechtliche Besitzstand sei in seiner inhaltlichen und zeitlichen Kontingenz veränderungsfest. Vielmehr bleibe eine Veränderung immer möglich. Sie sei aber rechtfertigungsbedürftig. Im Ergebnis sprechen sich *Rengeling* und *Szczekalla* für einen „rudimentäre[n], relative[n] Normbestandsschutz“ aus, der einen Abbau des Rechtsbestands rechtfertigungspflichtig stelle.[155] Andere denken ein grundrechtliches „Verschlechterungsverbot“ zumindest an.[156] *Köchle* geht schließlich in ihrer Kommentierung zu Art. 27 GRC explizit davon aus, dass jede Abschaffung oder Einschränkung von Vorschriften, die Informations- und Anhörungsrechte vorsehen, eine rechtfertigungsbedürftige Beschränkung des durch Art. 27 GRC unionsrechtlich garantierten Arbeitnehmergrundrechts darstelle.[157]

Entschieden gegen ein „Verbot des ‚sozialen Rückschrittes‘“ nach Art. 27 ff. GRC spricht sich *Rebhahn* aus: Diese Annahme sei grundlegend verfehlt. Die Charta hindere den Gesetzgeber nicht an verschlechternden Änderungen, solange auch die neue Regelung dem Grundrecht entspreche. Diese Änderungen unterlägen auch keiner Verhältnismäßigkeitsprüfung.[158] *Rebhahn* unterscheidet wie die deutsche Grundrechtsdogmatik zwischen Einschränkung und Ausgestaltung von Unionsgrundrechten. Bei Bestimmungen, die wie die Art. 27 ff. GRC auf eine Ausgestaltung durch das Gesetz angewiesen seien, liege in einer ausgestaltenden Maßnahme, die den Anforderungen des Grundrechts Rechnung trage, keine Einschränkung. Sie bedürfe daher auch keiner Rechtfertigung. Erst wenn der vom Grundrecht geforderte Mindeststandard nicht erreicht werde, stelle sich die Frage nach der Rechtfertigung.[159] Diese Auffassung leidet daran, dass sie der Verschiedenartigkeit der ausgestaltungsbedürftigen oder ausgestaltungsfähigen Grundrechte nicht hinreichend Rechnung trägt. Dies ist ein allgemeiner Mangel von Ausgestaltungslehren.[160] Die in Kapitel 2 behandelte konstituierende Gesetzgebung lässt sich ebenso als „Ausgestaltung“ der Grundrechte begreifen wie die Konkretisierung oder die noch zu behandelnde Regelung grund-

[155] *Rengeling/Szczekalla*, Grundrechte in der Europäischen Union, 2004, Rn. 1001 f.; vgl. auch *dies.*, a. a. O., Rn. 550; anknüpfend daran auch *Lang*, in: Stern/Sachs, GRC, Art. 27 Rn. 10: „[...] zwar ist jede Veränderung einzelner (einfachrechtlicher) Ausgestaltung der Unterrichtungs- und Anhörungsrechte der Arbeitnehmer durchaus rechtfertigungsfähig, aber eben auch rechtfertigungsbedürftig.“

[156] *Krebber*, in: Calliess/Ruffert, EUV/AEUV, 4. Aufl., Art. 30 GRC Rn. 8; aufgegeben in der 5. Aufl.

[157] *Köchle*, in: Holoubek/Lienbacher, GRC, Art. 27 Rn. 34.

[158] *Rebhahn*, in: Grabenwarter, Europäischer Grundrechteschutz, 2014, § 16 Rn. 50.

[159] *Rebhahn*, in: Grabenwarter, Europäischer Grundrechteschutz, 2014, § 16 Rn. 49.

[160] Vgl. bereits Einführung C.

rechtlicher Freiheit. Und doch werfen alle diese Kategorien bei näherem Hinsehen unterschiedliche dogmatische Fragen auf, die nach differenzierenden Antworten verlangen. Eine nivellierende Ausgestaltungsdogmatik kann nicht die Lösung sein.

cc) Dogmatische Konstruktion

In der Dogmatik der Unionsgrundrechte lässt sich das Rückschrittverbot mit Prima-Facie-Struktur als Anwendung des Art. 52 Abs. 1 GRC auf Normsetzungsakte der Grundrechtsadressaten abbilden, die den Status quo an Normbeständen schmälern, durch den der Schutzbereich der Grundrechte nach Art. 27, 30 und 34 Abs. 2 GRC konkretisiert wird. Das Erfordernis einer gesetzlichen Grundlage (Art. 52 Abs. 1 Satz 1 GRC) wird man insoweit freilich nur anwenden können, wenn nicht der formelle Gesetzgeber selbst, sondern ein Normgeber niederer Hierarchiestufe gehandelt hat. Darüber hinaus muss aber jeder Rückschritt verhältnismäßig sein (Art. 52 Abs. 1 Satz 2 GRC) und den Wesensgehalt des jeweiligen Grundrechts wahren (Art. 52 Abs. 1 Satz 1 GRC).

Bei diesen Anforderungen handelt es sich nicht um eine Eins-zu-Eins-Übernahme der Standstill-Doktrin des belgischen Verfassungsrechts. Insbesondere ist nicht ersichtlich, dass die belgischen Gerichte die retrogressive Normsetzung einer Verhältnismäßigkeitsprüfung unterzögen. Jedenfalls wird eine solche Prüfung nicht explizit gemacht. Geprüft wird von ihnen vielmehr, ob das durch den jeweiligen Rechtsbestand gewährleistete Schutzniveau durch die Änderung „erheblich verringert" werde, ohne dass sich dafür Gemeinwohlerwägungen anführen ließen.[161] Aspekte einer Abwägung sind gleichwohl auch hier erkennbar: So fragt der Schiedshof etwa, ob die Rücknahme bestimmter konkretisierender Rechtsnormen durch neue Garantien ausgeglichen werde.[162] Die Anwendung des Art. 52 Abs. 1 GRC lässt die Prüfung des unionsgrundrechtlichen Rückschrittverbots im direkten Vergleich mit der belgischen Standstill-Doktrin deutlich strukturierter erscheinen. Vor allem der Grundsatz der Verhältnismäßigkeit ermöglicht eine klare Prüfungsabfolge, die zugleich für mehr oder weniger weite Spielräume des Gesetzgebers offen ist.

Verbietet sich schon aus Gewaltenteilungsgesichtspunkten eine vollständige Überprüfung der gesetzgeberischen Entscheidung,[163] dürfte der EuGH dem Unionsgesetzgeber, aber auch den mitgliedstaatlichen Normgebern im Bereich der konkretisierungsbedürftigen Grundrechte weite Spielräume zugestehen, die sich vor allem bei der Festlegung des legitimen Zwecks sowie bei der Beurteilung der Erforderlichkeit auswirken. Denn mit der Rückbindung des Grundrechts an gesetzgeberische Konkretisierung hat der Charta-Geber deutlich zum Ausdruck gebracht, dass letztlich dem

[161] Schiedshof, Nr. 137/2006, sub B. 7.1.

[162] Schiedshof, Nr. 137/2006, sub B. 7.3; auch *Hachez*, Le principe de standstill dans le droit des droits fondamentaux, 2008, S. 424ff. spricht sich für eine Verhältnismäßigkeitsprüfung aus, ohne dafür konkrete Belege aus der belgischen Rspr. anführen zu können.

[163] Zur Intensität der Verhältnismäßigkeitsprüfung vgl. bereits Kapitel 1 C IV. 4. c.

Gesetzgeber die Entscheidung über das „Wie" des jeweiligen Schutzes obliegt. Dem entspricht die Prämisse des belgischen Schiedshofs, dass die Standstill-Verpflichtung dem Gesetzgeber zwar einen bedeutsamen Rückschritt hinter den normativen Besitzstand verbiete, ihm aber nicht die Befugnis entziehe, die Art und Weise zu beurteilen, wie das jeweilige Grundrecht am besten gewährleistet werde.[164] Nichts anderes kann bei den konkretisierungsbedürftigen Grundrechten im Unionsrecht gelten. Die Einschätzungsprärogative des Gesetzgebers lässt sich adäquat bei der Anwendung des Verhältnismäßigkeitsprinzips reflektieren.

dd) Rechtspolitische Einwände

Die Möglichkeit der dogmatischen Konstruktion eines Rückschrittverbots, mit dem der konkretisierende Normbestand grundrechtlich abgesichert wird, sagt – dies sei an dieser Stelle klargestellt – nichts darüber aus, ob eine entsprechende Judikatur des EuGH unter rechtspolitischen Gesichtspunkten wünschenswert ist. Die Rechtsdogmatik vermag dies nicht zu beurteilen.[165] Weitet man – für den Moment – den Blick über ihre Grenzen hinaus, ist rasch zu erkennen, dass der Konstruktion des Normbestandsschutzes gerade bei sog. sozialen Grundrechten der Hautgout der richterlichen Selbstermächtigung anhaftet. Groß erscheint die Gefahr, dass Richter ihre Sozialstandards an die Stelle derer des Gesetzgebers setzen, groß das Risiko, dass der aktuelle Gesetzgeber durch eine übermäßige richterliche Kontrolle an die Entscheidungen eines früheren Gesetzgebers gebunden wird. Das damit einhergehende Schreckensbild der Petrifizierung des Sozialrechts lässt sich damit zugleich zu einem demokratischen Problem stilisieren. Dies dürften die Gründe dafür sein, dass sich soziale Rückschrittverbote im deutschen Verfassungsrecht[166] nicht etablieren konnten. Wie berechtigt diese rechtspolitischen Einwände auch immer sein mögen, entheben sie doch die Grundrechtsdogmatik nicht davon, zumindest die Möglichkeit eines Rückschrittverbots im Bereich der konkretisierungsbedürftigen Grundrechte auszuloten. Um nicht mehr, aber auch nicht weniger geht es an dieser Stelle. Letztlich obliegt es – angesichts der unklaren Vorgaben des Charta-Gebers – dem EuGH zu entscheiden, ob und inwieweit der konkretisierende Gesetzgeber an bestehende Konkretisierungen gebunden sein soll. Ein Normbestandsschutz mit Prima-Facie-Struktur, verbunden mit einer nicht allzu intensiven Rechtfertigungsprüfung, erscheint – auch unter rechtspolitischen Gesichtspunkten – als gangbarer Mittelweg. Ob er gegangen wird, steht auf einem anderen Blatt.

---

164 Schiedshof, Nr. 169/2002, sub B. 6.6.

165 Zur Grenzziehung zwischen Rechtspolitik und Rechtsdogmatik s. Einführung A.

166 Etwa *Schlenker*, Soziales Rückschrittsverbot und Grundgesetz, 1986, passim.

c) Statischer und dynamischer Normbestandsschutz

Normbestandsschutz hat immer auch eine zeitliche Dimension.[167] Einerseits kann der Bestand an Rechtsnormen geschützt sein, wie er im Zeitpunkt der retrogressiven Normsetzung vorliegt (dynamischer Normbestandsschutz).[168] Ebenso denkbar ist der Schutz des Bestandes, wie er zu einem bestimmten Zeitpunkt in der Vergangenheit vorlag (statischer Normbestandsschutz).[169] Die zwischen diesem Zeitpunkt und dem Rückschritt hinzugetretenen konkretisierenden Rechtsnormen nehmen dann nicht am Normbestandsschutz teil. Für sie gilt das Rückschrittverbot also nicht; vielmehr können sie frei von jeder grundrechtlichen Rechtfertigungspflicht zurückgenommen werden.

Die belgische Rechtsprechung zu Art. 23 VB ist uneinheitlich und gibt gerade dadurch ein gutes Beispiel dafür ab, wie unterschiedlich sich der grundrechtliche Normbestandsschutz konzipieren lässt.[170] Der Schiedshof stellte in einer Entscheidung zum Recht auf Sozialhilfe (Art. 23 Abs. 3 Nr. 2 VB) fest, dass der Gesetzgeber bereits einen Normbestand geschaffen habe, als die Verfassungsbestimmung in Kraft getreten sei. Der Verfassungsgeber habe an diesen Bestand angeknüpft und den Gesetzgeber verpflichtet, Normen des Sozialhilferechts aufrechtzuerhalten, soweit sie den einzelnen Grundrechtsträger begünstigten.[171] Aus Art. 23 VB ergebe sich daher die Pflicht des Gesetzgebers, den gesetzlichen Normbestand, wie er am Tag des Inkrafttretens der Verfassungsänderung vorlag, nicht zu beeinträchtigen.[172] Dem Urteil liegt erkennbar das Modell eines statischen Normbestandsschutzes zugrunde. In einer Entscheidung zum Recht auf Umweltschutz (Art. 23 Abs. 3 Nr. 4 VB) zog der Schiedshof jedoch zur Konkretisierung Richtlinien- und Völkerrecht (Århus-Konvention) heran, das erst Jahre nach Inkrafttreten des Art. 23 VB in Geltung gesetzt worden war.[173] Die streitgegenständliche Gesetzesänderung wurde denn auch für grundrechtswidrig erklärt, da sie mit dem supra- und internationalen Umweltrecht unvereinbar war.[174] Diese umweltrechtlichen Vorgaben aus den Jahren 1998 bzw. 2001 konnten dem Verfassungsgeber 1991/1992 aber nicht bekannt und damit auch nicht vom statischen Normbestandsschutz – die Verfassungsänderung trat 1994 in Kraft – erfasst sein. Das Urteil legte vielmehr den Rechtsbestand zugrunde, wie er im Zeitpunkt der retrogressiven Gesetzgebung vorlag, und sprach sich somit für einen dynamischen Normbestandsschutz aus.

---

167 Vgl. *Hachez*, Le principe de standstill dans le droit des droits fondamentaux, 2008, S. 349 ff.

168 *Hachez*, Le principe de standstill dans le droit des droits fondamentaux, 2008, S. 351 f.: *la thèse du point fixe*.

169 *Hachez*, Le principe de standstill dans le droit des droits fondamentaux, 2008, S. 352 f: *la thèse du point mobile*.

170 Ausf. Analyse bei *Hachez*, Le principe de standstill dans le droit des droits fondamentaux, 2008, S. 353 ff.

171 Schiedshof, Nr. 169/2002, sub B. 6.3 f.

172 Schiedshof, Nr. 169/2002, sub B. 6.5.

173 Schiedshof, Nr. 137/2006, sub B. 7.1 ff.

174 Schiedshof, Nr. 137/2006, sub B. 8.

Welches der beiden Modelle dem unionsrechtlichen Normbestandsschutz der Art. 27, 30 und 34 Abs. 2 GRC am besten gerecht wird, lässt sich nicht abschließend beurteilen, da es auch insoweit an jedweder Vorsteuerung durch den Charta-Geber fehlt und letztlich die Rechtsprechung dazu berufen ist, eine Entscheidung hierüber zu treffen. Vieles spricht dafür, dass der EuGH das Modell des dynamischen Normbestandsschutzes übernehmen würde, bei dem hinzutretende konkretisierende Gesetzgebung der Union und der Mitgliedstaaten gleichsam in den grundrechtlichen Schutz hineinwächst und vom grundrechtlichen Rückschrittverbot mit Prima-Facie-Struktur gegenüber gesetzgeberischen Schmälerungen abgeschirmt wird.[175] Schon die Veränderung des konkretisierenden Gemeinschafts- bzw. Unionsrechts in der Zeit zwischen der Proklamation der Charta und ihrem Inkrafttreten im Jahr 2009 demonstriert die Dynamik, die für konkretisierende Gesetzgebung charakteristisch ist. Als die Charta erarbeitet wurde, sahen nur die Massenentlassungsrichtlinie und die Richtlinie über den Europäischen Betriebsrat sowie das Beamtenstatut Rechtsnormen vor, die das Recht auf Unterrichtung und Anhörung im Unternehmen (Art. 27 GRC) konkretisierten. Erst später wurde die zentrale Richtlinie in diesem Bereich, die Konsultationsrichtlinie, beschlossen. Nach den modifizierten Erläuterungen gehört auch sie zum „beachtlichen Besitzstand" der Union und nimmt damit am Normbestandsschutz teil. Es liegt nahe, auch künftige gesetzgeberische Konkretisierungen der Grundrechte nach Art. 27, 30 und 34 Abs. 2 GRC, für die Art. 153 AEUV Kompetenztitel vorsieht, in den grundrechtlichen Schutz einzubeziehen. Der Normbestand, der im Zeitpunkt des Inkrafttretens der Charta vorlag, dürfte aber als „Ausgangspunkt" des Rückschrittverbots besonderen Schutz genießen; die Anforderungen an einen Rückschritt hinter diesen Status quo würde, sollte dieser Fall je eintreten, die Rechtsprechung voraussichtlich hoch ansetzen. Ihn als absolut geschützt anzusehen,[176] geht aber zu weit. Art. 52 Abs. 1 GRC lässt auch insoweit die Rechtfertigung retrogressiver Normsetzung zu. Eine absolute Grenze zieht allenfalls der Wesensgehalt des jeweiligen Rechts, dessen Bestimmung aber denkbar unklar ist und dem daher voraussichtlich keine große Bedeutung in der Rechtsprechung zukommen wird.

d) *Differenzierung nach Grundrechtsadressaten*

Das grundrechtliche Rückschrittverbot mit Prima-Facie-Struktur trifft schließlich die Grundrechtsadressaten in unterschiedlicher Weise. Angesichts der abgestuften Grundrechtsbindung nach Art. 51 Abs. 1 Satz 1 GRC ist dies für sich genommen kein Spezifikum der konkretisierungsbedürftigen Grundrechte. Hier wirkt sich die Abstufung aber besonders aus, da die konkretisierende Gesetzgebung in aller Regel sowohl Normsetzungsakte der Union als auch Normsetzungsakte der Mitgliedstaaten

---

[175] Ein entschiedenes Plädoyer für einen dynamischen Normbestandsschutz im belgischen Recht trägt *Hachez*, Le principe de standstill dans le droit des droits fondamentaux, 2008, S. 360 ff. vor.

[176] In diese Richtung *Streinz*, in: ders., GRC, Art. 27 Rn. 4: „Unberührt bleibt allerdings der insoweit bereits bestehende unionsrechtliche Besitzstand."

voraussetzt. Diese Konkretisierung „in zwei Schritten“ wirft im Bereich des Normbestandsschutzes spezifische Fragen auf.

aa) Normbestandsschutz gegenüber der Union

Nach Art. 51 Abs. 1 GRC sind die Organe, Einrichtungen und sonstigen Stellen der Union in allen Bereichen an die Unionsgrundrechte gebunden,[177] mithin auch bei der Veränderung oder Aufhebung konkretisierender Rechtsnormen. Die Geltung des Rückschrittverbots als negativ verpflichtende Grundrechtsnorm setzt aber voraus, dass im Einzelfall auch der Schutzbereich des jeweiligen Grundrechts eröffnet ist.

Die Schutzbereichseröffnung bereitet keine Schwierigkeiten, soweit das Unionsrecht selbst die grundrechtlichen Schutzgüter hinreichend konkretisiert. Das trifft mit Blick auf die Grundrechte nach Art. 27 und 30 GRC vor allem auf das Beamtenrecht der Union zu. Hier geht die Konkretisierung „in einem Schritt“ vonstatten. Es genügt in der Regel bereits die Normsetzung durch das Beamtenstatut, das dem einzelnen Beamten (oder einem Vertretungsorgan) eine hinreichend konkrete Rechtsposition einräumt. Wird diese durch eine Veränderung des Beamtenstatus geschmälert, ist der Rückschritt als Einschränkung des jeweiligen Grundrechts nach Art. 52 Abs. 1 GRC rechtfertigungsbedürftig. Jede Verminderung der bestehenden Beteiligungsrechte würde beispielsweise eine Einschränkung des Grundrechts auf Unterrichtung und Anhörung nach Art. 27 GRC darstellen. Gleichermaßen schränkte jede Erweiterung oder „Flexibilisierung“ der Entlassungsvorschriften das Grundrecht nach Art. 30 GRC ein. Während die Rechtsposition des Grundrechtsträgers im ersten Fall vor allem durch einfachrechtlich vermittelte Ansprüche auf Unterrichtung und Anhörung gekennzeichnet ist, besteht sie im Fall des Kündigungsrechts vor allem aus Rechtspositionen der Nicht-Subjektion, d. h. der fehlenden Rechtsmacht (Kompetenz) der Union, das jeweilige Dienstverhältnis zu beenden.[178]

Schwieriger gestaltet sich die Schutzbereichsprüfung im Bereich der zweistufigen Konkretisierung, die mit Blick auf die Unionskompetenzen nach Art. 153 Abs. 1 Buchstaben c bis e AEUV, also den für Art. 27, 30 und 34 Abs. 2 GRC relevanten Kompetenzen, den Regelfall darstellt. Denn die Union kann in diesen Bereichen gemäß Art. 153 Abs. 2 Buchstabe b AEUV nur Richtlinien erlassen, die Mindeststandards vorsehen, welche schrittweise anzuwenden sind (vgl. auch Art. 153 Abs. 4 AEUV).[179] Eine Konkretisierung des jeweiligen Grundrechts durch die Richtlinie selbst ist in diesem Bereich allenfalls bei unzureichender Richtlinienumsetzung und unter den Voraussetzungen der unmittelbaren Anwendbarkeit einer Richtlinie denkbar. Sie scheidet damit von vorneherein in allen Fällen aus, in denen Rechtsverhältnisse zwischen Privaten betroffen sind; diese stellen aber jedenfalls im Bereich der Art. 27 und 30 GRC den Regelfall dar. Wie der EuGH in seinem *AMS*-Urteil betont

[177] Vgl. *Jarass*, GRC, Art. 52 Rn. 14.
[178] Zur Betrachtung des Rechts in Rechtsverhältnissen und Rechtspositionen vgl. Kapitel 1 A V.
[179] Vgl. *Krebber*, in: Calliess/Ruffert, EUV/AEUV, Art. 153 AEUV Rn. 29 ff.

hat, genügt die nicht umgesetzte Richtlinienbestimmung grundsätzlich gerade nicht, um den Schutzbereich eines konkretisierungsbedürftigen Grundrechts zu eröffnen. Damit greift insoweit auch kein grundrechtliches Rückschrittverbot. Mit anderen Worten kann sich der Einzelne nicht gegen eine Rücknahme von Richtlinienrecht wenden, wenn dieses auf ihn mangels Umsetzung in seinem Mitgliedstaat nicht anwendbar ist.

Dennoch läuft das Rückschrittverbot auch im Bereich der zweistufigen Konkretisierung nicht leer. Es wirkt sich nur ebenso zweistufig aus: Unterschreitet die Union den bisherigen Konkretisierungsstandard, indem sie ihr Richtlinienrecht ganz oder teilweise zurücknimmt, bleiben die Rechtspositionen des einzelnen Grundrechtsträgers zunächst unberührt. Denn das mitgliedstaatliche Recht, das in Umsetzung der Richtlinie ergangen ist, tritt mit dem Wegfall der Richtlinie nicht außer Kraft. Wird jedoch der Rückschritt auf mitgliedstaatlicher Ebene „nachvollzogen", indem der (vermeintliche) Freiraum, der durch den Wegfall der Richtlinie geschaffen wurde, zur retrogressiven Normsetzung genutzt wird, ist das grundrechtliche Schutzgut betroffen. Die Rücknahme des Umsetzungsrechts auf Ebene des Mitgliedstaats ist nur zulässig, wenn keine Verpflichtung mehr zur Richtlinienumsetzung besteht. Das setzt aber voraus, dass die Richtlinie wirksam aufgehoben wurde. Da erst die Aufhebung bzw. Änderung der Richtlinie den mitgliedstaatlichen Rückschritt ermöglicht, wird man sie selbst als Einschränkung ansehen können, sobald der Mitgliedstaat von seiner „wiedergewonnenen" Gesetzgebungskompetenz in einer Weise Gebrauch macht, die einen Rückschritt hinter den grundrechtlich geschützten Normbestand darstellt. Man wird daher nicht fehlgehen in der Annahme, dass bereits die Einräumung der Möglichkeit des Rückschritts durch den Unionsgesetzgeber eine latente Einschränkung des Grundrechts darstellt, die sich dann aktualisiert – und damit rechtfertigungsbedürftig ist –, wenn der Mitgliedstaat von der Möglichkeit Gebrauch macht.

In prozessualer Hinsicht können solche Fälle im Vorabentscheidungsverfahren zum EuGH gelangen. Das nationale Gericht wird sich in solchen Konstellationen zunächst fragen, ob die Rücknahme des mitgliedstaatlichen Rechts mit dem Unionssekundärrecht vereinbar ist. Kommt es bei dieser Prüfung zu der Überzeugung, dass das Sekundärrecht selbst wegen eines Verstoßes gegen die Grundrechte nicht rechtmäßig zurückgenommen worden ist, wird es den EuGH mit der Frage zu befassen haben, ob die Rücknahme des nationalen Rechts diesem (potentiell fortgeltenden) Unionsrecht widerspricht. Der EuGH hat dann inzident zu prüfen, ob die Aufhebung bzw. Änderung der Richtlinie mit dem betreffenden Grundrecht vereinbar ist. Der Einzelne kann sich auf dieses auch gegenüber dem Unionsgesetzgeber berufen, der es dem Mitgliedstaat erst ermöglicht hat, die geschützte Rechtsposition zu schmälern. Eine Nichtigkeitsklage des Grundrechtsträgers gegen das aufhebende Unionsgesetz scheitert dagegen am Unmittelbarkeitserfordernis des Art. 263 Abs. 4 AEUV.[180]

---

[180] Vgl. allgemein *Cremer*, in: Calliess/Ruffert, EUV/AEUV, Art. 263 AEUV Rn. 36 ff.

bb) Normbestandsschutz gegenüber den Mitgliedstaaten

Das Rückschrittverbot gilt gegenüber den Mitgliedstaaten nur bei der Durchführung des Unionsrechts (Art. 51 Abs. 1 Satz 1 GRC). Bei den konkretisierungsbedürftigen Grundrechten geht es dabei vor allem um die Umsetzung von Richtlinien. Zu unterscheiden ist zwischen Fällen, in denen die Umsetzung inhaltlich vollständig durch die Richtlinie determiniert ist, und Fällen, in denen die Mitgliedstaaten bei der Umsetzung Spielräume genießen.

Soweit der mitgliedstaatliche Umsetzungsakt durch die Richtlinie determiniert ist, tritt das grundrechtliche Rückschrittverbot lediglich zum Gebot der Umsetzung der Richtlinie und dem damit einhergehenden Verbot, umsetzendes Recht zurückzunehmen, hinzu. Im Fall der zweistufigen Konkretisierung ist zwar das konkretisierungsbedürftige Grundrecht auf den Umsetzungsakt des Mitgliedstaats angewiesen: Erst wenn die konkretisierende Richtlinie durch den jeweiligen Mitgliedstaat umgesetzt wurde, ist das Grundrecht hinreichend konkretisiert – abgesehen von den Fällen unmittelbarer Anwendung von Richtlinien. Sobald der Mitgliedstaat sein umsetzendes und damit zugleich konkretisierendes Recht gesetzt hat, erwächst dieses aber in den grundrechtlichen Normbestandsschutz und darf auch deshalb nicht mehr ohne weiteres zurückgenommen werden, solange die Umsetzungsverpflichtung gilt. Ein Mehrwert des grundrechtlichen Normbestandsschutzes ist hier freilich nur schwer auszumachen, weil der Mitgliedstaat bereits gegen das konkretisierende Sekundärrecht verstößt, wenn er hinter den von der Richtlinie geforderten Standard zurückschreitet. Immerhin ist das Rückschrittverbot aber in einem grundrechtlichen Sinne subjektiviert. Sollte die einzelstaatliche Rechtsordnung in prozessualer Hinsicht an subjektive Rechtsverstöße anknüpfen, kann dem Einzelnen hieraus ein „Mehr" an Rechtsschutz entstehen.

Eine eigenständige Bedeutung entfaltet das Rückschrittverbot aber in dem Bereich der Richtlinienumsetzung, in dem sich die Mitgliedstaaten auf Spielräume stützen können. Auch in diesem Bereich führen die Mitgliedstaaten nach überwiegender Auffassung Unionsrecht durch.[181] Solche Spielräume können sich dabei aus einer bewusst offenen Formulierung der Richtlinie, aus expliziten Wahlmöglichkeiten oder aus Ermächtigungen zur Schaffung von Ausnahmetatbeständen ergeben.[182] Ein illustratives Beispiel aus dem Bereich der Unterrichtung und Anhörung der Arbeitnehmer (Art. 27 GRC) liefert die Konsultationsrichtline, deren Art. 3 Abs. 1 wie folgt lautet:

(1) [1]Diese Richtlinie gilt je nach Entscheidung der Mitgliedstaaten:

a) für Unternehmen mit mindestens 50 Arbeitnehmern in einem Mitgliedstaat oder
b) für Betriebe mit mindestens 20 Arbeitnehmern in einem Mitgliedstaat.

[2]Die Mitgliedstaaten bestimmen, nach welcher Methode die Schwellenwerte für die Beschäftigtenzahl errechnet werden.

---

[181] Vgl. *Jarass*, GRC, Art. 51 Rn. 26a; *Ladenburger/Vondung*, in: Stern/Sachs, GRC, Art. 51 Rn. 45 jew. m. w. N.

[182] *Ladenburger/Vondung*, in: Stern/Sachs, GRC, Art. 51 Rn. 45.

Art. 3 Abs. 1 Satz 1 der Richtlinie räumt den Mitgliedstaaten zunächst eine Wahlmöglichkeit zwischen zwei Schwellenwerten ein: Entweder gilt die Richtlinie für Unternehmen mit mindestens 50 Arbeitnehmern oder für Betriebe mit mindestens 20 Arbeitnehmern. Bei der erstmaligen Entscheidung darüber, welcher Schwellenwert gelten soll, unterliegt der mitgliedstaatliche Gesetzgeber zunächst keinen grundrechtlichen Bindungen. Hat er sich aber einmal entschieden und diese Entscheidung in nationales Recht gegossen, verbietet Art. 27 GRC *prima facie* einen Rückschritt hinter diese Entscheidung. Retrogressive Normsetzung ist damit nach Art. 52 Abs. 1 GRC rechtfertigungsbedürftig. Ob ein Rückschritt vorliegt, ist freilich stets nur aus der Sicht eines bestimmten Grundrechtsträgers feststellbar. Entschied sich ein mitgliedstaatlicher Gesetzgeber beispielsweise ursprünglich für den Schwellenwert nach Buchstabe b (20 Arbeitnehmer im Betrieb), ändert aber später seine Meinung und führt stattdessen den Schwellenwert nach Buchstabe a (50 Arbeitnehmer im Unternehmen) ein, stellt dies eine Einschränkung des bereits konkretisierten Rechts auf Unterrichtung und Anhörung eines Arbeitnehmers dar, der zwar in einem Betrieb mit 20 Arbeitnehmern, aber einem Unternehmen mit nur 40 Arbeitnehmern tätig ist. Aus seiner Sicht – und die Sicht der Grundrechtsträger ist grundrechtsdogmatisch allein entscheidend –, ist der Rückschritt demnach rechtfertigungsbedürftig, obwohl der Mitgliedstaat ursprünglich über Spielraum darüber verfügt hatte, welcher der beiden Schwellenwerte seiner Umsetzung zugrunde zu legen sei. Art. 3 Abs. 1 Satz 2 der Konsultationsrichtlinie stellt die Bestimmung der Berechnungsmethode in das Umsetzungsermessen der Mitgliedstaaten. Auch insoweit erwächst eine einmal getroffene Entscheidung in den Normbestandsschutz des Art. 27 GRC. Eine nachträgliche Änderung zulasten des Grundrechtsträgers muss daher als Einschränkung der grundrechtlichen Freiheit nach Art. 52 Abs. 1 GRC gerechtfertigt werden.

Der grundrechtliche Schutz des einmal geschaffenen konkretisierenden Normbestandes stellt im Bereich der Umsetzungsspielräume ein echtes „Mehr" an Grundrechtsschutz dar. Von einer normativen Hülle oder einer grundrechtlichen Leerformel kann hier keine Rede sein. Damit ist freilich noch nicht gesagt, wie hoch die Rechtfertigungsanforderungen in diesem Bereich anzusetzen sind. Vieles spricht dafür, sie jedenfalls nicht zu überspannen, sieht doch bereits das Sekundärrecht, auf das die konkretisierungsbedürftigen Grundrechte letzten Endes angewiesen sind, Spielräume der Mitgliedstaaten vor und trifft damit eine klare Aussage darüber, dass mehrere Umsetzungsvarianten unionsrechtskonform denkbar sind. In Rechnung gestellt werden muss allerdings stets, dass dem Grundrechtsträger eine einmal zugesprochene Rechtsposition entzogen wird und dass es dafür stets eines legitimen Zwecks bedarf, der mit der retrogressiven Normsetzung in geeigneter und erforderlicher Weise verfolgt wird. Die Einschätzungsspielräume der Mitgliedstaaten sind dabei jedoch – je nach Konstellation – weit zu bestimmen. Das Rückschrittverbot ist nicht als absolutes, sondern stets nur in seiner Prima-Facie-Struktur zu verstehen.

3. Zwischenergebnis

In negativ verpflichtender Hinsicht lassen sich den konkretisierungsbedürftigen Grundrechten Beeinträchtigungs- und Rückschrittverbote zuordnen. Während bei Beeinträchtigungen durch Einzelakt die grundrechtliche Verpflichtung lediglich zu ohnehin schon bestehenden Pflichten hinzutritt, zeigt sich ein echter Mehrwert der konkretisierungsbedürftigen Grundrechte im Bereich des Normbestandsschutzes. Dieser beansprucht gegenüber retrogressiven Normsetzungsakten sowohl der Union als auch der Mitgliedstaaten Geltung, wobei letztere gerade im Bereich von Spielräumen, die ihnen durch das Sekundärrecht eingeräumt werden, grundrechtlichen Bindungen unterliegen können.

II. Positive Verpflichtungen

Im Bereich der positiven Verpflichtungen ist eine Pflicht zur Effektuierung des grundrechtlichen Schutzes auch bei konkretisierungsbedürftigen Grundrechten anzuerkennen. Dass die Grundrechtsadressaten darüber hinaus zur Setzung konkretisierender Normen verpflichtet sein können, erscheint jedoch zweifelhaft.

1. Effektuierungsgebot

a) Allgemeines

Wie alle Unionsgrundrechte verpflichten auch die konkretisierungsbedürftigen Grundrechte ihre Adressaten dazu, die grundrechtliche Freiheitsausübung zu fördern (Art. 51 Abs. 1 Satz 2 GRC). Die Pflicht zur Effektuierung[183] des grundrechtlichen Schutzes kann mannigfache Inhalte haben.[184] Hervorgehobene Bedeutung kommt der Pflicht zur grundrechtskonformen Auslegung zu.[185] Bestimmungen des Unionsrechts und des Rechts der Mitgliedstaaten sind so auszulegen, dass der Freiheitsgegenstand des jeweiligen Grundrechts so weit wie möglich gefördert wird.[186]

b) Horizontalwirkung

Das grundrechtliche Effektuierungsgebot erlangt besondere Bedeutung in Rechtsstreitigkeiten unter Privaten, von denen sich beide auf Grundrechte berufen können. Gerade bei den Grundrechten nach Art. 27 und 30 GRC ist dies der Regelfall: Auf

---

[183] Vgl. *Lang*, in: Stern/Sachs, GRC, Art. 27 Rn. 9: „Effektivierungspostulat".

[184] Vgl. die Typisierung bei *Cremer*, in: Grabenwarter, Europäischer Grundrechteschutz, 2014, § 1 Rn. 77 ff.

[185] Der Begriff wird aufgrund seiner Üblichkeit verwendet, obwohl sich die hier zugrunde gelegte Methode nicht vornehmlich als Auslegung von Texten, sondern als Rekonstruktion von Handlungen darstellt; auch bei der Rekonstruktion trifft den Richter aber die Pflicht, verbleibende Spielräume grundrechtskonform auszufüllen; zur Handlungsrekonstruktion als Methode vgl. Kapitel 1 B.

[186] Vgl. *Lang*, in: Stern/Sachs, GRC, Art. 27 Rn. 9: *Köchle*, in: Holoubek/Lienbacher, GRC, Art. 27 Rn. 35.

der einen Seite steht ein Arbeitnehmer, auf der anderen ein (regelmäßig privater) Arbeitgeber. Während dieser sich auf die unternehmerische Freiheit nach Art. 16 GRC stützen kann, stehen jenem die Grundrechte nach Art. 27 und 30 GRC zur Seite.[187] Dabei bestehen die jeweiligen Grundrechtsverhältnisse freilich jeweils nur gegenüber der Union oder dem Mitgliedstaat als Grundrechtsadressaten; eine sogenannte unmittelbare Drittwirkung (vgl. Art. 9 Abs. 3 Satz 2 GG)[188] ist in der Charta gerade nicht vorgesehen.[189] Eine Horizontalwirkung (mittelbare Drittwirkung bzw. *horizontal effect)* der Grundrechte ist aber der Sache nach anerkannt.[190] Sie ist auf die Verpflichtung des Richters zurückzuführen, die einschlägigen privatrechtlichen Vorschriften im Lichte der widerstreitenden Grundrechte auszulegen und die Kollision zu einem angemessenen Ausgleich zu bringen.[191] Von dieser Pflicht ist die Auslegung und Anwendung des Sekundärrechts ebenso umfasst[192] wie die des nationalen Privatrechts, soweit die Mitgliedstaaten bei dessen Erlass an die Unionsgrundrechte gebunden sind.[193] Voraussetzung für das Bestehen einer solchen Effektuierungspflicht bei der Entscheidung über Privatrechtsverhältnisse ist, dass das jeweilige Grundrecht auch hinreichend konkretisiert ist. Eine fehlende Konkretisierung – wie in der Rechtssache *AMS* – kann auch nicht durch positive Pflichten zur Förderung grundrechtlicher Schutzgüter kompensiert werden. Denn ein solches Schutzgut ist mangels konkretisierender Gesetzgebung noch nicht hinreichend umrissen.[194] Ist der Schutzgegenstand aber hinreichend konkretisiert, wird er durch die grundrechtliche Gewährleistung auch primärrechtlich abgesichert: Die kollidierenden Interessen von Arbeitnehmern und Arbeitgebern – um bei den typischen Fällen der Art. 27 und 30 GRC zu bleiben – treffen sich damit rechtlich auf einer Ebene. Sowohl Arbeitgeber

[187] Vgl. *Köchle*, in: Holoubek/Lienbacher, GRC, Art. 27 Rn. 35, die aufseiten des Arbeitgebers das Eigentumsrecht anführt; in den von Art. 27 und 30 GRC erfassten Fällen dürfte demgegenüber die unternehmerische Freiheit das relevantere Grundrecht sein.

[188] Der Begriff der „unmittelbaren Drittwirkung“ ist üblich, aber unglücklich, da in den damit bezeichneten Fällen überhaupt keine Dreiecksbeziehung vorliegt, sondern die Grundrechtsnorm unmittelbar zwischen Privaten gilt.

[189] *Ladenburger/Vondung*, in: Stern/Sachs, GRC, Art. 51 Rn. 16; vgl. auch *Jarass*, GRC, Art. 51 Rn. 36 ff., der zu Recht betont, dass die Kategorisierung der sog. Drittwirkung als ‚unmittelbar‘ oder ‚mittelbar‘ nicht überbewertet werden sollte, weil den Grundrechten jedenfalls auch in Privatrechtsverhältnissen große Bedeutung zukomme; dazu auch *Kingreen*, in: Calliess/Ruffert, EUV/AEUV, Art. 51 GRC Rn. 21 m. w. N.

[190] Ausf. dazu *Frantziou*, ELJ 21 (2015), 657 ff.

[191] Grundlegend EuGH, Rs. C-275/06 – *Promusicae*, Rn. 61 ff.; *Herresthal*, ZEuP 2014, 238 (259 ff.).

[192] *Herresthal*, ZEuP 2014, 238 (259 ff.).

[193] *Herresthal*, ZEuP 2014, 238 (275 f.).

[194] Das übersieht *Frantziou*, ELJ 21 (2015), 657 (666 f.), wenn sie dem EuGH vorwirft, sich im *AMS*-Urteil nicht hinreichend der Horizontalwirkung gewidmet zu haben; *Lembke*, in: von der Groeben/Schwarze/Hatje, EU-Recht, Art. 27 GRC Rn. 12 behauptet, der EuGH habe im *AMS*-Urteil eine Berufung auf Art. 27 GRC in einem Rechtsstreit zwischen Privaten grundsätzlich ausgeschlossen; diese Interpretation ist freilich verfehlt, da das Urteil gerade dafür spricht, dass sich der Einzelne auf das Grundrecht auch in einem Rechtsstreit zwischen Privaten berufen kann, wenn es nur hinreichend konkretisiert ist; hier wird die Kategorie der konkretisierenden Gesetzgebung grundlegend verkannt.

als auch Arbeitnehmer können sich auf ein Unionsgrundrecht stützen. Die Rechtsposition des Arbeitnehmers ist daher mehr als bloß sekundärrechtlich vermittelt: Sie ist grundrechtlich geschützt.[195]

2. *Konkretisierungspflicht*

Ob die Grundrechtsadressaten auch die Pflicht zum Erlass von konkretisierenden Rechtsnormen trifft, ist zweifelhaft. *Mutatis mutandis* war diese Frage für die konstituierungsbedürftigen Grundrechte im Ergebnis zu verneinen.[196] Bei den konkretisierungsbedürftigen Grundrechten stellt sie sich unter anderen Vorzeichen.

a) *Ansätze im Schrifttum*

Jarass hält es für „unsicher", ob Art. 27 GRC positive Pflichten „im Hinblick auf den Erlass von Durchsetzungsakten" enthalten könne. Solche Pflichten könnten jedenfalls nicht eingeklagt werden.[197] Andere befürworten für Art. 27 GRC dagegen positive Pflichten zur Normsetzung, wenn sie sich auch teilweise für eine Kategorisierung der Gewährleistung als Grundsatz statt als Grundrecht aussprechen.[198] Aus Art. 30 GRC will neben anderen[199] auch *Jarass* die positive Pflicht zum Erlass von Regelungen zum Schutz vor ungerechtfertigter Entlassung ableiten, wobei den Grundrechtsverpflichteten aber ein weiter Spielraum verbleiben soll.[200] Auch die Folgen einer Entlassung seien zu regeln.[201] *Kröll* merkt zu Art. 30 GRC an, dass eine Beeinträchtigung des Grundrechts anzunehmen sein werde, wenn weder das Unionsrecht noch das nationale Recht das durch den Wesensgehalt von Art. 30 GRC garantierte Minimum an Schutz vor ungerechtfertigter Entlassung gewährleisteten.[202] Bezogen auf Art. 34 Abs. 2 GRC werden entsprechende Verpflichtungen nicht explizit diskutiert.[203]

---

[195] Vgl. *Holoubek*, in: Schwarze, EU-Kommentar, Art. 27 GRC Rn. 16: „Bestehende einschlägige Regelungen und Verpflichtungen des Arbeitgebers sind [...] im Lichte des Art. 27 auszulegen, insoweit kann ihm mittelbar auch (im Einzelfall durchaus erhebliche) Bedeutung für individuelle Rechtsbeziehungen zwischen Arbeitnehmer und Arbeitgeber zukommen."

[196] Vgl. Kapitel 2 E.

[197] *Jarass*, GRC, Art. 27 Rn. 13; anders noch in der Vorauflage (Rn. 10): „Art. 27 verlangt von den Grundrechtsverpflichteten [...] den Erlass von Vorschriften, die die Unterrichtung und Anhörung der Arbeitnehmer näher regeln, sofern andere Vorschriften ihnen entsprechende Kompetenzen zuweisen."

[198] *Schubert*, in: Franzen/Gallner/Oetker, EUArbR, Art. 27 Rn. 30 (Grundsatz); *Köchle*, in: Holoubek/Lienbacher, GRC, Art. 27 Rn. 34 (Grundrecht); *Lembke*, in: von der Groeben/Schwarze/Hatje, EU-Recht, Art. 27 GRC Rn. 8; *Holoubek*, in: Schwarze, EU-Kommentar, Art. 27 GRC Rn. 16: „Im Unionsrecht und in den einzelstaatlichen Rechtsvorschriften (und Gepflogenheiten) müssen entsprechende Pflichten des Arbeitgebers ausgestaltet und konkretisiert sein. Darauf besteht ein ‚Grundrecht' des Arbeitnehmers."

[199] *Schubert*, in: Franzen/Gallner/Oetker, EUArbR, Art. 30 Rn. 17.

[200] *Jarass*, GRC, Art. 27 Rn. 9.

[201] *Jarass*, GRC, Art. 27 Rn. 9.

[202] *Kröll*, in: Holoubek/Lienbacher, GRC, Art. 30 Rn. 25.

[203] Vgl. aber *Kingreen*, in: Calliess/Ruffert, EUV/AEUV, Art. 34 Rn. 11 f., der die Vorschrift

Lembke nimmt aber immerhin eine Pflicht der Union zum aktiven Tätigwerden im Rahmen ihrer Koordinierungskompetenz an, womit (wohl) auch eine Pflicht zur Normsetzung gemeint ist.[204]

b) *Differenzierung nach Grundrechtsadressaten*

Den eher pauschal gehaltenen Aussagen im Schrifttum ist eine nach Grundrechtsadressaten differenzierende Betrachtung entgegenzuhalten. Sie reduziert die Frage nach einer Pflicht zur konkretisierenden Normsetzung auf eine dogmatische Marginalie.

aa) *Konkretisierungspflicht der Mitgliedstaaten*

Soweit es um die Mitgliedstaaten geht, kann eine solche Normsetzungspflicht nur bei der Durchführung des Unionsrechts bestehen (Art. 51 Abs. 1 Satz 1 GRC) und damit in einem Bereich, in dem die Mitgliedstaaten ohnehin zur Normsetzung – nämlich zur Umsetzung von Richtlinien – verpflichtet sind. Soweit der Unionsgesetzgeber ihnen keine Umsetzungspflichten auferlegt, scheiden auch grundrechtliche Pflichten zur Normsetzung aus, da die Mitgliedstaaten überhaupt nicht grundrechtsgebunden sind. Soweit sie aber bereits Richtlinien umzusetzen haben, ist die Annahme einer grundrechtlichen Normsetzungspflicht überflüssig. Denn sie würde der Umsetzungspflicht nichts hinzufügen. Es ist auch nicht davon auszugehen, dass der Charta-Geber die allgemeine Pflicht zur Umsetzung von Richtlinien durch die Aufnahme der konkretisierungsbedürftigen Grundrechte in die Charta gleichsam grundrechtlich unterlegen wollte. Vielmehr dürfe eine derart redundante Konstruktion im Konvent überhaupt nicht angedacht worden sein.

bb) *Konkretisierungspflicht der Union*

Selbst wenn man Konkretisierungspflichten der Union für möglich hielte, ist zu bedenken, dass diese jedenfalls bereits mit dem Status quo des konkretisierenden Rechts erfüllt wären. Die konkretisierungsbedürftigen Grundrechte zeichnen sich gerade dadurch aus, dass sie an den „beachtlichen Bestand“ an sekundärrechtlichen Vorschriften anknüpfen. Das kommt in der Entstehungsgeschichte und in den Er-

---

wie einen Gleichheitssatz versteht, der (wohl) auch zum Erlass von konkretisierenden Rechtsnormen verpflichten kann; in der Tat bezweckt Art. 34 Abs. 2 GRC eine Gleichstellung von Grundrechtsträgern mit „Einheimischen“, jedoch ist die Gewährleistung nach der hiesigen Lesart als konkretisierungsbedürftiges Grundrecht ausgestaltet, kann mithin nicht selbst, sondern nur in Verbindung mit konkretisierendem Recht eine solche Gleichbehandlung einfordern; so ausdrücklich auch *Nußberger/Lang*, in: Stern/Sachs, GRC, Art. 34 Rn. 113: „Art. 34 Abs. 2 ist so nicht als eigenständige Anspruchsgrundlage zu verstehen, sondern begründet Ansprüche nur zusammen mit Vorschriften des nationalen oder des Unionsrechts.“

[204] *Lembke*, in: von der Groeben/Schwarze/Hatje, EU-Recht, Art. 34 GRC Rn. 17; Zweifel bestehen deshalb, weil mit „Koordinierungskompetenz“ Art. 156 AEUV gemeint sein dürfte, der aber (anders als Art. 153 Abs. 1 Buchstabe c AEUV) gerade nicht zur Gesetzgebung ermächtigt.

läuterungen deutlich zum Ausdruck. Der Charta-Geber hatte also überhaupt keinen Anlass, die Union zur Setzung von konkretisierenden Rechtsnormen zu verpflichten. Freilich hat die Union von ihren Kompetenzen nach Art. 153 Abs. 1 und 2 AEUV nicht vollständig Gebrauch gemacht. Es ist aber nicht erkennbar, dass mit Aufnahme der konkretisierungsbedürftigen Grundrechte in die Charta der Unionsgesetzgeber dazu angehalten werden sollte, seine sozialpolitischen Kompetenzen in weiterem Umfange als bisher auszuschöpfen. Hierauf zielen auch die Stimmen im Schrifttum, die Konkretisierungspflichten annehmen, nicht ab. Vielmehr geht es ihnen um die Schaffung eines Mindeststandards, der aber längst geschaffen wurde. Die Annahme einer positiven Verpflichtung ist auch insoweit überflüssig, da der Status quo bereits durch das negativ verpflichtende Rückschrittverbot hinreichend gesichert wird. Bei Lichte besehen ist die Diskussion um positive Konkretisierungspflichten mithin ein Scheinproblem. Jedenfalls lässt sich nicht nachweisen, dass der Charta-Geber solche Pflichten vorgesehen hätte. Für sie besteht kein Bedürfnis.

III. Resümee

Konkretisierungsbedürftige Grundrechte können negative Verpflichtungen in Gestalt von Beeinträchtigungs- und Rückschrittverboten umfassen, wobei letztere, sofern sie von der Rechtsprechung anerkannt werden, im Vordergrund stehen dürften. In positiver Hinsicht ist an die allgemeine Pflicht zur Förderung (Effektuierung) grundrechtlicher Freiheit zu denken, der im Bereich der sogenannten Horizontalwirkung der Grundrechte besondere Bedeutung zukommt. Insoweit setzt die grundrechtliche Absicherung einfachgesetzlich konkretisierter Rechtspositionen einen deutlichen Akzent, der die konkretisierungsbedürftigen Grundrechte als mehr erscheinen lässt als nur „normative Hüllen“. Positive Verpflichtungen zur Konkretisierung der in den Grundrechtsbestimmungen abstrakt umschriebenen Freiheitsgegenstände sind hingegen nicht anzuerkennen. Will man ein – recht pauschales – Fazit ziehen, lässt sich sagen: Mit den konkretisierungsbedürftigen Grundrechten ist aus Sicht ihrer Berechtigten nicht viel, aber immerhin etwas gewonnen. Dieses „Etwas“ lässt sich unter der dogmatischen Kategorie der konkretisierenden Gesetzgebung adäquat erfassen und mit der gebotenen Präzision diskutieren.

Kapitel 4

Regelnde Gesetzgebung

A. Problemstellung

Grundrechtliche Freiheit, gleichviel ob sie gesetzlich konstituiert, konkretisiert oder unabhängig von rechtlicher Normsetzung gewährleistet wird, besteht nicht schrankenlos. Für *Karl Popper* ist es geradezu das „Paradoxon der Freiheit", dass diese sich selbst aufhöbe, würden ihr keine Grenzen gezogen:

„Schrankenlose Freiheit bedeutet, daß es dem Starken freisteht, den Schwachen zu tyrannisieren und ihn seiner Freiheit zu berauben. Das ist der Grund, warum wir verlangen, daß der Staat die Freiheit in gewissem Ausmaß einschränke, so daß am Ende jedermanns Freiheit vom Gesetz geschützt wird."[1]

Die Grenzen grundrechtlicher Freiheit behandelt die Grundrechtsdogmatik traditionell als Eingriffe, Beschränkungen, Beeinträchtigungen usw.[2] Die Dogmatik der Unionsgrundrechte hält für sie zunächst die Kategorie der Einschränkung bereit. Mit ihrer „horizontalen", d. h. für grundsätzlich alle Unionsgrundrechte geltenden, Verankerung in Art. 52 Abs. 1 GRC ist aber nicht gesagt, dass es keine weiteren, grundrechtsspezifischen Begrenzungen gäbe. Der Charta-Text deutet an einigen Stellen darauf hin, dass nicht nur Einschränkungen im Sinne von Art. 52 Abs. 1 GRC den Freiheitsgebrauch des Einzelnen Grenzen ziehen können, sondern es darüber hinaus weitere Möglichkeiten gibt, diesen in die Schranken zu weisen. So werden die Rechte, eine Ehe einzugehen und eine Familie zu gründen, gemäß Art. 9 GRC „nach den einzelstaatlichen Gesetzen gewährleistet, welche die Ausübung dieser Rechte regeln". Vergleichbare Formulierungen finden sich beim Recht auf Wehrdienstverweigerung (Art. 10 Abs. 2 GRC) sowie der Freiheit zur Gründung von Lehranstalten und dem elterlichen Erziehungsrecht (Art. 14 Abs. 3 GRC). Die praktisch weitaus bedeut-

---

1 *Popper*, Die offene Gesellschaft und ihre Feinde II, 8. Aufl. 2003, S. 145.

2 Die deutsche Staatsrechtslehre führt einen wenig ertragreichen Streit darüber, ob Grundrechtsschranken von außen an das Recht herantreten (sog. Außentheorie) oder ob es von vorneherein nur einen bestimmten Grundrechtsinhalt gibt (sog. Innentheorie); vgl. dazu *Alexy*, Theorie der Grundrechte, 1994, S. 249 ff. Letztlich handelt es sich um einen Streit um Begriffe, mit dem die Dogmatik der Unionsgrundrechte nicht belastet werden sollte. Für die Prüfungsstruktur der Grundrechtsnorm bietet sich die Dreiteilung in Schutzbereich, Einschränkung und Rechtfertigung an (dazu Kapitel 1 C IV. 4.); die Grundrechtsnorm bleibt aber dieselbe, wenn man die Prüfung „einstufig" strukturiert; vgl. aber auch die Diskussion von Innen- und Außentheorie im Kontext der Unionsgrundrechte bei *Bühler*, Einschränkung von Grundrechten nach der Europäischen Grundrechtecharta, 2005, S. 462 ff.

samere unternehmerische Freiheit wird wiederum „nach dem Unionsrecht und den einzelstaatlichen Rechtsvorschriften und Gepflogenheiten" gewährleistet (Art. 16 GRC), ebenso das Recht auf Kollektivverhandlungen und Kollektivmaßnahmen (Art. 28 GRC).[3]

Diese Formulierungen im Charta-Text stützen die These, dass der Gesetzgeber über die Möglichkeit der Einschränkung grundrechtlicher Freiheit hinaus zu Begrenzungen des Freiheitsgebrauchs ermächtigt sein kann. Diese weitergehenden Begrenzungen lassen sich als eigenständige dogmatische Kategorie erfassen, die hier in Abgrenzung zu den übrigen Kategorien als „regelnde Gesetzgebung" firmiert. Die Anerkennung einer solchen Kategorie wirft eine Reihe von Folgefragen auf. So ist zweifelhaft, ob der regelnde Gesetzgeber überhaupt grundrechtlichen Bindungen unterworfen ist, d. h., ob er seine begrenzende Regelung im Lichte des jeweiligen Grundrechts rechtfertigen muss. Außerdem ist das Verhältnis zwischen Regelung und Einschränkung zu klären. Die Rechtsprechung des EuGH erweist sich in diesem Bereich, wie zu zeigen sein wird, trotz belastbarer Ansätze als äußerst inkonsistent und geht in Teilen deutlich an dem vorbei, was der Charta-Geber mit der Aufnahme von Regelungsvorbehalten in die Charta als Norm gesetzt hat. In einen noch stärkeren Widerspruch zu diesen Vorgaben setzen sich weite Teile des Schrifttums, die den Regelungsvorbehalten entweder jede Bedeutung absprechen oder sie – nationale Denkmuster unbesehen übertragend – jedenfalls stark relativieren. Auch hierauf wird näher einzugehen sein. Bevor die Prototypen regelungsfähiger Grundrechte dargestellt werden (C) und die regelnde Gesetzgebung als dogmatische Kategorie entwickelt wird (D), ist eine Klärung des Begriffs der Regelung angezeigt (B), der den Rahmen für das absteckt, was grundrechtsdogmatisch unter ihn zu fassen ist.

B. Begriff der Regelung

I. Etymologie und Bedeutung

Das Nomen „Regel" wurde dem Lateinischen entlehnt, in dem *regula* einen „Maßstab" oder eine „Messlatte" bezeichnete.[4] Von diesem lateinischen Ursprung, der selbst wiederum auf das Verb *regere* für „leiten, lenken" zurückgeht, stammen auch die französische *(règle)*, englische *(rule)* und italienische *(regola)* Entsprechung ab. Im Deutschen wurde der Ausdruck zunächst im religiösen Kontext gebraucht, um

[3] Einen Sonderfall bildet Art. 17 GRC, der mit Eigentumsentziehungen (Art. 17 Abs. 1 Satz 2 GRC) und Nutzungsregelungen (Art. 17 Abs. 1 Satz 3 GRC) besondere Fälle der Einschränkung grundrechtlicher Freiheit vorhält, so dass ein Rückgriff auf Art. 52 Abs. 1 GRC weitgehend entbehrlich sein dürfte; von den im weiteren behandelten Gewährleistungen unterscheidet sich die Bestimmung dadurch, dass sie explizit Rechtfertigungsanforderungen aufstellt, die denen des Art. 52 Abs. 1 GRC jedenfalls nahekommen. Aufgrund dieser Spezialität soll Art. 17 GRC im Folgenden außer Betracht bleiben.

[4] *Kluge*, Etymologisches Wörterbuch der deutschen Sprache, 25. Aufl. 2012, Stichwort „Regel".

die Richtschnur klösterlichen Lebens (Benedikt-Regel) sowie die Gesamtheit der Vorschriften Christi in paulinischer Tradition zu bezeichnen.[5] Dem heutigen Sprachgebrauch entspricht die verallgemeinerte Verwendung zur Bezeichnung einer Richtschnur für ein Verhalten oder Tun, einer vorgeschriebenen Weise und Form oder einer Vorschrift für bestimmte Einzelfälle oder Lebenslagen.[6] Von der Regel in dieser Bedeutung leiten sich die synonym verwendeten Verben „regulieren" und „regeln" ab.[7] Auch sie haben mit *régir/regler*, *regulate/rule* und *regolare* Entsprechungen im Französischen, Englischen und Italienischen. Der Duden weist für „regeln" unter anderem folgende Bedeutungen nach: nach bestimmten Regeln, Gesichtspunkten gestalten, abwickeln; ordnend in bestimmte Bahnen lenken, in eine bestimmte Ordnung bringen.[8] Es geht also darum, ein Geschehen (Verhalten) einer bestimmten Richtschnur, Vorgabe, Vorschrift etc. anzupassen, bzw. diesem eine solche Richtschnur zu geben.[9] Mit „Regelung" lässt sich die gegebene Richtschnur bezeichnen.

II. Konstitutive und regulative Regeln

Der Ausdruck „Regel" wurde in dieser Untersuchung bereits im Zusammenhang mit der konstituierenden Gesetzgebung gebraucht, um die Regelabhängigkeit konstituierungsbedürftiger Freiheitsgegenstände zu beschreiben.[10] Bei Regeln im dortigen Sinne handelt es sich um konstitutive Regeln, also solche, die bestimmte Handlungen erst ermöglichen. Die Verwendung des Regelbegriffs in diesem Zusammenhang entfernt sich merklich von der vorbeschriebenen gemeinsprachlichen Bedeutung der Regel als Richtschnur. Diese Abweichung erscheint bei Verwendung des Attributs „konstitutiv" aber unbedenklich und entspricht der in der Sozialontologie und Institutionentheorie gebräuchlichen Terminologie, die auf *Searle* zurückgeht.[11] *Searle* hat den Begriff der konstitutiven Regeln jedoch nicht isoliert, sondern in unmittelbarer Gegenüberstellung zu den von ihm so genannten regulativen Regeln eingeführt.[12] Diese tautologisch anmutende Begriffsbildung bringt eine auch für diese Untersuchung zentrale Unterscheidung mit sich, die *Searle* wie folgt auf den Punkt bringt:

> „Die *regulativen Regeln* können wir zunächst als Regeln charakterisieren, die bereits bestehende oder unabhängig von ihnen existierende Verhaltensformen regeln [...]. *Konstitutive Regeln* dagegen regeln nicht nur, sondern erzeugen oder prägen [*define*] auch neue Formen des Verhaltens."[13]

---

[5] Vgl. DWB, Bd. 14, Sp. 496 f.

[6] Vgl. DWB, Bd. 14, Sp. 497 ff.

[7] Dabei ist „regulieren" die ältere Form; beide Verben werden aber weitgehend synonym verwendet; vgl. DWB, Bd. 14, Sp. 503 und 550.

[8] Duden online, Stichwort: „regeln".

[9] Vgl. DWB, Bd. 14, Sp. 503.

[10] Vgl. Kapitel 2 B I.

[11] *Searle*, Speech Acts, 1969, S. 33: *constitutive rules*.

[12] *Searle*, Speech Acts, 1969, S. 33: *regulative rules*.

[13] *Searle*, Sprechakte, 12. Aufl. 2013, S. 54 – Hervorhebungen F. M.; *define* dürfte mit „prägen"

Auf welche Weise konstitutive Regeln (der Struktur „X zählt als Y in K“) Verhalten ermöglichen, wurde in Kapitel 2 ausführlich dargelegt.[14] Regulative Regeln finden gleichsam als Gegenstück zu konstitutiven Regeln existentes bzw. mögliches Verhalten vor und legen an dieses Verhalten eine bestimmte Richtschnur an, im ursprünglichen Sinn des Regelbegriffs. Für diese Vorgabe kommt es nicht darauf an, ob das geregelte Verhalten nur im Lichte konstitutiver Regeln oder unabhängig von solchen möglich ist. Regulative Regeln können also auch Handlungen betreffen, die selbst wiederum durch konstitutive Regeln ermöglicht werden. Sie können aber ebenso gut Verhaltensweisen regeln, die der jeweilige Akteur ohne weiteres, d. h. physisch roh, an den Tag legen kann. Während konstitutive Regeln notwendige Voraussetzungen für (bestimmte Arten von) Handlungen sind, stellen regulative Regeln zunächst (nur) Gründe dar, die für oder gegen die Vornahme bestimmter Handlungen sprechen. Regulative Rechtsregeln – nur sie sind für diese Untersuchung interessant – sind daher vor allem Pflichtnormen im Sinne ausschließender Handlungsgründe.[15] Das jedenfalls entspricht den typischen Beispielen, die *Searle* für konstitutive und regulative Regeln anführt (Football, Schach), und seiner These, dass alle regulativen Regeln die Form von Imperativen hätten oder sich als solche paraphrasieren ließen.[16]

Ob sich dieses Abgrenzungskriterium aus rechtlicher Sicht durchhalten lässt, erscheint jedoch zweifelhaft. Da *Searle* sich hauptsächlich für konstitutive Regeln interessiert, ist er diesem Problem nicht weiter nachgegangen. Jedenfalls für die Zwecke der Grundrechtsdogmatik darf die imperativische Form regulativer Regeln in ihrer Bedeutung nicht überschätzt werden. Denn es lassen sich auch nicht imperativisch formulierte bzw. formulierbare Regeln dartun, die bestehendes Verhalten betreffen, dieses aber nicht ermöglichen, wie es konstitutive Regeln tun, sondern im Gegenteil hindern.[17] So stellt beispielsweise die Heraufsetzung des heiratsfähigen Alters, die zur Unwirksamkeit dennoch geschlossener Ehen führt, ebenso eine Regel für (vorher) mögliches Verhalten dar wie die Anordnung einer Tempo-30-Zone im Straßenverkehr. Der Unterschied besteht darin, dass der Autofahrer immer noch schneller als 30 km/h fahren *kann* (aber nicht darf), während eine Eheschließung der (nunmehr) Eheunmündigen nicht mehr *möglich* ist. In beiden Fällen wird jedoch prä-existentes bzw. unabhängig von der jeweiligen Regel mögliches Verhalten begrenzt. Im Ehe-Beispiel geschieht dies normtheoretisch betrachtet durch die Einführung einer negativen Kompetenznorm, d. h. einer Norm, die eine vorher bestehende Kompetenz einschränkt. Im Tempo-30-Beispiel wird das Verhalten durch die Setzung einer neuen Pflichtnorm geregelt. Auch wenn sich die Anhebung des heiratsfähigen Alters nicht sinnvoll als Imperativ formulieren lässt, regelt sie doch das Verhalten der Normadres-

---

etwas unpassend übersetzt sein, denn die Konnotation des englischen Ausdrucks erscheint stärker und spezifischer als die des metaphorischen Prägens. Richtiger dürfte sein: „bestimmen“.

[14] Vgl. Kapitel 2 B I. und C I.

[15] Vgl. Kapitel 1 A I.

[16] *Searle*, Sprechakte, 12. Aufl. 2013, S. 55.

[17] Ausf. Kapitel 2 C II. 2. a.

saten. Wollte man am Imperativ-Kriterium festhalten, handelte es sich um eine dritte Art von Regel (die *Searle* übersehen hätte). Naheliegender erscheint es jedoch, auf dieses Kriterium für die Unterscheidung zu verzichten und allein darauf abzustellen, ob die jeweilige Handlung unabhängig von der konkret betrachteten Regel möglich ist (dann ist die Regel regulativ) oder nur im Lichte dieser vorgenommen werden kann (dann ist sie konstitutiv). Ob eine regulative Regel rechtliches Dürfen oder rechtliches Können betrifft, ist also unerheblich, solange die Handlung unabhängig von der Regel möglich ist, mithin sich die Regel nicht als konstitutiv für die geregelte Handlung erweist.

III. Grundrechtsspezifische Konzeption

Die Unterscheidung zwischen konstitutiven und regulativen Regeln ist für die Grundrechtsdogmatik anschlussfähig. Konstitutive Regeln sind demnach diejenigen Regeln, die ein grundrechtlich geschütztes Verhalten erst ermöglichen. Konstitutive Rechtsregeln wurden bereits mit Blick auf die konstituierende Gesetzgebung in Kapitel 2 ausführlich erörtert. Auch die konkretisierende Gesetzgebung, die in Kapitel 3 als Spezifikum der Charta näher untersucht wurde, erzeugt letztlich konstitutive Regeln. Ohne Konstituierung bzw. Konkretisierung durch Rechtsnormen ist bei den betroffenen Grundrechten ein grundrechtlicher Freiheitsgegenstand nicht anzuerkennen. Erst durch die Gesetzgebung wird demnach das grundrechtlich geschützte Verhalten möglich.

Demgegenüber bezeichnet der Begriff der regulativen Regeln in grundrechtspezifischer Verwendung einschränkende Gesetze nach Art. 52 Abs. 1 GRC sowie im engeren Sinne regelnde Gesetze, die sich auf spezielle Vorbehalte in der Charta stützen. Bei beiden Kategorien, von denen die zweite in Abgrenzung von der ersten im Folgenden zu entfalten ist, treffen die gesetzlichen Regeln auf prä-existentes bzw. unabhängig von ihnen mögliches grundrechtlich geschütztes Verhalten und begrenzen dieses, sei es durch die Setzung von Pflichtnormen oder die Rücknahme von Kompetenzen. Dieses logische Verhältnis zwischen grundrechtlichem Schutzgegenstand und hinzutretender Begrenzung ist bei Art. 52 Abs. 1 GRC bereits im Text angelegt. Dort heißt es, dass jede „Einschränkung der Ausübung" der in der Charta anerkannten Rechte und Freiheiten bestimmten Anforderungen genügen muss. Ausgeübt werden kann aber nur, was vor der Einschränkung bereits möglich ist. Die Einschränkung trifft als regulative Regel demnach stets auf eine Handlungsmöglichkeit, die von ihr logisch unabhängig ist.[18] Nicht anders verhält es sich bei der regelnden Gesetzgebung (dies hat viele zu einer voreiligen *dogmatischen* Gleichsetzung beider Kategorien verleitet[19]). Auch dafür lassen sich Anhaltspunkte im Charta-Text finden. So sieht Art. 9

[18] Freilich stellt nicht jede Einschränkung im Sinne des Art. 52 Abs. 1 GRC eine „Regel" dar, denn grundrechtliche Freiheit kann auch durch physisch-rohe Handlungen eingeschränkt werden.

[19] Vgl. die Darstellung zu den Einzelgrundrechten, insbesondere unter C III. 3. b) und IV. 3. c).

GRC vor, dass die Rechte, eine Ehe einzugehen und eine Familie zu gründen, nach den einzelstaatlichen Gesetzen gewährleistet werden, welche die „Ausübung dieser Rechte regeln". Diese Formulierung, die in der deutschen Fassung etwas verklausuliert daherkommt, ist im Folgenden näher zu betrachten. Es ist aber bereits an dieser Stelle erkennbar, dass die Ausübung der grundrechtlichen Freiheit nur gesetzlich geregelt werden kann, wenn sie logisch unabhängig von der Regelung möglich ist. Dasselbe gilt für die weniger deutlich als solche formulierten Regelungsvorbehalte der Art. 16 und 28 GRC.

C. Prototypen regelungsfähiger Grundrechte

I. Einschränkungs- und Regelungsfähigkeit

Alle Grundrechte – mit Ausnahme der Menschenwürde (Art. 1 Satz 1 GRC) –[20] sind nach Art. 52 Abs. 1 GRC einschränkungsfähig. Die Regelungsfähigkeit eines Grundrechts muss als Spezialfall hingegen begründet werden, da es keine allgemeine Regelungsklausel vergleichbar der allgemeinen Einschränkungsklausel gibt. Der Charta-Geber hat mit einer Reihe besonderer Regelungsvorbehalte in einzelnen sachlichen Grundrechtsbestimmungen jedoch hinreichende textliche Anknüpfungspunkte geschaffen, die – teilweise – auch in den Erläuterungen aufgegriffen werden. Grundrechte, deren Gewährleistungen mit Regelungsvorbehalten ausgestattet sind, sollen hier regelungsfähige Grundrechte genannt werden. Angesichts der analytischen Unterscheidung von konstitutiven und regulativen Regeln versteht sich von selbst, dass diese Grundrechte nicht regelungs*bedürftig* sein können, da die Bedürftigkeit eine logische Abhängigkeit impliziert, die regulativen Regeln gerade fremd ist. Grundrechte können konstituierungs- oder konkretisierungsbedürftig sein, sie sind hingegen einschränkungs- oder regelungs*fähig*. Im Folgenden sollen drei Prototypen regelungsfähiger Grundrechte dargestellt werden: Art. 9, Art. 28 und Art. 16 GRC. Die Reihenfolge entspricht der Genese der jeweiligen Regelungsvorbehalte im Grundrechtekonvent, die jedenfalls bei Art. 28 und Art. 16 GRC eng miteinander verzahnt ist. Sie soll daher beibehalten werden, auch wenn die rechtspraktische Bedeutung von Art. 16 GRC und Art. 28 GRC die des Art. 9 GRC aufgrund der fehlenden Unionskompetenzen für Ehe und Familie bei weitem übertrifft.

[20] Dass die Menschenwürde nicht eingeschränkt werden kann, obwohl die horizontale Bestimmung des Art. 52 Abs. 1 GRC auch auf sie systematisch anwendbar ist, ergibt sich bereits aus der Formulierung „ist unantastbar", die in bewusster Anlehnung an die Menschenwürdegarantie des Art. 1 Abs. 1 GG gewählt wurde; die Erläuterungen zu Art. 1 GRC bestätigen dies explizit; vgl. dazu *Calliess*, in: ders./Ruffert, EUV/AUEV, Art. 1 GRC Rn. 34 ff. m. w. N.

II. Recht auf Eheschließung und Familiengründung

Die erste Grundrechtsbestimmung der Charta, die einen Regelungsvorbehalt aufweist, ist Art. 9 GRC, der das Recht auf Eheschließung[21] und Familiengründung gewährleistet.

1. Gewährleistung

a) Chartatext

In den hier berücksichtigten Sprachfassungen ist Art. 9 GRC wie folgt formuliert (der Regelungsvorbehalt ist jeweils kursiv gesetzt):

Das Recht, eine Ehe einzugehen, und das Recht, eine Familie zu gründen, werden *nach den einzelstaatlichen Gesetzen* gewährleistet, *welche die Ausübung dieser Rechte regeln.*

Le droit de se marier et le droit de fonder une famille sont garantis *selon les lois nationales qui en régissent l'exercice.*

The right to marry and the right to found a family shall be guaranteed *in accordance with the national laws governing the exercise of these rights.*

Il diritto di sposarsi e il diritto di costituire una famiglia sono garantiti *secondo le leggi nazionali che ne disciplinano l'esercizio.*

Die Gewährleistung ähnelt stark Art. 12 EMRK, der nicht nur in textlicher Hinsicht für Art. 9 GRC Pate stand.[22] In den authentischen Fassungen lautet die EMRK-Bestimmung wie folgt:

Men and women of marriageable age have the right to marry and to found a family, *according to the national laws governing the exercise of this right.*

A partir de l'âge nubile, l'homme et la femme ont le droit de se marier et de fonder une famille *selon les lois nationales régissant l'exercice de ce droit.*

Es fällt auf, dass nur die deutsche und die französische Fassung von Art. 9 GRC ein Verb verwenden, das auf das Lateinische *regula* bzw. *regere* zurückgeht. Der englische und der italienische Parallelausdruck (*govern* bzw. *disciplinare*) unterscheiden sich in semantischer Hinsicht aber nur geringfügig.[23] Insgesamt ist es daher gerechtfertigt, bereits textlich von einem Regelungsvorbehalt auszugehen, der sich deutlich vom allgemeinen Einschränkungsvorbehalt des Art. 52 Abs. 1 GRC unterscheidet.

---

21 Zur Konstituierungsbedürftigkeit der Eheschließungsfreiheit, die von ihrer Regelungsfähigkeit zu unterscheiden ist, vgl. Kapitel 2 C II.

22 Vgl. bereits Kapitel 2 C II. 1.

23 Vgl. PONS Großwörterbuch Englisch, Stichwort „govern", wo für den juristischen Sprachgebrauch *regulate* als Synonym nachgewiesen wird; ebenso Voccabolario Treccani online, Stichwort „disciplinare", wo als Bedeutung u. a. *regolare secondo speciali norme* angegeben wird.

b) Entstehung

Bereits im ersten Präsidiumsvorschlag für das Recht, eine Familie zu gründen, der noch ohne expliziten Regelungsvorbehalt auskam, wurde erwogen eine *clause limitative* aufzunehmen, da nicht jede Person in allen Fällen eine Familien gründen könne. Zu denken sei etwa an Begrenzungen *(restrictions)* in Gestalt eines Mindestalters oder das Verbot der Ehe zwischen Blutsverwandten. Eine andere Lösung, als auf das nationale Recht zu verweisen, wie dies Art. 12 EMRK tue, sei schwerlich vorstellbar. Es wurde aber auch zur Diskussion gestellt, ob es nicht die beste Lösung sei, die allgemeine Einschränkungsklausel *(clause générale de limitation)*, die im selben Entwurf bereits enthalten war, zur Anwendung zu bringen.[24] Im Anschluss an die Beratungen über den ersten Vorschlag wurde ein neuer Vorschlag formuliert, der dem Diskussionsstand im Konvent Rechnung tragen sollte. Dieser lehnte sich nunmehr eng an Art. 12 EMRK an und sah einen Verweis für die nationalen Gesetze über die Ausübung des Rechts vor. Dieser Verweis *(renvoi)* trage dem Grundsatz der Subsidiarität und den unterschiedlichen Verhältnissen in den Mitgliedstaaten Rechnung.[25] Der Schwenk von einer vorbehaltlosen Gewährleistung hin zu einer Bestimmung mit explizitem Regelungsvorbehalt lässt erkennen, dass der Konvent es für erforderlich angesehen hatte, Freiheitsbegrenzungen über die allgemeine Einschränkungsklausel hinaus zu ermöglichen. Der Regelungsvorbehalt wurde auch nach ausdrücklicher Einbeziehung der Eheschließungsfreiheit in die Gewährleistung beibehalten.[26] Vereinzelte Änderungsanträge, die – mit unterschiedlicher Zielsetzung – auf eine Streichung der Klausel drangen, konnten sich nicht durchsetzen.[27] Die Mehrheit der eingebrachten Anträge bestärkte vielmehr den Regelungsvorbehalt;[28] ein Vertreter wollte ihn, letztlich erfolglos, sogar auf das Unionsrecht ausdehnen, um künftigen Kompetenzzuwächsen der Union auf diesem Gebiet Rechnung zu tragen.[29] So umstritten die Garantie der Eheschließungs- und Familiengründungsfreiheit insgesamt war (gerade mit Blick auf nichteheliche und homosexuelle Partnerschaften), so einmütig war der Konvent doch darin, durch einen gesonderten Vorbehalt den Mitgliedstaaten Spielräume für eine Regelung der Freiheitsausübung zu eröffnen. Diese Grundkonzeption wurde im Laufe der weiteren Beratungen nicht mehr infrage gestellt.[30]

---

[24] CONVENT 5, S. 8.

[25] CONVENT 13, S. 14.

[26] CONVENT 28, S. 14.

[27] Vgl. *Altmaier*, Änderung 224; *Duff*, Änderung 227; *Berès*, Änderung 229; *Kaufmann*, Änderung 232; alle in: CONVENT 35.

[28] *Barros Moura*, Änderung 225; *Berthu*, Änderung 226; *Mayer/Leinen/Martin*, Änderung 228; *Friedrich*, Änderung 230; *Gnauck*, Änderung 231; *Einem/Holoubek*, Änderung 234; *Goldsmith*, Änderung 235; *Dehousse*, Änderung 238; *Voggenhuber/Buitenweg*, Änderung 239; *Rodriguez Bereijo*, Änderung 242; *Haenel*, Änderung 243; *Cisneros Laborda*, Änderung 244; alle in: CONVENT 35.

[29] *Solé Tura*, Änderung 241; stark die mitgliedstaatlichen Kompetenzen betonend dagegen *Einem/Holoubek*, Änderung 234; alle in: CONVENT 35.

[30] Es folgten nur noch geringfügige sprachliche Anpassungen in CONVENT 36, S. 3; CONVENT 37, S. 14; CONVENT 45, S. 4; CONVENT 47, S. 5; CONVENT 47 REV 1, S. 6.

c) Erläuterungen

Anders als die Präsidiumsvorschläge heben die Erläuterungen nicht mehr das Subsidiaritätsprinzip und die unterschiedlichen Verhältnisse in den Mitgliedstaaten als Grund für den Regelungsvorbehalt hervor, betonen aber die enge Anlehnung an das Vorbild des Art. 12 EMRK.

2. Rechtsprechung des EGMR

Aufgrund der fehlenden Unionskompetenzen im Bereich des Ehe- und Familienrechts hatte sich der EuGH mit Art. 9 GRC und dem darin enthaltenen Regelungsvorbehalt noch nicht zu beschäftigen. Die Gewährleistung, die trotz ihres geringen praktischen Anwendungsbereichs für die Kategorie der regelnden Gesetzgebung prototypisch ist, dürfte auch künftig keine größere Bedeutung in der EuGH-Judikatur erlangen. Aussagen zur regelnden Gesetzgebung lassen sich aber der vergleichsweise umfangreichen Rechtsprechung des EGMR zu Art. 12 EMRK entnehmen. Aufgrund der „Verwandtschaft" der Gewährleistungen, die auch in den Erläuterungen zu Art. 52 Abs. 3 GRC betont wird, ist das *case-law* des EGMR im Bereich der Charta zu berücksichtigen. Der Charta-Geber hat an dieses bewusst angeknüpft.[31]

a) Rees-Urteil

Eine erste Stellungnahme des EGMR zur Bedeutung des Regelungsvorbehalts in Art. 12 EMRK findet sich im *Rees*-Urteil aus dem Jahr 1986. Der Gerichtshof betonte darin, dass nach Art. 12 EMRK die Ausübung des Rechts auf Eheschließung den einzelstaatlichen Gesetzen unterliege. Gesetzliche Beschränkungen *(limitations)* dürften aber das Recht nicht in einer Weise oder einem Ausmaß einschränken oder verkürzen, dass der Kernbereich *(very essence* bzw. *substance même)* des Rechts beeinträchtigt werde. Im *Rees*-Fall wollte ein Transsexueller, dem bei Geburt das weibliche Geschlecht zugeschrieben worden war und der demgemäß im nationalen Recht behandelt wurde, eine Frau heiraten, was ihm nach englischem Recht aber nicht möglich war. Der EGMR sah in dem Ausschluss gleichgeschlechtlicher Ehen keine Einschränkung der Eheschließungsfreiheit.[32] Eine Rechtfertigungsprüfung nahm er nicht vor, was aber auch darauf zurückzuführen sein kann – das bleibt im Urteil offen –, dass er bereits den Schutzbereich des Art. 12 EMRK, der auf verschiedengeschlechtliche Verbindungen zugeschnitten ist, nicht als eröffnet ansah.[33]

---

[31] Zum Verhältnis zwischen EMRK und Charta allgemein und zur Bedeutung von Art. 52 Abs. 3 GRC im Speziellen vgl. Kapitel 1 C V. 2.

[32] EGMR, Nr. 9532/81 – *Rees*, Rn. 50.

[33] EGMR, Nr. 9532/81 – *Rees*, Rn. 49.

b) *Johnston-Urteil*

Wenige Wochen nach dem *Rees*-Urteil bemerkte der EGMR im *Johnston*-Urteil, in dem es im Wesentlichen um ein (letztlich verneintes) Recht auf Scheidung ging, dass selbst wenn ein Scheidungsverbot in einem konkreten Fall als Beschränkung der Fähigkeit, erneut zu heiraten, angesehen werden könnte, er es für ausgeschlossen erachte, dass eine solche Beschränkung *(restriction* bzw. *limitation)* in einer Gesellschaft, die dem Prinzip der Monogamie verpflichtet sei, die Substanz *(substance même* bzw. *substance)* der Eheschließungsfreiheit antaste.[34] Eine Rechtfertigungsprüfung der ohnehin nur im Konjunktiv erwogenen „Beschränkung" war daher auch in diesem Fall nicht angezeigt.

c) *Schweizerisches Wiederverheiratungsverbot*

In seinem Urteil aus dem Folgejahr zum schweizerischen Wiederverheiratungsverbot hatte der EGMR Gelegenheit, die Bedeutung des Regelungsvorbehalts in Art. 12 EMRK zu präzisieren. „Beschränkungen" im Sinne des *Rees*-Urteils, die aufgrund des Vorbehalts zugelassen würden, stellten sich in allen Mitgliedstaaten des Europarats als Bedingungen *(conditions)* dar, die in verfahrens- oder materiell-rechtlichen Vorschriften niedergelegt seien. Die verfahrensrechtlichen Bestimmungen beträfen vor allem die Publizität und feierliche Eingehung der Ehe, während die materiell-rechtlichen Vorschriften sich auf die Ehefähigkeit, den Ehekonsens und bestimmte Ehehindernisse bezögen.[35] Der Gerichtshof war sichtlich darum bemüht, den etwas unglücklich gewählten Begriff der „Beschränkungen" aus dem *Rees*-Urteil, den er selbst nur noch in Anführungszeichen verwendete, durch den Begriff der „Bedingungen" (oder: „Voraussetzungen") zu ersetzen. Bedingungen, die aufgrund des Vorbehalts in Art. 12 EMRK eingeführt werden, beschränken nach dieser Lesart die Eheschließungsfreiheit nicht, sondern regeln ihre Ausübung – sie sind *conditions on the exercise*.

Neben dieser neuen Begriffsbildung ist die Handhabung des Regelungsvorbehalts durch den EGMR im konkreten Fall aufschlussreich. Der Beschwerdeführer wandte sich gegen ein auf drei Jahre befristetes Wiederverheiratungsverbot, das ihm die schweizerischen Gerichte im Rahmen eines Scheidungsverfahrens auferlegt hatten, bei dem seine alleinige Verantwortlichkeit für das Scheitern der Ehe festgestellt worden war. Ihm wurde eine Verfehlung von außergewöhnlicher Schwere zur Last gelegt. Das damalige schweizerische Recht sah vor, dass die Gerichte der für schuldig befundenen Partei ein Wiederverheiratungsverbot für eine Dauer zwischen einem und drei Jahren auferlegen sollten (Art. 150 ZGB 1912). Der EGMR stellte fest, dass das Wiederverheiratungsverbot zwar im Rahmen der Vorschriften über die Ausübung der Eheschließungsfreiheit im Sinne von Art. 12 EMRK angeordnet worden war.[36]

---

[34] EGMR, Nr. 9697/82 – *Johnston*, Rn. 52.

[35] EGMR, Nr. 11329/85 – *F.*, Rn. 32.

[36] EGMR, Nr. 11329/85 – *F.*, Rn. 32.

Die Maßnahme laufe aber auf eine Zivilstrafe *(civil sanction)* hinaus, da die Gerichte bei der Anordnung des Verbots aus dem vergangenen Fehlverhalten des Beschwerdeführers Konsequenzen für dessen Recht auf Wiederverheiratung gezogen hätten. Das Wiederverheiratungsverbot sei zwar gesetzlich zwingend vorgesehen, die Befristung zwischen einem und drei Jahren liege aber im Ermessen des Richters.[37] Vor diesem Hintergrund behandelte der Gerichtshof das Wiederverheiratungsverbot anders als die Ehehindernisse in den Fällen *Rees* und *Johnston* nicht als Bedingung der Eheschließung, sondern als Eingriff *(interference* bzw. *ingérence)* in die Eheschließungsfreiheit, von dessen Rechtfertigung er sich letztlich nicht überzeugen konnte.[38] Vielmehr hielt er die angegriffene Maßnahme, die den Kernbereich *(very essence* bzw. *substance même)* der Eheschließungsfreiheit beeinträchtige, im Ergebnis für unverhältnismäßig mit Blick auf den von ihr verfolgten legitimen Zweck und stellte daher eine Verletzung von Art. 12 EMRK fest.[39]

Die Entscheidung zum schweizerischen Wiederverheiratungsverbot ist in ihrer Bedeutung für die dogmatische Kategorie der regelnden Gesetzgebung auch im Unionsrecht kaum zu überschätzen. Fasst man den Gedankengang des EGMR zusammen, ergibt sich folgendes Bild: Aufgrund des (Regelungs-)Vorbehalts zugunsten der einzelstaatlichen Gesetze in Art. 12 EMRK können die Staaten verfahrens- und materiell-rechtliche Bedingungen für die Ausübung der Eheschließungsfreiheit vorsehen. Man könnte auch von gesetzlichen Ausübungsmodalitäten oder eben gesetzlichen Regelungen sprechen. Die Grenze der Regelungsbefugnis ist erreicht, sobald im Einzelfall die Substanz bzw. der Kernbereich des Rechts betroffen ist. Der Gerichtshof verwendet hierfür im Englischen die Ausdrücke *very essence of the right* und *substance of the right* sowie im Französischen die Wendung *substance même (du droit)*. Aber auch eine Maßnahme, die diesen Kernbereich berührt, ist nicht von vorneherein unzulässig. Sie muss vielmehr als Eingriff *(interference* bzw. *ingérence)* in die Eheschließungsfreiheit ein legitimes Ziel verfolgen und dem Grundsatz der Verhältnismäßigkeit entsprechen. Der Kernbereich fungiert demnach nicht als Schranken-Schranke vergleichbar der Wesensgehaltsgarantie des Art. 52 Abs. 1 Satz 1 GRC. Vielmehr lässt seine Betroffenheit das grundrechtliche Rechtfertigungsbedürfnis erst entstehen. Die Berührung des Kernbereichs scheidet auf diese Weise rechtfertigungsfreie Ausübungsregeln von rechtfertigungsbedürftigen Eingriffen.[40]

---

37 EGMR, Nr. 11329/85 – *F.*, Rn. 34.

38 EGMR, Nr. 11329/85 – *F.*, Rn. 35–40.

39 EGMR, Nr. 11329/85 – *F.*, Rn. 40.

40 Vgl. *Christoffersen*, Fair Balance, 2009, S. 154 f., der aber dazu tendiert, die Kernbereichsprüfung und den Verhältnismäßigkeitsgrundsatz im Rahmen des Art. 12 EMRK gleichzusetzen; auf S. 140 f. weist er den Einsatz der Kernbereichsrhetorik als Einleitung einer Verhältnismäßigkeitsprüfung im Rahmen von Art. 11 EMRK und Art. 1 ZP-EMRK nach; auf dieser Linie liegen nach hiesiger Lesart auch die Entscheidungen zu Art. 12 EMRK; *Grabenwarter/Pabel*, Europäische Menschenrechtskonvention, 6. Aufl. 2016, § 22 Rn. 83, merken an, dass der EGMR die „richterrechtlich begründete Wesensgehaltssperre auch für den Gesetzesvorbehalt nach Art. 12 zu einer Prüfung der Verhältnismäßigkeit von Einschränkungen des Schutzbereichs weiterentwickelt" habe.

d) Neuere Rechtsprechung

Die neuere Rechtsprechung zu Art. 12 EMRK liefert weitere Anhaltspunkte dafür, wann der Kernbereich der Eheschließungsfreiheit betroffen ist, mithin der Bereich der Regelung verlassen und der des rechtfertigungsbedürftigen Eingriffs betreten wird. Im *Goodwin*-Urteil aus dem Jahr 2002 rückte der EGMR unter dem Eindruck des geschlechtsneutral formulierten Art. 9 GRC von seiner bisherigen Transsexuellen-Rechtsprechung ab.[41] Gleichzeitig hielt er aber fest, dass die Staaten zwar einen weiten Spielraum bei der Festlegung der Bedingungen *(conditions)* hätten, unter denen ein Transsexueller eine Ehe eingehen könne.[42] Transsexuelle gänzlich vom Recht auf Eheschließung auszuschließen, könne jedoch nicht gerechtfertigt werden.[43] Ein solcher Ausschluss „unter allen Umständen"[44], so wird man den Gerichtshof zu verstehen haben, ist eben nicht eine bloße Ausübungsregelung, sondern ein – unverhältnismäßiger – Eingriff in die Eheschließungsfreiheit. Im *Jaremowicz*-Urteil aus dem Jahr 2010 wurde die Rechtsprechung zum Regelungsvorbehalt des Art. 12 EMRK anschaulich zusammengefasst:

> „The Convention institutions have accepted that limitations on the right to marry laid down in the national laws may comprise formal rules concerning such matters as publicity and the solemnisation of marriage. They may also include substantive provisions based on generally recognised considerations of public interest, in particular concerning capacity, consent, prohibited degrees of affinity or the prevention of bigamy. In the context of immigration laws and for justified reasons, the States may be entitled to prevent marriages of convenience, entered solely for the purpose of securing an immigration advantage. However, the relevant laws – which must also meet the standards of accessibility and clarity required by the Convention – may not otherwise deprive a person or a category of persons of full legal capacity of the right to marry with the partners of their choice [...]."[45]

Hinzuzufügen ist, dass einer Person oder Personengruppe die volle Ehefähigkeit abgesprochen werden kann, ohne dass Art. 12 EMRK verletzt wird – man denke an Fälle der Geschäftsunfähigkeit. Eine solche Maßnahme stellt sich jedoch nicht mehr als ohne weiteres zulässige Regelung gestützt auf den in Art. 12 EMRK niedergelegten Vorbehalt dar, sondern als Eingriff, der den vom Gerichtshof aufgestellten Rechtfertigungsanforderungen, insbesondere dem Grundsatz der Verhältnismäßigkeit, entsprechen muss.

---

[41] EGMR, Nr. 28957/95 – *Goodwin*, Rn. 102; vgl. dazu bereits Kapitel 2 D I. 1. b.
[42] EGMR, Nr. 28957/95 – *Goodwin*, Rn. 103.
[43] EGMR, Nr. 28957/95 – *Goodwin*, Rn. 103.
[44] EGMR, Nr. 28957/95 – *Goodwin*, Rn. 103: *under any circumstances*.
[45] EGMR, Nr. 24023/03 – *Jaremowicz*, Rn. 49 m. w. N. aus der Rspr.

3. *Ansätze im Schrifttum*

Obwohl das Schrifttum zu Art. 9 GRC die Vorbildfunktion des Art. 12 EMRK und der dazu ergangenen Rechtsprechung allenthalben betont,[46] wird die vom EGMR vorgegebene Differenzierung zwischen „Bedingungen" der Freiheitsausübung und „Eingriffen" in die grundrechtlich geschützte Freiheit nicht rezipiert. Vielmehr werden staatliche Maßnahmen, die die Eheschließungs- oder Familiengründungsfreiheit begrenzen, einheitlich als Eingriffe oder Einschränkungen verstanden, die alternativ oder kumulativ den Vorgaben des Art. 52 Abs. 1 GRC oder über Art. 52 Abs. 3 Satz 1 GRC (verstanden als „Schrankenübertragungsklausel"[47]) den Rechtfertigungsanforderungen des EGMR genügen müssten.[48] Dass in der Rechtsprechung des EGMR auch begrenzende Maßnahmen anerkannt sind, die keine rechtfertigungsbedürftigen Eingriffe darstellen, wird nicht thematisiert. Vielmehr scheint das Schrifttum davon auszugehen, jede Begrenzung der grundrechtlichen Freiheit nach Art. 9 GRC müsse auf die ein (Art. 52 Abs. 1 GRC) oder andere (Art. 52 Abs. 3 GRC i. V. m. Art. 12 EMRK) Weise am Grundsatz der Verhältnismäßigkeit gemessen werden. Dass der EGMR diese Anforderung erst bei einer Berührung des Kernbereichs aufstellt, wird weitgehend ignoriert.[49] Ebenso bleibt außer Betracht, dass der Grundrechtekonvent sich früh gegen eine (alleinige) Anwendung des Art. 52 GRC als horizontale Klausel auf die Eheschließungs- und Familiengründungsfreiheit ausgesprochen hat. Dies kann anhand der oben dargestellten Beratungsdokumente zweifelsfrei nachgewiesen werden. Es wurde im Konvent die Notwendigkeit eines spezifischen Begrenzungsvorbehalts erkannt, der gerade nicht die Rechtfertigungsanforderungen des Art. 52 Abs. 1 GRC mit sich bringen sollte, um der Subsidiarität und vor allem den Unterschieden im Ehe- und Familienrecht sowie den verschiedenen sozialen Gegebenheiten in den Mitgliedstaaten Rechnung zu tragen. Diese Regelungsintention des Charta-Gebers geht bei der Anwendung des Art. 52 Abs. 1 GRC auf jedwede Begrenzung ebenso unter wie bei der entkontextualisierenden Übertragung der Rechtfertigungsanforderungen, die der EGMR an Eingriffe (und eben nicht an „Bedingungen") richtet.

Der Vollständigkeit halber sei darauf hingewiesen, dass unmittelbar nach der Proklamation der Charta dem „Verweis" auf die einzelstaatlichen Gesetze (nicht nur) in Art. 9 GRC einige Aufmerksamkeit zuteil geworden ist. *Calliess* sah darin etwa einen Beleg dafür, dass der Konvent „die notwendige Parallelität von Kompetenz und Grundrechtsschutz zu wenig reflektiert und sich in der Folge im Kompetenzgestrüpp

---

[46] *Jarass*, GRC, Art. 9 Rn. 1; *Kingreen*, in: Calliess/Ruffert, EUV/AEUV, Art. 9 GRC Rn. 4; *Bernsdorff*, in: Meyer, GRC, Art. 9 Rn. 1.

[47] Vgl. dazu und zu der hier vertretenen abweichenden Konzeption Kapitel 1 C V. 2.

[48] *Jarass*, GRC, Art. 9 Rn. 10 ff.; *Tettinger/Muckel*, in: Stern/Sachs, GRC, Art. 9 Rn. 27; *Bernsdorff*, in: Meyer, GRC, Art. 9 Rn. 17 und Rn. 21; für eine alleinige Anwendung von Art. 52 Abs. 1 GRC *Kingreen*, in: Calliess/Ruffert, EUV/AEUV, Art. 9 GRC Rn. 10, der auf Art. 12 EMRK bei dessen interpretatorischen Konkretisierung zurückgreifen möchte.

[49] Nahe an der Linie des EGMR aber *Hanslik*, in: Holoubek/Lienbacher, GRC, Art. 9 Rn. 22 ff., der den Regelungsvorbehalt jedoch allenfalls andeutet.

verheddert" habe.[50] *Magiera* beklagte sogar, dass die Charta mit solchen Verweisen ihr Hauptziel eines einheitlichen Grundrechtsschutzes auf Unionsebene verfehle und dass auch im Übrigen die Schrankenziehung, die zur Ergänzung des Schutzbereichs erforderlich sei, um die Grundrechtsgewährleistung festzustellen, nicht befriedigen könne.[51] Konkrete dogmatische Aussagen lassen sich diesen allgemein gehaltenen Einwänden nur schwer entnehmen. Das gilt auch für *Nettesheims* „verfassungstheoretische" Kritik. Er meint, in der Gewährleistung des Grundrechtsschutzes „nur im Rahmen der Gesetze und nicht gegenüber dem EU-Gesetzgeber oder dem EU-Recht durchführenden nationalen Gesetzgeber" einen „Rückfall hinter die verfassungsrechtlichen Errungenschaften" zu erkennen, die für die meisten nationalen Verfassungen heute selbstverständlich seien.[52] Immerhin wird man *Magiera* und *Nettesheim* im Gegensatz zur heute herrschenden Meinung dahin verstehen können, dass sie *nolens volens* aus den „Verweisklauseln" weite Spielräume des Gesetzgebers zur Begrenzung der grundrechtlichen Freiheit ableiten. Genannt werden neben Art. 9 GRC die Gewährleistungen der Art. 10 Abs. 2, 14 Abs. 3 und 28 GRC.[53] Dogmatisch konkreter äußerte sich *Grabenwarter*, der dem Vorbehalt zugunsten einzelstaatlicher Gesetze entnahm, „dass jenseits des Verhältnismäßigkeitskriteriums weitere Einschränkungen zulässig" seien und die einheitlichen horizontalen Klauseln des Art. 52 GRC dadurch „erheblich durchlöchert" würden.[54] Für ihn ist damit auch die Garantie des Art. 9 GRC „weitgehend zur Disposition des nationalen Gesetzgebers" gestellt.[55] *Grabenwarters* Analyse dürfte sich, ohne näher auf die Regelungsintention des Charta-Gebers oder die EGMR-Rechtsprechung einzugehen, mit der hier vorgeschlagenen Einteilung begrenzender Gesetze in zwei Kategorien decken: Den nach Art. 52 Abs. 1 GRC rechtfertigungsbedürftigen Einschränkungen auf der einen, den rechtfertigungsfreien Regelungen auf der anderen Seite. Im Schrifttum konnte sich dieser Ansatz jedoch nicht durchsetzen, wie auch im Übrigen die Kritik an der Formulierung des Art. 9 GRC nach Inkrafttreten der Charta verstummt ist.

4. *Resümee und Erweiterung*

Für das Recht auf Eheschließung und Familiengründung lässt sich also festhalten, dass es durch den Gesetzgeber eingeschränkt, aber eben auch geregelt werden kann. Das entspricht der Dogmatik, die der EGMR zu Art. 12 EMRK entwickelt hat, sowie der Weichenstellung des Charta-Gebers, der sich eng am Konventionsrecht orientiert und diese Orientierung mit der Aufnahme des Regelungsvorbehalts in Art. 9 GRC auch textlich dokumentiert hat. Um die Zulässigkeit einer freiheitsbegrenzenden

---

[50] *Calliess*, EuZW 2001, 261 (265).
[51] *Magiera*, DÖV 2000, 1017 (1026).
[52] *Nettesheim*, INTEGRATION 2002, 25 (38).
[53] *Magiera*, DÖV 2000, 1017 (1026); *Nettesheim*, INTEGRATION 2002, 25 (38).
[54] *Grabenwarter*, DVBl. 2001, 1 (3).
[55] *Grabenwarter*, DVBl. 2001, 1 (4).

staatlichen Maßnahme beurteilen zu können, muss also in jedem Einzelfall zunächst bestimmt werden, ob es sich um eine Regelung oder eine Einschränkung grundrechtlicher Freiheit handelt. Nur im letztgenannten Fall kommt Art. 52 Abs. 1 GRC zur Anwendung. Welche Anforderungen an eine Regelung der Freiheit zu stellen sind und wie sie von der Einschränkung im Einzelnen abgegrenzt werden kann, soll später untersucht werden. An dieser Stelle genügt es zu notieren, dass der EGMR zur Abgrenzung der Kategorien die *very essence* bzw. *substance même* bemüht, die man ins Deutsche am treffendsten mit „Kernbereich" übersetzt. Dieser Kernbereich des Rechts, auch dies wird später noch näher darzulegen sein, ist von dessen Wesensgehalt im Sinne des Art. 52 Abs. 1 Satz 1 GRC zu unterscheiden, dem trotz der semantischen Nähe der Begriffe (vgl. auch die englische und französische Fassung des Art. 52 Abs. 1 Satz 1 GRC: *essence* und *contenu essentiel)* dogmatisch eine andere Funktion zukommt, nämlich die einer Schranken-Schranke.[56]

Es spricht vieles dafür, ohne dass dem hier im Detail nachgegangen werden kann, die Unterscheidung zwischen Regelung und Einschränkung auf die Grundrechte nach Art. 10 Abs. 2 GRC und Art. 14 Abs. 3 GRC, also dem Grundrecht auf Wehrdienstverweigerung bzw. dem elterlichen Erziehungsrecht und der Freiheit zur Gründung von Lehranstalten, zu übertragen. Denn der Regelungsvorbehalt des Art. 9 GRC wurde im Laufe der Beratungen im Grundrechtekonvent auch in diese Bestimmungen übernommen. Bei Art. 14 Abs. 3 GRC ist dies auf die erhebliche Kritik zurückzuführen, die sich an der ursprünglich als vorbehaltslose Garantie konzipierten Bestimmung[57] im Konvent entzündet hatte.[58] Die Formulierung mit Regelungsvorbehalt, die das Präsidium letztlich als Kompromissvorschlag vorlegte,[59] geht auf entsprechende Anregungen aus der Mitte des Konvents zurück.[60] Die Genese des Art. 14 Abs. 3 GRC stützt damit den Befund zu Art. 9 GRC, dem zufolge der Grundrechtekonvent mit Aufnahme des Regelungsvorbehalts bestimmte Begrenzungen von der Rechtfertigungsbedürftigkeit nach Art. 52 Abs. 1 GRC ausnehmen wollte. Nur in dieser Konzeption war die Gewährleistung der Eheschließungs- und Familiengründungsfreiheit sowie der Freiheit der Gründung von Lehranstalten konsensfähig. Später wurde der Regelungsvorbehalt auf die ebenfalls in Art. 14 Abs. 3 GRC niedergelegten

[56] Auch in der Rspr. des EGMR kann die Berufung auf die *very essence* eines Rechts sehr unterschiedliche Funktionen erfüllen, je nachdem, um welches Grundrecht es geht. Dies hat *Christoffersen*, Fair Balance, 2009, S. 135 ff. eindrucksvoll nachgewiesen. Er unterscheidet eine weite Kernbereichs-Doktrin, die eingesetzt wird, um Eingriffe festzustellen oder die Bedeutung eines Rechts zu betonen (S. 140 ff.), von einer relativen Kernbereichs-Doktrin, die auf eine Verhältnismäßigkeitsprüfung hinausläuft (S. 145 ff.), sowie von einer absoluten Kernbereichs-Doktrin, die die äußerste Grenze der Einschränkbarkeit markiert (S. 155 ff.). Diese eher unglückliche Verwendung derselben Formel zur Bezeichnung unterschiedlicher dogmatischer Figuren dürfte eine Ursache für die unzutreffende Rezeption der EGMR-Rechtsprechung mit Blick auf Art. 9 GRC sein.

[57] CONVENT 13, S. 16: „La création d'établissements d'enseignement est libre."

[58] Vgl. die Nachw. in: CONVENT 36, S. 20.

[59] CONVENT 36, S. 4; CONVENT 37, S. 21.

[60] *Rodríguez Bereijo*, Änderung 317, und *Braibant*, Änderung 318; beide in: CONVENT 35.

elterlichen Erziehungsrechte erstreckt.[61] Das ist bemerkenswert, denn die parallele Gewährleistung in Art. 2 Satz 2 ZP-EMRK kennt keinen solchen Vorbehalt. Darin ein Redaktionsversehen zu erblicken,[62] liegt aber fern, da die Bestimmung wiederholt vom Präsidium überarbeitet und im Konvent zur Diskussion gestellt wurde.[63] Eine plausiblere Erklärung dürfte sein, dass der Konvent auch bezüglich des Rechts der Eltern, die Erziehung und den Unterricht ihrer Kinder entsprechend ihren eigenen religiösen, weltanschaulichen und erzieherischen Überzeugungen sicherzustellen, den Mitgliedstaaten rechtfertigungsfreie Regelungsspielräume offenhalten wollte, um den unterschiedlichen sozialen, kulturellen und rechtlichen Traditionen Rechnung zu tragen. Insofern fügt sich der erweiterte Regelungsvorbehalt des Art. 14 Abs. 3 GRC nahtlos in das Gesamtbild ein, das sich aus den Art. 9, 10 Abs. 2[64] und Art. 14 Abs. 3 GRC ergibt. Diese Gewährleistungen betreffen mit den Themen Ehe, Familie, Wehrdienst, Bildung und Erziehung Lebensbereiche, bei denen die Unterschiede zwischen den Mitgliedstaaten besonders groß ausfallen und eine unionsrechtliche Harmonisierung praktisch nicht vorkommt.

III. Recht auf Kollektivverhandlungen und Kollektivmaßnahmen

Regelungsfähig – so die These – sind auch die von Art. 28 GRC gewährleisteten Rechte auf Kollektivverhandlungen und Kollektivmaßnahmen, worunter vor allem die Tarifautonomie und das Streikrecht fallen.

1. Gewährleistung

a) Chartatext

Art. 28 GRC gewährleistet die arbeitsrechtlichen Kollektivrechte in den verschiedenen Sprachfassungen wie folgt:

Die Arbeitnehmerinnen und Arbeitnehmer sowie die Arbeitgeberinnen und Arbeitgeber oder ihre jeweiligen Organisationen haben *nach dem Unionsrecht und den einzelstaatlichen Rechtsvorschriften und Gepflogenheiten* das Recht, Tarifverträge auf den geeigneten Ebenen auszuhandeln und zu schließen sowie bei Interessenkonflikten kollektive Maßnahmen zur Verteidigung ihrer Interessen, einschließlich Streiks, zu ergreifen.

Les travailleurs et les employeurs, ou leurs organisations respectives, ont, *conformément au droit de l'Union et aux législations et pratiques nationales*, le droit de négocier et de conclure des conventions collectives aux niveaux appropriés et de recourir, en cas de conflits d'intérêts, à des actions collectives pour la défense de leurs intérêts, y compris la grève.

---

[61] CONVENT 45, S. 5.

[62] In diese Richtung *Barriga*, Die Entstehung der Charta der Grundrechte der Europäischen Union, 2003, S. 96.

[63] CONVENT 47, S. 2; CONVENT 50, S. 8.

[64] Die Bestimmung wurde erst in CONVENT 47, S. 5 und sogleich mit Regelungsvorbehalt in die Charta aufgenommen.

Workers and employers, or their respective organisations, have, *in accordance with Union law and national laws and practices*, the right to negotiate and conclude collective agreements at the appropriate levels and, in cases of conflicts of interest, to take collective action to defend their interests, including strike action.

I lavoratori e i datori di lavoro, o le rispettive organizzazioni, hanno, *conformemente al diritto dell'Unione e alle legislazioni e prassi nazionali*, il diritto di negoziare e di concludere contratti collettivi, ai livelli appropriati, e di ricorrere, in caso di conflitti di interessi, ad azioni collettive per la difesa dei loro interessi, compreso lo sciopero.

Wie bereits *Sagan* herausgearbeitet hat,[65] weicht die deutsche Sprachfassung in Nuancen von den anderen Versionen ab. Die „Bezugnahme" auf das Unionsrecht und die einzelstaatlichen Rechtsvorschriften wird im deutschen Text mit der unspezifischen Präposition „nach" eingeleitet, während die Präpositionalkonstruktionen der anderen Sprachfassungen *(conformément à – in accordance with – conformemente a[l])* mit den Bedeutungen „Übereinstimmung" oder „Einklang" konnotiert sind.[66] *Sagan* schlägt daher vor, das „nach" im deutschen Text wie ein „in Übereinstimmung mit" zu lesen.[67] Hierfür spricht die unter methodischen Gesichtspunkten gebotene Kongruenz zwischen den divergierenden Sprachfassungen, die angesichts der Vagheit des deutschen „nach" ohne weiteres hergestellt werden kann. Innerhalb des möglichen semantischen Spektrums ist diejenige Bedeutung zu wählen, die am ehesten mit der Gesamtheit der Sprachfassungen übereinstimmt.[68] „Nach" ist in Art. 28 GRC also enger zu verstehen, als es sein möglicher Wortsinn zulässt. Diese sprachliche Präzisierung entspricht auch der Genese der Bestimmung im Konvent (dazu sogleich). In den Präsidiumsvorschlägen war die Bezugnahme stets mit der Wendung „nach Maßgabe [der/des]" eingeleitet worden,[69] ehe die Sprachsachverständigen – offenbar in einem gewissen Übereifer – an deren Stelle das schlichte „nach" setzten.[70] Die semantische Divergenz zu den anderen Sprachfassungen scheint bei dieser redaktionell zu verstehenden Überarbeitung nicht aufgefallen zu sein, dabei wäre die ursprüngliche Formulierung der Konnotation mit „Übereinstimmung" oder „Einklang" weitaus näher gekommen als die schlankere, aber eben auch ungenauere endgültige Fassung.

---

65 *Sagan*, Das Gemeinschaftsgrundrecht auf Kollektivmaßnahmen, 2008, S. 117 ff.

66 Vgl. *Sagan*, Das Gemeinschaftsgrundrecht auf Kollektivmaßnahmen, 2008, S. 118, der auch auf die spanische *(de conformidad con)*, niederländische *(overeenkomstig)* und portugiesische *(de acordo com)* Fassung verweist.

67 *Sagan*, Das Gemeinschaftsgrundrecht auf Kollektivmaßnahmen, 2008, S. 118 m. N. aus Wörterbüchern.

68 Vgl. Kapitel 1 B V. 2.

69 CONVENT 18, S. 5 (DE); CONVENT 34, S. 3 (DE); CONVENT 40, S. 2 (DE); CONVENT 41, S. 7 (DE); CONVENT 45, S. 9 (DE); CONVENT 47, S. 10 (DE).

70 CONVENT 47 REV 1 ADD 1, S. 3 (DE).

b) Entstehung

Im Grundrechtekonvent hat die Bezugnahmeklausel, die nach der hier vertretenen Ansicht als Regelungsvorbehalt zu verstehen ist, mehrere Entwicklungsstufen durchlaufen und dadurch auch ihre Bedeutung verändert. Im ersten Vorschlag des Präsidiums für soziale Rechte war sie zunächst nur für das Recht auf Kollektivverhandlungen vorgesehen, das *dans les conditions prévues par les legislations et pratiques nationales* garantiert werden sollte.[71] Wie sich aus der Entwurfsbegründung ergibt, war das durchaus wörtlich gemeint: Das Recht sollte nur unter den Voraussetzungen *(dans les conditions)* gewährleistet sein, die das nationale Recht vorsieht *(prévues par [...])*.[72] Die Bezugnahme *(référence)* auf das nationale Recht sei notwendig, da nach Art. 137 Abs. 6 EG (heute: Art. 153 Abs. 5 AEUV) die Gemeinschaft keine Kompetenzen für das Streikrecht in den Mitgliedstaaten habe.[73] Sie müsse daher die geltenden einzelstaatlichen Rechtsvorschriften in diesem Bereich anerkennen. Gleichwohl besitze die Gemeinschaft eine Kompetenz mit Blick auf ihre eigenen Beamten.[74] In ihrer ursprünglichen Konzeption diente die Bezugnahme auf das nationale Recht also der Rückkoppelung des grundrechtlichen Schutzes an die einzelstaatlichen Gesetze aus Kompetenzgründen. Das entspricht der dogmatischen Kategorie der konkretisierenden Gesetzgebung, wie sie in Kapitel 3 dargelegt worden ist. Es ist daher auch kein Zufall, dass sich die Einleitung der Bezugnahmeklausel mit der Wendung *dans les conditions prévues par* in der endgültigen Fassung der Charta auch bei dem Prototypen eines konkretisierungsbedürftigen Grundrechts, dem Recht auf Unterrichtung und Anhörung im Betrieb nach Art. 27 GRC *(dans les cas et conditions prévus par)* wiederfindet.[75]

---

[71] CONVENT 18, S. 5.

[72] Die Vorlage dafür lieferte Nr. 12 GCSGA: „Les employeurs ou les organisations d'employeurs, d'une part, et les organisations de travailleurs, d'autre part, ont le droit, *dans les conditions prévues par les législations et les pratiques nationales*, de négocier et de conclure des conventions collectives." – Hervorhebung F. M.

[73] Diese Begründung ist bei näherem Hinsehen einigermaßen perplex, da das Streikrecht als Aspekt des Rechts auf Kollektivmaßnahmen gerade in einem separaten Absatz ohne Bezugnahmeklausel verankert wurde; das Präsidium hat damit entweder versehentlich die Klausel beim falschen Recht eingefügt oder aber – was näher liegt – die falsche Variante aus Art. 137 Abs. 6 EGV zitiert; dieser nimmt nämlich neben dem Streik- und Aussperrungsrecht auch das Arbeitsentgelt und das Koalitionsrecht aus den Unionskompetenzen aus, mithin zentrale Aspekte des Rechts auf Kollektivverhandlungen.

[74] CONVENT 18, S. 7.

[75] Freilich verweist Art. 27 GRC neben dem mitgliedstaatlichen Recht auch auf das Unionsrecht; die anderen konkretisierungsbedürftigen Gewährleistungen sind hingegen im Französischen wie der heutige Art. 28 GRC formuliert *(conformément à)*. Es ist hier keine Stringenz zu erkennen, weswegen die semantische Analyse, wie sie *Sagan*, Das Gemeinschaftsgrundrecht auf Kollektivmaßnahmen, 2008, S. 117 ff. für Art. 28 GRC gründlich vorgenommen hat, nicht überschätzt werden darf. Hinzutreten müssen stets auch pragmatisch kontextuelle Aspekte, so etwa bei den Art. 30 und Art. 34 Abs. 2 GRC die rekonstruierbare Absicht des Charta-Gebers, den grundrechtlichen Freiheitsgegenstand an das einschlägige unionale bzw. nationale Recht rückzubinden. In der Literatur ist darüber hinaus umstritten, ob gerade das Tarifvertragsrecht durch Art. 137 Abs. 6 EGV bzw. Art. 153 Abs. 5

Nach der Beratung des ersten Vorschlags im Konvent wurden im zweiten Vorschlag des Präsidiums über wirtschaftliche und soziale Rechte das Recht auf Kollektivverhandlungen und das Recht auf Kollektivmaßnahmen in einer einheitlichen Bestimmung zusammengefasst und die Bezugnahmeklausel dabei auf beide Gewährleistungen erstreckt.[76] Zu diesem Vorschlag wurde eine Vielzahl von Änderungsvorschlägen aus der Mitte des Konvents eingebracht, die von einer völligen Streichung[77] bis zu bloßen Modifikationen im Detail reichten. Besonders intensiv diskutiert wurde eine ausdrückliche Erwähnung des Streikrechts.[78] Aber auch die Bezugnahmeklausel war expliziter Gegenstand von Änderungswünschen. So schlug *Braibant* vor, sie auf das Gemeinschaftsrecht zu erstrecken, um sowohl den Mitgliedstaaten als auch der Gemeinschaft Beschränkungen der Freiheitsausübung zu ermöglichen.[79] In dieselbe Richtung zielte der Vorschlag von *Melograni*, der den Vorbehalt für mögliche zukünftige Kompetenzen der Union im Bereich von Kollektivverhandlungen und -maßnahmen öffnen wollte.[80] Das Präsidium griff diese Vorschläge in seinem ersten Gesamtentwurf für den Chartatext auf.[81] Damit einher ging eine – in den deutschen Übersetzungen der Arbeitsdokumente nicht erkennbare – sprachliche Veränderung in den französischen Originalvorlagen: Die Wendung *dans le conditions prévues par* wurde durch die Präpositionalkonstruktion *conformément à* ersetzt. Die Rechte sollten also nicht mehr „unter den Voraussetzungen" gewährleistet sein, die das nationale Recht vorsieht, sondern „im Einklang mit" dem Gemeinschaftsrecht und den nationalen Rechtsvorschriften und Gepflogenheiten. Dieser sprachliche Wandel im französischen Text ist konsequent, denn mit der Erweiterung um das Gemeinschaftsrecht hat die Bezugnahmeklausel ihre Bedeutung als kompetenzschützender Konkretisierungsvorbehalt verloren. Wie *Braibant* es in seinem Änderungsvorschlag ausdrücklich formuliert hatte, ging es darum, die Rechte für Begrenzungen durch die Mitgliedstaaten *und* die Union zu öffnen. Damit waren ersichtlich keine Einschränkungen gemeint, die von der horizontalen Klausel des (heutigen) Art. 52 Abs. 1 GRC schon gedeckt waren. Denn dann wäre die Umgestaltung des Vorbehalts schlicht überflüssig gewesen. Vielmehr waren *Braibant* und das Präsidium bemüht, die Begrenzungsmöglichkeiten über das hinaus zu erweitern, was Art. 52 Abs. 1 GRC

AEUV überhaupt von den Unionskompetenzen ausgenommen ist; vgl. dazu *Krebber*, in: Calliess/Ruffert, EUV/AEUV, Art. 153 AEUV Rn. 12 m. N. zu beiden Ansichten.

[76] CONVENT 34, S. 3; damit wurde auch die Inkonsistenz in der früheren Kompetenzargumentation beseitigt, da nunmehr auch das problematische Streikrecht von der Bezugnahme erfasst wurde.

[77] *Cederschiöld*, Änderung 90; *Friedrich/Mombaur*, Änderung 91; *Goldsmith*, Änderung 92; alle in: CONVENT 37.

[78] Vgl. die Nachw. in: CONVENT 41, S. 7.

[79] *Braibant*, Änderung 97, in: CONVENT 39: „La référence expresse aux ‚législations et pratiques nationales et communautaires' permet aux États membres et à la Communauté *d'en limiter l'exercice*." – Hervorhebung F. M.

[80] *Melograni*, Änderung 98, in: CONVENT 39: „La modification proposée permet d'inclure dans la norme d'éventuelles compétences directes que l'Union aurait à l'avenir en matière de négociation et d'action collective."

[81] CONVENT 45, S. 9.

bereits zuließ, (wohl auch) um die Bestimmung, die im Konvent auf viel Kritik gestoßen war, konsensfähig zu gestalten. Insoweit ähnelt die Genese des Art. 28 GRC im Konvent der des Art. 14 Abs. 3 GRC, der erst durch die Aufnahme eines Regelungsvorbehalts allgemein akzeptabel wurde (s. o.). Diese neue Konzeption der Gewährleistung als regelungsfähiges Grundrecht wurde in den weiteren Beratungen nicht mehr infrage gestellt.[82]

c) Erläuterungen

In den Erläuterungen wird die endgültige Konzeption der Bezugnahmeklausel des Art. 28 GRC als Regelungsvorbehalt deutlich hervorgehoben:

> „Die *Modalitäten und Grenzen* für die Durchführung von Kollektivmaßnahmen, darunter auch Streiks, *werden durch die einzelstaatlichen Rechtsvorschriften und Gepflogenheiten geregelt*; dies gilt auch für die Frage, ob diese Maßnahmen in mehreren Mitgliedstaaten parallel durchgeführt werden können."

Soweit hier von „Modalitäten und Grenzen" für die Durchführung von Maßnahmen die Rede ist, werden diese ganz offenbar nicht als rechtfertigungsbedürftige Einschränkungen im Sinne von Art. 52 Abs. 1 GRC verstanden. Im deutschen Erläuterungstext heißt es schlicht, dass die Durchführungsmodalitäten und Grenzen durch die einzelstaatlichen Rechtsvorschriften und Gepflogenheiten „geregelt" würden. Noch deutlicher ist die französische Vorlage, in der die Modalitäten und Grenzen *(modalités et limites)* von den einzelstaatlichen Vorgaben „abhängen" *(relèvent de)*.[83] Warum die Erläuterungen nur das Recht auf Kollektivmaßnahmen und nur dessen Abhängigkeit von nationalen (nicht aber unionalen) Regelungen herausgreifen, bleibt unklar. Hintergrund könnte sein, dass gerade die Aufnahme des Streikrechts in die Charta sehr umstritten und der Rechtfertigungsdruck auf die Verfasser der Erläuterungen daher besonders hoch war. Dafür spricht auch, dass diese Passage in den ersten Entwürfen der Erläuterungen noch nicht vorgesehen gewesen war.[84] Der darin zum Ausdruck kommende Gedanke ist aber über das Streikrecht hinaus zu verallgemeinern, wie die wechselvolle Entstehungsgeschichte des Art. 28 GRC im Konvent zeigt. Modalitäten und Grenzen der Ausübung des Rechts auf Kollektivmaßnahmen und Kollektivverhandlungen ergeben sich aus den einzelstaatlichen Rechtsvorschriften und Gepflogenheiten sowie dem Unionsrecht. Die Ausübung des Rechts ist nur „im Einklang mit" *(conformément à)* diesen regelnden Gesetzen geschützt.

---

[82] Vgl. CONVENT 47, S. 10; CONVENT 47 REV 1, S. 12; CONVENT 50, S. 13.

[83] *Relever de* hat zahlreiche Bedeutungen; in diesem Kontext liegt das Verständnis als *dans la dépendance de*, d. h. „in Abhängigkeit von", am nächsten; vgl. zu dieser und den anderen Bedeutungen Larousse online, Stichwort: „relever v. t. ind.", wo als Synonym auch *dépendre de*, also „abhängen von", angegeben wird.

[84] CONVENT 46, S. 20; CONVENT 48, S. 24.

2. *Rechtsprechung des EuGH*

Im Gegensatz zu den regelungsfähigen Grundrechten nach Art. 9, 10 Abs. 2 und 14 Abs. 3 GRC hat das Recht auf Kollektivverhandlungen und Kollektivmaßnahmen den EuGH bereits mehrfach beschäftigt, wobei auch Aspekte der regelnden Gesetzgebung thematisiert wurden.

a) *Rechtssache Viking*

Das Urteil in der Rechtssache *Viking* vom 11. Dezember 2007 betraf Kollektivmaßnahmen von Arbeitnehmervereinigungen gegen ein finnisches Fährunternehmen *(Viking)*.[85] Dieses beabsichtigte, eines seiner Schiffe umzuflaggen, um sich vom finnischen Tarifvertragsrecht lösen und einen aus seiner Sicht günstigeren Tarifvertrag in einem anderen Staat abschließen zu können. Die finnische Seemannsgewerkschaft *(FSU)* kündigte dagegen Widerstand an. Die Internationale Transportarbeiter-Föderation *(ITF)*, ein internationaler Gewerkschaftsverband mit Sitz in London, rief in Unterstützung der *FSU* ihre Mitglieder unter Androhung von Sanktionen dazu auf, keine Verhandlungen mit *Viking* zu führen. Nachdem die Friedenspflicht nach finnischem Recht abgelaufen war, kündigte die *FSU* einen Streik an. *Viking* ersuchte schließlich englische Gerichte unter Hinweis auf die Arbeitnehmerfreizügigkeit und die Dienstleistungsfreiheit um Rechtsschutz gegen *ITU* und *FSU*. Nachdem in erster Instanz der Unterlassungsklage stattgegeben worden war, legte das Berufungsgericht, das auch mit Blick auf das Recht auf Kollektivmaßnahmen Zweifel an der Europarechtskonformität der erstinstanzlichen Entscheidung hatte, dem EuGH mehrere Fragen zur Vorabentscheidung vor, die vor allem die Bindung der Arbeitnehmerorganisationen an die Grundfreiheiten und eine mögliche Rechtfertigung (potentieller) Beschränkungen im Lichte des Arbeitnehmerschutzes betrafen.

Der EuGH bejahte zunächst die Anwendbarkeit der Niederlassungsfreiheit, die auch durch Maßnahmen von Gewerkschaften beschränkt werden könne, die nach nationalem Recht Koalitionsfreiheit genössen.[86] Von besonderem Interesse für die vorliegende Untersuchung sind die Ausführungen zum Grundrecht auf Kollektivmaßnahmen. Die dänische und die schwedische Regierung hatten nämlich vorgetragen, dass angesichts des grundrechtlichen Schutzes der streitgegenständlichen Kollektivmaßnahmen eine Anwendung der Niederlassungsfreiheit von vorneherein ausgeschlossen sei.[87] Der EuGH, der zwei Jahre vor Inkrafttreten der Charta urteilte, wies zunächst darauf hin, dass das Grundrecht auf Kollektivmaßnahmen in der ESC, dem ILO-Abkommen 87 und der Charta gewährleistet werde.[88] Demnach sei zwar das Recht auf Kollektivmaßnahmen als Grundrecht anzuerkennen, doch könne seine

[85] EuGH, Rs. C-438/05 – *Viking*; vgl. dazu *Bücker*, NZA 2008, 212 ff.; *Sädevirta*, EuZA 2016, 445 (452 ff.).
[86] EuGH, Rs. C-438/05 – *Viking*, Rn. 32–55.
[87] EuGH, Rs. C-438/05 – *Viking*, Rn. 42.
[88] EuGH, Rs. C-438/05 – *Viking*, Rn. 43.

Ausübung bestimmten Beschränkungen *(certaines restrictions)* unterworfen werden. Denn wie in Art. 28 GRC erneut bekräftigt werde, würden die genannten Rechte nach dem Gemeinschaftsrecht und den einzelstaatlichen Rechtsvorschriften und Gepflogenheiten geschützt.[89] Ähnlich wie die deutsche Charta-Fassung ist auch die Übersetzung des Urteils ins Deutsche an dieser Stelle wenig präzise. Aus den französischsprachigen Urteilsgründen wird aber deutlich, was der EuGH meinte, nämlich dass diese Rechte „im Einklang mit" dem Gemeinschaftsrecht und den mitgliedstaatlichen Vorschriften geschützt werden („lesdits droits sont protégés *conformément au* droit communautaire et aux législations et pratiques nationales").[90] Darüber hinaus dürfe das Streikrecht im konkreten Fall nach finnischem Recht dann nicht ausgeübt werden, wenn der Streik gegen die guten Sitten, das innerstaatliche Recht oder das Gemeinschaftsrecht verstoße.[91] Aus diesen Erwägungen ergebe sich, dass der Grundrechtscharakter des Rechts auf Durchführung einer kollektiven Maßnahme solche Maßnahmen nicht dem Anwendungsbereich der Niederlassungsfreiheit zu entziehen vermöge.[92]

Die Argumentation des EuGH läuft darauf hinaus, dass sich aus den Grundfreiheiten Grenzen für die Ausübung des Grundrechts auf Kollektivmaßnahmen ergeben können, nämlich dann, wenn sie sich als unzulässige Beschränkung dieser Freiheiten darstellt. Für die hiesigen Zwecke bemerkenswert ist, dass der EuGH diese Annahme (auch) mit der Bezugnahmeklausel in Art. 28 GRC begründet, die neben dem mitgliedstaatlichen auch das Unionsrecht nennt, zu welchem die Grundfreiheiten unzweifelhaft zählen. Zwar bejahte der Gerichtshof im *Viking*-Urteil das Vorliegen

[89] EuGH, Rs. C-438/05 – *Viking*, Rn. 44.

[90] Es ist daher nicht nachvollziehbar, weshalb das Urteil als eine klare Absage an unionsrechtliche Beschränkungen der Koalitionsfreiheit und des Streikrechts angesehen wird (so *Bücker*, NZA 2008, 212 [214]). Das Gegenteil ist der Fall, da der EuGH gerade die Begrenzung des Grundrechts durch das Unionsrecht herausstellt, wie sie auch im Charta-Text vorgesehen ist. Eine andere Frage, auf die *Bücker*, NZA 2008, 212 (214) sich (wohl) eigentlich bezieht, ist, ob die Union in diesen Bereichen Kompetenzen zur sekundären Rechtssetzung hat; hierzu bemerkt der EuGH, Rs. C-438/05 – *Viking*, Rn. 40 f., dass der Umstand, dass Art. 137 EG (heute: Art. 153 AEUV) weder für das Streikrecht noch für das Recht auf Aussperrung gelte, eine kollektive Maßnahme nicht von der Anwendung der Grundfreiheiten ausnehmen könne. Den Mitgliedstaaten stehe es in den Bereichen, für die die Gemeinschaft nicht zuständig sei, zwar grundsätzlich weiterhin frei, die Bedingungen für den Bestand der fraglichen Rechte und die Modalitäten ihrer Ausübung festzusetzen, sie seien aber gleichwohl gehalten, das Gemeinschaftsrecht bei der Ausübung dieser Befugnis zu beachten.

[91] EuGH, Rs. C-438/05 – *Viking*, Rn. 44; das entspricht der Rechtsprechung des finnischen Verfassungsgerichts, wie Rn. 5 des Urteils zu entnehmen ist. Der Gerichtshof verweist, ohne dass der Zusammenhang unmittelbar klar würde, in den beiden folgenden Randnummern auf die Entscheidungen in den Rechtssachen *Schmidberger* und *Omega*, bei denen es aber gerade um den Schutz von Grundrechten durch staatliche Maßnahmen ging, die wiederum die Grundfreiheiten beschränkten. Damit sollte wohl nur betont werden, dass die Anwendung von Grundfreiheiten und von Grundrechten auf denselben Lebenssachverhalt sich nicht ausschließen; denn die Frage, ob und wie die widerstreitenden grundrechtlich bzw. grundfreiheitlich geschützten Interessen auszugleichen sind, war an dieser Stelle des Urteils überhaupt nicht relevant – es ging lediglich um die Anwendbarkeit der Grundfreiheiten auf grundrechtsrelevante Sachverhalte; vgl. auch die Deutung bei *von Danwitz*, EuZA 2010, 6 (10).

[92] EuGH, Rs. C-438/05 – *Viking*, Rn. 47.

solcher Beschränkungen durch die Kollektivaktionen der *ITF* und der *FSU*,[93] ob diese aber gerechtfertigt, insbesondere verhältnismäßig seien, überließ er jedoch im Ergebnis dem vorlegenden Gericht zur Beurteilung.[94]

b) Rechtssache Laval

Eine Woche nach dem *Viking*-Urteil entschied der EuGH mit der Rechtssache *Laval* einen ähnlich gelagerten Fall.[95] Die Kollektivmaßnahmen einer schwedischen Gewerkschaft richteten sich hier gegen eine lettische Baufirma *(Laval)*, die Arbeitnehmer an eine Tochtergesellschaft in Schweden entsandte. Mit den Maßnahmen (Blockaden von Baustellen) sollte *Laval*, die in Lettland tarifvertraglich gebunden war, dazu gebracht werden, dem schwedischen Bautarifvertrag beizutreten. Nach schwedischem Recht galt eine Friedenspflicht nur für Unternehmen, die einen schwedischen Tarifvertrag abgeschlossen hatten. Kollektivmaßnahmen, die das Ziel verfolgten, einen Arbeitgeber aus einem bereits geschlossenen Tarifvertrag zu drängen, waren zwar verboten. Gegen ausländische Arbeitgeber, die nur vorübergehend in Schweden tätig waren und ihre eigenen Arbeitnehmer mitbrachten, konnten aber solche Arbeitskampfmaßnahmen gerichtet werden. Das von *Laval* angerufene schwedische Gericht ersuchte den EuGH um eine Vorabentscheidung über die Gemeinschaftsrechtskonformität der Kollektivmaßnahmen sowie der genannten gesetzlichen Bestimmungen, konkret ging es um einen möglichen Verstoß gegen Art. 12 EG (heute: Art. 18 AEUV), Art. 43 EG (heute: Art. 49 AEUV) und die Arbeitnehmerentsenderichtlinie.

Die Kollektivmaßnahmen wurden wie in der Rechtssache *Viking* zunächst am Maßstab der Niederlassungsfreiheit überprüft.[96] Zur Frage, ob der grundrechtliche Schutz von Kollektivmaßnahmen einer Anwendung der Grundfreiheiten entgegenstehe, wiederholte der EuGH wörtlich seine Ausführungen im *Viking*-Urteil: Das Grundrecht auf Kollektivmaßnahmen sei zwar anerkannt, jedoch könne es bestimmten Beschränkungen unterworfen werden, wie sich auch aus der Bezugnahmeklausel in Art. 28 GRC ergebe.[97] Die Kollektivmaßnahmen der schwedischen Gewerkschaft stellten – wie die Maßnahmen im *Viking*-Fall – eine Beschränkung der Niederlassungsfreiheit dar. Die Rechtssache *Laval* unterscheidet sich von der Rechtssache *Viking* aber entscheidend dadurch, dass der EuGH bei der Prüfung der Legitimität des Ziels, das mit der Kollektivmaßnahme verfolgt worden war, auf das Sekundärrecht in Gestalt der Arbeitnehmerentsenderichtlinie abstellte.[98] Denn der Gerichtshof hielt zwar fest, dass der Arbeitnehmerschutz grundsätzlich ein legitimes Ziel für Beschränkungen

---

[93] EuGH, Rs. C-438/05 – *Viking*, Rn. 68–74.

[94] EuGH, Rs. C-438/05 – *Viking*, Rn. 75–90; der Schutz von Arbeitnehmerinteressen wurde dabei immerhin als legitimes Ziel anerkannt.

[95] EuGH, Rs. C-341/05 – *Laval*.

[96] EuGH, Rs. C-341/05 – *Laval*, Rn. 86–111.

[97] EuGH, Rs. C-341/05 – *Laval*, Rn. 90 f.

[98] Vgl. *von Danwitz*, EuZA 2010, 6 (12).

der Dienstleistungsfreiheit durch Kollektivmaßnahmen darstelle.[99] Im konkreten Fall wurde dieses Ziel aber durch die Entsenderichtlinie konkretisiert,[100] die ein Mindestmaß an Schutz für entsandte Arbeitnehmer vorschreibt. Kollektivmaßnahmen, die ein Unternehmen zur Übernahme weitergehender Verpflichtungen bewegen sollten, könnten daher nicht durch den Arbeitnehmerschutz gerechtfertigt werden.[101] Auch seien Kollektivmaßnahmen, die das Unternehmen zu Lohnverhandlungen bewegen sollten, dann unzulässig, wenn es – wie im einschlägigen schwedischen Recht – an einer Umsetzung des Mindestlohnrahmens fehle, den die Entsenderichtlinie vorsehe.[102] Die Kollektivmaßnahmen der schwedischen Gewerkschaft konnten demnach nicht im Lichte des Arbeitnehmerschutzes gerechtfertigt werden. Das war vor allem den besonderen Umständen des schwedischen Kollektivarbeitsrechts geschuldet.[103]

Das *Laval*-Urteil betrifft hauptsächlich die Dienstleistungsfreiheit und ihre Beschränkung durch Kollektivmaßnahmen.[104] Für das Grundrecht auf Kollektivmaßnahmen, das nur in den Grenzen gewährleistet wird, die die Grundfreiheiten ihm ziehen, kommt aber gegenüber dem *Viking*-Urteil ein interessanter Aspekt hinzu. Wenn der EuGH davon ausgeht, dass das einschlägige Sekundärrecht (*in casu* die Entsenderichtlinie) die legitime Zielsetzung für eine Beschränkung der Dienstleistungsfreiheit durch Kollektivmaßnahmen konkretisiert, bedeutet dies zugleich, dass die Zulässigkeit von Kollektivmaßnahmen eben nicht nur von den Grundfreiheiten, sondern auch vom Sekundärrecht abhängt. Mit anderen Worten begrenzt innerhalb der allgemeinen Schranke, die dem Grundrecht durch die Grundfreiheit gesetzt wird, das Sekundärrecht die Ausübung des Grundrechts, ohne dass dies als rechtfertigungsbedürftige Einschränkung verstanden worden wäre. Der Unionsgesetzgeber regelt somit, gestützt auf den Vorbehalt des Art. 28 GRC, den Freiheitsgegenstand des Grundrechts, ohne dabei den Rechtfertigungsanforderungen des Art. 52 Abs. 1 GRC zu unterliegen. Über die Grenzen dieser Regelungsbefugnis lässt sich dem *Laval*-Urteil freilich nichts entnehmen. Die Regelungsfähigkeit des Grundrechts als solche wurde mit ihm aber noch vor Inkrafttreten der Charta im Ergebnis anerkannt.

c) Ausschreibung von Betriebsrentenzusagen

Nach Inkrafttreten der Charta bestätigte und erweiterte der EuGH die in den Rechtssachen *Viking* und *Laval* aufgestellten Rechtssätze durch das Urteil in einem Vertragsverletzungsverfahren gegen Deutschland vom 15. Juli 2010.[105] Gegenstand

---

[99] EuGH, Rs. C-341/05 – *Laval*, Rn. 107.

[100] *von Danwitz*, EuZA 2010, 6 (12).

[101] EuGH, Rs. C-341/05 – *Laval*, Rn. 108.

[102] EuGH, Rs. C-341/05 – *Laval*, Rn. 110.

[103] *von Danwitz*, EuZA 2010, 6 (12).

[104] Auch eine Beschränkung der Arbeitnehmerfreizügigkeit kann nicht gestützt auf Art. 28 GRC gerechtfertigt werden, wie EuGH, C-172/11 – *Erny*, Rn. 50 unter Verweis auf die Formulierung der Bestimmung feststellt.

[105] EuGH, Rs. C-271/08 – *Kommission/Deutschland*; dazu *Frenz*, RdA 2011, 199 ff.

des Verfahrens war die Durchführung der tarifvertraglich vorgesehenen Entgeltumwandlung für die betriebliche Altersvorsorge Kommunalbeschäftigter durch die Vergabe der entsprechenden Dienstleistungsverträge an bestimmte Einrichtungen oder Unternehmen ohne unionsweite Ausschreibung. Diese Vergabepraxis war in den einschlägigen Tarifverträgen vorgesehen. Die Kommission sah darin einen Verstoß gegen die Dienstleistungsrichtlinie und die Vergaberichtlinie 2004. Zur Verteidigung hatte die Bundesrepublik Deutschland unter anderem vorgebracht, dass die Vergabepraxis dem Anwendungsbereich der genannten Richtlinien entzogen sei, da sie auf tarifvertraglichen Bestimmungen beruhe. Eine Anwendung des Vergaberechts widerspreche der durch Art. 9 Abs. 3 GG geschützten Tarifautonomie.[106]

Der EuGH wies zunächst darauf hin, dass das Recht auf Kollektivverhandlungen, das die Parteien des streitgegenständlichen Tarifvertrags ausgeübt hätten, durch Art. 6 ESC, Nr. 12 GCSGA und auch den – nunmehr gemäß Art. 6 AEUV im Rang der Verträge stehenden – Art. 28 GRC als Grundrecht anerkannt sei.[107] Art. 28 GRC i. V. m. Art. 52 Abs. 6 GRC sei weiterhin zu entnehmen, dass beim Schutz des Grundrechts auf Kollektivverhandlungen unter anderem den einzelstaatlichen Rechtsvorschriften und Gepflogenheiten in vollem Umfang Rechnung zu tragen sei.[108] Der Grundrechtscharakter des Rechts könne als solcher kommunale Arbeitgeber aber nicht ohne weiteres von der Verpflichtung entheben, die Erfordernisse der Dienstleistungs- und der Vergaberichtlinie zu beachten, mit denen die Niederlassungs- und Dienstleistungsfreiheit im öffentlichen Auftragswesen durchgeführt werde.[109] Denn der Gerichtshof habe bereits in den Rechtssachen *Viking* und *Laval* entschieden, dass Klauseln von Tarifverträgen nicht dem Anwendungsbereich der Grundfreiheiten entzogen seien.[110] Der darauffolgende Absatz lohnt einer wörtlichen Wiedergabe:

> „Außerdem kann die Ausübung eines Grundrechts wie des Rechts auf Kollektivverhandlungen bestimmten Beschränkungen unterworfen werden (vgl. in diesem Sinne Urteile Viking [...] Randnr. 44 und [...] Laval [...] Randnr. 91). Insbesondere genießt zwar das Recht auf Kollektivverhandlungen in Deutschland den verfassungsrechtlichen Schutz, der allgemein durch Art. 9 Abs. 3 des deutschen Grundgesetzes dem Recht verliehen wird, zur Wahrung und Förderung der Arbeits- und Wirtschaftsbedingungen Vereinigungen zu bilden, doch ist dieses Recht nach Art. 28 der Charta *im Einklang mit dem Unionsrecht* auszuüben."[111]

Der EuGH hat also in der – nach Art. 31 EuGHVfO a. F. verbindlichen – deutschen Fassung des Urteils die missglückte Übersetzung des französischen *conformément à* mit „nach" im deutschen Chartatext korrigiert. Damit brachte er auch begrifflich auf den Punkt, um was es beim Regelungsvorbehalt des Art. 28 GRC geht: Die von Art. 28 GRC gewährleisteten Grundrechte sind „im Einklang mit" dem

---

[106] EuGH, Rs. C-271/08 – *Kommission/Deutschland*, Rn. 31.
[107] EuGH, Rs. C-271/08 – *Kommission/Deutschland*, Rn. 37.
[108] EuGH, Rs. C-271/08 – *Kommission/Deutschland*, Rn. 38.
[109] EuGH, Rs. C-271/08 – *Kommission/Deutschland*, Rn. 41.
[110] EuGH, Rs. C-271/08 – *Kommission/Deutschland*, Rn. 42.
[111] EuGH, Rs. C-271/08 – *Kommission/Deutschland*, Rn. 43 – Hervorhebung F. M.

Unionsrecht (und dem Recht der Mitgliedstaaten) auszuüben. Die grundrechtliche Freiheit ist damit von vorneherein durch Vorgaben des Unionsrechts begrenzt, die nicht etwa rechtfertigungsbedürftige Einschränkungen im Sinne von Art. 52 Abs. 1 GRC, sondern rechtfertigungsfreie Regelungen der Freiheitsausübung darstellen. Im konkreten Fall war die Ausübung des Rechts auf Kollektivverhandlungen durch die Dienstleistungs- und die Vergaberichtlinie geregelt.[112] Was sich in den Urteilen *Viking* und *Laval*, in denen Kollektivmaßnahmen am Primärrecht gemessen worden waren, bereits abzeichnete, steht mit dem Betriebsrenten-Urteil des Jahres 2010 fest: Nicht nur der mitgliedstaatliche Gesetzgeber, sondern auch der Unionsgesetzgeber ist zur gesetzlichen Regelung der Ausübung der Grundrechte nach Art. 28 GRC befugt.

Im Betriebsrenten-Urteil wies der EuGH sogar deutlich darauf hin, wo die Grenze zwischen Regelung und Einschränkung grundrechtlicher Freiheit verläuft:

> „Schließlich ist darauf hinzuweisen, dass im Unterschied zu dem zwischen den Sozialpartnern vereinbarten Ziel, das Rentenniveau der Beschäftigten im kommunalen öffentlichen Dienst zu verbessern, die Bestimmung von Einrichtungen und Unternehmen in einem Tarifvertrag wie dem im Ausgangsverfahren in Rede stehenden das Recht auf Kollektivverhandlungen *nicht in seinem Kern berührt*."[113]

Der Gerichtshof unterschied also zwischen dem Kernbereich *(essence)* und – implizit – dem Randbereich grundrechtlicher Freiheit. Während die grundlegende Entscheidung der Tarifparteien, das Rentenniveau der Beschäftigten zu verbessern, dem Kern zuzurechnen sein soll, gehört die Bestimmung, welche Einrichtungen und Unternehmen mit der Betriebsrentendurchführung beauftragt werden, nicht dazu. Führt man den Gedanken des EuGH zu Ende, handelte es sich bei der streitgegenständlichen Tarifvertragsbestimmung über die Vergabe der Betriebsrentendurchführung um eine Angelegenheit, die im Randbereich der Freiheitsausübung anzusiedeln war. Diesen Randbereich kann der Unionsgesetzgeber regeln, ohne sich dafür rechtfertigen zu müssen. So ist es nur konsequent, dass der EuGH seine Prüfung mit der Feststellung schloss, dass der Umstand, dass die streitigen Vertragsvergabevorgänge in Durchführung eines Tarifvertrags erfolgt seien, als solcher nicht dazu führe, dass der Sachverhalt dem Anwendungsbereich der Dienstleistungs- und Vergaberichtlinie entzogen sei.[114] Im Folgenden überprüfte der Gerichtshof den Sachverhalt dann nur noch anhand des Richtlinienrechts.[115] Das Grundrecht auf Kollektivverhandlungen war dabei nicht mehr von Bedeutung.[116]

---

[112] Vgl. EuGH, Rs. C-271/08 – *Kommission/Deutschland*, Rn. 44.

[113] EuGH, Rs. C-271/08 – *Kommission/Deutschland*, Rn. 49 – Hervorhebung F. M.

[114] EuGH, Rs. C-271/08 – *Kommission/Deutschland*, Rn. 50.

[115] Vornehmlich zu dieser Problematik *Roth*, EuZA 2011, 213 ff.

[116] EuGH, Rs. C-271/08 – *Kommission/Deutschland*, Rn. 51–106.

d) Rechtssache Hennings und Mai

Unionsrechtliche Ausübungsregelungen des Rechts auf Kollektivverhandlungen wurden erneut in der 2011 entschiedenen Rechtssache *Hennings und Mai* relevant.[117] Die Ausgangsverfahren bezogen sich auf die Staffelung der Grundvergütung nach Lebensaltersstufen gemäß dem deutschen BAT bzw. TVöD, in der die klagenden Arbeitnehmer eine Altersdiskriminierung erblickten. Das BAG ersuchte den EuGH darum, über die Vereinbarkeit dieser tarifvertraglichen Entgeltgestaltung mit dem primärrechtlichen Verbot der Altersdiskriminierung (Art. 21 GRC) in seiner Konkretisierung durch die Gleichbehandlungs-Rahmenrichtlinie zu entscheiden. Außerdem wollte es wissen, ob bei der Beantwortung der Frage das Recht auf Kollektivverhandlungen zu berücksichtigen sei.[118]

Der Gerichtshof arbeitet zunächst heraus, dass es sich bei der Staffelung der Grundvergütung um Lebensaltersstufen um eine unmittelbare Altersdiskriminierung im Sinne des Art. 2 Abs. 1 und Abs. 2 Buchstabe a Gleichbehandlungs-Rahmen-RL handele.[119] Sodann untersuchte er, ob diese Ungleichbehandlung nach Art. 6 Abs. 1 der Richtlinie gerechtfertigt werden könne.[120] Wie sich aus Art. 16 Abs. 1 Buchstabe b der Richtlinie ergebe, seien die Vorgaben der Richtlinie auch beim Abschluss von Tarifverträgen zu beachten.[121] Das „Wesen" tarifvertraglicher Maßnahmen unterscheide sich vom „Wesen" gesetzlicher oder verordnungsrechtlicher Maßnahmen dadurch, dass die Sozialpartner bei der Wahrnehmung ihres Grundrechts nach Art. 28 GRC darauf geachtet hätten, einen Ausgleich zwischen ihren jeweiligen Interessen festzulegen.[122] Das Recht auf Kollektivverhandlungen müsse aber „im Rahmen der Anwendung des Unionsrechts im Einklang mit diesem ausgeübt werden".[123] Daher sei bei Ausübung des Rechts auf Kollektivverhandlungen durch die Sozialpartner auch die Gleichbehandlungs-Rahmenrichtlinie zu beachten.[124] Bereits im *Enderby*-Urteil aus dem Jahr 1993 – lange vor der Anerkennung des Rechts auf Kollektivverhandlungen als Unionsgrundrecht – hatte der EuGH eine Bindung der Tarifvertragsparteien an die Entgeltgleichheitsrichtlinie angenommen,[125] wie es auch ihrem Art. 4 entsprach. Nunmehr erscheint das Richtlinienrecht, gestützt auf den Regelungsvorbehalt des Art. 28 GRC, als Grenze für die Ausübung des Rechts auf Kollektivverhandlungen.[126]

---

[117] EuGH, Rs. C-297 und C-298/10 – *Hennings und Mai.*

[118] BAGE 134, 311 ff.

[119] EuGH, Rs. C-297 und C-298/10 – *Hennings und Mai*, Rn. 53–59.

[120] EuGH, Rs. C-297 und C-298/10 – *Hennings und Mai*, Rn. 60 f.

[121] EuGH, Rs. C-297 und C-298/10 – *Hennings und Mai*, Rn. 63.

[122] EuGH, Rs. C-297 und C-298/10 – *Hennings und Mai*, Rn. 66 m. N. aus der Rspr.

[123] EuGH, Rs. C-297 und C-298/10 – *Hennings und Mai*, Rn. 67 bezugnehmend auf die Urteile *Viking* und *Laval.*

[124] EuGH, Rs. C-297 und C-298/10 – *Hennings und Mai*, Rn. 68.

[125] EuGH, Rs. C-127/92 – *Enderby*, Rn. 22; darauf verweist EuGH, Rs. C-297 und C-298/10 – *Hennings und Mai*, Rn. 68.

[126] In dieselbe Richtung und ebenfalls zur Gleichbehandlungs-Rahmen-RL EuGH,

Wie sehr sich der Ansatz des EuGH vom Eingriffsdenken deutscher Prägung unterscheidet, zeigt sich bei einem Abgleich des *Hennings-und-Mai*-Urteils mit dem Vorlagebeschluss des BAG im Fall *Mai*, der zwei Monate vor dem Betriebsrenten-Urteil des EuGH ergangen ist. Das BAG ging darin zunächst davon aus, dass der EuGH bislang lediglich zur „Kollision" von Grundfreiheiten und Grundrechten Stellung genommen habe, und verweist insoweit auf die Urteile *Viking* und *Laval*. Es stehe aber außer Zweifel, dass die Koalitionen trotz Tarifautonomie nicht zwingende unionsrechtliche Vorgaben umgehen und Diskriminierungsverbote aushebeln dürften. Sodann legte es dar, dass nach nationalem Rechtsverständnis die „Kollision" zwischen dem allgemeinen Gleichheitssatz des Art. 3 Abs. 1 GG und der ebenfalls grundrechtlich gewährleisteten Tarifautonomie (Art. 9 Abs. 3 GG) nach dem Grundsatz der praktischen Konkordanz zum Ausgleich gebracht werden würde.[127] Ob diese Konzeption des „Ausgleichs kollidierender Grundrechtspositionen" auf das Unionsrecht übertragen werden könne oder wie auf andere Weise ein Ausgleich zu finden sei, habe aber allein der Gerichtshof zu entscheiden. Das BAG ging mithin von einer Kollision der *prima facie* unbegrenzten Tarifautonomie mit dem ebenso *prima facie* unbegrenzten Diskriminierungsverbot aus, die im Wege praktischer Konkordanz, also letztlich in einer Verhältnismäßigkeitsprüfung aufzulösen sei.

Dieser Vergleich des Unionsrechts mit dem deutschen Verfassungsrecht „hinkt". Denn in der Rechtssache *Hennings und Mai* standen sich nicht zwei Rechtspositionen gleichen („verfassungsrechtlichen") Ranges gegenüber, sondern das Recht auf Kollektivverhandlungen als Unionsgrundrecht einerseits und die Gleichbehandlungs-Rahmenrichtlinie als „einfaches Recht" andererseits. Freilich ist die Richtlinie, wenn man so will, eine Ausprägung des primärrechtlichen Gleichheitssatzes nach Art. 21 GRC. Es entspricht aber der Herangehensweise des EuGH, in einem vom Unionsrecht erfassten Sachverhalt vorrangig das präzisere Sekundärrecht anzuwenden.[128] Bei diesem Ansatz „kollidieren" nicht zwei Primärrechtspositionen. Vielmehr begrenzt die gesetzgeberische Umsetzung des Diskriminierungsverbots in der Richtlinie das Grundrecht auf Kollektivverhandlungen. Hätte das BAG einen treffenden Vergleich mit dem deutschen Recht ziehen wollen, wäre es hier also um einen gesetzgeberischen Eingriff in die Tarifautonomie gegangen, der sich nach allgemeinen Grundsätzen rechtfertigen lassen und vor allem dem Grundsatz der Verhältnismäßigkeit entsprechen muss.[129]

Rs. C-447/09 – *Prigge*, wo aber Art. 28 GRC eher beiläufig erwähnt wird (Rn. 47); *Lembke*, in: von der Groeben/Schwarze/Hatje, EU-Recht, Art. 28 GRC Rn. 12, dort in Fn. 40, will daraus keinen „allgemeine[n] Richtlinienvorbehalt für die Ausübung kollektiver Rechte" ableiten, begründet dies aber nicht näher.

127 BAGE 134, 311 (319 f.).

128 Zum problematischen Verhältnis zwischen Grundrechten und „abgeleitetem Unionsrecht" vgl. *Jarass*, GRC, Einl. Rn. 53 ff. m. w. N.

129 Vgl. *Höfling*, in: Sachs, GG, Art. 9 Rn. 151 f.

Doch diesen Weg schlug der EuGH gerade nicht ein. Er ging weder von einer „Kollision“ des Rechts auf Kollektivverhandlungen mit dem Diskriminierungsverbot aus[130] noch nahm er eine nach Art. 52 Abs. 1 GRC rechtfertigungsbedürftige Einschränkung des Grundrechts durch die Gleichbehandlungs-Rahmenrichtlinie als einfaches Recht an. Zu einer solchen Kollision oder Einschränkung konnte es überhaupt nicht kommen, da der Gerichtshof in konsequenter Fortführung seiner bisherigen Rechtsprechung zu Art. 28 GRC als Prämisse setzte, dass das Recht auf Kollektivverhandlungen im Einklang mit dem Unionsrecht auszuüben sei. Die Gleichbehandlungs-Rahmenrichtlinie (zu Art. 21 GRC ließ sich der EuGH in der Sache überhaupt nicht ein) begrenzte damit von vorneherein die Freiheit, die Art. 28 GRC den Grundrechtsträgern garantiert. Es bestand daher kein Anlass, einen Widerspruch zweier *prima facie* geschützter Interessen auszugleichen, also eine Kollision zwischen Grundrecht und einfachem Recht aufzulösen. Denn von vorneherein stand das Recht auf Kollektivverhandlungen hinter seiner sekundärrechtlichen Ausübungsregelung zurück. Nur soweit der regelnde Gesetzgeber dem Grundrechtsträger Spielräume belässt,[131] ist die Freiheitsausübung grundrechtlich geschützt. Diese Konzeption erklärt auch, warum der EuGH nicht etwa eine „praktische Konkordanz“ zwischen Kollektivrecht und Diskriminierungsverbot hergestellt hat, wie es dem BAG vorgeschwebt hatte, sondern die Entscheidung des Falles darauf stützte, ob die tarifvertragliche Ungleichbehandlung gemäß Art. 6 Abs. 1 Gleichbehandlungs-Rahmen-RL gerechtfertigt werden könne.[132] Nicht der Gesetzgeber muss sich im Lichte des Grundrechts rechtfertigen, sondern der Grundrechtsträger im Lichte der regelnden Gesetze![133]

3. *Ansätze im Schrifttum*

Die Bezugnahme auf das Unionsrecht sowie die Rechtsvorschriften und Gepflogenheiten der Mitgliedstaaten in Art. 28 GRC wird im Schrifttum unterschiedlich gedeutet.

a) *Normative Hülle*

In einer Reihe mit Art. 27, 30, 34, 35 Satz 1 und Art. 36 GRC qualifiziert *Schmitz* Art. 28 GRC als „normative Hülle“, deren „Substanz“ sich aus anderer Quelle ergebe und im Übrigen variieren könne. Diese „Hülle“ habe lediglich die Wirkung, die be-

---

[130] Auch die Urteile *Laval* und *Viking* waren gerade nicht von einer „umfassende[n], freie[n] Abwägung [...] im Sinne der praktischer Konkordanz als wertender Ausgleich konfligierender Normen“ geprägt, wie *Herresthal*, EuZA 2011, 3 (7) zutreffend feststellt.

[131] EuGH, Rs. C-297 und C-298/10 – *Hennings und Mai*, Rn. 65 m. N. aus der Rspr. räumt den Sozialpartnern mit Blick auf eine Rechtfertigung nach Art. 6 Abs. 1 Gleichbehandlungs-Rahmen-RL immerhin ein weites Ermessen ein.

[132] EuGH, Rs. C-297 und C-298/10 – *Hennings und Mai*, Rn. 60–78.

[133] Vgl. auch die Analyse von *Barnard*, in: Peers/Hervey/Kenner/Ward, EU Charter, Art. 28 Rn. 48: „So, despite recognition of the right to strike, the limitations on the exercise of that right laid down by Union law subsumed much of the right.“

treffenden Positionen überhaupt als Grundrechte anzuerkennen. Den Mitgliedstaaten erwüchsen hieraus überhaupt keine Verpflichtungen, soweit auch auf das Unionsrecht verwiesen werde, sei die Verpflichtungswirkung gegenüber Unionsorganen unklar.[134] *Schmitz'* Ansatz ist zurückzuweisen. Er leidet an pauschalen Gleichsetzungen. Zum einen wird nicht zwischen Grundsätzen (Art. 34 Abs. 1 und Abs. 3, 35 und Art. 36 GRC) und Grundrechten (Art. 27, 28, 30 GRC) differenziert.[135] Zum anderen wird – von der unpräzisen deutschen Sprachfassung der Charta fehlgeleitet – vorschnell ein einheitlicher, d. h. bei allen genannten Bestimmungen gleichbedeutender, Verweis angenommen. Wie der Vergleich mit den anderen Sprachfassungen zeigt, unterscheidet sich Art. 28 GRC aber vor allem von Art. 27 GRC deutlich,[136] bei dem die Bezugnahmeklausel auch nach den Regelungsintentionen des Charta-Gebers eine andere Funktion erfüllen sollte (vgl. dazu Kapitel 3). Von einer „normativen Hülle" kann auch bei Art. 28 GRC keine Rede sein.

Denselben Bedenken begegnet die Ansicht *Krebbers*, nach der Art. 28 GRC – wie auch Art. 27 und 30 GRC – eine Bestimmung sein soll, die im Rahmen ihres sachlichen Anwendungsbereichs grundsätzlich etwas gewähre, dann jedoch keine Aussagen zum Inhalt der Gewährleistung treffe. Dieser Inhalt ergebe sich erst durch den Verweis auf das Unionsrecht und die einzelstaatlichen Rechtsvorschriften und umfasse alle Fragen des „Ob" und des „Wie" des Rechts auf Kollektivverhandlungen und Kollektivmaßnahmen.[137] Bereits oben wurde dargelegt, dass der Charta-Geber mit den Gewährleistungen der Art. 27, 30 und Art. 34 Abs. 2 GRC den grundrechtlichen Schutzgegenstand an die gesetzliche Konkretisierung durch Sekundärrecht und mitgliedstaatliches Recht rückbinden wollte. Die Entstehungsgeschichte des Art. 28 GRC gibt jedoch nicht den geringsten Anhaltspunkt dafür, dass er dieselbe Absicht mit Blick auf die darin gewährleisteten Rechte verfolgt hätte. Im Gegenteil lässt sich aus der Genese rekonstruieren, dass spätestens ab der Aufnahme des Unionsrechts in die Bezugnahmeklausel diese als Vorbehalt für Begrenzungen der grundrechtlichen Freiheit verstanden worden war. Die Ansicht *Krebbers* lässt sich auch mit der dargestellten EuGH-Rechtsprechung nicht vereinbaren, die die Bezugnahmeklausel durchaus mit Leben füllt, obschon dies *Krebber* angesichts der fehlenden Unionskompetenzen in dem Bereich für unwahrscheinlich hält. Auf die EuGH-Rechtsprechung zu Art. 28 GRC von *Viking* bis *Hennings und Mai* geht *Krebber* nicht ein. Sein Ansatz

---

134 *Schmitz*, JZ 2001, 833 (841); *ders.*, EuR 2004, 691 (705).

135 Bei Erscheinen des Beitrags von *Schmitz* in JZ 2001, 833 ff. war diese Unterscheidung freilich noch nicht in der heutigen Deutlichkeit im Chartatext (Art. 52 Abs. 5 GRC) und den Erläuterungen zu ersehen; *Schmitz*, EuR 2004, 691 ff. bezieht sich aber auf den VVE, in dem die Grundsätze bereits voll ausgeprägt waren. *Schmitz*, EuR 2004, 691 (703) kritisiert auch die Grundsatzbestimmungen; dennoch werden die genannten Vorschriften einheitlich als „normative Hüllen" abgestempelt.

136 Auf die unterschiedlichen Sprachfassungen stützt auch *Sagan*, Das Gemeinschaftsgrundrecht auf Kollektivmaßnahmen, 2008, S. 115 ff. seine Kritik am von ihm so genannten „Verweisungsnormverständnis".

137 *Krebber*, in: Calliess/Ruffert, EUV/AEUV, Art. 28 GRC Rn. 3 unter Verweis auf seine Kommentierung zu Art. 27 GRC.

ist letztlich darauf zurückzuführen, dass er die Bezugnahmeklausel mit der „Unionsrechts- und Kompetenzakzessorietät des unionsrechtlichen Grundrechtsschutzes im Bereich des Arbeitsrechts" erklären will.[138] Der Grundrechtekonvent hat sich aber von der Konzeption der Bezugnahmeklausel als „Kompetenzschutzklausel" bereits früh gelöst, so dass die Kompetenzverteilung zwischen Mitgliedstaaten und Union den Verweis nicht zu erklären vermag.

b) Einschränkungsvorbehalt

Von anderen wird die Bezugnahmeklausel als Einschränkungsvorbehalt („doppelte Schranke"[139]) verstanden, wobei zwei Lesarten miteinander konkurrieren.

aa) Anwendung von Art. 52 Abs. 1 GRC

Nach einer Auffassung handelt es sich bei der Bezugnahmeklausel zwar um einen Hinweis auf die Einschränkbarkeit des Grundrechts. Einschränkungen der grundrechtlichen Freiheit sollen aber demnach den Vorgaben des Art. 52 Abs. 1 GRC unterfallen, müssten also insbesondere verhältnismäßig sein und den Wesensgehalt des Grundrechts achten.[140] Art. 52 Abs. 1 GRC sei die allgemeine Schrankenregelung der Charta, zu der vereinzelt der Vorbehalt zugunsten des Unionsrechts und/oder des mitgliedstaatlichen Rechts und seiner Gepflogenheiten hinzutrete. Bei Art. 28 GRC sei der Vorbehalt auf die fehlende Kompetenz der Union und die uneinheitliche Rechtslage in den Mitgliedstaaten zurückzuführen, weshalb es möglich bleiben solle, nationale Eigenheiten beizubehalten. Der Vorbehalt bringe daher vor allem zum Ausdruck, dass die Mitgliedstaaten Einschränkungen des Rechts vornehmen könnten und ihnen dabei ein erheblicher Gestaltungsspielraum zustehe. Dies lasse sich in einer systematischen Auslegung von Art. 52 Abs. 1 GRC berücksichtigen, so dass die Bezugnahmeklausel keine eigenständige Bedeutung habe, aber die Auslegung des allgemeinen Einschränkungsvorbehalts beeinflusse.[141] Dieser Ansatz erfasst also jede Begrenzung der von Art. 28 GRC geschützten Freiheiten als Einschränkung im Sinne von Art. 52 Abs. 1 GRC, die entsprechend gerechtfertigt werden muss. Die Standards der Rechtfertigungsprüfung sollen aber wegen der Bezugnahmeklausel, deren

---

[138] So der Titel des Beitrags von *Krebber*, EuZA 2016, 3 ff. (zu Art. 28 GRC ab S. 9).

[139] Der Ausdruck geht zurück auf *Grabenwarter*, DVBl. 2000, 1 (3).

[140] *Jarass*, GRC, Art. 28 Rn. 14; *Kingreen*, in: Ehlers, Europäische Grundrechte und Grundfreiheiten, 4. Aufl. 2015, § 22 Rn. 28; *Schubert*, in: Franzen/Gallner/Oetker, EUArbR, Art. 28 GRC Rn. 52 f.; *Holoubek*, in: Schwarze, EU-Kommentar, Art. 28 GRC Rn. 22; *Meyer*, in: ders., GRC, Art. 52 Rn. 16 (allgemein zur Bezugnahmeklausel); *Brameshuber*, EuZA 2016, 46 (49 f.).

[141] *Schubert*, in: Franzen/Gallner/Oetker, EUArbR, Art. 28 GRC Rn. 53 m. w. N.; eine sehr ähnliche Konzeption vertritt *Jarass*, GRC, Art. 28 Rn. 14; ebenso *Kingreen*, in: Ehlers, Europäische Grundrechte und Grundfreiheiten, 4. Aufl. 2015, § 22 Rn. 28, dem zufolge die Bezugnahmeklausel erhebliches Potenzial für die Rechtfertigungsprüfung hat, aber zugleich die „Gefahr einer Relativierung des Grundrechts durch einfaches Recht" birgt; für einen „Ausführungs- und Beschränkungsvorbehalt" mit weitem gesetzgeberischen Ermessen *Holoubek*, in: Schwarze, EU-Kommentar, Art. 28 GRC Rn. 22.

Bedeutung für die Mitgliedstaaten in Art. 52 Abs. 6 GRC betont wird, nicht zu hoch anzusetzen sein.[142]

Dieser Ansatz trägt weder den Weichenstellungen des Charta-Gebers noch der diesen Direktiven folgenden Rechtsprechung des EuGH hinreichend Rechnung. Der Grundrechtekonvent hat sich im Laufe der Beratungen von einer Konzeption der Bezugnahmeklausel als Kompetenzvorbehalt gelöst. Es ist auch nicht ersichtlich, dass er ihn als schlichten Hinweis auf die Einschränkbarkeit des Grundrechts nach Art. 52 Abs. 1 GRC verstanden haben wollte. Denn immerhin wurde er eingefügt, um die Gewährleistung für Begrenzungen durch die Mitgliedstaaten und die Union offenzuhalten. Wären diese bereits von Art. 52 Abs. 1 GRC erfasst gewesen, hätte es der Klausel schlicht nicht bedurft (s. o.). Ihre Bedeutung auf einen Aspekt der systematischen Auslegung des Art. 52 Abs. 1 GRC zu reduzieren, ist bereits methodisch gewagt, da im Rahmen systematischer Erwägungen auch der Grundsatz *lex specialis derogat legi generali* zu berücksichtigen ist. Die allgemeine im Lichte der spezielleren Bestimmung auszulegen, statt der spezielleren den Vorrang vor der allgemeinen zu geben, bedürfte als methodische Ausnahmekonstruktion einer stichhaltigen Begründung, die von den Vertretern der Anwendung von Art. 52 Abs. 1 GRC nicht geliefert wird. Vielmehr erscheint dieser Ansatz (zu) stark vom deutschen Vorverständnis geprägt, wonach jede Begrenzung grundrechtlicher Freiheit der Rechtfertigung bedarf.[143] Die Herausnahme regelnder Gesetze aus dem grundrechtlichen Rechtfertigungszwang ist dissonant mit dieser gedanklichen Vorprägung. Diese Dissonanz wird mit einer methodisch kaum haltbaren Umkehrung der Lex-Specialis-Regel aufgelöst, statt die Besonderheit der regelnden Gesetzgebung im Bereich der Unionsgrundrechte als Vorgabe des Charta-Gebers anzuerkennen.

bb) Vorbehaltlose Grundrechtsschranke

Demgegenüber konzeptioniert *Sagan* die Bezugnahmeklausel zugunsten der Mitgliedstaaten als „vorbehaltslose Grundrechtsschranke", die nicht den Schranken-Schranken des Art. 52 Abs. 1 GRC unterliegen soll. Auch er kategorisiert sämtliche Maßnahmen der Grundrechtsadressaten, die die Freiheitsausübung begrenzen, als Einschränkungen, will aber Einschränkungen durch die Mitgliedstaaten nicht an den Vorgaben des Art. 52 Abs. 1 GRC messen. Die einzig denkbare Grenze sei das vollständige Verbot

[142] In diese Richtung auch *Kohlbacher*, in: Husemann/Wietfeld, Zwischen Theorie und Praxis, 2015, S. 49 (63 ff.), die gestützt auf die Bezugnahmeklausel für einen weiten Beurteilungsspielraum des Gesetzgebers plädiert und diesen mit der Margin-of-Appreciation-Doktrin des Konventionsrechts vergleicht.

[143] Eindeutig in diese Richtung *Schubert*, in: Franzen/Gallner/Oetker, EUArbR, Art. 28 GRC Rn. 53, der selbst für den Fall, dass Art. 52 Abs. 1 GRC nicht anwendbar sein sollte, Begrenzungen aufgrund der Bezugnahmeklausel am Verhältnismäßigkeitsprinzip „als Ausdruck von Rechtsstaatlichkeit" messen will. Das Verhältnismäßigkeitsprinzip im Rechtsstaatsgebot zu verorten, ist freilich wenig überzeugend; der zugrunde liegende Zirkelschluss ist kaum zu übersehen; vgl. dazu *Reimer*, in: Jestaedt/Lepsius, Verhältnismäßigkeit, 2015, S. 60 (61).

kollektiver Maßnahmen, die den Grundrechtsträgern die Partizipation an Arbeitskämpfen gänzlich unmöglich mache.[144] Damit folgt *Sagan* mit Argumenten, die er auf Wortlaut, Entstehungsgeschichte und Zweck der Bezugnahmeklausel stützt,[145] der Linie, die bereits *Grabenwarter* vorgezeichnet hatte, als er (unter anderem) der Bezugnahmeklausel die Bedeutung beimaß, Einschränkungen „jenseits des Verhältnismäßigkeitskriteriums" zu ermöglichen und damit die horizontalen Klauseln des Art. 52 GRC zu „durchlöchern".[146]

Sagans Ansatz ist jedoch terminologisch und inhaltlich verfehlt. Die Bezeichnung der Bezugnahmeklausel als „vorbehaltslose Grundrechtsschranke" ist mindestens irreführend. Denn „Vorbehalt" bezeichnet bei Grundrechtsgewährleistungen die Möglichkeit ihrer Begrenzung, „Schranke" die Begrenzung selbst. *Sagan* meint aber, dass „Schranken", also Einschränkungen, gestützt auf den Vorbehalt des Art. 28 GRC keinen Rechtfertigungsanforderungen unterfallen, wie sie sich aus Art. 52 Abs. 1 GRC ergeben. Richtigerweise müsste also von einem Einschränkungsvorbehalt ohne Rechtfertigungsanforderungen die Rede sein. Schwerer als diese terminologische Kritik wiegt jedoch der Einwand in der Sache: *Sagan* will nur begrenzende Maßnahmen der Mitgliedstaaten rechtfertigungsfrei stellen. Begrenzungen durch das Unionsrecht sollen dagegen dem allgemeinen Einschränkungsvorbehalt des Art. 52 Abs. 1 GRC unterfallen.[147] Diesen offensichtlichen Widerspruch zum Wortlaut der Bezugnahmeklausel müht er sich wie folgt aufzulösen: Die zusätzliche Bezugnahme auf das Unionsrecht sei lediglich dem Umstand geschuldet, dass Art. 28 Var. 2 GRC ohne sie den unzutreffenden Eindruck erweckt hätte, dass das Gemeinschaftsgrundrecht auf Kollektivmaßnahmen nur von den Mitgliedstaaten begrenzt werden könnte. Deswegen sei es notwendig gewesen, neben dem Vorbehalt zugunsten des mitgliedstaatlichen Rechts die Beschränkungsmöglichkeit der Gemeinschaft in Art. 28 GRC aufzunehmen. Eine Befreiung der Gemeinschaft von den Schranken-Schranken des Art. 52 GRC sei damit jedoch nicht bezweckt worden.[148] Diese angebliche Zwecksetzung des Charta-Gebers wird freilich nicht näher begründet; es fehlt jeder Nachweis aus der Dokumentation der Beratungen im Konvent. Entscheidend gegen die Annahme einer adressatenrelativen Lesart der Bezugnahmeklausel, wie *Sagan* sie vorschlägt, spricht, dass die heutige Formulierung auf *Braibant* zurückgeht, der seinen Änderungsantrag gerade damit begründet hatte, den Mitgliedstaaten *und* der Union die Begrenzung der Freiheitsausübung zu ermöglichen.[149] Eine Differenzierung zwischen Mitgliedstaaten und Union ist weder hier noch an anderer Stelle in den Materialien

[144] *Sagan*, Das Gemeinschaftsgrundrecht auf Kollektivmaßnahmen, 2008, S. 129.

[145] *Sagan*, Das Gemeinschaftsgrundrecht auf Kollektivmaßnahmen, 2008, S. 125–129; bzgl. der Entstehungsgeschichte bezieht er sich bis auf ein Zitat aus CONVENT 18 aber ausschließlich auf die privaten Mitschriften von *Bernsdorff/Borowsky*, Die Charta der Grundrechte der Europäischen Union, 2002, S. 213 (vgl. dazu Kapitel 1 B V. 3).

[146] *Grabenwarter*, DVBl. 2001, 1 (3).

[147] *Sagan*, Das Gemeinschaftsgrundrecht auf Kollektivmaßnahmen, 2008, S. 170 ff.

[148] *Sagan*, Das Gemeinschaftsgrundrecht auf Kollektivmaßnahmen, 2008, S. 122 f.

[149] *Braibant*, Änderung 97, in: CONVENT 39: „La référence expresse aux ‚législations et pra-

erkennbar, so dass *Sagans* These sich als bloße Setzung erweist.[150] Der Sache nach geht *Sagans* Ansatz in die richtige Richtung, soweit er mitgliedstaatliche Begrenzungen von den Anforderungen des Art. 52 Abs. 1 GRC grundsätzlich ausnehmen will. Das entspricht letztlich der Annahme eines Regelungsvorbehalts, wie sie hier vertreten wird. Dass Maßnahmen der Union aber stets an Art. 52 Abs. 1 GRC zu messen sein sollen, läuft auf einen inneren Widerspruch hinaus, der sich durch behauptete, aber nicht näher belegte Regelungsintentionen des Charta-Gebers nicht auflösen lässt. Im Gegenteil spricht alles für eine Gleichbehandlung der Grundrechtsadressaten.

c) *Ausgestaltungsvorbehalt*

Auch die Konzeption der Bezugnahmeklausel als Ausgestaltungsvorbehalt wird in zwei Lesarten vertreten.

aa) *Ausgestaltung durch Mitgliedstaaten*

Von manchen wird die Bezugnahmeklausel als Ausgestaltungsvorbehalt nur zugunsten der Mitgliedstaaten verstanden. So geht *Rebhahn* davon aus, dass der Verweis auf die nationalen Gesetze und Gepflogenheiten „nicht erst Schranke des Grundrechts" sei, sondern bereits den Schutzbereich bestimme und beschränke. Nach Art. 52 GRC dürften Grundrechte allgemein nur unter Wahrung des Verhältnismäßigkeitsgrundsatzes eingeschränkt werden. Der Verweis auf die nationalen Gesetze und Gepflogenheiten werde daher eine Ermächtigung an die nationalen Organe enthalten, die mehr Gestaltungsspielraum lasse als der Grundsatz der Verhältnismäßigkeit. Man könne von einem Ausgestaltungsvorbehalt sprechen.[151] *Rebhahn* hält es nicht für erforderlich, dass „die nationale Ausgestaltung zur Erreichung eines nach Art. 52 legitimen Ziels geeignet und notwendig ist".[152] Vielmehr werde es zulässig sein, Kollektivverhandlungen über Arbeitsbedingungen auf bestimmte Ebenen und Gegenstände zu beschränken, Regeln für die Durchführung von Streiks vorzusehen, etwa durch Vorwarnfristen, Verfahrensregeln über eine Urabstimmung oder den Grundsatz, dass Streiks nur als Ultima Ratio zulässig seien, sofern es hinreichend klare Vorgaben gebe. Die Grenze der gesetzgeberischen Ausgestaltungsbefugnis verlaufe dort, wo das geschützte Interesse (der Streik um Arbeitsbedingungen) vollständig beseitigt werde.[153] *Rebhahn* hat diesen Ansatz später dahin ergänzt, dass aufgrund der Bezugnahmeklausel auf Unionsebene auch unterschiedliche nationale Ausgestaltungen geachtet und

tiques nationales et communautaires' permet aux États membres et à la Communauté d'en limiter l'exercice."

150 Diese Schwäche des Ansatzes dürfte darauf zurückzuführen sein, dass *Sagan*, statt die offiziellen Dokumente des Konvents heranzuziehen, die Entstehungsgeschichte weitgehend aus den apokryphen Privatnotizen von *Bernsdorff* und *Borowsky* rekonstruiert und dabei wesentliche Weichenstellungen in den verschiedenen Präsidiumsvorschlägen übersehen hat.

151 *Rebhahn*, in: GS Heinze, S. 649 (654 f.).

152 *Rebhahn*, in: GS Heinze, S. 649 (655).

153 *Rebhahn*, in: GS Heinze, S. 649 (655).

vom Grundrecht geschützt würden, soweit es um das Verhältnis zu anderen Normen des Unionsrechts gehe. So sei etwa ein Verbot des Boykotts als Arbeitskampfmittel mit Art. 28 GRC vereinbar. Erlaube ein Mitgliedstaat aber den Boykott, so erstrecke sich auch die „Schildfunktion" des Art. 28 GRC in Bezug auf diesen Mitgliedstaat darauf. Art. 28 GRC hindere den Mitgliedstaat jedoch nicht, den Boykott später zu verbieten. Die „Schildfunktion" erfasse also nicht nur das unionsrechtliche Minimum an Grundrechtsausgestaltung.[154]

Herresthal klassifiziert die Bezugnahmeklausel, in der er eine dogmatische Besonderheit des Art. 28 GRC erkennt, als „Vorbehalt der Ausgestaltung durch die Mitgliedstaaten" bzw. „Regelungsvorbehalt zugunsten der Mitgliedstaaten".[155] Sein Ansatz ruht auf der Prämisse, „dass die Hochzonung der Koalitionsfreiheit zu einem Unionsgrundrecht erforderlich war, um die (zuvor nationale) Koalitionsfreiheit nicht bis auf einen eng verstandenen Kern hinter die höherrangigen Grundfreiheiten zurücktreten zu lassen, sondern eine Abwägung beider Gewährleistungen zu ermöglichen."[156] Eine Kollision zwischen Grundfreiheit und Unionsgrundrecht sei im Wege praktischer Konkordanz aufzulösen. Art. 28 GRC bestätige die zeitlich vorausgegangene Hochzonung der Tarifautonomie durch den EuGH – gemeint sind vor allem die Urteile *Viking* und *Laval* –[157] eindrücklich.[158] Materiell handele es sich um einen Regelungsvorbehalt zugunsten einer mitgliedstaatlichen Ausgestaltung, durch die die Tarifautonomie als Grundrecht im Primärrecht gewährleistet werde.[159] Art. 28 GRC sei keine inhaltsleere Gewährleistung, sondern schütze einen materiellen Gehalt, der über die bloße Anerkennung als Grundrecht hinausgehe. Charakter und Kern des Grundrechts würden auf der Ebene des Primärrechts eigenständig gewährleistet, wobei *Herresthal* dem Grundrecht den Charakter einer „originären Individualfreiheit" beimessen will.[160] Wie *Rebhahn* spricht *Herresthal* den Mitgliedstaaten die Befugnis zu, Beschränkungen der kollektiven Verhandlungen über Arbeitsbedingungen auf bestimmte Gegenstände, Regelungen zur Durchführung von Streiks usf. vorzusehen. Gleiches gelte für Vermittlungs-, Schlichtungs- oder Schiedsverfahren zur Beilegung einer arbeitsrechtlichen Streitigkeit.[161] Die Gewährleistung von Kern und Charakter der Tarifautonomie binde aber auch die Mitgliedstaaten im Anwendungsbereich der Charta nach Art. 51 Abs. 1 GRC.[162]

Die Ansätze *Rebhahns* und *Herresthals* sind – jedenfalls soweit es um die hier interessierende Einordnung der Bezugnahmeklausel geht –[163] sehr ähnlich. Sie leiden

---

154 *Rebhahn*, in: Grabenwarter, Europäischer Grundrechteschutz, 2014, § 16 Rn. 47.
155 *Herresthal*, EuZA 2011, 3 (13 bzw. 16).
156 *Herresthal*, EuZA 2011, 3 (16).
157 Vgl. *Herresthal*, EuZA 2011, 3 (6 f.).
158 *Herresthal*, EuZA 2011, 3 (16).
159 *Herresthal*, EuZA 2011, 3 (16 f.).
160 *Herresthal*, EuZA 2011, 3 (17 f. bezugnehmend auf 13 ff.).
161 *Herresthal*, EuZA 2011, 3 (18).
162 *Herresthal*, EuZA 2011, 3 (18).
163 *Herresthal*, EuZA 2011, 3 ff. betont darüber hinaus die „Re-Individualisierung des kollektiven

demzufolge auch an demselben Mangel. Denn sie vermögen beide nicht überzeugend zu erklären, weshalb die Bezugnahmeklausel mit Blick auf die Mitgliedstaaten einen Ausgestaltungsvorbehalt darstellen soll, der diese – bis auf die Bindung an einen Kern – von der grundrechtlichen Rechtfertigungslast enthebt, ihr mit Blick auf kollektivarbeitsrechtlich relevante Maßnahmen der Union aber keine besondere Bedeutung zukommen soll. In diesem Zusammenhang wurde bereits hinreichend betont, dass sich der Sinn der Bezugnahmeklausel – aus den Beratungen des Grundrechtekonvents rekonstruierbar – nicht in einer bloßen Wiedergabe der Kompetenzverteilung zwischen Mitgliedstaaten und Union im Kollektivarbeitsrecht (vgl. Art. 153 Abs. 5 GRC) erschöpft. Die Beispiele aus der Rechtsprechung belegen, dass die Union mit Sekundärrecht in verschiedenen Bereichen Regelungen treffen kann, die die Ausübung der Grundrechte nach Art. 28 GRC begrenzen. Dass die Union nach Art. 153 Abs. 5 GRC keine Kompetenz für das Koalitions-, Streik- und Aussperrungsrecht sowie das Arbeitsentgelt hat, bedeutet nicht, dass sie den Grundrechtsträgern keine Vorgaben im Bereich der Kollektivverhandlungen und -maßnahmen machen könnte. Gerade die Rechtsprechung zur Richtlinienbindung nationaler Tarifparteien zeigt, dass der Unionsgesetzgeber sehr wohl Gesetze erlassen kann, die die Freiheitsausübung in die Schranken weisen. Zwar mag hinter den genannten Richtlinien stets auch ein primärrechtlicher Grundsatz stehen.[164] Nichtsdestotrotz handelt es sich um „einfaches", also sekundäres Unionsrecht, das vom Unionsgesetzgeber geschaffen wurde. Als solches behandelt es auch der EuGH. Nimmt man die Formulierung der Bezugnahmeklausel ernst, wie es der EuGH-Judikatur entspricht, ist die Freiheitsausübung nur im Einklang mit diesen regelnden Unionsgesetzen geschützt. Die Klausel auf einen Ausgestaltungsvorbehalt zugunsten der Mitgliedstaaten zu reduzieren, wird der Bedeutung, die ihr der Charta-Geber beigemessen hat, nicht gerecht. *Herresthal* muss sich diesen Einwand in besonderer Weise entgegenhalten lassen, betont er doch selbst, dass mit der Normativität der Charta der Normtext in den Mittelpunkt rücke, die Rechtsgewinnung an ihn rückgebunden werde müsse und durch ihn einen textuellen Anker erhalte.[165] Diesen methodischen Ansprüchen wird sein Ansatz nicht gerecht, wenn er die Gewährleistung des Rechts „im Einklang mit" *(conformément à)* dem Unionsrecht ausblendet.

Hintergrund dieser nur partiellen Berücksichtigung der textuellen Weichenstellung durch den Charta-Geber dürfte bei *Herresthal* sein, dass nur auf diese Weise sich Art. 28 GRC in das überwölbende Narrativ der „Hochzonung" der Tarifautonomie als Unionsgrundrecht einfügt. Doch die damit verbundene Prämisse lässt sich nicht halten. Denn *Herresthal* selbst zeigt auf, dass der EuGH in den Entscheidungen, mit denen er die „Tarifautonomie" (präziser: das Recht auf Kollektivverhandlungen) als

---

Arbeitsrechts in der europäischen Integration", für die er in der nach Art. 28 GRC geschützten Tarifautonomie einen Beleg zu erkennen meint.

[164] Art. 21 GRC hinter der Gleichbehandlungs-Rahmen-RL; die Grundfreiheiten hinter der Entsende-, der Vergabe- und der Dienstleistungsrichtlinie.

[165] *Herresthal*, EuZA 2011, 3 (13).

Unionsgrundrecht anerkannt hat, gerade *keine* Abwägung zwischen dieser und den Grundfreiheiten im Sinne einer praktischen Konkordanz vorgenommen habe.[166] Es ist daher ein Widerspruch in sich, die Hochzonung der Freiheit zu einem Unionsgrundrecht damit zu erklären, dass sie eine Abwägung mit den Grundfreiheiten ermöglichen sollte.[167] Art. 28 GRC bestätigt auch nicht etwa eine zeitlich vorausliegende Hochzonung durch den EuGH. Denn der EuGH stützte sich in den Rechtssachen *Viking* und *Laval*, in denen er das Recht auf Kollektivmaßnahmen erstmals anerkannt hat, auf den längst proklamierten, wenn auch nicht rechtsverbindlichen Chartatext. Aus der Formulierung des Art. 28 GRC leitete er – wie oben dargestellt – ab, dass die Grundrechte nur „im Einklang mit" dem Unionsrecht einschließlich der Grundfreiheiten und dem Richtlinienrecht ausgeübt werden könnten. Es wird hier gerade nicht grundrechtliches gegen grundfreiheitliches Interesse abgewogen, sondern dem letzteren gegenüber dem ersten der Vorrang eingeräumt. In den Folgeentscheidungen wurde diese Linie auf das Unionssekundärrecht ausgeweitet, wie es auch der Charta-Geber vorgesehen hatte.

Die Ausgestaltungsthesen *Rebhahns* und *Herresthals* vermögen nach alledem in ihrer Beschränkung auf Vorbehalte zugunsten der Mitgliedstaaten nicht zu überzeugen. Dennoch erweisen sie sich als aufschlussreich, soweit es um die Abgrenzung zwischen rechtfertigungsfreier „Ausgestaltung" (im Sinne des hier verwendeten Regelungsbegriffs) und rechtfertigungsbedürftiger Einschränkung geht. *Rebhahn* zieht die Grenze bei der vollständigen Beseitigung des jeweiligen Interesses.[168] *Herresthal* betont „Charakter und Kern" des Grundrechts.[169] Beide sind sich darin einig, dass bloße Ausübungsmodalitäten der Freiheiten kein Rechtfertigungsbedürfnis erzeugen. Dieser Gedanke soll später, wenn es um die Abgrenzung von Regelung und Einschränkung geht, vertieft werden. An dieser Stelle bleibt festzuhalten, dass nichts dafür spricht, Ausübungsmodalitäten, sofern sie durch den Unionsgesetzgeber vorgesehen werden, als rechtfertigungsbedürftige Einschränkungen anzusehen. Formulierung und Entstehungsgeschichte der Bezugnahmeklausel zwingen vielmehr zu einer Gleichbehandlung der Grundrechtsadressaten im Sinne eines Regelungsvorbehalts zugunsten der Union und der Mitgliedstaaten.

bb) Ausgestaltung durch Mitgliedstaaten und Union

Thüsing und *Traut* verstehen die Bezugnahmeklausel schließlich als Ausgestaltungsvorbehalt zugunsten der Mitgliedstaaten *und* der Union.[170] Sie stützen sich dafür maßgeblich auf die deutsche Formulierung, wonach die Grundrechte des Art. 28

---

166 *Herresthal*, EuZA 2011, 3 (7).

167 So aber *Herresthal*, EuZA 2011, 3 (16).

168 *Rebhahn*, in: GS Heinze, S. 649 (655).

169 *Herresthal*, EuZA 2011, 3 (17 f.).

170 *Thüsing/Traut*, RdA 2012, 65 (69 ff.); im Anschluss daran auch *Rixen/Scharl*, in: Stern/Sachs, GRC, Art. 28 Rn. 12.

GRC „nach" dem Recht der Union und der Mitgliedstaaten gewährleistet würden.[171] Bei der Ausgestaltung des Schutzbereichs der Grundrechte müsse der Kompetenzverteilung zwischen Union und Mitgliedstaaten Rechnung getragen werden: Soweit die Union keine Kompetenz habe, sei das nationale Recht konstitutiv und lege den Schutzbereich abschließend fest. Dass auf diese Weise sich der Schutzbereich je nach mitgliedstaatlichem Recht unterscheide, folge daraus, dass es im Bereich des Art. 28 GRC noch keine unionsrechtliche Harmonisierung gebe.[172] Insoweit entspricht ihr Ansatz im Wesentlichen der Lesart der Bezugnahmeklausel als konstitutiver Verweis auf das mitgliedstaatliche Recht („normative Hülle"). Er geht aber darüber hinaus, soweit *Thüsing* und *Traut* auch eine künftige Ausgestaltung durch die Union einbeziehen, die Bezugnahmeklausel also nicht als schlichte Betonung der Kompetenzverteilung interpretieren. Sollte in der Zukunft ausgestaltendes Unionsrecht zum mitgliedstaatlichen Recht hinzutreten, sei für dieses Art. 28 GRC „freilich auch Mindeststandard". Ähnlich wie bei der Prüfung des Art. 14 Abs. 1 GG sei dann auch die Ausgestaltung selbst an dem Grundrecht zu messen. Einstweilen spiele dies aber nur für das europäische Dienstrecht eine Rolle.[173] Gleichwohl könne der Schutzbereich des Art. 28 GRC anhand der „eigenen" personellen und sachlichen Voraussetzungen der Gewährleistung in einem ersten Schritt umrissen werden, die Ausgestaltung durch die Mitgliedstaaten (und künftig ggf. die Union) sei dann in einem zweiten Schritt gleichsam als Filter darüberzulegen.[174]

Diese Ausgestaltungslösung hat gegenüber den oben dargestellten Ansätzen den Vorzug, dass sie die Bezugnahme (auch) auf das Unionsrecht im Text des Art. 28 GRC ernst nimmt. Jedoch ist auch sie zu stark an der deutschen Sprachfassung orientiert, die ein konstitutives Verhältnis von Gewährleistung und unionalem bzw. nationalem Recht nahelegt. Liest man Art. 28 GRC orientiert an den anderen Sprachfassungen, leitet man also die Bezugnahme mit der Wendung „im Einklang mit" ein, wie es auch der EuGH tut, liegt eine solche Konzeption fern. Es entspricht auch den Beratungen des Konvents, die Bezugnahmeklausel als begrenzendes, nicht konstituierendes Element der Gewährleistung zu begreifen. Der begrenzende Aspekt kommt bei der Ausgestaltungslösung zu kurz. So ziehen *Thüsing* und *Traut* offenbar nur solche Unionsrechtsnormen als ausgestaltende Gesetze in Betracht, die unmittelbar auf die Lebensbereiche des Kollektivarbeitsrechts bezogen, d. h. für dieses „gemacht" sind. Demzufolge ordnen sie die Entsenderichtlinie als „Schranke" des Rechts auf Kollektivmaßnahmen und nicht als seine Ausgestaltung ein, obwohl sie der EuGH, auf den sich *Thüsing* und *Traut* insoweit berufen, in der Rechtssache *Viking* unter den Vorbehalt des Art. 28 GRC gefasst hatte.[175] Auch die Gleichbehandlungs-Rahmenrichtlinie sowie die Vergabe- und die Dienstleistungsrichtlinie sind nicht nur für das

[171] *Thüsing/Traut*, RdA 2012, 65 (69).
[172] *Thüsing/Traut*, RdA 2012, 65 (70).
[173] *Thüsing/Traut*, RdA 2012, 65 (71).
[174] *Thüsing/Traut*, RdA 2012, 65 (71).
[175] *Thüsing/Traut*, RdA 2012, 65 (73).

Kollektivarbeitsrecht bestimmt, sondern gelten für weite Teile des Wirtschaftslebens. *Thüsing* und *Traut* müssten sie daher ebenfalls als Einschränkungen der Grundrechte aus Art. 28 GRC und nicht als Ausgestaltungen desselben einordnen. Dies widerspräche nicht nur der Rechtsprechung des EuGH, sondern auch der insoweit offenen Formulierung der Gewährleistung.

Letztlich leidet der Ansatz – wie jede Ausgestaltungsdogmatik – an der generellen Unschärfe, die mit dem Ausgestaltungsbegriff verbunden ist.[176] Eine klare Kategorisierung der grundrechtsrelevanten Gesetzgebung in einschränkende, konstituierende, konkretisierende und regelnde Gesetze ist dieser nivellierenden (und im europäischen Kontext auch linguistisch nicht anschlussfähigen) Begriffsbildung vorzuziehen. Das mit dem Ausgestaltungsbegriff verbundene nationale Vorverständnis verleitet darüber hinaus zu vorschnellen schematischen Parallelisierungen, wie sie sich auch bei *Thüsing* und *Traut* abzeichnen, wenn sie ausgestaltendes Unionsrecht vergleichbar der Prüfung von Art. 14 Abs. 1 GG an dem Mindeststandard des Art. 28 GRC messen wollen. Eine Ausgestaltungsdogmatik orientiert an der Sonderdogmatik des Art. 14 Abs. 1 GG im Unionsrecht zu implementieren, dürfte von vorneherein zum Scheitern verurteilt sein, da die Assoziation mit Art. 14 Abs. 1 GG nur einem im deutschen Verfassungsrecht geschulten Rechtsanwender einleuchten und im Übrigen auf wenig Verständnis treffen wird. Bezweifeln lässt sich im Übrigen, ob es erstrebenswert ist, ein derart komplexes Konstrukt wie die deutsche Eigentumsdogmatik dem Unionsrecht überzustülpen.[177] Der Charta-Geber hatte dies gewiss nicht im Sinn, als er Art. 28 GRC mit einer Bezugnahmeklausel versah.

4. Resümee

Aus Text und Entstehungsgeschichte des Art. 28 GRC lässt sich die Intention des Charta-Gebers rekonstruieren, das Recht auf Kollektivverhandlungen und Kollektivmaßnahmen unionalen und nationalen Begrenzungen zu öffnen, die sich nicht an den Anforderungen des Art. 52 Abs. 1 GRC messen lassen müssen. Damit erweisen sich die Grundrechte des Art. 28 GRC im hiesigen Sinne als regelungsfähig. Diese Offenheit gerade auch für Regelungen durch den Unionsgesetzgeber spiegelt sich in der EuGH-Judikatur wider, der zufolge die grundrechtlichen Freiheiten nicht nur im Einklang mit den primärrechtlichen Grundfreiheiten, sondern auch im Einklang mit dem Unionssekundärrecht auszuüben sind. Die dogmatischen Konzeptionen im Schrifttum tragen trotz eines beachtlichen Meinungsspektrums und einiger anschlussfähiger Aspekte dieser Regelungsfähigkeit nicht hinreichend Rechnung. Mit Art. 28 GRC ist ein weiterer Anwendungsfall für die hier vorgeschlagene und im Weiteren näher zu entwickelnde Kategorie der regelnden Gesetzgebung dargetan.

---

[176] Vgl. dazu bereits Einführung C.

[177] Zum „Überstülpen“ deutscher Dogmatik auf die Unionsgrundrechte vgl. mahnend *Cremer*, in: Grabenwarter, Europäischer Grundrechteschutz, 2014, § 1 Rn. 4.

IV. *Unternehmerische Freiheit*

Schon aufgrund der textlichen Ähnlichkeit mit Art. 28 GRC drängt sich die unternehmerische Freiheit nach Art. 16 GRC als weiteres regelungsfähiges Grundrecht auf.

1. *Gewährleistung*

a) *Chartatext*

Die unternehmerische Freiheit wird in der Charta wie folgt gewährleistet:

Die unternehmerische Freiheit wird *nach dem Unionsrecht und den einzelstaatlichen Rechtsvorschriften und Gepflogenheiten* anerkannt.

La liberté d'entreprise est reconnue *conformément au droit de l'Union et aux législations et pratiques nationales.*

The freedom to conduct a business *in accordance with Union law and national laws and practices* is recognised.

È riconosciuta la libertà d'impresa, *conformemente al diritto dell'Unione e alle legislazioni e prassi nazionali.*

Die Bezugnahmeklausel in Art. 16 GRC entspricht wörtlich derjenigen in Art. 28 GRC. Das ist angesichts der parallelen Entstehung im Konvent (dazu sogleich) kein Zufall. Syntaktisch gibt es aber marginale Unterschiede zwischen den einzelnen Sprachfassungen des Art. 16 GRC, die zu Missverständnissen führen können. Im Deutschen und Französischen erscheint die Bezugnahmeklausel als Adverbialbestimmung zu „wird anerkannt" bzw. *est reconnue.* Im Englischen dagegen wird durch sie das Satzsubjekt, also die unternehmerische Freiheit, näher bestimmt; die Bezugnahme erscheint dort als Attribut zu *freedom to conduct a business* (nicht als Adverbiale zu *is recognised).* Die italienische Fassung, in der die Bezugnahme ohne klare Verknüpfung „angehängt" ist, erweist sich insoweit als indifferent.

b) *Entstehung*

Die syntaktischen Divergenzen lassen sich auf die wechselvolle Entstehungsgeschichte der Gewährleistung zurückführen. Die Themen der heutigen Art. 15 und Art. 16 GRC sollten nach dem ersten Vorschlag des Präsidiums in einer einheitlichen Garantie der *liberté professionelle* behandelt werden. Jedermann sollte demnach unbeschadet der Freiheit des Personenverkehrs nach dem EGV das Recht haben, seinen Beruf und seine gewerbliche Tätigkeit *(activités commerciales)* zu wählen und auszuüben.[178] Die Bestimmung wurde im Zusammenhang mit anderen wirtschaftlichen und sozialen Rechten und Grundsätzen wie der Gleichheit von Frauen und Männern (heute Art. 23 GRC), dem Recht auf Unterrichtung und Anhörung im Unternehmen (heute

---

[178] CONVENT 18, S. 3.

Art. 27 GRC) und den Kollektivrechten des Arbeitslebens (heute Art. 28 GRC) vorgeschlagen.[179] An dieser Zuordnung zu den wirtschaftlichen Rechten (und nicht den sogenannten Freiheiten) wurde im zweiten Präsidiumsvorschlag festgehalten. Er garantierte die *liberté professionelle*, diesmal ohne explizite Nennung der gewerblichen Tätigkeit,[180] als Art. 32 CONVENT 34 zwischen einer später aufgegebenen allgemeinen Bestimmung über „Rechte und Grundsätze im Sozialbereich" (Art. 31 CONVENT 34) und den Vorläufern der heutigen Art. 27 und 28 GRC (Art. 33 und Art. 34 CONVENT 34). Die Entwurfsbegründung gibt als Vorbild für die Gewährleistung die Rechtsprechung des EuGH zu diesem Grundrecht an und verweist auf das *Nold*-Urteil aus dem Jahr 1974.[181]

Aus der Mitte des Konvents wurden zu diesem Präsidiumsentwurf zahlreiche Änderungsvorschläge eingebracht. *Berthu* strebte eine Präzisierung der *liberté professionelle* im Sinne einer Berufswahl-, Vertrags- und Unternehmensgründungsfreiheit an.[182] Außerdem beklagte er das Fehlen von begrenzenden Elementen im Gewährleistungstext. Denn man könne nicht behaupten, dass die Berufswahl grenzenlos sei.[183] Andere sprachen sich für eine Beschränkung der Gewährleistung auf die Berufswahlfreiheit aus, wobei die Sicherung des Lebensunterhalts in den Vordergrund gestellt wurde.[184] Manche Vorschläge waren wiederum explizit auf die Berufsfreiheit von Arbeitnehmern zugeschnitten,[185] während andere auch unternehmerische Tätigkeiten einbezogen.[186] Auch Vorläufer der heutigen Bezugnahmeklausel waren in einigen Vorschlägen schon zu erkennen. So regte *Braibant* an, die Berufswahl- und ausübungsfreiheit „im Rahmen der gesetzlichen Regelungen" *(dans le cadre des règles definies par la loi)* zu gewährleisten. Er wollte damit die „Bedingungen für die Verwirklichung der Berufsfreiheit" präzisieren.[187] In dieselbe Richtung zielte der Textvorschlag von *Dehousse*, der die Berufsfreiheit unter Beachtung der europäischen Rechtsvorschriften, die den Berufszugang regeln, garantieren wollte.[188] Um solche

---

[179] Vgl. CONVENT 18, S. 3 ff.

[180] In der deutschen Übersetzung von CONVENT 18, S. 3 ist diese Streichung wohl aus Versehen unterblieben.

[181] EuGH, Rs. 4/73 – *Nold*, Rn. 14 erkennt das Eigentumsrecht sowie die „Freiheit der Arbeit, des Handels und anderer Berufstätigkeiten" *(libre exercice du commerce, du traivail et d'autres activités professionelles)* als Grundrechte nach der Verfassungsordnung aller Mitgliedstaaten jedenfalls implizit auch als Unionsgrundrechte an.

[182] Vgl. *Berthu*, Änderung 34: „La liberté de choisir sa profession, de conclure des contracts ou de fonder une entreprise est respectée par le droit communautaire"; in: CONVENT 39.

[183] *Berthu*, Änderung 34: „Trop large par les conditions d'application: on ne peut pas dire en effet que toute personne a le droit de choisir sa profession sans aucune limite"; in: CONVENT 39.

[184] *Solé Tura*, Änderung 35; *Korthals Altes*, Änderung 48; ähnlich *van den Burg*, Änderung 38; *Cisneros Laborda*, Änderung 45; etwas weiter *Fayot*, Änderung 46; alle in: CONVENT 39.

[185] *Duff*, Änderung 37: „le droit de choisir et d'accepter un emploi"; in: CONVENT 39.

[186] *Cederschiöld*, Änderung 43: „Toute personne a le droit de choisir et d'exercer sa profession ou son activité professionnelle, en jouissant notamment de la liberté d'établissement et d'entreprise"; in: CONVENT 39.

[187] *Braibant*, Änderung 47, in: CONVENT 39.

[188] *Dehousse*, Änderung 49, in: CONVENT 39.

Berufszugangsregelungen ging es auch *Tarschys*, der vorschlug, die Berufsfreiheit im Einklang mit *(conformément à)* den Bestimmungen zu gewährleisten, die die einzelnen Berufssparten betreffen.[189] Der heutigen Formulierung des Art. 16 GRC am nächsten kam der Vorschlag *Rodríguez Bereijos*, nach dem die Berufsfreiheit unter den Bedingungen verbürgt werden sollte, die nach dem Gemeinschaftsrecht und den einzelstaatlichen Rechtsvorschriften vorgesehen sind *(dans les conditions prévues par le droit communautaire et par la législation des États membres)*. Außerdem sprach er sich für eine Anerkennung der unternehmerischen Freiheit *(liberté d'entreprise)* im Rahmen der Marktwirtschaft *(dans le cadre de l'économie de marché)* aus. „Seine" Bezugnahmeklausel begründete er damit, dass die Berufsfreiheit zwar vom EuGH anerkannt worden sei, aber nur innerhalb bestimmter Grenzen, die mit den Integrationszielen der Gemeinschaft in Verbindung stünden. Hinzu komme die Begrenzung durch Berufsausübungsregelungen. Es sei unverzichtbar, auf diese Grenzen zu verweisen und es nicht bei einer allgemeinen Bestimmung (sc. Art. 52 GRC) bewenden zu lassen. Bereits in der Rechtssache *Nold* habe der Gerichtshof betont, dass die Freiheit weit davon entfernt sei, uneingeschränkten Vorrang zu genießen. Sie müsse vielmehr im Hinblick auf die soziale Funktion der geschützten Rechtsgüter und Tätigkeiten gesehen werden und könne daher nur mit Rücksicht auf die im öffentlichen Interesse liegenden Beschränkungen verwirklicht werden. Die unternehmerische Freiheit, die Hand in Hand mit dem Eigentumsrecht gehe, sollte ebenfalls im Rahmen der wirtschaftlichen und sozialen Rechte genannt werden. Sie könne auch in eine eigene Bestimmung aufgenommen werden.[190]

Das Präsidium schlug als Kompromiss zunächst eine zweiteilige Gewährleistung mit dem Titel „Berufsfreiheit und Recht auf Arbeit" vor, deren Absatz 1 jeder Person das Recht zu arbeiten, auf freie Wahl ihrer Arbeit und auf den Schutz ihres Arbeitsplatzes garantierte. Nach Absatz 2 sollte jede Person insbesondere das Recht haben, ihren Beruf oder eine gewerbliche Tätigkeit *(activité commerciale)* auszuüben. Die unternehmerischen Aspekte wurden also als Teil der allgemeinen Berufsfreiheit konzipiert. Eine Bezugnahmeklausel, wie sie im Konvent vorgeschlagen worden war, war zunächst nicht vorgesehen.[191] Dieser Kompromiss stieß offenbar auf wenig Zustimmung im Konvent. Denn im darauffolgenden ersten Vorschlag für einen vollständigen Chartatext wurde der Bereich grundlegend neu gestaltet. Die Berufsfreiheit und die unternehmerische Freiheit waren nunmehr in zwei gesonderten Artikeln vorgesehen. Die gewerbliche Tätigkeit verschwand gänzlich aus dem Chartatext. Die Berufsfreiheit war jetzt auf die Ausübung eines frei gewählten Berufs zugeschnitten. Die unternehmerische Freiheit wurde schlicht anerkannt: *La liberté d'entreprise est reconnue.* Beide Bestimmungen wurden systematisch aus dem Komplex der wirtschaftlichen und sozialen Rechte (nunmehr: *Chapitre IV Solidarité)* herausgenommen und dem

189 *Tarschys*, Änderung 50, in: CONVENT 39.

190 *Rodríguez Bereijo*, Änderung 53, in: CONVENT 39.

191 CONVENT 41, S. 1 f.

Kapitel über die Freiheiten zugeschlagen. Damit ging zwar der systematische Zusammenhang mit den sonstigen Grundrechten des Arbeits- und Wirtschaftslebens verloren, der inhaltliche Konnex aber blieb bestehen. Denn während Art. 16 GRC die unternehmerische Freiheit als Arbeitgebergrundrecht *par excellence* verbürgte, bildete Art. 28 GRC als Gewährleistung (vor allem)[192] der kollektiven Arbeitnehmerrechte hierzu das inhaltliche Gegenstück und *vice versa*. Diese Wechselbezüglichkeit beherrschte auch die abschließenden Beratungen im Konvent, über die *Braibant* in einem offiziell protokollierten Redebeitrag berichtete. Bei der Schlussredaktion des Charta-Texts wurde die Bezugnahmeklausel wörtlich von Art. 28 GRC auf Art. 16 GRC übertragen.[193] Den Hintergrund erläuterte *Braibant* wie folgt:

„A l'article 16 on a introduit […], ce que j'ai appelé ‚le refrain'. Le refrain c'est: conformément au droit communautaire et aux legislations nationales, et pratiques nationales. Nous l'avons introduit là à propos de la liberté d'entreprise, certains ayant pensé qu'il n'y avait pas de raisons de le limiter aux droit [sic!] sociaux qui viennent ensuite."[194]

Man habe also die Bezugnahmeklausel in Art. 16 GRC aufgenommen, weil bestimmte Konventsmitglieder der Auffassung gewesen seien, es gebe keinen Grund dafür, sie auf die sozialen Rechte zu beschränken. Vorausgegangen war ein Versuch des Präsidiums, den Bedenken gegen den (abgesehen von Art. 52 Abs. 1 GRC) „vorbehaltlosen" Art. 16 GRC durch eine Formulierung in den Erläuterungen Rechnung zu tragen, wonach die unternehmerische Freiheit natürlich *(bien entendu)* unter Einhaltung *(dans le respect du)* des Gemeinschaftsrechts und des Rechts der Mitgliedstaaten ausgeübt werde und außerdem nach Art. 52 Abs. 1 GRC beschränkt werden könne.[195] Den Kritikern der unternehmerischen Freiheit scheint dies nicht ausgereicht zu haben. Erst mit der Einfügung der Bezugnahmeklausel in den Chartatext konnte ein Kompromiss gefunden werden, der für alle Seiten annehmbar war. Tarifautonomie und Streikrecht, die klassischen Grundrechte der Arbeitnehmerseite – die „sozialen Rechte", auf die *Braibant* anspielt –, hielten trotz mancher Kritik (s. o. zu Art. 28 GRC) Einzug in die Charta, wurden aber nur im Einklang mit dem Unionsrecht und den Rechtsvorschriften und Gepflogenheiten der Mitgliedstaaten anerkannt. Ebenso wurden die Interessen der Arbeitgeberseite mit der unternehmerischen Freiheit abgesichert, die aber für die Arbeitnehmerseite wiederum als Grundrecht nur akzeptabel war, wenn sie unter demselben Vorbehalt stand wie die kollektiven Arbeitnehmerrechte. Arbeitgeber- und Arbeitnehmerinteressen wurden sozusagen textlich in einen Ausgleich

---

[192] Art. 28 GRC gewährt die kollektiven Rechte Arbeitnehmern und Arbeitgebern gleichermaßen; vor allem wenn es um Kollektivmaßnahmen geht, stehen aber freilich die Arbeitnehmer praktisch im Vordergrund. Ob Aussperrungen als typische Kollektivmaßnahmen der Arbeitgeberseite geschützt sind, ist sogar umstritten; vgl. dazu *Rudolf*, in: Meyer, GRC, Art. 28 Rn. 23 f. m. w. N.

[193] CONVENT 47 REV 1 ADD 1, S. 2.

[194] CONVENT 53, S. 4.

[195] CONVENT 48, S. 17.

gebracht,[196] indem beide Gewährleistungen unter einen gleichlautenden Regelungsvorbehalt zugunsten des Rechts der Union und der Mitgliedstaaten gestellt wurden.

Die Übertragung der Bezugnahmeklausel von Art. 28 GRC auf Art. 16 GRC ist unter sprachlichen Gesichtspunkten misslungen. Das dürfte auf die offenbar etwas hastige Schlussredaktion zurückzuführen sein. Die syntaktische Einordnung changiert daher, wie oben dargestellt, je nach Sprachfassung zwischen Attribut zur unternehmerischen Freiheit – als die Freiheit, ein Unternehmen im Einklang mit dem Unionsrecht und dem Recht der Mitgliedstaaten zu führen *(The freedom to conduct a business in accordance with [...])* – und Adverbiale zur Anerkennung dieser Freiheit *([...] est reconnue conformément au [...])*. Diese syntaktischen Reibungsverluste sind mit der unterschiedlichen Satzkonstruktion der Bestimmungen zu erklären: Während bei Art. 28 GRC die Grundrechtsträger als Subjekt das Grundrecht (als Objekt) „haben", ist das Grundrecht im passivisch formulierten („wird anerkannt")[197] Art. 16 GRC selbst Subjekt. An der Bedeutung der Bezugnahmeklausel ändert dies nichts: Beide Bestimmungen gewährleisten die jeweilige Freiheitsausübung nur im Einklang mit dem Unionsrecht und dem Recht der Mitgliedstaaten. Nur diese Lesart, die die genannten syntaktischen Wirrungen hintanstellt, trägt der vom Grundrechtekonvent gleichsam in letzter Minute angestrebten Balance zwischen Arbeitgeber- und Arbeitnehmerrecht Rechnung.

c) Erläuterungen

Gemäß den Erläuterungen stützt sich Art. 16 GRC auf die Rechtsprechung des EuGH, der die Freiheit, eine Wirtschafts- oder Geschäftstätigkeit auszuüben, anerkannt habe, sowie auf Art. 119 Abs. 1 und 3 AEUV, in dem der freie Wettbewerb anerkannt werde. Das Recht werde natürlich unter Einhaltung des Unionsrechts und der einzelstaatlichen Rechtsvorschriften ausgeübt. Es könne nach Art. 52 Abs. 1 GRC beschränkt werden. Die letzten beiden Aussagen kamen erst als Reaktion auf die Kritik an dem noch ohne Regelungsvorbehalt konzipierten Art. 16 GRC im Laufe der Beratungen des Konvents hinzu (s. o.). Sie wurden auch im Verfassungskonvent nicht mehr auf die endgültige Formulierung von Art. 16 GRC abgestimmt.

---

[196] Vgl. dazu auch *Bernsdorff*, in: Meyer, GRC, Art. 16 Rn. 4 ff., der die politische Brisanz des Art. 16 GRC im Konvent eindrucksvoll darstellt, dafür aber zumeist auf private Mitschriften verweist; das Bemühen um einen Ausgleich zwischen Arbeitgeber- und Arbeitnehmerseite lässt sich aber auch anhand der Konventsdokumente sowie der offiziell protokollierten Ausführungen *Braibants* nachvollziehen.

[197] Aus dieser Formulierung werden teilweise dogmatische Konsequenzen (geringerer Schutz) abgeleitet, die aber in den Dokumenten des Konvents keine Stütze finden. Im Kontext der Charta bedeutet „anerkennen" nichts anderes als „achten" oder „gewährleisten". Die passivische Verwendung ist lediglich ein sprachliches Mittel, um eine Grundrechtsgewährleistung unpersönlich, d. h. ohne explizite Nennung des Grundrechtsträgers, zu formulieren (ebenso unpersönlich formuliert sind Art. 9, 10 Abs. 2, 11 Abs. 2, 13 Satz 2, 14 Abs. 3, 18 GRC), vgl. zu diesem Problem auch *Große Wentrup*, Die Europäische Grundrechtecharta im Spannungsfeld der Kompetenzverteilung zwischen Europäischer Union und Mitgliedstaaten, 2004, S. 88 ff. m. w. N.

2. Rechtsprechung des EuGH

Im Gegensatz zur konsistenten Judikatur im Bereich der Kollektivrechte des Art. 28 GRC gibt die – mittlerweile umfangreiche – Rechtsprechung des EuGH zur unternehmerischen Freiheit ein uneinheitliches Bild ab. Der Regelungsvorbehalt des Art. 16 GRC wird, wenn überhaupt, nur in Ansätzen ernst genommen.

a) Rechtsprechung vor der Proklamation der Charta

Vor der Proklamation der Charta wurde die unternehmerische Freiheit als Aspekt einer umfassend konzipierten beruflichen Betätigungsfreiheit verstanden. Im *Nold*-Urteil aus dem Jahr 1974 erkannte der EuGH die „Freiheit der Arbeit, des Handels und anderer Berufstätigkeiten" als Grundrecht an.[198] In der fünf Jahre später entschiedenen Rechtssache *Eridania* stellte er die Ausübung der wirtschaftlichen Tätigkeit von Unternehmen explizit unter grundrechtlichen Schutz.[199] Als Teilaspekt dieses Grundrechts wurde die Vertragsfreiheit herausgestellt.[200] Auf diese Entscheidungen nehmen auch die Erläuterungen zu Art. 16 GRC Bezug. Zumal den Unionsgrundrechten als allgemeinen Rechtsgrundsätzen eine klare Ausdifferenzierung der Schutzbereiche fremd war, wurde auch zwischen unternehmerischer Freiheit und Berufsfreiheit nicht unterschieden. Als Konstante der Rechtsprechung erwiesen sich jedoch die bereits im *Nold*-Urteil gezogenen Grenzen der wirtschaftlichen Grundrechte:[201]

> „Die [...] Rechte sind [...] weit davon entfernt, uneingeschränkten Vorrang zu genießen; sie müssen im Hinblick auf die soziale Funktion der geschützten Rechtsgüter und Tätigkeiten gesehen werden. Aus diesem Grunde werden Rechte dieser Art in der Regel nur unter dem Vorbehalt von Einschränkungen geschützt, die im öffentlichen Interesse liegen. In der Gemeinschaftsrechtsordnung erscheint es weiterhin auch berechtigt, für diese Rechte bestimmte Begrenzungen vorzubehalten, die durch die dem allgemeinen Wohl dienenden Ziele der Gemeinschaft gerechtfertigt sind, solange die Rechte nicht in ihrem Wesen [*substance*] angetastet werden."

Kam das *Nold*-Urteil noch ohne Verhältnismäßigkeitserwägungen aus, traten diese im *Hauer*-Urteil aus dem Jahr 1979 als Rechtfertigungselemente hinzu. Der EuGH untersuchte den Fall zunächst im Lichte des Eigentumsgrundrechts, das er aus Art. 1 ZP-EMRK und den Verfassungen der Mitgliedstaaten ableitete.[202] Beschränkungen der Ausübung des Eigentumsrechts seien nur gerechtfertigt, wenn sie tatsächlich dem allgemeinen Wohl dienenden Zielen der Gemeinschaft entsprächen und keinen im Hinblick auf den verfolgten Zweck unverhältnismäßigen, nicht tragbaren Eingriff in die Vorrechte des Eigentümers darstellten, der das Eigentumsrecht in seinem Wesens-

[198] EuGH, Rs. 4/73 – *Nold*, Rn. 14.

[199] EuGH, Rs. 230/78 – *Eridania*, Rn. 20.

[200] EuGH, Rs. 151/78 – *Sukkerfabriken Nykøbing*, Rn. 20; Rs. C-240/71 – *Kommission/Spanien*, Rn. 99.

[201] EuGH, Rs. 4/73 – *Nold*, Rn. 14.

[202] EuGH, Rs. 44/79 – *Hauer*, Rn. 17–20.

gehalt antaste.[203] Nachdem der Gerichtshof dies im Fall *Hauer* verneint hatte, begnügte er sich damit, hinsichtlich der Berufsfreiheit darauf zu verweisen, dass eine Einschränkung – unterstellt, sie läge vor – aus den gleichen Gründen gerechtfertigt wäre wie die Beschränkung des Eigentumsrechts.[204] Im Urteil in der Rechtssache *Schräder* wurden die Ansätze des *Nold*- und des *Hauer*-Urteils schließlich miteinander kombiniert, ohne dass zwischen Eigentums- und Berufsfreiheit unterschieden worden wäre. Die *Schräder*-Formel wurde in der Folge der Leitsatz für Einschränkungen der wirtschaftlichen Freiheiten sowie der Unionsgrundrechte schlechthin.[205] In ihrer französischen Version[206] lautet sie wie folgt:[207]

„Ces principes n'apparaissent toutefois pas comme des prérogatives absolues, mais doivent être pris en considération par rapport à leur fonction dans la société. Par conséquent, des restrictions peuvent être apportées à l'usage du droit de propriété et au libre exercice d'une activité professionnelle, notamment dans le cadre d'une organisation commune de marché, *à condition que ces restrictions répondent effectivement à des objectifs d'intérêt général poursuivis par la Communauté et ne constituent pas, au regard du but poursuivi, une intervention démesurée et intolérable qui porterait atteinte à la substance même des droits ainsi garantis.*"

Kursiv gesetzt sind die Anforderungen, die an eine Beschränkung *(restriction)* der wirtschaftlichen Freiheiten gestellt werden. Diese Voraussetzungen wurden besonders im deutschen Schrifttum eingehend untersucht – mit sehr unterschiedlichen Ergebnissen.[208] Auch die Rechtsprechung des EuGH erwies sich nicht stets als konsistent, gerade mit Blick auf den Grundsatz der Verhältnismäßigkeit, der in der französischen Fassung der *Schräder*-Formel mehr implizit als explizit erwähnt wird.[209] Ein Grund für die Rezeptionsschwierigkeiten gerade in Deutschland dürfte in der unbesehenen Parallelisierung von Begriffen liegen, die auch in der nationalen Grundrechtsdogmatik vorkommen. So war mitnichten ausgemacht, dass die Wendung *démesurée et intolérable* eine dreistufige Verhältnismäßigkeitsprüfung „deutscher Prägung" implizierte. Auch lässt sich *la substance même des droits* nicht einfach mit der Wesensgehaltsgarantie des Art. 19 Abs. 2 GG gleichsetzen (deren Bedeutung ohnehin weitgehend obskur geblieben ist)[210]. Vielmehr ist die Parallele zur Kernbereichs-Rechtsprechung des EGMR, der ebenfalls von der *substance même* spricht, unübersehbar. Im Konventions-

---

203 EuGH, Rs. 44/79 – *Hauer*, Rn. 23.

204 EuGH, Rs. 44/79 – *Hauer*, Rn. 32.

205 Zu dieser Entwicklung vgl. *Bühler*, Die Einschränkung von Grundrechten nach der Europäischen Grundrechtecharta, 2005, S. 37 ff.

206 Die Verfahrenssprache der Rs. *Schräder* war Deutsch; zur Bedeutung der französischen Ursprungsfassungen von EuGH-Urteilen vgl. aber bereits Kapitel 1 B V. 6. sowie *Colneric*, ZEuP 2005, 225 (227).

207 EuGH, Rs. 265/87 – *Schräder*, Rn. 15.

208 Vgl. *Bühler*, Die Einschränkung von Grundrechten nach der Europäischen Grundrechtecharta, 2005, S. 75 ff. m. N. aus dem Schrifttum.

209 Vgl. *Bühler*, Die Einschränkung von Grundrechten nach der Europäischen Grundrechtecharta, 2005, S. 75 ff. m. N. aus der Rspr.

210 Vgl. *Sachs*, in: ders., GG, Art. 19 Rn. 40 ff.

recht übernimmt die *substance même* je nach Grundrecht und Fallkonstellation sehr unterschiedliche Funktionen.[211] Eine davon ist die Eröffnung der Rechtfertigungsprüfung, wie bei der oben dargestellten Rechtsprechung zu Art. 12 EMRK. So nimmt es auch nicht wunder, dass der EuGH den Ausdruck *substance même* nicht in einer Weise verwendet, die eine Zuordnung zu den Kategorien erlaubte, die die deutsche Dogmatik zu Art. 19 Abs. 2 GG entwickelt hat („absolute Theorie" – „relative Theorie").[212] Vieles spricht dafür, dass der EuGH die *substance même* bei den wirtschaftlichen Freiheiten im Sinne eines negativen Erst-Recht-Schlusses verwendet, den *Bühler* wie folgt auf den Punkt gebracht hat: „Wenn schon der Wesensgehalt nicht verletzt ist, ist die Regelung erst recht nicht unverhältnismäßig, oder, mit anderen Worten, wenn noch etwas vom Recht übrig bleibt, kann der Wesensgehalt nicht verletzt sein."[213] Um Missverständnisse mit Blick auf Art. 19 Abs. 2 GG zu vermeiden, sollte bei der Analyse der EuGH-Rechtsprechung nicht vom „Wesensgehalt", sondern von Substanz oder Kern[214] des Rechts gesprochen werden, auch wenn die amtlichen Übersetzungen ein anderes Verständnis suggerieren.

b) Rechtsprechung nach Inkrafttreten der Charta

aa) Ausgangspunkt

Die Charta knüpft zwar, wie die Erläuterungen bestätigen, an die Rechtsprechung des EuGH zur wirtschaftlichen Betätigungsfreiheit an. Mit der Aufteilung der Aspekte dieser Freiheit in zwei gesonderte Gewährleistungen – Art. 15 und Art. 16 GRC – geht aber eine Neukonzeptionierung einher.[215] Von dieser ist vor allem die unternehmerische Freiheit betroffen, die der Grundrechtekonvent mit Blick auf die korrespondierenden „Arbeitnehmerrechte" des Art. 28 GRC als regelungsfähiges Grundrecht ausgestaltet hat, während die Berufsfreiheit nur dem allgemeinen Einschränkungsvorbehalt des Art. 52 Abs. 1 GRC unterworfen wurde. Die seit Inkrafttreten der Charta ergangene Rechtsprechung hat Schwierigkeiten, diese Weichenstellung adäquat umzusetzen, und oszilliert zwischen der traditionellen Linie und einer Auflösung des Regelungsvorbehalts zugunsten einer Verhältnismäßigkeitsprüfung. Unterscheiden lassen sich zwei größere Rechtsprechungslinien, die hier unter ihren jeweiligen Leitentscheidungen *Deutsches Weintor* und *Sky Österreich* firmieren. Hinzu kommt eine Reihe unklarer Judikate sowie neuere Entscheidungen, die mit wenig Erfolg darum bemüht sind, die divergierenden Ansätze miteinander in Einklang zu bringen.

---

[211] Vgl. *Christoffersen*, Fair Balance, 2009, S. 135 ff.

[212] Vgl. den Versuch einer Einordnung bei *Bühler*, Die Einschränkung von Grundrechten nach der Europäischen Grundrechtecharta, 2005, S. 114 ff. m. w. N.

[213] *Bühler*, Die Einschränkung von Grundrechten nach der Europäischen Grundrechtecharta, 2005, S. 117.

[214] Vgl. auch die niederländische Übersetzung der *Schräder*-Formel: „[...] waardoor de gewaarborgde rechten in hun *kern* worden aangetast." – Hervorhebung F. M.

[215] Vgl. dazu *Gundel*, ZHR 2016, 323 (334).

bb) Rechtsprechungslinie Deutsches Weintor

In der Rechtssache *Deutsches Weintor* war der Gerichtshof auf Vorlage des BVerwG mit der Auslegung von Art. 4 Abs. 3 Satz 1 Health-Claim-Verordnung befasst, nach dem gesundheitsbezogene Angaben bei Getränken mit einem Alkoholgehalt von mehr als 1,2 Volumenprozent verboten sind. Das BVerwG wollte vom EuGH unter anderem wissen, ob es mit Art. 15 und (!) Art. 16 GRC vereinbar sei, einem Erzeuger oder Vermarkter von Wein die Werbung mit einer gesundheitsbezogenen Angabe wie „bekömmlich" zu verbieten, sofern diese Angabe zutreffe. Die derart formulierte Vorlagefrage provozierte geradezu eine systematisch bedenkliche Parallelprüfung der Art. 15 und Art. 16 GRC, die der EuGH (Berichterstatter: *Malenovský)* mit Urteil vom 6. September 2012 auch in der Tat vorlegte.[216] Vorab gab der Gerichtshof zu bedenken, dass nicht nur die beiden Grundrechte, sondern auch der Grundsatz des Art. 35 Satz 2 GRC zu berücksichtigen sei, der die Sicherstellung eines hohen Gesundheitsschutzniveaus durch die Union verlange. Zwischen Berufs- und unternehmerischer Freiheit auf der einen und Gesundheitsschutz auf der anderen Seite müsse daher ein angemessenes Gleichgewicht bestehen.[217] Der EuGH ging zunächst auf den Gesundheitsschutz ein, den der Unionsgesetzgeber durch ein Verbot mehrdeutiger oder sogar irreführender Angaben bei alkoholischen Getränken in berechtigter Weise verfolgt habe.[218] Das absolute Verbot solcher Angaben sei daher notwendig, um die Anforderungen des Art. 35 GRC zu wahren.[219] Die darauffolgenden Ausführungen zu Art. 15 und Art. 16 GRC lohnen der wörtlichen Wiedergabe:

„[54] Was zweitens die Berufsfreiheit und die unternehmerische Freiheit betrifft, ist darauf hinzuweisen, dass nach der Rechtsprechung des Gerichtshofs die freie Berufsausübung, ebenso wie das Eigentumsrecht, nicht absolut gewährleistet wird, sondern im Zusammenhang mit ihrer gesellschaftlichen Funktion zu sehen ist [...]. Die Ausübung dieser Freiheiten kann daher Beschränkungen unterworfen werden, sofern diese tatsächlich den dem Gemeinwohl dienenden Zielen der Union entsprechen und keinen im Hinblick auf den verfolgten Zweck unverhältnismäßigen und untragbaren Eingriff darstellen, der diese Rechte in ihrem Wesensgehalt [*substance même*] antastet [...].

[55] In Bezug auf die erwähnten Ziele geht aus den Randnrn. 48 bis 53 des vorliegenden Urteils hervor, dass die in Rede stehende Regelung dem Gesundheitsschutz dienen soll, der ein durch Art. 35 der Charta anerkanntes Ziel darstellt.

[56] Was die Beachtung des Grundsatzes der Verhältnismäßigkeit betrifft, trifft es zwar zu, dass der Berufstätigkeit der betroffenen Wirtschaftsteilnehmer durch das Verbot der fraglichen Angaben bezüglich eines konkreten Aspekts bestimmte Beschränkungen auferlegt werden, doch ist die Beachtung der wesentlichen Aspekte [*aspects essentiels*] dieser Freiheiten sichergestellt.

---

[216] EuGH, Rs. C-544/10 – *Deutsches Weintor*, Rn. 42 ff.

[217] EuGH, Rs. C-544/10 – *Deutsches Weintor*, Rn. 45–47 bezugnehmend auf EuGH, C-275/06 – *Promusicae*, Rn. 65 f.

[218] EuGH, Rs. C-544/10 – *Deutsches Weintor*, Rn. 48–52.

[219] EuGH, Rs. C-544/10 – *Deutsches Weintor*, Rn. 53.

[57] Die in Streit stehende Regelung ist nämlich weit davon entfernt, die Herstellung oder den Vertrieb alkoholischer Getränke zu verbieten, sondern beschränkt sich darauf, für solche Getränke innerhalb eines klar abgegrenzten Bereichs die Etikettierung und Werbung zu regeln.

[58] Somit berührt das in Streit stehende Verbot in einem Fall wie dem des Ausgangsverfahrens in keiner Weise den Wesensgehalt [*substance même*] der Berufsfreiheit oder der unternehmerischen Freiheit."

Der EuGH knüpfte in Randnummer 54 also zunächst nahtlos an seine ständige Rechtsprechung aus der Zeit vor Inkrafttreten der Charta an. Die *Schräder*-Formel wird wörtlich zitiert. Was dann folgte, hat mit einer Prüfung der Rechtfertigung einer Einschränkung der Grundrechte wenig zu tun. Art. 52 Abs. 1 GRC wird nicht einmal erwähnt. Das ist erstaunlich, denn der Generalanwalt hatte seine Rechtfertigungsprüfung explizit mit Art. 52 Abs. 1 GRC eingeleitet.[220] Der Gerichthof notierte vielmehr das bereits klargestellte legitime Ziel des Etikettierungsverbots (Gesundheitsschutz). Sodann sprach er zwar vom Grundsatz der Verhältnismäßigkeit, vertrat aber eine Konzeption, die mit der des Art. 52 Abs. 1 Satz 2 GRC und auch der deutschen Dogmatik nicht viel gemein hat: Der Grundsatz der Verhältnismäßigkeit sollte allein deshalb gewahrt sein, weil die *substance même* der Rechte nicht berührt gewesen sei. Es sei nämlich nicht die Herstellung oder Vermarktung der Getränke verboten, sondern nur die Etikettierung und Werbung innerhalb eines klar abgegrenzten Bereichs geregelt worden – im Französischen ist hier metaphorisch von „einrahmen" *(encadrer)* die Rede. Auf die Erforderlichkeit und Angemessenheit des Etikettierungsverbots kam der EuGH nicht zu sprechen. Er konzentrierte sich vielmehr ausschließlich auf die Position der Weinproduzenten bzw. -vermarkter und setzte diese gerade nicht ins Verhältnis zu den Zielen, die mit dem Verbot verfolgt wurden.

Die Aussagekraft des Urteils für Art. 16 GRC mag man allein deshalb in Zweifel ziehen, weil der EuGH aufgrund der (misslungenen) Vorlagefrage des BVerwG Berufs- und unternehmerische Freiheit zusammen geprüft hat. Doch das greift zu kurz. Denn die Rechtssache betraf mit der Vermarktung von Wein einen Bereich, der, gleichviel welcher Abgrenzungsthese zu Art. 15 und Art. 16 GRC man folgt,[221] eindeutig der unternehmerischen Freiheit zuzuordnen ist. Der Sache nach ging es trotz des Doppelzitats nur um Art. 16 GRC.[222] Freilich lassen die Ausführungen des EuGH auch nicht erkennen, dass die Prüfung an den Regelungsvorbehalt des Art. 16 GRC rückgebunden worden wäre, obschon dieser textliche Anknüpfungspunkt sich angeboten, ja aufgedrängt, hätte und die Rechtsprechung zu Art. 28 GRC ihn schon in diesem Sinne herangezogen hatte. Keinesfalls darf – wie die deutsche Urteilsfassung vortäuscht – die Rede von der *substance même* mit der Garantie des Wesensgehalts in Art. 52 Abs. 1

220 *GA Mázák*, SchlA, Rs. C-544/10 – *Deutsches Weintor*, Rn. 67.

221 Vgl. zu den konkurrierenden Ansätzen *Jarass*, GRC, Art. 16 Rn. 4 f. m. w. N.

222 Dass eine Etikettierungspflicht nur Art. 16 GRC betrifft, stellt nun auch EuGH, Rs. C-134/15 – *Lidl*, Rn. 26 f. klar und „korrigiert" insoweit das vorlegende deutsche Gericht; krit. *Drechsler*, EuR 2016, 691 (696 ff.).

Satz 1 GRC gleichgesetzt werden.[223] Denn im französischen Chartatext ist von *contenu essentiel*, nicht von *substance même* die Rede. Dieser Unterschied findet sich, soweit ersichtlich, in allen Sprachfassungen mit Ausnahme der deutschen.[224] Im Deutschen sollte daher, um Missverständnisse zu vermeiden, der Ausdruck *substance même* mit „Substanz" oder „Kern(bereich)"[225] wiedergegeben werden. Dies entspricht überdies der Wortwahl der meisten anderen germanisch-sprachigen Urteilsübersetzungen.[226]

Auf der Linie des Urteils in der Rechtssache *Deutsches Weintor* liegen weitere Entscheidungen des EuGH. So ging der Gerichtshof im – arbeitsrechtlich sehr umstrittenen –[227] *Alemo-Herron*-Urteil aus dem Jahr 2013 (Berichterstatter war erneut *Malenovský)* davon aus, dass die Fortgeltung eines Tarifvertrags aufgrund einer dynamischen Bezugnahmeklausel die durch Art. 16 GRC geschützte Vertragsfreiheit des Betriebserwerbers so erheblich reduziere, „dass eine solche Einschränkung den Wesensgehalt [Kern; *substance même*] seines Rechts auf unternehmerische Freiheit beeinträchtigen" könne.[228] Denn dem Erwerber im Ausgangsverfahren sei es verwehrt gewesen, an den Verhandlungen mitzuwirken, die zum Abschluss des Tarifvertrages geführt hätten, an den er schließlich nach englischem Recht gebunden gewesen sei.[229] An der Entscheidung irritiert aus grundrechtsdogmatischer Sicht vor allem das völlige Fehlen einer Verhältnismäßigkeitsprüfung, die für eine konsequente Fortsetzung der Entscheidung *Deutsches Weintor* bei einer (möglichen) Beeinträchtigung des Kernbereichs zu verlangen gewesen wäre.

Deutlicher auf der Linie der Leitentscheidung liegt dagegen das Urteil in der Rechtssache *UPC Telekabel Wien* aus dem Jahr 2014 (Berichterstatter war wiederum *Malenovský)*. Der Gerichtshof hatte darin über die Grundrechtskonformität gerichtlicher Zugangsbeschränkungen zu entscheiden, die an einen Access-Provider wegen Urheberrechtsverletzungen auf einer bestimmten Website gerichtet worden waren. Dazu stellte der EuGH fest, dass die unternehmerische Freiheit des Access-Providers zwar durch eine solche Anordnung beschränkt werde, ihr Kern *(substance même)* aber unangestastet bleibe.[230] Das Recht auf unternehmerische Freiheit umfasse unter anderem das Recht jedes Unternehmers, in den Grenzen seiner Verantwortlichkeit für seine eigenen Handlungen frei über seine wirtschaftlichen, technischen und

---

[223] *Riemer*, EuZW 2012, 830 (831) spricht daher zutreffend vom „Kernbereich"; vgl. dazu auch *Drechsler*, EuR 2016, 691 (701), der diese Erkenntnis einem Hinweis des Verfassers verdankt.

[224] Dän: *væsentligste indhold* (GRC) – *selve substansen* (EuGH); engl.: *essence – very substance*; ital.: *contenuto essenziale – sostanza stessa*; span.: *contenido esencial– substancia misma*; port.: *conteúdo essencial – própria essência*; schw.: *väsentliga innehållet – kärnan*.

[225] So auch *Riemer*, EuZW 2012, 830 (831).

[226] Vgl. die dänische *(selve substansen)*, englische *(actual substance)* niederländische *(kern)* und schwedische *(kärnan)* Übersetzung von EuGH, Rs. C-544/10 – *Deutsches Weintor*, Rn. 58.

[227] Vgl. *Klein*, EuZA 2014, 325 (328 f.) sowie zur Diskussion über die Tragweite des Urteils *Hartmann*, EuZA 2015, 203 (206 ff.) m. w. N.

[228] EuGH, Rs. C-426/11 – *Alemo-Herron*, Rn. 35.

[229] EuGH, Rs. C-426/11 – *Alemo-Herron*, Rn. 34.

[230] EuGH, Rs. C-314/12 – *UPC Telekabel Wien*, Rn. 48 und 51.

finanziellen Ressourcen verfügen zu können. Die gerichtlich angeordnete Zugangsbeschränkung schränke den Access-Provider in der freien Nutzung seiner Ressourcen ein, da sie ihn zu Maßnahmen verpflichte, die unter Umständen mit erheblichen Kosten verbunden seien, beträchtliche Auswirkungen auf die Ausgestaltung seiner Tätigkeiten hätten oder schwierige und komplexe technische Lösungen einforderten.[231] Der Kern der unternehmerischen Freiheit sei aber – in der Situation des Ausgangsverfahrens – aus zwei Gründen nicht angetastet worden: Zum einen überlasse die Anordnung es dem Access-Provider, die konkreten Maßnahmen zu bestimmen, so dass er diejenige wählen könne, die seinen Ressourcen und Möglichkeiten am besten entspreche. Zum anderen könne sich der Access-Provider von seiner Verpflichtung dadurch befreien, dass er nachweise, alle zumutbaren Maßnahmen ergriffen zu haben. Er müsse daher keine untragbaren Opfer erbringen.[232] Der Gerichtshof kommt in der Rechtssache *UPC Telekabel Wien* mit Blick auf die unternehmerische Freiheit erneut ohne Anwendung des Art. 52 Abs. 1 GRC aus. Das ist umso bemerkenswerter, als er bei der anschließenden Prüfung des geistigen Eigentums auf diese Bestimmung rekurriert.[233] Für die Einhaltung von Art. 16 GRC genügt es, so darf man den EuGH verstehen, dass der Kernbereich *(substance même)* der unternehmerischen Freiheit – im deutschen Urteilstext erneut irreführend als „Wesensgehalt" bezeichnet – nicht betroffen ist. Ob eine solche Kernbereichsrelevanz gegeben ist, ermittelt der EuGH anhand einer Intensitätsprüfung, die ausschließlich die Interessen des Unternehmers im Blick hat. Eine Abwägung im Sinne des Verhältnismäßigkeitsgrundsatzes findet nicht statt. Obwohl der EuGH beträchtliche Auswirkungen auf den grundrechtlichen Freiheitsgebrauch feststellt, sieht er die streitgegenständliche Anordnung dennoch nicht als kernbereichsrelevant an, da sie den Betroffenen Umsetzungsspielräume und Befreiungsmöglichkeiten belasse. Daher würden dem Unternehmer keine untragbaren Opfer *(sacrifices insupportables)* abverlangt.

cc) *Rechtsprechungslinie Sky Österreich*

In deutlichem Kontrast zur Herangehensweise des Gerichtshofs in den Rechtssachen *Deutsches Weintor*, *Alemo-Herron* und *UPC Telekabel Wien* steht eine zeitlich parallel verlaufende Rechtsprechungslinie, die mit dem Urteil in der Rechtssache *Sky Österreich* vom 22. Januar 2013 (Berichterstatter: *von Danwitz)* einsetzte.[234] Der Sachverhalt wurde bereits in Kapitel 2 dargestellt.[235] Inmitten stand eine Richtlinienbestimmung, die die Inhaber von Exklusivübertragungsrechten zur Gewährung von freiem Zutritt zu ihrem Signal verpflichtete, um Kurzberichterstattung zu ermöglichen. Nachdem

231 EuGH, Rs. C-314/12 – *UPC Telekabel Wien*, Rn. 49 f.
232 EuGH, Rs. C-314/12 – *UPC Telekabel Wien*, Rn. 52 f.
233 EuGH, Rs. C-314/12 – *UPC Telekabel Wien*, Rn. 63.
234 EuGH, Rs. C-283/11 – *Sky Österreich*.
235 Kapitel 2 C III. 4. a.

er die Eröffnung des Schutzbereichs des Eigentumsgrundrechts verneint hatte,[236] überprüfte der EuGH diese Bestimmung anhand der unternehmerischen Freiheit, die neben der freien Wahl des Geschäftspartners auch die freie Preisgestaltung schütze.[237] Die Richtlinienbestimmung, die diese Aspekte betreffe, stelle einen Eingriff *(ingérence)* in die unternehmerische Freiheit dar.[238] Nach der Rechtsprechung des EuGH gelte die unternehmerische Freiheit aber nicht schrankenlos, sondern sei im Zusammenhang mit ihrer gesellschaftlichen Funktion zu sehen.[239] Insoweit zeichnet sich in den Entscheidungsgründen des *Sky-Österreich*-Urteils noch kein Widerspruch zum Urteil in der Rechtssache *Deutsches Weintor* ab, das auch zitiert wird. Der Bruch wird jedoch in den folgenden Absätzen deutlich:

„[46] Auf der Grundlage dieser Rechtsprechung und angesichts des Wortlauts von Art. 16 der Charta, der sich von dem der anderen grundrechtlich geschützten Freiheiten, die in ihrem Titel II verankert sind, unterscheidet und dabei dem Wortlaut einiger Bestimmungen ihres Titels IV ähnelt, kann die unternehmerische Freiheit einer Vielzahl von Eingriffen der öffentlichen Gewalt unterworfen werden, die im allgemeinen Interesse die Ausübung der wirtschaftlichen Tätigkeit beschränken können.

[47] Dieser Umstand spiegelt sich vor allem darin wider, auf welche Weise nach Art. 52 Abs. 1 der Charta der Grundsatz der Verhältnismäßigkeit zu handhaben ist.

[48] Nach dieser Bestimmung muss jede Einschränkung der Ausübung der in der Charta anerkannten Rechte und Freiheiten gesetzlich vorgesehen sein, deren Wesensgehalt achten und unter Wahrung des Grundsatzes der Verhältnismäßigkeit erforderlich sein und den von der Union anerkannten dem Gemeinwohl dienenden Zielsetzungen oder den Erfordernissen des Schutzes der Rechte und Freiheiten anderer tatsächlich entsprechen."

Vordergründig beherzigte der EuGH also den Wortlaut des Art. 16 GRC und wies sogar darauf hin, dass dieser der Formulierung einiger Bestimmungen des Solidaritätstitels ähnle. Statt sich aber näher mit Art. 28 GRC auseinanderzusetzen (dies hätte sich angesichts der vom Gerichtshof selbst erkannten textlichen Ähnlichkeit der Bestimmungen – von der miteinander verflochtenen Genese ganz abgesehen – aufdrängen müssen), „sprang" er gleichsam auf Art. 52 Abs. 1 GRC, als gäbe es keinen anderen Weg, die Grundrechtsprüfung fortzusetzen. Das nur wenige Wochen zuvor ergangene Urteil in der Rechtssache *Deutsches Weintor* fiel dabei ebenso unter den Tisch wie die Judikate zu Art. 28 GRC, die eine völlig andere Prüfungsstruktur nahegelegt hätten.

Die Betonung des Wortlauts von Art. 16 GRC bleibt denn auch ein Lippenbekenntnis. Was folgte, ist eine Subsumtion des Falles unter die Rechtfertigungsanforderungen des Art. 52 Abs. 1 GRC. Der Wesensgehalt *(contenu essentiel)* bleibe unangetastet, da der Rechteinhaber an der Ausübung seiner unternehmerischen

236 Vgl. Kapitel 2 C III. 4. a.
237 EuGH, Rs. C-283/11 – *Sky Österreich*, Rn. 43.
238 EuGH, Rs. C-283/11 – *Sky Österreich*, Rn. 44.
239 EuGH, Rs. C-283/11 – *Sky Österreich*, Rn. 45.

Tätigkeit als solcher nicht gehindert werde und auch die Rechte weiterhin verwerten könne.[240] Die Verhältnismäßigkeit des Eingriffs wird wortreich über 17 Absätze erörtert.[241] Wie sich die Bezugnahmeklausel darauf ausgewirkt haben soll, bleibt unklar.[242] Im Gegenteil macht die dreistufig strukturierte Prüfung einen besonders „gründlichen", man könnte auch sagen „peniblen", Eindruck.[243] Das Ziel der Richtlinie, die Öffentlichkeit über wichtige Ereignisse zu informieren, wird im Lichte des Art. 11 GRC als legitim anerkannt.[244] Auch wird der Bestimmung die Eignung zur Erreichung des angestrebten Ziels bescheinigt.[245] Im Rahmen der Erforderlichkeit werden weniger belastende Maßnahmen, wie ein entgeltliches Zutrittsrecht, als nicht gleich effektiv aussortiert.[246] In der Angemessenheitsprüfung wägt der EuGH die konfligierenden Interessen, nämlich die unternehmerische Freiheit auf der einen, das Grundrecht auf Information sowie die Freiheit und den Pluralismus der Medien auf der anderen Seite, gegeneinander ab. Der Unionsgesetzgeber habe den Eingriff genau eingegrenzt. Auch die Verwertung des Sendesignals zur Kurzberichterstattung sei reglementiert worden. Insoweit seien auch konkrete Vorgaben an die mitgliedstaatliche Umsetzung gemacht worden, um die Interessen in Balance zu halten. Demgegenüber schränke ein Exklusivübertragungsrecht den Zugang der Öffentlichkeit zu Informationen über wichtige Ereignisse erheblich ein. Dem Unionsgesetzgeber habe es daher freigestanden, das öffentliche Informationsinteresse höher zu gewichten als die unternehmerische Freiheit.[247]

Auf derselben Linie liegt das Urteil in der Rechtssache *Schaible* vom 17. Oktober 2013 (*von Danwitz* fungierte diesmal als Kammerpräsident). Darin bestätigte der EuGH die Vereinbarkeit einer durch Verordnung vorgesehenen Kennzeichnungs- und Registerpflicht für Schafe und Ziegen mit der unternehmerischen Freiheit von Schaf- und Ziegenhaltern.[248] Das vorlegende Verwaltungsgericht Stuttgart meinte, in der Pflicht, die Tiere einzeln elektronisch zu kennzeichnen und ein Bestandsregister zu führen, einen unverhältnismäßigen Eingriff in die unternehmerische Freiheit zu erkennen.[249] Der EuGH bejahte mit knappen Worten eine Einschränkung der unternehmerischen Freiheit.[250] Diese überprüfte er sodann im Lichte des Art. 52 Abs. 1

240 EuGH, Rs. C-283/11 – *Sky Österreich*, Rn. 49.

241 EuGH, Rs. C-283/11 – *Sky Österreich*, Rn. 50–67.

242 *Ziegenhorn*, EuZW 2013, 351 (352): „Allerdings ist der Verhältnismäßigkeitsprüfung selbst nicht zu entnehmen, ob oder inwieweit der EuGH sie tatsächlich anders gehandhabt hat. Vor allem findet sich keinerlei konkrete Berücksichtigung einzelstaatlicher Rechtsvorschriften oder gar Gepflogenheiten."

243 *Anagnostaras*, ELR 2014, 111 (115): „The ruling then proceeds to a meticulous assessment of the proportionality principle".

244 EuGH, Rs. C-283/11 – *Sky Österreich*, Rn. 51 f.

245 EuGH, Rs. C-283/11 – *Sky Österreich*, Rn. 53.

246 EuGH, Rs. C-283/11 – *Sky Österreich*, Rn. 54–57.

247 EuGH, Rs. C-283/11 – *Sky Österreich*, Rn. 58–66.

248 EuGH, Rs. C-101/12 –*Schaible*.

249 EuGH, Rs. C-101/12 –*Schaible*, Rn. 23.

250 EuGH, Rs. C-101/12 –*Schaible*, Rn. 25 f.

GRC.[251] Anders als noch im *Sky-Österreich*-Urteil wurde der Wesensgehalt jedoch nicht mehr angesprochen. Die Rechtfertigungsprüfung bestand vielmehr in einer minutiösen Darlegung der Verhältnismäßigkeitskontrolle, die über 46 (!) Randnummern des Urteils ausgebreitet wurde, nur um zu dem Ergebnis zu kommen, dass der Unionsgesetzgeber keinen unverhältnismäßigen Ausgleich zwischen der unternehmerischen Freiheit und den Zielen des Gesundheitsschutzes, der Bekämpfung von Tierseuchen, des Wohlbefindens der Tiere sowie der Vollendung des Agrarbinnenmarkts getroffen habe.[252] Man mag diese Ausführlichkeit mit der Vorlagefrage des deutschen Gerichts begründen, das – allen Ernstes! – von der Unverhältnismäßigkeit der Maßnahmen überzeugt war. Ob es dafür eines solchen „Begründungsexzesses" bedurft hätte, darf man aber bezweifeln. Der Gerichtshof scheint geradezu in einer Verhältnismäßigkeitseuphorie geschwelgt zu haben.[253] Der Kontrast zur knapp gehaltenen Urteilsbegründung in der Rechtssache *Deutsches Weintor* könnte stärker kaum sein.

dd) Neuere Entscheidungen

Eine Handvoll neuerer Entscheidungen ist um eine Verbindung der beiden schwerlich kompatiblen Rechtsprechungslinien bemüht. In der Rechtssache *Neptune Distribution* (2015) ging es erneut um sekundärrechtliche Etikettierungsvorschriften, diesmal bezogen auf die Angabe des Natriumgehalts von Mineralwässern. Unter dem Eindruck der EGMR-Rechtsprechung zum Meinungsfreiheitsschutz von Werbeäußerungen, auf die der vorlegende französische Conseil d'Etat hingewiesen hatte,[254] prüfte der EuGH den Fall im Lichte der Art. 11 Abs. 1 und Art. 16 GRC. Im Rahmen der Rechtfertigungsprüfung, die sich an Art. 52 Abs. 1 GRC orientierte, unterschied er nicht stets zwischen den einschlägigen Gewährleistungen. Die Aussagekraft der Entscheidung für die unternehmerische Freiheit ist daher eher gering. Immerhin folgt sie dem Urteil *Deutsches Weintor* darin, dass eine Etikettierungsregelung in keiner Weise den „Wesensgehalt" (Kern) der unternehmerischen Freiheit beeinträchtige.[255] Im französischen Urteilstext, der der Verfahrenssprache entspricht, ist insoweit aber nicht mehr von der *substance même*, sondern vom *contenu essentiel* die Rede. Das Urteil in der Rechtssache *Deutsches Weintor* wurde damit gleichsam nachträglich „uminterpretiert" als Anwendung des Art. 52 Abs. 1 GRC. Dementsprechend beschränkte sich der Gerichtshof in der Rechtssache *Neptune Distribution* auch nicht auf die Prüfung des Kernbereichs, sondern erörterte im Anschluss daran die Verhältnismäßigkeit der Maßnahme.[256] Diese Prüfung wurde jedoch nicht nach dem Muster des *Sky-*

251 EuGH, Rs. C-101/12 –*Schaible*, Rn. 27.

252 EuGH, Rs. C-101/12 –*Schaible*, Rn. 29–75.

253 *Wollenschläger*, EuZW 2015, 285 (288) lobt die Verhältnismäßigkeitsprüfung in den Rechtssachen *Sky Österreich* und *Schaible* dagegen als „sorgfältig[e]".

254 EuGH, Rs. C-157/14 – *Neptune Distribution*, Rn. 32; der Conseil d'Etat zitierte in seiner Vorlagefrage Art. 11 und Art. 16 GRC sowie Art. 10 EMRK.

255 EuGH, Rs. C-157/14 – *Neptune Distribution*, Rn. 71.

256 EuGH, Rs. C-157/14 – *Neptune Distribution*, Rn. 75–85.

Österreich-Urteils dreistufig strukturiert und blieb auch in ihrer Ausführlichkeit weit hinter den Urteilen *Sky Österreich* und vor allem *Schaible* zurück. Vielmehr trägt sie Züge einer Plausibilitätskontrolle, bei der die Entscheidung des Unionsgesetzgebers den Einwänden des Grundrechtsträgers gegenübergestellt wird und diese Einwände Schritt für Schritt entkräftet werden.

Elemente beider Rechtsprechungslinien vereint – neben dem Urteil in der Rechtssache *Lidl* aus dem Juni desselben Jahres –[257] auch das Urteil in der Rechtssache *AGET Iraklis* vom 21. Dezember 2016, allerdings in wenig harmonischer Weise.[258] Im Ausgangsrechtsstreit klagte ein griechischer Arbeitgeber *(AGET Iraklis)*, der zu einem französischen Konzern gehörte, gegen die Weigerung des griechischen Arbeitsministers, eine Genehmigung für die Vornahme von Massenentlassungen zu erteilen. Das griechische Recht sieht vor, dass Arbeitgeber vor der Vornahme von Massenentlassungen die Arbeitnehmer konsultieren müssen. Das Ergebnis der Konsultationen ist dem Minister anzuzeigen. Kommt es zu keiner Einigung, kann der Minister unter Berücksichtigung der Belange der Bedingungen des Arbeitsmarkts, der wirtschaftlichen Verhältnisse des Unternehmens sowie der Belange der nationalen Wirtschaft entweder die Konsultationen verlängern oder die Genehmigung der Massenentlassungen verweigern. Der vorlegende griechische Staatsrat bezweifelte im konkreten Fall die Vereinbarkeit der Verweigerung der Genehmigung mit der Massenentlassungsrichtlinie, den Grundfreiheiten und der unternehmerischen Freiheit. Er gab jedoch zugleich zu bedenken, dass die schwere Wirtschaftskrise in Griechenland mit einer Arbeitslosenquote von 27 Prozent die Maßnahme unter Umständen gerechtfertigt erscheinen lasse.[259] Mit Blick auf die Richtlinie äußerte der EuGH keine grundsätzlichen Bedenken gegen die Genehmigungspflicht, überließ es aber dem vorlegenden Gericht, festzustellen, ob die konkrete Genehmigungspraxis die praktische Wirksamkeit der Richtlinie dadurch unterlaufe, dass jede tatsächliche Möglichkeit des Arbeitgebers, Massenentlassungen vorzunehmen, ausgeschlossen sei.[260] Er wendete sich sodann der Niederlassungsfreiheit nach Art. 43 AEUV zu. Diese schließe das Recht ein, nach der Niederlassung in einem anderen Mitgliedstaat den Umfang der Tätigkeit zu verringern und sogar die Niederlassung ganz aufzugeben.[261] Die Entscheidung, Massenentlassungen vorzunehmen, stelle als Voraussetzung für die Aufgabe der Niederlassung „eine grundlegende Entscheidung im Leben eines Unternehmens" dar, so dass die griechische Regelung eine „erhebliche Einmischung" in die wirtschaftlichen Freiheiten der Unternehmer bedeute, die den Zugang zum griechischen Markt weniger attraktiv mache und daher ein ernsthaftes Hindernis der Niederlassungsfreiheit darstelle.[262] Bei der Prüfung der Rechtfertigung dieser Beschränkung sei zu berücksichtigen, dass

[257] EuGH, Rs. C-134/15 – *Lidl*, Rn. 30 ff.
[258] EuGH, Rs. C-201/15 – *AGET Iraklis*.
[259] EuGH, Rs. C-201/15 – *AGET Iraklis*, Rn. 21–25.
[260] EuGH, Rs. C-201/15 – *AGET Iraklis*, Rn. 26–44.
[261] EuGH, Rs. C-201/15 – *AGET Iraklis*, Rn. 53.
[262] EuGH, Rs. C-201/15 – *AGET Iraklis*, Rn. 54–57.

die Schaffung einer Rahmenregelung *(régime d'encadrement)* für Massenentlassungen wie die griechische Regelung zugleich die Ausübung der unternehmerischen Freiheit nach Art. 16 GRC einschränke.[263] Jedoch seien Einschränkungen unter den Voraussetzungen des Art. 52 Abs. 1 GRC zulässig.[264] Der Gerichtshof setzte seine Prüfung nun aber nicht mit Art. 52 Abs. 1 GRC fort, sondern erörterte zuerst die zwingenden Gründe des Allgemeininteresses im Sinne der Grundfreiheiten-Dogmatik.[265] Als solche erkannte er den Arbeitnehmerschutz und die Förderung von Beschäftigung, nicht jedoch die Wahrung der Belange der nationalen Wirtschaft an.[266] Schließlich prüfte er, ob die Beschränkungen der Niederlassungsfreiheit und der unternehmerischen Freiheit verhältnismäßig seien.[267] Grundfreiheits- und Grundrechtsprüfung scheinen dabei miteinander zu verschmelzen. Nach knappen Ausführungen zur Geeignetheit und Erforderlichkeit[268] wird – nicht weniger knapp – festgehalten, dass eine Rahmenregelung für Massenentlassungen grundsätzlich nicht geeignet sei, den Wesensgehalt *(contenu essentiel)* der unternehmerischen Freiheit zu beeinträchtigen. Im Anschluss daran werden Versatzstücke aus dem *Sky-Österreich-*, aber auch dem *Alemo-Herron-*Urteil (einschließlich der *substance-même-*Floskel) zitiert, nur um erneut festzustellen, dass der Wesensgehalt *(contenu essentiel)* der unternehmerischen Freiheit durch die griechische Regelung nicht beeinträchtigt werde. Die Sprache kommt sodann erneut auf Art. 52 Abs. 1 GRC und den darin verankerten Grundsatz der Verhältnismäßigkeit, in dessen Lichte die griechische Rahmenregelung ausführlich untersucht wird.[269] Im Ergebnis beanstandete der EuGH die griechische Regelung in ihrer konkreten Ausgestaltung, weil sie mit dem Schutz der nationalen Wirtschaft ein unzulässiges Ziel verfolge, die übrigen Kriterien (wirtschaftliche Verhältnisse des Unternehmens bzw. Bedingungen auf dem Arbeitsmarkt) zu allgemein und ungenau gefasst seien und sie damit über das hinausgehe, was zur Erreichung der legitimen Ziele erforderlich sei.[270] Die griechische Regelung verstoße damit sowohl gegen Art. 49 AEUV als auch gegen den in Art. 52 Abs. 1 GRC vorgesehenen Grundsatz der Verhältnismäßigkeit und daher auch gegen Art. 16 GRC.[271]

[263] EuGH, Rs. C-201/15 – *AGET Iraklis*, Rn. 62–69 bezugnehmend auf EuGH, Rs. C-283/11 – *Sky Österreich*, Rn. 42; Rs. C-426/11 – *Alemo-Herron*, Rn. 33.

[264] EuGH, Rs. C-201/15 – *AGET Iraklis*, Rn. 70.

[265] Vgl. *Ehlers*, in: ders., Europäische Grundrechte und Grundfreiheiten, 4. Aufl. 2015, §7 Rn. 118 m. w. N.

[266] EuGH, Rs. C-201/15 – *AGET Iraklis*, Rn. 71–78.

[267] EuGH, Rs. C-201/15 – *AGET Iraklis*, Rn. 79.

[268] EuGH, Rs. C-201/15 – *AGET Iraklis*, Rn. 80 f.

[269] EuGH, Rs. C-201/15 – *AGET Iraklis*, Rn. 89–103.

[270] EuGH, Rs. C-201/15 – *AGET Iraklis*, Rn. 96–101.

[271] EuGH, Rs. C-201/15 – *AGET Iraklis*, Rn. 102 f.

c) *Rezeption und Kritik*

Die Rechtsprechung des EuGH zu Art. 16 GRC gibt aus dogmatischer Sicht ein desaströses Bild ab. Die Entscheidung in der Rechtssache *AGET Iraklis*, die man über weite Strecken nur noch als wirr bezeichnen kann, markiert den vorläufigen Höhepunkt der judikativen Irrungen. Im deutschsprachigen Schrifttum werden die Inkonsistenzen, soweit ersichtlich, allerdings kaum herausgestellt.[272] Das ist vor allem mit einer – vom nationalen Vorverständnis geprägten – selektiven Rezeption der Rechtsprechung zu erklären. So nennt *Blanke* in seiner Kommentierung von Art. 16 GRC als Leitentscheidungen nur die Urteile *Sky Österreich* und *Schaible*.[273] Das nicht minder bedeutsame Urteil in der Rechtssache *Deutsches Weintor* fehlt. *Wollenschläger* lobt die „sorgfältige Prüfung der Verhältnismäßigkeit" in den Rechtssachen *Sky Österreich* und *Schaible*, will aber immerhin die „lediglich auf den Wesensgehaltsschutz fokussierte[n] Urteile" nicht verschweigen und verweist in der Fußnote auf die Urteile *UPC Telekabel Wien* und *Deutsches Weintor*.[274] *Jarass* tut die Rechtsprechung des EuGH zur *substance même* als frühere, etwas missverständliche Formulierungen ab, die im Sinne des Wesensgehalts nach Art. 52 Abs. 1 GRC zu verstehen seien, und rückt das Urteil in der Rechtssache *Sky Österreich* als „erste ausführliche Entscheidung" des EuGH zu Art. 16 GRC in den Vordergrund.[275] Dabei fällt unter den Tisch, dass mit den Urteilen *Alemo-Herron* und *UPC Telekabel Wien* auch die Linie *Deutsches Weintor* noch nach der *Sky-Österreich*-Entscheidung weitergeführt wurde. Von einer Klärung der Lage durch das *Sky-Österreich*-Urteil im Sinne eines Grundsatzurteils kann keine Rede sein.[276] Dass die *Sky-Österreich*-Linie von deutschen Autoren besonders begrüßt wird und die konkurrierende Rechtsprechungslinie darüber in den Hintergrund tritt, ist nicht weiter verwunderlich, trägt das *Sky-Österreich*-Urteil doch – wohl nicht zuletzt unter dem Einfluss des Richters *von Danwitz* – der „deutschen" Kritik an der Rechtfertigungsprüfung des EuGH[277] Rechnung. Vor seiner Ernennung zum EuGH-Richter zählte *von Danwitz* zu den schärfsten Kritikern der unionsrechtlichen Verhältnismäßigkeitsprüfung, der er „Schutzdefizite infolge

---

[272] Vgl. aber *Gundel*, ZHR 2016, 323 (340), der auf das Fehlen einer „großen Entscheidung" zur Berufs- und der Unternehmensfreiheit nach dem Beispiel des Apotheken-Urteils des BVerfG hinweist; auch für *Gundel*, ZHR 2016, 323 (342 f.) scheinen aber die Urteile *Sky Österreich* und *Schaible* allein maßgeblich zu sein, wenn es um die Einschränkbarkeit der unternehmerischen Freiheit geht; er behauptet sogar, dass im Urteil *Deutsches Weintor* auf Art. 52 Abs. 1 GRC abgestellt worden sei und reiht dieses damit in die übrige Rechtsprechung ein; dabei findet Art. 52 Abs. 1 GRC in dieser Entscheidung – wie dargestellt – überhaupt keine Erwähnung! Die Widersprüche in der EuGH-Judikatur werden so kaschiert.

[273] *Blanke*, in: Stern/Sachs, GRC, Art. 16 vor Rn. 1.

[274] *Wollenschläger*, EuZW 2015, 285 (288).

[275] *Jarass*, GRC, Art. 16 Rn. 19a.

[276] Vgl. *Gundel*, ZHR 2016, 323 (340).

[277] Vgl. zur dieser Kritik zusammenfassend *Eisner*, Die Schrankenregelung der Grundrechtecharta der Europäischen Union, 2004, S. 59 ff. m. N. aus dem Schrifttum.

geringer Kontrollintensität" vorwarf.[278] Die Urteile *Sky Österreich* und *Schaible*, bei denen *von Danwitz* als Berichterstatter bzw. Kammerpräsident fungierte, lassen sich durchaus als Versuch interpretieren, die vermeintlich richtige „deutsche" Konzeption des Verhältnismäßigkeitsgrundsatzes im Unionsrecht zu etablieren. Der wenig überraschende Beifall aus dem deutschen Schrifttum darf nicht darüber hinwegtäuschen, dass es mit den Urteilen in den Rechtssachen *Deutsches Weintor*, *Alemo-Herron* und *UPC Telekabel Wien*, an denen (wohl) maßgeblich der tschechische Richter *Malenovský* mitgewirkt hat,[279] deutliche Kontrapunkte zur *Sky-Österreich*-Linie gibt. Bei den erwähnten neueren Entscheidungen verlieren sich die Rechtsprechungslinien völlig. An ihre Stelle tritt eine unstrukturierte Prüfung, die den Anschein erweckt, Textbausteine aus – wenig kompatiblen – früheren Judikaten aneinanderzureihen.

Beide Rechtsprechungslinien des EuGH müssen sich den Vorwurf gefallen lassen, die Normsetzungsintentionen des Charta-Gebers zu verfehlen, auch wenn die Linie *Deutsches Weintor* diesen wenigstens im Ergebnis näherkommen dürfte. Beide Ansätze vernachlässigen insbesondere den vom Charta-Geber mit Bedacht in Art. 16 GRC eingefügten Regelungsvorbehalt zugunsten des Unionsrechts und des mitgliedstaatlichen Rechts, der die Gewährleistung der unternehmerischen Freiheit vor allem mit den kollektiven Arbeitnehmerrechten des Art. 28 GRC parallelisieren sollte. Die Urteile in den Rechtssachen *Sky Österreich* und *Schaible* nehmen voreilig eine rechtfertigungsbedürftige Einschränkung der unternehmerischen Freiheit an. Dabei erkannte der EuGH im *Sky-Österreich*-Urteil, wie oben angemerkt, die Parallele der Gewährleistung mit Art. 28 GRC, unterließ es aber, daraus irgendeine erkennbare Konsequenz zu ziehen. Überträgt man die Rechtsprechung zu Art. 28 GRC auf den *Sky-Österreich*-Fall wäre die Richtlinienbestimmung über das Kurzberichterstattungsrecht nicht als Einschränkung – der EuGH spricht unpräzise von „Eingriff" *(ingérence)* –, sondern als Regelung der Ausübung der unternehmerischen Freiheit zu klassifizieren gewesen. Zu einer Rechtfertigungsprüfung nach Art. 52 Abs. 1 GRC hätte es erst kommen dürfen, wenn der Kernbereich – *la substance même* – des Unternehmergrundrechts berührt worden wäre, wofür aber im konkreten Fall nichts gesprochen hätte. Statt sich in wortreichen Verhältnismäßigkeitserwägungen zu ergehen, hätte der Gerichtshof es mit der Feststellung der Zulässigkeit der Regelung bewenden lassen müssen. Denn die unternehmerische Freiheit ist eben nur „im Einklang mit" *(conformément à)* dem Unionsrecht und dem Recht der Mitgliedstaaten gewährleistet. Ein ähnliches Bild hätte sich im *Schaible*-Fall gezeigt. Auch hier hätte der EuGH, hätte er seine Rechtsprechung zu Art. 28 GRC, wie vom Charta-Geber intendiert, übertragen, die Kennzeichnungs- und Registerpflicht für Schafe und Ziegen als nicht rechtfertigungsbedürftige Ausübungsregelung der unternehmerischen Freiheit einordnen müssen.

---

[278] *von Danwitz*, EWS 2003, 393 (395 ff.).

[279] Über den Einfluss der Berichterstatter bzw. Kammerpräsidenten kann freilich nur spekuliert werden. Auffällig ist jedoch, dass *von Danwitz* an den Urteilen *Sky Österreich* und *Schaible*, *Malenovský* an den Urteilen *Deutsches Weintor*, *Alemo-Herron* und *UPC Telekabel Wien* als Berichterstatter bzw. Kammerpräsident mitgewirkt hat.

Nichts sprach in dem Fall dafür, dass die unternehmerische Tätigkeit der Schaf- und Ziegenhalter durch die vergleichsweise marginalen Verpflichtungen in ihrem Kern berührt worden wäre. Salopp gesagt: Die 46 Randnummern der Urteilsbegründung über die Verhältnismäßigkeit der offensichtlich unbedenklichen Maßnahmen hätte man sich auch sparen können, ja nach der zutreffenden Konzeption des Art. 16 GRC sogar müssen.

Auch die Urteile in den Rechtssachen *Deutsches Weintor* und *UPC Telekabel Wien* gehen aber an dem vorbei, was der Charta-Geber mit Art. 16 GRC als Norm gesetzt hat. Die Kritik ist insoweit aber vor allem terminologischer Art. Denn der EuGH spricht auch insoweit von „Beschränkungen" und prüft (vorgeblich) deren „Verhältnismäßigkeit", auch wenn er der Sache nach nur eine Berührung des Kernbereichs *(substance même)* erörtert. Zu sehr ist dieser Ansatz verhaftet in der *Schräder*-Formel, die die Rechtsprechung zu den wirtschaftlichen Grundrechten vor Inkrafttreten der Charta geprägt hatte.[280] Nach der Ausdifferenzierung der wirtschaftlichen Gewährleistungen in den Art. 15, 16 und 17 GRC mit jeweils sehr unterschiedlichen Begrenzungsregimen kann diese Rechtsprechung nicht mehr aufrechterhalten werden. Während die Berufsfreiheit des Art. 15 GRC nur nach Art. 52 Abs. 1 GRC einschränkbar ist, sind in Art. 17 GRC spezifische Begrenzungsmöglichkeiten des Eigentumsrechts in Art. 17 GRC vorgesehen.[281] Art. 16 GRC wurde mit einem Regelungsvorbehalt ausgestattet. Die *Schräder*-Formel kann daher nicht mehr aufrechterhalten werden, auch wenn die frühere Rechtsprechung zu den wirtschaftlichen Freiheiten dem Grundrechtekonvent als Inspirationsquelle gedient haben mag.[282] Gerade die Parallelisierung von Art. 16 und Art. 28 GRC im Konvent zeigt, dass mit der Normsetzung des Charta-Gebers einzelne Gewährleistungen in einer Weise akzentuiert wurden, wie es der EuGH vorher nicht gekonnt hätte (schon alleine weil die Rechte nach Art. 28 GRC erst nach der Proklamation der Charta anerkannt wurden!). Diese neuen Akzente, zu denen die hier interessierende Regelungsfähigkeit des Art. 16 GRC zählt, dürfen nicht durch Fortführung mittlerweile veralteter Judikatur nivelliert werden. Der EuGH mag die Kompetenz haben, innerhalb der vom Charta-Geber offengelassenen Bereiche Grundrechtsnormen zu setzen. Er *kann* aber schon aufgrund seiner rangniederen Rechtsetzungsmacht dessen grundlegende Weichenstellungen nicht überspielen, sondern muss sich im Rahmen dessen halten, was sich als höherrangige Normsetzung des Charta-Gebers rekonstruieren lässt.

---

[280] EuGH, Rs. C-544/10 – *Deutsches Weintor*, Rn. 54 verweist für die Beschränkbarkeit der unternehmerischen Freiheit auf die st. Rspr. aus der Zeit vor Inkrafttreten der Charta.

[281] Vgl. *Bernsdorff*, in: Meyer, GRC, Art. 17 Rn. 19 m. w. N.

[282] In diese Richtung aber *Gundel*, ZHR 2016, 323 (343), dort in Fn. 125, der auch auf die Erläuterungen verweist. Dass Art. 16 GRC sich den Erläuterungen zufolge auf die bisherige Rechtsprechung „stützt" *(se fonde)*, bedeutet jedoch schon begrifflich nicht, dass diese Rechtsprechung eins-zu-eins übernommen worden wäre, zumal Art. 15 GRC teilweise auf dieselben Urteile „gestützt" wird.

3. *Ansätze im Schrifttum*

Im Schrifttum wird die Bezugnahmeklausel des Art. 16 GRC sehr unterschiedlich eingeordnet. Das Meinungsspektrum kommt dabei der Bandbreite an Auffassungen nahe, die zu Art. 28 GRC vertreten werden. Anders als bei Art. 28 GRC ist jedoch die These, Art. 16 GRC werde durch den Verweis auf das unionale und nationale Recht zur „normativen Hülle", soweit ersichtlich, nicht aufgestellt worden. Die bisherigen dogmatischen Ansätze, die im Folgenden skizziert werden, bilden die Normsetzungsintentionen des Charta-Gebers jedoch ebenso wenig ab, wie dies die Rechtsprechung tut.

a) *Unbeachtlichkeit*

Besonders unplausibel erscheinen Ansätze, die die Bezugnahme entweder als gänzlich unbeachtlich oder allenfalls als deklaratorischen Hinweis auf die Kompetenzverteilung einordnen wollen.

aa) *Leerlaufende Kompetenzwahrungsklausel*

So versteht *Schöbener* die Bezugnahme als eine auf Mitgliedstaaten bezogene „Kompetenzwahrungsklausel mit Klarstellungsfunktion", die bei Art. 16 GRC, soweit für den jeweils zu prüfenden Unionsrechtsakt eine Kompetenznorm existiere, leerlaufe.[283] Die Formulierung sei „Ausdruck eines Kompromisscharakters" des Art. 16 GRC. Während vor allem „aus dem Lager der EVP" die Aufnahme des Grundrechts auf unternehmerische Freiheit ohne inhaltliche Maßgaben gefordert worden sei, sei die „politische Linke" eher auf die Streichung des gesamten Artikels aus gewesen, weil sie in dem Grundrecht eine Bevorzugung der Unternehmer gegenüber anderen Berufsgruppen gesehen habe. Die Aufnahme der Bezugnahmeklausel in den Chartatext sei daher ein „Zugeständnis an diese Gruppe der Konventsmitglieder gewesen".[284] „Etliche Mitglieder" des Grundrechtekonvents hätten Parallelen zu den im Solidaritätskapitel niedergelegten „sozialen Grundrechten" gezogen und gemeint, auch die unternehmerische Freiheit bedürfe einer ausdrücklichen tatbestandlichen Beschränkung, um ein Ungleichgewicht zwischen Unternehmern und abhängig Beschäftigten zu vermeiden.[285] Dabei seien aber „ganz offensichtlich die Unterschiede beider Normkategorien" verkannt worden. Während nämlich die „spezifischen Wirtschaftsgrundrechte" einschließlich der unternehmerischen Freiheit, als „freiheitsschützende Abwehrrechte" einer solchen Klausel nicht bedürften, sei sie bei den sozialen Teilhabe- und Leistungsrechten in Anbetracht der bei den Mitgliedstaaten verbliebenen Regelungskompetenzen zwingend.[286] Der Grund für die Aufnahme der

283 *Schöbener*, in: GS Tettinger, S. 159 (175 f.).
284 *Schöbener*, in: GS Tettinger, S. 159 (170).
285 *Schöbener*, in: GS Tettinger, S. 159 (175).
286 *Schöbener*, in: GS Tettinger, S. 159 (175).

Bezugnahmeklausel liege somit offensichtlich in einem Missverständnis des Konvents über ihre Funktion und Tragweite, da sie weder als Auftrag zur inhaltlichen Ausgestaltung durch die Mitgliedstaaten noch als Aufforderung zur rechtsvergleichenden Ermittlung oder als Schrankenregelung Sinn ergebe.[287] Die Entstehungsgeschichte lege vielmehr nahe, die Bezugnahmeklausel bei der Rechtsanwendung „gänzlich auszublenden", sei es im Wege einer teleologischen Reduktion oder eines faktischen Leerlaufenlassens der Bestimmung.[288] Dadurch werde auch die „Strukturidentität" mit Art. 15 GRC sichergestellt, zumal beide Vorschriften auf einer im Wesentlichen inhaltsgleichen Rechtsprechung basierten, die die unternehmerische Freiheit als Teilaspekt der Berufsfreiheit mit identischem Schutzniveau anerkannt habe, die „ohnehin für den Sonderweg im Normetxt" des Art. 16 GRC keine Anhaltspunkte liefere.[289]

Während die Qualifizierung der Bezugnahmeklausel als Kompromiss zwischen den Vertretern der verschiedenen politischen Lager sich mit der obigen Rekonstruktion der Genese des Art. 16 GRC deckt, vermögen die dogmatischen Schlussfolgerungen *Schöbeners* nicht zu überzeugen. Vor allem ist seine These zurückzuweisen, der Charta-Geber habe bei der Übertragung der Bezugnahmeklausel aus dem Solidaritätskapitel auf Art. 16 GRC einem Missverständnis über unterschiedliche „Normkategorien" unterlegen. Dieses Argument wird auch im neueren Schrifttum aufgegriffen, um die Bezugnahmeklausel zu relativieren.[290] Es beruht aber seinerseits auf einem Missverständnis. Denn zwischen Art. 16 GRC und Art. 28 GRC, der als Vorlage für die Bezugnahmeklausel gedient hat, besteht keineswegs ein „normkategorialer Unterschied".[291] Die kollektiven Arbeitnehmer- und Arbeitgeberrechte des Art. 28 GRC sind wie die unternehmerische Freiheit, um bei *Schöbeners* Terminologie zu bleiben, „freiheitsschützende Abwehrrechte" und keine „sozialen Teilhabe- und Leistungsrecht[e]." Art. 28 GRC ist auch nicht – wie beispielsweise Art. 27 GRC – „gesetzgeberisch konkretisierungsbedürftig".[292] Die pauschale Einordnung aller Gewährleistungen im Solidaritätskapitel als „soziale Grundrechte" mit vermeintlich anderer Normqualität[293] ist auch mit der Entstehung dieser Garantien im Konvent nicht zu vereinbaren, der lange Zeit über die Berufs- und unternehmerische Freiheit im systematischen Verbund mit den (anderen!) wirtschaftlichen und sozialen Rechten, d. h. den heutigen Art. 27 ff. GRC, debattiert hatte. Die Behauptung, Art. 16

---

287 *Schöbener*, in: GS Tettinger, S. 159 (175).

288 *Schöbener*, in: GS Tettinger, S. 159 (175 f.).

289 *Schöbener*, in: GS Tettinger, S. 159 (176).

290 *Ganglbauer*, in: Kahl/Raschauer/Storr, Grundsatzfragen der europäischen Grundrechtecharta, 2013, S. 209 (218 f.) und *Wollenschläger*, EuZW 2015, 285 (286).

291 So aber *Wollenschläger*, EuZW 2015, 285 (286).

292 So aber erneut *Wollenschläger*, EuZW 2015, 285 (286).

293 Über den ohnehin fragwürdigen Begriff der „Normqualität" wird hier hinweggesehen; er dient indes keinesfalls der Begründung einer dogmatischen Argumentation, sondern verschleiert, was (wohl) eigentlich gemeint ist, nämlich eine geringere Schutzwürdigkeit der „sozialen Rechte" verglichen mit den Garantien unternehmerischer oder wirtschaftlicher Freiheiten.

GRC sei ein „klassisches Abwehrrecht", Art. 28 GRC aber nicht,[294] verkennt zudem grundlegend die sozialgeschichtliche Entstehung des Streikrechts und der anderen kollektiven Arbeitnehmerrechte als Schutzrechte nicht nur gegenüber Arbeitgebern, sondern auch (und historisch: vor allem) gegenüber der Hoheitsgewalt.[295] Bezeichnend ist, dass *Schöbener*, der sich mit seinen Termini („Abwehrrecht", „Teilhaberecht" etc.) erkennbar an der deutschen Grundrechtsdogmatik orientiert, ausblendet, dass auch das BVerfG unter Hinweis auf die geschichtliche Entwicklung in der Koalitionsfreiheit des Art. 9 Abs. 3 GRC (einschließlich kollektiver Betätigungsfreiheit und Tarifautonomie) „in erster Linie ein Freiheitsrecht" sieht.[296] Neben diesen inhaltlichen Einwänden ist die Leerlaufthese auch aus methodischen Gründen zurückzuweisen: Bevor einem Normgeber ein Missverständnis oder Versehen unterstellt werden kann, müssen alle zu Gebote stehenden Hilfsmittel ausgeschöpft werden, um den Normsetzungsakt zu rekonstruieren und der normgeberischen Rechtssetzungsintention zum Durchbruch zu verhelfen. *Schöbener* wählt aber gleichsam die ungünstigste aller Lesarten, indem er die Bezugnahmeklausel als Hinweis auf die Kompetenzverteilung deutet, und will sodann das so gefundene Ergebnis „teleologisch" korrigieren. Aus der vorstehenden Rekonstruktion der Normsetzung folgt jedoch, dass die Bezugnahme weder bei Art. 28 GRC noch bei Art. 16 GRC als Kompetenzwahrungsklausel gemeint ist, sondern den Mitgliedstaaten *und* der Union Begrenzungen jenseits der Einschränkung ermöglichen soll. Damit ist ein Leerlauf ausgeschlossen.

bb) Deklaratorische Klausel

Nach *Frenz* ist die Bezugnahmeklausel in Art. 16 GRC „rein deklaratorischer Natur und erschöpft sich in der sprachlichen Genugtuung kritischer Stimmen." Sie könne insbesondere nicht als „zusätzliche Schranke" verstanden werden, weil der ansonsten über die Berufsfreiheit nach Art. 15 GRC gewährleistete Schutz der unternehmerischen Freiheit auch lediglich unter der allgemeinen Schrankenregelung des Art. 52 Abs. 1 GRC gestanden hätte. Der EuGH habe der unternehmerischen Freiheit aber als Teilgewährleistung der Berufsfreiheit einen gleichwertigen Schutzstandard eingeräumt, so dass das Schutzniveau nicht „durch die Hervorhebung der unternehmerischen Freiheit" in Art. 16 GRC hinter diesen Standard zurückfallen könne.[297] Es wäre außerdem mit rechtsstaatlichen Grundsätzen schwer zu vereinbaren, die staatlichen Gepflogenheiten des Art. 16 GRC als Freistellung vom Gesetzesvorbehalt des Art. 52 Abs. 1 GRC zu verstehen.[298]

---

[294] *Wollenschläger*, EuZW 2015, 285 (286).

[295] Zur – teils blutigen – Geschichte des Arbeitskampfes vgl. *Kittner*, Arbeitskampf, 2005, passim.

[296] BVerfGE 50, 290 (367).

[297] *Frenz*, GewArch 2009, 427; ähnlich schon *Rengeling*, DVBl. 2004, 453 (459).

[298] *Frenz*, GewArch 2009, 427.

Auch dieser Ansatz beruht auf unzutreffenden Prämissen. Denn die gesonderte Aufnahme des Art. 16 GRC wird einseitig als „Hervorhebung“ der unternehmerischen Freiheit gewertet. Das mag tatsächlich die Intention derer gewesen sein, die eine spezielle Bestimmung für die unternehmerische Freiheit forderten. Mit der Aufnahme des Regelungsvorbehalts wurde das „Schutzniveau“ aber mit dem des Art. 28 GRC abgeglichen, um den Kritikern der Bestimmung Rechnung zu tragen. Diese Wendung in der Entstehungsgeschichte der Gewährleistung kann nicht bloß als „sprachliche Genugtuung“ abgetan werden. Vielmehr wäre Art. 16 GRC ohne die Bezugnahmeklausel im Konvent nicht konsensfähig gewesen. Nur mit der Parallelisierung zu Art. 28 GRC wurde ein Kompromiss erzielt. Hieraus keine dogmatischen Konsequenzen zu ziehen, bedeutete, diese Einigung nachträglich infrage zu stellen. Da der Kompromiss den Normsetzungsakt des Charta-Gebers charakterisiert, ist dies methodisch ausgeschlossen. Ebenso fragwürdig ist die These, der „Schutzstandard“ des Art. 16 GRC müsse angesichts der früheren EuGH-Rechtsprechung dem des Art. 15 GRC entsprechen. Dabei dürfte es schon äußerst schwierig sein, festzulegen, welchen Schutzstandard der EuGH früher bei den wirtschaftlichen Freiheitsrechten überhaupt zugrunde gelegt hat. Die oben zitierte *Schräder*-Formel deutet darauf hin, dass eine Vielzahl von Beschränkungen als zulässig erachtet worden waren. Es ist jedenfalls kein Fall bekannt, in dem der EuGH eine Beschränkung der wirtschaftlichen Rechte als nicht gerechtfertigt angesehen hätte. Schutzstandards, wie sie *Frenz* bemüht, können immer nur vom Ergebnis, nicht von der dogmatischen Begründung her beschrieben werden. Es ist daher mitnichten ausgemacht, dass der Schutzstandard, den Art. 16 GRC heute gewährt, hinter dem zurückbleibt, was der EuGH früher judiziert hätte. Gegen einen inhaltlichen Gleichlauf von Art. 15 und Art. 16 GRC spricht bereits neben der Entstehungsgeschichte des Art. 16 GRC die systematisch getrennte Gewährleistung der jeweiligen Freiheiten. Wer beide Gewährleistungen gegen die systematische, textliche und genetische Indikation parallelisieren will, trägt dafür die Argumentationslast. Dieser wird *Frenz* aber nicht gerecht. Der pauschale Hinweis auf „rechtstaatliche Grundsätze“ bleibt viel zu vage, um als Argument zu gelten. *Frenz* bezieht sich dabei auf ein mögliches „Unterlaufen“ des Gesetzesvorbehalts des Art. 52 Abs. 1 GRC durch den Rekurs auf die „Gepflogenheiten“ der Mitgliedstaaten. Ein Unterlaufen setzt freilich voraus, dass die Vorschrift überhaupt anwendbar ist! Das Argument bleibt damit ein Zirkelschluss. Da der Gesetzesvorbehalt des Art. 52 Abs. 1 GRC aber ohnehin jede abstrakt-generelle Normsetzung genügen lässt[299] und die mitgliedstaatlichen Gepflogenheiten nicht darüber hinausgehen dürften,[300] sind die Bedenken auch im Ergebnis unbegründet, zumal völlig offenbleibt, wer dazu berufen sein soll, die „rechtsstaatlichen Grundsätze“ zu formulieren, an die *Frenz* den Charta-Geber als höchsten Normgeber der Union messen will.

---

299 Vgl. Kapitel 1 C IV. 4. a.

300 Vgl. schon Kapitel 3 C II. 4. sowie unten Abschn. D III. 2.

b) *Traditionsklausel*

Im englischsprachigen Schrifttum wird vorgeschlagen, die Bezugnahme als Fortführung der ***historic limitations*** zu verstehen, denen der EuGH die wirtschaftlichen Freiheiten in seiner Rechtsprechung vor Inkrafttreten der Charta unterworfen habe.[301] Die Bezugnahmeklausel wird so gleichsam als Traditionsklausel konzipiert, mit der die Charta an dem festhält, was der EuGH schon früher als gerechtfertigte Begrenzungen der wirtschaftlichen Freiheiten angesehen hatte. Hiergegen spricht freilich bereits die Übertragung der Bezugnahmeklausel von Art. 28 GRC auf Art. 16 GRC. Schließlich waren die in Art. 28 GRC gewährleisteten Rechte vor der Proklamation der Charta überhaupt nicht anerkannt. Weshalb der Grundrechtekonvent die dort gewählte Formulierung auf Art. 16 GRC übertragen hätte sollen, um damit an der früheren Rechtsprechung zu den *wirtschaftlichen* Freiheiten festzuhalten, bleibt unklar. Darüber hinaus fügen sich, wie bereits dargelegt, die Art. 15 bis Art. 17 GRC in die traditionelle Rechtsprechung, die diese Rechte zumeist als einheitliche Gewährleistung verstanden hatte, ohnehin nicht ein, sondern setzen neue Akzente, die gegen eine Beibehaltung der Rechtsprechungstradition sprechen. Erneut gilt: Nur weil der Charta-Geber sich an der EuGH-Rechtsprechung orientiert hat, bedeutet dies nicht, dass die Gewährleistungen der Charta mit den Judikaten aus Vor-Charta-Zeiten deckungsgleich wären. Das Gegenteil ist der Fall.

c) *Anwendung des Art. 52 Abs. 1 GRC*

Wie bei Art. 28 GRC wird auch die Bezugnahme auf das Unionsrecht und das Recht der Mitgliedstaaten in Art. 16 GRC überwiegend als Einschränkungsvorbehalt gedeutet. *Grabenwarter*, der die Bezugnahmeklausel begriffsprägend als „doppelte Schranke" eingeordnet hatte,[302] notierte spezifisch zu Art. 16 GRC, dass es sich dabei um einen weiten Vorbehalt handle, der zum Eingriffsvorbehalt des Art. 52 Abs. 1 GRC hinzutrete und sehr weitgehende Beschränkungen zulasse.[303] Mittlerweile vertritt auch er jedoch die Ansicht, dass aus der „Normierung doppelter Schranken" keine weitergehende Einschränkung der unternehmerischen Freiheit im Vergleich zu Art. 15 GRC folge.[304] Vielmehr müsse jede Begrenzung den Vorgaben des Art. 52 Abs. 1 GRC entsprechen.[305] Die „doppelte Schranke" läuft bei Anwendung des Art. 52 Abs. 1 GRC im Ergebnis leer. Begründet wird dies mit der Entstehungsgeschichte der Bezugnahmeklausel, die „offensichtlich Widerstände gegen die Aufnahme der unternehmerischen Freiheit neben der Berufsfreiheit überwinden sollte". Weshalb dies jedoch ein Argument für den Leerlauf der „doppelten Schranke" sein soll – und nicht

---

301 *Everson/Correia Gonçalves*, in: Peers/Hervey/Kenner/Ward, EU Charter, Art. 16 Rn. 51 ff.

302 *Grabenwarter*, DVBl. 2001, 1 (3).

303 *Grabenwarter*, DVBl. 2001, 1 (4 f.); zugleich weist er aber auf eine Bindung der Union an den konventionsrechtlichen Unternehmensschutz nach Art. 1 ZP-EMRK hin.

304 *Grabenwarter*, in: ders., Europäischer Grundrechteschutz, 2014, § 13 Rn. 41.

305 *Grabenwarter*, in: ders., Europäischer Grundrechteschutz, 2014, § 13 Rn. 42–44.

für das Gegenteil –, bleibt offen. Außerdem argumentiert *Grabenwarter* mit dem systematischen Zusammenhang zu Art. 9, 10 Abs. 2 und Art. 14 Abs. 3 GRC, bei denen nicht angenommen werde, dass sie im Vergleich zu Art. 52 Abs. 1 GRC abweichende Schranken normierten. Auch das ist bemerkenswert, denn *Grabenwarter* selbst hatte ebendies ursprünglich vertreten.[306] Dass die Regelungsvorbehalte dort sehr wohl anders zu verstehen sind, wurde oben bereits dargelegt. Auch der Hinweis auf die frühere Rechtsprechung des EuGH zu den wirtschaftlichen Freiheiten[307] ist, wie bereits erwähnt, nicht stichhaltig. Im Gegenteil spricht nichts dafür, Begrenzungen, die auf die Bezugnahmeklausel gestützt werden, den Rechtfertigungsanforderungen des Art. 52 Abs. 1 GRC zu unterwerfen.

Die Auffassung, dass zwar alle Begrenzungen der unternehmerischen Freiheit sich an Art. 52 Abs. 1 GRC messen lassen müssten, die Bezugnahmeklausel aber bei der Anwendung der Rechtfertigungsvoraussetzungen zu berücksichtigen sei,[308] ist mit den Regelungsintentionen des Charta-Gebers ebenso wenig zu vereinbaren. Das Vorbild des Art. 28 GRC spricht entscheidend dafür, zwischen Regelungen, die sich auf die Bezugnahmeklausel stützen, und Einschränkungen, die Art. 52 Abs. 1 GRC unterfallen, kategorial zu unterscheiden. Ein anderes ergibt sich auch nicht aus den Erläuterungen.[309] Wenn darin angemerkt wird, dass die unternehmerische Freiheit unter Einhaltung des Unionsrechts und den einzelstaatlichen Rechtsvorschriften ausgeübt wird und nach Art. 52 Abs. 1 GRC beschränkt werden könne, spricht dies für die Unterscheidung von Regelung und Einschränkung, nicht für eine Gleichsetzung. Nur was nach der gesetzlichen Regelung zulässig ist, kann (rechtfertigungspflichtig) eingeschränkt werden. Was nach der Regelung unzulässig ist, gehört bereits nicht zur „Ausübung des Rechts", die nach Art. 52 Abs. 1 GRC Einschränkungen unterworfen werden könnte. Auch wenn der Erläuterungstext nicht überschätzt werden darf, da er an die endgültige Fassung des Art. 16 GRC nicht mehr angepasst wurde (s. o.), lässt er sich doch als Indiz für die hier vorgeschlagene Unterscheidung anführen, nicht aber für das Gegenteil.

d) *Ausgestaltungsvorbehalt*

Vereinzelt geblieben, aber dennoch erwähnenswert ist die Konzeption der Bezugnahmeklausel als Vorbehalt zur Ausgestaltung des Schutzbereichs der unternehmerischen

---

[306] *Grabenwarter*, DVBl. 2001, 1 (3 ff.); zum Recht auf Wehrdienstverweigerung (Art. 10 Abs. 2 GRC) merkte er etwa an, dass es „freilich unter dem Vorbehalt der ‚einzelstaatlichen Gesetze' [...] und damit zur Disposition der Mitgliedstaaten" stehe.

[307] *Grabenwarter*, in: ders., Europäischer Grundrechteschutz, 2014, § 13 Rn. 43; ebenso *Bernsdorff*, in: Meyer, GRC, Art. 16 Rn. 15; *Schwarze*, in: ders., EU-Kommentar, Art. 16 GRC Rn. 6; *Streinz*, in: ders., EUV/AEUV, Art. 16 GRC Rn. 9.

[308] *Jarass*, GRC, Art. 16 Rn. 18 f. und 21 (Gesetzesvorbehalt und Verhältnismäßigkeit); *ders.*, EuGRZ 2011, 360 (363); *Ruffert*, in: Calliess/Ruffert, EUV/AEUV, Art. 16 GRC Rn. 5 (legitime Ziele); *Bezemek*, in: Holoubek/Lienbacher, GRC, Art. 16 Rn. 9 (Verhältnismäßigkeit).

[309] So aber *Jarass*, EuGRZ 2011, 360 (363).

Freiheit,[310] wie sie *Große Wentrup* vorgeschlagen hat.[311] Ihr zufolge räumt die Bezugnahmeklausel der Union und den Mitgliedstaaten die „Möglichkeit zur Definition und Ausgestaltung des Schutzbereichs der unternehmerischen Freiheit ein".[312] Mittel der Schutzbereichsgestaltung seien auf Unionsebene das Primärrecht, Verordnungen und Richtlinien, auf mitgliedstaatlicher Ebene alle materiellen Gesetze sowie – eng zu verstehende – Gepflogenheiten im Sinne ständiger Praktiken der zuständigen Stellen.[313] Schutzbereichsausgestaltende Maßnahmen sind nach *Große Wentrup* „Regelungen, die die Definition und Ausgestaltung der in der Gemeinschaft [Union] zulässigen unternehmerischen Betätigungsformen und Verhaltensweisen zum Ziel haben." Als Paradebeispiel nennt sie das Kartell- und Wettbewerbsrecht. Sie arbeitet – ohne Rückgriff auf die Dokumente des Konvents – heraus, dass Maßnahmen, die unter die Bezugnahmeklausel subsumiert werden können, von Einschränkungen nach Art. 52 Abs. 1 GRC zu unterscheiden seien.[314] Ihr Hauptargument ist dabei der systematische Vergleich mit der Eheschließungsfreiheit des Art. 9 GRC (daneben verweist sie auf Art. 10 Abs. 2 und Art. 28 GRC). Dieses Recht zeichne sich dadurch aus, dass sein Schutzbereich „normgeprägt" sei, d. h. der Ausgestaltung und Konkretisierung durch Rechtsvorschriften bedürfe.[315] Ähnliches gelte für die unternehmerische Freiheit, bei der bereits der enge Zusammenhang zwischen dem Grundrecht und der unionalen Wirtschaftsordnung dafür spreche, dass sie durch wirtschaftsrechtliche und allgemeine zivilrechtliche Vorschriften „ausgestaltet" werden müsse. So setze die Vertragsfreiheit privatrechtliche Vorschriften über Zustandekommen und Wirksamkeit von Verträgen voraus. Die Wettbewerbsfreiheit sei nur gewährleistet, sofern Vorschriften definierten, was lauterer und dementsprechend schützenswerter Wettbewerb sei.[316] Die Grenze der Ausgestaltungsbefugnis bestimmt *Große Wentrup* in Anlehnung an die Dogmatik zu den sogenannten normgeprägten Grundrechten des Grundgesetzes, konkret zu Art. 6 GG. Dort müssten sich eheausgestaltende Maßnahmen am verfassungsrechtlichen Ehe- und Familienbegriff messen lassen. Entsprächen

[310] Auch *Jarass*, EuGRZ 2011, 360 (363) spricht von einem „Ausgestaltungs- und Regelungsvorbehalt", bezeichnet damit aber nur Spielräume im Rahmen der Einschränkung nach Art. 52 Abs. 1 GRC.

[311] *Große Wentrup*, Die Europäische Grundrechtecharta im Spannungsfeld der Kompetenzverteilung zwischen Europäischer Union und Mitgliedstaaten, 2003, S. 90 ff.

[312] *Große Wentrup*, Die Europäische Grundrechtecharta im Spannungsfeld der Kompetenzverteilung zwischen Europäischer Union und Mitgliedstaaten, 2003, S. 99 f.; sie spricht natürlich noch von der „Gemeinschaft", die hier zur sprachlichen Vereinfachung durch „Union" ersetzt wird.

[313] *Große Wentrup*, Die Europäische Grundrechtecharta im Spannungsfeld der Kompetenzverteilung zwischen Europäischer Union und Mitgliedstaaten, 2003, S. 100.

[314] *Große Wentrup*, Die Europäische Grundrechtecharta im Spannungsfeld der Kompetenzverteilung zwischen Europäischer Union und Mitgliedstaaten, 2003, S. 90–96.

[315] *Große Wentrup*, Die Europäische Grundrechtecharta im Spannungsfeld der Kompetenzverteilung zwischen Europäischer Union und Mitgliedstaaten, 2003, S. 91 m. N. aus dem Schrifttum zu Art. 6 GG.

[316] *Große Wentrup*, Die Europäische Grundrechtecharta im Spannungsfeld der Kompetenzverteilung zwischen Europäischer Union und Mitgliedstaaten, 2003, S. 91 f.

sie diesem nicht, handele es sich nicht um zulässige Ausgestaltungen, sondern um Eingriffe.[317] Diesen Gedanken überträgt *Große Wentrup* auf Art. 16 GRC. Vorschriften des privaten Wirtschaftsrechts, die die Modalitäten unternehmerischen Handelns im Wettbewerb zum Gegenstand hätten, wie das Wettbewerbs- und Kartellrecht, seien im Regelfall als schutzbereichsausgestaltende Regelungen mit Art. 16 GRC vereinbar. Für sie müsse jedoch ein sachlich gerechtfertigter Grund vorliegen und sie müssten die Strukturprinzipien einer marktwirtschaftlichen Wirtschaftsordnung mit freiem Wettbewerb beachten. Vorschriften aus anderen Rechtsbereichen seien dagegen, wenn sie beschränkend auf die unternehmerische Freiheit einwirkten, als Grundrechtseingriffe zu qualifizieren. Hierzu gehörten beispielsweise Quotenregelungen und Preisbindungen, die nicht die Definition und Ausformung der in der Union zulässigen Betätigungsmöglichkeiten zum Ziel hätten, sondern die Möglichkeiten eigenverantwortlicher unternehmerischer Entscheidungen einschränkten. Solche Vorgaben seien nicht mehr ohne weiteres zulässig, sondern nach Art. 52 Abs. 1 GRC rechtfertigungsbedürftig.[318]

Große Wentrups Grundkonzeption erweist sich trotz der fehlenden Auseinandersetzung mit der Entstehung von Art. 16 GRC grundsätzlich als anschlussfähig. Insbesondere erkennt sie die Parallele der Bezugnahmeklausel zu den Regelungsvorbehalten nach Art. 9 und Art. 28 GRC und zieht daraus dogmatische Konsequenzen, indem sie ausgestaltende von einschränkenden Maßnahmen unterscheidet. Diese Kategorisierung verläuft nahe den Linien, die die hiesige Untersuchung vorschlagen wird (dazu sogleich). Jedoch leidet ihr Ansatz – wie die meisten Ausgestaltungslehren –[319] an der nivellierenden Gleichsetzung von konstituierender, konkretisierender und regelnder Gesetzgebung als dogmatisch unterscheidbare und zu unterscheidende Phänomene. *Große Wentrup* schließt vorschnell von der „Ausgestaltungsbedürftigkeit" (hier: Konstituierungsbedürftigkeit) einzelner Aspekte der unternehmerischen Freiheit auf die generelle Ausgestaltungsfähigkeit der Gewährleistung. So steht außer Zweifel, dass die Vertragsfreiheit als Aspekt der unternehmerischen Freiheit auf gesetzgeberische Konstituierung angewiesen ist, wie sie in Kapitel 2 für die Eheschließungsfreiheit und das Eigentumsrecht exemplarisch dargestellt wurde. Damit ist aber nicht plausibel dargetan, weshalb die Setzung einer Rechtsnorm, die bestehende Vertragsschlussmöglichkeiten begrenzt, nicht als Einschränkung nach Art. 52 Abs. 1 GRC zu beurteilen sein soll.[320] Die Konstituierungsbedürftigkeit eines Grundrechts lässt keinen Schluss auf dessen Regelungsfähigkeit zu! Beispiele für begrenzende Rechtsnormen liefert das Wettbewerbsrecht zuhauf. Aus dem deutschen Recht seien genannt: § 41 Abs. 1 Satz 2 GWB (Fusionskontrolle), § 1 GWB i. V. m. § 134 BGB (wettbewerbs-

[317] *Große Wentrup*, Die Europäische Grundrechtecharta im Spannungsfeld der Kompetenzverteilung zwischen Europäischer Union und Mitgliedstaaten, 2003, S. 97 m. N.

[318] *Große Wentrup*, Die Europäische Grundrechtecharta im Spannungsfeld der Kompetenzverteilung zwischen Europäischer Union und Mitgliedstaaten, 2003, S. 98 f.

[319] Vgl. dazu bereits Einführung C.

[320] Vgl. *mutatis mutandis* Kapitel 2 D II. 1. b.

beschränkende Vereinbarungen) sowie § 19 GWB i. V. m. § 134 BGB (missbräuchliche einseitige Preisbestimmung).[321] Wird eine solche negative Kompetenznorm, die die rechtliche Möglichkeit des Vertragsschlusses begrenzt, eingeführt, liegt nach der allgemeinen Bestimmung des Art. 52 Abs. 1 GRC eine rechtfertigungsbedürftige Einschränkung vor. Dass die Vertragsschlussmöglichkeit durch den Privatrechtsgesetzgeber erst geschaffen werden muss, damit der Einzelne Verträge schließen kann, mithin die Angewiesenheit der Vertragsfreiheit auf gesetzliche Konstituierung, ist kein Argument dafür, nachträglich begrenzende Normsetzungen von der Rechtfertigungspflicht nach Art. 52 Abs. 1 GRC auszunehmen. *Große Wentrup* überträgt insoweit zu offenherzig die deutsche Ausgestaltungsdogmatik auf das Unionsrecht und verkennt dabei den grundlegenden Unterschied, der sich aus der Existenz einer allgemeinen Einschränkungsbestimmung (Art. 52 Abs. 1 GRC) ergibt. Während im Unionsrecht Art. 52 Abs. 1 GRC grundsätzlich alle freiheitsbegrenzenden Maßnahmen erfasst, ist der Grundrechtseingriff unter dem Grundgesetz ein dogmatisches Konstrukt,[322] das nicht selten von partikularen Dogmatiken überlagert wird, wie etwa bei Art. 6 GG, aber auch bei Art. 14 GG und Art. 9 Abs. 3 GG. Dabei handelt es sich um Spezifika des deutschen Verfassungsrechts, die weder adäquat auf das Unionsrecht übertragen werden können noch sollten.

Auch *Große Wentrups* Abgrenzungskriterien erscheinen beliebig. Es leuchtet nicht recht ein, weshalb Regelungen des Wettbewerbs- und Kartellrechts als Ausgestaltungen, solche des Binnenmarkts (Agrarwirtschaft, Preisbindung etc.) aber als Einschränkungen zu kategorisieren sein sollen. Auch das Wettbewerbs- und Kartellrecht kennt zahlreiche Rechtsnormen, die das eigenverantwortliche Handeln von Unternehmern begrenzen. Außerdem sind die Grenzen zu anderen Bereichen des Wirtschaftsrechts wie etwa dem Verbraucherschutzrecht fließend; mit ein und derselben Rechtsnorm kann der Gesetzgeber vielfältige Zwecke verfolgen.[323] Gerade im Bereich der Wirtschaftsregulierung und Marktordnung ist dies regelmäßig der Fall. Die Zuordnung einer Bestimmung zu einem bestimmten Rechtsgebiet ist daher kein brauchbares Kriterium, anhand dessen zwischen Ausgestaltung und Einschränkung unterschieden werden könnte. Insgesamt leidet *Große Wentrups* Ansatz demnach trotz zutreffender Analysen an einer zu pauschalen Übertragung deutscher Ausgestaltungslehren auf das Unionsrecht, die die Vielschichtigkeit der grundrechtsrelevanten Gesetzgebung nicht hinreichend abbilden kann. Diese Unzulänglichkeiten setzen sich in den von ihr vorgeschlagenen Abgrenzungskriterien fort.

---

[321] Vgl. *Armbrüster*, in: MüKo-BGB, § 134 Rn. 64.

[322] Vgl. *Peine*, in: HGR III, § 57 Rn. 19 ff.

[323] Vgl. § 1 UWG: „Dieses Gesetz dient dem Schutz der Mitbewerber, der Verbraucherinnen und Verbraucher sowie der sonstigen Marktteilnehmer vor unlauteren geschäftlichen Handlungen. Es schützt zugleich das Interesse der Allgemeinheit an einem unverfälschten Wettbewerb."; zu diesem Komplex grundlegend *Beater*, Verbraucherschutz und Schutzzweckdenken im Wettbewerbsrecht, 2000, passim.

4. Resümee

Die Bezugnahmeklausel des Art. 16 GRC lässt sich als vom Charta-Geber konzipierter Regelungsvorbehalt verstehen. Art. 16 GRC reiht sich damit neben Art. 28 GRC sowie Art. 9, 10 Abs. 2 und 14 Abs. 3 GRC in die Kategorie der regelungsfähigen Gewährleistungen ein. In Rechtsprechung und Schrifttum wird dies bislang nicht hinreichend reflektiert.

D. Regelung als dogmatische Kategorie

I. Bestandsaufnahme

Die Untersuchung der Einzelgrundrechte legt nahe, die Regelung grundrechtlicher Freiheit durch den Gesetzgeber als eigenständige dogmatische Kategorie zu erfassen. Sie unterscheidet sich von der Einschränkung ebenso wie von der Konstituierung und Konkretisierung grundrechtlicher Freiheit und komplettiert damit das hier gezeichnete Bild der grundrechtsrelevanten Gesetzgebung. Der Rechtsstoff, den die dogmatische Kategorie der regelnden Gesetzgebung strukturieren soll, umfasst die Gewährleistungen der Art. 9, 10 Abs. 2, 14 Abs. 3, 16 und Art. 28 GRC. Auch Art. 17 Abs. 1 Satz 3 GRC, wonach die Nutzung des Eigentums gesetzlich geregelt werden kann, ist der Kategorie zuzurechnen, bleibt aber aufgrund der an Art. 1 Abs. 2 ZP-EMRK angelehnten spezifischen Rechtfertigungsanforderungen[324] im Folgenden außer Betracht. Es handelt sich um einen Sonderfall der regelnden Gesetzgebung. Für die anderen regelungsfähigen Grundrechte gilt ebenso, wenn auch in geringerem Maße, dass gewährleistungsspezifische Fragen durch eine überwölbende dogmatische Kategorie nicht übertüncht werden dürfen. Es muss stets Raum bleiben für Besonderheiten des Einzelgrundrechts. Mit der Bildung einer dogmatischen Kategorie wird die Grundrechtsprüfung strukturiert, es werden Parallelen zwischen Einzelgrundrechten aufgezeigt, Entscheidungen werden dadurch kritisierbar, nicht aber vollständig antizipiert. Dieser notwendigen Selbstbeschränkung der Rechtsdogmatik unterliegt auch die Kategorie der regelnden Gesetzgebung, nicht zuletzt deshalb, weil die Regelungsvorbehalte, wie oben gezeigt, nicht kongruent sind, sondern sich insbesondere hinsichtlich der regelungsbefugten Akteure (Union und Mitgliedstaaten) unterscheiden.

Diesen *self-restraint* vor Augen lassen sich aus der vorstehenden Analyse der Einzelgrundrechte einige Elemente notieren, auf denen die Dogmatik aufbauen kann. Das Recht auf Eheschließung und Familiengründung nach Art. 9 GRC ist zwar aufgrund der fehlenden Unionskompetenzen in diesem Bereich von geringerer praktischer Bedeutung, eröffnet jedoch als Nachbildung zu Art. 12 EMRK den Blick auf die Judikatur des EGMR, die sich für die Kategorie der regelnden Gesetzgebung als prototypisch erweist. Der EGMR unterscheidet dort grundlegend zwischen Ausübungsbedingungen

[324] Vgl. dazu *Bernsdorff*, in: Meyer, GRC, Art. 17 Rn. 19 m. w. N.

grundrechtlicher Freiheit *(conditions)*, die er gestützt auf den Regelungsvorbehalt des Art. 12 EMRK als ohne weiteres zulässig erachtet, und Eingriffen *(ingérence – interference)*, die er einer Rechtfertigungsprüfung unterzieht. Abgegrenzt wird zwischen Ausübungsbedingungen („Regelung") und Eingriffen („Einschränkungen") anhand einer Kernbereichsbetrachtung: Wenn der Kern des Rechts *(substance même – very essence)* berührt ist, muss sich eine Maßnahme als Eingriff rechtfertigen lassen. Einen ähnlichen, wenn auch weniger prononcierten Ansatz lässt der EuGH in seiner Rechtsprechung zu den Kollektivrechten nach Art. 28 GRC erkennen. Demnach muss die grundrechtliche Freiheit „im Einklang mit" dem Unionsrecht und dem Recht der Mitgliedstaaten ausgeübt werden und ist auch nur geschützt, soweit sie mit diesen Regelungen konform geht. Die Grenze zur rechtfertigungsbedürftigen Einschränkung deutet der Gerichtshof in seinem Betriebsrenten-Urteil an, wenn er anmerkt, dass die Bestimmung der Vertragspartner für die Durchführung der Betriebsrente nicht zum Kern *(essence)* des Rechts auf Kollektivverhandlungen gehöre.[325] Obwohl der Regelungsvorbehalt des Art. 16 GRC dem des Art. 28 GRC nachgebildet ist, beherzigt die Rechtsprechung bezogen auf die unternehmerische Freiheit diese Weichenstellung des Charta-Gebers bislang nicht. Immerhin weist die Rechtsprechungslinie *Deutsches Weintor* mit ihrer Fokussierung auf den Kernbereich der unternehmerischen Freiheit in die richtige Richtung. Maßnahmen, die diesen Kernbereich nicht berühren, sind ohne weiteres zulässig. Die gegenläufigen Tendenzen der *Sky-Österreich*-Linie zeigen jedoch, dass der Weg zu einer gefestigten, an den Normsetzungen des Charta-Gebers orientierten Dogmatik in diesem Bereich noch weit ist.

II. Regelung und Einschränkung

1. Abgrenzungsbedarf

Regelung und Einschränkung sind als zwei sich ausschließende dogmatische Figuren voneinander abzugrenzen. Während sich regelnde von konstituierenden und konkretisierenden Gesetzen schon dadurch unterscheiden, dass sie grundrechtliche Freiheit nicht ermöglichen, sondern begrenzen, teilen sie diese Eigenschaft mit Einschränkungen nach Art. 52 Abs. 1 GRC. Wenn man bei der Terminologie der deutschen Grundrechtsdogmatik bleiben will, sind beide „Grundrechtsschranken". Einschränkungen unterliegen jedoch einer Rechtfertigungsprüfung, Regelungen nicht. Die Zuordnung zu der einen oder anderen Kategorie ist also nicht rein begrifflicher Natur, sondern kann das Ergebnis der Grundrechtsprüfung im Einzelfall beeinflussen, wenn auch nicht vorwegnehmen (schließlich kommt bei Einschränkungen stets die Rechtfertigung nach Art. 52 Abs. 1 GRC in Betracht).

[325] EuGH, Rs. C-271/08 – *Kommission/Deutschland*, Rn. 49.

2. *Abgrenzbarkeit*

a) *Einwand der Nicht-Abgrenzbarkeit*

Dogmatische Ansätze, die eine Abgrenzung zweier Kategorien fordern, sehen sich regelmäßig dem Einwand der Nicht-Abgrenzbarkeit ausgesetzt. Dieser Einwand verfängt aber nur dann, wenn zwei Kategorien unterschieden werden, obwohl sie sich nicht voneinander unterscheiden lassen, weil sie bei Lichte besehen ein und dasselbe bezeichnen. Das gilt nach der überwiegenden Auffassung im deutschen Verfassungsrecht beispielsweise für die Inhalts- und Schrankenbestimmungen des Eigentums nach Art. 14 Abs. 1 Satz 2 GG. Was den Inhalt des Eigentums bestimmt, bestimmt zugleich die Schranken und *vice versa*. Wenn in Art. 14 Abs. 1 Satz 2 GG von „Inhalt und Schranken des Eigentums" die Rede ist, handelt es sich dabei um ein Hendiadyoin.[326] Hier kann schon deshalb nicht zwischen Inhalt und Schranken unterschieden werden, weil die mit der Konjunktion „und" verbundenen Ausdrücke in dieser Verbindung dasselbe bezeichnen. Sofern aber, wie im Fall von Regelung und Einschränkung der Unionsgrundrechte dargetan ist, dass unterschiedliche Referenzobjekte gegeben sind, ist eine Abgrenzung möglich, sinnvoll und geboten, wenn sie im Einzelnen auch schwierig sein und in letzter Konsequenz von der (ergänzenden) Rechtssetzungskompetenz des Richters abhängen mag. Gegen die kategoriale Unterscheidung von Regelung und Einschränkung grundrechtlicher Freiheit unter der Charta greift der Einwand der Nicht-Abgrenzbarkeit demnach von vorneherein nicht durch.

b) *Keck-Rechtsprechung*

Dass der EuGH durchaus bereit ist, Regelungen und Einschränkungen voneinander abzugrenzen, illustriert seine *Keck*-Rechtsprechung im Bereich der Warenverkehrsfreiheit. Es geht hier nicht darum, diese Rechtsprechung auf die Grundrechte zu übertragen. Dafür sind die funktionalen Unterschiede zwischen Grundfreiheiten und Grundrechten zu groß.[327] Auch muss an dieser Stelle nicht erörtert werden, ob dem EuGH die Abgrenzung anhand des *Keck*-Kriteriums generell oder gar in einzelnen Fällen überzeugend gelungen ist.[328] Dennoch zeigt die Judikatur, dass der EuGH nicht davor zurückschreckt, dogmatische Kategorien zu etablieren, um notwendige Abgrenzungen vorzunehmen.

Um einer ausufernden Anwendung des Art. 30 EGV (Art. 34 AEUV) auf jedwede wirtschaftsbezogene Regelung entgegenzuwirken, sah sich der EuGH im *Keck*-Urteil

---

[326] Vgl. *Bryde*, in: von Münch/Kunig, GG, Art. 14 Rn. 48 m. w. N. auch zur a. A., der von einem „Pleonasmus" spricht.

[327] Vgl. zu Gemeinsamkeiten und Unterschieden *Streinz*, in: HGR VI/1, § 151 Rn. 11 ff. m. w. N., der als entscheidende Unterschiede Wirkrichtung und Funktionen nennt; bezogen auf die wirtschaftlichen Grundrechte auch *Grabenwarter*, in: ders., Europäischer Grundrechteschutz, 2014, § 13 Rn. 1 GRC.

[328] Vgl. zur Kritik an der *Keck*-Rechtsprechung *Leible/T. Streinz*, in: Grabitz/Hilf/Nettesheim, EU-Recht, Art. 34 AEUV Rn. 82 ff. m. N. aus dem „abundanten" Schrifttum.

genötigt, seine Rechtsprechung zu Beschränkungen der Warenverkehrsfreiheit neu zu justieren.[329] Maßnahmen, die kaum mehr einen erkennbaren Bezug zur Union aufwiesen, sollten nicht erst auf der Rechtfertigungsebene gelöst werden, sondern bereits keine (rechtfertigungsbedürftigen) Beschränkungen mehr darstellen.[330] Um dies zu erreichen, erklärte der EuGH die Anwendung nationaler Bestimmungen, die bestimmte Verkaufsmodalitäten beschränkten oder verböten, auf Erzeugnisse aus anderen Mitgliedstaaten, für nicht geeignet, den Handel zwischen den Mitgliedstaaten zu behindern, sofern sie für alle Wirtschaftsteilnehmer gälten und den Absatz inländischer und EU-ausländischer Erzeugnisse rechtlich wie tatsächlich gleich berührten.[331] Auf solche Regelungen über Verkaufsmodalitäten sollte Art. 34 AEUV also nicht (mehr) anwendbar sein,[332] während produktbezogene über Bezeichnung, Form, Abmessungen, Gewicht usw. weiterhin durch einen Zweck gerechtfertigt sein müssten, der im Gemeininteresse liege und im Einzelfall die Warenverkehrsfreiheit überwiege.[333]

Trotz der unterschiedlichen Vorzeichen, unter denen die Prüfung von Grundfreiheiten steht,[334] sind aufschlussreiche Parallelen zur hier vorgeschlagenen Unterscheidung zwischen Regelung und Einschränkung von Grundrechten erkennbar. Hier wie da geht es um die Frage, ob eine freiheitsbegrenzende Maßnahme einer Rechtfertigungsprüfung zu unterziehen ist oder nicht. Hier wie da läuft die Trennlinie – auch begrifflich – zwischen den Modalitäten der Freiheitsausübung und der Infragestellung ihres Kerns. Wenn die Erläuterungen zu Art. 28 GRC ausführen, dass „Modalitäten und Grenzen für die Durchführung von Kollektivmaßnahmen" durch die einzelstaatlichen Rechtsvorschriften geregelt werden, zeigt sich eine frappierende Ähnlichkeit zur *Keck*-Formel, nach der die Beschränkung oder das Verbot bestimmter Verkaufsmodalitäten durch die Mitgliedstaaten nicht im Lichte der Warenverkehrsfreiheit gerechtfertigt werden muss. Unter „Modalität" versteht man die Art und Weise, die näheren Umstände, Bedingungen, Einzelheiten der Durchführung usw. einer Handlung.[335] Eben darum geht es auch dem EGMR, wenn er Bedingungen der Eheschließung, die in verfahrens- oder materiell-rechtlichen Vorschriften niedergelegt sind, unter den Regelungsvorbehalt des Art. 12 EMRK fasst und damit von der Rechtfertigungspflicht freistellt, solange sie nicht den Kern des Grundrechts berühren. Freilich richtet sich die Grenzziehung zwischen Modalität und Beschränkung im Bereich der Grundfreiheiten nach anderen Kriterien als die Unterscheidung zwischen Regelung und Einschränkung im Bereich der Grundrechte. Während es bei der Warenverkehrsfreiheit als zentraler Freiheit des Binnenmarkts um den Abbau von

---

329 EuGH, Rs. C-267 und C-268/91 – *Keck und Mithouard*, Rn. 14.

330 *Kingreen*, in: Calliess/Ruffert, EUV/AEUV, Art. 35 AEUV Rn. 49.

331 EuGH, Rs. C-267 und C-268/91 – *Keck und Mithouard*, Rn. 16 f.

332 EuGH, Rs. C-267 und C-268/91 – *Keck und Mithouard*, Rn. 17.

333 EuGH, Rs. C-267 und C-268/91 – *Keck und Mithouard*, Rn. 15.

334 Gerade die Prüfungsstruktur ist aber sehr ähnlich; vgl. *Streinz*, in: HGR VI/1, § 151 Rn. 21.

335 Vgl. Duden online, Stichwort: „Modalität".

Handelshemmnissen zwischen den Mitgliedstaaten geht, mithin der Marktzugang das entscheidende Kriterium darstellt,[336] muss die binnenmarktneutrale Grundrechtsdogmatik andere Wege gehen. Im Vordergrund stehen bei ihr die Interessen des Einzelnen als Grundrechtsträger, nicht seine Position als Marktteilnehmer.[337] Die *Keck*-Rechtsprechung, über deren Schlüssigkeit – dies sei wiederholt – hier nicht zu befinden ist, zeigt, dass Differenzierungen der hier vorgeschlagenen Art keine rechtswissenschaftlichen Konstrukte bleiben müssen, sondern sich in Rechtsprechungspraxis und Dogmatik umsetzen lassen, wenn auch nicht jede dieser Umsetzungen überzeugen mag.

c) Abgrenzungsmodelle im nationalen Recht

Auch im nationalen Recht stellen sich Abgrenzungsfragen, die gewisse Ähnlichkeiten mit der Unterscheidung von Regelung und Einschränkung aufweisen. Exemplarisch seien aus dem deutschen Verfassungsrecht die in Art. 12 Abs. 1 GG angelegte Unterscheidung zwischen Regelungen der Berufsausübung und Eingriffen in die Berufsfreiheit sowie die Differenzierung zwischen Kern- und Randbereich der gemeindlichen Selbstverwaltungsgarantie nach Art. 28 Abs. 2 Satz 1 GG angeführt.

aa) Regelungsvorbehalt des Art. 12 Abs. 1 Satz 2 GG

Das erste Beispiel ist angesichts der sich über Wortlaut und Regelungsintentionen des Verfassungsgebers hinwegsetzenden Rechtsprechung des BVerfG zur Berufsfreiheit ein historisch mahnendes Exempel. Dennoch verdient es Erwähnung, da sich interessante Parallelen gerade zur Regelungsfähigkeit der unternehmerischen Freiheit nach Art. 16 GRC zeigen. Abweichend von den anderen Schrankenvorbehalten des Grundgesetzes spricht Art. 12 Abs. 1 Satz 2 GG nicht von einem Eingriff[338], einer Beschränkung[339] oder einer Einschränkung[340], sondern erklärt gesetzliche Regelungen der Berufsausübung für zulässig. Aus den Beratungen des parlamentarischen Rates lässt sich rekonstruieren, dass mit dem Regelungsvorbehalt dem Staat die Möglichkeit gegeben werden sollte, die Berufsausübung von bestimmten Voraussetzungen abhängig zu machen und dabei Gefahren zu begegnen, die mit der Ausübung bestimmter Berufe verbunden sein können. Der Zugang zu einem Beruf sollte durch eine Berufsausübungsregelung zwar nicht „völlig versperrt" werden können, die Entscheidung darüber, wann eine Vorschrift nicht mehr als Regelung, sondern als Aus-

---

[336] EuGH, Rs. C-267 und C-268/91 – *Keck und Mithouard*, Rn. 17.

[337] Vgl. zu diesem Unterschied zwischen wirtschaftlichen Grundrechten und Grundfreiheiten auch *Grabenwarter*, in: ders., Europäischer Grundrechteschutz, 2014, § 13 Rn. 1; abschwächend zur Unterscheidung zwischen Grundrechtsträger und „Marktbürger" *Streinz*, in: HGR VI/1, § 151 Rn. 14, der die „Grundrechtsgehalte" der Grundfreiheiten betont; zu Abstieg der Grundfreiheiten und Aufstieg der Grundrechte vgl. *Kingreen*, in: FS Jarass, S. 51 ff.

[338] Art. 2 Abs. 2 Satz 3 GG.

[339] Art. 8 Abs. 2 GG.

[340] Art. 11 Abs. 2 GG; vgl. auch Art. 19 Abs. 1 GG.

schluss von der Zulassung zähle, sollte aber weitgehend dem Gesetzgeber überlassen bleiben.[341]

Diese Direktiven des Verfassungsgebers hat das BVerfG bei der ersten sich bietenden Gelegenheit, nämlich im Apothekenurteil,[342] beiseitegelegt und damit für die deutsche Grundrechtsdogmatik Maßstäbe gesetzt,[343] die seither nicht mehr ernsthaft infrage gestellt wurden.[344] Vielmehr ist heute allgemein akzeptiert, dass auch Regelungen der Berufsausübung sich als Eingriffe in die Berufsfreiheit rechtfertigen lassen, insbesondere dem Grundsatz der Verhältnismäßigkeit entsprechen müssen.[345] Das BVerfG stellte dazu im Apothekenurteil apodiktisch fest, dass „regeln" nicht bedeuten könne, der Gesetzgeber habe im Ganzen einen weiteren Ermessensspielraum als beim „sonstigen allgemeinen Gesetzesvorbehalt". Anderenfalls würde das Grundrecht entwertet werden, „indem sein Gehalt ganz dem Ermessen des Gesetzgebers überantwortet würde", der doch seinerseits an das Grundrecht gebunden sei. Nicht der Gesetzgeber bestimme den Inhalt des Grundrechts, sondern es ergebe sich umgekehrt aus dem „Gehalt des Grundrechts" eine inhaltliche Begrenzung des Gesetzgebungsermessens.[346] Das bedeute jedoch nicht, dass der Gesetzgeber das Grundrecht „in keiner Hinsicht einschränken" dürfe. Vielmehr enthalte jede Regelung auch das Sichtbarmachen von Grenzen. Die bewusste Verwendung des Ausdrucks „regeln" in Art. 12 Abs. 1 Satz 2 GG – anstelle des sonst üblichen „Beschränken" oder „Einschränken" – deute darauf hin, dass „eher an eine nähere Bestimmung der Grenzen von innen her, d. h. der im Wesen des Grundrechts selbst angelegten Grenzen, gedacht" sei „als an Beschränkungen, durch die der Gesetzgeber über den sachlichen Gehalt des Grundrechts selbst verfügen, nämlich seinen natürlichen, sich aus rationaler Sinnerschließung ergebenden Geltungsbereich von außen her einengen würde".[347]

Die für die Dogmatik nicht weiter relevante Unterscheidung von „Innen" und „Außen" kaschiert, was sich im Apothekenurteil eigentlich vollzog: die methodisch nicht haltbare Umdeutung des Regelungsvorbehalts nach Art. 12 Abs. 1 Satz 2 GG in einen (gewöhnlichen) Eingriffsvorbehalt.[348] Insoweit konsequent entwickelte das BVerfG im Anschluss daran die sogenannte Drei-Stufen-Theorie als Rechtfertigungskaskade für Eingriffe, die heute weitgehend im allgemeinen Verhältnismäßigkeitsgrundsatz aufgegangen ist.[349] Dem Willen des Verfassungsgebers zuwider wurde damit jede Begrenzung der Berufsfreiheit der verfassungsrichterlichen Kontrolle unterworfen.

341 Vgl. JöR 1 (1951), 134 ff.

342 BVerfGE 7, 377.

343 Zur fragwürdigen Maßstabsbildung durch das BVerfG vgl. *Lepsius*, in: Jestaedt/Lepsius/Möllers/Schönberger, Das entgrenzte Gericht, 2011, S. 159 ff.

344 Differenzierend noch *Lerche*, Übermaß und Verfassungsrecht, 2. Aufl. 1999, S. 107 ff.

345 Vgl. *Manssen*, in: von Mangoldt/Klein/Starck, GG, Art. 12 Rn. 103.

346 BVerfGE 7, 377 (403 f.).

347 BVerfGE 7, 377 (404).

348 Dem BVerfG explizit zustimmend *Lübbe-Wolff*, Die Grundrechte als Eingriffsabwehrrechte, 1988, S. 60 f.

349 Vgl. *Manssen*, in: von Mangoldt/Klein/Starck, GG, Art. 12 Rn. 139 ff.

Dem drohenden judikativen Kontrollexzess musste das BVerfG freilich bereits wenig später mit der Einengung des Eingriffsbegriffs auf Maßnahmen mit berufsregelnder Tendenz entgegenwirken.[350] Der vom Verfassungsgeber vorgesehene „Filter" der Regelung wurde offensichtlich etwas zu voreilig ausgebaut. Die dogmatisch relevante, d. h. nicht nur begriffliche, Unterscheidung von Regelung und Eingriff hat heute aufgrund der allgemein akzeptierten Linie des BVerfG keine Chance mehr auf Wiederbelebung. Aus Sicht der Dogmatik der Unionsgrundrechte ist diese Entwicklung eine Mahnung vor einem allzu freien richterlichen Umgang mit den Regelungsvorbehalten der Charta; eine Fehlentwicklung, die sich in der *Sky-Österreich*-Linie (an der wohl nicht zufällig der deutsche Richter *von Danwitz* beteiligt war) bereits abzeichnet. Für eine grundrechtliche Kontrolle jedweder wirtschaftsrelevanter Gesetzgebung hat der EuGH – ebenso wenig wie das BVerfG – weder Kompetenzen noch Kapazitäten; noch geringer ist das Bedürfnis danach, jede auch noch so geringfügige Berührung wirtschaftlicher Aktivität einer grundrechtlichen Rechtfertigungsprüfung zu unterziehen, zumal wenn das Ergebnis vorher schon feststeht, wie beispielsweise im Fall *Schaible*, in dem es letztlich um eine Petitesse ging. Das Schicksal des Regelungsvorbehalts des Art. 12 Abs. 1 Satz 2 GG zeigt damit einerseits, dass es im wirtschaftsgrundrechtlichen Bereich der Abgrenzung von Regelung und Eingriff bedarf, andererseits aber auch, dass selbstbewusste Gerichte diese Abgrenzung auch kurzerhand überspielen können.

bb) Kernbereichsdogmatik zu Art. 28 Abs. 2 Satz 1 GG

Für die hiesigen Zwecke lohnt ein Blick auf die zu Art. 28 Abs. 2 Satz 1 GG entwickelte Dogmatik. Zwar handelt es sich bei der Garantie der gemeindlichen Selbstverwaltung nicht um ein Grundrecht, sondern um eine sogenannte institutionelle Garantie (die freilich der Gemeinde eine Rechtsposition vermittelt).[351] Eine Parallele zu den regelungsfähigen Grundrechten des Unionsrechts besteht jedoch schon textlich. Denn nach Art. 28 Abs. 2 Satz 1 GG muss den Gemeinden das Recht gewährleistet sein, alle Angelegenheiten der örtlichen Gemeinschaft „im Rahmen der Gesetze" in eigener Verantwortung zu regeln. Diese den unionsrechtlichen Regelungsvorbehalten nicht unähnliche Klausel hat das BVerfG in der grundlegenden *Rastede*-Entscheidung dazu bewogen, selbstverwaltungsrelevante Gesetze danach zu unterscheiden, ob sie den Kernbereich oder den Randbereich der gemeindlichen Selbstverwaltung betreffen. Während der Kernbereich nicht ausgehöhlt werden darf, ist der Gesetzgeber im Randbereich zwar zu Regelungen befugt, muss aber das grundgesetzliche Aufgabenverteilungsprinzip hinsichtlich der Angelegenheiten der örtlichen Gemeinschaft berücksichtigen und darf daher gemeindliche Selbstverwaltungsaufgaben nur aus

[350] BVerfGE 13, 181 (185 f.); krit. dazu *Manssen*, in: von Mangoldt/Klein/Starck, GG, Art. 12 Rn. 74 ff.

[351] *Dreier*, in: ders., GG, Art. 28 Rn. 78 m. w. N.

überwiegenden Gründen des Gemeininteresses entziehen.[352] Dass das BVerfG die Rechtssetzungskompetenzen des Staates sowohl im Kern- als auch im Randbereich der gemeindlichen Selbstverwaltungsgarantie eingrenzt, ist vor allem das Ergebnis einer historischen Analyse der Gewährleistung unter Berücksichtigung der Regelungsintentionen des Verfassungsgebers[353] und damit ein Spezifikum des deutschen Verfassungsrechts. Bemerkenswert ist aber, dass das BVerfG auf eine Unterscheidung von „Kern" und „Rand" zurückgegriffen hat, um die Reichweite des Gesetzesvorbehalts abzustecken. Die Gedankenführung und Rhetorik ähnelt stark der Rechtsprechung des EGMR zu Art. 12 EMRK, wenn auch dort der Kernbereich des Rechts – die *substance même* – keine absolute, sondern nur eine relative „Schranken-Schranke" bildet.

Die Kernbereichsdogmatik des BVerfG ist nicht ohne Widerspruch geblieben.[354] Auch das Gericht selbst ist bisweilen davon abgewichen.[355] Die Kritik gegen die Kernbereichslehre ist für die hiesigen Zwecke mindestens ebenso illustrativ wie die Kernbereichslehre selbst. Im Vordergrund steht, wenig überraschend, der Einwand der fehlenden Abgrenzbarkeit, den beispielsweise der Niedersächsische Staatsgerichtshof erhoben hat: Auf der Grundlage der BVerfG-Rechtsprechung könnten die Grenzen staatlicher Eingriffsbefugnis nicht abstrakt bestimmt werden. Insbesondere ließen sich aus der Unterscheidung zwischen einem „Kernbereich" kommunaler Selbstverwaltung und dessen zu sicherndem „Vorfeld" keine klaren Abgrenzungen gewinnen.[356] Im Ergebnis sprach sich der Gerichtshof daher dafür aus, jeden „Eingriff" in die Organisationshoheit der Gemeinden einer Verhältnismäßigkeitsprüfung zu unterziehen.[357]

Diese Flucht in die Verhältnismäßigkeit, die auch schon die Außerkraftsetzung des Regelungsvorbehalts nach Art. 12 Abs. 1 Satz 2 GG durch das BVerfG geprägt hatte, ist bemerkenswert. Einerseits wird das Fehlen abstrakter Abgrenzungskriterien beklagt, andererseits das Heil aber in einer in Einzelfallbezogenheit und, jedenfalls was die Abwägungsstufe anbelangt, auch in Beliebigkeit kaum zu überbietenden Proportionalitätskontrolle gesucht.[358] Dahinter steht die für weite Teile der deutschen Staatsrechtslehre beinahe symptomatische Überschätzung der Leistungsfähigkeit des Verhältnismäßigkeitsgrundsatzes. Die angeblich unmögliche, ja irrationale Abgrenzung von Tatbestandsmerkmalen wird zugunsten des vermeintlich rationalen

---

[352] BVerfGE 79, 127 (143 ff.); die anschauliche Rede vom „Randbereich" entspricht nicht der Terminologie des BVerfG, das zwischen dem Kernbereich und dem Bereich „außerhalb des Kernbereichs" unterscheidet.

[353] Vgl. die eingehende Auseinandersetzung mit der Entstehungsgeschichte des Art. 28 Abs. 2 Satz 1 GG und seiner Vorbilder bei BVerfGE 79, 127 (144 ff.).

[354] Vgl. *Lange*, Kommunalrecht, 2013, Rn. 93 ff. m. w. N.

[355] Vgl. *Dreier*, in: ders., GG, Art. 28 Rn. 114 m. w. N.

[356] NdsStGH, DÖV 1996, 657 (657).

[357] NdsStGH, DÖV 1996, 657 (657).

[358] Weitaus optimistischer zur Rationalität von Erforderlichkeit und Angemessenheit als Aspekte des Verhältnismäßigkeitsgrundsatzes aber *von der Pfordten*, in: Jestaedt/Lepsius, Verhältnismäßigkeit, 2015, 261 (272 ff.).

Verhältnismäßigkeitsprinzips aufgegeben. Die von *Alexy* formulierte Prinzipientheorie liefert hierfür die theoretische Grundierung. Sie spricht sich prononciert für die Hintanstellung von Normtatbeständen zugunsten der Abwägung im Einzelfall aus.[359] Dass dadurch zugleich höherrangige Normsetzungen negiert werden, wird billigend in Kauf genommen.[360] Die Rationalisierungsfunktion des Verhältnismäßigkeitsgrundsatzes wird heute indes längst nicht mehr so optimistisch beurteilt.[361] Keinesfalls rechtfertigt sie, die Regelungsintentionen des Verfassungsgebers zu überspielen. Im Fall der Kernbereichslehre zu Art. 28 Abs. 2 GG lassen sich solche Intentionen freilich kaum rekonstruieren. Sie ist selbst Ergebnis einer ergänzenden Normsetzung durch das BVerfG. Der gegen sie erhobene Einwand der Nicht-Abgrenzbarkeit ging aber von vorneherein an der Sache vorbei, hatte doch das BVerfG aufgezeigt, anhand welcher Kriterien „Kern“ und „Rand“ abgegrenzt werden können: Es rückte die historische Entwicklung der gemeindlichen Selbstverwaltung in den Vordergrund, die zwar keine abschließende gegenständliche Fixierung des Kernbereichs, wohl aber dessen Konturierung erlaubt. Dass die Grenzen des Kernbereichs im Einzelfall durch den Richter abgesteckt werden müssen und dieser dabei auch seine Kompetenzen zur nachgeordneten Normsetzung ausübt, d. h. selbst Rechtsnormen setzt, ist nichts Irrationales, sondern rechtliche – zumal verfassungsrechtliche – Normalität. Eine Falllösung über die Verhältnismäßigkeitsprüfung ist demgegenüber nicht *per se* vorzugswürdig. Im Gegenteil vermag sie die Rationalisierungsversprechen, die mit ihr verbunden sind, nicht einzulösen: Die Begründung der richterlichen Normsetzung im Einzelfall verschiebt sich lediglich vom (logisch vorrangigen) Tatbestand der Norm auf die Abwägung im Einzelfall.[362]

d) *Zwischenresümee*

Für die hier interessierende Abgrenzung von Regelung und Einschränkung grundrechtlicher Freiheit lässt sich Folgendes festhalten: Die Differenzierung ist nicht von vorneherein ausgeschlossen. Der Einwand der fehlenden Abgrenzbarkeit verfängt nicht, da Regelung und Einschränkung Unterschiedliches bezeichnen. Dass die Abgrenzung im Detail schwierig sein mag bzw. weitgehend dem Richter (dem EuGH) überantwortet sein wird, bedeutet weder, dass sie undurchführbar ist, noch, dass sie

---

359 *Alexy*, Theorie der Grundrechte, 1994, S. 290 ff.

360 Krit. dazu *Klement*, in: Klatt, Institutionalized Reason, 2012, S. 173 (186 ff.); vgl. auch die überzeugende Kritik an der Prinzipientheorie bei *Poscher*, Grundrechte als Abwehrrechte, 2003, S. 75 ff.; *ders.*, RW 2010, 349 ff.

361 Vgl. differenzierend zu Chancen und Grenzen *Lepsius*, in: Jestaedt/Lepsius, Verhältnismäßigkeit, 2015, S. 1 (19 ff.); krit. *Merten*, in: HGR III, § 68 Rn. 1 f.

362 Vom Verfassungs- oder Charta-Geber vorgegebene Tatbestandsmerkmale ernst zu nehmen, bedeutet nicht, sich in „apokryphe[n] Abwägungen“ zu ergehen, wie etwa *von Arnauld*, in: Jestaedt/Lepsius, Verhältnismäßigkeit, 2015, S. 276 (286 f.) den sog. Innentheorien attestiert; vielmehr hat der höherrangige Normgeber bereits eine Abwägung getroffen, die der „Normanwender“ im Einzelfall zu beachten hat und nicht durch seine eigene Abwägung im Kleid der angeblich „rationalen“ Verhältnismäßigkeitsprüfung wieder infrage stellen darf.

zugunsten einer vom Charta-Geber nicht gewollten Flucht in die Verhältnismäßigkeit aufgegeben werden sollte.[363] Die *Keck*-Rechtsprechung, aber auch Ansätze im nationalen Recht zeigen, dass Gerichte durchaus in der Lage sind, gewährleistungsbegrenzende Maßnahmen in Kategorien zu unterscheiden, die denen von Regelung und Einschränkung ähneln. Gerade die unglückliche Judikatur des BVerfG zum Regelungsvorbehalt nach Art. 12 Abs. 1 Satz 2 GG mahnt davor, die Direktiven des Charta-Gebers nicht zu voreilig beiseite zu legen. Immerhin musste das BVerfG seinen im Apothekenurteil eingeschlagenen Irrweg, der die Berufsfreiheit gleichsam zum allgemeinen Maßstab staatlicher Rechtssetzung befördert hätte, durch die Einführung einer anderen Abgrenzung auf Schrankenebene (Stichwort: „berufsregelnde Tendenz") korrigieren. Nicht zuletzt aufgrund der inhaltlichen Überschneidungen zwischen Art. 12 Abs. 1 Satz 2 GG und Art. 16 GRC sind die deutschen Erfahrungen, gleichsam als „abschreckendes Beispiel", bei der dogmatischen Erfassung der regelungsfähigen Gewährleistungen des Unionsrechts zu berücksichtigen. Nationale Fehlentwicklungen sollten auf Unionsebene nicht reproduziert werden.

3. *Abgrenzungskriterien*

Die Unterscheidung zwischen regelnder und einschränkender Gesetzgebung ist vom Charta-Geber in den Gewährleistungen der Art. 9, 10 Abs. 2, 14 Abs. 3, 16 und 28 GRC angelegt. Aufwendiger als die Klassifizierung einer Gewährleistung als regelungsfähiges Grundrecht ist es, die Kriterien zu bestimmen, nach denen Regelung und Einschränkung voneinander unterschieden werden können.

a) *Allgemeine und spezifische Kriterien*

Die enge „Verwandtschaft" der Regelungsvorbehalte in den Charta-Gewährleistungen legt es nahe, dass sich allgemeine Kriterien für die Abgrenzung formulieren lassen. Immerhin wurden die Vorbehalte der Art. 10 Abs. 2 und 14 Abs. 3 GRC demjenigen des Art. 9 GRC nachgebildet; Art. 28 GRC stand Pate für Art. 16 GRC. Auch inhaltlich sind die Gewährleistungen teilweise eng miteinander verknüpft. Die wechselbezügliche Genese von Art. 28 GRC und Art. 16 GRC als Kompromiss zwischen „linkem" und „rechtem" Lager im Grundrechtekonvent wurde bereits hinreichend betont. Eine inhaltliche Nähebeziehung besteht aber auch zwischen Art. 16 GRC und Art. 14 Abs. 3 GRC, soweit letzterer die Freiheit zur Gründung von Lehranstalten gewährleistet. Denn nach den Erläuterungen zu Art. 14 GRC handelt es sich bei der Freiheit zur Gründung von Lehranstalten um einen speziellen Aspekt der unternehmerischen Freiheit.[364] Ihre Ausübung erfolgt den Erläuterungen zufolge

---

[363] Zur Flucht in die Verhältnismäßigkeit im Kontext des Eigentumsrechts vgl. *Calliess*, in: ders./Ruffert, EUV/AEUV, Art. 17 GRC Rn. 22.

[364] Etwas irritierend ist die Rede von „öffentlichen oder privaten Lehranstalten" in den Erläuterungen, die sich aber nur auf die Öffnung der Schule für die Allgemeinheit oder nur einen bestimmten Personenkreis beziehen dürfte; denn die Gründung öffentlicher Schulen dürfte nicht als

„entsprechend den in den einzelstaatlichen Rechtsvorschriften festgelegten Einzelheiten“. Angesichts der genetischen und teilweise auch sachlichen Nähe der einzelnen regelungsfähigen Gewährleistungen spricht viel für die Etablierung allgemeiner Abgrenzungskriterien für Regelung und Einschränkung.

Daneben bringt jedes Grundrecht seine eigenen Besonderheiten mit sich. Schon aufgrund der völlig verschiedenen Themen („Lebensbereiche“), die durch die Gewährleistungen angesprochen sind, muss Raum bleiben für grundrechtsspezifische Kriterien. Diese werden sich aber umso mehr ähneln, je näher die Gewährleistungen sachlich miteinander verwandt sind. So dürften die Abgrenzungskriterien bei den unternehmerischen Aspekten des Art. 14 Abs. 3 GRC und der unternehmerischen Freiheit nach Art. 16 GRC weitgehend kongruent sein. Im Gegensatz dazu haben die Eheschließungsfreiheit (Art. 9 Var. 1 GRC) und das Recht auf Kollektivverhandlungen (Art. 28 GRC) wenig miteinander gemein, so dass die grundrechtsspezifischen Abgrenzungskriterien auch sehr unterschiedlich zu bestimmen sein werden. Inhaltliche Divergenzen innerhalb einer dogmatischen Kategorie stellen diese aber als solche nicht infrage, sondern sind notwendige Folge verschiedenartiger Normsetzungsakte, die stets unterschiedliche Sachlagen betreffen. Ins Wanken geriete die dogmatische Kategorie der regelnden Gesetzgebung erst, wenn sich die grundrechtsspezifischen Kriterien nicht mehr vernünftig unter ihr vereinen ließen. Angesichts des beachtlichen semantischen Fassungsvermögens des Regelungsbegriffs (s. o.) zeichnet sich dies indes nicht ab.

Gleichviel ob es um allgemeine oder spezifische Kriterien geht, bilden den Ausgangspunkt stets die Vorgaben des Charta-Gebers als maßgeblichem Normgeber. Soweit sich aus seinen Normsetzung Direktiven für die Abgrenzung von Regelung und Einschränkung rekonstruieren lassen, sind diese zugrunde zu legen. Erst in einem zweiten Schritt tritt die Rechtssetzungskompetenz des EuGH hinzu, der innerhalb der höherrangigen Vorgaben mehr oder minder weite Ermessensspielräume bei der Abgrenzung der Kategorien für sich in Anspruch nehmen kann. Soweit die hiesige Untersuchung sich innerhalb dieser Spielräume bewegt, kann sie nur Vorschläge unterbreiten, Anregungen geben, nicht aber Lösungen postulieren. Alles andere wäre keine Dogmatik, sondern Rechtspolitik. Die „richtige Entscheidung“ gibt es nicht, soweit der Richter Ermessen ausübt.

b) Kern- und Randbereich

Die Vorgaben des Charta-Gebers zur Abgrenzung von regelnder und einschränkender Gesetzgebung sind spärlich, aber doch erkennbar. Die Erläuterungen zur Charta ermöglichen eine erste Annäherung. So ist die Freiheit zur Gründung von

unternehmerische Tätigkeit anzusehen sein; vgl. dazu *Jarass*, GRC, Art. 14 Rn. 20; unklar ist auch die Verortung gemeinnütziger Schulgründungen ohne jede Gewinnerzielungsabsicht; sie dürfte erst recht von Art. 14 Abs. 3 GRC geschützt sein, auch wenn sie nicht der unternehmerischen Betätigung zugerechnet werden kann.

Lehranstalten, wie bereits angemerkt, „entsprechend den in den einzelstaatlichen Rechtsvorschriften festgelegten Einzelheiten" auszuüben. Im französischen Text ist von Modalitäten *(modalités)* die Rede. In dieselbe Richtung gehen die Erläuterungen zu Art. 28 GRC, wonach die „Modalitäten und Grenzen für die Durchführung von Kollektivmaßnahmen" durch die einzelstaatlichen Rechtsvorschriften und Gepflogenheiten geregelt werden. Die französische Fassung spricht insoweit von *modalités et limites de l'exercice des actions collectives*. Der Charta-Geber lässt hier deutlich erkennen, dass Maßnahmen, die auf die jeweiligen Regelungsvorbehalte gestützt werden, die Art und Weise, den „Modus", der Freiheitsausübung betreffen. Vereinfacht gesagt: Regelungen haben das „Wie" der Ausübung grundrechtlicher Freiheit zum Gegenstand. Es liegt nahe, dem „Wie" das „Ob" entgegenzusetzen. Die Trennlinie zwischen Regelung und Einschränkung verliefe dann zwischen *modus* und *facultas*. Nicht übersehen werden darf aber, dass Vorgaben über die Art und Weise eines Verhaltens stets auch die Möglichkeit bestimmter Handlungen betreffen. Die scheinbar präzise Grenzziehung zwischen „Wie" und „Ob" verschwimmt. Nimmt man etwa das Beispiel des Streikrechts, das auch die Erläuterungen zu Art. 28 GRC explizit als regelungsfähig hervorheben, zeigt sich rasch, dass die Unterscheidung von Modalität und Möglichkeit weitergehende Differenzierungen erfordert. Als Beispiele für ohne weiteres zulässige Vorgaben an die Durchführung von Streiks werden im Schrifttum Vorwarnfristen, Verfahrensregeln über eine Urabstimmung und der Ultima-Ratio-Grundsatz genannt.[365] Sieht der regelnde Gesetzgeber derartiges vor, nimmt er damit aber gleichzeitig den Grundrechtsträgern die Möglichkeit, Streiks ohne Vorwarnfrist oder Urabstimmung durchzuführen bzw. nicht als letztes Mittel einzusetzen. Damit wird zugleich auch über das „Ob" *derartiger* Streiks entschieden, wenn auch das „Ob" des Streiks *als solchem* nicht infrage gestellt werden mag. Gibt die Grundrechtsnorm aber dem Einzelnen *prima facie* den Anspruch gegen den Grundrechtsadressaten, ihn nicht an der Streikausübung seiner Wahl zu hindern, so wird dieser Anspruch auch durch eine Regelung über das „Wie" des Streiks negiert. Blickt man auf die Struktur der Grundrechtsnorm, hilft die Unterscheidung zwischen „Wie" und „Ob", zwischen Modalität und Möglichkeit, also nicht weiter. Mit jeder Entscheidung über ein „Wie" ist zugleich die Entscheidung über ein „Ob" verbunden.

Die vom Charta-Geber vorgezeichnete Unterscheidung zwischen den Modalitäten der Freiheitsausübung und der Freiheitsausübung als solcher ergibt jedoch Sinn, wenn man das Grundrecht als Ganzes in den Blick nimmt. In Anlehnung an *Alexy* sind im Grundrecht als Ganzem alle Prima-Facie-Positionen zusammengefasst, die dem Einzelnen aufgrund von Grundrechtsnormen zugeschrieben werden, welche wiederum einer sachlichen Grundrechtsbestimmung zugeordnet sind.[366] So lässt

---

[365] *Rebhahn*, in: GS Heinze, S. 649 (655); *Herresthal*, EuZA 2011, 3 (18).

[366] Vgl. *Alexy*, Theorie der Grundrechte, 1994, S. 226 ff., der auch die Relationen (Präzisierungs-, Zweck/Mittel- und Abwägungsrelation) hinzunimmt, in denen die Positionen zueinander stehen; für die hiesigen Zwecke sind diese Relationen von nachrangigem Interesse; das Konzept des Grundrechts als Ganzem wird hier – dies sei klarstellend erwähnt – übernommen, ohne dass damit ein Bekenntnis

sich Art. 28 GRC etwa eine je nach Konkretisierungsgrad mehr oder minder große Zahl an (Prima-Facie-)Anspruchspositionen des Grundrechtsträgers gegenüber den Grundrechtsadressaten zuordnen, die den Inhalt haben, ihn nicht an bestimmten Streikhandlungen zu hindern bzw. – in positiver Hinsicht – bestimmte Hindernisse für Streikhandlungen aus dem Weg zu schaffen. Der Inhalt dieser Prima-Facie-Positionen mag nicht von vorneherein feststehen, ist aber in einer Kombination aus Rekonstruktion der Normsetzung des Charta-Gebers und ergänzender richterlicher Normsetzung für jeden Grundrechtsträger bestimmbar. Die Zusammenfassung dieser Positionen ergibt das Streikrecht des Einzelnen als dessen Recht auf Kollektivmaßnahmen als Ganzes.

Jedenfalls lässt sich festhalten, dass eine völlige Aberkennung des Grundrechts als Ganzem eine Einschränkung der grundrechtlichen Freiheit ist. Wird eine Person an jedweder Streikhandlung gehindert, das Grundrecht also als Ganzes negiert, lässt sich nicht mehr von Regelung grundrechtlicher Freiheitsausübung sprechen. In diese Richtung geht beispielsweise *Sagan*, der als „einzige denkbare Grenze“ vorbehaltsloser Einschränkung (hier: Regelung) das vollständige Verbot kollektiver Maßnahmen nennt, durch das den Grundrechtsträgern die Partizipation an Arbeitskämpfen gänzlich unmöglich gemacht werde.[367] Diese Minimalkonzeption des für die Einschränkung verbleibenden regelungsfreien Bereichs dürfte jedoch die Vorgaben des Charta-Gebers nicht adäquat abbilden. Immerhin lässt sich schwerlich behaupten, das Gegenstück einer Modalitätenregelung, wie sie dem Charta-Geber vorschwebte, sei ausschließlich die völlige Negation des Grundrechts. Um beim Beispiel des Streikrechts zu bleiben: Zwischen dem gesetzlichen Erfordernis einer Urabstimmung und dem Totalverbot von Streiks liegt ein weites Feld, das entweder der rechtfertigungsfreien Regelung oder der rechtfertigungsbedürftigen Einschränkung durch den Gesetzgeber unterliegt; *tertium non datur*. Innerhalb des Grundrechts als Ganzem müssen sich demnach Prima-Facie-Positionen identifizieren lassen, deren Beeinträchtigung eine Einschränkung darstellt, und solche, deren Beeinträchtigung als Regelung anzusehen ist. Diese Teile des Grundrechts als Ganzem können anschaulich als dessen Kern- bzw. Randbereich bezeichnet werden. Das entspricht zwar der räumlichen Metaphorik, die bei den Grundrechten vor allem in der Rede vom „Schutzbereich“ ihren Niederschlag

---

zur Prinzipientheorie einhergeht, die nicht zuletzt aus den o. g. Gründen zurückzuweisen ist. Auch ohne Prinzipientheorie lassen sich jedoch grundrechtliche Positionen in definitive und Prima-Facie-Positionen unterteilen, da es sich hierbei lediglich um eine strukturanalytische Kategorisierung handelt, die als solche nicht die Existenz von Prinzipien voraussetzt. *Alexy* fasst unter das Grundrecht als Ganzes auch alle definitiven Positionen; diese stehen aber erst fest, wenn die Prima-Facie-Position sich als definitiv erweist. Da dies eine Frage des Einzelfalls ist und grundrechtliche Positionen (mit Ausnahme etwa der hier nicht interessierenden Menschenwürde) in aller Regel Prima-Facie-Struktur haben, ist es für die hiesige Untersuchung unzweckmäßig, auch definitive Positionen miteinzubeziehen, auch wenn diese das „Grundrecht im Ergebnis“ ausmachen.

367 *Sagan*, Das Gemeinschaftsgrundrecht auf Kollektivmaßnahmen, 2008, S. 129; zur Kritik an dessen Konzeption des Regelungsvorbehalts des Art. 28 GRC als „vorbehaltslose Grundrechtsschranke“ s. o. Abschn. C III 3. b. bb.; ähnlich *Rebhahn*, in: GS Heinze, S. 649 (655): vollständige Beseitigung des geschützten Interesses.

findet, trägt aber selbst nichts zur Grenzziehung bei. Welche Positionen dem Kern, welche dem Rand des jeweiligen Grundrechts zuzurechnen sind, muss nach inhaltlichen Kriterien entschieden werden. Immerhin findet der Kern(bereich) des Rechts in der Substance-Même-Judikatur von EGMR und EuGH Anklang. Es geht um die Substanz der grundrechtlichen Freiheit.

Vom Kernbereich regelungsfähiger Grundrechte muss deren Wesensgehalt *(contenu essentiel)* im Sinne von Art. 52 Abs. 1 Satz 1 GRC unterschieden werden. Da die Wesensgehaltsgarantie als sogenannte Schranken-Schranke der Einschränkbarkeit Grenzen setzt, kann sie im Bereich der Regelung überhaupt nicht zum Tragen kommen. Mit anderen Worten: Was den Wesensgehalt des Grundrechts antastet, kann keine Regelung grundrechtlicher Freiheit sein, sondern ist als von vorneherein unzulässige (!) Einschränkung grundrechtlicher Freiheit zu behandeln. Ob dem Wesensgehalt des Rechts im Sinne des Art. 52 Abs. 1 Satz 1 GRC in der Rechtsprechung des EuGH überhaupt eine eigenständige Bedeutung zukommen wird, bleibt abzuwarten. Die Prognose fällt eher negativ aus, denn die deutsche Erfahrung mit Art. 19 Abs. 2 GG zeigt, wie wenig handhabbar die Figur des Wesensgehalts in der Rechtspraxis ist.[368] Im Zentrum der Rechtfertigung von Einschränkungen dürfte vielmehr der Verhältnismäßigkeitsgrundsatz stehen. An dieser Stelle ist festzuhalten, dass trotz der irreführenden Gleichsetzung von *substance même* und Wesensgehalt in deutschen Urteilsübersetzungen und im deutschen Schrifttum der Kernbereich des Grundrechts, wie er hier konzipiert (und mit der *substance même* gleichgesetzt) wird, deutlich über das hinausgeht, was man unter den – wie auch immer zu bestimmenden – Wesensgehalt fassen kann.[369]

c) *Ansätze in der Rechtsprechung*

Die Ansätze in der Rechtsprechung des EuGH und des EGMR zur Bestimmung des Kernbereichs wurden bei der Analyse der einzelnen Grundrechte bereits angesprochen und seien hier noch einmal zusammengefasst. Mit Blick auf die unternehmerische Freiheit hat der EuGH Vorgaben an die Etikettierung von Produkten nicht als kernbereichsrelevant angesehen, weil sie weit davon entfernt seien, die Herstellung oder den Vertrieb des Produkts zu verbieten und sich darauf beschränkten, für die Produkte innerhalb eines klar abgegrenzten Bereichs Etikettierung und Werbung zu regeln.[370]

---

368 Vgl. dazu nur *Kingreen/Poscher*, Staatsrecht II Grundrechte, 33. Aufl. 2017, Rn. 352 ff.

369 Symptomatisch für die Schwierigkeiten bei der Bestimmung des Wesensgehalts sind die Ausführungen bei *Brameshuber*, EuZA 2016, 46 (59 ff.), die den Wesensgehalt des Streikrechts im Ergebnis (wohl) als die Summe der unter der EMRK definitiv gewährleisteten Grundrechtspositionen des Einzelnen begreift; unklar bleibt bei ihr, ob sie ein relatives oder absolutes Modell des Wesensgehalts postuliert; für die Relativität ihres Ansatzes (und damit für die praktische Gleichsetzung mit dem Verhältnismäßigkeitsgrundsatz) spricht die Rede von der unverhältnismäßigen Beschränkung des Wesensgehalts; die Heranziehung des EMRK-Standards als Untergrenze spricht hingegen für eine absolute Konzeption.

370 EuGH, Rs. C-544/10 – *Deutsches Weintor*, Rn. 56 f.

Der (freilich nicht zwingende) Umkehrschluss liegt nahe, dass Herstellungs- und Vertriebsverbote den Kernbereich der unternehmerischen Freiheit berühren und sich damit als rechtfertigungsbedürftige Einschränkungen darstellen würden. Bezogen auf die ebenfalls unter Art. 16 GRC subsumierte Vertragsfreiheit ging der EuGH in der *Alemo-Herron*-Entscheidung davon aus, dass diese im Kern betroffen sei, wenn aufgrund einer dynamischen Bezugnahmeklausel der Erwerber eines Betriebs an einen Tarifvertrag gebunden sei, auf dessen Inhalt er keinen Einfluss habe nehmen können. Bei aller gebotenen Zurückhaltung vor Verallgemeinerungen dieses stark in den Kontext des englischen Arbeitsrechts eingebundenen Urteils[371] erscheint es dennoch nicht fernliegend, dass die Möglichkeit der Einflussnahme auf Vertragsinhalte dem Kern der Vertragsfreiheit zuzurechnen ist. So dürften beispielsweise auch Kontrahierungszwänge nicht mehr als Regelungen, sondern als Einschränkungen der unternehmerischen Freiheit anzusehen sein.[372] Was die Freiheit des Unternehmers, über den Einsatz seiner Ressourcen zu entscheiden, anbelangt, deutet das Urteil in der Rechtssache *UPC Telekabel Wien* darauf hin, dass die Verpflichtung eines Unternehmers zu bestimmten Handlungen, die im Zusammenhang mit seiner Geschäftstätigkeit stehen, so lange nicht kernbereichsrelevant ist, wie dem Unternehmer ein Spielraum bei der Pflichterfüllung zusteht und ihm kein „untragbares Opfer" auferlegt wird. Eine Antwort auf die Frage, wann ein Opfer untragbar ist, bleibt der EuGH freilich schuldig. In einem *hard case* dürfte eine Intensitätsbetrachtung angezeigt sein. Als untragbar wird sich jedenfalls eine Belastung erweisen, die den Einzelnen zur Aufgabe seines Geschäftsmodells zwingt. Dann ist in jedem Falle die Grenze zur Einschränkung überschritten. Das bedeutet nicht, dass die Maßnahme nicht nach Art. 52 Abs. 1 GRC gerechtfertigt werden könnte (nicht jedes Geschäftsmodell ist definitiv geschützt). Hätte der EuGH im *Sky-Österreich-* oder im *Schaible*-Fall den Regelungsvorbehalt des Art. 16 GRC ernstgenommen, hätte er nach diesen Maßstäben in beiden Fällen eine Einschränkung verneinen müssen. Weder die Pflicht, Kurzberichterstattungen unentgeltlich zu ermöglichen, noch die Kennzeichnungspflicht von Schafen zeitigten derart intensive Belastungen, dass die jeweiligen Unternehmen „am Rande des Ruins" gestanden hätten. Vieles spricht dafür, dass der Gerichtshof bei der Festlegung der Schwelle zum „untragbaren Opfer" keine verdeckte Abwägung[373] vornehmen, sondern einzig auf die Belastungen des Einzelnen blicken würde, wie er es im *UPC-Telekabel-Wien*-Urteil getan hat. Für die Untragbarkeit des Opfers als Schwelle zur Einschränkung wird es demnach keine Rolle spielen, wie bedeutsam die mit der Maßnahme verfolgten Zwecke sind. Diese Frage stellt sich erst, wenn die Belastung als so intensiv angesehen werden muss, dass sie als Einschränkung zu qualifizieren ist. Erst

---

[371] Dynamische Bezugnahmeklauseln nach deutschem Arbeitsrecht sind nach Auffassung des EuGH, Rs. C-680 und C-681/15 – *Asklepios Kliniken*, Rn. 26 hingegen mit Art. 16 GRC vereinbar.

[372] Zum Kontrahierungszwang im europäischen Recht vgl. *Herresthal*, ZEuP 2014, 238 (265 f.); zum deutschen Kartellrecht etwa *Cornils*, NJW 2001, 3758 ff.

[373] Vgl. *von Arnauld*, in: Jestaedt/Lepsius, Verhältnismäßigkeit, 2015, S. 276 (286 f.).

dann müssen in der Verhältnismäßigkeitsprüfung nach Art. 52 Abs. 1 Satz 2 GRC die widerstreitenden Interessen abgewogen werden.

Aus dem Bereich der Kollektivrechte nach Art. 28 GRC ist der Rechtsprechung explizit nur zu entnehmen, dass die Bestimmung der Vertragspartner für die Durchführung von Betriebsrentenzusagen im Tarifvertrag nicht zum Kernbereich des Rechts auf Kollektivverhandlungen gehört. Implizit sind auch altersdiskriminierende Lohnabstufungen offenbar nicht kernbereichsrelevant. Welche möglichen Inhalte eines Tarifvertrags dem Kernbereich der Freiheit positiv zuzurechnen sind, ist offen. Arbeitskampfmaßnahmen wie die in *Viking* und *Laval* scheinen nicht am Kernbereich des Streikrechts teilzuhaben; auch insoweit sind positive Aussagen aber kaum möglich.

Recht ausdifferenziert, aber aufgrund der geringen praktischen Relevanz des Art. 9 GRC von nachrangigem Interesse, sind die Erwägungen des EGMR, der zwar ein explizites Verbot der (Wieder-)Verheiratung mit Blick auf Art. 12 EMRK als kernbereichsrelevant ansieht, den Konventionsstaaten aber weiten Spielraum bei der Festlegung formeller und materieller Eheschließungsvoraussetzungen belässt und damit den regelungsfähigen Randbereich weit versteht. So soll z. B. die Verhinderung von Scheinehen im Zusammenhang mit dem Einwanderungsrecht nicht weiter rechtfertigungsbedürftig sein.[374] Als unzulässig erachtet es der EGMR hingegen, eine voll geschäftsfähige Person generell daran zu hindern, mit dem Partner ihrer Wahl eine Ehe einzugehen.[375] Wo abstrakt die Grenze zwischen rechtfertigungsfreier Regelung und rechtfertigungsbedürftigem, aber zugleich rechtfertigungsfähigem Eingriff verläuft, lässt sich der EGMR-Rechtsprechung nicht entnehmen. Es dominiert der für das Konventionsrecht nicht ungewöhnliche *case by case approach*.

d) Methoden der Kernbereichsbestimmung

In der Rechtsprechung des EuGH und des EGMR werden die Methoden zur Bestimmung des Kernbereichs in Abgrenzung zum regelungsfähigen Randbereich eines Rechts nur angedeutet. Während der EuGH bei Art. 16 GRC zu einer Intensitätsbetrachtung zu neigen scheint, die die Auswirkungen auf die unternehmerische Tätigkeit als solche in Rechnung stellt („untragbares Opfer"), geht die Tendenz bei Art. 28 GRC zu einer gegenständlichen Betrachtung, bei der einzelne Aspekte der Freiheitsausübung dem Kernbereich, andere dem Randbereich zugeordnet werden. In eine ähnliche Richtung deutet die EGMR-Judikatur zu Art. 12 EMRK. Beide Ansätze erscheinen als Wege zur Bestimmung des Kernbereichs auf den ersten Blick geeignet, werfen aber jeweils spezifische Probleme auf, die sich mit einer kombinierten bzw. ergänzenden Anwendung zwar nicht lösen, aber jedenfalls abmildern lassen.

---

[374] EGMR, Nr. 24023/03 – *Jaremowicz*, Rn. 49 m. w. N. aus der Rspr.

[375] EGMR, Nr. 24023/03 – *Jaremowicz*, Rn. 49 m. w. N. aus der Rspr.

aa) *Intensitätsbetrachtung*

Die Intensitätsbetrachtung stellt die Folgen der freiheitsbegrenzenden Maßnahme für die grundrechtlich geschützte Tätigkeit bzw. das grundrechtlich geschützte Interesse als solches in den Mittelpunkt. Auch Maßnahmen, die das Grundrecht als Ganzes nicht negieren, sondern „lediglich" Maßgaben für die Freiheitsausübung aufstellen, können im Einzelfall dazu führen, dass der Grundrechtsträger seine Freiheit praktisch nicht mehr ausüben kann. Die Maßnahme begrenzt die Freiheit dann derart intensiv, dass sie nicht mehr als Regelung gelten kann. Intensitätserwägungen sind im grundrechtlichen Bereich so ubiquitär wie problematisch. Dass eine Maßnahme so intensiv auf die grundrechtliche Freiheit einwirkt, dass sie als deren Einschränkung anzusehen ist, entscheidet in letzter Konsequenz der Richter weitgehend nach seinem Ermessen. Intensitätsargumenten haftet daher das Odium der Subjektivität und Irrationalität, ja des richterlichen Dezisionismus an. Das gilt vor allem, wenn sie lapidar formuliert werden, etwa: „Die Maßnahme trifft den Grundrechtsträger schwer." Lässt es der Richter aber nicht bei pauschalen Feststellungen bewenden, kann die Intensitätsprüfung durchaus rationalisiert werden. Am besten gelingt dies in Bereichen, in denen die Folgen der Begrenzung quantifizierbar sind. Daher bietet sich die Intensitätsbetrachtung gerade bei der unternehmerischen Freiheit (sowie deren Spezialfall des Art. 14 Abs. 3 GRC) an. Der Unternehmer kann die Folgen einer begrenzenden Maßnahme in seiner betriebswirtschaftlichen Kalkulation abbilden und so ihre Intensität objektiv nachvollziehbar darstellen. Anhand dieser Kalkulation muss er nachweisen, dass die Maßnahme seine unternehmerische Tätigkeit als solche gefährdet, dass sie also Auswirkungen hat, die ihn an der Ausübung seiner Freiheit generell hindern. So lässt sich beispielsweise die Abschaffung von Endkunden-Roamingaufschlägen im Mobilfunksektor nach Art. 6a Roaming-VO aufseiten der Roaminganbieter ohne weiteres betriebswirtschaftlich erfassen. Solange dadurch die unternehmerische Tätigkeit als solche nicht infrage gestellt wird, handelt es sich nicht um eine kernbereichsrelevante Maßnahme. Ob die Roamingverordnung legitime Ziele verfolgt und ob die Begrenzung der unternehmerischen Tätigkeit in einem angemessenen Verhältnis zu diesen Zielen steht, bleibt bei der Intensitätsbetrachtung ebenso außen vor wie die Auswirkung auf andere grundrechtliche Interessen. Die Intensitätsprüfung stellt erst die Weichen dafür, ob die Rechtfertigung der Maßnahme zu prüfen ist. Nur wenn sich die Begrenzung demnach als intensiv genug erweist, um die unternehmerische Freiheit in ihrem Kern zu berühren, ist sie als Einschränkung zu behandeln und der Rechtfertigungsprüfung nach Art. 52 Abs. 1 GRC zu unterziehen.

Die Intensitätsbetrachtung stößt an ihre Grenzen, wo die Auswirkungen der Maßnahme nicht quantifizierbar sind, weil sich das grundrechtliche Interesse nicht numerisch abbilden lässt. Für die Eheschließungsfreiheit (Art. 9 GRC), das Recht auf Wehrdienstverweigerung (Art. 10 Abs. 2 GRC), das Erziehungsrecht (Art. 14 Abs. 3 GRC), aber auch die Rechte nach Art. 28 GRC erweist sich die Intensitätsprüfung daher als wenig geeignete Methode, um Kern- und Randbereich voneinander abzugrenzen. Man könnte zwar auch hier den Aufwand benennen, der zur Überwindung eines Freiheitshindernisses erforderlich ist. Doch es lässt sich kaum ein Maßstab bilden, an dem sich dieser Aufwand messen ließe. Die Entscheidung des Grundrechtsfalls droht dann durch pauschale Behauptungen („wiegt schwer", „wiegt weniger schwer", „mittlere Intensität" etc.) ins Beliebige abzudriften und an Überzeugungskraft einzubüßen.

bb) Gegenständliche Betrachtung

Eine gegenständliche Betrachtung hat gegenüber der Intensitätsprüfung den Vorzug, dass sie von vorneherein mehr oder minder exakt festlegt, was zum Kern- und was zum Randbereich des Rechts gehört. „Gegenstand" ist dabei stets ein bestimmter Freiheitsaspekt, also ein Teil des Grundrechts als Ganzem. Wird der Grundrechtsträger an einer solchen „Teilfreiheit" gehindert und ist diese nicht dem Kernbereich zugewiesen, muss sich die hindernde Maßnahme als ohne weiteres zulässige Regelung nicht nach Art. 52 Abs. 1 GRC rechtfertigen lassen. Umgekehrt unterfällt jede Begrenzung als Einschränkung dem Rechtfertigungszwang, wenn sie den Einzelnen an einem Freiheitsaspekt hindert, der zum Kernbestand des Rechts zählt.

Die gegenständliche Betrachtung ist in der bisherigen EuGH-Judikatur sowohl bei Art. 16 GRC als auch bei Art. 28 GRC angeklungen, etwa wenn es heißt, die Bestimmung des Vertragspartners für die Durchführung von Betriebsrentenzusagen gehöre nicht zum Kern des Rechts auf Kollektivverhandlungen, oder wenn die Werbung und Etikettierung in einem abgegrenzten Bereich von einem Verbot von Herstellung oder Vertrieb einer Ware unterschieden wird. Die Methode, nach der er die Gegenstände des Kernbereichs bestimmt, legt der EuGH freilich nicht offen. Er scheint es bei der Evidenz des jeweiligen Falles bewenden lassen zu wollen. Dieser Ansatz läuft jedoch ebenso wie eine maßstabslose Intensitätsbetrachtung Gefahr, zu irrationalem Dezisionismus zu verkommen. Dabei ist es nicht von vorneherein ausgeschlossen, den Kern und den Rand der Gewährleistung nach Gegenständen auszudifferenzieren und für das jeweilige Ergebnis eine nachvollziehbare Begründung zu geben.

Eine Möglichkeit hat das BVerfG in seiner oben skizzierten Judikatur zur Selbstverwaltungsgarantie der Gemeinden aufgezeigt. Bei der Bestimmung des Kernbereichs ist demnach in besonderer Weise der geschichtlichen Entwicklung und den verschiedenen Erscheinungsformen der Selbstverwaltung Rechnung zu tragen.[376] Der Kernbereich wird also anhand einer historischen Analyse festgelegt.[377] Ob sich dieser Ansatz für die Unionsgrundrechte fruchtbar machen lässt, ist zu bezweifeln. Denn die Geschichte der Union ist mit der Geschichte einzelner Mitgliedstaaten kaum zu vergleichen. Allenfalls im wirtschaftlichen Bereich, also für die unterneh-

---

376 BVerfGE 79, 127 (146).

377 Vgl. BVerfGE 79, 127 (146f.), wo als historischer Kern die sog. Allzuständigkeit der Gemeinden herausgearbeitet wird.

merische Freiheit, könnten sich aus der Tradition der Union als Wirtschaftsgemeinschaft Kernaspekte gewinnen lassen. Hierbei gerät man aber rasch in Konflikt mit der differenzierenden Normsetzung des Charta-Gebers, die die „Wirtschaftsgrundrechte" der Art. 15, 16 und 17 GRC mit sehr unterschiedlichen Maßgaben verbürgt. Ein Anknüpfen an die Rechtsprechungstradition des EuGH im Bereich der wirtschaftlichen Freiheiten ist daher schon aus methodischen Gründen problematisch. Immerhin wird man festhalten können, dass Freiheitsaspekte, die bereits unter der früheren Rechtslage keinen definitiven Grundrechtsschutz beanspruchen konnten, nicht dem Kernbereich der unternehmerischen Freiheit zuzurechnen sind. So steht für bloße Etikettierungsvorschriften bereits seit der Rechtssache *SMW Winzersekt* fest, dass sie grundsätzlich mit der wirtschaftlichen Freiheit des Unternehmers vereinbar sind.[378] Die Annahme in der Rechtssache *Deutsches Weintor*, eine Etikettierungsvorgabe berühre nicht den Kernbereich der unternehmerischen Freiheit, war damit gleichsam präjudiziert.

Gerade mit Blick auf diejenigen regelungsfähigen Grundrechte, die anders als die unternehmerische Freiheit, nicht auf eine längere Tradition im Unionsrecht zurückblicken können, bietet sich ein weiterer Ansatz für die gegenständliche Kernbereichsbestimmung an: die Rechtsvergleichung. Damit ist nicht so sehr der sogenannte wertende Rechtsvergleich gemeint, mit dem der EuGH ursprünglich die Unionsgrundrechte als allgemeine Rechtsgrundsätze etabliert hatte.[379] Vielmehr geht es um einen Abgleich des konkret in Rede stehenden Freiheitsaspekts mit der Situation in den einzelnen Mitgliedstaaten, um zu ermitteln, wie die jeweilige Handlung bzw. der jeweilige Zustand dort behandelt wird. Insbesondere wird zu fragen sein, ob die *prima facie* geschützte Handlung (oder der Zustand) in den Mitgliedstaaten unterschiedlichen Regelungen unterliegt oder ob ein Konsens über ihre Schutzwürdigkeit besteht. Was nach allen in Betracht gezogenen Rechtsordnungen zulässig ist, kann dann dem Kernbereich des jeweiligen Grundrechts zugeschrieben werden. Freiheitsaspekte, über deren Handhabung in den Mitgliedstaaten keine Einigkeit besteht, gehören zum Randbereich, stehen mithin der rechtfertigungsfreien Regelung durch den Gesetzgeber offen. Vergleichbare Argumentationslinien finden sich zahlreich in der Judikatur des EGMR, der vor allem bei der Bestimmung staatlicher Einschätzungsspielräume *(margin of appreciation)* darauf abstellt, ob ein gemeineuropäischer Konsens über den Schutz einer bestimmten Position besteht (sogenannte *comparative interpretation*).[380] Auch bei der Entscheidungsfindung des EuGH, weiß *Colneric* zu berichten, spielt die Rechtsvergleichung eine wesentlich größere Rolle, „als man bei der Lektüre der Urteile meinen möchte".[381] Der Gerichtshof verfüge über eine For-

---

378 EuGH, Rs. C-306/93 – *SMW Winzersekt*, Rn. 24 ff.

379 Vgl. dazu *Walter*, in: Ehlers, Europäische Grundrechte und Grundfreiheiten, § 1 Rn. 27 ff. m. w. N.

380 Vgl. dazu *Christoffersen*, Fair Balance, 2009, S. 57 ff. m. N. aus der Rspr.

381 *Colneric*, ZEuP 2005, 225 (229).

schungsabteilung, die in kurzer Zeit rechtsvergleichende Übersichten erstellen kann und die gerade bei „politisch sensiblen Sachen" beauftragt werde.[382] Es bestehen daher gute Chancen, dass sich die gegenständliche Differenzierung im Wege des Rechtsvergleichs auch rechtsprechungspraktisch umsetzen lässt.

Besonders vielversprechend erscheint der vergleichende Ansatz bei den Grundrechten nach Art. 28 GRC. So lässt sich anhand eines Vergleichs der mitgliedstaatlichen Rechtsordnungen recht präzise ermitteln, worüber im kollektiven Arbeitsrecht Einigkeit besteht und wo die nationalen Regelungen auseinandergehen. Das gilt sowohl für das Tarifrecht als auch für das Streikrecht und damit für die maßgeblichen Rechtsbereiche, die Regelungen des Rechts auf Kollektivverhandlungen und Kollektivmaßnahmen umfassen.[383] Im Rechtsvergleich lassen sich beispielsweise Kernelemente kollektiver Vereinbarungen vom Randbereich der Tarifautonomie trennen. Auch lassen sich allgemein akzeptierte Streikmittel von nationalen Besonderheiten unterscheiden. Dieser vergleichende Ansatz, der sich entsprechend auch im Bereich des Ehe- und Familienrechts (Art. 9 GRC), des Rechts auf Wehrdienstverweigerung (Art. 10 Abs. 2 GRC) – sollte dieses unionsrechtlich je relevant werden – und des Erziehungs- und Unterrichtswesens (Art. 14 Abs. 3 GRC) durchführen lässt, vermag die Bestimmung von Kernbereichen rational zu begründen. Er dürfte darüber hinaus ganz auf der Linie des Charta-Gebers liegen, der mit Art. 52 Abs. 6 GRC immerhin eine methodische Meta-Regel mit Appellfunktion vorgesehen hat, die dazu anhält, den einzelstaatlichen Rechtsvorschriften und Gepflogenheiten in vollem Umfang Rechnung zu tragen.[384]

Zur gegenständlichen Bestimmung von Kernbereichen bietet sich schließlich ein Vergleich mit dem Konventionsrecht an, sofern dieses für den jeweiligen Lebensbereich Grundrechtsnormen bereithält. Freilich ist das Verhältnis zwischen den Unionsgrundrechten und dem Konventionsrecht speziell in Art. 52 Abs. 3 GRC geregelt, der nach der hier vertretenen Auffassung zunächst eine Bestimmung des genuin chartarechtlichen Grundrechtsschutzes voraussetzt und auf die EMRK nur zur Gewährleistung eines Mindeststandards verweist.[385] Dennoch erscheint es nicht ausgeschlossen, die EMRK-Gewährleistungen bereits bei der Bestimmung des Kernbereichs eines regelungsfähigen Grundrechts heranzuziehen. Was gemäß dem Konventionsrecht ein rechtfertigungsbedürftiger Eingriff in das jeweilige Grundrecht ist, muss sich auch unter der Charta als Einschränkung rechtfertigen lassen. Dieser Ansatz setzt freilich voraus, dass sich Unions- und Konventionsgrundrecht inhaltlich überschneiden. Im Bereich der unternehmerischen Freiheit ist dies – mangels einer

---

382 *Colneric*, ZEuP 2005, 225 (229).

383 Vgl. etwa die Länderberichte bei *Henssler/Braun*, Arbeitsrecht in Europa, 3. Aufl. 2011, die mit Ausnahme der Rechtssysteme von Bulgarien, Malta und Zypern alle mitgliedstaatlichen Arbeitsrechtsordnungen abdecken.

384 Vgl. zur Bedeutung von Art. 52 Abs. 6 GRC bereits Kapitel 1 B V. 5.

385 Vgl. dazu Kapitel 1 C V. 2.

Parallelgewährleistung in der EMRK[386] – nur so weit der Fall, wie unternehmerische Interessen vom EGMR als Eigentumsgegenstände im Sinne des Art. 1 ZP-EMRK verstanden werden.[387] Eine weitgehende inhaltliche Kongruenz zeigt sich bei der Eheschließungs- und Familiengründungsfreiheit nach Art. 9 GRC bzw. Art. 12 EMRK. Aspekte des Streikrechts als Teil des Rechts auf Kollektivmaßnahmen nach Ar. 28 GRC werden von Art. 11 EMRK erfasst.[388] Schließlich gibt es Überschneidungen zwischen den Gewährleistungen nach Art. 14 Abs. 3 GRC und Art. 2 Satz 2 ZP-EMRK.[389]

cc) Methodenwahl

Der Kernbereich eines regelungsfähigen Grundrechts kann also sowohl anhand einer Intensitätsbetrachtung als auch einer gegenständlichen Zuordnung von verschiedenen Freiheitsaspekten zum Kern nachvollziehbar bestimmt werden. Es bleibt selbstredend immer noch ein mehr oder minder großer Spielraum, den der EuGH im Einzelfall ausfüllen kann und muss. Dazu gehört auch die Entscheidung darüber, welche der beschriebenen Methoden der Kernbereichsbestimmung er heranzieht. Je nach einschlägigem Grundrecht sind hier unterschiedliche Herangehensweisen angezeigt. Wo sich das grundrechtliche Interesse, wie im Fall der unternehmerischen Freiheit, weitgehend präzise quantifizieren lässt, werden Intensitätsargumente eine größere Rolle spielen als gegenständliche Einteilungen. Aber auch dort mag sich im Einzelfall ein kombinierter Ansatz anbieten. Im Übrigen stellt die rechtsvergleichende Methode eine belastbare Grundlage für die Kernbereichsbestimmung dar, vermag sie auch den Kern nicht abschließend zu determinieren. Vorstellbar ist nämlich auch, dass trotz eines mitgliedstaatlichen Konsenses einzelne Maßnahmen als nicht kernbereichsrelevant eingestuft werden, weil sie die grundrechtlichen Interessen nur marginal berühren. Eine Korrektur des im Rechtsvergleich gefundenen Ergebnisses anhand von Intensitätserwägungen ist dann angezeigt. So ergänzen sich die aufgezeigten Methoden. Fest steht, dass der EuGH zu Beginn an einer gewissen Kasuistik nicht vorbeikommen wird. Mit der Zeit kann das *case law* aber dogmatisch aufbereitet werden, um den Kernbereichen der regelungsfähigen Grundrechte allmählich Konturen zu verleihen.

---

[386] Vgl. *Grabenwarter*, in: ders., Europäischer Grundrechteschutz, 2014, § 13 Rn. 1 GRC, der Art. 15 und Art. 16 GRC als Alleinstellungsmerkmale der Charta bezeichnet.

[387] Vgl. *Meyer-Ladewig/von Raumer*, in: Meyer-Ladewig/Nettesheim/von Raumer, EMRK, Art. 1 ZP-EMRK Rn. 21 m. w. N.

[388] Vgl. *Daibler*, in: Meyer-Ladewig/Nettesheim/von Raumer, EMRK, Art. 11 Rn. 10 m. w. N.

[389] Vgl. *Hanschmann*, in: Meyer-Ladewig/Nettesheim/von Raumer, EMRK, Art. 2 ZP-EMRK, Rn. 15 ff. m. w. N.

4. Zwischenbilanz

Regelung und Einschränkung lassen sich nach alledem voneinander unterscheiden, indem die Gewährleistungsgehalte der regelungsfähigen Grundrechte in Kern- und Randbereich eingeteilt werden. Damit ist kein Rationalitätsverlust gegenüber einer umfassenden Verhältnismäßigkeitskontrolle im Einzelfall verbunden, die an den Vorgaben des Charta-Gebers vorbeiginge. Mit Intensitätsprüfung und Rechtsvergleichung lassen sich die Kernbereiche der Grundrechte nachvollziehbar definieren, auch wenn dem Richter im Einzelfall – wie stets! – Spielräume verbleiben.

III. Regelung durch Union und Mitgliedstaaten

Gestützt auf die Regelungsvorbehalte der Charta können die Union und/oder die Mitgliedstaaten die Freiheitsausübung durch abstrakt-generelle Normsetzung regeln. Ein Sonderproblem stellt die Regelung durch Einzelakt dar.

1. Regelungen des Unionsrechts

Soweit Regelungen durch den Unionsgesetzgeber vorgesehen sind – das ist der Fall bei Art. 16 und Art. 28 GRC –, kommen Begrenzungen der grundrechtlichen Freiheit durch primär-, aber vor allem durch sekundärrechtliche Vorgaben in Betracht.

a) Primärrechtliche Regelungen

Primärrechtliche Rechtsnormen können in sehr unterschiedlicher Weise die Freiheitsausübung regeln. So muss ein Unternehmer sich an die Wettbewerbsregeln der Art. 101 ff. AEUV ebenso halten wie eine Gewerkschaft nur im Einklang mit den Grundfreiheiten Kollektivmaßnahmen ergreifen darf. Die Regelung des Freiheitsgebrauchs durch das Primärrecht bereitet grundrechtsdogmatisch keine Schwierigkeiten, da sich Grundrecht und primärrechtliche Vorgabe ohnehin auf normhierarchisch gleicher Ebene begegnen. Aufgrund des Regelungsvorbehalts der Art. 16 und 28 GRC kommt es nicht etwa zu einer Kollision, die im Wege praktischer Konkordanz aufzulösen wäre; vielmehr tritt das Grundrecht gleichsam „widerstandslos" hinter das seine Ausübung regelnde Primärrecht zurück. Das entspricht der Judikatur des EuGH zu Art. 28 GRC, insbesondere den Urteilen in den Rechtssachen *Viking* und *Laval*.[390]

b) Sekundärrechtliche Regelungen

Aufgrund ihres normhierarchisch niederen Ranges sind Regelungen durch Unionssekundärrecht von weitaus größerem Interesse. Die grundrechtliche Freiheitsausübung kann zunächst durch Richtlinie und Verordnung erfolgen, wobei die Richtlinie freilich stets der mitgliedstaatlichen Umsetzung bedarf. Auch Rechtsakte ohne

---

[390] Vgl. dazu oben C III. 2.

Gesetzescharakter mit allgemeiner Geltung im Sinne von Art. 290 AEUV und Durchführungsrechtsakte nach Art. 291 AEUV kommen als gesetzliche Regelungen in Betracht, da auch sie abstrakt-generelle Normen setzen.[391] Dasselbe gilt für nicht-adressatengerichtete Beschlüsse, sofern man diesen überhaupt Rechtswirkungen gegenüber Dritten zuspricht.[392] Aus der Rechtsprechung zu Art. 28 GRC sind als regelnde Unionsgesetze neben der Gleichbehandlungs-Rahmenrichtlinie auch die Dienstleistungs- und die Vergaberichtlinie zu nennen.[393] Obwohl hinter diesen Richtlinien selbstverständlich Primärrecht steht – schließlich hat die Union nur Gesetzgebungskompetenzen, soweit ihr das Primärrecht solche zuweist – handelt es sich dabei im Vergleich mit den unmittelbar primärrechtlichen Unionsgrundrechten um „einfaches Recht", das potentiell ebenso gut eine rechtfertigungsbedürftige Einschränkung nach Art. 52 Abs. 1 GRC sein kann. Solange es sich jedoch um eine Regelung handelt, findet keine Rechtfertigungsprüfung statt. Die grundrechtliche Freiheit ist vielmehr im Einklang mit der Regelung auszuüben. Die Abgrenzung zwischen Regelung und Einschränkung ist nach den vorbeschriebenen Kriterien und Methoden vorzunehmen. Für die unternehmerische Freiheit nach Art. 16 GRC zeichnet sich in der Rechtsprechung beispielsweise bereits ab, dass sekundärrechtliche Vorgaben an die Etikettierung von Produkten (z. B. durch die Health-Claim-Verordnung) keine Einschränkungen, sondern Regelungen sind; sie müssen daher nicht im Lichte des Art. 16 GRC gerechtfertigt werden.

2. *Regelungen des mitgliedstaatlichen Rechts*

Auf mitgliedstaatlicher Ebene können Regelungen der grundrechtlichen Freiheit auf jeder Stufe der Normenhierarchie erfolgen, solange es sich um abstrakt-generelle Rechtsnormen handelt. Es ist also denkbar, dass in einem Mitgliedstaat bereits durch eine Verfassungsbestimmung die Freiheitsausübung begrenzt wird. Üblicherweise werden Regelungen aber durch subkonstitutionelles Recht, also Parlamentsgesetze oder untergesetzliche Rechtsnormen erfolgen. Aus Sicht der Unionsgrundrechte spielt die normhierarchische Einordnung keine entscheidende Rolle. Das Unionsrecht kennt keine Wesentlichkeitstheorie, die dem Parlamentsgesetz eine besondere Stellung im Bereich der regelnden Gesetze einräumen würde.[394]

---

[391] Vgl. dazu schon Kapitel 1 C IV. 4.; diese Rechtsakte werden teilweise als „Tertiärrecht" bezeichnet, ohne dass damit ein Unterschied in der Sache einherginge; vgl. *Nettesheim*, in: Grabitz/Hilf/Nettesheim, Recht der EU, Art. 288 AEUV Rn. 31.

[392] Zweifelnd *Nettesheim*, in: Grabitz/Hilf/Nettesheim, Recht der EU, Art. 288 AEUV Rn. 195.

[393] Vgl. dazu oben C III. 2.

[394] Vgl. zur einschränkenden Gesetzgebung bereits Kapitel 1 C IV. 4. a.; dezidiert anders *Röder*, Der Gesetzesvorbehalt der Charta der Grundrechte der Union im Lichte einer europäischen Wesentlichkeitstheorie, 2007, passim, die jedoch nicht vermag, die von ihr vorgeschlagene Wesentlichkeitslehre an die Normsetzung des Charta-Gebers rückzubinden; es bleibt bei einem demokratietheoretischen Postulat ohne positiv-rechtliche Grundlage.

Die Regelungsvorbehalte sind, soweit sie sich auf die Mitgliedstaaten beziehen, unterschiedlich formuliert. Während Art. 9, 10 Abs. 2 und 14 Abs. 3 GRC von „einzelstaatlichen Gesetzen" sprechen, verweisen die Art. 16 und 28 GRC auf die „einzelstaatlichen Rechtsvorschriften und Gepflogenheiten". Ein Unterschied in der Sache ergibt sich daraus nicht, wie bereits im Kapitel über die konkretisierende Gesetzgebung ausgeführt wurde.[395] Insbesondere sind mit „Gesetzen" nicht nur Parlamentsgesetze, sondern alle abstrakt-generellen Rechtsnormen gemeint, gleichviel von welchem Akteur des Rechtssystems sie gesetzt wurden. Denn der Begriff wurde dem Konventionsrecht, konkret Art. 12 EMRK, entlehnt, das schon aufgrund der Vielfalt der unter ihm vereinten Rechtsordnungen einen weiten Gesetzesbegriff zugrunde legt.[396] Es ist nicht erkennbar, dass der Charta-Geber hiervon abweichen wollte.[397] Unter dem Begriffspaar „Rechtsvorschriften und Gepflogenheiten" lassen sich, wie oben dargelegt,[398] ebenso alle Arten abstrakt-genereller Normen gleich welcher Provenienz zusammenfassen. Immerhin die Mindestanforderungen, die das Konventionsrecht an Gesetze richtet, nämlich dass sie (präziser: ihre textliche Repräsentation durch Statusindikatoren[399]) hinreichend bestimmt und zugänglich sind, wird man auch an regelnde Gesetze anlegen müssen. An beide Voraussetzungen stellt der EGMR aber keine überzogenen Anforderungen. So verlangt er keine „absolute Bestimmtheit", sondern lässt auch die Verwendung sogenannter unbestimmter Rechtsbegriffe als gesetzgebungspraktische Notwendigkeit zu.[400] Auch die Publizität der Rechtssetzung ist kein Selbstzweck, sondern soll das hoheitliche Handeln vorhersehbar machen. Solange dies gewährleistet ist, besteht an der „Zugänglichkeit" der gesetzlichen Regelung kein Zweifel.[401] Bestimmtheit und Zugänglichkeit sind aus dieser Sicht nicht etwa Rechtfertigungsvoraussetzungen, sondern Existenzbedingungen gesetzlicher Regelungen. Ohne einen hinreichend bestimmten Rechtstext, der den Rechtsadressaten zugänglich gemacht wird, dürfte schon keine Rechtsnorm existieren, die die Freiheitsausübung regeln könnte. Jedenfalls ließe sie sich nicht erkennen.[402]

Darüber hinaus verbietet es sich jedoch, mitgliedstaatliche Regelungen mit Blick auf das Grundrecht, dessen Freiheitsgegenstand begrenzt wird, einer Rechtfertigungsprüfung zu unterziehen. Soweit der Charta-Geber die Freiheit den Mitgliedstaaten

---

395 S. o. Kapitel 3 C II. 2.

396 Vgl. *Weiß*, Das Gesetz im Sinne der Europäischen Menschenrechtskonvention, 1996, passim.

397 Dazu schon Einführung B II.

398 Kapitel 3 C II. 2.

399 S. o. Kapitel 1 A IV.

400 Vgl. *Weiß*, Das Gesetz im Sinne der Europäischen Menschenrechtskonvention, 1996, S. 141 ff. m. N. aus der Rspr. des EGMR zu den Anforderungen an die Bestimmtheit.

401 Vgl. *Weiß*, Das Gesetz im Sinne der Europäischen Menschenrechtskonvention, 1996, S. 103 ff. m. N. aus der Rspr. des EGMR zu den Anforderungen an die Publizität.

402 Es kann offenbleiben, ob die Zugänglichkeit des Rechtstexts ontologisch oder nur epistemisch relevant ist; ohne einen nach außen tretenden Normsetzungsakt kann die Rechtsnorm aber keinesfalls existieren.

zur Regelung überlassen hat, ist diese Weichenstellung zu respektieren. Auch für Minimalforderungen an eine Rechtfertigung, wie einen Willkürtest oder dergleichen, gibt es keinen Anknüpfungspunkt. Zugleich ist es jedoch eine Selbstverständlichkeit, dass Gesetze, die das eine Grundrecht regeln, ein anderes Grundrecht einschränken können und damit insoweit rechtfertigungsbedürftig sind. Eine solche Idealkonkurrenz grundrechtlicher Prima-Facie-Normen nahm der EuGH beispielsweise in der Rechtssache *Neptune Distribution* an, in der er unter dem Eindruck der Vorlagefrage die Etikettierungsvorgabe für Mineralwässer nicht nur an der unternehmerischen Freiheit, sondern auch an der Meinungsfreiheit gemessen hat.[403] Hätte der Gerichtshof in dieser wenig konsistenten Entscheidung freilich die Regelungsfähigkeit der unternehmerischen Freiheit erkannt, wäre er zu einer gesonderten Prüfung genötigt gewesen.[404] Willkürliche Regelungen grundrechtlicher Freiheit werden im Übrigen jedenfalls an den Gleichheitssätzen der Art. 21 f. GRC scheitern. Das gilt besonders für solche Normsetzungen, die unter dem Vorwand der Regelung grundrechtlicher Freiheit einzelne Grundrechtsträger (bspw. ausländische Wirtschaftsteilnehmer) diskriminieren. Eine Rechtfertigungsprüfung im Lichte der regelungsfähigen Grundrechte ist also insoweit auch dann nicht angezeigt, wenn der Grundrechtsfall „vom Ergebnis her" gedacht wird. Es besteht grundrechtlicher Schutz, nur eben nicht aufgrund des regelungsfähigen Grundrechts.

3. *Regelung durch Einzelakt*

Ein besonderes Problem ergibt sich, wenn das Unions- oder mitgliedstaatliche Recht es bei einer abstrakt-generellen Kompetenzzuweisung an einen Hoheitsträger belässt und dieser darauf gestützt im Einzelfall die grundrechtliche Freiheitsausübung begrenzt. So lagen die Dinge etwa in der Rechtssache *UPC Telekabel Wien*, wo sich die konkrete Verpflichtung des Access-Providers erst aus einer gerichtlichen Verfügung ergab, die sich auf allgemein gehaltene Vorschriften des österreichischen Urheberrechts (§ 81 öUrhG) stützte.[405] Auch in der Rechtssache *Neptune Distribution* wurde das konkrete Etikettierungsverbot durch einen Einzelakt, nämlich durch einen Verwaltungsakt einer französischen Verbraucherschutzbehörde, angeordnet. Gerichtliche Verfügungen lassen sich ebenso wenig wie Verwaltungsakte und vergleichbare Einzelakte unter „Gesetze" im Sinne von Art. 9, 10 Abs. 2, 14 Abs. 3 GRC bzw. „Rechtsvorschriften und Gepflogenheiten" im Sinne von Art. 9, 28 GRC subsumieren. Denn es handelt sich bei ihnen nicht um abstrakt-generelle, sondern um individuelle Normsetzungsakte,[406] die die von ihrer abstrakt-generell gehaltenen Rechtsgrundlage vorstrukturierte Regelung der grundrechtlichen Freiheit

---

403 EuGH, Rs. C-157/14 – *Neptune Distribution*.

404 Zur Kritik s. o. C IV. 2.

405 EuGH, Rs. C-314/12 – *UPC Telekabel Wien*.

406 Dass es hier im nationalen Recht Grenzfälle geben kann, versteht sich von selbst; man denke nur an die Allgemeinverfügung nach § 35 Satz 2 VwVfG.

konkretisieren bzw. im Einzelfall aktualisieren. Es wäre freilich vorschnell, sie allein wegen ihrer auf den konkreten Fall begrenzten Rechtswirkung aus der Kategorie der Regelung grundrechtlicher Freiheit herauszunehmen. Denn dann verbliebe nur eine Einordnung als rechtfertigungsbedürftige Einschränkung nach Art. 52 Abs. 1 GRC. Der Konkretisierungsgrad der gesetzlichen Grundlage würde dann den Ausschlag darüber geben, ob hoheitliche Begrenzungen der grundrechtlichen Freiheit als Regelungen oder Einschränkungen zu behandeln sind. Die Normsetzungstechnik, die gerade im mitgliedstaatlichen Recht sehr unterschiedlich sein kann, vermag jedoch über diese dogmatische Weichenstellung nicht zu entscheiden. Es ist nicht erkennbar, dass es dem Charta-Geber darauf ankam, durch welche Art von Normsetzung die grundrechtliche Freiheit im Ergebnis geregelt wird, solange sich eine individuelle Regelung auf ein Gesetz bzw. eine Rechtsvorschrift oder Gepflogenheit zurückführen lässt. Folglich ist auch eine Einzelfallentscheidung, solange sie sich auf eine abstrakt-generelle Regelung stützt, grundsätzlich als Regelung grundrechtlicher Freiheit anzusehen und daher nicht weiter rechtfertigungsbedürftig.[407] Wenn man so will, teilt sie im Grundsatz deren „Rechtsnatur".

Diese grundsätzliche Einordnung des auf einer gesetzlichen Regelung beruhenden Einzelakts bedeutet jedoch nicht, dass sich dieser nicht im konkreten Fall als Einschränkung der grundrechtlichen Freiheit erweisen könnte. Denn auch eine regelungsaktualisierende Einzelfallmaßnahme kann derart intensiv auf die grundrechtliche Freiheit einwirken, dass sie diese praktisch unmöglich macht und sich daher als Einschränkung darstellt. Auch wenn das Gesetz als solches nur den Randbereich grundrechtlicher Freiheit betrifft, kann seine Aktualisierung im Einzelfall (durch individuelle Normsetzung von Rechtsprechung und Verwaltung) in den Kernbereich des Grundrechts hineinwirken. Dann muss der aktualisierende Einzelakt den Anforderungen des Art. 52 Abs. 1 GRC genügen, wobei die gesetzliche Regelung der Freiheitsausübung zugleich seine gesetzliche Grundlage darstellt. Bei der Einordnung des Einzelakts in die Kategorien Regelung und Einschränkung wird die Rechtsprechung vor allem auf die Intensitätsprüfung verwiesen sein. Denn ist die gesetzliche Grundlage des Einzelakts bei gegenständlicher Betrachtung schon nicht kernbereichsrelevant, gilt dies auch für den Einzelakt, sofern er sich innerhalb der gesetzlichen Grenzen bewegt. Überschreitet das Gericht oder die Behörde freilich ihre Rechtsetzungskompetenzen mit der Einzelfallmaßnahme und dringt mit ihr in den Kernbereich des Grundrechts ein, handelt es sich um eine Einschränkung, die schon mangels gesetzlicher Grundlage im Sinne des Art. 52 Abs. 1 Satz 1 GRC nicht gerechtfertigt werden kann.

[407] Die deutsche Grundrechtsdogmatik geht einen ähnlichen Weg bei der Einordnung von eigentumsrelevanten Einzelakten, die, wenn sie sich auf (abstrakt-generelle) Inhalts- und Schrankenbestimmungen des Eigentums stützen, ebenfalls als Inhalts- und Schrankenbestimmungen anzusehen sind; grundlegend dazu *Lege*, Zwangskontrakt und Güterdefinition, 1996, S. 31 ff.

IV. Strukturfragen

Die Anerkennung der Regelung grundrechtlicher Freiheit als dogmatische Kategorie zwingt nicht zu einer grundsätzlichen Abkehr von der dreigliedrigen Normstruktur bei regelungsfähigen Grundrechten.[408] Vielmehr kann diese mit kleineren Modifikationen beibehalten werden. Es gibt zwei Möglichkeiten, die Regelung in den Dreiklang von Schutzbereich, Einschränkung und Rechtfertigung zu integrieren. Zum einen kann die Regelung bereits schutzbereichsbegrenzend verstanden werden, so dass, soweit eine Regelung im Einzelfall eingreift, überhaupt kein vom Grundrecht geschützter Freiheitsgegenstand vorliegt. Zum anderen kann die Regelung auch als Ausnahme von der Einschränkung verstanden werden, mit der Folge, dass die Grundrechtsprüfung erst auf der Ebene der Einschränkung zu beenden ist. Für das Ergebnis der Grundrechtsprüfung ist die strukturelle Konstruktion irrelevant. Die Systematik der Charta legt jedoch eine Einordnung bereits auf Schutzbereichsebene nahe. Immerhin knüpft Art. 52 Abs. 1 GRC für die Einschränkung an die „Ausübung" der Grundrechte an, setzt also eine grundrechtlich geschützte Position voraus. Ist das Grundrecht „im Einklang mit" den regelnden Gesetzen auszuüben, sind Verhaltensweisen, die sich nicht innerhalb des gesetzlichen Rahmens halten, nicht als „Ausübung" der Freiheit anzusehen. Die Regelung knüpft damit bereits beim ersten Strukturelement der Grundrechtsnorm an, also bei der grundrechtlichen Freiheit als solcher.

Grundrechtsnormen, die regelungsfähigen Gewährleistungen zuzuordnen sind, haben demnach eine doppelte Prima-Facie-Struktur. Sie teilen mit anderen Grundrechtsnormen den Prima-Facie-Charakter insoweit, als das jeweilige grundrechtliche Verbot durch eine Rechtfertigung der Einschränkung überwunden werden kann.[409] Die Grundrechtsposition des Einzelnen besteht also nur vorbehaltlich einer gerechtfertigten Einschränkung. Bei den regelungsfähigen Grundrechten tritt ein weiterer Vorbehalt hinzu: Die Grundrechtsposition ist nur definitiv, wenn ihr keine Regelung und keine gerechtfertigte Einschränkung entgegensteht. In die Prüfungsstruktur der Grundrechtsnorm lässt sich dieser doppelte Prima-Facie-Charakter wie folgt übertragen: Die Prüfung eines regelungsfähigen Grundrechts beginnt, wie gewohnt, mit der Feststellung der Eröffnung des Schutzbereichs. Nachdem der grundrechtliche Freiheitsgegenstand bestimmt wurde, ist die Anwendbarkeit einer Regelung der grundrechtlichen Freiheit gleichsam als negatives Schutzbereichsmerkmal zu prüfen. Wenn man so will, wird die Regelung über den Freiheitsgegenstand gelegt und mit diesem abgeglichen.[410] Hält sich die konkrete Freiheitsausübung nicht in dem Rahmen, den die Regelung zieht, ist der Schutzbereich nicht eröffnet und die Grundrechtsprüfung ohne weiteres beendet. Erweist sich die vermeintliche Regelung freilich nach den oben dargestellten Kriterien im Einzelfall als Einschränkung, ist sie einer Recht-

---

[408] Allgemein zur Struktur der Grundrechtsnorm vgl. Kapitel 1 C IV.

[409] Zur Prima-Facie-Struktur der Grundrechtsnorm vgl. Kapitel 1 C IV. 1.

[410] Ähnlich für den von ihnen vorgeschlagenen Ausgestaltungsansatz *Thüsing/Traut*, RdA 2012, 65 (71).

fertigungsprüfung zu unterziehen. Die Prüfung des regelungsfähigen Grundrechts unterscheidet sich dann nicht von der eines „gewöhnlichen" Freiheitsrechts.

V. Resümee

Die Regelung grundrechtlicher Freiheit lässt sich also als dogmatische Kategorie etablieren, die bei den Gewährleistungen der Art. 9, 10 Abs. 2, 14 Abs. 3, 16 und 28 GRC zum Tragen kommt. Gerade mit den beiden letztgenannten Bestimmungen sind zentrale Gewährleistungen des unionsrechtlichen Grundrechtsschutzes angesprochen. Die unternehmerische Freiheit und ihr „Gegenstück", die kollektiven Arbeitnehmerrechte, unterliegen zahlreichen unionsrechtlichen und mitgliedstaatlichen Regelungen, die für die Entscheidung von Grundrechtsfällen heranzuziehen sind. Im Einzelfall mag fraglich sein, ob es sich bei einer (möglichen) Regelung nicht doch um eine rechtfertigungsbedürftige Einschränkung handelt. Dies ist nach den Kriterien von Kern- und Randbereich anhand einer Intensitäts- und/oder gegenständlichen (rechtsvergleichenden) Betrachtung zu entscheiden. Insoweit genießt der EuGH einen beachtlichen Spielraum, der nach Möglichkeit mit einer rationalen Argumentation auszufüllen ist. In die Prüfungsstruktur der Grundrechte lässt sich die Regelung grundrechtlicher Freiheit ohne weiteres auf Schutzbereichsebene integrieren: Freiheit ist nur im Einklang mit ihrer Regelung geschützt.

Kapitel 5

Schlussbetrachtung

In den vorstehenden Kapiteln wurden die Beziehungen zwischen Grundrechten und Gesetzgebung im Unionsrecht dargestellt und analysiert. Dabei wurde deutlich, dass der Gesetzgeber in beachtlichem Umfang zur „Maß- und Inhaltgabe“ grundrechtlicher Freiheit befugt ist. Zur anerkannten Kategorie der einschränkenden Gesetzgebung treten die Kategorien der konstituierenden, konkretisierenden und regelnden Gesetzgebung hinzu. Die Rollen, die der Gesetzgeber jeweils einnimmt, sind durchaus verschieden. So geht es bei der Konstituierung und Konkretisierung durch den Gesetzgeber vor allem um die *Ermöglichung* der Freiheit, während bei der Regelung deren *Begrenzung* inmitten steht. Schließlich erfassen die Kategorien nicht alle Grundrechte, sondern sind durch die Vorgaben der Charta auf bestimmte Gewährleistungen beschränkt: Konstituierende Gesetzgebung setzt rechtlich-institutionelle Freiheitsgegenstände voraus, Konkretisierung und Regelung kommen wiederum nur in Betracht, wo die Charta entsprechende Vorbehalte vorsieht. In allen Fällen ist die Beziehung zwischen Gesetzgeber und Grundrecht jedoch eine besondere, die sich von der allgemeinen Einschränkungsrelation, wie Art. 52 Abs. 1 GRC sie beschreibt, unterscheidet. Die Freiheitsgegenstände der betroffenen Gewährleistungen stehen innerhalb der aufgezeigten Grenzen zur Disposition des Gesetzgebers: Er kann sie konstituieren, konkretisieren oder regeln, ohne dabei besonderen Bindungen zu unterliegen. In der Gesamtschau erweisen sich die untersuchten Grundrechte als angewiesen auf gesetzgeberische Konstituierung oder Konkretisierung bzw. als offen für gesetzgeberische Regelung. Sie sind Unionsgrundrechte aus der Hand des Gesetzgebers.

Die auf dogmatische Fragen konzentrierte Untersuchung hat aufgrund ihrer Selbstbeschränkung einen Aspekt ausgeklammert, allenfalls gestreift, der abschließend aufgegriffen werden soll: den Aspekt der Macht. Grundrechtsfragen sind Machtfragen.[1] Die Grundrechtsdogmatik wirkt daher immer auch zurück auf die Machtverteilung innerhalb des rechtlichen und politischen Systems, in dem die dogmatisch behandelten Grundrechte gelten. Das gilt für staatliche Rechtsordnungen ebenso wie für das Rechtssystem der Union. Die Macht, von der hier die Rede ist, ist eine bestimmte Form institutioneller Macht,[2] nämlich (öffentliche) Rechtsmacht *(public power)*,[3] die

---

[1] *Kriele*, in: HStR IX, § 188 Rn. 1.

[2] Zur institutionellen Macht grundlegend *Searle*, Die Konstruktion der gesellschaftlichen Wirklichkeit, 3. Aufl. 2013, S. 103 ff.

[3] In Abgrenzung zur privaten Rechtsmacht, die zwar auch durch Kompetenznormen vermittelt

in der Rechtsordnung durch Kompetenznormen (und nur durch solche) vermittelt wird.[4] Rechtsmacht ist nicht gleichzusetzen mit politischer Macht. Recht und Politik bleiben, wenn man die Systemtheorie bemühen will, voneinander verschiedene, aber „strukturell gekoppelte" Systeme.[5] Die Kompetenznormen des Rechtssystems geben der politischen Macht einen Rahmen vor, in dem sie sich entfalten kann. Dabei sind sie zugleich selbst Gegenstand politischer Machtausübung.[6] Verschiebungen in der rechtlichen Machtverteilung („Kompetenzordnung") wirken auf die Möglichkeiten politischer Machtausübung zurück. Umgekehrt beschäftigt sich Politik, wenn auch nicht nur, so doch zu einem Gutteil mit der (Neu-)Verteilung rechtlicher Kompetenzen. Grundrechte begrenzen daher zugleich rechtliche und politische Macht.[7] Während sie die Grundrechtsadressaten in ihren Handlungsmöglichkeiten beschränken, erweitern die Grundrechte aber auch die Machtposition des Akteurs, der dazu berufen ist, Grundrechtsfälle letztverbindlich zu entscheiden.[8] Im rechtlichen und politischen System der Europäischen Union kommt die Rolle des „Letztentscheiders" dem EuGH zu (vgl. Art. 19 EUV).

Eine Untersuchung der Beziehungen zwischen grundrechtlicher Freiheit und Gesetzgebung wäre unvollständig, nähme sie nicht auch die damit verbundenen Fragen der Machtverteilung zwischen Grundrechtsadressaten und „Letztentscheidern" in den Blick. Diese Verteilung wird üblicherweise als Aspekt der Gewaltenteilung zwischen Legislative, Exekutive und Judikative diskutiert, jedenfalls dann, wenn die Judikative zur Letztentscheidung in Grundrechtsfragen berufen ist.[9] Zwar ist unklar, ob sich das dreigliedrige Gewaltenteilungsmodell auf die Union übertragen lässt,[10] für die hiesigen Zwecke ist dieser vornehmlich terminologisch geführte Streit jedoch nicht weiter von Interesse. Es steht außer Zweifel, dass der EuGH in seiner Machtstellung als rechtliche Kontrollinstanz mit den anderen Akteuren des Unionsrechts in Kontrast steht,[11] mögen die Gewalten der Legislative und Exekutive in der Union auch stark miteinander verwoben sein.[12] Insoweit ist die horizontale Machtverteilung angesprochen. Darüber hinaus ist rechtliche und politische Macht auch vertikal, näm-

---

wird, sich aber strukturell und funktionell von öffentlicher Rechtsmacht unterscheidet; vgl. *MacCormick*, Institutions of Law, 2007, S. 172 und S. 174 ff., dem zufolge private Rechtsmacht dem privaten Wohl, öffentliche Rechtsmacht dem Gemeinwohl zu dienen bestimmt ist.

[4] Vgl. *MacCormick*, Institutions of Law, 2007, S. 172 ff.

[5] *Luhmann*, Das Recht der Gesellschaft, 1995, S. 407 ff.

[6] *MacCormick*, Institutions of Law, 2007, S. 177.

[7] *MacCormick*, Institutions of Law, 2007, S. 187 ff.

[8] *MacCormick*, Institutions of Law, 2007, S. 202.

[9] Das ist nicht so selbstverständlich, wie es aus der deutschen Perspektive scheinen mag; vgl. statt vieler nur die beachtliche Kritik an der richterlichen Letztentscheidungskompetenz bei *Waldron*, Yale Law Journal 115 (2006), 1346 ff.

[10] Dafür *Conway*, ELR 2011, 304 ff.; vgl. auch *Höreth*, ZfP 2013, 48 (62 ff.).

[11] Zur Stellung des EuGH vgl. *Conway*, ELR 2011, 304 (313 ff.); *Höreth*, ZfP 2013, 48 ff.

[12] Vgl. die überzeugende Unterscheidung der drei Gewalten bei *Conway*, ELR 2011, 304 (308 ff.); zur Gewaltenteilungsfrage bereits *Lenaerts*, CMLR 28 (1991), 11 ff. sowie *Petzold*, Die Gewaltenteilung in den europäischen Gemeinschaften, 1966, passim.

lich zwischen der Union und den Mitgliedstaaten aufgeteilt – eine Konstruktion, die gemeinhin als Mehrebenensystem[13] bezeichnet und mit Föderalismusanalogien[14] beschrieben wird. In dieser vertikalen Dimension steht der EuGH als „Letztentscheider" über die Unionsgrundrechte den Akteuren der mitgliedstaatlichen Rechtsordnungen gegenüber, von denen hier besonders die Verfassungs- und Gesetzgeber interessieren, die zur Konstituierung, Konkretisierung und Regelung grundrechtlicher Freiheit berufen sind.[15]

In der horizontalen Dimension der Machtverteilung, also dem Verhältnis zwischen EuGH und Unionsgesetzgeber[16], ergeben sich aus der Anerkennung der Kategorien von konstituierender, konkretisierender und regelnder Gesetzgebung beachtliche Handlungsspielräume für die Legislative, die von der Kontrolle durch die Rechtsprechung insoweit freigestellt ist. Wenn der Unionsgesetzgeber grundrechtliche Freiheitsgegenstände konstituiert, unterliegt er, wie in Kapitel 2 dargestellt, keinen grundrechtlichen Bindungen, jedenfalls solange keine anderen Grundrechtspositionen eingeschränkt werden. So steht es ihm beispielsweise zu, neue Eigentumsgegenstände zu schaffen und bestehende auszuweiten. Gerade im Bereich der immateriellen Güter ist dies durchaus von praktischer Relevanz. Der Gesetzgeber muss sich bei der Eigentumskonstituierung nicht grundrechtlich rechtfertigen, es sei denn, die Konstituierung der Schutzgüter geht mit der Einschränkung der Interessen Dritter (z. B. unternehmerischen Interessen nach Art. 16 GRC) einher. Auf der anderen Seite bestehen auch keine Ansprüche auf die Setzung konstituierender Normen. Der Gesetzgeber ist daher nicht nur mit Blick auf das „Wie" der Konstituierung frei, sondern kann auch ohne rechtliche Zwänge über das „Ob" entscheiden. Zur Rechtfertigung ist er erst genötigt, wenn er bestehende Eigentumspositionen umgestaltet und damit den grundrechtlichen Normbestandsschutz aktiviert. Insoweit unterliegt er der Kontrolle durch den EuGH und teilt sich damit mit diesem die Macht in Eigentumsfragen.

Ein ähnliches Bild bieten die konkretisierungsbedürftigen Grundrechte, die in Kapitel 3 herausgearbeitet wurden. Soweit eine gesetzliche Konkretisierung erforderlich ist, aber nicht vorliegt, ist der EuGH daran gehindert, Handlungen der Grundrechtsadressaten im Lichte dieser Grundrechte zu überprüfen. Das Urteil in der Rechtssache *AMS* legt hierüber beredtes Zeugnis ab. Die konkretisierungsbedürftigen Grundrechte sind mit anderen Worten auf eine Aktualisierung durch den Gesetzgeber angewiesen, der dazu aber wiederum nicht verpflichtet ist. Dabei erweisen sich diese Gewährleistungen keineswegs als „normative Hüllen". Vielmehr

[13] Vgl. *Tömmel*, Das politische System der EU, 4. Aufl. 2014, S. 211 ff.

[14] Vgl. *Conway*, ELR 2011, 304 (315 ff.), der von der *Federal Analogy* spricht.

[15] Das Verhältnis des EuGH zur mitgliedstaatlichen rechtsprechenden Gewalt ist Gegenstand eines breitgefächerten und andauernden Diskurses, der hier nicht einmal im Ansatz abgebildet werden kann und soll. Soweit es in dieser Diskussion um das Verhältnis der nationalen Grundrechte zu den Unionsgrundrechten und der jeweiligen Grundrechtsgerichte untereinander geht, kann man von einem europäischen Grundrechtsföderalismus sprechen; vgl. dazu *Kingreen*, JZ 2013, 801 ff.

[16] Vgl. dazu allgemein *Lenaerts*, in: Adams/de Waele u. a., Judging Europe's Judges, S. 13 (17 ff.).

kann der EuGH sie als bestandsschützend heranziehen und damit die Machtstellung des Gesetzgebers, soweit dieser hinter den Status quo zurückschreiten will, begrenzen. Das in Kapitel 3 vorgeschlagene Rückschrittverbot mit Prima-Facie-Struktur, das die Rücknahme konkretisierender Gesetze als rechtfertigungsbedürftige Einschränkung erfasst, verschiebt die rechtliche und politische Macht in diesem Bereich merklich von der Legislative auf die Judikative. Um einerseits das „institutionelle Gleichgewicht", das der EuGH selbst propagiert,[17] nicht zu gefährden, andererseits aber die konkretisierungsbedürftigen Grundrechte nicht leerlaufen zu lassen, bietet es sich an, retrogressive Gesetzgebung zwar der Rechtfertigungspflicht nach Art. 52 Abs. 1 GRC zu unterwerfen, die Anforderungen an eine Rechtfertigung aber nicht zu hoch anzusetzen. Die belgische Standstill-Doktrin, die exemplarisch dargestellt wurde, trägt diesem Streben nach einer Machtbalance mit weiten Spielräumen zugunsten des – demokratisch legitimierten![18] – Gesetzgebers Rechnung.

Soweit der Unionsgesetzgeber schließlich zur Regelung grundrechtlicher Freiheit befugt ist – das ist der Fall bei den zentralen Gewährleistungen der Art. 16 und Art. 28 GRC –, wird auf dogmatischer Ebene anerkannt, dass es die Aufgabe des Gesetzgebers, nicht des Richters ist, die Modalitäten der Grundrechtsausübung in diesen Bereichen festzulegen. Es geht in der Sache um Maßnahmen der Wirtschafts- und Arbeitsmarktregulierung, für die die Union aufgrund ihrer Binnenmarkt- und Sozialkompetenzen in großem Umfang gesetzgebungsbefugt ist. Es gehört zur guten Tradition der EuGH-Judikatur, sich in diesen Materien einen weitgehenden *judicial self-restraint* aufzuerlegen und die Entscheidungen des Gesetzgebers zu respektieren.[19] Nichts liefe dieser Ausrichtung mehr zuwider als eine minutiöse richterliche Abwägung der kollidierenden Interessen im Einzelfall, wie sie für die dreistufige Verhältnismäßigkeitsprüfung deutscher Prägung typisch ist.[20] Die in Kapitel 4 entfaltete Kategorie der regelnden Gesetzgebung trägt dieser Weichenstellung Rechnung, indem sie Gesetze, die sich auf die Regelungsvorbehalte der Art. 16 und 28 GRC stützen lassen, von einer Rechtfertigungsprüfung durch den Richter ausnimmt. Wenn der EuGH in einer Handvoll jüngerer Entscheidungen ausgerechnet Art. 16 GRC als Gewährleistung der unternehmerischen Freiheit heranzieht, um eine Verhältnismäßigkeitskontrolle nach „deutschem" Geschmack im Unionsrecht zu etablieren, gibt dies Anlass

---

[17] Vgl. *Bieber/Epiney/Haag/Kotzur*, Die Europäische Union, 12. Aufl. 2016, § 4 Rn. 16 m. N. aus der Rspr.

[18] Zur demokratischen Legitimation (in) der Union vgl. nur *Bieber/Epiney/Haag/Kotzur*, Die Europäische Union, 12. Aufl. 2016, § 3 Rn. 16.

[19] Vgl. *Classen*, in: Kischel, Der Einfluss des deutschen Verfassungsrechtsdenkens in der Welt, 2014, S. 93 (109), demzufolge der EuGH gerade im Wirtschaftsrecht das Prinzip von Regulierung offenbar mit wesentlich größerer Selbstverständlichkeit akzeptiert habe, als man das in Deutschland gewohnt sei.

[20] Vgl. auch *Classen*, in: Kischel, Der Einfluss des deutschen Verfassungsrechtsdenkens in der Welt, 2014, S. 93 (108 f.), der entgegen dem Mainstream in der deutschen Literatur Verständnis für die Zurückhaltung des EuGH gegenüber einer Güterabwägung äußert; vgl. dazu auch *von Bogdandy*, JZ 2001, 157 (164 f.), der auf die unterschiedliche Stellung von BVerfG und EuGH im Machtgefüge des jeweiligen Systems hinweist.

zur Kritik. Nicht nur wird hier mit der zurückhaltenden Rechtsprechungstradition im Bereich der Wirtschaftsgrundrechte gebrochen. Vielmehr werden auch die Weichenstellungen der Charta über Bord geworfen, die die unternehmerische Tätigkeit eben nur im Einklang mit dem Unionsrecht gewährleistet. Der Gerichtshof dringt weit in die Machtsphäre des Unionsgesetzgebers ein, wenn er – wie in den Rechtssachen *Sky Österreich*[21] und *Schaible*[22] – die Angemessenheit der legislativen Maßnahme bis ins Detail überprüft. Zwar mag er hier dem Gesetzgeber nachgerade gönnerhaft weite Beurteilungsspielräume zugestehen.[23] Doch ist der Schritt zum richterlichen *second-guess* getan. Der EuGH beansprucht die Letztentscheidungskompetenz für sich und kann sich dieser Gewiss sein: *Il n'y a personne qui juge les juges*. Dieser selbstbewusste Prüfungszugriff führt, wie *Kühling* für die neuere Grundrechtsjudikatur des EuGH herausgearbeitet hat, „zu einer deutlichen Machtverschiebung im horizontalen Gewaltenteilungsverhältnis von der Legislative hin zur Judikative".[24] Man mag das mit ihm „angesichts mancher Ungereimtheiten im europäischen Gesetzgebungsprozess [...] und einer vergleichsweise geringen kritischen medialen Begleitung" für wünschenswert halten.[25] Ob es der Rolle entspricht, die dem EuGH durch die Verträge zugewiesen wird, darf aber bezweifelt werden, zumal die Ungereimtheiten im „Rechtsprechungsprozess" kaum geringer erscheinen. Im Unionsrecht ist Zurückhaltung geboten vor richterlicher Selbstermächtigung, mit der man sich in Deutschland – von wenigen Ausnahmen abgesehen –[26] längst abgefunden zu haben scheint. So merkt auch *Kühling* an, dass der Weg des EuGH zum „kraftvollen Grundrechtsgericht" nicht überall in Europa so positiv aufgenommen werden dürfte wie in Deutschland, wo man den beherzten richterlichen Zugriff auf Entscheidungen des Gesetzgebers gewohnt sei.[27] Im Bereich der Regelung grundrechtlicher Freiheit durch den Gesetzgeber ist die intensive Kontrolle, wie sie in manchen Urteilen zu Art. 16 GRC durchscheint, jedenfalls fehl am Platz, mag sie auch in anderen Sachbereichen (z. B. dem Datenschutzrecht) als gelungene Ausbalancierung der gesetzgeberischen Einschränkungsbefugnisse erscheinen.[28] Mit Blick auf die Grundrechte nach Art. 28 GRC nimmt der EuGH die Regelungsbefugnisse des Gesetzgebers hingegen ernst. Eine Harmonisierung der Judikatur zu den sich ergänzenden Gewährleistungen der Art. 16 und

---

[21] EuGH, Rs. C-283/11 – *Sky Österreich*, Rn. 58 ff.

[22] EuGH, Rs. C-101/12 – *Schaible*, Rn. 60 ff.

[23] Vgl. EuGH, Rs. C-101/12 – *Schaible*, Rn. 91, wo der EuGH davon spricht, dass es dem Unionsgesetzgeber „gestattet" sei, bei der Schaffung oder Umstrukturierung komplexer Systeme einen schrittweisen Lösungsansatz zugrunde zu legen.

[24] *Kühling*, ZÖR 2013, 469 (478).

[25] *Kühling*, ZÖR 2013, 469 (478).

[26] Vgl. etwa die wortmächtige Kritik bei *Rüthers*, Die heimliche Revolution vom Rechtsstaat zum Richterstaat, 2014, passim.

[27] *Kühling*, NVwZ 2014, 681 (684).

[28] *Kühling*, NVwZ 2014, 681 bezieht sich auf die Vorratsdatenspeicherungs-Entscheidung EuGH, Rs. C-293/12 und C-594/12 – *Digital Rights Ireland*; zurückhaltender unter Hinweis auf „die Gefahren der Kappung der Spielräume in der Perspektive der horizontalen Gewaltenteilung gegenüber Kommission und Parlament" *Kühling/Heberlein*, NVwZ 2016, 7 (12).

28 GRC wäre daher auch aus Sicht der horizontalen Machtbalance wünschenswert. Die Kategorie der regelnden Gesetzgebung bietet sich als gemeinsamer dogmatischer Nenner an.

Mehr noch als in horizontaler Perspektive spiegelt sich die Anerkennung der konstituierenden, konkretisierenden und regelnden Gesetzgebung in der vertikalen Dimension der Machtverteilung wider, also im Verhältnis zwischen der Union und den Mitgliedstaaten.[29] Gerade die Kategorie der konstituierenden Gesetzgebung schützt die Mitgliedstaaten im Sinne der Subsidiarität des Unionsrechts (vgl. Art. 4 f. EUV) vor einem Zugriff der Union, *in concreto* des EuGH, auf besonders sensible Materien wie das Eherecht, das Eigentums- und Erbrecht sowie Aspekte des Vertrags-, Vereins- und Gesellschaftsrechts. Die grundrechtlichen Schutzgegenstände in diesen Lebensbereichen hängen zu einem Gutteil von der konstituierenden Normsetzung durch den nationalen Gesetzgeber ab. Mit der Anerkennung dieser Abhängigkeitsrelation ist – zusätzlich zur Anwendungsschranke des Art. 51 Abs. 1 GRC – sichergestellt, dass die Unionsgrundrechte den Unterschieden in den Mitgliedstaaten hinreichend Rechnung tragen. Eine Harmonisierung unter dem Deckmantel der Grundrechte ist mangels positiver Verpflichtungen zur Setzung konstituierender Rechtsnormen nicht zu befürchten. Ähnliches gilt für die konkretisierungsbedürftigen Grundrechte, soweit es für sie auf mitgliedstaatliche Rechtssetzung ankommt. Schließlich kommt auch die Befugnis zur regelnden Gesetzgebung besonders den Mitgliedstaaten zugute. Sie können – vorbehaltlich anderweitiger unionsrechtlicher Vorgaben – bis zur Schwelle der Einschränkung die Modalitäten der grundrechtlichen Freiheitsausübung selbst festlegen und so nationalen Besonderheiten Rechnung tragen. Der EuGH hat diese Regelungen bei der Entscheidung von Grundrechtsfällen zu akzeptieren. Neben den Grundrechten der Art. 16 und Art. 28 GRC, die auch durch den Unionsgesetzgeber geregelt werden können, gilt dies auch für die Gewährleistungen der Eheschließungs- und Familiengründungsfreiheit (Art. 9 GRC), des Rechts auf Wehrdienstverweigerung (Art. 10 Abs. 2 GRC), des elterlichen Erziehungsrechts und der Schulgründungsfreiheit (Art. 14 Abs. 3 GRC). Dabei handelt es sich sämtlich um Lebensbereiche, die in den Mitgliedstaaten aus sozio-kulturellen Gründen typischerweise sehr unterschiedlichen rechtlichen Regelungen unterliegen. Da die Charta gemäß Art. 51 Abs. 1 GRC für die Mitgliedstaaten ohnehin nur im Anwendungsbereich des Unionsrechts gilt und die Union in diesen Bereichen keine Kompetenzen hat, mag man die Regelungsvorbehalte zugunsten der Mitgliedstaaten, die in Art. 52 Abs. 6 GRC noch einmal betont werden, als unnötige „Angstklauseln" abtun. Doch zum einen ist es bereits jetzt möglich, dass die Unionsorgane – gestützt auf andere Kompetenzen – in diese Bereiche hineinwirken und so gleichsam durch die Hintertür den Anwendungsbereich der Charta eröffnen.[30] Zum anderen wurde die Charta auch mit

---

[29] Vgl. allgemein zur Machtstellung des EuGH in vertikaler Perspektive *Lenaerts*, in: Adams/de Waele u. a., Judging Europe's Judges, 2013, S. 13 (29 ff.).

[30] Vgl. zu Ehe und Familie *Kingreen*, in: Calliess/Ruffert, EUV/AEUV, Art. 9 GRC Rn. 3.

der Aussicht auf Kompetenzzuwächse der Union konzipiert, die sich zwar in Zeiten, in denen die Union mit anderen Problemen zu kämpfen hat, nicht abzeichnen mögen, aber doch für die Zukunft nicht ausgeschlossen erscheinen. Wenn es auch im Lichte des „Brexit" mit der *ever closer Union* zu Ende sein dürfte, so ist es doch nicht unwahrscheinlich, dass die Union auch in Zukunft neue Lebensbereiche für sich erschließen wird. Art. 352 AEUV eröffnet die Möglichkeit für solche Kompetenzerweiterungen auch ohne Vertragsänderung. Um die Akzeptanz der Unionsgrundrechte samt der Grundrechtsprechung des EuGH in den Mitgliedstaaten zu bewahren, ist es daher umso wichtiger, die nationalen Regelungskompetenzen, wie sie in Art. 9, 10 Abs. 2, 14 Abs. 3, 16 und 28 GRC vorgesehen sind, ernst zu nehmen.

Die dogmatischen Kategorien und Strukturen, die diese Untersuchung versucht hat darzutun, fügen sich demnach in ein Konzept der ausgewogenen Machtverteilung unter den Akteuren des Unionsrechts ein. Anzuerkennen, dass Unionsgrundrechte zu einem guten Teil aus der Hand des Gesetzgebers stammen, bedeutet nicht, ihre Bedeutung, Qualität oder Schutzwürdigkeit infrage zu stellen. Vielmehr geht es darum, den Weichenstellungen des Charta-Gebers, soweit sich diese rekonstruieren lassen, Rechnung zu tragen und damit die Machtbalance zwischen den Akteuren des Unionsrechts zu wahren, die die Unionsverfassung in horizontaler wie in vertikaler Hinsicht vorsieht. Es versteht sich von selbst, dass der EuGH sich in diese Balance einzufügen hat. Denn auch seine Kompetenzen sind aus der Unionsverfassung abgeleitet. Innerhalb dieses Rahmens hat er sich zu halten. Daneben ist der EuGH – selbstverständlich! – auch ein politischer Akteur, das gilt auch und zumal für seine Rolle als Grundrechtsgericht. Von einem *Gouvernement des juges*[31] mag die Europäische Union heute weit entfernt sein, weiter womöglich als das politische System Deutschlands. Doch ein höchstes Gericht muss als politischer Akteur seine Rolle stets auch selbst und in Abgrenzung zu den anderen politischen Akteuren definieren. Wie es das tut, vermag die Rechtsdogmatik weder zu präskribieren noch zu prognostizieren. Sie kann nur den rechtlichen Rahmen aufzeigen, in dem sich die politische Rollenbestimmung abzuspielen hat – nicht mehr, aber auch nicht weniger.

---

31 *Colin*, Le Gouvernement des juges dans les Communautés européennes, 1966; begriffsprägend *Lambert*, Le gouvernement des juges et la lutte contre la législation sociale aux États-Unis, 1921.

Zusammenfassung

1. Die Unionsgrundrechte unterhalten verschiedenartige Inhalts- und Maßgaberelationen mit dem „einfachen" Gesetzesrecht. Zur einschränkenden Gesetzgebung, die in Art. 52 Abs. 1 GRC zu verorten ist und von Rechtsprechung und Literatur bereits eingehend behandelt wurde, gesellen sich die Kategorien der konstituierenden, konkretisierenden und regelnden Gesetzgebung. Sie werfen jeweils spezifische grundrechtsdogmatische Fragen auf, die bislang nicht umfassend untersucht wurden.

2. Die *konstituierende Gesetzgebung* spielt als dogmatische Kategorie bei Grundrechtsgewährleistungen eine Rolle, deren Freiheitsgegenstand durch Rechtsnormen geschaffen wird (S. 73 ff.).

a) Nicht jedem institutionellen Freiheitsgegenstand liegen jedoch Rechtsnormen zugrunde. Vielmehr kann institutionelle Freiheit auch durch andere gesellschaftliche Normenordnungen konstituiert werden. Wo mehrere konstituierende Regelsysteme in Betracht kommen, muss im Einzelfall eine Zuordnung getroffen werden (S. 76 f.).

b) Institutionelle Freiheitsgegenstände werden durch institutionelle Begriffe sprachlich repräsentiert. Diese sind von sogenannten Anschauungsbegriffen zu unterscheiden, mit denen physisch rohe Tatsachen bezeichnet werden. Die Klassifikation eines Begriffs als „Rechtsbegriff" besagt hingegen nichts über dessen Bedeutung, sondern gibt nur einen spezifischen (nämlich rechtlichen) Kontext an, in dem der Begriff verwendet wird (S. 77 ff.).

c) Prototypen gesetzlich konstituierungsbedürftiger Unionsgrundrechte sind die Eheschließungsfreiheit (Art. 9 Var. 1 GRC) und das Eigentumsrecht (Art. 17 GRC), deren textliche Gewährleistungen mit „Ehe" und „Eigentum" typische institutionelle Begriffe verwenden (S. 80 ff.).

aa) Der Begriff der „Ehe" in Art. 9 Var. 1 GRC nimmt auf die Normen der mitgliedstaatlichen Rechtsordnungen Bezug, die die Ehe als (Rechts-)Institution konstituieren. Dabei hat die Konstituierungsbedürftigkeit der Gewährleistung nichts mit der Regelungsfähigkeit des Grundrechts zu tun, die mit dem Vorbehalt zugunsten der einzelstaatlichen Gesetze einhergeht. Der unionsgrundrechtliche Ehebegriff ist außerdem unabhängig von mitgliedstaatlichen Definitionen (S. 81 ff.).

bb) Der Begriff des „Eigentums" und die anderen institutionellen Begriffe des Art. 17 Abs. 1 Satz 1 GRC verweisen auf Normen des Unions- und des mitgliedstaatlichen Rechts, die das Eigentum als (Rechts-)Institution konstituieren. Dies hat der EuGH in seinem *Sky-Österreich*-Urteil aus dem Jahr 2013 anerkannt (S. 85 ff.).

d) Aus konstituierungsbedürftigen Grundrechten ergeben sich negative Verpflichtungen der Grundrechtsadressaten (S. 95 ff.).

aa) Negative Verpflichtungen können aber nur anerkannt werden, soweit der Freiheitsgegenstand durch die im Einzelfall maßgebliche Gesetzgebung konstituiert ist. Das setzt zum einen die Existenz der jeweiligen Rechtsinstitution voraus, d. h. es muss Rechtsnormen geben, die Ehe und Eigentum im Sinne der unionsrechtlichen Begriffe konstituieren. Außerdem muss der konkrete Fall unter diese konstituierenden Rechtsnormen subsumiert werden können. Dabei handelt es sich strukturell um eine Frage des Schutzbereichs (zur Ehe S. 96 ff.; zum Eigentum S. 101 ff.).

bb) Grundrechte, deren Freiheitsgegenstand von konstituierender Gesetzgebung abhängt, können durch die Hinderung von Handlungen und die Beeinträchtigung von Zuständen und Eigenschaften eingeschränkt werden. Soweit es um die Hinderung von institutionellen Handlungen bzw. die Beeinträchtigung von institutionellen Zuständen oder Eigenschaften geht, wird die grundrechtliche Freiheit auch durch die Aufhebung der jeweiligen konstituierenden Rechtsnormen eingeschränkt. Die konstituierungsbedürftigen Grundrechte entfalten daher einen Normbestandsschutz mit Prima-Facie-Struktur (S. 110 ff.).

cc) Keine Einschränkung ist die Neukonstituierung von Freiheitsgegenständen durch den Gesetzgeber. Jedoch ist der Einschränkungsbegriff relativ: Was die Freiheit des einen konstituiert, kann die Freiheit des anderen einschränken. Konstituierung und Einschränkung sind außerdem in einer zeitlichen Dimension zu unterscheiden: Was die Freiheit des einen Grundrechtsträgers eingeschränkt hat, kann sich bei dessen Rechtsnachfolger als (negative) Konstituierung erweisen (S. 116 ff.).

dd) Für die Rechtfertigung von Einschränkungen ergeben sich aus der Konstituierungsbedürftigkeit eines Grundrechts keine Besonderheiten. Soweit Begrenzungen bestimmten (oder keinen) Rechtfertigungsanforderungen unterliegen, ist dies vielmehr die Folge gewährleistungsspezifischer Vorbehalte, wie sie die Prototypen nach Art. 9 GRC (Regelungsvorbehalt) und Art. 17 GRC (Vorbehalte der Entziehung und der Nutzungsregelung) auszeichnen (S. 118 ff.).

e) Zwar umfassen auch konstituierungsbedürftige Grundrechte positive Verpflichtungen der Grundrechtsadressaten (vor allem Schutz- und Förderpflichten), jedoch ergibt sich aus ihnen keine Pflicht, die grundrechtlichen Freiheitsgegenstände als solche zu konstituieren (S. 120 ff.).

aa) Als einzig belastbarer Begründungsansatz für positive Pflichten zur konstituierenden Normsetzung erweist sich die dogmatische Figur der Institutsgarantie, wie sie im deutschen Verfassungsrecht entwickelt und auch in anderen Rechtsordnungen rezipiert wurde (S. 126 ff.).

bb) Im Bereich der Unionsgrundrechte finden sich jedoch keinerlei Anhaltspunkte für Institutsgarantien. Im Gegenteil sind Versuche, die jeweilige Institution als solche zu gewährleisten, im Grundrechtekonvent erfolglos geblieben: Art. 9 GRC und Art. 17 GRC gewährleisten nicht „Ehe“ und „Eigentum“ als Rechtsinstitutionen, sondern konkrete Positionen der Grundrechtsträger. Sie verpflichten daher den Gesetzgeber nicht, solche Positionen bereitzustellen, d. h. die Freiheit des Einzelnen zu erweitern (S. 130 ff.).

cc) Auch ein Abgleich mit dem Konventionsrecht nötigt nicht zur Annahme positiver Verpflichtungen zur konstituierenden Normsetzung, da der EGMR trotz einer umfangreichen Judikatur zu positiven Verpflichtungen keine Pflicht zur Konstituierung von Freiheitsgegenständen anerkannt hat (S. 135 ff.).

3. Die *konkretisierende Gesetzgebung* ist ein Spezifikum der Unionsgrundrechte, das auf der Rückbindung des Grundrechtsschutzes an bestimmte Normbestände des Unions- und mitgliedstaatlichen Rechts durch den Charta-Geber beruht.

a) Prototyp eines konkretisierungsbedürftigen Grundrechts ist das Recht auf Unterrichtung und Anhörung der Arbeitnehmer im Unternehmen, das nur in den Fällen und unter den Voraussetzungen geschützt ist, die durch das Unionsrecht und die Rechtsvorschriften und Gepflogenheiten der Mitgliedstaaten vorgesehen sind (Art. 27 GRC). Der EuGH hat die Konkretisierungsbedürftigkeit dieser Gewährleistung in seinem *AMS*-Urteil aus dem Jahr 2014 der Sache nach anerkannt (S. 144 ff.).

b) Die grundrechtlichen Schutzgegenstände können je nach Gewährleistung durch Unions- und/oder mitgliedstaatliches Recht konkretisiert werden. Im Unionsrecht erfolgt die Konkretisierung vor allem durch Sekundärrecht. Auf mitgliedstaatlicher Ebene kommen abstrakt-generelle Normen aller Hierarchiestufen in Betracht, wobei aufgrund des Verweises auf mitgliedstaatliche „Gepflogenheiten“ auch Richterrecht und Verwaltungspraktiken zur Konkretisierung beitragen können (S. 156 ff.).

c) Konkretisierungsbedürftige Grundrechte weisen einen Vorbehalt auf, der die Gewährleistung an das „einfache Recht“ koppelt. Neben Art. 27 GRC enhalten die Art. 30 und 34 Abs. 2 GRC entsprechende Klauseln, die von den ähnlich formulierten Regelungsvorbehalten anderer Gewährleistungen (Art. 16 und 28 GRC) zu unterscheiden sind (S. 164 ff.).

d) Grundrechte mit Konkretisierungsvorbehalt verpflichten die Grundrechtsadressaten dazu, den Freiheitsgegenstand nicht durch aktive Handlungen zu beeinträchtigen (negative Verpflichtungen; S. 174 ff.).

aa) Zunächst sind die Grundrechtsadressaten verpflichtet, den Grundrechtsträger nicht durch Maßnahmen im Einzelfall an der Ausübung der grundrechtlichen Freiheit zu hindern. Dieses Beeinträchtigungsverbot steht in Idealkonkurrenz zu den sich aus dem Sekundärrecht ergebenden Unterlassungspflichten (S. 174 ff.).

bb) Darüber hinaus sind konkretisierungsbedürftige Grundrechte zumindest potentiell geeignet, die konkretisierenden Normbestände als solche zu schützen, wie das ähnlich strukturierte belgische Verfassungsrecht zeigt. So können aus ihnen Rückschrittverbote mit Prima-Facie-Struktur abgeleitet werden, die den Gesetzgeber an einmal geschaffene Normbestände binden. Schmälerungen des Status quo bedürfen dann als Einschränkungen des jeweiligen Grundrechts der Rechtfertigung nach Art. 52 Abs. 1 GRC. Dabei lässt sich der Normbestandsschutz statisch, aber auch dynamisch konzipieren, wobei im Bereich der Unionsgrundrechte vieles für ein dynamisches Verständnis spricht (S. 176 ff.).

cc) Positive Verpflichtungen der Grundrechtsadressaten beschränken sich auch bei den konkretisierungsbedürftigen Gewährleistungen auf die allgemeine Pflicht zur Effektuierung (Schutz und Förderung) des grundrechtlichen Interesses. Dieser Pflicht kommt gerade in den Fällen der Horizontalwirkung von Grundrechten, also ihrem Einfluss auf Privatrechtsverhältnisse, eine gesteigerte Bedeutung zu. Positive Pflichten zur konkretisierenden Normsetzung lassen sich hingegen nicht rekonstruieren und sind angesichts des Konkretisierungsstands in den betreffenden Lebensbereichen auch nicht erforderlich (S. 190 ff.).

4. *Regelnde Gesetzgebung* begrenzt den unabhängig von ihr bestehenden grundrechtlichen Freiheitsgegenstand, ist aber von der ebenfalls begrenzend wirkenden einschränkenden Gesetzgebung zu unterscheiden (S. 195 ff.).

a) Der Begriff der Regelung bezeichnet gemeinsprachlich eine „Richtschnur" für ein bestimmtes Verhalten. Im sozialontologischen Vokabular ist die Regelung als „regulative Regel" von der „konstitutiven Regel" zu unterscheiden. Im Gegensatz zu dieser begrenzt jene Handlungen, die unabhängig von ihr möglich sind. Im Bereich der Grundrechte geschieht dies durch die Setzung von Pflichtnormen und die Aufhebung von Kompetenznormen (S. 196 ff.).

b) Prototypen regelungsfähiger Grundrechte sind das Recht auf Eheschließung und Familiengründung (Art. 9 GRC), das Recht auf Kollektivverhandlungen und Kollektivmaßnahmen (Art. 28 GRC) und die unternehmerische Freiheit (Art. 16 GRC).

aa) In bewusster Anlehnung an Art. 12 EMRK hat der Charta-Geber in die Gewährleistung des Art. 9 GRC einen Regelungsvorbehalt zugunsten der einzelstaatlichen Gesetze aufgenommen. In der Rechtsprechung des EGMR zu Art. 12 EMRK wird zwischen rechtfertigungsfreien „Ausübungsbedingungen" und rechtfertigungsbedürftigen Eingriffen unterschieden. Diese Unterscheidung lässt sich auf Art. 9 GRC übertragen. Dabei sind „Ausübungsbedingungen" nichts anderes als Regelungen der Ausübung grundrechtlicher Freiheit (S. 201 ff.).

bb) Das Recht auf Kollektivverhandlungen und Kollektivmaßnahmen nach Art. 28 GRC steht unter einem Regelungsvorbehalt zugunsten des unionalen und mitgliedstaatlichen Rechts. Dieser Vorbehalt reflektiert nicht nur die Kompetenzverteilung zwischen der Union und den Mitgliedstaaten im Bereich des Kollektivarbeitsrechts. Vielmehr soll er die Gewährleistungen nach der rekonstruierbaren Intention des Charta-Gebers auch für Begrenzungen offenhalten, die nicht den Rechtfertigungsanforderungen des Art. 52 Abs. 1 GRC unterliegen. Der EuGH hat diese Weichenstellung in seiner Rechtsprechung zu Art. 28 GRC aufgegriffen, nach der die Freiheiten nur „im Einklang mit" der regelnden Gesetzgebung geschützt sind (S. 210 ff.).

cc) Um eine konsensfähige Formulierung zu finden, wurde auch die unternehmerische Freiheit nach Art. 16 GRC unter den Vorbehalt der Regelung durch die Gesetzgeber der Union und der Mitgliedstaaten gestellt. So wurden die „Arbeitnehmerrechte" des Art. 28 GRC mit dem „Arbeitgeberrecht" des Art. 16 GRC abgeglichen. Dieser Parallelität ist dogmatisch mit der Anerkennung der Regelungsfähigkeit des Art. 16 GRC Rechnung zu tragen. Die EuGH-Rechtsprechung zu Art. 16 GRC geht an dieser Direktive des Charta-Gebers bislang weitgehend vorbei und ist auch in sich widersprüchlich (S. 234 ff.).

c) Die rechtfertigungsfreie Regelung grundrechtlicher Freiheit ist von deren Einschränkung abzugrenzen. Diese Unterscheidung ist für die Lösung des Grundrechtsfalles ergebnisrelevant, da nur Einschränkungen den Rechtfertigungsanforderungen des Art. 52 Abs. 1 GRC unterliegen (S. 264 ff.).

aa) Der zu erwartende Einwand der „Nicht-Abgrenzbarkeit" ist zurückzuweisen, da er nur dann verfängt, wenn zwei Begriffe dasselbe bezeichnen. Dass die Abgrenzung ähnlicher Kategorien schwierig ist, bedeutet nicht, dass sie unterbleiben könnte. Vor vergleichbaren Abgrenzungsproblemen standen sowohl EuGH als auch BVerfG bereits in anderen Kontexten und haben diese mit unterschiedlicher Überzeugungskraft gelöst (S. 265 ff.).

bb) Für die Abgrenzung von Regelung und Einschränkung lassen sich allgemeine Kriterien formulieren, die aber grundrechtsspezifische Vorgaben nicht überspielen dürfen. Die dogmatische Kategorie muss stets für die Besonderheiten von Einzelgrundrechten offenbleiben, die ihr zugerechnet werden (S. 272 f.).

cc) Die allgemeine Trennlinie zwischen Regelung und Einschränkung verläuft in Anlehnung an die Rechtsprechung des EGMR zu Art. 12 EMRK und die Vorgaben des Charta-Gebers zu Art. 28 GRC zwischen „Randbereich" und „Kernbereich" des regelungsfähigen Grundrechts. Erst wenn der Kern einer regelungsfähigen Gewährleistung – ihre *substance même* – betroffen ist, muss sich der freiheitsbegrenzend einschränkende Gesetzgeber nach Art. 52 Abs. 1 GRC rechtfertigen. Im Randbereich ist der freiheitsbegrenzend regelnde Gesetzgeber hingegen von Rechtfertigungslasten freigestellt (S. 273 ff.).

dd) In der Rechtsprechung von EGMR und EuGH ist die Unterscheidung von Kern- und Randbereich bereits angeklungen, ohne dass die Abgrenzungskriterien explizit gemacht worden wären (S. 276 ff.).

ee) Der Kernbereich kann anhand der Intensität der Begrenzung oder mittels einer gegenständlichen Betrachtung bestimmt werden. Diese Bestimmung lässt sich rational durchführen, indem für die Intensität nachvollziehbare Maßstäbe angegeben bzw. die Gegenstände nach nachvollziehbaren Kriterien zugeordnet werden. Soweit sich der Aufwand zur Überwindung eines Freiheitshindernisses numerisch erfassen lässt (wie im Fall der unternehmerischen Freiheit), ist eine Intensitätsbetrachtung das Mittel der Wahl. Als Methode der gegenständlichen Kernbereichsbestimmung bietet sich die Rechtsvergleichung an (z. B. bei Art. 28 GRC), die in der Rechtsprechung des EGMR bereits fest etabliert ist. Gegebenenfalls sind beide Ansätze zu kombinieren (S. 278 ff.).

d) Je nach Gewährleistung können sowohl der Unions- als auch der mitgliedstaatliche Gesetzgeber die grundrechtliche Freiheitsausübung regeln. Regelungen des Unionsrechts finden sich vor allem in den Bestimmungen des Sekundärrechts, die ggf. auf mitgliedstaatliche Umsetzung angewiesen sind. Regelungen der Mitgliedstaaten können auf allen normhierarchischen Ebenen getroffen werden (S. 284 ff.).

aa) Der regelnde Gesetzgeber unterliegt keinen Rechtfertigungsanforderungen. Seine Normsetzung muss aber hinreichend bestimmt und zugänglich sein, um die grundrechtliche Freiheitsausübung wirksam begrenzen zu können (S. 285 ff.).

bb) Wird aufgrund einer gesetzlichen Regelung ein Einzelakt erlassen, teilt dieser die „Rechtsnatur" seiner Grundlage. Er ist wie das Gesetz eine rechtfertigungsfreie Regelung, solange er den Kernbereich des Grundrechts nicht berührt. Dringt er hingegen in den Kernbereich ein, unterliegt er als Einschränkung den Rechtfertigungsanforderungen des Art. 52 Abs. 1 GRC, wobei das regelnde Gesetz seine Grundlage bildet (S. 287 ff.).

cc) Strukturell bietet es sich an, die regelnde Gesetzgebung bereits auf der Ebene des Schutzbereichs zu berücksichtigen. Dieser kann zunächst ohne Hinzuziehung der Regelung bestimmt werden. In einem zweiten Schritt ist das einschlägige regelnde Recht zu berücksichtigen. Soweit dieses die Freiheit im Einzelfall begrenzt, ist der Schutzbereich des Grundrechts nicht eröffnet. Grundrechtliche Freiheit besteht nur „im Einklang" mit ihrer Regelung. Regelungsfähige Grundrechte weisen daher eine doppelte Prima-Facie-Struktur auf (S. 289 ff.).

5. Die Anerkennung der Konstituierung, Konkretisierung und Regelung durch den Gesetzgeber spiegelt sich in der horizontalen und vertikalen Machtverteilung zwischen den Unionsorganen bzw. der Union und den Mitgliedstaaten wider. Sie weist einerseits den EuGH als Judikative in die Schranken, wo der Gesetzgeber zur „Maß- und Inhaltgabe" befugt ist, eröffnet ihm aber andererseits als „Letztentscheider" in Grundrechtsfragen Kontrollmöglichkeiten, wo konkrete Grundrechtspositionen des Einzelnen eingeschränkt werden. Die Grundrechtsdogmatik kann nur den Rahmen aufzeigen, in dem der EuGH als politischer Akteur seine Rolle zu definieren hat. Ob sich die Rollenbestimmung innerhalb dieses Rahmens halten wird, steht auf einem anderen Blatt (S. 291 ff.).

Verzeichnisse

Rechtsprechungsverzeichnis

Unionsgerichte

EuGH, Urt. v. 14.05.1974, Rs. 4/73 – *Nold*, ECLI:EU:C:1974:51
EuGH, Urt. v. 27.10.1977, Rs. 30/77 – *Bouchereau*, ECLI:EU:C:1977:172
EuGH, Urt. v. 16.01.1979, Rs. 151/78 – *Sukkerfabriken Nykøbing*, ECLI:EU:C:1979:4
EuGH, Urt. v. 13.12.1979, Rs. 44/79 – *Hauer*, ECLI:EU:C:1979:290
EuGH, Urt. v. 13.05.1981, Rs. 66/80 – *International Chemical Corporation*, ECLI:EU:C:1981:102
EuGH, Urt. v. 17.09.1981, Rs. 136/80 – *Hudig en Pieters*, ECLI:EU:C:1981:209
EuGH, Urt. v. 18.05.1982, Rs. 155/78 – *AM & S*, ECLI:EU:C:1982:157
EuGH, Urt. v. 11.07.1989, Rs. 265/87 – *Schräder*, ECLI:EU:C:1989:303
EuGH, Urt. v. 13.07.1989, Rs. 5/88 – *Wachauf*, ECLI:EU:C:1989:321
EuGH, Urt. v. 22.10.1991, Rs. C-44/89 – *von Deetzen*, ECLI:EU:C:1991:401
EuGH, Urt. v. 27.10.1993, Rs. C-127/92 – *Enderby*, ECLI:EU:C:1993:859
EuGH, Urt. v. 24.11.1993, Rs. C-267 und 268/91 – *Keck und Mithouard*, ECLI:EU:C:1993:905
EuGH, Urt. v. 13.12.1994, Rs. C-306/93 – *SMW Winzersekt*, ECLI:EU:C:1994:407
EuGH, Urt. v. 07.12.1995, Rs. C-449/93 – *Rockfon*, ECLI:EU:C:1995:420
EuGH, Urt. v. 17.02.1998, Rs. C-249/96 – *Grant*, ECLI:EU:C:1998:63
EuGH, Urt. v. 31.05.2001, Rs. C-12 und C-125/99 P – *D und Schweden*, ECLI: EU:C: 2001:304
EuGH, Urt. v. 12.06.2003, Rs. C-112/00 – *Schmidberger*, ECLI:EU:C:2003:333
EuGH, Urt. v. 10.07.2003, Rs. C-20 und C-64/00 – *Booker Aquaculture*, ECLI:EU:C:2003:397
EuGH, Urt. v. 20.11.2003, Rs. C-416/01 – *ACOR*, ECLI:EU:C:2003:631
EuGH, Urt. v. 14.10.2004, Rs. C-36/02 – *Omega*, ECLI:EU:C:2004:614
EuGH, Urt. v. 12.05.2005, Rs. C-347/03 – *ERSA*, ECLI:EU:C:2005:285
EuGH (GK), Urt. v. 22.11.2005, Rs. C-144/04 – *Mangold*, ECLI:EU:C:2005:709
EuGH (GK), Urt. v. 11.12.2007, Rs. C-438/05 – *Viking*, ECLI:EU:C:2007:772
EuGH (GK), Urt. v. 18.12.2007, Rs. C-341/05 – *Laval*, ECLI:EU:C:2007:809
EuGH (GK), Urt. v. 29.01.2008, Rs. C-275/06 – *Promusicae*, ECLI:EU:C:2008:54
EuGH (GK), Urt. v. 19.01.2010, Rs. C-555/07 – *Kücükdeveci*, ECLI:EU:C:2010:21
EuGH, Urt. v. 01.07.2010, Rs. C-407/08 P – *Knauf Gips*, ECLI:EU:C:2010:389
EuGH (GK), Urt. v. 15.07.2010, Rs. C-271/08 – *Kommission/Deutschland*, ECLI:EU:C:2010:426
EuGH, Urt. v. 05.10.2010, Rs. C-400/10 PPU – *McB.*, ECLI:EU:C:2010:582
EuGH (GK), Urt. v. 09.11.2010, Rs. C-92 und C-93/09 – *Schecke und Eifert*, ECLI:EU:C:2010:662

EuGH, Urt. v. 22. 12. 2010, Rs. C-279/09 – *DEB*, ECLI:EU:C:2010:811
EuGH, Urt. v. 08. 09. 2011, Rs. C-297 und C-298/10 – *Hennings und Mai*, ECLI:EU:C:2011:560
EuGH (GK), Urt. v. 13. 09. 2011, Rs. C-447/09 – *Prigge*, ECLI:EU:C:2011:573
EuGH, Urt. v. 09. 02. 2012, Rs. C-277/10 – *Luksan*, ECLI:EU:C:2012:65
EuGH, Urt. v. 28. 06. 2012, Rs. C-172/11 – *Erny*, ECLI:EU:C:2012:399
EuGH, Urt. v. 06. 09. 2012, Rs. C-544/10 – *Deutsches Weintor*, ECLI:EU:C:2012:526
EuGH (GK), Urt. v. 22. 01. 2013, Rs. C-283/11 – *Sky Österreich*, ECLI:EU:C:2013:28
EuGH, Urt. v. 31. 01. 2013, Rs. C-12/11 – *McDonagh*, ECLI:EU:C:2013:43
EuGH (GK), Urt. v. 26. 03. 2013, Rs. C-617/10 – *Åkerberg Fransson*, ECLI:EU:C:2013:105
EuGH, Urt. v. 18. 07. 2013, Rs. C-426/11 – *Alemo-Herron*, ECLI:EU:C:2013:521
EuGH, Urt. v. 17. 10. 2013, Rs. C-101/12 – *Schaible*, ECLI:EU:C:2013:661
EuGH (GK), Urt. v. 15. 01. 2014, Rs. C-176/12 – *AMS*, ECLI:EU:C:2014:2
EuGH, Urt. v. 06. 03. 2014, Rs. C-206/13 – *Siragusa*, ECLI:EU:C:2014:126
EuGH, Urt. v. 27. 03. 2014, Rs. C-314/12 – *UPC Telekabel Wien*, ECLI:EU:C:2014:192
EuGH, Urt. v. 22. 05. 2014, Rs. C-356/12 – *Glatzel*, ECLI:EU:C:2014:350
EuGH (GK), Urt. v. 27. 05. 2014, Rs. C-129/14 PPU – *Spasic*, ECLI:EU:C:2014:586
EuGH, Urt. v. 10. 07. 2014, Rs. C-198/13 – *Hernández*, ECLI:EU:C:2014:2055
EuG, Beschl. v. 11. 11. 2014, Rs. T-20/14 – *Nguyen*, ECLI:EU:T:2014:955
EuGH (Plen.). Gut. v. 18. 12. 2014, Gutachten 2/13 – *EMRK-Beitritt*, ECLI:EU:C:2014: 2454
EuGH, Urt. v. 17. 12. 2015, Rs. C-157/14 – *Neptune Distribution*, ECLI:EU:C:2015:823
EuGH, Urt. v. 16. 05. 2016, Rs. C-273/15 – *Ezernieki*, ECLI:EU:C:2016:364
EuGH, Urt. v. 09. 06. 2016, Rs. C-78 und C-79/16 – *Pesce*, ECLI:EU:C:2016:428
EuGH, Urt. v. 30. 06. 2016, Rs. C-134/15 – *Lidl*, ECLI:EU:C:2016:498
EuGH (GK), Urt. v. 21. 12. 2016, Rs. C-201/15 – *AGET Iraklis*, ECLI:EU:C:2016:972
EuGH, Urt. v. 08. 03. 2017, Rs. C-321/15 – *ArcelorMittal*, ECLI:EU:C:2017:179
EuGH, Urt. v. 27. 04. 2017, Rs. C-680 und C-681/15 – *Asklepios Kliniken*, ECLI:EU:C:2017:317

Konventionsorgane

EGMR (Plen.), Urt. v. 23. 07. 1968, Nr. 1474, 1677, 1691/62; 1769, 1994/63; 2126/64 – *Belgischer Sprachenfall*, ECLI:CE:ECHR:1967:0209JUD000147462
EKMR, Bericht v. 14. 10. 1969, Nr. 3321/67– *Griechenland-Fall*
EGMR (Plen.), Urt. v. 13. 06. 1970, Nr. 6833/74 – *Marckx/Belgien*, ECLI:CE:ECHR:1979:0613JUD000683374
EGMR (Plen.), Urt. v. 07. 12. 1976, Nr. 5493/72 – *Handyside/Vereinigtes Königreich*, ECLI:CE:ECHR:1976:1207JUD000549372
EGMR (Plen.), Urt. v. 23. 09. 1982, Nr. 7151, 7152/75 – *Sporrong und Lönnroth/Schweden*, ECLI:CE:ECHR:1982:0923JUD000715175
EGMR (Plen.), Urt. v. 21. 02. 1986, Nr. 8793/79 – *James/Vereinigtes Königreich*, ECLI:CE:ECHR:1986:0221JUD000879379
EGMR (Plen.), Urt. v. 26. 06. 1986, Nr. 8543, 8674, 8675, 8685/79 – *van Marle/Niederlande*, ECLI:CE:ECHR:1986:0626JUD000854379
EGMR (Plen.), Urt. v. 17. 10. 1986, Nr. 9532/81 – *Rees/Vereinigtes Königreich*, ECLI:CE:ECHR:1986:1017JUD000953281

EGMR (Plen.), Urt. v. 02.03.1987, Nr. 9267/81 – *Mathieu-Mohin und Clerfayt/Belgien*, ECLI:CE:ECHR:1987:0302JUD000926781

EGMR, Urt. v. 07.07.1989, Nr. 10873/84 – *Tre Traktörer/Schweden*, ECLI:CE:ECHR:1989:0707JUD001087384

EGMR (Plen.), Urt. v. 19.12.1989, Nr. 10522/83, 11011, 11070/84 – *Mellacher/Österreich*, ECLI:CE:ECHR:1989:1219JUD001052283

EGMR, Urt. v. 24.04.1990, Nr. 11105/84 – *Huvig/Frankreich*, ECLI:CE:ECHR:1990:0424JUD001110584

EGMR, Urt. v. 09.12.1994, Nr. 13092/87, 13984/88 – *The Holy Monasteries/Griechenland*, ECLI:CE:ECHR:1994:1209JUD001309287

EGMR, Urt. v. 16.09.1996, Nr. 15777/89 – *Matos e Silva/Portugal*, ECLI:CE:ECHR:1996:0916JUD001577789

EGMR, Urt. v. 10.07.1998, Nr. 26695/95 – *Sidiropoulos/Griechenland*, ECLI:CE:ECHR:1998:0710JUD002669595

EGMR (GK), Urt. v. 25.03.1999, Nr. 31107/96 – *Iatridis/Griechenland*, ECLI:CE:ECHR:1999:0325JUD003110796

EGMR (GK), Urt. v. 05.01.2000, Nr. 33202/96 – *Beyeler/Italien*, ECLI:CE:ECHR:2000:0105JUD003320296

EGMR, Urt. v. 16.11.2000, Nr. 23819/94 – *Bilgin/Türkei*, ECLI:CE:ECHR:2000:1116JUD002381994

EGMR, Urt. v. 21.05.2002, Nr. 28856/95 – *Jokela/Finnland*, ECLI:CE:ECHR:2002:0521JUD002885695

EGMR (GK), Urt. v. 11.07.2002, Nr. 25680/94 – *I./Vereinigtes Königreich*, ECLI:CE:ECHR:2002:0711JUD002568094

EGMR, Urt. v. 25.07.2002, Nr. 48553/99 – *Sovtransavto/Ukraine*, ECLI:CE:ECHR:2002:0725JUD004855399

EGMR, Urt. v. 24.06.2003, Nr. 35179/97 – *Allard/Schweden*, ECLI:CE:ECHR:2003:0624JUD003517997

EGMR (GK), Urt. v. 17.02.2004, Nr. 44158/98 – *Gorzelik/Polen*, ECLI:CE:ECHR:2004:0217JUD004415898

EGMR (GK), Urt. v. 22.06.2004, Nr. 31443/96 – *Broniowski/Polen*, ECLI:CE:ECHR:2004:0622JUD003144396

EGMR (GK), Urt. v. 30.11.2004, Nr. 48939/99 – *Öneryıldız/Türkei*, ECLI:CE:ECHR:2004:1130JUD004893999

EGMR, Urt. v. 24.02.2005, Nr. 57947, 57948, 57949/00 – *Isayeva/Russland*, ECLI:CE:ECHR:2005:0224JUD005794700

EGMR (GK), Urt. v. 30.06.2005, Nr. 46720/99, 72203 und 72552/01 – *Jahn/Deutschland*, ECLI:CE:ECHR:2005:0630JUD004672099

EGMR, Urt. v. 12.07.2005, Nr. 41138/98 und 64320/01 – *Moldovan/Rumänien*, ECLI:CE:ECHR:2005:0712JUD004113898

EGMR, Urt. v. 05.10.2006, Nr. 72881/01 – *The Moscow Branch of the Salvation Army/Russland*, ECLI:CE:ECHR:2006:1005JUD007288101

EGMR (GK), Urt. v. 11.01.2007, Nr. 73049/01 – *Anheuser-Busch/Portugal*, ECLI:CE:ECHR:2007:0111JUD007304901

EGMR, Urt. v. 16.07.2007, Nr. 20082/02 – *Zehentner/Österreich*, ECLI:CE:ECHR:2009:0716JUD002008202

EGMR (GK), Urt. v. 08.07.2008, Nr. 10226/03 – *Yumak und Sadak/Türkei*, ECLI:CE:ECHR:2008:0708JUD001022603

EGMR, Urt. v. 08. 12. 2009, Nr. 49151/07 – *Muñoz Díaz/Spanien*, ECLI:CE:ECHR:2009:1208JUD004915107
EGMR, Urt. v. 11. 02. 2010, Nr. 30280/03 – *Malysh/Russland*, ECLI:CE:ECHR:2010:0211JUD003028003
EGMR, Urt. v. 24. 06. 2010, Nr. 30141/04 – *Schalk und Kopf/Österreich*, ECLI:CE:ECHR:2010:0624JUD003014104
EGMR (GK), Urt. v. 03. 04. 2012, Nr. 54522/00 – *Kotov/Russland*, ECLI:CE:ECHR:2012:0403JUD005452200
EGMR (GK), Urt. v. 26. 06. 2012, Nr. 9300/07 – *Herrmann/Deutschland*, ECLI:CE:ECHR:2012:0626JUD000930007
EGMR, Entsch. v. 14. 05. 2013, Nr. 26367/10 – *Fürst von Thurn und Taxis/Deutschland*, ECLI:CE:ECHR:2013:0514DEC002636710

Nationale Gerichte

BAG, Beschl. v. 20. 05. 2010, Az. 6 AZR 319/09 (A), BAGE 134, 311
BVerfG, Urt. v. 11. 06. 1958, Az. 1 BvR 596/56 – *Apotheken-Urteil*, BVerfGE 7, 377
BVerfG, Beschl. v. 30. 10. 1961, Az. 1 BvR 833/59 – *Schankerlaubnissteuer*, BVerfGE 13, 181
BVerfG, Urt. v. 18. 12. 1968, Az. 1 BvR 638, 673/64 und 200, 238, 249/65 – *Hamburgisches Deichordnungsgesetz*, BVerfGE 24, 367
BVerfG, Beschl. v. 16. 03. 1971, Az. 1 BvR 52, 665, 667, 754/66 – *Erdölbevorratung*, BVerfGE 30, 292
BVerfG, Urt. v. 01. 03. 1979, Az. 1 BvR 532, 533/77, 419/78 und BvL 21/78 – *Mitbestimmung*, BVerfGE 50, 290
BVerfG, Beschl. v. 14. 05. 1985, Az. 1 BvR 233, 341/81 – *Brokdorf*, BVerfGE 69, 315
BVerfG, Beschl. v. 23. 11. 1988, Az. 2 BvR 1619, 1628/83 – *Rastede*, BVerfGE 79, 127
BVerfG, Urt. v. 17. 02. 1998, Az. 1 BvF 1/91 – *Kurzberichterstattung*, BVerfGE 97, 228
BVerfG, Beschl. v. 02. 03. 1999, Az. 1 BvL 7/91 – *Denkmalschutz*, BVerfGE 100, 226
BVerfG, Beschl. v. 23. 06. 2010, Az. 2 BvR 2559/08, 105, 491/09 – *Untreuetatbestand*, BVerfGE 126, 170
BVerfG, Urt. v. 06. 12. 2016, Az. 1 BvR 2821/11, 1 BvR 1456/12, 1 BvR 321/12 – *Atomausstieg*, BVerfGE 143, 246
NdsStGH, Urt. v. 13. 03. 1996, Az. 1/94, DÖV 1996, 657
Schiedshof (Belgien), Urt. v. 27. 11. 2002, Nr. 169/2002, http://www.const-court.be/
Schiedshof (Belgien), Urt. v. 14. 09. 2006, Nr. 137/2006, http://www.const-court.be/
Tribunal Constitucional (Spanien), Urt. v. 08. 12. 1983, Nr. 111/1983, BOE-T-1983-32826

Dokumentenverzeichnis

Dok.-Nr.[1]	Vorlagen-Nr.	Datum	Betreff
CHARTE 4112/2/00 REV 2	BODY 4	27.01.2000	Projet de liste des droits fondamentaux
CHARTE 4123/1/00 REV 1	CONVENT 5	15.02.2000	Proposition d'articles
CHARTE 4137/00	CONVENT 8	24.02.2000	Proposition d'articles 10 à 19
CHARTE 4149/00	CONVENT 13	08.03.2000	Nouvelle proposition pour les articles 1 à 12 (maintenant 1 à 16)
CHARTE 4192/00	CONVENT 18	27.03.2000	Proposition de droits sociaux
CHARTE 4177/00	CONTRIB 60	28.03.2000	[Änderungsvorschläge Meyer]
CHARTE 4193/00	CONVENT 19	29.03.2000	Proposition de droits sociaux
CHARTE 4235/00	CONVENT 27	18.04.2000	Clauses horizontales
CHARTE 4284/00	CONVENT 28	05.05.2000	Nouvelle proposition pour les articles 1 à 30
CHARTE 4316/00	CONVENT 34	16.05.2000	Nouvelle proposition d'articles sur les droits économiques et sociaux et sur les clauses horizontales
CHARTE 4332/00	CONVENT 35	25.05.2000	Amendements déposés par les membres de la Convention relatifs aux droits civils et politiques et aux droits des citoyens
CHARTE 4383/00	CONVENT 41	03.06.2000	Synthèse des amendements reçus et des amendements de compromis du Présidium sur les droits économiques et sociaux et sur les clauses horizontales
CHARTE 4333/00	CONVENT 36	04.06.2000	Projet d'articles 1 à 30
CHARTE 4360/00	CONVENT 37	14.06.2000	Synthèse des amendements présentée par le Présidium
CHARTE 4372/00	CONVENT 39	16.06.2000	Amendements déposés par les membres de la Convention relatifs aux droits sociaux et aux clauses horizontales
CHARTE 4373/00	CONVENT 40	23.06.2000	Proposition de compromis présentée par le Présidium pour les d'articles [sic!] 31 à 40

[1] Alle Dokumente des Grundrechtekonvents sind unter der Dokumentennummer (ohne „CHARTE") im Online-Register des Europäischen Rates abrufbar (URL = <http://www.consilium.europa.eu/register/de/content/int/?lang=de&typ=ADV>; zuletzt abgerufen am 08.03.2018).

Dok.-Nr.	Vorlagen-Nr.	Datum	Betreff
CHARTE 4422/00	CONVENT 45	28.07.2000	Texte complet de la Charte proposé par le Présidium
CHARTE 4423/00	CONVENT 46	31.07.2000	Texte des explications relatives au texte complet de la Charte
CHARTE 4470/00	CONVENT 47	14.09.2000	Texte complet de la Charte proposé par le Présidium
CHARTE 4471/00	CONVENT 48	20.09.2000	Texte des explications relatives au texte complet de la Charte
CHARTE 4470/1/00 REV 1	CONVENT 47	21.09.2000	Texte complet de la Charte après mise au point par le groupe juristes-linguistes
CHARTE 4470/1/00 REV 1 ADD 1	CONVENT 47	25.09.2000	Addendum zum vollständigen Text der Charta nach Überarbeitung durch die Rechts- und Sprachsachverständigen [DE]
CHARTE 4487/00	CONVENT 50	28.09.2000	[Endgültiger Entwurf der Charta]
CHARTE 4473/00	CONVENT 49	11.10.2000	Texte des explications relatives au texte complet de la Charte
CHARTE 4958/00	CONVENT 53	27.10.2000	Verbatim de la réunion de la Convention du 26 septembre 2000

Literaturverzeichnis

Akkermans, Bram/Ramaekers, Eveline: Article 345 TFEU (ex Article 295 EC). Its Meanings and Interpretations, European Law Journal 16 (2010), 292–314

Alber, Siegbert/Widmaier, Ulrich: Die EU-Charta der Grundrechte und ihre Auswirkungen auf die Rechtsprechung, EuGRZ 2000, 497–510

Alexy, Robert: Theorie der Grundrechte, Baden-Baden 1994

– A Theory of Constitutional Rights, Oxford 2002

Alvarez, Maria: Reasons for Action: Justification, Motivation, Explanation, in: Edward N. Zalta (Hrsg.): The Stanford Encyclopedia of Philosophy, Stand: Winter 2016, URL = <https://plato.stanford.edu/archives/win2016/entries/reasons-just-vs-expl/>

Anagnostaras, Giorgos: Balancing conflicting fundamental rights: the Sky Osterreich [sic!] paradigm, European Law Review 39 (2014), 111–124

Anscombe, G. E. M.: On Brute Facts, Analysis 18 (1958), 69–72

Archavlis, Kyriaki: Die juristische Willenserklärung – eine sprechakttheoretische Analyse, Tübingen 2015

von Arnauld, Andreas: Zur Rhetorik der Verhältnismäßigkeit, in: Matthias Jestaedt/Oliver Lepsius (Hrsg.): Verhältnismäßigkeit. Zur Tragfähigkeit eines verfassungsrechtlichen Schlüsselkonzepts, Tübingen 2015, S. 276–292

Atias, Christian: Droit civil. Les biens, 9. Aufl. Paris 2007

Augsberg, Ino: Ohne Gesetz kein Eigentum? Zur Konzeption des Eigentums bei Hume und Rousseau, Rg 11 (2007), 94–109

Aulehner, Josef: Grundrechte und Gesetzgebung, Tübingen 2011

Baño León, José María: La distinción entre derecho fundamental y garantía institucional en la Constitucion Española, Revista Española de Derecho Constitucional 24 (1988), 155–179

von Bar, Christian (Hrsg.): Sachenrecht in Europa, Bände 1–4, Osnabrück 1999–2001

Baron, Jane B.: Rescuing the Bundle-of-Rights Metaphor in Property Law, University of Cincinatti Law Review 82 (2014), 57–100

Barriga, Stefan: Die Entstehung der Charta der Grundrechte der Europäischen Union. Eine Analyse der Arbeiten im Konvent und kompetenzrechtlicher Fragen, Baden-Baden 2003

Baumgartner, Gerhard: Institutsgarantien und institutionelle Garantien, in: Detlef Merten/Hans-Jürgen Papier (Hrsg.): Handbuch der Grundrechte in Deutschland und Europa, Band VII/1: Österreich, Heidelberg 2009, S. 103–135

Beater, Axel: Verbraucherschutz und Schutzzweckdenken im Wettbewerbsrecht, Tübingen 2000

Bercusson, Brian: The Charter of Fundamental Rights and national laws and practices, in: ders. (Hrsg.): European Labour Law and the EU Charter of Fundamental Rights, Baden-Baden 2006, S. 423–433

Bernsdorff, Norbert/Borowsky, Martin (Hrsg.): Der Grundrechtekonvent. Unveröffentlichte Arbeitsdokumente, Bände 1 und 2, Hannover 2003

– Die Charta der Grundrechte der Europäischen Union. Handreichungen und Sitzungsprotokolle, Baden-Baden 2002

Bieber, Roland/Epiney, Astrid/Haag, Marcel/Kotzur, Markus: Die Europäische Union. Europarecht und Politik, 12. Aufl. Baden-Baden 2016

Binder, Bruno: Wirtschaftsrecht. Systematische Darstellung, Wien 1992

Boehme-Neßler, Volker: Das Recht auf Vergessenwerden – Ein neues Internet-Grundrecht im Europäischen Recht, NVwZ 2014, 825–830

von Bogdandy, Armin: Grundrechtsgemeinschaft als Integrationsziel? Grundrechte und das Wesen der europäischen Union, JZ 2001, 157–171

Borchers, Dagmar: „Nonsense on Stilts"? Warum einige Utilitaristen Bentham widersprechen würden und moralische Rechte für sinnvoll halten, in: Hans Jörg Sandkühler (Hrsg.): Recht und Moral, Hamburg 2010, S. 81–104

Borowski, Martin: La restricción de los derechos fundamentales, Revista Española de Derecho Constitucional 59 (2000), 29–56

Böxler, Bernhard: Europäisches Immaterialgüterstrafrecht? Zugleich ein Beitrag zu Art. 83 II AEUV als strafrechtliche Kompetenznorm und zur Reichweite des Art. 118 AEUV, wistra 2011, 11–18

Braibant, Guy: La Charte des droits fondamentaux de l'Union européenne. Témoignage et commentaires, Paris 2001

Brameshuber, Elisabeth: Das Recht auf Streik nach Art. 28 Grundrechtecharta. Ein Beitrag zur inhaltlichen Verortung, EuZA 2016, 46–61

Brecht, Holger: Änderungen an der EU-Grundrechtecharta. Korrekturen durch Verfassungskonvent und Regierungskonferenz sowie Konsequenzen für die Auslegung der Charta, ZEuS 2005, 355–396

Bücker, Andreas: Die Rosella-Entscheidung des EuGH zu gewerkschaftlichen Maßnahmen gegen Standortverlagerungen: der Vorhang zu und viele Fragen offen, NZA 2008, 212–216

Bühler, Margit: Einschränkung von Grundrechten nach der Europäischen Grundrechtecharta, Berlin 2005

Bumke, Christian: Die Ausgestaltung der Grundrechte. Grundlagen und Grundzüge einer Dogmatik der Grundrechtsgestaltung unter besonderer Berücksichtigung der Vertragsfreiheit, Tübingen 2009

Burgi, Martin: Die Enteignung durch „teilweisen" Rechtsentzug als Prüfstein der Eigentumsdogmatik, NVwZ 1994, 527–534

Bußmann, Hadumod: Lexikon der Sprachwissenschaft, 4. Aufl. Stuttgart 2008

Calliess, Christian: Determinanten des Eigentumseingriffs in der Europäischen Union: Zur Abgrenzung von Inhaltbestimmung, Beschränkung und Enteignung, in: Martin Kment (Hrsg.): Das Zusammenwirken von deutschem und europäischem Öffentlichen Recht. Festschrift für Hans D. Jarass zum 70. Geburtstag, München 2015, S. 3–15

– Die Charta der Grundrechte der Europäischen Union – Fragen der Konzeption, Kompetenz und Verbindlichkeit, EuZW 2001, 261–268

– Zu den Grenzen der Überformung mitgliedstaatlichen Eigentums durch den Unionsgesetzgeber – Überlegungen im Lichte von Art. 345 AEUV, in: Michaela Wittinger/Rudolf Wendt/Georg Ress (Hrsg.): Verfassung – Völkerrecht – Kulturgüterschutz. Festschrift für Wilfried Fiedler zum 70. Geburtstag, Berlin 2011, S. 463–476

– /*Ruffert, Matthias* (Hrsg.): EUV/AEUV. Das Verfassungsrecht der Europäischen Union mit Europäischer Grundrechtecharta, 5. Aufl. München 2016

Christoffersen, Jonas: Fair Balance. Proportionality, Subsidiarity and Primarity in the European Convention on Human Rights, Leiden 2009

Cian, Giorgio (Begr.)/*Trabucchi, Alberto* (Hrsg.): Commentario breve al Codice civile, 11. Aufl. Padua 2014

Cidoncha Martín, Antonio: Garantía institucional, dimension institucional y derecho fundamental: Balance jurisprudencial, Teoría y Realidad Constitucional 2009, 149–188

Classen, Claus Dieter: Wie deutsch ist das Europarecht? Zum deutschen Einfluss auf das Unionsrecht und seinen Grenzen, in: Uwe Kischel (Hrsg.): Der Einfluss des deutschen Verfassungsrechtsdenkens in der Welt: Bedeutung, Grenzen, Zukunftsperspektiven. Ergebnisse der 34. Tagung der Gesellschaft für Rechtsvergleichung vom 12. bis 14. September 2013 in Marburg, Tübingen 2014, S. 93–123

Colin, Jean-Pierre: Le Gouvernement des juges dans les Communautés européennes, Paris 1966

Colneric, Ninon: Auslegung des Gemeinschaftsrechts und gemeinschaftsrechtskonforme Auslegung, in: ZEuP 2005, 225–233

Conway, Gerard: Recovering a Separation of Powers in the European Union, European Law Journal 17 (2011), 304–322

Cornils, Matthias: Die Ausgestaltung der Grundrechte. Untersuchungen zur Grundrechtsbindung des Ausgestaltungsgesetzgebers, Tübingen 2005

– Schrankendogmatik, in: Christoph Grabenwarter (Hrsg.): Europäischer Grundrechteschutz, Baden-Baden 2014, S. 193–253

– Vertragsfreiheit und kartellrechtlicher Kontrahierungszwang, NJW 2001, 3758–3760

Cremer, Hans-Joachim: Funktionen der Grundrechte, in: Christoph Grabenwarter (Hrsg.): Europäischer Grundrechtsschutz, Baden-Baden 2014, S. 39–108

– Freiheitsgrundrechte. Funktionen und Strukturen, Tübingen 2003

von Danwitz, Thomas: Der Grundsatz der Verhältnismäßigkeit, EWS 2003, 393–402

– Grundfreiheiten und Kollektivautonomie, EuZA 2010, 6–18

De Meyer, Jan: Electoral Rights, in: R. St. J. Macdonald/F. Matscher/H. Petzold (Hrsg.): The European System for the Protection of Human Rights, Dodrecht 1993, S. 553–570

Demsetz, Harold: Toward a Theory of Property Rights, American Economic Review 57 (1967), 347–360

di Robilant, Anna: Property: A Bundle of Sticks or a Tree?, Vanderbilt Law Review 66 (2013), 869–932

Dorf, Yvonne: Zur Interpretation der Grundrechtecharta, JZ 2005, 126–132

Dörr, Oliver/Grote, Rainer/Marauhn, Thilo (Hrsg.): EMRK/GG. Konkordanzkommentar zum europäischen und deutschen Grundrechtsschutz, 2 Bände, 2. Aufl. Tübingen 2013

Drechsler, Stefan: Der EuGH auf dem Weg zu einer Dogmatik der Wirtschaftsgrundrechte? – Anmerkung zum Urteil des EuGH vom 30. Juni 2016 in der Rechtssache Lidl (C-134/15), EuR 2016, 691–706

Dreier, Horst (Hrsg.): Grundgesetz Kommentar, Bände I und II, 3. Aufl. Tübingen 2013/2015

Dröge, Cordula: Positive Verpflichtungen der Staaten in der Europäischen Menschenrechtskonvention, Berlin 2003

Earle, Timothy: Property in prehistory, in: Michele Graziadei/Lionel Smith (Hrsg.): Comparative Property Law. Global Perspectives, Cheltenham 2017, 3–25

Ehlers, Dirk: Allgemeine Lehren der Unionsgrundrechte, in: ders. (Hrsg.): Europäische Grundrechte und Grundfreiheiten, 4. Aufl. Berlin 2015

Ehrenberg, Kenneth M.: The Functions of Law, Oxford 2016

Eisner, Carolin: Die Schrankenregelung der Grundrechtecharta der Europäischen Union. Gefahr oder Fortschrift für den Grundrechtsschutz in Europa?, Baden-Baden 2005

Elster, Jon/Offe, Claus/Preuss, Ulrich K.: Institutional Design in Post-communist Societies. Rebuilding the Ship at Sea, Cambridge 1998

Ende, Werner: Ehe auf Zeit (mut'a) in der innerislamischen Diskussion der Gegenwart, Die Welt des Islams XX (1980), 1–43

Engberg, Jan: Autonomous EU Concepts. Fact or Fiction?, in: Susan Šarčevič (Hrsg.): Language and Culture in EU Law. Multidisciplinary Perspectives, Farnham 2016, S. 169–182

Engels, Andreas: Verfassung und Arbeitskampfrecht. Verfassungsrechtliche Grenzen arbeitsgerichtlicher Arbeitskampfjudikatur, Berlin 2008

Epiney, Astrid: Freiheit des Warenverkehrs, in: Dirk Ehlers (Hrsg.): Europäische Grundrechte und Grundfreiheiten, 4. Aufl. Berlin 2015, S. 315–354

Eschmann, Heidi (Hrsg.): PONS Großwörterbuch Französisch, Stuttgart 2009

Esser, Josef: Vorverständnis und Methodenwahl in der Rechtsfindung. Rationalitätsgarantien der richterlichen Entscheidungspraxis, Frankfurt a. M. 1970

Fezer, Karl-Heinz: Dateneigentum. Theorie des immaterialgüterrechtlichen Eigentums an verhaltensgenerierten Personendaten der Nutzer als Datenproduzenten, MMR 2017, 3–5

Frändberg, Åke: An Essay on Legal Concept Formation, in: Jaap C. Hage/Dietmar von der Pfordten (Hrsg.): Concepts in Law, Dodrecht 2009, S. 1–16

Frantziou, Eleni: The Horizontal Effect of the Charter of Fundamental Rights of the EU: Rediscovering the Reasons for Horizontality, European Law Journal 21 (2015), 657–679

Franzen, Martin/Gallner, Inken/Oetker, Hartmut (Hrsg.): Kommentar zum Europäischen Arbeitsrecht, München 2016

Frenz, Walter: Die Europäische Unternehmerfreiheit, GewArch 2009, 427–434

– Europäische Grundrechte und Grundfreiheiten im Arbeitsrecht, RdA 2011, 199–202

– Handbuch Europarecht, Band 4: Europäische Grundrechte, Berlin 2009

– */Götzkes, Vera*: Ein europäisches Grundrecht der Arbeitnehmerinnen und Arbeitnehmer auf Unterrichtung und Anhörung im Unternehmen? Zur rechtsdogmatischen Einordnung von Art. 27 EGRC, RdA 2007, 216–218

Froese, Judith: Wohnungseigentum zwischen individualgrundrechtlicher Gewährleistung und kollektiver Einbindung, Berlin 2015

Frowein, Jochen Abr./Peukert, Wolfgang: Europäische Menschenrechtskonvention. EMRK-Kommentar, 3. Aufl. Kehl am Rhein 2009

Ganglbauer, Nina Maria: Das Grundrecht der unternehmerischen Freiheit gem Art 16 GRC, in: Arno Kahl/Nicolas Raschauer/Stefan Storr (Hrsg.): Grundsatzfragen der europäischen Grundrechtecharta, Wien 2013, S. 203–228

Gärditz, Klaus Ferdinand: Schutzbereich und Grundrechtseingriff, in: Christoph Grabenwarter (Hrsg.): Europäischer Grundrechteschutz, Baden-Baden 2014, S. 161–192

Gärtner, Janina-Maria: Ist das Sollen ableitbar aus einem Sein? Eine Ontologie von Regeln und institutionellen Tatsachen unter besonderer Berücksichtigung der Philosophie von John R. Searle und der evolutionären Erkenntnistheorie, Berlin 2010

Gelinsky, Katja: Der Schutz des Eigentums gemäß Art. 1 des Ersten Zusatzprotokolls zur Europäischen Menschenrechtskonvention. Eine Analyse der Rechtsprechung der Straßburger Organe, Berlin 1996

Gellermann, Martin: Grundrechte in einfachgesetzlichem Gewande. Untersuchung zur normativen Ausgestaltung der Freiheitsrechte, Tübingen 2000

George, Alexandra: Constructing Intellectual Property, Cambridge 2012

Germelmann, Claas Friedrich: Wie weit reicht die Wirkung von Ungültigerklärungen im Vorabentscheidungsverfahren? Zugleich Anmerkung zu dem Beschluss des EuGH vom 8.11.2007, Rs. C-421/06 (Fratelli Martini und Cargill), EuR 2009, 254–269

– */Gundel, Jörg*: Die Entwicklung der EuGH-Rechtsprechung zum europäischen Verfassungs- und Verwaltungsrecht im Jahr 2016, BayVBl. 2017, 649–659

Goldhammer, Michael: Geistiges Eigentum und Eigentumstheorie. Rekonstruktion der Begründung von Eigentum an immateriellen Gütern anhand der US-amerikanischen Eigentumstheorie, Tübingen 2012

– Offene Verfassung und institutionalisierter Eigentumsdualismus, ZGE 2015, 395–417

Lord Goldsmith: A Charter of Rights, Freedoms and Principles, Common Market Law Review 38 (2001), 1201–1216

Grabenwarter, Christoph: Die Charta der Grundrechte für die Europäische Union, DVBl. 2001, 1–13

– Die Menschenrechtskonvention und Grundrechte-Charta in der europäischen Verfassungsentwicklung, in: Hans-Joachim Cremer/Thomas Giegerich/Dagmar Richter/Andreas Zimmermann (Hrsg.): Tradition und Weltoffenheit des Rechts. Festschrift für Helmut Steinberger, Berlin 2002, S. 1129–1152

– Wirtschaftliche Grundrechte, in: ders. (Hrsg.): Europäischer Grundrechteschutz, Baden-Baden 2014, S. 507–526

– */Pabel, Katharina*: Europäische Menschenrechtskonvention. Ein Studienbuch, 6. Aufl. München 2016

Grabitz, Eberhardt (Begr.)*/Hilf, Meinhard/Nettesheim, Martin* (Hrsg.): Das Recht der Europäischen Union, Loseblatt, 3 Bände

Griller, Stefan/Potacs, Michael: Zur Unterscheidung von Pragmatik und Semantik in der juristischen Hermeneutik, in: Helmuth Vetter/Michael Potacs: Beiträge zur juristischen Hermeneutik, Wien 1990, S. 66–105

Grimm, Jacob/Grimm, Wilhelm (Begr.): Deutsches Wörterbuch, 32 Bände, Leipzig 1854–1961

von der Groeben, Hans (Begr.)*/Schwarze, Jürgen/Hatje, Armin* (Hrsg.): Europäisches Unionsrecht. Vertrag über die Europäische Union, Vertrag über die Arbeitsweise der Europäischen Union, Charta der Grundrechte der Europäischen Union, 4 Bände, 7. Aufl. Baden-Baden 2015

Große Wentrup, Anna: Die Europäische Grundrechtecharta im Spannungsfeld der Kompetenzverteilung zwischen Europäischer Union und Mitgliedstaaten. Eine Untersuchung am Beispiel von Art. 14 und Art. 16 EuGRC, Berlin 2003

Gsell, Beate: Keine horizontale Grundrechtswirkung von Art. 27 EuGRdRCh aufgrund sekundärrechtlicher Konkretisierung – EuGH, 15.1.2014, Rs. C-176/12 (Association de médiation sociale), in: Tobias Lettl/Jörg Fritzsche/Benedikt Buchner/Christian Alexander (Hrsg.): Festschrift für Helmut Köhler zum 70. Geburtstag, München 2014, S. 197–208

Gundel, Jörg: Der Schutz der unternehmerischen Freiheit durch die EU-Grundrechtecharta, ZHR 2016, 323–357

Häberle, Peter (Hrsg.): Entstehungsgeschichte der Artikel des Grundgesetzes. Neuausgabe des Jahrbuchs des öffentlichen Rechts der Gegenwart Band 1, Tübingen 2010

– Die Wesensgehaltsgarantie des Artikel 19 Abs. 2 Grundgesetz. Zugleich ein Beitrag zum institutionellen Verständnis der Grundrechte und zur Lehre vom Gesetzesvorbehalt, Karlsruhe 1962

Hachez, Isabelle: La reconnaissance jurisprudentielle du principe de Standstill en droit belge, in: Julia Iliopoulos-Strangas/Theunis Roux (Hrsg.): Perspectives nationales et internationales des droits sociaux, Brüssel 2008, S. 185–202

– Le principe de standstill dans le droit des droits fondamentaux: une irréversibilité relative, Brüssel 2008

Hart, H. L. A.: The Concept of Law, 3. Aufl. Oxford 2012

Hartmann, Felix: Die Rechtsprechung des Europäischen Gerichtshofs zu dynamischen Bezugnahmeklauseln im Betriebsübergang, EuZA 2015, 203–220

Hauriou, Maurice: Die Theorie der Institution und zwei andere Aufsätze von Maurice Hauriou, Berlin 1965

Henssler, Martin/Braun, Axel (Hrsg.): Arbeitsrecht in Europa, 3. Aufl. Köln 2011

Herresthal, Carsten: Die Re-Individualisierung des kollektiven Arbeitsrechts in der europäischen Integration am Beispiel der Tarifautonomie, EuZA 2011, 3–29

– Grundrechtecharta und Privatrecht. Die Bedeutung der Charta der Grundrechte für das europäische und das nationale Privatrecht, ZEuP 2014, 238–280

Herzog, Roman: Europäischer Grundrechtsschutz für Ehe und Familie, in: Stiftung Gesellschaft für Rechtspolitik, Trier/Institut für Rechtspolitik an der Universität Trier (Hrsg.): Bitburger Gespräche Jahrbuch 2001, München 2001, S. 7–14

– Grundrechte aus der Hand des Gesetzgebers, in: Walter Fürst/Roman Herzog/Dieter C. Umbach (Hrsg.): Festschrift für Wolfgang Zeidler, Band 2, Berlin 1987, S. 1415–1428

Heselhaus, F. Sebastian M.: Eigentumsgrundrecht, in: ders./Carsten Nowak (Hrsg.): Handbuch der Europäischen Grundrechte, München 2006, S. 899–943

Heuschmid, Johannes: Horizontalwirkung von Art. 27 Europäische Grundrechtecharta – Fehlanzeige? Urteil des Europäischen Gerichtshofs vom 15. 1. 2014 – Rechtssache AMS, EuZA 2014, 514–525

Hilbrandt, Christian: Rechte der Arbeitnehmerinnen und Arbeitnehmer, in: F. Sebastian M. Heselhaus/Carsten Nowak (Hrsg.): Handbuch der Europäischen Grundrechte, München 2006, S. 986–1009

Hindelang, Götz: Einführung in die Sprechakttheorie. Sprechakte, Äußerungsformen, Sprechaktsequenzen, 5. Aufl. Berlin 2010

Hohfeld, Wesley N.: Fundamental Legal Conceptions as Applied in Judicial Reasoning, Yale Law Journal 23 (1913), 16–59

– Fundamental Legal Conceptions as Applied in Judicial Reasoning, in: Yale Law Journal 26 (1917), 710–770

Holoubek, Michael/Lienbacher, Georg (Hrsg.): Charta der Grundrechte der Europäischen Union. GRC-Kommentar, Wien 2014

Höreth, Marcus: Hemmungslos, aber ungefährlich? Der Gerichtshof der Europäischen Union als Verfassungsgericht im System der EU-Gewaltenteilung, ZfP 2013, 48–71

Hume, David: A Treatise of Human Nature. Being an Attempt to introduce the experimental Method of Reasoning into Moral Subjects, Band 3, London 1739

Ibler, Martin: Der Grundrechtsschutz in der spanischen Verfassung am Beispiel des Eigentums, JZ 1999, 287–294

Isensee, Josef: Europäische Familienpolitik als Kompetenzfrage, DVBl. 2009, 801–807

Jacob, Thomas: Der Europäische Gerichtshof für Menschenrechte – Eine aktuelle Bestandsaufnahme von Organisation, Arbeitsweise und Entscheidungsfindung, DVBl. 2015, 61–66

Janzen, Ulrike: Die EU-Erbrechtsverordnung, DNotZ 2012, 484–493

Jarass, Hans D.: Bedeutung der EU-Rechtsschutzgewährleistung für nationale und EU-Gerichte, NJW 2011, 1393–1398

– Charta der Grundrechte der Europäischen Union. Kommentar, 3. Aufl. München 2016

– Der grundrechtliche Eigentumsschutz im EU-Recht, NVwZ 2006, 1089–1095

– Die Gewährleistung der unternehmerischen Freiheit in der Grundrechtecharta, EuGRZ 2011, 360–365

– Zum Verhältnis von Grundrechtecharta und sonstigem Recht, EuR 2013, 29–45

Jestaedt, Matthias: Die deutsche Staatsrechtslehre im europäischen Rechtswissenschaftsdiskurs. Kennzeichen, Kernkompetenzen und Rezeptionshindernisse, JZ 2012, 1–10

– Luxemburger Richterrecht. Kognitive Dissonanzen im Diskurs über Selbstverständnis und Praxis des EuGH, in: Christian Hillgruber (Hrsg.): Gouvernement des juges – Fluch oder Segen?, Paderborn 2014, S. 21–44

– Richterliche Rechtsetzung statt richterliche Rechtsfortbildung. Methodologische Betrachtungen zum sog. Richterrecht, in: Christian Bumke (Hrsg.): Richterrecht zwischen Gesetzesrecht und Rechtsgestaltung, 2012, S. 49–69

Johnson, Denise R.: Reflections on the Bundle of Rights, Vermont Law Review 32 (2007), 247–272

Kelsen, Hans: Österreichisches Staatsrecht. Ein Grundriss entwicklungsgeschichtlich dargestellt, Tübingen 1923

– Reine Rechtslehre, 2. Aufl. Wien 1960

Kemmerling, Andreas/Harth, Manfred: Implikatur, in: Nikola Kompa (Hrsg.): Handbuch Sprachphilosophie, Stuttgart 2015, S. 216–226

Kervégan, Jean-François: Gibt es moralische Rechte?, in: Hans Jörg Sandkühler (Hrsg.): Recht und Moral, Hamburg 2010, S. 49–62

Kingreen, Thorsten: Der Abstieg der Grundfreiheiten und der Aufstieg der Unionsgrundrechte, in: Martin Kment (Hrsg.): Das Zusammenwirken von deutschem und europäischem Öffentlichen Recht. Festschrift für Hans D. Jarass zum 70. Geburtstag, München 2015, S. 51–61

– Die Grundrechte des Grundgesetzes im europäischen Grundrechtsföderalismus, JZ 2013, 801–811

– Gleichheitsgrundrechte, in: Dirk Ehlers (Hrsg.): Europäische Grundrechte und Grundfreiheiten, 4. Aufl. Berlin 2015, S. 735–756

– Soziale Grundrechte, in: Dirk Ehlers (Hrsg.): Europäische Grundrechte und Grundfreiheiten, 4. Aufl. Berlin 2015, S. 757–774

– */Poscher, Ralf*: Grundrechte Staatsrecht II, 32. Aufl. Heidelberg 2016

Kirchhof, Gregor/Magen, Stefan/Schneider, Karsten (Hrsg.): Was weiß Dogmatik? Was leistet und wie steuert die Dogmatik des Öffentlichen Rechts, Tübingen 2012

Kittner, Michael: Arbeitskampf. Geschichte, Recht, Gegenwart, München 2005

Klatt, Matthias: Positive Obligations under the European Convention on Human Rights, ZaöRV 2011, 691–718

Klein, Thomas: Die Weitergeltung von kollektivvertraglichen Normen nach der Betriebsübergangsrichtlinie, EuZA 2014, 325–342

Klement, Jan Henrik: Common Law Thinking in German Jurisprudence. On Alexy's Principle Theory, in: Matthias Klatt (Hrsg.): Institutionalized Reason. The Jurisprudence of Robert Alexy, Oxford 2012, S. 173–200

Kloepfer, Michael: Einrichtungsgarantien, in: Detlef Merten/Hans-Jürgen Papier (Hrsg.): Handbuch der Grundrechte in Deutschland und Europa, Band II: Allgemeine Lehren I, Heidelberg 2006, S. 921–961

– Grundrechte als Entstehenssicherung und Bestandsschutz, München 1970

Kluge, Friedrich (Begr.): Etymologisches Wörterbuch der deutschen Sprache, 25. Aufl. Berlin 2012

Kohlbacher, Elisabeth: Vom „Collective Begging" zur Kampfmittelparität – praktische Auswirkungen der Anerkennung des Grundrechts auf Streik, in: Tim Husemann/Anne Christin Wietfeld (Hrsg.): Zwischen Theorie und Praxis – Herausforderungen des Arbeitsrechts. Dokumentation der 5. Assistententagung im Arbeitsrecht vom 16.–17.07.2015, Baden-Baden 2015, S. 49–74

Krieger, Heike: Positive Verpflichtungen unter der EMRK: Unentbehrliches Element einer gemein-europäischen Grundrechtsdogmatik, leeres Versprechen oder Grenze der Justiziabilität?, ZaöRV 2014, 187–213

Kriele, Martin: Grundrechte und demokratischer Gestaltungsraum, in: Josef Isensee/Paul Kirchhof (Hrsg.): Handbuch des Staatsrechts, Band V: Allgemeine Grundrechtslehren, 3. Aufl. Heidelberg 2011, S. 183–222

Kuch, David: Die Autorität des Rechts. Zur Rechtsphilosophie von Joseph Raz, Tübingen 2016

Kühling, Jürgen: Der Fall der Vorratsdatenspeicherungsrichtlinie und der Aufstieg des EuGH zum Grundrechtsgericht, NVwZ 2014, 681–685
– Grundrechte, in: Armin von Bogdandy/Jürgen Bast (Hrsg.): Europäisches Verfassungsrecht, 2. Aufl. Berlin 2009, S. 657–704
– Kernelemente einer kohärenten EU-Grundrechtsdogmatik in der Post-Lissabon-Ära, ZÖR 68 (2013), 469–485
– */Heberlein, Johanna*: EuGH „reloaded": „unsafe harbor" USA vs. „Datenfestung" EU, NVwZ 2016, 7–12
Ladenburger, Clemens: FIDE 2012 – Session on „Protection of Fundamental Rights post-Lisbon – The interaction between the Charter of Fundamental Rights, the European Convention of Human Rights and National Constitutions". Institutional Report, URL = <http://www.fide2012.eu/index.php?doc_id=88>
Lambert, Edouard: Le gouvernement des juges et la lutte contre la législation sociale aux États-Unis. L'expérience américaine du contrôle judiciaire de la constitutionnalité des lois, Paris 1921
Landa, Janet T.: Emergence of Sago Palms as Private Property: An Extension of Demsetz's Thesis of the Origins of Private Property, Man and the Economic 1 (2014), 51–67
von Landenberg-Roberg, Michael/Sehl, Markus: Genetische Argumentation als rationale Praxis. Eine theoretische Annäherung an das Rekonstruktionsziel „Wille des Gesetzgebers" als Sättigungskriterium genetischer Argumente, RW 2015, 135–166
Lange, Klaus: Kommunalrecht, Tübingen 2013
Langenfeld, Christine: Soziale Grundrechte, in: Detlef Merten/Hans-Jürgen Papier (Hrsg.): Handbuch der Grundrechte in Deutschland und Europa, Band VI/1: Europa I, Heidelberg 2010, S. 1117–1156
Larenz, Karl/Canaris, Claus-Wilhelm: Methodenlehre der Rechtswissenschaft, 3. Aufl. Berlin 1995
Lege, Joachim: Zwangskontrakt und Güterdefinition. Zur Klärung der Begriffe „Enteignung" und „Inhalts- und Schrankenbestimmung des Eigentums", Berlin 1996
Leisner, Walter Georg: Die subjektiv-historische Auslegung des Gemeinschaftsrechts. Der „Wille des Gesetzgebers" in der Judikatur des EuGH, EuR 2007, 689–707
Lejeune, Yves: Droit constitutionnel belge. Fondements et institutions, 2. Aufl. Brüssel 2014
Lenaerts, Koen: Die EU-Grundrechtecharta: Anwendbarkeit und Auslegung, EuR 2012, 3–18
– Exploring the Limits of the EU Charter of Fundamental Rights, European Competition Law Review 8 (2012), 375–403
– Some Reflections on the Separation of Powers in the European Community, Common Market Law Review 28 (1991), 11–35
– The Court's Outer and Inner Selves: Exploring the External and Internal Legitimacy of the European Court of Justice, in: Maurice Adams/Henri de Waele/Johan Meeusen/Gert Straetmans (Hrsg.): Judging Europe's Judges. The Legitimacy of the Case Law of the European Court of Justice, Oxford 2013, S. 13–60
– */van Ypersele, Patrick/van Ypersele Joël*: Der Schutz der sozialen Grundrechte in der Rechtsordnung Belgiens, in: Julia Iliopoulos-Strangas (Hrsg.): Soziale Grundrechte in Europa nach Lissabon. Eine rechtsvergleichende Untersuchung der nationalen Rechtsordnungen und des europäischen Rechts, Baden-Baden 2009, S. 41–87
Lepsius, Oliver: Die Chancen und Grenzen des Grundsatzes der Verhältnismäßigkeit, in: Matthias Jestaedt/Oliver Lepsius (Hrsg.): Verhältnismäßigkeit. Zur Tragfähigkeit eines verfassungsrechtlichen Schlüsselkonzepts, Tübingen 2015, S. 1–41

– Die maßstabsetzende Gewalt, in: Matthias Jestaedt/Oliver Lepsius/Christoph Möllers/Christoph Schönberger: Das entgrenzte Gericht. Eine kritische Bilanz nach sechzig Jahren Bundesverfassungsgericht, Berlin 2011, S. 159–280
– Rechtswissenschaft in der Demokratie, Der Staat 52 (2013), 157–186
– Relationen auf mittlerer Ebene. Zu Stellung und Auftrag der Rechtsphilosophie im öffentlichen Recht, in: Kristian Kühl (Hrsg.): Zur Kompetenz der Rechtsphilosophie in Rechtsfragen, ARSP Beiheft 126, Stuttgart 2011, S. 21–30
Lerche, Peter: Grundrechtlicher Schutzbereich, Grundrechtsprägung und Grundrechtseingriff, in: Josef Isensee/Paul Kirchhof (Hrsg.): Handbuch des Staatsrechts, Band V, 1. Aufl. Heidelberg 1992, S. 739–773
– Übermaß und Verfassungsrecht. Zur Bindung des Gesetzgebers an die Grundsätze der Verhältnismäßigkeit und der Erforderlichkeit, 2. Aufl. Goldbach 1999
Letsas, George: The Truth in Autonomous Concepts: How to Interpret the ECHR, European Journal of International Law 15 (2004), 279–305
List, Christian/Pettit, Philip: Group Agency. The Possibility, Design and Status of Corporate Agents, Oxford 2011
Locke, John: Two Treatises of Government, London 1772
Lübbe-Wolff, Gertrude: Die Grundrechte als Eingriffsabwehrrechte. Struktur und Reichweite der Eingriffsdogmatik im Bereich staatlicher Leistungen, Baden-Baden 1988
Luhmann, Niklas: Das Recht der Gesellschaft, Frankfurt a. M. 1995
MacCallum, Gerald C.: Negative and Positive Freedom, Philosophical Review 76 (1967), 312–334
MacCormick, Neil: Beyond the Sovereign State, The Modern Law Review 56 (1993), 1–18
– Institutions of Law. An Essay in Legal Theory, Oxford 2007
– Law as Institutional Fact, The Law Quarterly Review 90 (1974), 102–129
– */Weinberger, Ota*: Grundlagen des Institutionalistischen Rechtspositivismus, Berlin 1985
Mager, Ute: Einrichtungsgarantien. Entstehung, Wurzeln, Wandlungen und grundgesetzgemäße Neubestimmungen einer dogmatischen Figur des Verfassungsrechts, Tübingen 2003
Magiera, Stefan: Die Grundrechtecharta der Europäischen Union, DÖV 2000, 1017–1026
Mainzer, Claudia: Die dogmatische Figur der Einrichtungsgarantie, Baden-Baden 2003
von Mangoldt, Hermann (Begr.)/*Klein, Friedrich/Starck, Christian* (Hrsg.): Kommentar zum Grundgesetz, 3 Bände, 6. Aufl. München 2010
Manssen, Gerrit: Privatrechtsgestaltung durch Hoheitsakt. Verfassungsrechtliche und verwaltungsrechtliche Grundfragen, Tübingen 1994
Marauhn, Thilo: Die wirtschaftliche Vereinigungsfreiheit zwischen menschenrechtlicher Gewährleistung und privatrechtlicher Ausgestaltung. Zur Bedeutung von Art. 11 EMRK für das kollektive Arbeitsrecht und das Gesellschaftsrecht, RabelsZ 63 (1999), 537–560
– Eheschließungs- und Familiengründungsrecht, in: F. Sebastian M. Heselhaus/Carsten Nowak (Hrsg.): Handbuch der Europäischen Grundrechte, München 2006, S. 592–607
Marmor, Andrei: The Language of Law, Oxford 2014
Mégret, Frédéric: Nature of Obligations, in: Daniel Moeckli/Sangeeta Shah/Sandeh Sivakumaran (Hrsg.): International Human Rights Law, 2. Aufl. Oxford 2014, S. 93–118
Meijers, Anthonie: Collective Speech Acts, in: Savas L. Tsohatzidis. (Hrsg.): Intentional Acts and Institutional Facts. Essays on John Searle's Social Ontology, Dodrecht 2007, S. 93–110
Merten, Detlef: Grundrechtlicher Schutzbereich, in: Detlef Merten/Hans-Jürgen Papier (Hrsg.): Handbuch der Grundrechte in Deutschland und Europa, Band III: Allgemeine Lehren II, Heidelberg 2009, S. 3–85

Meyer, Jürgen (Hrsg.): Charta der Grundrechte der Europäischen Union, 4. Aufl. Baden-Baden 2014

Meyer-Ladewig, Jens/Nettesheim, Martin/von Raumer, Stefan (Hrsg.): EMRK. Europäische Menschenrechtskonvention. Handkommentar, 4. Aufl. Baden-Baden 2017

Michl, Fabian: Eigentumsgesetzgebung im Lichte des Grundgesetzes und der Europäischen Menschenrechtskonvention. Ein Beitrag zum Eigentumsschutz im Europäischen Grundrechtsverbund – zugleich Besprechung von EGMR (Große Kammer), Urteil v. 26. 6. 2012 – 9300/07 (Herrmann ./. Deutschland), JZ 2013, 504–513

– Noblesse oblige? – Die Thurn-und-Taxis-Entscheidung des Europäischen Gerichtshofs für Menschenrechte, BayVBl. 2015, 370–374

Michl, Walther: Die Überprüfung des Unionsrechts am Maßstab der EMRK. Individualgrundrechtsschutz im Anwendungsbereich des Unionrechts unter den Vorzeichen des Beitritts der EU zur EMRK, Tübingen 2014

Mohr, Georg: Moralische Rechte gibt es nicht, in: Hans Jörg Sandkühler (Hrsg.): Recht und Moral, Hamburg 2010, S. 63–80

Möllers, Christoph: Verfassunggebende Gewalt – Verfassung – Konstitutionalisierung, in: Armin von Bogdandy/Jürgen Bast (Hrsg.): Europäisches Verfassungsrecht, 2. Aufl. Berlin 2009, S. 227–277

Müller-Glöge, Rudi/Preis, Ulrich/Schmidt, Ingrid (Hrsg.): Erfurter Kommentar zum Arbeitsrecht, 17. Aufl. München 2017

Müller-Michaels, Oliver: Grundrechtlicher Eigentumsschutz in der Europäischen Union. Das Eigentumsgrundrecht in der Rechtsordnung der EU, in der EMRK und in den Verfassungen Deutschlands, Italiens und Irlands, Berlin 1997

von Münch, Ingo (Begr.)/*Kunig, Philip* (Hrsg.): Grundgesetz. Kommentar, 2 Bände, 6. Aufl. München 2012

Nettesheim, Martin: Die Charta der Grundrechte der Europäischen Union. Eine verfassungstheoretische Kritik, INTEGRATION 25 (2002), 35–48

– Grundrechtliche Prüfdichte durch den EuGH, EuZW 1995, 106–108

Nierhaus, Michael: Grundrechte aus der Hand des Gesetzgebers? Ein Beitrag zur Dogmatik des Art. 1 Abs. 3 GG, AöR 116 (1991), 72–110

O'Leary, Siofra: Applying principles of EU social and employment law in EU staff cases, European Law Review 36 (2011), 769–797

Obergfell, Eva Inés: Anmerkung zu EuGH, Urt. v. 09. 02. 2012, Rs. C-277/10 – Luksan/van der Let, GRUR 2012, 494–496

Obwexer, Walter: Der Schutz der Grundrechte durch den Gerichtshof der EU nach Lissabon. Auslegung und Anwendung der Grundrechte-Charta gegenüber den EU-Organen, den Mitgliedstaaten und dem allgemeinen Völkerrecht, ZÖR 2013, 487–518

Örücü, Esin: What is a Mixed Legal System: Exclusion or Expansion?, Journal of Comparative Law 3 (2008), 34–52

Pache, Eckhard: Die Europäische Grundrechtscharta – ein Rückschritt für den Grundrechtsschutz in Europa?, EuR 2001, 475–494

Panichas, George E.: Hume's Theory of Property, ARSP 69 (1983), 391–405

Peers, Steve/Hervey, Tamara/Kenner, Jeff/Ward, Angela (Hrsg.): The EU Charter of Fundamental Rights. A Commentary, München 2014

Peine, Franz-Joseph: Der Grundrechtseingriff, in: Detlef Merten/Hans-Jürgen Papier (Hrsg.): Handbuch der Grundrechte in Deutschland und Europa, Band III: Allgemeine Lehren II, Heidelberg 2009, S. 87–112

Penner, James: The Idea of Property in Law, Oxford 1997

Pernice, Ingolf: Eine Grundrechte-Charta für die Europäische Union, DVBl. 2000, 847–859
– Grundrechtsgehalte im Europäischen Gemeinschaftsrecht. Ein Beitrag zum gemeinschaftsimmanenten Grundrechtsschutz durch den Europäischen Gerichtshof, Baden-Baden 1979
Peters, Anne/Altwickler, Tilmann: Europäische Menschenrechtskonvention, 2. Aufl. München 2012
Petzold, Herbert: Die Gewaltenteilung in den europäischen Gemeinschaften, Göttingen 1966
von der Pfordten, Dietmar: Über das Prinzip der Verhältnismäßigkeit, in: Matthias Jestaedt/Oliver Lepsius (Hrsg.): Verhältnismäßigkeit. Zur Tragfähigkeit eines verfassungsrechtlichen Schlüsselkonzepts, Tübingen 2015, S. 261–275
Pierson, Matthias/Ahrens, Thomas/Fischer, Karsten R.: Recht des geistigen Eigentums. Patente, Marken, Urheberrecht, Design, 3. Aufl. Baden-Baden 2014
Pietsch, Jörg: Die Grundrechtecharta im Verfassungskonvent, ZRP 2003, 1–4
Poscher, Ralf: Grundrechte als Abwehrrechte. Reflexive Regelung rechtlich geordneter Freiheit, Tübingen 2003
– The Hand of Midas: When Concepts Turn Legal, or Deflating the Hart-Dworkin-Debate, in: Jaap C. Hage/Dietmar von der Pfordten (Hrsg.): Concepts in Law, Dordrecht 2009, S. 99–115
– Theorie eines Phantoms. Die erfolglose Suche der Prinzipientheorie nach ihrem Gegenstand, RW 2010, 349–372
Potacs, Michael: Rechtstheorie, Wien 2015
Raz, Joseph: Authority, Law and Morality, Monist 68 (1985), 295–324
– Practical Reason and Norms, London 1975
Rebhahn, Robert: Rechte des Arbeitslebens (Art. 27 bis 33 GRC), in: Christoph Grabenwarter (Hrsg.): Europäischer Grundrechteschutz, Baden-Baden 2014, S. 635–682
– Überlegungen zur Bedeutung der Charta der Grundrechte der EU für den Streik und für die Kollektive Rechtsgestaltung, in: Alfred Söllner/Wolfgang Gitter/Raimund Waltermann/Richard Giesen/Oliver Ricken (Hrsg.): Gedächtnisschrift für Meinhard Heinze, München 2005, S. 649–660
Reichelt, Gerte (Hrsg.): Denkmalschutz in Europa. Vergangenheit, Gegenwart, Zukunft, Wien 2011
Reimer, Philipp: Verhältnismäßigkeit im Verfassungsrecht, ein heterogenes Konzept, in: Matthias Jestaedt/Oliver Lepsius (Hrsg.): Verhältnismäßigkeit. Zur Tragfähigkeit eines verfassungsrechtlichen Schlüsselkonzepts, Tübingen 2015, S. 60–76
Rengeling, Hans-Werner: Die wirtschaftsbezogenen Grundrechte in der Europäischen Grundrechtecharta, DVBl. 2004, 453–464
– */Szczekalla, Peter*: Grundrechte in der Europäischen Union. Charta der Grundrechte und Allgemeine Rechtsgrundsätze, Köln 2004
Riemer, Boris: Anmerkung zu EuGH, Urt. v. 06. 09. 2012 – C-544/10 (Deutsches Weintor eG/Land Rheinland-Pfalz), EuZW 2012, 830–831
Rittstieg, Helmut: Grundgesetz und Eigentum, NJW 1982, 721–724
Rixen, Stephan: Das Ende der Ehe? – Neukonturierung der Bereichsdogmatik von Art. 6 Abs. 1 GG: ein Signal des spanischen Verfassungsgerichts, in: JZ 2013, 864–873
Röder, Sonja: Der Gesetzesvorbehalt der Charta der Grundrechte der Union im Lichte einer europäischen Wesentlichkeitstheorie, Baden-Baden 2007
Röhl, Klaus F.: Vorlagepflichten als Auslegungsverbote, in: Ulrich Karpen/Ulrich Weber/Dietmar Willoweit (Hrsg.): Rechtsforschung, Rechtspolitik und Unternehmertum. Gedächtnisschrift für Prof. Edgar Michael Wenz, Berlin 1999, S. 445–456
– */Röhl, Hans Christian*: Allgemeine Rechtslehre. Ein Lehrbuch, 3. Aufl. Köln 2008

Rosenkranz, Frank: Die Auslegung von „Ausnahmevorschriften", JURA 2015, 783–788
Roth, Markus: Ausschreibung von Betriebsrentenzusagen. Urteil des Europäischen Gerichtshofs vom 15.7.2010 – Rechtssache Europäische Kommission/Bundesrepublik Deutschland, EuZA 2011, 213–222
Rousseau, Dominique/Pavia, Marie-Luce/Dubut, Thomas: Der Schutz der sozialen Grundrechte in der Rechtsordnung Frankreichs, in: Julia Iliopoulos-Strangas (Hrsg.): Soziale Grundrechte in Europa nach Lissabon. Eine rechtsvergleichende Untersuchung der nationalen Rechtsordnungen und des europäischen Rechts, Baden-Baden 2009, S. 201–247
Rüthers, Bernd: Die heimliche Revolution vom Rechtsstaat zum Richterstaat. Verfassung und Methoden, Tübingen 2014
– */Fischer, Christian/Birk, Axel*: Rechtstheorie mit juristischer Methodenlehre, 8. Aufl. München 2015
Sachs, Michael (Hrsg.): Grundgesetz. Kommentar, 7. Aufl. München 2014
Säcker, Jürgen/Rixecker, Roland/Oetker, Hartmut/Limperg, Bettina (Hrsg.): Münchener Kommentar zum Bürgerlichen Gesetzbuch, 12 Bände, 7. Aufl. München 2015–2018
Sädevirta, Markus: Freedom of Association and the Right to Strike, EuZA 2016, 445–459
Sagan, Adam: Das Gemeinschaftsgrundrecht auf Kollektivmaßnahmen – Eine dogmatische Analyse des Art. 28 der Europäischen Grundrechtecharta, Berlin 2008
Schlachter, Monika: Die europäische Dimension betrieblicher Arbeitnehmerbeteiligung, EuZA 2015, 149–160
Schmahl, Stefanie: Der Beitritt der EU zur Europäischen Menschenrechtskonvention: Wo liegt das Problem?, JZ 2016, 921–928
– Gleichheitsgarantien, in: Christoph Grabenwarter (Hrsg.): Europäischer Grundrechteschutz, Baden-Baden 2014, S. 551–633
Schmidt, Johannes: Die Grundsätze im Sinne der EU-Grundrechtecharta, Tübingen 2010
Schmitt, Carl: Freiheitsrechte und institutionelle Garantien der Reichsverfassung, in: ders.: Verfassungsrechtliche Aufsätze aus den Jahren 1924–1954. Materialien zu einer Verfassungslehre, 4. Aufl. Berlin 2003, S. 140–173
– Inhalt und Bedeutung des zweiten Hauptteils der Reichsverfassung, in: Gerhard Anschütz/Richard Thoma (Hrsg.): Handbuch des Deutschen Staatsrechts, Band 2, Tübingen 1932, S. 572–606
Schmitz, Thomas: Die EU-Grundrechtecharta aus grundrechtsdogmatischer und grundrechtstheoretischer Sicht, JZ 2001, 833–843
– Die Grundrechtecharta als Teil der Verfassung der Europäischen Union, EuR 2004, 691–713
Schorkopf, Frank: Grundrechtsverpflichtete, in: Christoph Grabenwarter (Hrsg.): Europäischer Grundrechteschutz, Baden-Baden 2014, S. 137–160
Schwab, Dieter: Eigentum, in: Otto Brunner/Werner Conze/Reinhard Koselleck (Hrsg.): Geschichtliche Grundbegriffe. Historisches Lexikon zur politisch-sozialen Sprache in Deutschland, Band 2, Stuttgart 1975, S. 65–115
Schwarze, Jürgen: EU-Kommentar, 3. Aufl. Baden-Baden 2012
Schweizer, Rainer: Allgemeine Grundsätze, in: Detlef Merten/Hans-Jürgen Papier, Handbuch der Grundrechte in Deutschland und Europa, Band VI/1: Europa I, Heidelberg 2010, S. 77–123
Searle, John R.: A Classification of Illocutionary Acts, Language in Society 5 (1976), 1–23
– Ausdruck und Bedeutung. Untersuchungen zur Sprechakttheorie, Frankfurt a. M. 1982
– Die Konstruktion der gesellschaftlichen Wirklichkeit. Zur Ontologie sozialer Tatsachen, 3. Aufl. Frankfurt a. M. 2013

– Geist, Sprache und Gesellschaft. Philosophie in der wirklichen Welt, 3. Aufl. Frankfurt a. M. 2015
– Speech Acts. An Essay in the Philosophy of Language, Cambridge 1969
– Sprechakte. Ein sprachphilosophischer Essay, 12. Aufl. Frankfurt a. M. 2013
Seifert, Achim: Arbeitszeitrechtlicher Arbeitnehmerbegriff – Horizontalwirkung des Rechts auf bezahlten Urlaub (Art. 31 Abs. 2 GRCh). Urteil des Europäischen Gerichtshofs vom 26. 3. 2015 – Rechtssache Fenoll, EuZA 2015, 500–508
Simon, Ulrich/Buschbaum, Markus: Die neue EU-Erbrechtsverordnung, NJW 2012, 2393–2398
Skouris, Vassilios: Medienrechtliche Fragen in der Rechtsprechung des EuGH. Grundrechtliche Aspekte des Medienrechts und Charta der Grundrechte der EU, MMR 2011, 423–426
Sommermann, Karl-Peter: Der Schutz der Grundrechte in Spanien nach der Verfassung von 1978. Ursprünge, Dogmatik, Praxis, Berlin 1984
Sonnevend, Pál: Eigentumsgarantie, in: Christoph Grabenwarter (Hrsg.): Europäischer Grundrechteschutz, Baden-Baden 2014, S. 527–550
Stanley, Paul: Defining possession in the European Court of Justice, Solicitors' Journal 157 (2013), 19
Stern, Klaus/Sachs, Michael (Hrsg.): Europäische Grundrechte-Charta. Kommentar, München 2016
Streinz, Rudolf (Hrsg.): EUV/AEUV. Vertrag über die Europäische Union und Vertrag über die Arbeitsweise der Europäischen Union, 2. Aufl. München 2012
– Grundrechte und Grundfreiheiten, in: Detlef Merten/Hans-Jürgen Papier (Hrsg.): Handbuch der Grundrechte in Deutschland und Europa, Band VI/1: Europäische Grundrechte I, Heidelberg 2010, S. 663–685
Streuer, Wibke: Die positiven Verpflichtungen des Staates. Eine Untersuchung der positiven Verpflichtungen des Staates aus den Grund- und Menschenrechten des Grundgesetzes und der Europäischen Menschenrechtskonvention, Baden-Baden 2003
Süß, Rembert/Ring, Gerhard (Hrsg.): Eherecht in Europa, 2. Aufl. Bonn 2012
Terhechte, Jörg Philipp (Hrsg.): Verwaltungsrecht der Europäischen Union, Baden-Baden 2011
– Konstitutionalisierung und Normativität der europäischen Grundrechte, Tübingen 2011
Thüsing, Gregor/Traut, Johannes: Zur begrenzten Reichweite der Koalitionsfreiheit im Unionsrecht, RdA 2012, 65–73
Tömmel, Ingeborg: Das politische System der EU, 4. Aufl. München 2014
Tomuschat, Christian: Freedom of Association, in: R. St. J. Macdonald/F. Matscher/H. Petzold (Hrsg.): The European System for the Protection of Human Rights, Dodrecht 1993, S. 493–514
Triantafyllou, Dimitris: The European Charter of Fundamental Rights and the „Rule of Law": Restricting Fundamental Rights by Reference, Common Market Law Review 39 (2002), 53–64
Turner, Bertram: The anthropology of property, in: Michele Graziadei/Lionel Smith (Hrsg.): Comparative Property Law. Global Perspectives, Cheltenham 2017, S. 26–50
Waechter, Kay: Einrichtungsgarantien als dogmatische Fossilien, Die Verwaltung 29 (1996), 47–73
Waldron, Jeremy: The Core of the Case Against Judicial Review, Yale Law Journal 115 (2006), 1346–1406
Walter, Christian: Die europäische Grundrechtsidee, in: Dirk Ehlers (Hrsg.): Europäische Grundrechte und Grundfreiheiten, 4. Aufl. Berlin 2015, S. 1–24
Wank, Rolf: Die Auslegung von Gesetzen, 6. Aufl. München 2015

Weinberger, Ota: Norm und Institution. Eine Einführung in die Theorie des Rechts, Wien 1988
Weiß, Regina: Das Gesetz im Sinne der Europäischen Menschenrechtskonvention, Berlin 1996
Wenar, Leif: Rights, in: Edward N. Zalta (Hrsg.): The Stanford Encyclopedia of Philosophy, Stand: Herbst 2015, URL = <https://plato.stanford.edu/archives/fall2015/entries/rights/>
Wendel, Mattias: Renaissance der historischen Auslegungsmethode im europäischen Verfassungsrecht. Überlegung zur Tragweite der historischen Auslegungsmethode infolge des jüngsten EU-Reformprozesses, ZaöRV 2008, 803–827
Wildmann, Claudia/Castendyk, Oliver: Fußball im europäischen TV. Informationsfreiheit gegen Verwertungsinteressen, MMR 2012, 75–80
Wittgenstein, Ludwig: Logisch-philosophische Abhandlung. Tractatus logico-philosophicus, 34. Aufl. Frankfurt a. M. 2014
Wolff, Heinrich Amadeus: Ehe und Familie in Europa, EuR 2005, 721–734
Wollenschläger, Ferdinand: Die unternehmerische Freiheit (Art. 16 GRCh) als grundrechtlicher Pfeiler der EU-Wirtschaftsverfassung. Konturen in der Charta-Rechtsprechung des EuGH, EuZW 2015, 285–288
Xenos, Dimitris: The Positive Obligations of the State under the European Convention of Human Rights, London 2012
Zeder, Fritz: Strafrechtlicher Schutz von Immaterialgüterrechten in der EU in Sicht, ZUM 2011, 300–305
Ziegenhorn, Gero: Anmerkung zu EuGH (Große Kammer), Urt. v. 22. 1. 2013 – C-283/11 (Sky Österreich GmbH/Österreichischer Rundfunk), EuZW 2013, 351–352
– Der Einfluss der EMRK im Recht der EU-Grundrechtecharta. Genuin chartarechtlicher Grundrechtsschutz gemäß Art. 52 Abs. 3 GRCh, Berlin 2009

Sekundärrechtsverzeichnis

Kurztitel	Titel	Celex-Nr.[1]
Arbeitnehmer-entsende-RL	Richtlinie 96/71/EG des Europäischen Parlaments und des Rates vom 16. 12. 1996 über die Entsendung von Arbeitnehmern im Rahmen der Erbringung von Dienstleistungen	3 1996 L 0071
Arbeitnehmer-freizügigkeits-VO	Verordnung (EWG) Nr. 1612/68 des Rates vom 15. 10. 1968 über die Freizügigkeit der Arbeitnehmer innerhalb der Gemeinschaft (außer Kraft)	3 1968 R 1612
Arbeitnehmer-schutz-RL	Richtlinie 2008/94/EG des Europäischen Parlaments und des Rates vom 22. 10. 2008 über den Schutz der Arbeitnehmer bei Zahlungsunfähigkeit des Arbeitgebers	3 2008 L 0094
Arbeitsschutz-Rahmen-RL	Richtlinie 89/391/EWG des Rates vom 12. 06. 1989 über die Durchführung von Maßnahmen zur Verbesserung der Sicherheit und des Gesundheitsschutzes der Arbeitnehmer bei der Arbeit	3 1989 L 0391
Arbeitszeit-RL	Richtlinie 2003/88/EG des Europäischen Parlaments und des Rates vom 04. 11. 2003 über bestimmte Aspekte der Arbeitszeitgestaltung	3 2003 L 0088
AVMD-RL	Richtlinie 2010/13/EU des Europäischen Parlaments und des Rates vom 10. 03. 2010 zur Koordinierung bestimmter Rechts- und Verwaltungsvorschriften der Mitgliedstaaten über die Bereitstellung audiovisueller Mediendienste (Richtlinie über audiovisuelle Mediendienste)	3 2010 L 0013
BeamtSt	Statut der Beamten der Europäischen Union	3 1968 R 0259
Betriebsübergangs-RL	Richtlinie 2001/23/EG des Rates vom 12. 03. 2001 zur Angleichung der Rechtsvorschriften der Mitgliedstaaten über die Wahrung von Ansprüchen beim Übergang von Unternehmen, Betrieben oder Unternehmens- und Betriebsteilen	3 2001 L 0023
Dienstleistungs-RL	Richtlinie 92/50/EWG des Rates vom 18. 06. 1992 über die Koordinierung der Verfahren zur Vergabe öffentlicher Dienstleistungsaufträge	3 1992 L 0050
Entgeltgleichheits-RL	Richtlinie 75/117/EWG des Rates vom 10. 02. 1975 zur Angleichung der Rechtsvorschriften der Mitgliedstaaten über die Anwendung des Grundsatzes des gleichen Entgelts für Männer und Frauen	3 1975 L 0117

[1] Alle Sekundärrechtsakte können unter Angabe der Celex-Nr. im EUR-Lex-Register abgerufen werden (URL = <http://eur-lex.europa.eu/homepage.html?locale=de>; zuletzt abgerufen am 08. 03. 2018).

Kurztitel	Titel	Celex-Nr.
Erbrechts-VO	Verordnung (EU) Nr. 650/2012 des Europäischen Parlaments und des Rates vom 04. 07. 2012 über die Zuständigkeit, das anzuwendende Recht, die Anerkennung und Vollstreckung von Entscheidungen und die Annahme und Vollstreckung öffentlicher Urkunden in Erbsachen sowie zur Einführung eines Europäischen Nachlasszeugnisses	3 2012 R 0650
Europäischer Betriebsrat-RL	Richtlinie 2009/38/EG des Europäischen Parlaments und des Rates vom 06. 05. 2009 über die Einsetzung eines Europäischen Betriebsrats oder die Schaffung eines Verfahrens zur Unterrichtung und Anhörung der Arbeitnehmer in gemeinschaftsweit operierenden Unternehmen und Unternehmensgruppen	3 2009 L 0038
Gleichbehandlungs-Rahmen-RL	Richtlinie 2000/78/EG des Rates vom 27. 11. 2000 zur Festlegung eines allgemeinen Rahmens für die Verwirklichung der Gleichbehandlung in Beschäftigung und Beruf	3 2000 L 0078
Health-Claim-VO	Verordnung (EG) Nr. 1924/2006 des Europäischen Parlaments und des Rates vom 20. 12. 2006 über nährwert- und gesundheitsbezogene Angaben über Lebensmittel	3 2006 R 1924
Konsultations-RL	Richtlinie 2002/14/EG des Europäischen Parlaments und des Rates vom 11. 03. 2002 zur Festlegung eines allgemeinen Rahmens für die Unterrichtung und Anhörung der Arbeitnehmer in der Europäischen Gemeinschaft	3 2002 L 0014
Massenentlassungs-RL	Richtlinie 98/59/EG des Rates vom 20. 07. 1998 zur Angleichung der Rechtsvorschriften der Mitgliedstaaten über Massenentlassungen	3 1998 L 0059
Produktpiraterie-VO	Verordnung (EU) Nr. 608/2013 des Europäischen Parlaments und des Rates vom 12. 06. 2013 zur Durchsetzung der Rechte geistigen Eigentums durch die Zollbehörden und zur Aufhebung der Verordnung (EG) Nr. 1383/2003 des Rates	3 2013 R 0608
Roaming-VO	Verordnung (EU) Nr. 531/2012 des Europäischen Parlaments und des Rates vom 13. 06. 2012 über das Roaming in öffentlichen Mobilfunknetzen in der Union	3 2012 R 0531
SCE-Beteiligungs-RL	Richtlinie 2003/72/EG des Rates vom 22. 07. 2003 zur Ergänzung des Statuts der Europäischen Genossenschaft hinsichtlich der Beteiligung der Arbeitnehmer	3 2003 L 0072
SE-Beteiligungs-RL	Richtlinie 2001/86/EG des Rates vom 08. 10. 2001 zur Ergänzung des Statuts der Europäischen Gesellschaft hinsichtlich der Beteiligung der Arbeitnehmer	3 2001 L 0086

Kurztitel	Titel	Celex-Nr.
Vergabe-RL 2004	Richtlinie 2004/18/EG des Europäischen Parlaments und des Rates vom 31.03.2004 über die Koordinierung der Verfahren zur Vergabe öffentlicher Bauaufträge, Lieferaufträge und Dienstleistungsaufträge	3 2004 L 0018
Wanderarbeitnehmer-VO	Verordnung (EWG) Nr. 1408/71 des Rates vom 14.06.1971 über die Anwendung der Systeme der sozialen Sicherheit auf Arbeitnehmer und Selbständige sowie deren Familienangehörige, die innerhalb der Gemeinschaft zu- und abwandern	3 1971 R 1408
Weinbau-VO	Verordnung Nr. 1162/76 des Rates vom 17.05.1976 über Maßnahmen zur Anpassung des Weinbaupotentials an die Marktbedürfnisse (außer Kraft)	3 1976 R 1162

Register

Abwehrrecht 52–53, 56, 95, 117, 118, 254, 255–256
ACOR-Urteil 94, 101
AGET-Iraklis-Urteil 249–251
Alemo-Herron-Urteil 244, 250, 251–252, 277
Alexy, Robert 9, 50–51, 56, 271, 274
s. auch Prinzipientheorie
AMS-Urteil 148–154, 156–157, 168, 186–187, 170, 191, 293, 301
ArcelorMittal-Urteil 93
Ausgestaltung
– Begriff 8–10, 172–173, 174
– Dogmatik 2–3, 10, 80, 118, 181–182, 233
– statt Konkretisierung 169, 172–173, 181
– statt Konstituierung 80, 118, 127, 136, 141
– statt Regelung 228–233, 259–261

Beamtenrecht (EU), Beamtenstatut 157–158, 166, 176, 185, 186, 212
Begriff
– Anschauungsbegriff 78
– institutioneller 77–79 *s. auch* Institution
– Rechtsbegriff 78–79
Belgischer Sprachenfall (EGMR) 137–138
Bernsdorff, Norbert 43–44
Berufsfreiheit
– Grundgesetz 267–269, 272
– Unionsrecht 70, 235–236, 239, 240, 241, 242–243, 253, 255, 256, 258
Bestandsschutz, Normbestandsschutz
– bei Konkretisierung 176–190, 296, 300, 302 *s. auch* Rückschrittverbot; Standstill
– bei Konstituierung 113
Betriebsrat (Europäischer) 145, 147, 156, 185
Betriebsrenten-Urteil 218–220

Booker-Aquaculture-Urteil 114–115
Borowsky, Martin 43–44
Braibant, Guy 44, 155, 213–214, 227, 235, 237–238

Charta (der Grundrechte der Europäischen Union)
– Anwendbarkeit 51–52, 173–174, 175
– Charta-Geber 40–41, 48
– Erläuterungen 45–46
– Entstehung 40–41, 43–44
– Gewährleistungen
  – Art. 9 GRC *s.* Ehe
  – Art. 10 Abs. 2 GRC 195, 209–210, 279–280, 282, 296
  – Art. 11 GRC *s.* Vereinigungsfreiheit
  – Art. 12 GRC 80, 134–135
  – Art. 14 Abs. 3 GRC *s.* Erziehungsrecht; Lehranstalten
  – Art. 15 GRC *s.* Berufsfreiheit
  – Art. 16 GRC *s.* unternehmerische Freiheit
  – Art. 17 GRC *s.* Eigentum
  – Art. 27 GRC *s.* Unterrichtung und Anhörung im Betrieb
  – Art. 30 GRC 165–166, 192
  – Art. 33 Abs. 2 GRC 167–168
  – Art. 34 GRC 166–167, 192–193
– Sprachenfrage 41–43
– Verhältnis zur EMRK 63–71
– Verhältnis zu EUV/AEUV 62–63
Cruz Villalón, Pedro 149–150

Danwitz, Thomas von 245, 251–252, 269
Deutsches-Weintor-Urteil 241, 242–244, 246, 248, 251–252, 253, 264, 281
Dogmatik 3–4, 291, 297
Drittwirkung 190–192
Dröge, Cordula 127, 136–138

EGMR (Europäischer Gerichtshof für Menschenrechte)
- margin of appreciation 69, 120, 281
- Sprachenfrage 49
- Verhältnis zu EuGH 68–71

Ehe
- Begriff 82–84, 97–99
- Dauerhaftigkeit 98, 99
- Eheschließung 99–101
- Einschränkung 207–208
- EMRK 97–98, 136–137, 201, 202, 203–206
- Geschlecht 97–98, 116, 131, 136, 203, 206
- als Institution 76, 82, 96
- Konstituierungsbedürftigkeit 81–84, 96, 99–101 *s. auch* Konstituierung
- Monogamie 98, 99, 204
- Regelungsfähigkeit 201–210, 266–267 *s. auch* Regelung

Eigentum
- Begriff 85–86, 89–91, 101–103
- als Bündel 106–107
- EMRK 86–88
- Erwerbsschutz 127–128
- geistiges 125–126, 293
- als Institution 85–86, 101
- Konstituierungsbedürftigkeit 85–95, 101–108 *s. auch* Konstituierung
- Kompetenzen des Eigentümers 106–107, 114
- Positionen 103–105
- Regelungsvorbehalt 263
- Schutz 105–110
- Unternehmenseigentum (Zuordnung) 94–95
- Zerstörung 113–115

Eingriff *s.* Einschränkung

Einrichtungsgarantie *s.* Institutsgarantie

Einschränkung
- Begriff 55–57
- Rechtfertigung 57–60
- Regelung (Abgrenzung) 199–200, 264–284

EMRK
- Gesetzesbegriff 6, 58
- Gewährleistungen
  - Art. 11 EMRK 139–141, 283
  - Art. 12 EMRK 97–98, 136–137, 201, 202, 203–206 *s. auch* Ehe
  - Art. 1 ZP-EMRK 86–88, 141–142 *s. auch* Eigentum
  - Art. 3 ZP-EMRK 138–139
  - Art. 2 Satz 1 ZP-EMRK 37–138
  - Art. 5 des 7. ZP-EMRK 107
- Mindeststandard (Mindesttragweite) 63–71
- Verhältnis zur Charta 63–71

Entlassung
- Massenentlassung 145, 147, 156, 185, 249–250
- Schutz vor Entlassung (Art. 30 GRC) 165–166, 192

Eridania-Urteil 239

Erziehungsrecht 195, 209–210, 279–280, 282, 296

Etikettierung 243, 248, 276, 280, 281, 285, 287

EuGH (Europäischer Gerichtshof)
- Kompetenzen 5, 48, 68–69, 168, 171, 253, 265, 269, 271, 273, 292
- Macht 292–297
- als politischer Akteur 297
- Sprachenfrage 48–49
- Verhältnis zu EGMR 68–71

Ezernieki-Urteil 93

Familie 97–98, 199–200, 201–210, 263, 282, 283, 296, 302 *s. auch* Ehe

Freiheit
- Abhängigkeit von Gesetzgebung *s.* Konstituierung; Konkretisierung
- Ausübung, Gebrauch 54–55
- Ausübungsmodalitäten 205, 214, 231, 261, 266, 273–276, 294, 296 *s. auch* Regelung; Kernbereich
- Begriff 6–8
- Einschränkung 53, 55–57 *s. auch* Regelung
- Ermöglichung 100, 101, 104, 108, 116, 121, 127, 128, 140, 155, 197–199, 291 *s. auch* Konstituierung
- Erweiterung 125–126
- Grenzen, Begrenzung 196, *s. auch* Regelung
- institutionelle 74–76

Frenz, Walter 84–85, 169–170, 256–257

Gepflogenheiten 47–48, 146–147, 159–162, 163, 257, 260, 286, 288, 301
Gesetz, Gesetzgeber *s. auch* Normgeber
– Begriff 5–6
– Macht 292–297
Gesetzgebung
– einschränkende *s.* Einschränkung
– konkretisierende *s.* Konkretisierung
– konstituierende *s.* Konstituierung
– regelnde *s.* Regelung
Gewaltenteilung 5–6, 182, 292–297 *s. auch* Macht
Gleichheitsrechte 7, 137, 222, 287
Goodwin-Urteil (EGMR) 97, 136–137, 206
Götzkes, Vera 169–170
Grabenwarter, Christoph 208, 227, 258–259
Große Wentrup, Anna 259–262
Grundfreiheiten
– als Grenze von Grundrechten 215–218, 222, 229, 230–231, 284
– Keck-Rechtsprechung 265–267
– Verstärkung durch Grundrechte 52, 249–250
Grundlage, gesetzliche (Art. 52 Abs. 1 GRC) 57–59 *s. auch* Gesetz
Grundrechte *s. auch* Freiheit; Einschränkung
– Adressaten 51
– Ausgestaltung 8–10
– Freiheitsrechte 6–7
– Grundrechtsbestimmung 49
– Grundrechtsnorm 50
– normgeprägte 3, 11, 80
– Prüfung 60–62
– Struktur 53–62
– Unionsgrundrechte 5
– Verpflichtungsinhalte 52–53
– wirtschaftliche 70
Grundrechtecharta *s. Charta*
Grundrechtekonvent 40–41, 43
Grundsätze (im Sinne der Charta) 50–51

Handlung *s. auch* Tatsache
– institutionelle 56, 96, 99, 108, 112–113, 121
– rohe (physisch) 110–112, 121, 122
Hart, H. L. A. 39
Hauer-Urteil 47, 89, 116–118, 239–241
Hauriou, Maurice 19–20, 21
Hennings-und-Mai-Urteil 221–223
Herresthal, Carsten 229–231
Herzog, Roman 1–2, 73–74
Heuschmid, Johannes 170–172
Hume, David 86
Huvig-Urteil (EGMR) 6, 58

Institution
– Funktion 20–21
– institutioneller Begriff 77–79
– institutionelle Freiheit 74–76
– Leitidee 19–20
– Rechtsinstitution 18–21
– im sozialontologischen Sinne 18, 19
– Zuordnung von Regeln 76–77
Institutsgarantie
– Deutschland 128–130
– Spanien 130
– Unionsgrundrechte
– Ehe 130–132
– Eigentum 133–134
– sonstige 134–135

Jarass, Hans D. 192, 251
Jaremowicz-Urteil (EGMR) 206
Johnston-Urteil (EGMR) 204

Keck-Urteil 265–267
Kernbereich
– Bestimmung 278–284
– Grundgesetz 269–271
– Rechtsprechung 209, 220, 241, 276–278
– Wesensgehalt (Abgrenzung) 276 *s. auch* Wesensgehalt
Kloepfer, Michael 127–128
Kollektivverhandlungen, Kollektivmaßnahmen 210–233
– Ausgestaltung 228–233
– Einschränkungsvorbehalt 225–228
– Entstehung 212–214
– Erläuterungen 214
– Kernbereich 220
– Kompetenzakzessorietät 224–225
– normative Hülle 223–224, 232, 293
– Rechtsprechung 215–223
– Regelungsvorbehalt 210–214, 219–220, 221, 274

– Regelungsfähigkeit 213–214, 218, 219–220, 221, 223
– Text 210–211
Kompetenzen
– zur Eheschließung 99–101, 132
– der EU
  – Arbeitsrecht, Sozialrecht 156, 165–166, 173–174, 179, 185, 186, 194, 212, 224–225, 225, 294
  – Bildung 135, 210, 296
  – Binnenmarkt 204, 294
  – Diskriminierungsverbote 153–154
  – Eherecht, Familienrecht 83, 200, 202, 203, 210, 263
  – Eigentum 103
  – Wehrdienst 210, 296
  – Zuwachs, Erweiterung 202, 296–297, 213, 297
– des EuGH 5, 48, 68–69, 168, 171, 253, 265, 269, 271, 273, 292, 294
– Kompetenzakzessorietät der Charta 173–174, 224–225
– der Gerichte 38–40, 168, 171, 265, 271, 273, 288, 295
– des Gesetzgebers 3, 95, 187
– Kompetenznorm 13, 14–15, 21, 24, 27, 30, 32–33, 50, 57, 112, 198, 199
  – des Eigentümers 106–107, 114
  – Macht 291–292
  – negative 50, 262
– Kompetenzverteilung 135, 173–174, 179, 225, 230, 232, 254–256, 292, 302
– Kompetenzvorbehalt 225, 225–226, 230, 254–256
– Letztentscheidungskompetenz 295
Konkretisierung
– Dogmatik 164–174
– Einschränkung 174–176, 182–183, 184–189
– konkretisierende Gesetzgebung
  – Begriff 154–155
  – Gepflogenheiten 160–162, 163
  – als Interpretationshilfe 170–172
  – Primärrecht 159
  – Recht der Mitgliedstaaten 159–164
  – Rechtsvorschriften 160–161, 162–163
  – Sekundärrecht 156–158
– konkretisierungsbedürftige Grundrechte
  – Art. 27 GRC 144–155
    s. auch Unterrichtung und Anhörung
  – Art. 30 GRC 165–166, 192
  – Art. 31 GRC 167–168
  – Art. 33 Abs. 2 GRC 167–168
  – Art. 34 GRC 166–167, 192–193
  – Horizontalwirkung (Drittwirkung) 190–192
  – Ausgestaltung 172–173
  – Kompetenzakzessorietät 173–174
  – als normative Hüllen 169, 194
  – und Menschenwürde 169–170
– Konkretisierungsvorbehalt 164, 174
– Pflicht zur Konkretisierung 192–194
– Prototyp (Art. 27 GRC) 144–155
– Verpflichtungen *s. auch* Bestandsschutz; Rückschrittverbot; Standstill
  – negative 174–190
  – positive 190–194
Konstituierung
– der Eheschließungsfreiheit 81–85, 96, 99–101
– des Eigentumsrechts 86–95
– Pflicht zur Konstituierung 125–142
  s. auch Institutsgarantie
  – Unionsgrundrechte 130–135
  – EMRK 135–142
  – implizite 126–127
  – Entstehenssicherung 127–128
– Verpflichtungen
  – negative 95–120
  – positive 120–142
Konsultationsrichtlinie 147, 148–152, 156, 171, 185, 188–189
Krebber, Sebastian 173–174, 224–225
Kücükdeveci-Urteil 151–152, 153
Kühling, Jürgen 3–4, 295
Kündigung *s.* Entlassung

Laval-Urteil 217–218, 219–220, 222
Lehranstalten (Gründungsfreiheit) 76, 134, 135, 195, 209–210, 272–274
Lidl-Urteil 249
Locke, John 86

MacCormick, Neil 18–19, 20, 96, 126

Macht
- Grundrechtsfragen als Machtfragen 291
- Machtverteilung 292–297
- politische 292
- Rechtsmacht (öffentliche) 291–292

Malenovský, Jiří 242, 244, 252
Mangold-Urteil 151, 153
margin of appreciation 69–70, 120, 281
Menschenwürde 169–170, 200
Methode
- Handlungsrekonstruktion 31–33
- Hilfsmittel 33–37
  - Syntax 33–34
  - Semantik 33–34
  - Pragmatik 34–37
- Meta-Regeln (Auslegungsregeln) 46–48
- Rechtserkenntnis u. Rechtserzeugung 38–40
- Sprachenfrage 41–43
- Unionsgrundrechte 40–49
- Urteile 48–49

Moskauer-Heilsarmee-Urteil (EGMR) 140
Mutterschutz (Art. 33 Abs. 2 GRC) 167–168

Neptune-Distribution-Urteil 248–249, 287
Nguyen-Beschluss (EuG) 157–158
Nold-Urteil 235, 236, 239, 240
Norm
- Grundrechtsnorm 50
- fördernde Norm 124–125
- als Handlungsgrund 13–14
- als institutionelle Tatsache 21
- Kompetenznorm 14–15 *s. auch* Kompetenzen
- Normtext 29–30
- Pflichtnorm 13–14
- Rechtsnorm 21–24
- Schutznorm 123–124

Normgeber, Normsetzer *s. auch* Gesetz, Gesetzgeber
- der Charta („Charta-Geber") 40–41, 48
- Wille 28–30

Normsetzung
- Charta 40–41
- als Sprachhandlung 24–29
- richterliche 38–39, 48

Popper, Karl 195
Poscher, Ralf 117–118
Prinzipientheorie 271

Randbereich *s.* Kernbereich
Raz, Joseph 13–15
Rebhahn, Robert 181, 228–231
Recht
- als gesellschaftliche Wirklichkeit 15–24
- und Macht 291–292
- als Normensystem 13–15

Rechtsposition 30–31
Rechtstext 29–30
Rechtsverhältnis 30
Rees-Urteil (EGMR) 97, 203
Regel
- konsequentielle 19, 20, 96, 98, 101, 104, 107, 108, 115, 129
- konstitutive 17–18, 20, 25, 26, 27, 75–77, 79–80, 82, 83–84, 85, 90, 96, 140–141, 197–200, 302
- institutive 19, 20, 96, 98, 99, 101, 107, 108, 115, 129, 140
- regulative 18, 197–200, 302
- terminative 19, 20, 96, 98, 99, 101, 108, 114, 115, 129

Regelung
- Begriff 196–200, *s. auch* Regel
- Einschränkung (Abgrenzung) 199–200, 264–284
- durch Einzelakt 287–288
- durch Mitgliedstaaten 285–287
- regelungsfähige Grundrechte
  - Art. 9 GRC s. Ehe
  - Art. 10 Abs. 2 GRC *s.* Wehrdienstverweigerung
  - Art. 14 Abs. 3 GRC *s.* Erziehungsrecht; Lehranstalten
  - Art. 16 GRC *s.* Unternehmerische Freiheit
  - Art. 28 GRC *s.* Kollektivverhandlungen
- Regelungsvorbehalte 199–200
  - Art. 9 GRC 81–82, 120, 201–210, 286, 302
  - Art. 10 Abs. 2 GRC 272, 286
  - Art. 12 EMRK 201–210, 264

- Art. 14 Abs. 3 GRC 135, 272–273, 273–274, 286
- Art. 16 GRC 237–238, 239, 241, 243, 252–253, 257, 259, 261, 263, 277, 284, 286, 294
- Art. 28 GRC 210–214, 219–220, 221, 228, 229, 231, 237–238, 274–276, 284, 286, 294, 302
- Grundgesetz 267–271

– durch Unionsrecht 284–285

Rückschrittverbot 176–190, 194, 301 *s. auch* Bestandsschutz; Standstill

Sagan, Adam 211, 226–228
Schaible-Urteil 247–248, 249, 251, 252–253, 269, 277, 295
Schalk-und-Kopf-Urteil (EGMR) 97–98
Schlachter, Monika 170–171
Schmitt, Carl 2
Schöbener, Burkhard 254–256
Schräder-Urteil 55, 59, 60, 240, 243, 244, 253, 257
Schweizerisches Wiederverheiratungsverbot (EGMR) 204–205
Searle, John R.
- Regelbegriff 197–199
- Sprechakttheorie 24–26
- Sozialontologie 15–18

Sidiropoulos-Urteil (EGMR) 140
Sky-Österreich-Urteil
- zum Eigentum 89–93, 101–102, 103–104, 105, 113
- zur unternehmerische Freiheit 245–247, 251–252, 269, 277, 295

SMW-Winzersekt-Urteil 90–91, 105, 281
Soziale Sicherheit (Art. 34 GRC) 166–167, 192–193
Sprechakt, Sprachhandlung 24–26
Standstill 178–179, 180, 182–183, 294 *s. auch* Bestandsschutz; Rückschrittverbot
Streikrecht 164, 210, 212, 213, 214, 215–216, 228–230, 237, 256, 274–275, 278, 282–283 *s. auch* Kollektivverhandlungen

Tarifautonomie 210, 222–223, 229, 230–231, 237, 256, 282 *s. auch* Kollektivverhandlungen
Tarifvertrag, Tarifrecht 135, 161, 163, 164, 210, 215, 217, 219–220, 221–223, 230, 244, 277, 278, 282 *s. auch* Tarifautonomie; Kollektivverhandlungen
Tatsache
- institutionelle 16–18, 77–78
- rohe 16, 78

Thüsing, Gregor 231–233
Transsexuellen-Fälle (EGMR) 97, 136–137
Traut, Johannes 231–233

Unionsgrundrechte 5 *s. auch* Grundrechte
unternehmerische Freiheit 234–262
- Ausgestaltung 259–262
- Entstehung 234–238
- Erläuterungen 238
- Kernbereich 241, 243–244, 244–245, 251, 252, 253, 280–281 *s. auch* Kernbereich
- normative Hülle 254
- Rechtsprechung 239–253
- Regelungsfähigkeit 234–263
- Regelungsvorbehalt *s. auch* Regelung
  - Ausgestaltungsvorbehalt 259–262
  - doppelte Schranke 258–259
  - Rechtsprechung 239–253
  - Traditionsklausel 258
  - Unbeachtlichkeit 254–258
- Text 234
- Wesensgehalt 246–247, 248, 250

Unterrichtung und Anhörung (im Unternehmen)
- Ausgestaltung 172–173
- Entstehung 145–147
- Erläuterungen 147–148
- als Grundrecht 152–154
- als Grundsatz 149–150
- Horizontalwirkung (Drittwirkung) 190–192
- Kompetenzakzessorietät 173–174
- Menschenwürde 169–170
- Rechtsprechung (AMS-Urteil) 148–154
- Text 144–145

UPC-Telekabel-Wien-Urteil 244–245, 251–252, 253, 277

Vereinigungsfreiheit
- Charta 80, 134–135
- EMRK 139–141

– Grundgesetz 141
Verfassungskonvent 40–41, 43
Verhältnismäßigkeit
– Charta (Art. 52 Abs. 1 GRC) 59–60
– deutsche Konzeption 251–252, 268
– Kontrolldichte 294–295
– Kritik 252–253, 268–271, 272, 294–295
– Rechtsprechung 240–241, 243, 244, 245, 246–247, 248, 248–250, 251–253
Vertragsfreiheit 129, 134–135, 239, 244, 260, 261–262, 277
Viking-Urteil 215–217, 219–220, 222

Wehrdienstverweigerung 195, 209, 210, 279–280, 282, 296
Wesensgehalt 209 *s. auch* Kernbereich
– Abgrenzung (Kernbereich) 276
– Charta (Art. 52 Abs. 1 GRC) 59
– Rechtsprechung 240–241
Wettbewerbsrecht 260, 261–262, 284

Verfassungsentwicklung in Europa

herausgegeben von
Hartmut Bauer, Peter M. Huber
und Karl-Peter Sommermann

Seit dem weltpolitischen Umbruch der Jahre 1989 bis 1991 befinden sich die Verfassungsordnungen in Europa in einem Transformationsprozess. Der Wegfall des Ost-West-Gegensatzes mit seiner politikstabilisierenden Wirkung, die fortschreitende europäische Integration und die auf vielen Politikfeldern zu beobachtende Globalisierung setzen die nationalen Verfassungen unter Anpassungs- und Modernisierungsdruck. Das stellt auch die Verfassungswissenschaft vor neue Aufgaben. Will sie den Anschluss an die sich verändernde Verfassungswirklichkeit nicht verlieren, muss sie sich verstärkt auf den Transformationsprozess einstellen und die von Entwicklungssprüngen in der Mehrebenenpolitik ausgehenden Impulse im Europäischen Verfassungsverbund verarbeiten. Die Schriftenreihe *Verfassungsentwicklung in Europa (VEEu)* stellt für die gebotenen Reformdebatten ein Forum bereit. Schwerpunkte der Reihe sind die Generierung und Bewertung von Optionen für die Ausgestaltung des Europäischen Verfassungsrechts und insbesondere einer Europäischen Unionsverfassung, die Erarbeitung „Gemeineuropäischen Verfassungsrechts" namentlich durch Rechtsvergleichung und schließlich Überlegungen zur Rechtsangleichung sowie zur Schaffung von zeitgemäßem nationalen Verfassungsrecht unter den Rahmenbedingungen der Europäisierung und Globalisierung. Perspektive ist die Ausbildung eines Ius Publicum Europaeum.

ISSN: 1861-7301
Zitiervorschlag: VEEu

Alle lieferbaren Bände finden Sie unter *www.mohrsiebeck.com/veeu*

Mohr Siebeck
www.mohrsiebeck.com

